GAIA VINCE

AM ACHTEN TAG

GAIA VINCE

AM ACHTEN TAG

Eine Reise in das Zeitalter des Menschen

Aus dem Englischen von Monika Niehaus, Martina Wiese und Jorunn Wissmann

THEISS

Für Nick

First published as ADVENTURES IN THE ANTHROPOCENE by
Chatto & Windus, an imprint of Vintage Publishing. Vintage Publishing
is a part of the Penguin Random House group of companies.

Die Deutsche Nationalbibliothek verzeichnet diese Publikation
in der Deutschen Nationalbibliografie;
detaillierte bibliografische Daten sind im Internet
über http://dnb.d-nb.de abrufbar.

Der Konrad Theiss Verlag ist ein Imprint der WBG

Die Herausgabe des Werkes wurde durch
die Vereinsmitglieder der WBG ermöglicht.
Satz: Anja Harms, Oberursel
Einbandabbildung: Salzgewinnung, Salar de Uyun, Bolivien
© picture alliance / Christian Kober/robertharding
Einbandgestaltung: Jutta Schneider, Frankfurt am Main
Gedruckt auf säurefreiem und alterungsbeständigem Papier
Printed in Germany

Besuchen Sie uns im Internet: www.wbg-wissenverbindet.de

ISBN 978-3-8062-3393-3

Elektronisch sind folgende Ausgaben erhältlich:
eBook (PDF): 978-3-8062-3412-1
eBook (epub): 978-3-8062-3413-8

INHALT

Nordwestpassage
FRANKREICH
ITER (Kernfusionsreaktor)
SPANIEN
Almeria
„Müllinsel"
PAZIFISCHER OZEAN
ATLANTISCHER OZEAN
Sahara
KOLUMBIEN
Villa Hermosa
Medellin
Galapagosinseln
PERU
BRASILIEN
Manaus
Lima
BOLIVIEN
Potosi
Rurrenabaque
CHILE
Salar de Uyuni (Salzpfanne)
Rio de Janeiro
Pantanal
Coyhaique
Patagonien
Rio Baker
N

Wüste Gobi
Peking
CHINA
Tianjin
Öko-Stadt
Leh
Pun
Raj-Samadhiyala
NEPAL
INDIEN
Kathmandu
Shanghai
PAZIFISCHER OZEAN
Mekong
VIETNAM
Mumbai
Kampala
Soroti
Turkana-See
KAM-
BODSCHA
LAOS
MALEDIVEN
UGANDA
KENIA
Nairobi
TANSANIA
Eyasisee
Serengeti
KIRIBATI
Masai Mara
AUSTRALIEN
INDISCHER OZEAN
Port
Augusta

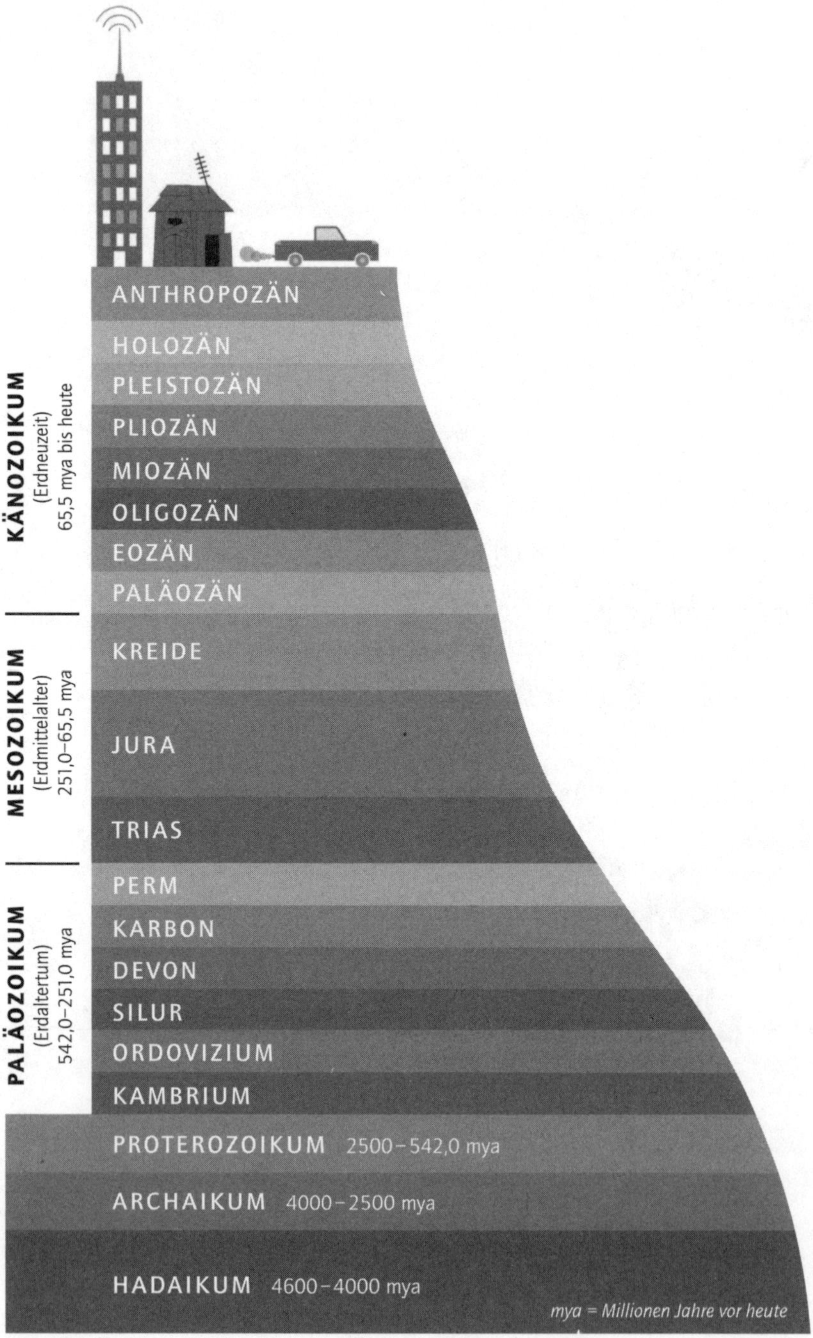
ANTHROPOZÄN
HOLOZÄN
PLEISTOZÄN
PLIOZÄN
MIOZÄN
OLIGOZÄN
EOZÄN
PALÄOZÄN
KÄNOZOIKUM
(Erdneuzeit)
65,5 mya bis heute
KREIDE
JURA
TRIAS
MESOZOIKUM
(Erdmittelalter)
251,0–65,5 mya
PERM
KARBON
DEVON
SILUR
ORDOVIZIUM
KAMBRIUM
PALÄOZOIKUM
(Erdaltertum)
542,0–251,0 mya
PROTEROZOIKUM 2500–542,0 mya
ARCHAIKUM 4000–2500 mya
HADAIKUM 4600–4000 mya
mya = Millionen Jahre vor heute

EINLEITUNG
DER MENSCHENPLANET

Vor viereinhalb Milliarden Jahren ging aus der schmutzigen Aureole kosmischen Staubes, die beim Schöpfungsprozess unserer Sonne entstanden war, ein wirbelnder, sich verdichtender Mineralklumpen hervor. Die Erde war geboren. Wenig später schlug auf ihr ein weiterer großer Gesteinsbrocken ein, der ein riesiges Stück – das später den Mond bildete – ablöste und unsere Welt in Schräglage kickte. Dieser Neigung verdanken wir die Jahreszeiten und Meeresströmungen, und der Mond bescherte uns Ebbe und Flut. All dies förderte die Voraussetzungen für die Entstehung des Lebens, das sich vor rund vier Milliarden Jahren zu entwickeln begann. Im Laufe der nächsten dreieinhalb Milliarden Jahre kam es wiederholt zu extremen Vereisungen. Nach der letzten dieser großen Eiszeiten explodierte die Zahl der komplexen vielzelligen Lebensformen geradezu.

Der Rest ist Geschichte, eingestanzt in die Haut des Planeten als dreidimensionale fossile Abbilder von fantastischen Kreaturen – langhalsigen Dinosauriern und Wesen zwischen Echse und Vogel, Rieseninsekten und fremdartigen Fischen. Die Entstehung von Leben auf der Erde veränderte die Physik des Planeten von Grund auf.[1] *Pflanzen beschleunigten mit ihren Wurzeln das allmähliche Aufbrechen des Gesteins und halfen beim Aushöhlen von Kanälen, durch die das Regenwasser abfloss, sodass sich Flüsse bildeten. Die Photosynthese wandelte die chemische Zusammensetzung der Atmosphäre und Ozeane, versorgte das Erdensystem mit chemischer Energie und veränderte das Erdklima. Tiere fraßen die Pflanzen, was die Chemie der Erde ebenfalls beeinflusste.*

Die physikalische Gestalt des Planeten wirkte ihrerseits auf seine Biologie ein. Lebewesen entwickeln sich in Reaktion auf geologische, physikalische und chemische Bedingungen. In den letzten 500 Millionen Jahren kam es fünfmal zu einem Massenaussterben, ausgelöst durch Eruptionen von Supervulkanen, Asteroideneinschläge und andere Ereignisse mit enormen globalen Auswirkungen, die das Klima dramatisch veränderten.[2] *Jedes Mal formierten sich die Überlebenden danach neu, vermehrten sich stark und entwickelten sich weiter. Heute ist die Diversität von Pflanzen, Tieren, Pilzen, Bakterien und anderen irdischen Lebensformen größer als jemals zuvor.*[3]

Und wir? Der anatomisch moderne Mensch erschien erst vor rund 200 000 Jahren auf der Bildfläche, und ob wir überleben würden, stand auf Messers Schneide. Doch wir kamen durch – dank dem gewissen Etwas, das uns von den anderen Arten in unserer gemeinsamen Biosphäre unterschied und uns so erfolgreich machte, dass wir nun Herrscher unserer Welt sind: das menschliche Gehirn. Wir sind intelligenter und geschickter im Umgang mit Werkzeugen als andere Tiere. Überdies können Menschen Feuer machen und es beherrschen. Von dem Moment an, in dem ein Mensch den ersten Funken zündete, stand fest: Wir würden die mächtigste Spezies sein. Diese externe Energiequelle, die wir überallhin mitnehmen konnten, verlieh uns Macht über die Landschaft, Schutz vor anderen Tieren, die Möglichkeit, unsere Nahrung zu kochen, uns zu wärmen und letztendlich von der Welt Besitz zu ergreifen.

Jahrtausendelang teilten wir Menschen den Planeten mit Neandertalern und anderen Verwandten. Der Ausbruch des Supervulkans Toba in Indonesien vor 74 000 Jahren vernichtete beinahe uns alle – die menschliche Population schrumpfte auf wenige Tausend. Doch vor 35 000 Jahren hatten sich die eigentlichen modernen Menschen entwickelt, die von heutigen Menschen nicht mehr zu unterscheiden waren; sie wanderten aus Afrika aus und hinterließen in Höhlen und an Felsen zahllose Zeugnisse ihrer Kultur. Der heroische Aufstieg des Menschen hatte seinen Anfang genommen.

In der Steinzeit beschränkte sich unser Wirken als Spezies auf das Ausrotten einiger Arten – insbesondere großer Säugetiere – und einige Eingriffe in die Landschaft, wie das Niederbrennen von Wäldern. Die Techniken waren primitiv und minimalistisch und die Materialien allesamt erneuerbar. In den darauffolgenden Jahrhunderten nahm unser Ein-

fluss zu. Vor etwa 10 000 Jahren (also vor rund 300 Generationen, Weltbevölkerung: 1 Million) wurde der Ackerbau erfunden; vom Menschen gezüchtete Pflanzensorten verdrängten Wildpflanzen und veränderten so einige regionale Landschaften. Vor rund 5500 Jahren (Weltbevölkerung: 5 Millionen) entstanden Städte und es entwickelten sich die ersten großen Zivilisationen. Der globale Einfluss der Industriellen Revolution in Europa und Nordamerika, die die Arbeitskraft von Menschen und Tieren durch Maschinen ersetzte, ist seit etwa 150 Jahren (Weltbevölkerung: 1 Milliarde) spürbar, da seither große Mengen Kohlendioxid aus fossilen Brennstoffen in die Atmosphäre geblasen werden.

Nichts ist jedoch vergleichbar mit dem Ausmaß und der Geschwindigkeit unseres weltweiten Einflusses seit dem Zweiten Weltkrieg, befeuert durch Bevölkerungswachstum, Globalisierung, Massenproduktion, Revolutionen auf dem Gebiet der Technik und der Kommunikation, effizientere landwirtschaftliche Methoden und medizinischen Fortschritt. Unter der Bezeichnung Great Acceleration („große Beschleunigung") offenbart sich dieser rasante Zuwachs menschlicher Aktivitäten auf allen möglichen Ebenen, von der Anzahl der Autos bis zum Wasserverbrauch.[4] Die Menschheit benötigte 50 000 Jahre, um eine Weltbevölkerung von 1 Milliarde zu erreichen, doch für die letzte Milliarde brauchten wir gerade einmal die vergangenen 10 Jahre.

Dieser radikale Umbruch beflügelte die soziale und ökonomische Entwicklung – vor 100 Jahren betrug die durchschnittliche Lebenserwartung in Europa weniger als 50 Jahre, heute liegt sie bei rund 80 Jahren. Doch die Great Acceleration hatte immer auch ihre schmutzige Seite. Dichter Smog hüllte Großstädte wie London ein und tötete Tausende, saurer Regen verseuchte Flüsse, Seen und Ackerböden und ließ Gebäude und Denkmäler zerfallen, Kältemittel zersetzten die schützende Ozonschicht, Kohlendioxidemissionen veränderten das Erdklima und machten die Meere saurer. Unser gieriges Ausbeuten der natürlichen Welt hat zu massiver Abholzung geführt, zu einem sprunghaften Anstieg der Aussterberaten und zu zerstörten Ökosystemen. Sie hat eine Flut von Müll produziert, deren Abbau Hunderte Jahre in Anspruch nehmen wird. Die Spanne eines einzigen Menschenlebens hat genügt, uns zu einer gewaltigen globalen Macht zu machen, und nichts spricht dafür, dass sich der Prozess verlangsamt – ganz im Gegenteil scheint sich unsere ungeheure Einwirkung auf den Planeten noch zu verstärken.

Zur gleichen Zeit lebt unser engster Verwandter, der Schimpanse, im Grunde noch genauso wie schon vor 50 000 Jahren. Menschen sind die einzigen Lebewesen mit einer kumulativen Kultur, was uns in die Lage versetzt, auf Vergangenem aufzubauen, statt das Rad immer wieder neu zu erfinden. Doch indem wir – stets den Launen unseres unfassbar leistungsfähigen Gehirns unterworfen – auf dem Antlitz der Erde herumwerkeln, wagen wir Menschen uns an das kühne Experiment, die physikalische und biologische Welt völlig neu zu gestalten. Wir besitzen die Macht, das Schicksal jeder einzelnen Spezies, einschließlich unserer eigenen, dramatisch zu verändern. Große Umwälzungen sind bereits im Gange. Dieselbe Genialität, die uns länger und behaglicher leben lässt als je zuvor, verwandelt die Erde stärker als alles, was unsere Art bisher erfahren hat. Dies ist eine aufregende, aber auch unsichere Zeit. Willkommen im Anthropozän – dem Zeitalter des Menschen.

Wir leben in epochemachenden Zeiten. Buchstäblich. Die in den letzten Jahrzehnten vom Menschen herbeigeführten Veränderungen waren weitreichender und tiefgreifender als alles, was unsere Welt in ihrer viereinhalb Milliarden Jahre langen Geschichte erlebt hat. Unser Planet ist dabei, in ein neues geologisches Zeitalter einzutreten, und wir Menschen sind die Urheber dieses Geschehens.

In Millionen von Jahren wird ein Streifen in den Gesteinsschichten der Erdoberfläche unsere Spuren preisgeben, genauso, wie wir heute Hinweise auf Dinosaurier im Gestein des Jura entdecken oder auf die kambrische Explosion von Lebensformen oder auf die tiefen Narben, die nach dem Gletscherschwund im Holozän zurückblieben. Unser Einfluss wird sich im massenhaften Aussterben von Arten offenbaren, in der veränderten Chemie der Ozeane, im Verlust von Wäldern und in der Ausbreitung von Wüsten, im Aufstauen von Flüssen, dem Rückgang von Gletschern und dem Versinken von Inseln. Die Geologen der fernen Zukunft werden aus den fossilen Zeugnissen das Ausrotten verschiedener Tierarten und die Fülle der domestizierten Tiere herauslesen, den chemischen Fingerabdruck künstlicher Materialien, wie Getränkedosen aus Aluminium und Plastiktüten, sowie die Spuren von Projekten wie der Syncrude-Mine in den Athabasca-Ölsanden im Nordosten Kanadas, wo jährlich 30 Milliarden Tonnen Erde bewegt werden – die doppelte

Menge der Sedimente, die alle Flüsse der Welt in dieser Zeitspanne mit sich führen.

Geologen nennen dieses neue Zeitalter Anthropozän. Damit bringen sie zum Ausdruck, dass die Menschheit zu einer geophysikalischen Macht geworden ist, ebenbürtig den erderschütternden Asteroiden und den Finsternis bringenden Vulkanen, die vergangene Epochen geprägt haben.[5]

Die Erde ist heute ein Menschenplanet. Wir entscheiden, ob ein Wald bestehen bleibt oder abgeholzt wird, ob Pandabären überleben oder aussterben, wie und wo ein Fluss fließt, ja sogar, wie viel Grad die Atmosphäre hat. Wir sind das auf der Erde am häufigsten vorkommende große Tier, und gleich danach kommen die Tiere, die wir durch Züchten herangezogen haben und die uns dienen. Vier Zehntel der Erdoberfläche werden zum Anbauen unserer Nahrung genutzt. Drei Viertel der Süßwasservorkommen auf der Welt werden von uns kontrolliert. Dies sind außergewöhnliche Zeiten. In den Tropen schwinden die Korallenriffe, an den Polen schmilzt das Eis und in den Meeren gibt es dank uns immer weniger Fische. Ganze Inseln versinken in den steigenden Meeresfluten und in der Arktis kommt neues, ödes Land zum Vorschein.

Während meiner Laufbahn als Wissenschaftsjournalistin hatte ich häufig mit Berichten über den Wandel der Biosphäre zu tun. Die entsprechenden Untersuchungen häuften sich. Eine Studie nach der anderen landete auf meinem Schreibtisch, mit Schilderungen von sich ändernden Schmetterlingswanderungen, der Geschwindigkeit der Gletscherschmelze, dem Stickstoffgehalt der Meere, der Häufigkeit von Flächenbränden ... und alles einte ein großes Thema: der Einfluss des Menschen. Wissenschaftler, mit denen ich sprach, beschrieben mir, auf welch vielfältige Weise der Mensch in die Natur eingegriffen hat, selbst wenn es um scheinbar unergründliche physikalische Phänomene wie Wetter, Erdbeben und Meeresströmungen ging. Und sie sagten noch größere Umwälzungen voraus. Klimaforscher, die die Erderwärmung verfolgten, sprachen von todbringenden Dürren, Hitzewellen und einem meterhohen Anstieg des Meeresspiegels. Naturschutzbiologen erläuterten den Zusammenbruch der Artenvielfalt bis hin zum Massenaussterben, Meeresbiologen redeten von „Inseln aus Plastikmüll" in den Ozeanen, Weltraumforscher besprachen auf Tagungen, was mit all dem Abfall im All zu tun sei, der unsere Satelliten bedrohe, Ökologen schilderten die Abholzung der letzten intakten Regenwälder, und Agrarökonomen warnten vor Wüsten, die sich über die letzten fruchtbaren Landstriche ausbreiten. Jede neue Studie schien schonungslos klarzumachen, wie sehr die Welt im Wandel begriffen war – sie entwickelte sich zu einem ganz anderen Planeten. Wir selbst waren dabei, unsere Welt in ihren Grundfesten zu erschüttern, und indem ich und andere diese Geschichten zu Papier brachten, erfuhren Menschen weltweit und unmissverständlich von den Umweltkrisen, die wir alle heraufbeschworen hatten.[6] Es war zutiefst beunruhigend und oft erdrückend.

Die neuesten Forschungen, mit denen ich mich beschäftigte, gingen mit einer Fülle düsterer Vorhersagen über unsere Zukunft auf der Erde einher. Zur gleichen Zeit verfasste ich jedoch einen Text über unsere Triumphe, die Genialität des Menschen, unsere Erfindungen und Entdeckungen, darüber, wie Forscher auf neue Methoden stießen, um Nutzpflanzen zu optimieren, Krankheiten zu bekämpfen, Strom zu transportieren und völlig neue Materialien herzustellen. Wir sind eine unglaubliche Naturgewalt. Der Mensch hat die Macht, den Planeten weiter aufzuheizen oder ihn abzukühlen, Arten auszumerzen und ganz neue zu kreieren, das Gesicht der Erde umzugestalten und ihre Biologie zu bestimmen. Kein Teil dieses Planeten bleibt vom menschlichen Einfluss unberührt – wir haben Naturzyklen außer Kraft gesetzt und die physikalischen, chemischen und biologischen Prozesse der Erde verändert. Wir können neues Leben in der Retorte erschaffen, ausgestorbene Arten wiederauferstehen und aus Zellen neue Körperteile wachsen lassen oder mechanische Ersatzteile für diese konstruieren. Wir haben Roboter erfunden, die uns als Sklaven dienen, Computer, die als Außenposten unseres Gehirns fungieren, und ein neues Ökosystem aus Netzwerken, das der Kommunikation dient. Wir haben unseren evolutionären Pfad dank medizinischer Errungenschaften so manipuliert, dass diejenigen, die normalerweise im Säuglingsalter sterben, gerettet werden. Die Grenzen, die anderen Spezies gesetzt sind, haben wir durch die Schaffung künstlicher Umgebungen und externer Energiequellen überwunden. Ein 72-jähriger Mann von heute ist so vital wie ein 30-jähriger Höhlenmensch. Wir besitzen übernatürliche Kräfte: Wir können ohne Flügel fliegen und ohne Kiemen tauchen, todbringende Krankheiten überstehen und nach dem Tod wiederbelebt werden. Und wir sind die einzige Art, die den Planeten verlässt und unserem Mond einen Besuch abstattet.

Die Erkenntnis, dass wir eine solch globale Macht ausüben, erfordert einen ganz außergewöhnlichen Perspektivwechsel. Sie kehrt das wissenschaftliche, kulturelle und religiöse Gedankengut, das unseren Platz in der Welt, in der Zeit und in Relation zu allen anderen bekannten Lebensformen definiert, ins Gegenteil um. Bis ins Mittelalter glaubte man, der Mensch sei der Mittelpunkt des Universums. Im 16. Jahrhundert kam dann Nikolaus Kopernikus, der der Erde ihren Platz zwischen mehreren Planeten zuwies, die um die Sonne kreisten. Und im 19. Jahrhundert identifizierte Charles Darwin den Menschen als lediglich eine Spezies unter vielen – ein Zweiglein nur am gewaltigen Baum des Lebens. Doch nun hat sich erneut ein Paradigmenwechsel vollzogen: Der Mensch ist nicht länger eine Spezies unter vielen. Wir sind die Ersten, die bewusst die Biologie und Chemie der Erde umgestalten. Wir sind zu den Herren unseres Planeten geworden und bestimmen das Schicksal des irdischen Lebens.

Das letzte Mal trat unser Planet vor etwa 10 000 Jahren in ein neues geologisches Zeitalter ein, was sich grundlegend auf das Überleben und den Erfolg unserer Spezies auswirkte. Mit dem Ende der letzten Eiszeit begann eine neue Epoche der Erderwärmung, die man als Holozän bezeichnet. Die Eisdecke zog sich bis zu den Polen zurück und die Tropen wurden feuchter. Die Menschen verließen ihre Höhlen und profitierten zunehmend von den neuen Lebensbedingungen: Gräser sprossen, und diejenigen mit nahrhaften Samen, wie Weizen und Gerste, ließen sich anbauen. Überall auf der Welt siedelten sich Menschen in größeren Gemeinschaften an und produzierten ihre Nahrung selbst, statt sie nur zu jagen und zu sammeln. Diese Stabilität führte zur Entwicklung von Kultur und Zivilisationen – unsere Spezies nahm zahlenmäßig zu und war so erfolgreich, dass sie sich über sechs Kontinente ausbreitete. Die Auswirkungen des Anthropozäns werden ebenso tiefgreifend sein.

Den Begriff Anthropozän prägte der Nobelpreisträger Paul Crutzen. Wie der niederländische Chemiker mir erzählte, war er bei einer wissenschaftlichen Tagung zu der plötzlichen Einsicht gelangt: All die biophysikalischen Veränderungen, über die die Forscher diskutierten, „bedeuteten, dass wir uns nicht mehr im Holozän befanden. Der Planet hatte sich zu weit von den Bedingungen entfernt, die man für das Holozän als normal betrachten würde." In einem Artikel in der Zeitschrift *Nature* von 2002 plädierte Crutzen für die Einführung des Begriffs Anthropozän, und dieser fand im Lauf der letzten zehn Jahre in der Wissenschaftsgemeinde immer stärkere Verbreitung.[7] Mittlerweile hat die British Geological Society den langsamen Prozess in Gang gesetzt, das neue Zeitalter formal anzuerkennen und zu erfassen. Grundlage dafür sind die vom Menschen hervorgerufenen Veränderungen der Biosphäre, die sich in der Geologie, Chemie und Biologie unseres Planeten für Tausende oder Millionen von Jahren niederschlagen werden.[8] Dazu gehören eine geänderte Flächennutzung, wie die Umwandlung von Wald in Ackerland, oder auch radioaktiver Fallout. Die Übergänge zwischen geologischen Zeitaltern sind unscharf und ziehen sich häufig über Tausende von Jahren hin; dennoch versuchen Wissenschaftler, sie anhand von Streifen im Gestein überall auf der Welt zu ermitteln. Die Geologen werden festlegen müssen, wann das Zeitalter begonnen hat – war es vor Tausenden von Jahren, als der Ackerbau einsetzte, oder vor einigen Generationen mit der Industriellen Revolution oder in den 1950er-Jahren zu Beginn der Great Acceleration? Diese Festlegung wird davon abhängen, welche Marker die Geologen wählen, um das Anthropozän zu definieren, etwa die Atombombentests von 1949 oder den Anstieg der Kohlendioxidkonzentration in der Atmosphäre vor rund 150 Jahren.

Doch während die Geologen mit dem begrifflichen Problem ringen, eine Ära paläontologisch zu datieren, deren Paläontologie und Geologie noch im Entstehen begriffen ist, hat das Anthropozän bereits die Mauern der akademischen Welt überwunden und Einzug in die Gesellschaft gehalten. Die Vorstellung, dass die Menschheit einen buchstäblich globalen Einfluss ausübt, hat das Interesse von Künstlern und Dichtern, Soziologen und Umweltschützern, Politikern und Anwälten geweckt. Wissenschaftler verwenden den Begriff, um vielfältige Veränderungen für unseren Planeten und das Leben auf ihm zu beschreiben. Und im Geiste dieser weiteren Definition – und weil zunehmend Einigkeit darüber besteht, dass wir dabei sind, die Grenze zum Zeitalter des Anthropozäns zu überschreiten – schreibe ich dieses Buch.

Woran also lässt sich das Anthropozän festmachen – was sind die Anzeichen für den Übertritt in ein neues geologisches Zeitalter? Die Kohlendioxidkonzentration in der Atmosphäre liegt fast um 50 Prozent über dem Mittelwert des Holozäns. Die industriellen und privaten Emissionen von Treibhausgasen erwärmen weltweit die Atmosphäre, verändern das Klima und bringen Wetterverläufe aus dem Takt.[9] Die Auswirkungen des Klimawandels sind global und betreffen mehr oder weniger stark alle Lebewesen auf der Erde. Neuerdings sammeln sich in der Atmosphäre zudem eine Reihe weiterer chemischer Verbindungen an. Auf den Bergen schmelzen die Gletscher, die sie Jahrtausende lang bedeckt haben, was zur Folge hat, dass sich das Gestein schneller zersetzt – und für den Bergbau zugänglich wird. Flüsse werden umgeleitet, aufgestaut, ausgetrocknet und transportieren sehr viel weniger Sediment. Natürliche Landschaften werden zu Ackerland, und durch die von uns zugesetzten Düngemittel hat der weltweite Gehalt an freiem Stickstoff massiv zugenommen. Dieser Stickstoff hat die Ernteerträge erhöht, was einen starken Zuwachs der menschlichen Populationen zur Folge hatte. In den letzten 50 Jahren hat sich die Weltbevölkerung verdoppelt, und das hat weitreichende Konsequenzen für den gesamten Planeten. Die Meere versauern immer mehr, weil sie unsere CO2-Emissionen aus der Atmosphäre aufnehmen, und ihre Artenvielfalt nimmt ab, weil Korallen sterben und die Fischbestände wegen Überfischung, Umweltverschmutzung und steigenden Wassertemperaturen schrumpfen. Das Eis der Arktis schmilzt und Küsten erodieren, weil Stürme an Häufigkeit und Stärke zunehmen, der Meeresspiegel steigt und schützende Sedimente, Mangroven und Feuchtgebiete verschwinden.

Wüsten breiten sich über Savannengebiete aus, Wälder vertrocknen und werden abgeholzt. Wildtiere werden gejagt und sterben aufgrund von Habitatverlust, Klimawandel und invasiven Arten. Das sechste Massensterben in der Geschichte unseres Planeten rückt näher. Zur gleichen Zeit fördern wir die Verbreitung unserer domestizierten Arten und verschleppen andere gedankenlos über die ganze Welt. Wir beuten den Planeten aus durch Bergbau, Ölbohrungen und die Förderung anderer Rohstoffe und vermüllen ihn mit neuartigen chemischen Verbindungen und Materialien, Geräten und Objekten, die auf natürlichem Wege niemals hätten entstehen können. Und wir bauen riesige Städte aus Stahl, Beton und Glas, die den Nachthimmel erhellen und noch vom Weltall aus zu sehen sind.

Welche Auswirkungen hat der Wandel unseres Planeten eigentlich auf uns Menschen? Schließlich hat unsere Evolution im Holozän stattgefunden, wir sind an ein entsprechendes Leben angepasst und die neuen Veränderungen erfolgten außerordentlich schnell. Der Wandel, dem wir unseren Planeten unterworfen haben, hat entscheidend dazu beigetragen, dass wir zu dieser Superspezies werden konnten – und zugleich war er eine Folge unseres kometenhaften Aufstiegs. Die Umgestaltung der Erde hat uns in die Lage versetzt, in größerem Wohlstand, länger und gesünder zu leben, und das selbst bei größeren Bevölkerungszahlen mit mehr Komfort als je zuvor. Dennoch sind Menschen, zumindest bislang, ein Teil der Natur – wir haben uns auf diesem Planeten entwickelt, wir bestehen aus Zellen, wir atmen Luft, trinken Wasser und essen Proteine. Wir benötigen die biologischen, chemischen und physikalischen Bestandteile unseres Planeten als Grundbausteine für alles, einschließlich unserer gesamten Materialien, Treibstoffe, Nahrungsmittel und Kleidungsstücke, sowie zum Reinigen unserer Luft, zur Aufbereitung unseres Wassers und zur Beseitigung unseres Mülls. Die wachsende Weltbevölkerung und unser Lebensstil in dieser neuen Menschenwelt machen uns abhängiger denn je von den Ressourcen und Prozessen unseres Planeten. Wenn wir jedoch fortfahren, die Erde zu verändern, wird sie immer weniger in der Lage sein, diese Bedürfnisse zu erfüllen. Damit beschwören wir Krisen herauf, die mit der Verfügbarkeit von Süßwasser, der Erzeugung von Lebensmitteln, dem Klimawandel und den „Ökosystemdienstleistungen“ zusammenhängen, jenen unermesslichen Funktionen, die die Biosphäre erfüllt und mit denen sie unser Überleben sichert.

Im Anthropozän haben wir bereits damit begonnen, globale Prozesse aus dem Gleichgewicht zu bringen. In einigen Fällen könnten schon winzige weitere Veränderungen desaströse Folgen für die Menschheit haben; in anderen bleibt uns noch eine kleine Gnadenfrist, bevor uns die Konsequenzen ereilen. Meistens gibt es dabei eine Art Tipping-Point (einen Umschlagspunkt) – ist er einmal überschritten, wird es nahezu unmöglich, Bedingungen, wie sie im Holozän herrschten, wiederherzustellen. So könnte das Schmelzen der Polkappen einen Tipping-Point erreichen, an dem die Schmelze unkontrollierbar wird und der Meeresspiegel um mehrere Meter ansteigt. Die Angst vor großen Umwälzungen wie dieser hat Wissenschaftler zur Formulierung von „planetaren Grenzen“ veranlasst – biophysikalischen Grenzwerten für die Sicherheit des Menschen, wie etwa das Ausmaß der veränderten Flächennutzung und der Verlust der Biodiversität –, die teilweise bereits überschritten sein sollen.[10] Wenn wir die relative Sicherheit der stabilen Lebensbedingungen des Holozäns hinter uns lassen, werden wir uns unweigerlich nie da gewesenen Herausforderungen gegenübersehen.

Entscheidend ist hier, wie wir mit den Folgen umgehen. So mag es erstrebenswert gewesen sein, an dem international festgelegten „sicheren“ Grenzwert für die Erderwärmung von zwei Grad Celsius (über dem Wert vor Beginn der Industrialisierung) festzuhalten, doch zum Ende dieses Jahrhunderts wird dieser Wert so gut wie sicher übertroffen. Demnach haben wir es mit der neuen Frage zu tun, wie unser Leben in der wärmeren Welt des Anthropozäns aussehen wird.[11] Wir haben schon immer Ökosysteme an unsere Bedürfnisse angepasst und werden das vermutlich auch in Zukunft tun. So beschränkt sich unser Lebensraum nicht auf die Tropen, weil wir Kleidung und andere Möglichkeiten erfunden haben, um uns warm zu halten, genau wie uns die Klimatechnik Kühlung verschafft. Wir haben den Planeten im Hinblick auf unsere Überlebenschancen in vielerlei Hinsicht verbessert – zum Beispiel, indem wir die nächste Eiszeit in Schach halten –, doch wir haben seine Lage auch verschlechtert. Einige dieser negativen Folgen können wir durch technischen Fortschritt, Migration oder andere Anpassungen überwinden. Andere werden wir umkehren müssen. Und mit noch anderen müssen wir zu leben lernen.

Die gute Nachricht lautet, dass sich einige Probleme bereits kontrollieren lassen. Die Umweltverschmutzung wird in vielen Ländern durch Gesetze und technische Verbesserungen eingedämmt; das internationale Atomteststoppabkommen begrenzte die radioaktive Verschmutzung. Mit dem Montrealer Protokoll, das die Verwendung ozonzerstörender Chemikalien untersagt, hat sich auch die Ausdehnung des Ozonlochs verlangsamt. Entscheidend ist, dass auch die Bevölkerung weniger rasch wächst und in vielen Ländern mittlerweile negative Werte aufweist.[12] Andere Probleme hingegen sind nach wie vor zunehmende und ernste Bedrohungen. Die Wissenschaft kann zwar möglicherweise die neuralgischen biophysikalischen Punkte benennen, aber sie kann uns nicht sagen, wie darauf zu reagieren ist – darüber muss die Gesellschaft entscheiden. Der Mensch ist nicht länger nur ein Tier unter anderen. Es gibt spezifische *Menschenrechte,* deren Einhaltung durch Entwicklung zu gewährleisten ist, beispielsweise der Zugang zu sanitären Anlagen und Elektrizität, ja sogar zum Internet.[13] Soziale Gerechtigkeit und Umweltschutz sind eng miteinander verwoben; auf welche Art und Weise Arme reicher werden, wird das Anthropozän nachhaltig prägen.

Der gewaltige Einfluss, den wir im Anthropozän auf unseren Planeten ausüben, ergibt sich unmittelbar aus den immensen gesellschaftlichen Veränderungen, denen wir ausgesetzt sind und die unser Leben als Spezies betreffen. Zu ernähren ist heutzutage eine riesige Weltbevölkerung, wobei wir aber nicht einfach die Zahl kleiner Jäger-und-Sammler-Gemeinschaften vervielfacht haben. Über die Hälfte der Menschen lebt heute in Großstädten – künstlichen Konstrukten aus dicht gedrängten, zweckmäßigen Lebensräumen. Sie fungieren als riesige Fabriken, die Pflanzen, Tiere, Wasser, Gestein und Minerale des Planeten konsumieren. Die Menschheit funktioniert als industrielles Unternehmen und braucht aktuell ständig 18 Terawatt Energie, 9 Billionen Kubikmeter Süßwasser pro Jahr sowie 40 Prozent der weltweiten Landfläche für die Erzeugung von Nahrung. Sie hat sich zu einem Superorganismus entwickelt, zu einem Geschöpf des Anthropozäns, einem Produkt der Industrialisierung, des Bevölkerungswachstums, der Globalisierung und der Revolution in der Kommunikationstechnologie.

Die Intelligenz, Kreativität und Soziabilität dieses Menschheits-Superorganismus erwächst aus der Vernetzung aller Menschengehirne, einschließlich jener der Vergangenheit, die ein kulturelles und intellektuelles Erbe hinterlassen haben, sowie der künstlichen Gehirne unserer technischen Erfindungen, etwa Computerprogrammen und Online-Nachschlagewerken wie Wikipedia. Die Menschheit ist ein globales Netzwerk von Zivilisationen mit einem Wissensstrom, der zum Schutz der Menschen bereits kanalisiert wurde. Und so wie bei einem Schwarm von Staren, der urplötzlich geschlossen die Richtung wechselt, ist es schwierig, das Verhalten der Menschheit vorherzusagen. Auch wenn er eine enorme planetare Macht ist, lässt sich unser Superorganismus von Individuen lenken und sein Verhalten von den Gesellschaften in ihm formen – und Problemlösungen finden sich oft auf lokaler Ebene. Wir sind im Grunde eine Ansammlung chemischer Verbindungen, die andere Chemikalien recyceln, und die Biosphäre ist in der Lage, 10 Milliarden von uns zu ernähren. Die Schwierigkeit besteht darin, dies im Rahmen sozialer und ökologischer Beschränkungen zu tun.

Die Selbstwahrnehmung, die mit der Erkenntnis einhergeht, dass wir als planetare Macht großen Einfluss ausüben, fordert zudem von uns, dass wir unsere neue Rolle hinterfragen. Sind wir einfach nur ein Teil der Natur, der das tut, was die Natur tut – sich bis an die Grenzen der ökologischen Belastbarkeit reproduzieren, bis die Populationsblase platzt? Oder sind wir die erste Art mit der Fähigkeit zur Selbstbestimmung, die ihre natürlichen Triebe, ihre Auswirkungen und ihre Umwelt modifizieren kann, sodass wir auch in Zukunft auf diesem Planeten leben können? Und was ist mit unserem Verhältnis zum Rest der Biosphäre? Sollten wir sie – wie jede andere Spezies – als Ressource betrachten, die sich im Dienste unserer Vergnügungen und Bedürfnisse gnadenlos plündern lässt, oder verleiht uns unsere neue globale Macht ein Gefühl der Verantwortung für den Rest der Natur? Die Gestaltung unserer Zukunft hängt davon ab, wie gut wir diese beiden entgegengesetzten und doch verwobenen Kräfte miteinander vereinbaren können.

Im Leben jedes Kindes kommt irgendwann der Moment, in dem es erkennt, dass die Nahrung, die es genießt – das Fleisch, das es isst – von einem Tier stammt. Dass das süße, flauschige Lebewesen, das es streichelt, auch zum Essen da ist. Manche Kinder werden dann zum Vegetarier und essen nie wieder Fleisch. Die meisten aber nicht. In diesem Moment der Menschheitsgeschichte sind wir wie Kinder, die erkennen, dass die Dinge, die wir in unserem Leben genießen und von denen wir abhängig sind, von Elektrizität über Wasser bis zu Konsumgütern, allesamt ökologische und soziale Konsequenzen haben. Die Art und Weise, wie wir uns mit diesem Problem auseinandersetzen, wird den Verlauf des Anthropozäns in den kommenden Jahren bestimmen. Wir sind Pioniere dieser Ära, aber wir verfügen über ein überragendes wissenschaftliches Verständnis sowie eine exzellente Kommunikation und Vernetzung, was die Zusammenarbeit im Denken fördert. In der Post-Natur-Phase des Anthropozäns werden wir entweder die Natur bewahren müssen oder ihre Tricks künstlich imitieren. Ich wollte herausfinden, wie das gelingen kann, und musste dafür meinen Schreibtisch in London verlassen.

So wie uns Längen- und Breitengrade alles und nichts über einen Ort verraten, schienen mir auch die von Forschern produzierten abstrakten Zahlen und Diagramme nichts über die neue Welt, in der wir leben, mitzuteilen. Überdies gibt es keinen anderen Forschungsbereich, dessen wissenschaftliche Ergebnisse in der Gesellschaft dermaßen umstritten sind. Die Ansichten über Lösungen für die Probleme des Anthropozäns sind häufig extrem – viele Leute zweifeln sogar anerkannte wissenschaftliche Fakten an. Das faszinierte mich, und ich wusste, dass ich unseren Planeten in dieser einschneidenden Phase seiner Geschichte erkunden wollte. Ich hatte das Gefühl, dass die wichtigsten Personen, die ich noch nicht kannte, die menschlichen Versuchskaninchen dieser neuen Epoche waren – diejenigen, die die Auswirkungen jener veränderten Welt bereits zu spüren bekommen. Und ich wollte wissen, wie sie damit umgehen. Ich wollte hinter die Schlagzeilen blicken, die Flut an Statistiken, die Computermodelle, die Wie-du-mir-so-ich-dir-Argumente zwischen Umweltaktivisten und Unternehmen, die Schockstrategien und abgegriffenen Slogans. Ich wollte für mich selbst die Wahrheit herausfinden, die Situation vor Ort kennenlernen, persönlich mit den Protagonisten dieser Ära reden, mit meinen eigenen Augen die Realität des Anthropozäns sehen.

Ich beschloss, meinen Job in London zu kündigen, und begab mich auf eine Erkundungsreise, die mich an einem entscheidenden Moment der Erdgeschichte, auf der Schwelle zu diesem außergewöhnlichen neuen Menschenzeitalter, um den Globus führen sollte. Ich sah mir an, wie Menschen lernen, die Aufgaben der Natur zu übernehmen. Ich fand Menschen, die künstliche Gletscher schaffen, um ihre Nutzpflanzen zu bewässern, die künstliche Korallenriffe bauen, um ihre Inseln zu schützen, und künstliche Bäume konstruieren, um die Luft zu reinigen. Ich traf auf Menschen, die versuchen, bedeutende Überreste der Natur im Anthropozän zu bewahren, und andere, die versuchen, an einigen Orten die alte Welt wieder erstehen zu lassen. Und ich traf Menschen, die nach einer Lösung für die große Frage suchen: Wie können 10 Milliarden Menschen angenehmer leben, mit genügend Nahrung, Wasser und Energie, und wie reduzieren wir zugleich die Folgen unseres Handelns für die Natur und ihre Fähigkeit, die für uns überlebenswichtigen Prozesse zu gewährleisten?

Auf meinen Reisen über unseren sich wandelnden Planeten betrachtete ich die Welt, die wir erschaffen, und fragte mich, welche Art von Anthropozän wir anstreben. Werden wir lernen, die von uns erzeugte neue Natur zu lieben, oder um die alte trauern? Werden wir uns bereitwillig mit dem begnügen, was wir haben, oder werden wir nun eisfreie Landstriche für uns erobern? Werden wir neuartige Nahrung zu uns nehmen, neue Nutzpflanzen anbauen, neue Tiere züchten? Werden wir den Wildtieren in dieser Menschenwelt noch einen Platz einräumen? Ich habe das Anthropozän aus verschiedenen Blickwinkeln wahrgenommen und die Pioniere kennengelernt, die aushandeln, welchen Weg die

Entwicklung durch die komplexe Welt unserer gemeinsamen Biosphäre nehmen wird. Dieses Buch ist eine Reise um unsere neue Welt, eine Sammlung von Geschichten über bemerkenswerte Menschen in einer außergewöhnlichen Zeit. Es ist die Geschichte genialer Erfindungen und unglaublicher Landschaften, und es erzählt, wie wir auf Gedeih und Verderb von Mutter Erde Besitz ergriffen haben.

Die Menschheit sieht sich der größten Herausforderung seit 10000 Jahren gegenüber. Und ich bin losgezogen, um zu entdecken, ob und wie unsere Spezies überleben wird.

1 ATMOSPHÄRE

Der Große Luftozean (wie Darwins Zeitgenosse Alfred Russel Wallace die Erdatmosphäre bezeichnete), der wogende Himmel aus Gasen, die von der Schwerkraft am Planeten festgehalten werden, ist der Atem, der diesen einzigartigen Flecken des Universums zum Leben erweckt. Einatmen, ausatmen: Die Atmosphäre ist für das Leben auf der Erde unerlässlich. Sie ist ein Organ der lebenden Biosphäre – ein großer pulsierender Körper, der die atembare Luft recycelt, Temperatur und Klima reguliert und uns vor gefährlichen Meteoriten sowie tödlicher kosmischer und ultravioletter Strahlung aus dem All schützt.

Die Atmosphäre erstreckt sich über eine Höhe von einhundert Kilometer und ist unsichtbar, abgesehen von ihren meteorologischen Launen, die sich in Wolken aus Wasserdampf oder fallendem Schnee, elektrischen Blitze oder roten Sonnenuntergänge offenbaren.

Die wirbelnden Strömungen der irdischen Ozeane, ob gasförmig oder flüssig, stehen in Wechselwirkung miteinander und schaffen so die vielen Wetter- und Klimazonen unseres Planeten, die die Bedingungen für das irdische Leben bestimmen. Das vielleicht wichtigste globale Wetterphänomen ist die Hadley-Zelle, ein Zirkulationsmuster heißer feuchter Luft, das im üppig grünen Äquatorialgürtel zuverlässig für Regen sorgt und so die artenreichen tropischen Regenwälder und Feuchtgebiete hervorbringt, während direkt im Norden und im Süden ausgedörrte Wüstengebiete liegen. Der Einfluss dieses Systems lässt sich aus dem All als scharfe Grenze zwischen Grün und Braun erkennen.

Aber auch das Leben auf der Erde diktiert die atmosphärischen Bedingungen und die daraus entstehende Witterung. Anfangs bestand die Atmosphäre der Erde aus Wasserstoff und Wasserdampf – es sollte rund zwei Milliarden Jahre dauern, bis sich dank der ersten Photosynthese treibenden Organismen das Gas des Lebens, Sauerstoff, in der Luft ansammelte. Diese stammesgeschichtlich alten blaugrünen Cyanobakterien, die als unauffällige Stromatolithen bis heute überlebt haben, nutzten Sonnenenergie, um aus Kohlendioxid und Wasser Zucker herzustellen; dabei wird Sauerstoff als Abfallprodukt frei.

Die kontinuierliche Atmung der irdischen Lebewesen, von winzigen Ameisen bis zu riesigen Walen, entzieht der Atmosphäre Sauerstoff und ersetzt ihn durch Kohlendioxid und Wasserdampf. Während der Tagesstunden, vor allem im Sommer, wird dieser respiratorische Austausch durch die Photosynthese der land- und wasserbewohnenden Vegetation (höhere Pflanzen und Algen) des Planeten ausgeglichen. Die verschiedenen Rückkopplungsschleifen zwischen Biota und Luft haben eine Atmosphäre erzeugt, die rund 78 Prozent Stickstoff und 21 Prozent Sauerstoff enthält; der Rest ist ein Gemisch aus Edelgasen, Kohlendioxid und Spuren anderer Gase.

In diese komplexe Beziehung hat die Menschheit massiv eingegriffen und genügend klimaerwärmende Gase in die Atmosphäre gepustet, um das empfindliche Gleichgewicht der vergangenen Jahrtausende aus der Balance zu bringen und das Weltklima für Jahrhunderte zu verändern.

Die Atmosphäre schützt wie eine Decke vor den unvorstellbar niedrigen Temperaturen des Weltraumes, und das für diese kuscheligen Bedingungen hauptverantwortliche Gas ist Kohlendioxid. Kohlendioxid ist unsichtbar, weil das Sonnenlicht das Molekül ungehindert passiert. Für die Wärme transportierende Infrarotstrahlung ist es jedoch undurchsichtig; daher wärmt es die Luft wie Glasscheiben das Innere eines Treibhauses. Sonnenlicht reist ungehindert durch die Atmosphäre, bis es auf die Erdoberfläche trifft. Wenn es sich dabei um eine stark reflektierende Oberfläche – beispielsweise einen glänzend weißen Gletscher – handelt, dann wird der größte Teil der Strahlung als Licht zurückgeworfen. Ist die Oberfläche jedoch dunkel – wie schwarzes Gestein, Erde oder Meer –, dann wird diese Energie als Wärme absorbiert, die als Infrarotstrahlung in die Atmosphäre abstrahlt, welche Kohlendioxid nicht durchdringen kann. Auf diese Weise pendelt die Wärme, gefangen zwischen Atmosphäre und Erde, hin und her, wärmt beide und erhält das Leben.

Aus Fossilberichten wissen wir, dass sich im Lauf der Erdgeschichte immer wieder Warmzeiten voll tropischer Üppigkeit und 1-Meter-langen Insekten mit Eiszeiten abgewechselt haben, in der die Mehrzahl aller Lebensformen ausstarb. Diese katastrophalen großen Kälteperioden waren das Ergebnis von massiven äußeren Einwirkungen wie Meteoriteneinschlägen oder Ausbrüchen von Supervulkanen, die so viel Staub in die Atmosphäre schleuderten, dass nicht genügend Sonnenlicht zu den Pflanzen vordringen konnte und die Tiere tötete, die das so wichtige Kohlendioxid produzierten. Zu solchen Zeiten sank die Kohlendioxidkonzentration in der Erdatmosphäre bis auf 160 Teile pro Million (parts per million, ppm) Moleküle.

In den vergangenen 500 000 Jahren – der Welt, in der sich Menschen entwickelt haben – lag die Kohlendioxidkonzentration zwischen 200 ppm (während der Eiszeiten) und den komfortablen 280 ppm im Holozän. Historisch war Holz die Hauptenergiequelle, die von Menschen genutzt wurde, und es setzte genauso viel Kohlendioxid frei, wie der Baum während seines Wachstums aufgenommen hatte. Doch im Anthropozän stammt der größte Teil unserer Energie aus der Verbrennung fossiler Brennstoffe – wir setzen die riesigen Kohlendioxidspeicher all der Pflanzen frei, die vor Millionen Jahren abgestorben sind. Während ich dies schreibe, liegt die Kohlendioxidkonzentration in der Atmosphäre rund 40 Prozent über derjenigen in vorindustrieller Zeit – 400 ppm –, und die Atmosphäre ist wärmer, energie- und wasserreicher, was vermehrt zu extremen Wetterphänomenen führt. Wissenschafter sind der Ansicht, dass es so etwas wie ein „normales Klima“ nicht mehr gibt, wobei sie „normal für das Holozän“ meinen.

Wir benutzen die Atmosphäre auch als Deponie für andere Gase, die bei der Verbrennung frei werden, sowie für eine Reihe weiterer Schadstoffe, darunter auch Kühlmittel, die die Ozonschicht in der oberen Stratosphäre angreifen, welche uns vor UV-Strahlung schützt.

Zudem ist die Atmosphäre im Anthropozän auch zur globalen Stimme der Menschheit geworden. Genauso, wie sichtbares Licht die Luft passieren kann, sind Schallwellen, Radiowellen und Mikrowellen dazu in der Lage und ermöglichen uns eine rasche Kommunikation via Radio, Telefon und Internet. Die Atmosphäre ist ebenso durchlässig für die menschengemachten Signale der Satelliten, die sie beherbergt, wie für die lebenswichtige Energie der Sonne und erlaubt unserer Spezies, den Globus buchstäblich in Sekunden zu durchqueren.

Im Jahr 1932 hielt König Georg V. als erster Monarch eine Weihnachtsansprache im Radio; dabei hörten ihm von Großbritannien bis zu den Außenposten des Empires 20 Millionen Menschen zu. In seiner Rede, die von Rudyard Kipling verfasst wurde, wandte er sich an all seine Untertanen: „Männer und Frauen mögen durch Schneegipfel, Wüsten oder Meere so abgeschieden sein, dass nur Stimmen aus der Luft sie zu erreichen vermögen." Die Atmosphäre des Anthropozäns ist nun voll solcher „Stimmen aus der Luft". Stellen Sie sich vor, wir könnten die Strahlen sehen, die von unseren Radios, Laptops, Fernsehgeräten, Handys und andere Geräten ausgesandt werden. Fast die gesamte 4,5 Milliarden lange Geschichte des Planeten hindurch wurde die Atmosphäre nur durch extraterrestrische Lichtquellen, wie Sonnen oder Meteore, oder durch elektrische Stürme erhellt. Nun wird der Himmel durchzogen von künstlichem Licht unterschiedlicher Wellenlängen, wenn unsere Geräte miteinander und mit uns kommunizieren. Und das ist nur das unsichtbare Spektrum. Im sichtbaren Spektrum haben wir unsere Welt so hell erleuchtet, dass man Groß- und Kleinstädte bei Nacht aus dem Weltall sehen kann, und bei Stadtbewohnern geraten die Sterne in Vergessenheit.

Dank Satelliten können wir aus dem All auf unseren Heimatplaneten schauen, wie es noch kein Auge vor uns konnte. Dieselben Kameras zeigen uns in noch nie da gewesener Detailgenauigkeit, wie stark wir dabei sind, unsere Welt zu verändern. Mithilfe des Internets können wir unser gemeinsames Wissen und unsere intellektuellen Ressourcen zusammenschließen, um neue Probleme zu lösen, in unterschiedlicher Weise zu kooperieren, die Geographie unseres Planeten zu überschreiten und einen virtuellen Raum in Besitz zu nehmen, ganz gleich, wo wir uns gerade tatsächlich befinden.

Die Atmosphäre ist auch zum Spielplatz für unsere Abenteuer im Luft ozean geworden, zu einem Medium für rasche und direkte Fernreisen rund um unseren Globus und hinaus in den Raum. Wir können heute in weniger als einem einzigen Tag von London nach Sydney reisen. Wir können Handel zwischen verschiedenen Ländern in einem Zeitrahmen betreiben, der es ermöglicht, dass frische Blaubeeren von jemandem in Südafrika geerntet und Stunden später von jemand anderem in London gegessen werden.

Unsere technische Invasion des Himmels erlaubt uns, mit unserer gesamten Spezies in einer Weise zu kommunizieren wie keine andere Lebensform. Die Atmosphäre ist un-besitzbar, gehört allen Erdbewohnern gemeinsam – sie schenkt Leben mit dem ersten Atemzug, und mit dem letzten erlischt dieses Leben wieder. In diesem Kapitel betrachte ich, auf welche Weise die von uns bewirkten Veränderungen unserer Atmosphäre darüber mitentscheiden wird, wie sich Gesellschaften in den kommenden Jahrzehnten entwickeln.

Ich treffe Mahabir Pun vor dem kleinen Behelfsflugplatz in Pokhara, rund 200 Kilometer westlich der nepalesischen Hauptstadt Kathmandu. Er ist ein ziemlich kleiner Typ, Mitte fünfzig, mit einem Kugelbäuchlein, quadratischem Gesicht und einem dichten schwarzen, eigenwillig abstehenden Haarschopf.

„Kommen Sie, Gaia, kommen Sie!", drängt er, schreitet mir rasch voran und zerwühlt sein Haar noch weiter, sodass es wild an einer Seite hochsteht.

Während ich hinter ihm hertrotte, bleiben die Leute stehen, um das ungewöhnliche Schauspiel zu beobachten: eine blasse, schwitzende Fremde mit einem großen Rucksack, die wie für eine Arktisexpedition gekleidet ist und einem Einheimischen in leichten Baumwollhosen und offenen Sandalen folgt.

Aufgrund einer politischen Demonstration vor einigen Tagen hat die maoistische Regierung eine vom Militär überwachte Ausgangssperre verhäng und alle Fahrzeuge, einschließlich Motorrädern, Bussen und Taxis, von der Straße verbannt. Daher musste Mahabir mehrere Kilometer laufen, um mich zu treffen. Aber wie an jedem anderen Ort ohne funktionierende Regierung lassen sich die Leute etwas einfallen. Mahabir wirft einen vorsichtigen Blick rundum und bedeutet mir dann, ein Motorrad-Taxi zu besteigen, während er das daneben nimmt, und wir fahren rasch davon.

Die Stadt Pokhara liegt an einem See und ist umgeben von Bergen. Hier scheint das Versprechen des neuen Premierministers, ganz Nepal in die „Schweiz Asiens" zu verwandeln, am ehesten Wirklichkeit zu werden. In den Straßen am Seeufer drängen sich attraktive Cafés und Geschäfte. Auf einem kleinen Anlegesteg, von dem aus Gläubige zu dem hübschen buddhistischen Tempel auf einer Insel in einigen hundert Metern Entfernung aufbrechen können, versammeln sich bunt gekleidete Gruppen von Männern, Frauen und Jugendlichen. Frauen in Saris stehen knietief im See, reinigen Wäsche, so bunt wie ein Regenbogen, und waschen ihr langes schwarzes Haar. Fische schnellen über die Wasseroberfläche, und Vögel kreisen auf der Suche nach einem kleinen Imbiss über unseren Köpfen.

Über der Stadt erhebt sich ein seltsam geformter Gipfel, „Fischschwanz“ genannt, dessen blanke Granitflanken wie ein geologischer Finger in den blauen Himmel zeigen. Es ist Mitte Dezember im Himalaja – der See sollte mit Eis bedeckt sein und der Schnee bis weit hinab auf den Berghängen liegen. Aber nur die höchsten Gipfel tragen eine weiße Mütze; in Kopfhöhe wippen rosafarbene Blüten auf grünen Stängeln, die sich in der Sonne wiegen. Wir halten an, und ich entferne eine weitere Kleiderschicht.

Bei genauerem Hinsehen erkenne ich jedoch, dass diese Postkartenidylle Flecken aufweist. Ein übelriechender, leuchtend grüner Schlick aus ungeklärten Abwässern und öligen Verunreinigungen fließt aus den Cafés und Geschäften der Stadt direkt in den See. Schmutzige, dürftig gekleidete Kinder spielen zwischen Plastikmüll und anderen festen Abfällen, die das Ufer übersäen – während ich zusehe, schlendert ein Junge ein paar Meter zur Seite, lässt seine Shorts herunter und verrichtet am Rand des Sees sein Geschäft. Als ich nach oben schaue, erkenne ich, dass die malerischen Landhäuser, die die Straßen säumen, in Wahrheit dreckige, heruntergekommene Hütten mit Lehmboden sind, die den großen Familien, die dort wohnen, wenig Schutz oder Komfort bieten. Wir sind hier sehr weit weg von der Schweiz. Und dies ist eine der fortschrittlichsten Regionen des Landes.

Wenn man versucht, sich die Größe der entwicklungspolitischen Aufgabe vor Augen zu führen, der sich die arme Welt zu Beginn des Anthropozäns gegenübersieht, ist Nepal ein guter Ausgangspunkt. Nepal liegt zwischen zwei der weltweit am schnellsten wachsenden Ökonomien, ist jedoch weder dem chinesischen noch dem indischen Modell für nationales Wachstum gefolgt und wirtschaftlich immer weiter zurückgefallen. Das Land gehört zu den zehn ärmsten Ländern der Welt; mehr als ein Drittel der Bevölkerung lebt unterhalb der Armutsgrenze von weniger als 0,40 US-Dollar pro Tag, und die Hälfte der Kinder unter fünf Jahren ist unterernährt. Rund 90 Prozent der Nepalesen leben auf dem Land. Viele von ihnen sind auf Subsistenzlandwirtschaft angewiesen, doch die Flächen sind zu klein, um damit den Lebensunterhalt zu bestreiten; die

Menschen haben kaum oder keinen Zugang zu Elektrizität, sauberem Wasser, sanitären Einrichtungen oder Gesundheitsfürsorge, und immer wieder fehlt es im ganzen Land am Nötigsten, von Reis bis Kerosin. Mehr als ein Jahrzehnt maoistischer Aufstände und bürgerkriegsähnlicher Unruhen hat die Wirtschaft ruiniert und die Infrastruktur zerstört. In den letzten Jahrzehnten wurden in Nepal nicht einmal grundlegende Aufgabe der Staatsführung wahrgenommen, und das Land muss sich auf eine Armada von Hilfsorganisationen verlassen, um massive Hungersnöte zu verhindern – die Zahl der Nichtregierungsorganisationen (NGOs) im Land stieg von 220 im Jahr 1990 auf mehr als 15000 heute, die inzwischen rund 60 Prozent des Bruttoinlandsprodukts beisteuern.

Schlimme Zeiten? Vor hundert Jahren lebten die meisten Schweizer unter ähnlichen Bedingungen und konnten noch seltener als die heutigen Nepalesen damit rechnen, ihr 50. Lebensjahr zu erreichen.

Weltweit haben 40 Prozent aller Menschen (2,8 Milliarden) nicht einmal Zugang zu einer öffentlichen Toilette – ein Hauptgrund für die jährlich 2,4 Millionen Todesfälle durch Diarrhoe. Rund 80 Prozent aller Infektionskrankheiten werden durch Kontakt mit Fäkalien hervorgerufen (Menschen, die keinen Zugang zu sanitären Einrichtungen haben, können pro Tag bis zu 10 Gramm Fäkalmaterial zu sich nehmen). Wenn Nepal einen Entwicklungssprung wie die Schweiz machen soll, braucht es ein genügend großes Wirtschaftswachstum, um vergleichbare soziale Investitionen in das Gesundheits- und Bildungswesen sowie die Infrastruktur zu tätigen. Dann werden die Nepalesinnen ihre Wäsche per Knopfdruck mit einer Waschmaschine waschen können, sodass ihnen Zeit für Bildung und Berufstätigkeit bleibt. Niemand wird den See mehr als öffentliche Toilette benutzen. Bis 2048, so die Prognose, wird der Durchschnittsverdienst in Asien demjenigen in den Vereinigten Staaten entsprechen. Die Frage ist, wie die Länder Asiens unter den sich wandelnden Bedingungen des Anthropozäns an diesen Punkt gelangen werden, ohne die Umweltprobleme zu verschärfen, denen sich die Menschheit gegenübersieht. Ich habe Mahabir aufgesucht, um herauszufinden, wie die jüngste Nutzung der Atmosphäre eingesetzt wird, um diesen Weg zu ebnen.

Eine mühsame, fünfstündige Fahrt bringt uns zu der kleinen Stadt Beni („der Ort, wo sich zwei Flüsse treffen“). Unser Gefährt sei ein Toyota aus dem Jahr 1973, erklärt mir der Fahrer stolz und gibt dem Fahrgestell einen liebevollen Klaps, der die Seitentür erzittern lässt, sodass sie sich fast vom Rahmen löst. Die abgewetzten runderneuerten Reifen rutschen und schlingern durch die Schlaglöcher einer schmalen, auf beiden Seiten steil abfallenden Straße. Wir jagen dem Sonnenuntergang hinterher, doch er gewinnt, sodass wir die letzte nervenaufreibende Stunde unserer Fahrt in völliger Dunkelheit zurücklegen müssen.

Wir übernachten in einem spartanischen Hotel – erbaut aus Holz, wie alle Gebäude in Beni – und machen uns bei Tagesanbruch wieder auf den Weg. Nach Nangi führt keine Straße. Um Mahabirs entlegenes Bergdorf zu erreichen, müssen wir einen ganzen Tag lang fast senkrechte Pfade emporklettern, und es dauert nicht lange, bis mein Rucksack auf meine Schultern drückt und meine Beine gegen die ungewohnte Anstrengung protestieren. In einem Zeitalter, in dem ich eher gewohnt bin, Entfernungen nach der Fahrzeit mit Auto, Flugzeug oder einem anderen erdölgetriebenen Transportmittel zu beurteilen, ist es eine gewisse Umstellung, in Fußmarschzeiten von Stunden oder Tagen zu denken.

Meine geschnürten Wanderschuhe fühlen sich zu eng an in der Sonne. Mahabir hat mich gewarnt, wir würden in einer Höhe trekken, in der um diese Jahreszeit wahrscheinlich hoher Schnee liegt. „Heute Nacht friert's, morgen Nacht friert's noch mehr"", erklärt er mir fröhlich, als ich seine offenen Flipflops betrachte. Bis vor Kurzem seien alle Leute seines Dorfes barfuß gegangen, erzählt er. Selbst im Schnee? „Ja, natürlich. Aber jetzt haben selbst die Ärmsten Sandalen."

Der Aufstieg beginnt steil und bleibt es die nächsten neun Stunden lang. Jedes Mal, wenn sich der Pfad teilt und ich hoffnungsvoll nachfrage, kommt von unten die nachdrückliche Antwort: „Nach oben, nach oben." Mit einer gewissen Genugtuung stelle ich fest, dass auch Mahabir beginnt, ein wenig verschwitzt auszusehen, und länger als zuvor braucht, um diese endlose Treppe hinaufzustapfen.

Dennoch ist der Aufstieg wundervoll. Geier kreisen unter uns und lassen sich von der Thermik hoch in den azurblauen Himmel tragen. Die Berge scheinen zu wachsen, während wir klettern, und ich beginne, so etwas wie eine „Gipfel-Fata-Morgana" zu erleben – jedes Mal, wenn wir uns einem Gipfel nähern, windet sich der Pfad noch höher, und der Gipfel zieht sich weiter nach oben zurück. Kinder zeichnen den Himmel oft als einen Streifen Blau hoch über dem Grün des häuslichen Lebens am Boden. Nun habe ich das Gefühl, als bringe jeder Schritt uns näher an die Stelle, an der man durch das Blau stößt und in den geheimnisvollen Raum eindringt, den die Menschen Engel und Götter zugedacht haben.

Die Atmosphäre ist riesig und unbegreiflich, uns aber ebenso vertraut wie unseren fernen Vorfahren. Wer hat nicht schon einmal unter einem Baum gelegen und sich daran erfreut, wie der geisterhafte Wind die Blätter zum Zittern bringt oder Wolkengebilde vorbeiziehen, oder hat nachts aus dem Fenster die Sterne jenseits unserer Atmosphäre angeschaut? Bis vor Kurzem konnten nur geflügelte Geschöpfe vom heimatlichen Boden abheben und den dreidimensionalen Großen Luftozean der Atmosphäre erkunden. Uns erdgebundenen Menschen blieben nur anstrengende Klettertouren wie diese, bei denen wir langsam und mühevoll emporsteigen, um die kalte, dünne Luft jenseits der Wolkenschicht zu schmecken. Erst Ende des 18. Jahrhunderts trugen Heißluftballons Menschen so hoch in den Himmel, dass wir unsere Heimat aus der Vogelperspektive sehen konnten, und ermöglichten direkte Reisen „via Luftlinie" zwischen zwei Bestimmungsorten. Nun, da wir mit unseren technischen Spielzeugen durch die Atmosphäre tanzen können, sind wir in der Lage, hinsichtlich unserer natürlichen und künstlichen Welt aus einer wahrhaft globalen Perspektive zu betrachten und beide vielleicht sogar miteinander zu versöhnen. Satelliten, die den Planeten umkreisen, erlauben uns, mit Peilsender ausgestattete Meeres- und Landsäuger zu verfolgen, den Rückgang der Bewaldung zu messen und die Ausdehnung der arktischen Eisdecke über Jahrzehnte zu vergleichen. Wir können, während der Planet sein Gesicht verändert, den Übergang vom Holozän zum Anthropozän in Echtzeit messen.

Alle 20 Minuten finden sich auf unserem steilen Pfad günstig platzierte steinerne Rastplätze, und wir nutzen sie gern – wir halten an, um uns eine Weile auszuruhen, unsere Rucksäcke abzulegen und die Aussicht zu bewundern. Es hat etwas Nobles an sich, einen Gipfel zu bezwingen: Dieser 3500-m-Hügel ist mein Mount Everest, und ich bin ebenso stolz auf meine mickrige Leistung wie Hillary auf seinen phantastischen Erfolg.

Wir sehen keine anderen Ausländer, nur Einheimische pendeln bergauf, bergab zwischen Dörfern, die keine Straße verbindet, und Händler tragen unfassbar große Körbe mit Feuerholz und Orangen von den hoch gelegenen Berghängen auf die Märkte weiter unten. „Seit es in den letzten paar Jahren wärmer geworden ist, gedeihen Orangen sehr gut", erklärt mir Mahabir. „Viele Dörfler weiter oben züchten nun Orangen." Wir machen einen Orangenkern-Spuckwettbewerb, und Mahabir kichert vor Vergnügen, als er mich um das Doppelte schlägt.

„Normalerweise ist diese ganze Gegend ab Oktober von Schnee bedeckt", meint er und blickt auf den schlammigen Boden. „Mittlerweilen fällt immer weniger Schnee. Im Winter lag der Schnee früher zwei Meter hoch und blieb wochenlang liegen. Letzten Winter hatten wir nur zwei Zentimeter, und er kommt später. Das heißt, dass das Wintergetreide kein Wasser hat und abstirbt. Der Preis für Weizen und Gerste wird hoch sein im Frühjahr", prophezeit er.

Während wir Menschen die Atmosphäre erwärmen, verändert sich die riesige, wogende Decke aus Treibhausgasen, die das Leben auf der Erde vor den eisigen Temperaturen des Weltraums schützt, beeinflusst den Schneefall hier in Nepal und die Preise für Nahrungsmittel rund um die Welt. Während wir durch das Verbrennen fossiler Energieträger mehr und mehr gespeicherten Kohlenstoff in die Luft entlassen, bewegen wir uns allein in diesem Jahrhundert auf eine postholozäne Erwärmung von 4 Grad Celsius zu. Das sind 2 Grad Celsius mehr als das von Wissenschaftlern errechnete „sichere" Niveau. Dieses atmosphärische Kohlendioxid hat Auswirkungen auf den gesamten Planeten.

Auf die Idee, das Treibhausgas Kohlendioxid in die Atmosphäre zu pusten, kam keine einzelne Person oder Gemeinde. Die auf Erdöl basierende marktorientierte Wirtschaft ist ein Zivilisationsmerkmal, das aus dem menschlichen Energiehunger und dem Versprechen von Macht und Reichtum erwuchs. Eine Gallone (knapp 4 Liter) Erdöl enthält eine Menge an Energie, für deren Erzeugung ein Mann acht Tage lang arbeiten müsste. Was ist Reichtum, wenn nicht der Schlüssel zur Freiheit, der einem erlaubt, die Ketten der Arbeit und des eingeschränkten Lebens abzuschütteln – die Ungebundenheit, zu haben, zu sein und zu tun, was man will, der Traum, dass niemand Macht über einen hat? Das ist wirklich eine berauschende Vorstellung.

Überall auf der Welt verstehen Wissenschaftler und Regierungen mittlerweile die Beziehung zwischen Öl und globaler Erwärmung und diskutieren über nachhaltigere Wege, allgemeinen Wohlstand zu erreichen. Die effiziente Packung an Energie, die fossile Brennstoffe bieten, durch Alternativen zu ersetzen, ist jedoch alles andere als einfach. Arme Länder wie Nepal, in denen viele Menschen einen Großteil ihrer Energie noch immer aus vorindustriellen erneuerbaren Quellen beziehen, spüren die Auswirkungen des globalen Klimawandels, auch wenn sie sich nach den Vorteilen zuverlässiger Energie sehnen, wie sie fossile Brennstoffe liefern. Das ist ein Problem, auf das ich überall auf meiner Reise stoßen werde.

Wie mir Mahabir erzählt, ist eine Straße nach Nangi geplant. Wer bis dahin über Rufdistanz hinaus miteinander zu kommunizieren oder Handel treiben will, muss sich persönlich treffen oder einen Boten schicken. Jahrtausende lang haben Menschen Wege wie diese auf sich genommen, weil es nicht anders ging. Bei mir zuhause sind persönliche Treffen nun jedoch oft so unnötig, dass ein solcher Weg selbst eine Botschaft ist, etwa eine Botschaft von Achtung und Liebe.

Während wir keuchend weiterklettern, unterhalten wir uns in abgerissenen Sätzen. Mahabir, der trotz seiner etwas schäbigen Kleidung und seines bescheidenen Auftretens in dieser Gegend so etwas wie eine Berühmtheit ist, erzählt mir von seinem Bemühen, das Leben in den Dörfern seiner Volksgruppe auf eine ungewöhnliche Art – kabellose Netzverbindungen – zu reformieren. Er plant, das traditionelle Modell der Vernetzung – verbesserte Straßen, gefolgt von Überlandleitungen – zu überspringen und stattdessen mittels WLAN die Atmosphäre zu nutzen.

In dem Dorf Nangi, Heimat von rund 800 Angehörigen der Volksgruppe der Pun, gibt es weder Telefonleitungen noch Handyempfang; dort leben hauptsächlich Subsistenzbauern, die Gemüse anbauen, Yakhirten und diejenigen, die ausziehen, um ihr Glück als Gurkha-Soldaten zu suchen. Mahabir wurde im Tal von ehemaligen Soldaten unterrichtet, die niemals selbst zur Schule gegangen waren. Geschrieben wurde mit weichem Kalk aus lokalen Vorkommen auf kohlegeschwärzte Holztafeln. Mahabir war in der siebten Klasse (13 Jahre), als er zum ersten Mal Stift und Papier benutzte, und in der achten, als er ein Schulbuch in die Hand bekam. Aber selbst dieser rudimentäre Unterricht war teuer, und sein Vater, ein ehemaliger Gurkha der britischen Armee, musste all seine Ersparnisse und einen Großteil seines Landes opfern, um ihn zu bezahlen. Nach Abschluss der Schule arbeitete Mahabir zwölf Jahre als Lehrer, unterstützte seine Familie und half seinen Geschwistern durch die Schule.

Zwei Jahre lang schrieb Mahabir täglich Bewerbungsbriefe an Universitäten und Institute in den Vereinigten Staaten, bevor er schließlich ein Stipendium für einen Studiengang an der University of Nebraska in

Kearney erhielt. „Ich wusste, ich wollte die Dinge in meinem Dorf ändern. Ich wollte, dass die Leute mehr verdienen und eine bessere Erziehung und Zugang zu medizinischer Versorgung erhalten“, sagt er. Mehr als 20 Jahre, nachdem Mahabir mit seienr Familie sein Heimatdorf verlassen hatte, kehrte er mit seinem Traum und einem ebenso wichtigen Ordner voller Kontaktadressen nach Nangi zurück.

Es dämmert bereits, und wir sind 2500 Meter aufgestiegen, als wir von einer aufgeregten Gruppe Dorfkinder begrüßt werden, die uns Girlanden aus süß duftenden Ringelblumen umlegen und uns die letzten Schritte zum Dorf begleiten. Mahabir zeigt mir meine Unterkunft für die Nacht: eine Fachwerkhütte aus Lehm mit einem Steindach. Ich stelle mich bei Kerzenlicht vor und werde zu einem wohlschmeckenden Currygericht mit selbst angebautem Gemüse eingeladen, das der Naturwissenschaftslehrer der Schule auf einem qualmenden, mit Dung befeuerten Ofen zubereitet hat, bevor ich erschöpft in Schlaf falle.

Am nächsten Morgen führt mich Mahabir durch das kleine Dorf zur Schule, vorbei an Frauen, die Masala-Gewürze zerreiben und Teig für dünne Weizenmehlfladen (Chapatis) auf Holz und Stein kneten, vorbei an einem Kreis von Gemeindeführern und Ältesten, die im Schneidersitz auf dem kalten Boden hocken, völlig in ihre Diskussion vertieft. Auf unserem kurzen Gang werden wir überall begrüßt und angelächelt – alle freuen sich, Mahabir zu sehen. Er deutet auf eine recht große, gerade fertiggestellte Hütte. „Die Komposttoilette der Mädchen“, erklärt er und führt mich hinein. Er lächelt und tätschelt stolz die Innenwand, während ich ein wenig verlegen neben dem Loch stehe und versuche, den Geruch, nun, nach Toilette nicht wahrzunehmen. „Der Kompost ist prima, um damit Gemüse zu düngen“, meint er.

Im Laufe der Entwicklung von Nationen werden die Funktionsweisen einer Gesellschaft zunehmend technischer, mechanisierter und komplexer Weise. Um diese Industrien in Gang zu bringen, entstehen völlig neue Berufsfelder, aber in den meisten Fällen muss man dafür lesen, schreiben und rechnen können. Die Globalisierung bevorzugt diejenigen, die Fremdsprachen beherrschen. Die Leute, die unser Leben im Anthropozän formen werden, sind jene, die mehr von der Welt kennen als das Leben in einem kleinen Dorf und in der Lage sind, das gesammelte Wissen und Können zu nutzen, das Millionen Weltbürger via Schwarmdenken im World Wide Web geschaffen haben.

Es beginnt mit der Schule – mit Lesen und Schreiben und Selbstvertrauen und einem wachen Bewusstsein, das aus diesen einzigartigen menschlichen Fähigkeiten erwächst. Bildung ist der Königsweg aus der Armut, und die Schulbildung von Mädchen gilt mittlerweile als Entwicklungsziel, das einen Wandel bewirken kann. So heiraten gebildete Frauen im Schnitt vier Jahre später, haben mindestens zwei Kinder weniger und sorgen für einen besseren Gesundheitszustand ihre Familie. Und nicht nur das Einkommen, das eine einzelne gebildete Person erwirtschaftet, ist höher, sondern auch das Durchschnittseinkommen der Gemeinde steigt. „Wenn man ein Mädchen ausbildet, bildet man eine Nation aus", erklärte mir eine Sechsjährige in Uganda einst voller Ernst.

Was steht also der Schulbildung von Mädchen entgegen? Ich habe schon alles gehört, von der Sorge, ein Mädchen werde zu schlau, um zu heiraten, bis zu der Sorge, es sei dann nicht länger „rein" oder werde schwanger werden. Der Hauptfaktor ist jedoch Armut – Mädchen sind die ersten, die die Schule verlassen müssen, um zu arbeiten, wenn das Geld knapp ist. Und wenn sie älter werden, ist es eine Frage der Toiletten. Schulen, denen es an sauberen privaten Toiletten mangelt – und viele verfügen über gar keine sanitären Einrichtungen –, verlieren ihre Schülerinnen, sobald diese in die Pubertät kommen und zu menstruieren beginnen. Zudem müssen diese Schulen auch darum kämpfen, ihre Lehrerinnen zu halten. Manchmal kann für die Entwicklung einer Gesellschaft eine Toilette entscheidend sein – so wie jene, die Mahabir mir gezeigt hat.

In der Nähe liegt ein eingezäuntes Gemüsebeet, die Hälfte davon mit Plastikfolie abgedeckt. „Wir experimentieren seit einiger Zeit damit, Gemüse später im Jahr anzubauen, sodass wir das ganze Jahr hindurch frisches Grünzeug essen können", erklärt Mahabir. „Zunächst brauchten wir die Plastikabdeckung als eine Art Treibhaus, doch in den letzten drei Jahren sind die Pflanzen wegen des wärmeren Wetters auch ohne sie gut gewachsen."

An der gegenüberliegenden Seite eines rechteckigen Schlammplatzes, der als Fußballfeld und allgemeiner Versammlungsort für die Dorfbewohner dient, steht eine Reihe niedrigere hölzerner Schulhütten. Wir gehen hinüber, und Mahabir öffnet die Tür.

Ich weiß nicht genau, was ich erwartet habe, aber dieses glänzende Aufgebot von Computern und Monitoren, die die beiden langen Wände flankieren, ist wirklich ein erstaunlicher Anblick. Mädchen und Jungen, viele barfuß, arbeiten eifrig an den Geräten; das einzige Geräusch ist das Klappern der Tastaturen. „Möchten Sie Ihre E-Mails checken?“, fragt Mahabir, der meine Überraschung genießt. Die Computer- und Internetanlagen hier wären schon für eine Schule in London ungewöhnlich – an diesem Ort sind sie wirklich verblüffend.

Im Anthropozän muss die Welt nicht mehr an der Dorfgrenze enden. Genauso, wie soziale Entwicklungsziele heute ein Recht auf Elektrizität einschließen, ist es nicht länger akzeptabel, den Menschen den Zugang zu Tim Berners-Lees brillantem Spielzeug zu verweigern. Durch dieses Spielzeug sind wir nicht länger ein paar Individuen, die mit ein paar anderen Individuen zusammenarbeiten. Wir sind zu einem größeren, fantastischeren Geschöpf zusammengewachsen: zum Organismus der Menschheit, *Homo omnis*. Wir können nicht nur mit weit entfernt lebenden Menschen kommunizieren, sondern mit allen gleichzeitig – ja, wir versuchen sogar, Kontakt zu Außerirdischen irgendwo im Universum aufzunehmen.

Die Atmosphäre der Erde ist im Anthropozän durch Milliarden unsichtbarer Strahlen von unseren Kommunikationsgeräten erhellt worden – und das in bemerkenswert kurzer Zeit. Das erste transatlantische Telegramm sandte Königin Viktoria 1858 an den amerikanischen Präsidenten James Buchanan, und seit 1902 durchkreuzen Kabel den Pazifik und den Atlantik und schaffen sogar Verbindungen zum fernen Australien. Ein Jahrhundert später erlaubt mir das Mobiltelefon in meiner Tasche, das Signale durch die Atmosphäre schickt, Wetterberichte und Verkehrsmeldungen abzurufen, mit meiner Großmutter in Sydney zu plaudern, Nachrichten live an ein Fernsehstudio zu schicken und meine Rechnungen zu bezahlen. Smartphones sind inzwischen so schlau und benutzerfreundlich, dass wir sie schon bald zu unserem persönlichen Dashboard machen werden, das uns sagt, wie viel wir uns bewegen, und unsere Kalorien- und Vitaminaufnahme, unser Schlafmuster, Herzfrequenz, Stressniveau oder Cholesterinspiegel überwacht. Je weiter das Anthropozän fortschreitet, so glauben einige Forscher, desto mehr werden wir unser Smartphone als Partner ansehen – selbst in emotionaler Hinsicht.[1]

In Ostafrika habe ich gesehen, wie mobile finanzielle Dienstleister wie M-Pesa ihren Kunden ermöglichen, mit der Geschwindigkeit und

Bequemlichkeit einer SMS-Textbotschaft Bargeld zu überweisen und Güter zu bezahlen.[2] Ein Kunde zahlt Bargeld bei seinem lokalen M-Pesa-Agenten ein, der dann sein mobiles Konto mit einer speziellen Sicherheits-SMS benutzt. Der Kunde kann anschließend Geld auf das Konto einer anderen Person überweisen oder eine Rechnung bezahlen, indem er einen Textcode an den Mobiltelefon-Account des Empfängers einen Textcode sendet, der die sofortige Überweisung des Geldes auslöst. Selbst Leute ohne mobiles Guthaben können Zahlungen in Form eines Textcodes erhalten, den sie bei ihrem lokalen Agenten in Bargeld umtauschen können.

Für Millionen von Afrikanern, die nicht die Voraussetzungen für die Eröffnung eines Bankkontos haben oder zu weit von einer Zweigstelle entfernt leben, bietet dieser mobile Geldtransfer zum ersten Mal die Gelegenheit zum sicheren Sparen. In Kenia nutzen inzwischen mehr als zwei Drittel der erwachsenen Bevölkerung (über 17 Millionen Menschen) M-Pesa, um für alles Mögliche zu bezahlen, von Schulgebühren über den Lebensmitteleinkauf bis zu den Wasser- und Stromgebühren, von Taxikosten bis zu Flugtickets. Dieses System ermöglicht Menschen in entlegenen ländlichen Gebieten, ihre Ware auf weit entfernten Märkten anzubieten, urbanen Migranten, ihren Familien im heimischen Dorf rasch Geld zu schicken, und Regierungs- und Hilfsorganisationen, hungernden Slumbewohnern rechtzeitig einen „Notgroschen“ zu überweisen. Mobiltelefone ermöglichen aber nicht nur Zugriff auf Geld. Ein nepalesischer Bauer mit einem Smartphone-Zugang zu Google kann inzwischen mehr Informationen abrufen als der Präsident der Vereinigten Staaten noch vor 15 Jahren.[3] Auf den Philippinen erfolgt ein Großteil der Kommunikation zwischen Regierung und Bevölkerung per SMS. In Malaysia werden Flutwarnungen per Textbotschaft versandt, und in der ganzen Welt, vom erdbebenerschütterten Haiti bis zu den Hungerkatastrophen in Ostafrika, werden Evakuierungen und Hilfsprogramme bei Naturkatastrophen via SMS koordiniert. In Indien nutzen Volksgruppen Handys für einen „Bürgerjournalismus“, verbreiten Informationen und geben entrechteten Gruppen eine Stimme.

Im Arabischen Frühling 2011 organisierten sich Bürger per Handy, um gegen diktatorische Regime zu kämpfen, und umgingen dabei sogar das regierungskontrollierte Internet und Netzwerkabschaltungen, indem sie die Seiten sozialer Medien wie Twitter und Facebook mittels Apps und

Proxy-Server nutzten. In ganz Afrika kann die Stimmabgabe per Smartphone den Wahlbetrug um 60 Prozent senken.[4] In Afghanistan erhält die Polizei ihr Gehalt von der Regierung per Mobiltelefon-Banking, denn das erschwert Betrug. Im Anthropozän könnten Handys sogar zur Demokratisierung von Märkten beitragen. Unternehmenslustige Menschen nutzen Crowd-Funding-Möglichkeiten, wie sie Kickstarter bietet, um sich Zugang zu Märkten zu verschaffen, die seit den Tagen der Ostindischen Kompanie die exklusive Domäne großer Unternehmen waren.

Es ist kein Wunder, dass sich die Art und Weise, wie unsere Spezies global kommuniziert, im Anthropozän grundlegend gewandelt hat. Im Jahr 2012 sagte die UN telecoms agency voraus, dass es bis 2014 mehr Mobiltelefone als Menschen auf der Erde geben wird, wobei 70 Prozent der Neuzugänge aus Entwicklungsländern kommen; bis 2017 wird es rund um die Welt über 10 Milliarden vernetzte Mobilgeräte geben, die pro Jahr mehr als 130 Exabytes (1 Exabyte = 1018 Bytes) übermitteln. Bis 2003 hatten die Menschen 5 Milliarden Gigabytes an digitaler Information produziert. Im Jahr 2010 wurde dieselbe Menge an Information alle zwei Tage erzeugt, 2013 schon alle zehn Minuten. Erwartet wird, dass 2020 rund 5 Milliarden Menschen mittels Mobilgeräten Zugang zum Internet haben – ein Maß an Vernetzung, das sich Regierungen und Entwicklungsorganisationen noch vor 20 Jahren nicht hätten träumen lassen.[5]

Dies kommt Nutzern in der armen Welt zugute, die Teil des kollektiven menschlichen Gesprächsaustauschs werden und jenseits der Einschränkungen von Reichtum, Geografie, Kaste, Geschlecht oder anderen Hindernissen, die sie früher behindert haben, Einfluss ausüben können. Der Mensch des Anthropozäns ist nun ein anderes, vernetztes Tier. Mit dieser Technik haben wir nicht nur die Grenzen des menschlichen Körpers überwunden, sondern auch die unseres Schwarms – wir sind zu einer globalen Gemeinschaft geworden. Das Geheimnis unseres enormen planetaren Einflusses ist unsere Zusammenarbeit als Spezies, und die technologische Nutzung unseres von der Atmosphäre abhängigen Kommunikationssystems hebt diese Kooperation auf eine neue Stufe. Sie wirkt als Beschleuniger des menschlichen Einflusses und kann als solche dazu genutzt werden, unsere destruktiven Merkmale zu verstärken – könnte sich aber auch als unsere Rettung erweisen: als ein Werkzeug, das Entwicklung und Fortschritt ermöglicht und uns in Echtzeit zeigt, wie wir andere Menschen und den Rest der Biosphäre beeinflussen.

Als sich Mahabir daran machte, Nangi umzukrempeln, erkannte er, welche Chancen die neuen Kommunikationstechniken einem abgelegenen Dorf eröffnen können.

Am Ende einer Reihe ganz normal aussehender Computer-Hardware entdecke ich etwas, das ein wenig anders aussieht – ein paar Holzkisten mit Platinen. „Ah, das sind die ersten Computer, die ich aus recycelten Teilen alter Computer gebaut habe, die uns überlassen wurden, denn neue konnten wir uns nicht leisten", erinnert sich Mahabir. 1997 spendeten australische Studenten die vier danebenstehenden Computer, und die übrigen wurden im Lauf der folgenden Jahre von Menschen in den USA und Europa geschickt. Ohne Telefonleitungen und die Möglichkeit, eine Satellitentelefonleitung zu finanzieren, während sich das Land im Aufruhr befand, erkannte Mahabir, dass er sich etwas einfallen lassen musste, um seinem Dorf mit den Kommunikationsgeräten des 21. Jahrhunderts auszustatten. 2001 schrieb er an eine Radioshow des BBC World Service und bat um Hilfe, weil er die kürzlich entwickelten WLAN-Technologie nutzen wollte, um seinem Dorf Zugang zum Internet zu verschaffen. Von seiner Idee begeistert, schickten Hörer ihm E-Mails mit Ratschlägen und boten ihre Unterstützung an.

Da die nepalesische Regierung während des Aufstands die Einfuhr und Nutzung von drahtlosen Geräten verboten hatte und misstrauische maoistische Rebellen versuchten, sie zu zerstören, waren es Freiwillige – Rucksacktouristen aus der ganzen Welt –, die solche Geräte aus den USA und Großbritannien ins Land schmuggelten. 2003 hatte Mahabir alle Teile beisammen, Nangi mit dem nächsten Nachbardorf, Ramche, verbunden und eine mit Sonnenenergie betriebene Relaisstation installiert, wofür er eine Fernsehantenne an einem hohen Baum auf einem Berggipfel angebracht hatte. Und von dort sandte er das Signal in das über 20 Kilometer entfernte Städtchen Pokhara, das eine Glasfaserverbindung in die Hauptstadt Kathmandu hatte. Nangi war im Internet.

„Ich verwendete damals einen Heim-WLAN-Bausatz aus Amerika, der für die Nutzung innerhalb eines Radius von vier Metern empfohlen war", erinnert er sich. „Ich schrieb dem Unternehmen eine E-Mail und erklärte den Leuten, dass ich damit 22 Kilometer weit gekommen war, denn ich hoffte, sie würden mir vielleicht etwas Zubehör spenden, aber sie glaubten mir nicht."

Einer der Vorteile von WLAN ist, dass es keine kostspielige und ressourcenintensive Infrastruktur erfordert – es müssen nicht Kilometer um Kilometer Kabel und Kupferdrähte in schwierigem Gelände verlegt werden. Die wirtschaftliche Entwicklung im Anthropozän muss für die Natur nicht so schmutzig und zerstörerisch sein, wie es heute noch der Fall ist. Mittlerweile haben Mahabir und seine enthusiastischen Freiwilligen mehr als 40 weitere entlegene Bergdörfer (mit 60 000 Bewohnern) vernetzt und mit dem Internet verbunden, und viele Anschlüsse sind in Vorbereitung. „Die Dorfbewohner können nun mit den Bewohnern anderer Dörfer und selbst mit Familienmitgliedern im Ausland kommunizieren, und zwar per E-Mail und per VoIP [Voice over Internet Protocol]", meint er. „Und sie können mit dem lokalen VoIP-System kostenlos im Dorfnetzwerk telefonieren." Mir wird klar, dass Mahabir und die Jugendlichen VoIP schon länger als ich benutzen. Da ich stets Zugang zu einem Festnetzanschluss hatte, habe ich VoIP – Skype – erst in den letzten Jahren für billigere Überseegespräche entdeckt, während das Dorf die Technik schon ein Jahrzehnt zuvor übernommen hatte.

In diesem Teil der Welt sind Lehrer ein seltenes Gut, doch immerhin werden die Kinder nicht länger von Soldaten unterrichtet, die selbst kaum lesen und schreiben können. Dank WLAN-Netzwerk kann ein Lehrer, ob vor Ort oder in Kathmandu, Klassen in vielen Dörfern unterrichten, via Bildschirm von Angesicht zu Angesicht mit Schülern diskutieren, Fragen beantworten sowie Hausarbeiten entgegennehmen und benoten. Zudem ermöglicht Mahabirs „Teleunterricht-Netzwerk" den wenigen guten Lehrern in der Region, andere auszubilden. Daneben entwickelte er auch eine kostenlose digitale Bibliothek für Lehrmaterialien in Nepali auf und arbeitet dabei mit der Organisation One-Laptop-One-Child zusammen, die, so hofft er, Kinder in der Region mit Laptops versorgen wird. Dank Mahabirs Bemühungen hat eine Generation von Kindern, die sonst auf Bildung verzichten müssten, bis das Land ein paar Lehrer ausbildet, noch nie da gewesene Möglichkeiten, zu lernen und eine Welt jenseits der Träume ihrer Eltern zu entdecken – das ist eine gute Definition für Entwicklung.

Aber wie versorgt er ein System so weit vom Stromnetz mit Energie? „Wir haben in dem Bach unten im Dorf einen Wasserkraftgenerator gebaut", lächelt er. Sobald sie es sich leisten können, möchte er eine andere, größere Turbine installieren, sodass das ganze Dorf über Strom verfügt

– momentan ist die kostbare Elektrizität für die Computer und den Server reserviert.

Als wir mit Ersatz zur Reparatur eines zerbrochenen Teils von Relaisstation Nr. 1 zu einer weiteren ganztägigen Klettertour aufbrechen, passieren wir noch eines von Mahabirs vernetzten Dörfern. Hier stoßen wir auf eine riesige weiße Satellitenschüssel, die zwischen den einfachen Steinhäusern thront und ziemlich unpassend wirkt. „Wir haben jahrelang versucht, hier so etwas wie ein Telefonsystem einzurichten", erklärt Mahabir. „Dann erhielten wir vor ein paar Monaten von einer NGO diese Schüssel für ein Satellitentelefon und Fernsehen. Da hatten wir aber schon das kabellose Internettelefon und brauchten sie daher nicht. Es wäre sowieso viel zu teuer, damit zu telefonieren." Dennoch haben die Dorfbewohner die Schüssel auf dem Schuldach installiert, wo sie wie ein Totem der Nutzlosigkeit wirkt. Niemand im Dorf hat einen Fernseher, geschweige denn die Elektrizität, um ihn zu betreiben.

Mahabir erkannte rasch, dass Vernetzung zahlreiche weitere wichtige Anwendungen mit sich bringt. Im vergangenen Jahr hat das Dorf eine telemedizinische und zahnärztliche Klinik aufgebaut, in der die Hebammen und Krankenschwestern des Dorfes per Webcam direkt mit Ärzten im Lehrkrankenhaus von Kathmandu sprechen können. Außerdem wurden die Krankenschwestern in Reproduktionsmedizin, Kinderpflege, Wund- und Unfallversorgung sowie den Grundlagen der Zahnheilkunde ausgebildet.

Das WLAN hat auch die Lebensgrundlagen hier verbessert; es ermöglicht Yakzüchtern, mit ihren mehrere Tagesmärsche entfernten Familien und Händlern zu kommunizieren, und erlaubt den Leuten, alles von Büffeln über handgeschöpftes Papier bis zur Marmelade und Honig zu verkaufen. Ein Einkommen, von dem sich leben lässt, ist der Schlüssel für all die anderen geplanten sozialen Entwicklungsprojekte, und Mahabir setzt auf Tourismus. Viele der Dörfer liegen an wunderbaren, aber wenig benutzten Trekking-Routen im Annapurnamassiv, und neuerdings bieten die Dorfbewohner Touristen Unterkunftsmöglichkeiten oder Dienste als Trekking-Führer an. Die einheimischen Jugendlichen und Erwachsenen kennen die Routen gut, und Mahabir sorgt dafür, dass sie ein gewisses Training erhalten; so lernen sie auch etwas rudimentäres Englisch. Und mithilfe westlicher Freiwilliger haben sich die Dörfer zusammengeschlossen, um direkt unter Relaisstation Nr. 1 auf einem entlegenen Fleckchen Erde in den Bergen ihre erste Touristenherberge zu bauen. „Wir richten sichere Transaktionsmöglichkeiten für Kreditkartenzahlung via Internet ein, sodass mehr Touristen kommen, und das wird uns helfen, die Bildungs- und Gesundheitsprojekte zu finanzieren“, meint er.

Mahabir, der Ein-Mann-Revolutionär, hat noch weitere Pläne, um das Dorf umzubauen, darunter auch eine Zuchtfarm zur Kreuzung von Yaks. Die Erwärmungsrate hier im Himalaja ist fünfmal höher als im globalen Durchschnitt und zwingt Yakbauern, immer entlegenere und gefährliche Weideplätze aufzusuchen, da die Tiere mit ihrem dichten Fell besonders an Höhen über 3000 Metern angepasst sind. Mahabir möchte die Yaks mit Kühen kreuzen, um ein Lasttier zu produzieren, das genügsam ist, in geringeren Höhenlagen leben kann und zudem gute Milch gibt. „Die ersten 16 Kühe, die wir hier heraufbrachten, sind von Schneeleoparden gerissen worden, daher müssen wir sie in Zukunft besser schützen“, sagt er.

Rinder sind für die Dorfbewohner lebenswichtig, weil sie den Dung produzieren, ohne den sich auf den nährstoffarmen Bergböden keine Nutzpflanzen anbauen lassen. Aber die Rinder brauchen Futter und im Idealfall etwas anderes als die Feldfrüchte der Dörfler. Während alle Dörfer rundum ihre spärlichen Wälder zerstört haben, um Bau- und Feuerholz sowie Anbauflächen zu gewinnen, hat Mahabir ein weiteres zukunftsweisendes Projekt in Angriff genommen: Er hat eine Baumschule aufgebaut und pflanzt pro Jahr rund 15000 Bäume in Nangi sowie rund 40000 weitere in der Umgebung. So werden die Dorfbewohner mit Feuerholz und die Rinde rmit Futter versorgt. Während viele Menschen in den nepalesischen Bergdörfern Hunger leiden, sehen die Bewohner von Nangi gut genährt aus – einige der Lehrer sind sogar ein wenig untersetzt, was kaum zu glauben ist, wenn man die Steigung bedenkt, die sie jeden Tag zurücklegen müssen, um von ihrem Haus zur Schule zu gelangen.

Während Mahabir einem Mann, der hoch oben in der Krone eines schwankenden Baumes versucht, das Relais zu reparieren, Anweisungen zuruft, wird mir klar, dass die Entwicklung in diesen abgelegenen Dörfern nicht auf Gedeih und Verderb einer gescheiterten Regierung ausgeliefert bleiben muss. Einen Großteil des Holozäns hindurch hätte die geografische Lage ihres Dorfes Menschen wie die Einwohner von Nangi in ihren sozialen und ökonomischen Möglichkeiten drastisch eingeschränkt. Ein echter Visionär voller Entschlossenheit wie Mahabir kann jedoch Dorf für Dorf Veränderungen bewirken und schrittweise ein Web installieren, das die ganze Atmosphäre durchdringt. Aber um wie viel rascher und effektiver würde sich Nepal entwickeln, wenn diese Entwicklung wie anderswo durch national koordinierte Programmen, eine gute Regierungsführung und eine geregelte Privatindustrie mit Zugang zu Märkten unterstützt würde!

Die Demokratisierung von Online-Information, Bildung, Kommunikation und Märkten demonstriert das Potenzial des Anthropozäns, zu einer globalen Gesellschaft zu führen, in der mehr Gleichheit herrscht – zu einer „flacheren Erde", in der die Dominanz der USA, Europas und einiger anderer reicher Nationen von östlichen und südlichen Rivalen wie China, Indien und Brasilien infrage gestellt wird. Zu Beginn des Anthropozäns gibt es bereits Anzeichen, dass sich die Lebensqualität der Menschheit verbessert – es gibt heute weniger „gescheiterte Staaten", mehr Länder praktizieren ein gewisses Maß an Demokratie, und die globale Armut ist im Vergleich zu einigen Jahrzehnten zuvor zurückgegangen. Im Jahr 2008 sanken erstmals weltweit die Anzahl und der prozentualer Anteil der Menschen, die mit weniger als 1,25 US-Dollar pro Tag auskommen müssen, und der Trend hat sich seitdem fortgesetzt.[6] Unsere Nutzung der Atmosphäre durch Mobiltelefon- und Internetkommunikation – und das Unternehmertum, das darauf folgt – hat bei diesem Trend eine bedeutende Rolle gespielt.

Wir Menschen als vernetzte Superspezies mögen die Atmosphäre in brillanter Weise zur Kommunikation genutzt haben, aber zugleich haben wir uns überhaupt keine Gedanken darüber gemacht, was wir sonst noch nach dort oben geschickt haben.

Das hässliche Gesicht der menschlichen Eingriffe in die Atmosphäre – die vielen emittierten Gase – bedroht nun Zivilisation und Natur. Insofern Kohlendioxidgase die nächste Eiszeit – vielleicht unendlich weit – hinausgeschoben haben, sind sie für uns von Vorteil gewesen, doch der Treibhauseffekt dieser Emissionen beeinflusst jeden Teil unseres Planeten, vom Ackerland bis zu Wüsten und Meeren. Wir jagen so viele verschiedene Schadstoffe in unseren Luftozean, dass wir nicht nur unser

Klima und unsere Wettersysteme verändern, sondern uns auch selbst vergiften.

Luftverschmutzung ist nicht neu – das alte Rom war berüchtigt für seine von Holz- und Kohlefeuern verqualmten Straßen, und 1306 verbot König Eduard I. von England das Verbrennen von Kohle bei Todesstrafe – natürlich ohne Erfolg. Erst als der Londoner Smog 1952 in nur vier Tagen geschätzte 4000 Menschen tötete (und in den darauf folgenden Wochen und Monaten 8000 weitere Menschen), zwang der Clean Air Act die Londoner, raucharmen Koks statt Kohle zu verwenden. Ähnliche Gesetze der 1950er- und 1960er-Jahre verbesserten die Luftqualität von New York und anderen Großstädten der damaligen Entwicklungsländer – Bewohner der westlichen Welt atmen noch immer einen Cocktail aus Schadstoffen, doch dabei handelt es sich hauptsächlich um unsichtbare Karzinogene, wie Ozon und Stickoxide, statt um Ruß- und Schwefelemissionen. Die Bürger der heutigen Entwicklungsländer erleben hingegen gegenwärtig ähnliche Zustände wie wir in unseren Waschküchen Mitte des vorigen Jahrhunderts, allerdings in viel größerem Maßstab.

Die „finsteren satanischen Mühlen“ (William Blake) der Industriellen Revolution in Großbritannien und die Kohlekraftwerke, die sie mit Energie versorgten, verdüsterten den Himmel und führten zu zahllosen Todesfällen – die Luftverschmutzung aus europäischen Kohlekraftwerken tötet nach Einschätzung von Wissenschaftlern auch weiterhin jedes Jahr mehr als 22 000 Menschen.[7] Die Treibhausgas-Emissionen aus Schornsteinen und Auspuffrohren gibt es nach wie vor. Der sichtbar verschmutzte Himmel vergangener Jahrhunderte ist jedoch aufgrund strengerer Schadstoffkontrollen aufgeklart, denn diese zwingen Fabriken und Kraftwerke, Abgasbehandlungstechniken wie Filter zu installieren. Zudem sind besonders schmutzige Herstellungsverfahren aus Westeuropa verschwunden.

Dafür ist die Atmosphäre in China, wo heute die meisten Dreckschleudern stehen, mittlerweile so belastet, dass nur 1 Prozent der Stadtbevölkerung des Landes Luft atmet, die nach den Standards der Europäischen Union als sauber gilt. Zu diesem Schluss kam eine Studie der Weltbank 2007, auch wenn damals ein Großteil des Berichts von den chinesischen Behörden, die soziale Unruhen fürchteten, redaktionell bearbeitet wurde.[8] Als ich Peking im Frühling besuchte, fiel mir die gespenstische Abwesenheit der Sonne auf. Die Luftverschmutzung, die mir in Augen und Hals biss, verbarg die Sonne so gründlich, dass der wolkenlose Tag zwar hell erschien, die Quelle dieser Helligkeit aber nicht zu erkennen war. Und das, obwohl die Stadt schon ihre „Sanierung" erfahren hatte! China ist Europas Beispiel gefolgt und hat seine schmutzige Industrie aus reichen Städten wie Peking und Shanghai ins Inland verbannt, in ländliche und weniger entwickelte zentrale und westliche Regionen wie auch in ärmere Länder, beispielsweise nach Indonesien. Dadurch wird sich Chinas Luftqualität verbessern, genauso, wie es in Europa der Fall war, während sich die Situation in den Entwicklungsländern verschlimmern wird.

Letztendlich lässt sich dieser schmutzige Prozess nur dadurch stoppen, dass man Industrien wie die Bau- und die Fertigungsbranche saniert, indem man in den ärmsten Ländern die modernsten Industrieanlagen einsetzt – und zudem Effizienz und Recycling stark verbessert. Auf lange Sicht werden viele schmutzige Technologien überflüssig und durch neuere ersetzt werden; so bietet sich die Gelegenheit, von Anfang an auf Schadstoffvermeidung zu setzen. Die Atmosphäre des Anthropozäns ist nicht etwa deshalb bemerkenswert, weil sie von einer Reihe chemischer Substanzen und Teilchen durchsetzt ist – das kann auch durch natürliche Ereignisse wie Vulkanausbrüche geschehen. Und auch nicht deshalb, weil es das erste Mal ist, dass Menschen ihre eigenen Emissionen produziert haben, sondern weil es das erste Mal ist, dass Menschen dies in einem globalen Maßstab getan haben, der mit den größten natürlichen Ereignissen auf unserem Planeten vergleichbar ist.

Teil des Problems ist unsere große Anzahl – bereits mehr als 7 Milliarden. Ein wachsender Teil der Menschheit ist von Gütern, Dienstleistungen und Energien abhängig, die das Produkt von schmutzigen Industrieprozessen sind. Zusätzlich produzieren die Leute ihre eigenen, hausgemachten Schadstoffe, und diese Kombination färbt die eigentlich durchsichtige Luft braun.

Kathmandu, Nepals einzige wirkliche Großstadt, ist durch ihren dicken, beißenden Smog so gut wie unsichtbar. Die Luftverschmutzung und der Staub, der sich in dem schüsselförmigen Tal sammelt, lösen sich kaum einmal auf – es gibt nur wenig Regen, der den Smog wegwaschen könnte, und zudem kaum Wind. Die Luft ist so schmutzig, dass alle Schaufenster verdreckt sind. Da es an Kunden fehlt, verbringen die unterbeschäftigten Angestellten ihre Zeit mit sinnlosem Staubwischen und

Fegen – sie wirbeln den Staub lediglich auf, der sich Sekunden später wieder setzt. Die Sicht ist so schlecht, dass Flüge häufig ausfallen oder Starts sich verzögern, wenn auch vielleicht nicht so häufig, wie es sein sollte: Allein in den Jahren 2012 und 2013 gab es fünf Flugzeugkatastrophen, bei denen mehr als 60 Menschen starben. Der größte Teil des Smogs, rund zwei Drittel, stammt aus dem Verbrennen von Biomasse zum Kochen, wie den Dungfeuern, die ich in Nangi gesehen habe; das letzte Drittel geht auf fossile Brennstoffe zurück. Rauchfahnen steigen von den Holz- und Dungfeuern, die in jedem Haushalt brennen, in den Himmel und mischen sich mit den Emissionen der Fabrikschornsteine und den Feuern, die zur Brandrodung in der Landwirtschaft eingesetzt werden. In den Straßen kriechen Motorräder und Autos mit schlecht eingestellten Motoren Stoßstange an Stoßstange vorwärts; ihre Auspuffrohre furzen schwarze Rußwolken. Der Mief, der dabei entsteht, hängt den ganzen Winter über der Region, bis weit ins Frühjahr. In kilometerlangen braunen Dunstschleiern zieht er sich viele Tausend Kilometer weit vom Gelben Meer bis zur arabischen Küste. Seine Rußpartikel hat man sogar bei Spitzbergen im arktischen Eis gefunden.[8] Auf Satellitenbildern kann man die braune Wolke als Fleck über Asien erkennen, doch das hat sich zu einem höchst emotionsgeladenen Thema entwickelt. Als die Schadstoffschicht zunächst als Asiatische Braune Wolke bezeichnet wurde, protestierte Indien; daher benannte das Umweltprogramm der Vereinten Nationen den Dunst in der Folgestudie in „Atmosphärische Braune Wolke" (*Atmospheric Brown Cloud, ABC*) um.

Der wärmende Effekt des braunen Dunstes addiert sich zum Treibhauseffekt und beschleunigt das Abschmelzen der Hindukusch-Gletscher und Schneedecken, einschließlich des schmelzenden Schnees, der Mahabirs Turbinen antreibt – zum Teil deshalb, weil steigende Lufttemperaturen in Höhenlagen ausgeprägter sind. Und schwarze, nicht verbrannte Kohlepartikel aus den Dreckwolken lagern sich auf diesen weißen Gipfeln ab, verringern deren Reflexionsvermögen und beschleunigen die Eisschmelze. Das ist ein Grund für die fünfmal höhere Erwärmungsrate, die hier zu beobachten ist, dafür, dass Orangen weiter oben auf den Hängen Richtung Nangi wachsen und dass Mahabir Yaks die Überhitzung droht.

Die dichte Schadstoffdecke, die wie ein Leichentuch über Asien liegt, beeinflusst auch den Monsun und die landwirtschaftliche Produktion.

Es ist eine komplexe Beziehung: Rußteilchen, Ozon und Wasserdampf in der Dunstschicht absorbieren Sonnenlicht und heizen die Atmosphäre um bis zu 50 Prozent auf, während die Sulfat-Aerosole die Erdoberfläche gleichzeitig durch Beschattung kühlen.[9] Diese kühlenden Aerosole verändern den globalen Wasserkreislauf, denn auf die Meeresoberfläche trifft weniger Sonnenlicht, sodass weniger Wasser verdampft und die Regenmenge abnimmt. Ein Rückgang der Monsun-Regenfälle um 40 Prozent über der Nordhälfte von Indien bis Afghanistan und eine Nord-Süd-Verlagerung der Regenfallmuster im Osten von China hat bereits zu Ernteausfällen geführt.[10] Die braune Wolke verringert auch die Effizienz der Niederschläge, weil sie die Bildung großer Regentropfen erschwert und zu dürreartigen Bedingungen führt. Ihre Auswirkungen sind bis Australien zu spüren.

Jede Veränderung der Niederschlagsmenge wirkt sich direkt auf das Pflanzenwachstum, auch in der Landwirtschaft, aus, das darüber hinaus durch die Ablagerungen von Schwebeteilchen auf den Blättern beeinträchtigt wird. Diese Ablagerungen verringern die Menge des absorbierten Lichtes, limitieren die Photosyntheseaktivität und können zu Säureschäden bei den Pflanzenzellen führen. Zudem verringern erhöhte Konzentrationen an bodennahem Ozon bei bestimmten Nutzpflanzen, darunter Weizen und Gemüse, den Ertrag; eine Studie schätzt, dass die Reisernte in Indien durch braune Wolken bereits um ein Viertel zurückgegangen ist.[11]

Der Dunst stellt überdies ein Gesundheitsrisiko dar; er wird mit akuten Atemwegsinfektionen, vor allem bei Kindern, mit Lungenkrebs, Schwangerschaftsproblemen, Herzinfarkten und anderen Erkrankungen in Verbindung gebracht. Allein in Indien sterben Schätzungen zufolge fast zwei Millionen Menschen jedes Jahr an Problemen, die mit der braunen Wolke zusammenhängen. Festbrennstoffe, wie sie in Haushalten zum Kochen verwendet werden, sind ein Hauptgrund für den braunen Dunst und töten jedes Jahr wahrscheinlich mehr Menschen als die Malaria – allein der Rauch von Holzfeuern bringt jährlich mehr als 1,5 Millionen Menschen um, vor allem Frauen und Kinder. Die Organisation für wirtschaftliche Zusammenarbeit (OECD) nimmt an, dass die urbane Luftverschmutzung ab 2050 mehr Menschen umbringt als verunreinigtes Wasser und schlechte sanitäre Ausstattung; man geht von 3,6 Millionen vorzeitiger Todesfälle aus, vor allem in China und Indien. An vielen Orten, an denen wir leben, haben wir die lebenswichtige frische Luft des Planeten in einen gefährlichen Dunstcocktail verwandelt.

Die Atmosphäre des Anthropozäns muss jedoch nicht auf Dauer verschmutzt bleiben. Die gute Nachricht ist, dass die Bekämpfung des braunen Dunstes eine weitaus einfachere und schnellere Lösung für die regionale – und globale – Erwärmung darstellt als ein Einwirken auf die Kohlendioxidemission. Eine Reduzierung der Rußemissionen aus der Verbrennung von Biomasse könnte zu einem merklichen und raschen Erfolg führen – denn im Gegensatz zu Kohlendioxid, das 100 Jahre lang in der Atmosphäre verbleibt, sind es bei den Schadstoffen der braunen Wolke nur wenige Tage. Die Drosselung von schwarzem Kohlenstoff (Ruß) allein könnte zu einer erstaunlichen 40- bis 50-prozentigen Verringerung der Erderwärmung führen – zusätzlich zu allen gesundheitlichen Vorteilen.[12]

Das würde striktere Standards bei Autoabgasen bedeuten, die viele Entwicklungsländer von China bis Indien bereits durchzusetzen beginnen. Und es verlangt grundlegende Veränderungen in der Art und Weise, wie Menschen in Orten wie Kathmandu ihr Essen kochen und ihre Häuser heizen. Es würde nur 15 Milliarden US-Dollar kosten, die 500 Millionen Haushalte, die über offenem Feuer kochen, mit einem Clean Cook Stove, einem „sauberen" Kochherd, für 30 US-Dollar auszustatten. Die Verteilung solcher Kochherde würde nicht nur die Schadstoffbelastung senken, sondern auch Mädchen und Frauen von der Last befreien, Feuerholz zu sammeln und heimzutragen – eine Arbeit, die ihre Gesundheit gefährdet, sie dem Risiko einer Vergewaltigung aussetzt und sie davon abhält, zur Schule zu gehen. Ein großer Gewinn in jeder Beziehung.

Das hübsche Dorf Phakding auf der belebten Trekking-Route zum Basislager des Everest erscheint mir sofort anders als andere Dörfer, die ich besucht habe, aber ich brauche ein paar Stunden, bis mir klar wird, was fehlt. Der Groschen fällt erst, als ich sehe, dass Ani, die Besitzerin des Gästehauses, auf einem elektrischen Ofen kocht: Der Rauch, der seit meiner Ankunft in Nepal in jeder Straße, jedem Haus mein ständiger Begleiter war, fehlt seltsamerweise. Ich atme tief durch die Nase ein, um meinen Eindruck zu überprüfen. Der Hauch eines Feuers, das auf einem weit entfernten Kamm brennt, liegt in der Luft, aber sonst kein Rauchgeruch. Ich rieche Knoblauch und mit Chili gewürzte Zwiebeln, die in

Anis Küche schmoren, den süßen dunklen Geruch von trocknender Vegetation, gemischt mit duftendem Marihuana und Blumen sowie die erdige Säuerlichkeit von Büffelmist.

Ich mache mich über einen Gemüseeintopf mit Chapati her und frage Ani, wie es zu diesem rauchfreien Nirwana gekommen ist. Es ist eine NGO-Initiative, die dafür gesorgt hat, dass sich das ganze Dorf auf Mikro-Wasserkraft umstellt; die Dorfbewohner nutzen einen Bach zum Antrieb einer Turbine, die Strom für das ganze Dorf produziert. „Wir brauchten wegen all der Touristen, die kamen, immer mehr Petroleum und Diesel, und das wurde so teuer", erklärt sie mir. Als die Sprache auf Mikro-Wasserkraftgeneratoren kam, waren einige Dorfbewohner zunächst ziemlich skeptisch, denn sie fürchteten, der Wechsel zu der neuen Energiequelle würde zu viel kosten. Schließlich gingen diejenigen, die sich den zunehmend teueren Diesel nicht leisten konnten, einfach in den Wald, schlugen dort Holz und unterhielten ihre Herdfeuer mit Dung und anderen Abfällen. Als jedoch immer mehr Touristen kamen und der Energiebedarf der Dorfbewohner wuchs, schwand der kärgliche Hochgebirgswald in beängstigendem Tempo. Streit entstand zwischen denjenigen, die den Wald als Büffelweide erhalten wollten, und denjenigen, die ihn als Brennstofflieferanten brauchten.

Mikro-Wasserkraft habe all dies verändert, meint Ani. „Sie liefert uns Energie frei Haus – für das Licht, die Musik, das Kochen. Und die Küche ist ohne den schwarzen Ruß so viel sauberer", lächelt sie. Die anderen Dorfbewohner, mit denen ich spreche, stimmen ihr zu, dass die neue Energiequelle ein Fortschritt sei, auch wenn eine wichtige Streitfrage bleibt: Ob Chapati wirklich richtig schmeckt, wenn es anders als über einem offenen Feuer zubereitet wird.

Der Gletscher, der die Mikro-Wasserkraftturbine des Dorfes speist, liegt hoch in den Bergen, ein schmutziges Apostroph, umgeben von den schneebedeckten Gipfeln der nepalesischen Nordgrenze zu Tibet. „Als Kinder haben wir an dem Gletscher gespielt, und er reichte hinab bis zum Kloster", erinnert sich Ringin Laama, ein örtlicher Yakhirte. „Aber mittlerweile ist er etwa zwei Kilometer zurückgewichen." Der Berghang unterhalb des Gletschers ist tief vernarbt, und das Gestein zeigt seine ursprüngliche Größe deutlich an. Jedes Jahr ziehe sich der Gletscher weiter zurück, so Laama. „Ich denke, in zehn Jahren wird er völlig verschwunden sein", meint er. „Ein seltsamer Gedanke."

Über jeder kleinen Häusergruppe sind längs der Bergwand geschwungene Wälle aus großen Felsblöcken errichtet worden. Der Boden hier war früher das ganze Jahr hindurch gefroren, und die Schmelze hat Spalten im Gestein freigelegt. Die Bergkette des Himalaja – der „Wohnsitz des Schnees" im Sanskrit – ist eines der jüngsten Gebirge der Erde und seismisch wie tektonisch noch immer höchst aktiv. Im Zug der Erwärmung werden Erdrutsche, die hier schon immer häufig waren, noch häufiger – mit tödlichen Folgen. Laama folgt mit dem Finger einer tiefen Schramme auf dem Berg gegenüber. Sie zieht sich durch die Trümmer früherer Häuser nach unten und endet in einem riesigen Felsbrocken.

Andernorts blockieren Erdrutsche den Lauf von Flüssen, sodass sich Wasser anstaut. Wenn dieser Damm irgendwann bricht, kann es zu einer Katastrophe kommen: einer Sturzflut, die ohne Vorwarnung blitzschnell riesige Mengen an Wasser und Geröll transportiert. Jedes Jahr sterben viele Hundert Menschen – 2002 töteten Sturzfluten und Erdrutsche in Nepal 427 Personen und verursachten einen Schaden von 2,7 Millionen US-Dollar.

Da sich die Gletscherschmelze beschleunigt, werden von Gletschern gespeiste Flüsse im Lauf des nächsten Jahrzehnts anschwellen. Doch diese Fülle wird kurzlebig sein – sobald die Gletscher verschwunden sind, wird es auch kein Schmelzwasser mehr geben. Das bedeutet auch, dass die Turbinen, die Anis Küche mit Strom versorgen, stillstehen werden. Vielleicht in Erwartung dessen haben einige Dorfbewohner, unterstützt von einer anderen NGO, in eine alternative Kochquelle investiert. Ich besuche das Haus von Alok Shrestha. Er füllt eine Biogasanlage unter seinem Haus mit Haushaltsabfällen, Tierdung und anderen organischen Resten und gewinnt so Methangas zum Kochen; das macht ihn autark. Die Biogasanlage ist eine große Futterbox für Bakterien, die die nährstoffreichen Abfälle verstoffwechseln und dabei Methan produzieren. Shrestha nutzt dies für seinen Kochherd, und es bleibt genug übrig für Licht und einen kleinen Generator, der die Batterien auflädt.

Ich habe rund um die Welt verschiedenen Häuser besucht, wo Menschen aus einer breiten Palette von Abfällen ihr eigenes Biogas herstellen, darunter auch eine Anlage in Peru, die mit Meerschweinchenkötteln betrieben wurde, und sie alle speisen Kochherde effizient und mit rauchfreier Flamme. Einen Ofen für kurze Zeit in Gang zu halten, auch wenn dies regelmäßig geschieht, ist die eine Sache – eine Anlage mit Energie zu versorgen, die eine ständige Stromquelle benötigt, eine ganz andere. So wird die Wasserturbine, auf der die Hoffnungen und Träume von Mahabirs Volksgruppe, den Pun, ruhen, von einem Bach angetrieben, der von Schmelzwasser aus höheren Regionen gespeist wird. Kein Schnee heißt kein Schmelzwasser und keine Energie, und der Spiegel des einstmals tiefen Baches ist gesunken. Wenn das Wasser nicht mehr fließt, wird die ganze Region, die ihre Nachbarn in jeder Hinsicht, von Alphabetisierung bis Gesundheit, überflügelt hat, für die Versorgung mit Elektrizität auf die Regierung angewiesen sein.

Der Regierung bleiben nur wenige Jahre, um genügend Talsperren für das Auffangen von Schmelzwasser zu bauen und das Land energetisch auf die Entwicklung im 21. Jahrhundert vorzubereiten, bevor die Lichter ausgehen. Man kann sich nur schwer vorstellen, wie das gelingen soll. Dürreperioden haben bereits zu Blackouts geführt, denn die Wasserkraftwerke des Landes haben mit Wassermangel und einer schlechten Energieinfrastruktur zu kämpfen. Wie überall in Entwicklungsländern sind die meisten Blackouts geplante Lastabwurf-Intervalle, in denen die Regierung versucht, die schlechte Versorgung zu managen, indem sie Elektrizität in verschiedenen Regionen turnusmäßig rationiert.

Der Lastabwurf beeinträchtigt ernsthaft Nepals gerade flügge werdende Elektroautoindustrie, ihre 700 Safa Tempos (dreirädrige elektrische Passagiertransporter), die abgasfrei durch Kathmandus Straßen fahren, an 32 Stationen aufgeladen werden können und pro Tag rund 100 000 Menschen befördern. In diese Industrie wurden mehr als 8 Millionen US-Dollar investiert, und die fünf Hersteller beschäftigen Tausende von Angestellten. Stromausfälle haben diese Industrie jedoch an den Rand des Kollapses gebracht – die Leute, die mit NGO-Unterstützung einen Safa auf Kredit gekauft haben (90 Prozent sind selbstständige, alleinstehende Frauen), können die Raten nicht abbezahlen, weil sie ihre Elektrofahrzeuge nicht nutzen können und stattdessen auf Taxis zurückgreifen müssen. Wenn die Industrie tatsächlich untergeht, bedeutet das mehr schmutzige Autos auf der Straße – und damit mehr Kohlenstoff in der Atmosphäre und mehr braunen Dunst. Und eine stärkere Erwärmung.

Die Atmosphäre im Anthropozän ist anders als jede andere Atmosphäre, die es jemals auf dem Planeten gab, und die Auswirkungen menschlicher Tätigkeiten auf den Luftozean werden das Weltklima noch Jahrtausende lang prägen. Die Substanzen, die wir in die Luft pusten, werden ihren Weg in irdische Meere, Gesteine und Lebewesen finden. Korallen und Bäume nehmen ein anderes Verhältnis von Kohlenstoffisotopen auf als im Holozän, denn sie absorbieren nun Kohlendioxid, das aus fossilen Brennstoffen stammt.

Dennoch haben wir es selbst in der Hand, ob diese Veränderungen der Atmosphäre vorübergehend oder dauerhaft sein werden. Würden wir morgen aufhören, schädliche Gase in die Atmosphäre freizusetzen, unsere Millionen Kommunikationsgeräte abschalten und den gesamten Flugverkehr einstellen, so würde unsere Atmosphäre innerhalb von ein paar Jahren weitgehend in einem Zustand ähnlich den Verhältnissen im Holozän zurückkehren. In nur wenigen Jahrhunderten würden selbst die Kohlendioxidkonzentrationen auf vorindustrielle Normen sinken.

Natürlich werden wir jedoch nicht von heute auf morgen damit aufhören, Chemikalien in die Luft zu blasen. Die Menge fast aller Schadstoffe, die die Menschheit emittiert, steigt an und fördert weiterhin den Klimawandel. Obwohl Wissenschaftler, Organisationen und Medien uns immer wieder erklären, dass sich unser Klima verändert, kann man sich nur schwer wirklich vorstellen, was das bedeutet – wir mögen rein verstandesmäßig vom Klimawandel überzeugt sein, aber ihn emotional zu verstehen und zu erfassen, was er bedeutet, ist eine ganz andere Sache.

Das Klima ist einer der wichtigsten Orientierungspunkte der Menschheit. Es beschreibt in grundsätzlicher Weise, wo und wie wir leben, unsere Kultur, unsere Umwelt und sogar unseren Platz in der Zeit. Das Klima definiert das Holozän als geologische Epoche. Es bestimmt die Artenvielfalt regional und global, entscheidet über die Ökologie, die Hydrologie (wie viel Wasser es gibt) und das Wetter. Es bestimmt beispielsweise auch, ob das Malariarisiko steigt und wo Weizen angebaut werden kann.

In einer Welt mit einem gewandelten Klima zu leben, heißt, in einer ganz anderen Welt – oder vielmehr, in unserer Welt zu einer anderen geologischen Zeit – zu leben. Anstelle des klimatisch stabilen Holozäns betreten wir das unkartierte Gelände einer vom menschengemachten Klimawandel geprägten Welt. Wir werden die Auswirkungen des Klimawandels zu spüren bekommen, selbst wenn wir versuchen, uns gegen sie zu wappnen oder uns ihnen anzupassen. Der Klimawandel wird zunehmend unsere Nahrungsmittelproduktion beeinflussen, das Leben in unseren Städten, die Energieproduktion, die Weltpolitik und die Weise, wie wir mit anderen Menschen und anderen Spezies interagieren.

Während das Anthropozän seinen Lauf nimmt, entscheiden unser Verhalten und die Weise, wie sich Nationen entwickeln, über die Bedingungen in der Atmosphäre. Zugleich wird die Atmosphäre des Anthropozäns entscheidend beeinflussen, in welcher Richtung sich die Menschheit entwickelt. Das von Armut geplagte, rückständige Nepal steht vor einem ungewissen Sprung in eine möglicherweise vielversprechende Zukunft: Auch wenn das Land gegen die Folgen einer atmosphärischen Erwärmung ankämpft, die die Industrialisierung in anderen Teilen der Welt hervorgerufen hat, darf Nepal auf eine funktionierende Demokratie hoffen und kann zudem auf eine Dekade erfolgreicher experimenteller NGO-Projekte, von Mikro-Wasserkraft bis zu sauberen Kochherden, zurückblicken. Wohin der Weg auch führen mag – die Kinder von Nangi sind in vielerlei Hinsicht dem Schicksal der meisten ihrer Altersgenossen entkommen. Da sie bereits Teil der großen zwischenmenschlichen Kommunikation sind, ist ihr Anthropozän besser gesichert und bietet ihnen Gelegenheit, die Grenzen zu überwinden, die ihnen die Geografie auferlegt hat. Die Auswirkungen, die die von uns bewirkten Veränderungen der Atmosphäre haben, werden in diesem Buch immer wieder auftauchen. Ich werde zeigen, wie sie mit anderen anthropogenen Wandlungen auf unserem Planeten verflochten sind. Viele von Menschen gefundene Problemlösungen, wie etwa die Neuerungen, die Mahabir Pun in Nangi eingeführt hat, beruhen darauf, dass wir mit innovativen Technologien in den Himmel vordringen. Wie Larry Brilliant, vormals Chef des philanthropischen Arms von Google, über den Wandel der Welt meinte: „Es beginnt mit ganz gewöhnlichen Menschen. Gewöhnliche Menschen tun außergewöhnliche Dinge, und wir stellen sie auf ein Podest. Wir machen sie zu Helden. Und das ist ein Problem, denn es lässt andere gewöhnliche Menschen zu diesen Helden aufblicken und glauben, sie könnten nicht dasselbe erreichen. Aber dieser Weg steht jedem offen. Jedem und zu jeder Zeit.“

2 BERGE

Als vor rund 4,3 Milliarden Jahren der wabernde Brei aus geschmolzenem Gestein, der die junge Erde bildete, an der Oberfläche zu einer Kruste aushärtete, erhielt unser Planet seine erste Landdecke. Während diese Kruste über der brodelnden Lava wie die Haut auf einem Pudding abkühlte, zog sie sich zusammen und schob sich übereinander, sodass einige Teile höher und dicker wurden als andere – so entstanden die ersten Berge.

Doch die Erde kommt niemals zur Ruhe. Dieser feste Grund, dieses scheinbar beständige Land verschiebt sich unmerklich. Im Lauf der Milliarden Jahre hat der blubbernde Pudding im Innern des Planeten mit seinen Verwirbelungen die Erdkruste zerrissen oder ihre vielen Inseln aneinanderprallen lassen, sodass sich riesige Kontinente bildeten. Mehrere dieser Superkontinente haben sich verbunden und wieder getrennt, wobei jedes Mal ein völlig neu gestalteter Planet entstand. Der jüngste und bekannteste von ihnen ist Pangaea („All-Erde"), der sich vor 300 Millionen Jahren bildete, bevor er wieder auseinanderbrach. Jedes Mal, wenn die wandernden Platten der Erdkruste gegeneinanderprallen, schiebt sich eine Kante über die andere und ein Berg entsteht. Driften die Platten wieder auseinander, glätten sich die Falten und die Berge sinken tiefer. Demzufolge streben einige Gebirge des Planeten, zum Beispiel der immer noch wachsende Himalaja, in die Höhe, während andere auf dem Abstieg sind.

Berge können auch plötzlich entstehen. Schuld daran ist der Vulkanis-

mus, der Prozess, der die ursprünglichen Landmassen hervorgebracht hat. Von Zeit zu Zeit schießt eine Salve geschmolzenen Gesteins aus einem Riss zwischen den Platten, türmt sich an Land oder am Meeresgrund auf und wird zu einem neuen Berg. Auf diese Weise sind der Kilimandscharo in Tansania und der Kinabalu auf Borneo entstanden.

Junge Gebirge sind zunächst scharfkantig und zackig wie der Himalaja, doch wenn die Oberflächen mit der Zeit erodieren, runden sie sich ab. Gletscherschmelze und Flüsse lassen sie allmählich zerbröckeln, oder es kommt zu plötzlichen Erdrutschen. Auch unter dem Einfluss von Luft, Wind, Sonne, nagenden Mikroorganismen und Regen „verwittert" das Gebirgsgestein. Bei diesem Prozess wird Kohlendioxid aus der Luft gebunden, das mit gelösten Mineralen im Gestein reagiert.

Berge sind ungewöhnlich, weil sie jeweils mehrere Klimazonen aufweisen. Um unterschiedliche Temperaturen oder Wettersysteme zu erleben, muss man normalerweise Hunderte von Kilometern nach Norden oder Süden reisen, aber am Berg können bereits hundert Meter aufwärts oder abwärts einen ähnlichen Effekt haben. Die Luftmoleküle in unserer Atmosphäre sind nicht gleichmäßig verteilt – in der Schicht nahe über dem Erdboden sind sie sehr viel dichter gepackt. Je höher man steigt, desto dünner wird die Luft und desto weniger Moleküle sind in der Luft, die die Sonnenwärme reflektieren. Darum wird es mit zunehmender Höhe kälter. Aus diesem Grunde sind Berggipfel – selbst am Äquator, wie der des Mount Kenya – mit Schnee und Eis bedeckt. Erstrecken sich hohe Berge über eine weite Fläche, wie in der Antarktis, kann der gesamte Gebirgszug unter einer dicken Schnee- und Eisschicht verborgen sein.

Diese klimatischen Unterschiede führen zu interessanten inselgleichen Ökosystemen; so finden sich manche Arten nur in einer spezifischen Höhe auf bestimmten Bergen, wo sie seit Jahrtausenden isoliert von ihren Verwandten existieren.

Aus der relativen Kälte auf einem Berg speist sich zudem die weltweit größte Quelle an Süßwasser. Mit Feuchtigkeit gesättigte Luft kondensiert am Gipfel und lädt ihre Last als Regen oder Schnee ab. Und eine Menge davon bleibt, wo sie sich ansammelt, versteckt im Berg. Um sich die Relationen zu vergegenwärtigen: 97,5 Prozent des irdischen Wassers sind Meer- oder salziges Grundwasser; vom Rest stecken nur 0,01 Prozent in Wolken und Regen, 0,08 Prozent in sämtlichen Seen, Flüssen und Auen sowie 0,75 Prozent im Grundwasser, während 1,66 Prozent in Gletschern und Schnee-

decken gebunden sind. Das bedeutet, dass Gletscher als Reservoir für gut die Hälfte des irdischen Süßwassers dienen.

So zumindest war es im Holozän. Doch weil die Menschen im Anthropozän den Planeten aufheizen, erleben die Berge einen dramatischen Wandel. Wegen der Erderwärmung klettern Arten auf der Suche nach ihrer gewohnten Umgebungstemperatur um durchschnittlich 12 Meter in 10 Jahren die Berghänge hinauf. Pro 0,5 °C Temperaturanstieg müssen sie schätzungsweise um 100 Meter bergauf wandern.[1] *Für Tiere ist das natürlich einfacher als für Pflanzen, aber auch diese bewegen sich – so sind europäische Gefäßpflanzen in den letzten 7 Jahren um durchschnittlich 2,7 Meter nach oben gewandert.*[2] *Andere Arten sind auf Berggipfeln gestrandet, weil ihre früheren Lebensräume besiedelt oder in Ackerland umgewandelt wurden. Ganz oben angelangt, geht es jedoch nicht mehr weiter, und Tausende Arten – insbesondere auf tropischen Bergen – sind vom Aussterben bedroht. Umweltschützer betreiben mittlerweile gezielte Umsiedlungsmaßnahmen von Spezies an Orte mit geeigneterem Klima, um sie möglicherweise zu retten. In einigen Fällen haben sich die Klimaverschiebungen auch positiv ausgewirkt, weil man nun Obst und Gemüse in höheren Lagen anbauen kann. Andernorts hingegen gibt es in größerer Höhe nun auch Mücken, die Krankheiten übertragen, und Menschen, die dagegen nicht immun sind, infizieren sich unter Umständen mit tödlichen Folgen.*

Am besorgniserregendsten ist der Schwund an Eis. Im Durchschnitt sind Gletscher seit 1970 um 14 Meter dünner geworden.[3] *Fast jeder Gletscher, den der Welt-Gletscher-Beobachtungsdienst seit 2000 begutachtet hat, ist geschrumpft, einschließlich aller europäischen, der meisten tropischen vom Himalaja über Afrika bis zu den Anden und im Süden bis zu den Bergen von Neuseeland.*

Zu allen Zeiten haben Menschen Bergen als Gottheiten oder der Heimstatt von Göttern gehuldigt, sie haben Tempel hoch oben an ihren Hängen errichtet und Pilgerwanderungen zu ihren Gipfeln unternommen. Im Anthropozän unterjochen wir diese geologischen Wunderwerke, machen sie dunkler, trockener und homogener, berauben sie ihrer einzigartigen Flora und Fauna und kappen sie sogar, um an die Minerale in ihrem Innern zu gelangen. Wir verändern das Gesicht der Berge unserer Erde – sobald sie den schützenden Schnee verlieren, sind die bloß liegenden Teile der Erosion preisgegeben. Berge wie das Matterhorn in der Schweiz lösen sich auf.

Die Menschen stehen nach wie vor im Bann der höchsten Gipfel, aber ihre Pfade hinauf zu diesen himmlischen Gefilden werden heute eher von Müll als von Gebetsstöcken gesäumt. Doch auch wenn wir die Berge entweihen, sind wir wegen ihrer Süßwasservorräte mehr denn je abhängig von ihnen.

In diesem Kapitel betrachte ich, wie die von uns bewirkten Veränderungen der Bergwelt die dort lebenden Menschen beeinflussen und wie Menschen im Anthropozän versuchen, die Lebensbedingungen in den Gebirgen des Holozäns wiederaufleben zu lassen.

Tempel erheben sich über Häusern und Schlössern aus Lehmziegeln. Gebetsflaggen flattern von jedem Dach, Männer in wollenen Gewändern und Frauen mit leuchtend bunten Schärpen stehen schwatzend auf der Straße. Ich befinde mich im abgelegenen Transhimalaja Nordindiens, in Ladakh, dem Königreich vergangener Zeiten. Diese am höchsten gelegene bewohnte Region der Erde besteht nur aus Bergen; die Bevölkerung ist zu 80 Prozent tantrisch-buddhistisch. Dort trifft man auf Pilger und Händler, die die uralte Seidenstraße zwischen Tibet und Indien oder Iran bereisen.

In dem Dorf Stakmo bereiten sich Bauern auf die Ernte vor. Zwei Männer sitzen vor einer Trockenmauer. Sie unterhalten sich im Singsang und schärfen dabei ihre Sicheln an einer Klinge, die sie zwischen die Knie gepresst haben. Eine alte Frau mit langen Zöpfen, in die Bänder geflochten sind, führt einen Esel und ein Kalb hinüber zu ihrem weiß getünchten Lehmziegelhaus. Auf dem Feld dahinter frisst ein Yak Luzerne und wedelt mit dem pferdeschweifartigen Schwanz. Eifrig nickende leuchtende Ringelblumen wachsen im Kreis um einen einzelnen Aprikosenbaum, und ganz schwach ist das Klingeln von Windspielen zu hören. Es ist, als sei die Zeit stehen geblieben.

Und doch hat sich vieles verändert, wie mir die Dorfbewohner erzählen. „Mitte September erwachten wir immer mit gefrorenen Schnurrbärten", sagt Tashi, ein 76-jähriger Bauer mit Wollhut und einer großen rosa gefärbten Sonnenbrille. Um den Hals trägt er buddhistische Gebetsperlen, und der Bart auf seinen dunklen, von der Sonne gegerbten Wangen ist sorgfältig gestutzt. Obwohl wir uns in über 4000 Metern Höhe befinden, ist es nicht kalt genug, um Schnurrbärte gefrieren zu lassen –

die Sonne scheint grell vom klaren, wolkenlosen Himmel, so wie an über 300 Tagen im Jahr, und verbrennt mein europäisches Gesicht. Das Dach der Welt heizt sich auf.

Eingekeilt zwischen Pakistan, Afghanistan und China (oder, genauer, Tibet), wurde Ladakh erst spät zu einem Teil des indischen Bundesstaats Jammu und Kashmir und ist nach wie vor umkämpftes Territorium. Des Nachts tragen indische und pakistanische Grenzpatrouillen kleine Scharmützel aus; die Chinesen kommen und bestreichen indische Felsen mit roter Farbe, und die Inder antworten, indem sie chinesische Felsbrocken grün anmalen. In Stakmo scheint dieses nationalistische Gebaren jedoch sehr weit entfernt zu sein. Die Dorfbewohner plagen sich eher mit der uralten und lebenswichtigen Aufgabe, dem senffarbenen Wüstenboden der Berge Nahrung abzuringen. Hier schlägt die globale Erwärmung zu und bringt das Leben der Ladakhi stärker aus dem Gleichgewicht als irgendwelche internationalen Streitigkeiten um Land. Die Menschheit heizt die Region so schnell auf, dass man gleichsam zusehen kann, wie sich die Berge aufgrund des Gletscherschwunds von weiß zu tabakbraun verfärben. Und mit den Gletschern versiegt auch Ladakhs einzige verlässliche Wasserquelle.

In seinem Leben hat Tashi allein in diesem Tal zwei große Gletscher verschwinden sehen – er deutet auf die Stellen, wo sie sich befunden haben, und ich sehe nichts als die überall gleichen trockenen, sandigen und rosafarbenen Felsen, die den Raum zwischen Tal und Himmel ausfüllen. Nur die allerhöchsten Gipfel sind weiß, und die einzigen Gletscher, die ich ausmachen kann, befinden sich in mindestens 5500 Metern Höhe. Dennoch ist das wärmere Klima nicht die größte Sorge der Dorfbewohner. Im Grunde sind sie froh, nicht schon so früh im Jahr in ihre Häuser verbannt zu werden. Die schmerzlichste Veränderung ist die nun herrschende Unvorhersagbarkeit von Niederschlägen. Es zeichnet sich ein katastrophales Muster ab, das ihnen zur falschen Jahreszeit Feuchtigkeit beschert.

Dieser hinter dem Rohtang-Pass gelegene Teil des Transhimalaja liegt in einem Niederschlagsschatten. Er ist trockener als die Sahara, monatelang fällt kein Regen. Die westlichen Winde gelangen nicht bis hierher und der Monsun aus dem Osten kann den hohen Pass nicht überwinden. Früher setzte der Schneefall nach Oktober ein und hielt den Winter über an. Im März begann die Schneedecke dann zu schmelzen und sorgte für die lebensspendende und rechtzeitige Bewässerung der in der Region ausgebrachten Gerstensaat. In den letzten zehn Jahren ist die Schneemenge jedoch immer weiter zurückgegangen – die Winter von 2012 und 2013 waren besonders trocken, was ernste Konsequenzen hatte. Die Ernten sind schlecht, Trinkwasser wird von der Regierung in Tankwagen hertransportiert, traditionelle sich selbst ernährende Gemeinschaften zerfallen, weil die jungen Leute auf Arbeitssuche in die großen Städte oder die Ebene ziehen. Und was noch schlimmer ist: Wenn der Niederschlag endlich kommt, fällt er als Regen während der Erntesaison und zerstört die geringen Erträge auf den Feldern, bevor er in tiefer gelegene Regionen abzieht.

Der Wandel hat auch die spärliche natürliche Vegetation dezimiert. Wie mir Thupstan, ein weiterer Bauer, erzählt, trieb er sein Vieh immer in die Berge, wo es wilde Gräser fraß. Nun aber muss er einen Teil seines wertvollen Ackerlandes dem Anbau von Luzerne für die Yaks und Ziegen opfern. Und auch Wildtiere geraten in Bedrängnis. In der Woche zuvor entdeckte Thupstan 50 Steinböcke auf seinem Feld, die sein Gemüse fraßen. Die Steinböcke locken Wölfe an, die seine Ziegen reißen. Außerdem zerstören die Steinböcke und wilden Yaks seine Steinmauern, stoßen sie um und verstopfen die Bewässerungskanäle mit Felsbrocken.

In Ladakhs nahe gelegener Hauptstadt Leh verursacht der Regen ebenfalls Probleme. In dieser Region war ein Jahrzehnt lang kein Regen mehr gefallen. Die Häuser sind aus ungebrannten Lehmziegeln erbaut, und die Dächer bestehen aus Stöcken, die von Lehm und Yakdung zusammengehalten werden, mit einem Loch als Rauchabzug. Diese Häuser sind für Schneefall konzipiert, der sie im Winter bedeckt und isoliert. Der nun fallende Regen spült sie buchstäblich fort. Die reicheren Leute verwenden für den Hausbau nun zunehmend Beton.

Ein bisschen Regen zum Ende des Sommers ist kein Ersatz für Schneefall, der den Winter über anhält. Er wird schnell von den Flüssen fortgetragen und füllt den Vorrat an Grundwasser nur geringfügig auf. Die Quellen von Leh sind nun schon seit Monaten versiegt, da immer mehr Menschen Grundwasser pumpen. Brunnen sind trocken und ungenutzt. Teilweise ist dies dem Tourismusboom geschuldet. Neue Hotels und Gasthäuser werden mit Toilettenspülung, rund um die Uhr nutzbaren Duschen und Waschmaschinen ausgestattet. Von Nachhaltigkeit keine Spur. Das Gasthaus, in dem ich wohne, hat eine in Ladakh gebräuchliche Kompost-Toilette, aber das ist die Ausnahme. Dennoch besitzt meine Wirtin eine mit einem Generator betriebene elektrische Pumpe, mit der sie das gesamte Wasser, das wir verbrauchen, aus 30 Metern Tiefe heraufholt.

Auch wenn die explosionsartige Ausbreitung des Tourismus und eine ruinöse Subventionspolitik eine Mitschuld an der aktuellen Wasserknappheit tragen, ist das Problem großenteils auf den Klimawandel zurückzuführen, eine Folge zunehmender globaler Treibhausgasemissionen und der über Teilen von Asien auftretenden atmosphärischen braunen Wolke. Daten sind äußerst schwierig zu bekommen – militärischer Argwohn hält solche Informationen unter Verschluss –, doch die Ortsansässigen sind sich einig: Die Gletscher schwinden, und zwar rasant.

Die Menschen hier sind besonders gefährdet, weil der Sommer so kurz ist. Können die Bauern ihre Monokulturen aus Gerste, Erbsen oder Weizen nicht im März aussäen, haben diese nicht genügend Zeit, bis zur Ernte im September zu reifen, bevor der harte Winter einsetzt, der Temperaturen bis unter −30 °C mit sich bringt. Fatalerweise liegen die verbleibenden Gletscher mit über 5000 Metern zu hoch, um die Bewässerungskanäle bis Juni zu füllen – zu spät für die Aussaat.

Zugleich wächst die Beanspruchung der Wasserreservoirs der Region. Im Anthropozän dringen die Menschen in großer Zahl in die entlegensten Rückzugsbereiche des Planeten vor. Selbst Orte, die früher nur wenige Familien ernährt haben, sind nun das Ziel regelrechter Fluchten aus reichen Großstädten – Schwärme temporärer Migranten, die erwarten, ihren Lebensstil hier aufrechterhalten zu können. Wie an so vielen Orten in den Entwicklungsländern hat der Tourismus den Menschen von Leh neuen Wohlstand und Möglichkeiten beschert, doch ohne Wasser wird dieses in einer Gebirgswüste gelegene fruchtbare Fleckchen wieder zu Staub werden.

Der Himalaja ist neben den Polargebieten der größte von Gletschern und Permafrost bedeckte Bereich, mit einer Gletscherfläche von 35 000 Quadratkilometern und einem Eisreservoir von 3700 Kubikkilometern. Die Gletscherschmelze nimmt mit jedem Jahr zu; derzeit beträgt die jährliche Rückzugsrate bei einigen Gletschern 70 Meter. Die Berge verändern sich dramatisch und so schnell, dass man an neueren Bildern von Google

Earth sehen kann, wie die weißen Flecken schwinden. Die Schmelzraten haben bereits die vom Weltklimarat (IPCC) vorhergesagten Zahlen übertroffen – die Wissenschaftler gehen davon aus, dass zum Ende des Jahrhunderts 70 Prozent der Gletscher in der Region genauso verschwunden sein werden wie die von Stakmo. Allein das Schmelzwasser aus kleinen Berggletschern macht 40 Prozent des derzeitigen weltweiten Meeresanstiegs aus; laut Vorhersagen wird es den Meeresspiegel bis 2100 um mindestens weitere 12 Zentimeter ansteigen lassen.[4]

Wenn Berggletscher schrumpfen, bildet das Schmelzwasser Seen. Diese werden durch die Moränen aus Felsbrocken und Geröll aufgestaut, die das zurückweichende Eis hinterlässt. Wie bei Dämmen aus Erdrutschen können Dammbrüche an Gletscherseen mit den Millionen Tonnen hervorstürzendem Wasser verheerende Überschwemmungen anrichten. Auf Satellitenbildern sind in der Region rund 9000 Gletscherseen auszumachen, von denen über 200 als potenziell gefährlich eingestuft werden, weil jederzeit ein Gletscherseeausbruch (*glacial lake outburst flood – GLOF*) erfolgen kann. Viele haben sich erst in den letzten 60 Jahren gebildet, und seitdem hat ihre Zahl kontinuierlich zugenommen.

Menschen haben schon immer in Gefahrenzonen gelebt, etwa an Vulkanhängen oder am Ufer hochwassergefährdeter Flüsse, oft, um die fruchtbaren Böden zu nutzen, doch dann war das Risiko auf „höhere Gewalt" zurückzuführen, auf ein Naturereignis. Im Anthropozän schaffen wir immer häufiger unsere eigenen Gefahrenzonen und setzen diesen Gefahren Gemeinschaften aus, die nicht gelernt haben, auf solche Ereignisse zu reagieren. Der Imja Tsho beispielsweise ist ein Gletschersee in Nepal, der mittlerweile 2 Kilometer lang und fast 100 Meter tief ist. Bei einem Dammbruch könnte die Wasserflut noch ein 60 Kilometer entferntes Gebiet erreichen und dabei Häuser und Felder mit bis zu 15 Meter hohen Geröllmassen überziehen. Das würde den Verlust von Land für eine ganze Generation bedeuten. In Peru bauen Hydrologen Tunnel, um einen Gletschersee in den Anden abfließen zu lassen, nachdem beim Ausbruch eines anderen Sees 10 000 Menschen ums Leben kamen. Kontrollierte Abflüsse aus diesen Seen könnten der heimischen Bevölkerung dringend benötigte Bewässerung und die Nutzung von Wasserkraft sichern.

Im gesamten Holozän veränderte sich das weltweite Gletschervolumen wiederholt aufgrund von Temperatur- und Niederschlagsschwankungen, doch in den letzten Jahrzehnten hat sich die Gletscherschmelze rasant beschleunigt und ist zu einem globalen Problem geworden. Im Anthropozän steuern die Menschen natürliche Prozesse und Zyklen. Wir haben den natürlichen Zustand des Planeten aus dem Gleichgewicht gebracht und ihn seiner Fähigkeit beraubt, sich selbst zu regulieren oder die durch uns geschmolzenen Gletscher zu erneuern. Und wenn Gletscher zu Seen zerschmelzen, verringert sich der gesamte kostbare Wasservorrat der Menschheit umso rasanter, weil Wasser schneller verdunstet als Eis. Der Schnee und die Gletscherschmelze im Himalaja liefern bis zu 50 Prozent des Wassers von 10 der größten Flüsse Asiens, darunter Ganges, Brahmaputra, Indus, Gelber Fluss, Mekong und Irrawaddy. Hier befinden sich die bevölkerungsreichsten Flussgebiete der Erde; sie bilden die Lebensgrundlage für über 1,3 Milliarden Menschen – sei es in der Landwirtschaft oder beim Fischen.

Im Anthropozän müssen wir entweder Wege finden, ohne das Süßwasser aus den Berggletschern zu leben, oder das größte Süßwasservorkommen der Erde durch gewaltige Betonreservoirs ersetzen. Die erste Option würde zweifellos die Existenz von Millionen Menschen aufs Spiel setzen, ganz zu schweigen von der Zerstörung von Feuchtgebieten und anderen Ökosystemen. Die zweite Option verlangt schnelles Handeln – weltweit haben Gletscher in den letzten 60 Jahren durchschnittlich fast ein Viertel ihrer Masse eingebüßt. Auf der ganzen Welt haben Regierungen den Bau von Reservoirs bereits in Angriff genommen, doch noch ist dies nur ein Tropfen auf den heißen Stein. China errichtet 59 Reservoirs, um Schmelzwasser von seinen schrumpfenden Gletschern in der Provinz Xinjiang, einer hoch gelegenen Wüstenregion, aufzufangen und zu speichern. Es ist jedoch unglaublich teuer und logistisch unmöglich, überall die riesigen Eismassen durch Wasserwannen aus Beton zu ersetzen. Idealerweise sollte man die Reservoirs unterirdisch anlegen, um die Verdunstung einzuschränken, aber das würde die Kosten noch mehr in die Höhe treiben. Dennoch wird im Anthropozän wohl eine ungeheure Menge von Reservoirs errichtet werden.

Es gibt allerdings noch eine dritte Möglichkeit. In Ladakh bin ich mit einem bemerkenswerten Mann zusammengetroffen, der die Herausforderung der globalen Erwärmung angenommen hat – und den Sieg davonträgt. Der Mann, den sie den Gletschermann nennen, trägt Kleidung, die ein wenig an Clark Kent erinnert – einen beigen Sweater und seriöse

Schnürschuhe. Doch anders als dieser Comic-Superheld ist er 74 Jahre alt. Er lädt mich in das schöne Heim seiner Familie in dem Dörfchen Skarra bei Leh ein. Dort präsentiert er sich als „ganz normaler Typ", der mir seine charmante Frau und Tochter vorstellt. Dann trinken wir Butter-Chai, eine regionale Spezialität, und knabbern Mandeln und Aprikosen.

Chewang Norphel ist kein gewöhnlicher Dorfbewohner. Er stellt Gletscher her.

Norphel nimmt eine karge, hoch gelegene Wüste und verwandelt sie in ein Eisfeld, das einigen Bauern, die zu den ärmsten der Welt gehören, eine zeitlich perfekt abgestimmte Bewässerung liefert. Bis 1995 war Norphel als Ingenieur für die Regierung tätig; seitdem er sich im Ruhestand befindet, hat er zehn künstliche Gletscher geschaffen, deren Wasser 10 000 Menschen ihren Lebensunterhalt sichert. Wie außerordentlich diese Leistung ist, lässt sich kaum in Worte fassen. In einer Region, die extrem unter dem Klimawandel leidet, hat Norphel als Geoingenieur im Alleingang Wasser hervorgezaubert und dabei die landwirtschaftlichen Erträge mit einer solchen Selbstverständlichkeit verdoppelt, als sei er mit einem Cape um die Schultern plötzlich herabgestoßen und habe die Erderwärmung zum Stillstand gebracht.

Voller Energie und Enthusiasmus, sodass man schon beim Zusehen aus der Puste gerät, hüpft Norphel durch die mit Felsbrocken übersäte Landschaft oberhalb von Tashis Dorf. Er will mir seine jüngste künstliche Gletscheranlage zeigen, aber mir fällt es schon schwer, in der dünnen Luft in 4000 Metern Höhe zu atmen. Er trägt einen kleinen Rucksack, denn in der kommenden Nacht will er in einem Zelt weitere 1000 Meter oberhalb schlafen, bei Temperaturen bis zu –10 °C, damit er am Morgen mit seiner Arbeit fortfahren kann. „Wenn es extrem kalt ist und die Arbeitsbedingungen sehr schwierig sind, muss ich fokussiert bleiben. Dann kann ich nur daran denken, wie ich den besten Gletscher mache", sagt er.

Als Ingenieur, Hydrologe, Glaziologe und begeisterter Bastler hat Norphel sich sein ganz persönliches Fachgebiet geschaffen, indem er sich auf wissenschaftliche Prinzipien und Ausbildung stützt, aber mit den Werkzeugen eines ungebildeten Bauern arbeitet. „Was er unter den gegebenen Umständen, in den entlegenen Gebieten dieser Gebirgswüste, erreicht hat, ist bemerkenswert", sagt Pankaj Chandon, Koordinator des

Indian High Altitude Wetlands Conservation Programme vom WWF mit Basis in Leh, der Norphels Fortschritte über die vergangenen 10 Jahre hinweg verfolgt hat. „Es bezeugt seine schiere Willenskraft. Doch darüber hinaus hat er eine einzigartige, innovative Idee entwickelt, die bei Bedarf Wasser liefert. Dies ist eine fantastische Anpassungstechnologie für die klimatischen Veränderungen, die wir in dieser Gegend erleben."

Norphel war schon immer sehr zielstrebig. Als Kind einer Bauernfamilie aus Leh nutzte er beim Hüten der Herde jede Gelegenheit, mit einem Stock das Einmaleins und algebraische Gleichungen auf den staubigen Boden zu malen. „Ich bettelte meinen Vater an, zur Schule gehen zu dürfen, und er erlaubte es, unter der Voraussetzung, dass ich meine Pflichten in der Landwirtschaft nicht vernachlässigte. Also stand ich immer um 4 Uhr auf und ließ die Kühe und Ziegen weiden, bevor ich zur Schule ging. Nach der Schule beeilte ich mich nach Hause zu kommen, um auf dem Feld zu helfen."

In den 1940er-Jahren, als Norphel aufwuchs, gab es in Leh nur eine Schule. Dort wurde der Unterricht nicht auf Ladakhi, sondern auf Urdu erteilt und ging nicht über Grundschulniveau hinaus. Als jüngster von drei Brüdern wäre Norphel normalerweise in ein buddhistisches Kloster geschickt worden – unter anderem, um der Familie Kosten zu ersparen, denn Norphels Vater hätte den Besuch einer weiterführenden Schule nicht bezahlen können. Darum riss Norphel mit 10 Jahren einfach von zu Hause aus. Er reiste über 400 Kilometer weit, um in Srinagar, Kashmir, zur Schule zu gehen. Als einziger mittelloser Junge an seiner Schule verdiente er sich das Schulgeld, indem er für seine Lehrer kochte und bei ihnen saubermachte.

Als Norphel am College in Srinagar seinen ersten Abschluss in Naturwissenschaften machte, waren ihm zwei Dinge klar: Er liebte Mathematik und Naturwissenschaften, und er wollte den Bauern helfen, deren Mühen und Plagen ihm seit früher Kindheit vertraut waren. Einer seiner Helden jener Zeit war der Cousin seines Vaters, der in London gewesen war und als Ladakhs erster Ingenieur nach Leh zurückkehrte, den Flughafen der Stadt baute und die Straße von Leh nach Srinagar.

Da der Bundesstaat damals keine Universität besaß, reiste Norphel in den Süden nach Lucknow, um dort – dieses Mal auf Hindi – einen Abschluss als Bauingenieur zu machen. Er liebte die strenge Präzision seines Fachs sowie die praktische Anwendung von Physik und Materialforschung. „Als Ingenieur kann man wirklich etwas bewirken. Man kann die Probleme der Leute rasch und auf eine Weise lösen, dass sie die Erfolge sehen",meint er. „Einfache Projekte, wie eine geschickt platzierte und gut konstruierte Brücke, können das Leben für Menschen, die sonst einen Umweg von einem Tagesmarsch oder mehr auf sich nehmen müssen, so sehr erleichtern."

Im Mittelpunkt seiner Ausbildung stand für Norphel immer das Ziel, sein Wissen zum Wohle seiner Landsleute in Ladakh einzusetzen. Als Ingenieur zu arbeiten, ist für ihn ebenso eine Berufung, wie es die Medizin für einen Arzt sein kann. Wie bei Mahabir verändert seine Entschlossenheit und Effizienz das Leben anderer.

Unmittelbar nach seinem Examen kehrte Norphel nach Leh zurück, wo er als Bauingenieur mit dem Cousin seines Vaters in der Regierungsabteilung für ländliche Entwicklung zusammenarbeitete. Die Arbeit war aufregend, aber auch eine sehr große Herausforderung. Zu Beginn, im Jahr 1960, gab es kaum Straßen oder Brücken, und alles musste mit den Händen erbaut werden. „Wir hatten nicht einmal Geld für Spitzhacken und Schaufeln –mancherorts gruben die Leute mit Tierhörnern –, aber der Bau von Straßen hatte oberste Priorität", erklärt Norphel. „Zur Fortbewegung war man auf Ponys angewiesen, und dort, wo die Wege in sehr schlechtem Zustand waren, musste man von allen Ponys das Gepäck abladen, damit sie das unwegsame Gelände überqueren konnten, und es ihnen danach wieder aufladen. Reisen, die damals Wochen dauerten, benötigen jetzt nur noch Stunden."

Im Lauf der folgenden 35 Jahre wurde der Ingenieur mit den rabenschwarzen Haaren in den Dörfern von Ladakh ein vertrauter Gast. Im Gegensatz zu anderen Regierungsexperten, die von irgendwo aus Indien abgeordnet wurden, war Norphel für sein aufrichtiges Interesse an den Problemen der Dorfbewohner bekannt und gewann so ihr Vertrauen. Über 90 Prozent der Bevölkerung waren Subsistenzbauern; sie lebten und arbeiteten in eng verwobenen Gemeinschaften. Es war kein Geld im Umlauf – alles funktionierte über Tausch und Kooperation, und wenn Norphel für seine Projekte Arbeitskräfte brauchte, stellten sich die Menschen bereitwillig zur Verfügung. „In Ladakh gibt es kaum ein Dorf, wo ich nicht eine Straße, einen Wasserdurchlass, eine Brücke, ein Schulgebäude, ein Bewässerungssystem oder einen kleinen Tank für Gletscherschmelzwasser gebaut habe", sagt er.

Er ging jedes Problem wissenschaftlich an, experimentierte, indem er die Variablen abänderte, bis er eine zufriedenstellende Lösung gefunden hatte – und vergaß nie, dass seine Konstruktionen nachhaltig sein und aus regional verfügbaren Materialien bestehen mussten. So baute er eine Reihe von Kanälen nicht mit einer teuren Zementauskleidung, die im Winter aufgebrochen wäre, sondern ließ Unkraut wachsen, dessen Wurzeln den Kanal auf natürliche Weise versiegelten.

Als Norphel 1995 in Ruhestand ging, verschoben sich die Prioritäten. Der Straßenbau war nach wie vor wichtig, doch den Ladakhis wurde ein weitaus ernsteres Problem bewusst – eines, das ihre Lebensgrundlage gefährdete. „In jedem Dorf, das ich aufsuchte, ging es um das Gleiche: Wasserknappheit. Gletscher verschwanden und Flüsse versiegten", erzählt Norphel. „Die Menschen baten mich, ihnen Wasser zu bringen. Ihre Bewässerungssysteme trockneten aus und es gab Missernten. Die Regierung begann mit der Lieferung von Getreiderationen." Norphel war entschlossen, etwas zu unternehmen. „Wasser ist hier das kostbarste Gut. Die Menschen bekämpfen sich darum; in der Bewässerungssaison kämpfen sogar Bruder und Schwester oder Vater und Sohn um Wasser. Das verstößt gegen unsere Tradition und unsere buddhistischen Lehren, aber die Menschen sind verzweifelt. Frieden ist vom Wasser abhängig."

Die Erleuchtung kam ihm nur hundert Meter von seinem Haus entfernt, an einem schneidend kalten Wintermorgen. „Ich sah Wasser aus einer Leitung strömen und dachte, was für eine Schande es sei, dass im Winter so viel überschüssiges Wasser verschwendet wird – die Wasserhähne bleiben aufgedreht, damit das Wasser nicht in den Leitungen gefriert und die Rohre platzen", sagt er. „Dann fiel mir auf, dass das Wasser auf seinem Weg zum Fluss ein kleines bewaldetes Feld durchquerte, wo es sich in Lachen sammelte. Dort, wo die Bäume Schatten spendeten, gefror es zu kleinen Eisflächen. Anfang März schmolzen diese Eisflächen dann."

Norphel erkannte: Wenn er dies in sehr viel größerem Maßstab nachahmen könnte, gäbe es eine Möglichkeit, das Winterwasser in einem künstlichen Gletscher zu speichern, der dann genau zum richtigen Zeitpunkt schmelzen würde, um die Aussaaten zu bewässern. Der Plan war wunderbar einfach, aber ihn umzusetzen, würde zahllose Probleme mit sich bringen. „Die Leute lachten, als ich ihnen die Idee vortrug und um finanzielle Unterstützung bat", erinnert sich Norphel. „Beamte und Dorfbewohner waren skeptisch. ‚Du bist ja verrückt. Wie soll jemand einen Gletscher anlegen können?', bekam ich zu hören." Doch Norphel blieb unbeirrbar. Er hielt Zusammenkünfte mit den Dorfältesten ab und erläuterte ihnen das Konzept. Und allmählich trug sein unerschütterlicher Enthusiasmus Früchte.

Er verfügte über keinerlei Ausrüstung – keinen Höhenmesser, kein GPS-Gerät, nicht einmal einen Bulldozer. Und eine ebenso große Herausforderung bedeutete vielleicht der gesellschaftliche Wandel, der in den vergangenen 10 Jahren erfolgt war. Als die Wasserknappheit zunahm und über die Straßen Lastwagen mit staatlich subventioniertem Getreide heranrollten, hatten viele Dorfbewohner ihre Äcker im Stich gelassen, um in der neuen Tourismusindustrie in Leh oder anderswo in Indien Arbeit zu finden. Das alte Tausch- und Kooperationssystem wurde durch eine neue, auf Geld basierende Wirtschaft ersetzt. „Die Einstellung der Menschen änderte sich völlig: Wenn ich nun wünschte, dass Dorfbewohner einen Kanal reparierten oder beim Bau eines neuen Gletschers halfen, musste ich sie dafür bezahlen. Niemand macht mehr irgendetwas umsonst", sagt Norphel.

Norphels geniale Idee war, das verschwendete Winterwasser auf seinem Lauf bergabwärts umzuleiten, an steinernen Dämmen entlang, die in regelmäßigen Abständen errichtet wurden. Diese sollten die Fließgeschwindigkeit bremsen, damit sich das Wasser über eine ausgedehnte Senke ausbreiten konnte, die einige hundert Meter vom Dorf entfernt lag. Hier würde das Wasser aufgrund der verlangsamten Strömung gefrieren und einen Gletscher bilden.

Norphel zeigt mir die betreffende Stelle und erklärt mir den Weg, den das Wasser nimmt, bis sich das felsige Tal vor meinem geistigen Auge verwandelt und allmählich ein Gletscher entsteht. Die richtige Standortwahl ist entscheidend. Das Gletschergebiet wird während der Wintermonate, wenn die Sonne tief steht und an Kraft verliert, von einer Gebirgswand beschattet. Sobald die Sonne im März wieder hoch genug steht, beginnt die dicke Eisschicht zu schmelzen, fließt in einen Wassertank und durch ein Schleusentor und erreicht so die Bewässerungskanäle der Bauern. Außerdem trägt das Schmelzwasser zur Erhöhung des Grundwasserspiegels bei. Dieses Wasser ist so kostbar, dass in der Bewässerungssaison ein Mann bei dem Schleusentor übernachten muss, um Wasserdiebstahl zu verhindern.

Die Felsen unter der Eisschicht kanalisieren Bergwinde, die das Eis noch stärker abkühlen lassen. Und Norphel zeigt mir noch zwei weitere, jeweils höher gelegene Stellen für künstliche Gletscher. „Wenn dieser am niedrigsten gelegene Gletscher geschmolzen ist, beginnt die Schmelze beim mittleren", erläutert er. „Danach ist der oberste an der Reihe und zum Schluss der natürliche Gletscher auf dem Gipfel des Berges." Jetzt grinst er breit und ich muss einfach mitlachen – was für eine großartige Erfindung!

Seinen ersten künstlichen Gletscher hat Norphel oberhalb des Dorfes Phuktse fast im Alleingang errichtet. Der Erfolg stellte sich prompt ein: Die Bewässerungskanäle waren 30 Tage länger als sonst gefüllt. „Als die Leute sahen, welche Vorteile der künstliche Gletscher mit sich brachte, waren sie bereit, mir zu helfen, und wir verlängerten den Gletscher bis auf 2 Kilometer", erzählt Norphel.

„Es war wie ein Wunder, die Leute fingen bald an, mehr Land zu bebauen, und pflanzten Weiden und Pappeln zwischen ihre Felder", sagt Skarma Dawa, ein Bauer aus Phuktse. „Die Technik ist ausgezeichnet, weil sie funktioniert und unkompliziert ist und sehr wenig Wartung erfordert." Die Gletscher entstehen mit der Hilfe von ansässigen Arbeitern und Materialien, was einen Bruchteil der Kosten für ein Wasserreservoir aus Zement verursacht.

Seitdem hat Norphel neun Gletscher angelegt, die im Durchschnitt 250 Meter lang und 100 Meter breit sind. Er schätzt, dass sie jeweils rund 23 000 Kubikmeter Wasser liefern, obwohl es bisher keine präzisen Berechnungen gibt und der wellige Boden die Schätzung der Eismengen erschwert.

Norphels Arbeit hat ihm die Anerkennung der Menschen, denen er geholfen hat, eingebracht. „Ich habe ein Regal voll mit selbstgebrautem Bier und eine Truhe voller Khatas [seidene Schals, die Buddhisten zu festlichen Anlässen verschenken]", sagt er. Die Wissenschaft hat jedoch bislang wenig Interesse gezeigt. „Ich versuche, Daten darüber zu sammeln, wie und wo sich ein Gletscher am besten bildet, welche Teile als Erstes schmelzen und warum, sodass ich sie kontinuierlich verbessern kann und die Technik auch andernorts von anderen Personen nutzbar ist. Mir fehlt eine wissenschaftliche Ausrüstung. Ich kann mich nur auf meine eigenen Beobachtungen stützen."

Wie Norphel sagt, haben schon einige Nichtregierungsorganisationen

(NGOs) aus Afghanistan und Turkmenistan Interesse an seinen Gletschern bekundet. „In manchen Gebieten sind Reservoirs eine weitaus praktikablere Lösung. Doch was das Speichern von Wasser und das Ablassen zur Bewässerungssaison betrifft, sind künstliche Gletscher unschlagbar."

Einen Gletscher aus dem Nichts zu erschaffen, ist zwar ziemlich ehrfurchtgebietend, aber durchaus nichts Neues. Es ist möglich, dass so etwas bereits im 12. Jahrhundert gängige Praxis war. Als Dschingis Khan und seine Mongolenkrieger sich anschickten, das heutige Nordpakistan zu erobern, stoppten die ortsansässigen Dorfbewohner ihren Vormarsch der Legende nach, indem sie Gletscher erzeugten, die die Gebirgspässe blockierten. Man weiß, dass die Praxis der Erzeugung künstlicher Gletscher seit Jahrhunderten in Baltistan gepflegt wird, einer von Pakistan verwalteten Region am Karakorum-Gebirge, deren Bewohner tibetischer Abstammung sind. Dort verwenden die Menschen zur Bewässerung ausschließlich Gletscherschmelzwasser. Bei dem Verfahren, das eine wichtige zeremonielle Komponente besitzt, werden Eisbrocken von einem sogenannten „weiblichen" Gletscher (wogend und sich schnell bewegend) und einem „männlichen" Gletscher (der viele Steine enthält und sich langsam bewegt) an einen besonderen Ort geschafft – üblicherweise in einer Höhe von über 4500 Metern an der Nordwand eines Berges. Man platziert das Eis auf Felsbrocken und legt mit Wasser gefüllte Kalebassen dazwischen, die aufplatzen, wenn sie gefroren sind. Danach wird das „sich paarende" Eis mit einer Isolierschicht aus Lumpen und Sägemehl bedeckt. Ähnliche Techniken wendet man auch in Argentinien an. Dort platziert man das Eis über Felsbrocken, die Luftkanäle bilden, häufig in beschatteten Bereichen wie Höhlen. Sogenannte „Blockgletscher", bei denen sich die Eisschicht aus gefrorenem Schneefall bildet, liefern ein klareres Schmelzwasser, das oft dem von „echten Gletschern" vorgezogen wird, welche verschiedenartiges Material mit sich führen und beim Schmelzen eine milchige Flüssigkeit abgeben.

Durch die menschengemachte Erderwärmung verlorene Gletscher wieder neu zu erschaffen, ist eine kreative Lösung für die sehr realen Probleme, mit denen Hochgebirgsbewohner konfrontiert sind. Dieses spezielle Verfahren des Geoengineering ist vielleicht deshalb unstrittig, weil seine Wirkung lokal und konkret ist. In reicheren Ländern wie der Schweiz bezahlen Manager von Skiresorts bereits Tausende Franken für die Erzeugung von künstlichem Schnee und Eis oder für die Erhaltung der weißen Pracht, wo sie noch existiert, indem man riesige reflektierende Decken verwendet. 2008 konstruierte ein deutscher Professor einen Windfang von 15 Metern Höhe und 3 Metern Breite, um die kühlen Fallwinde, die bergabwärts auf den Schweizer Rhône-Gletscher sinken, einzufangen und zu stauen. Falls dies langfristig funktioniert, will er die Technik auch an anderen Gletschern anwenden.

Norphel hat keinen Zugang zu technisch hoch entwickelten Decken oder Windfängen – er kann nicht einmal die Effektivität seiner Gletscher präzise messen. Doch noch während meines Aufenthalts bei ihm empfängt er seinen ersten wissenschaftlichen Gast, Adina Racoviteanu, eine Geografie-Doktorandin am INSTAAR an der University of Colorado in Boulder, die auf dem Weg zu ihren Gletscherfeldstationen weiter im Osten bei Norphel vorbeikommt. Sie bietet ihm an, mit dem GPS-Gerät ihres Palmtops eine topografische Karte vom Standort des künstlichen Gletschers zu erstellen. Norphels Augen strahlen wie bei einem kleinen Jungen. „Das wäre wunderbar“, sagt er, und die beiden verbringen ein paar glückliche Stunden, indem sie den Bereich vermessen und in kurzer Zeit schaffen, wofür Norphel mit seinem Maßband und Lot wohl Wochen brauchen würde. Das Gerät, das sie als Leihgabe von Racoviteanus Institut verwenden, kostet 3000 Dollar, doch bevor Adina zu ihrem „echten“ Gletscher aufbricht, teilt sie Norphel mit, dass es auch Modelle für nur 300 Dollar gibt. „Wenn ich so einen bekommen könnte, wäre alles so viel einfacher“, seufzt er.

Norphel geht davon aus, dass sich bei mehr als 75 weiteren Dörfer in Ladakh geeignete Standorte für seine künstlichen Gletscher befinden, die schätzungsweise jeweils über 20 000 Kubikmeter Wasser pro Jahr liefern würden, doch dafür fehlt ihm das Geld.

Wir begeben uns hinunter ins Tal nach Stakmo und machen Halt bei Tashis Haus. „Dieser Mann ist ein Held“, erklärt Tashi mir. „Dank seinem künstlichen Gletscher kann ich Kartoffeln anbauen, weil die früher im Jahr gesetzt werden müssen, und meine Ernte fällt viel üppiger aus. Nun ziehe ich auch Tomaten und anderes Gemüse. Ich verdiene dreimal so viel wie vorher.“ Mit der neuen Bewässerung kann er die höheren Temperaturen nutzen. Der Klimawandel hat der gesamten Region dort, wo Wasser zur Verfügung steht, neuartige landwirtschaftliche Möglichkeiten beschert; in großer Höhe, wo sich die Bauern früher zwischen Eis und

Wüste abmühten, Gerste anzubauen, gedeihen nun vielerlei Obst- und Gemüsesorten, wie Auberginen, Äpfel, Paprika und Wassermelonen.

Dennoch könnte Tashis neuer Wohlstand nur kurzlebig sein. Der Klimawandel bringt auch veränderte Niederschlagsmuster mit sich, mit geringerem Schneefall im Winter, der aber benötigt wird, um die künstlichen Gletscher zu bilden. „Diese Gletscher entstehen nicht durch Zauberhand", betont Norphel. „Sie müssen den Winter über wachsen."

Die künstlichen Gletscher sind zwar keine Dauerlösung für die Probleme des Klimawandels, mit denen sich die Menschen hier auseinandersetzen müssen, aber sie verschaffen einigen der Ärmsten eine Atempause, um sich an die geänderten Verhältnisse anzupassen. Im weiteren Verlauf des Anthropozäns wird die ganze Region für die meisten derzeit dort lebenden Bauern wohl unbewohnbar werden. Norphel schenkt diesem buddhistischen Volk einige weitere kostbare Jahre in den von ihren Vorfahren ererbten Häusern, Landschaften und Gemeinschaften, in denen ihre traditionellen Lieder und Geschichten wurzeln und man ihre Sprache versteht.

Norphel ist nicht der einzige Einzelkämpfer, der dem geballten Angriff der Menschheit auf die Erde trotzt, indem er Gletscher anlegt. In den peruanischen Anden versuchen einige Menschen buchstäblich, einen Berg wieder weiß zu malen.

Licapa ist ein Dorf in 4200 Metern Höhe. Die Lebensgrundlage seiner Bewohner ist die Zucht von Alpakas, der domestizierten Kamelart Südamerikas. Dieser 100 Kilometer westlich von Ayacucho gelegene Landstrich Perus gehört zu den ärmsten des Landes. In den 1980er- und 1990er-Jahren litt er besonders unter dem Terror des Leuchtendes Pfades, einer brutalen maoistischen Guerillagruppierung, die hier ihre Basis hatte.

Bei meiner Ankunft in dem Dorf unter dem Gipfel des Chalon Sombrero waschen Frauen ihre Wäsche in einem kleinen, schmutzig aussehenden Teich, während eine Gruppe von Männern dabei ist, eines der Steinhäuser instand zu setzen. Diese Hochlandbewohner, die Quechua, die alte Sprache der Inka, sprechen, haben während der letzten 20 Jahre mithilfe verschiedener staatlicher Projekte versucht, ihre zerstörten Gemeinschaften, Häuser und Lebensgrundlagen wieder aufzubauen. Doch der Klimawandel arbeitet gegen sie.

Salamon Parco, ein junger Vater, kämpft einen einsamen Kampf gegen die globale Erwärmung. Als er so alt war wie sein fünfjähriger Sohn Wilmer, so erzählt er mir, floss ein Fluss durch das Dorf, der die Alpakaweiden bewässerte. Damals wuschen die Frauen ihre Wäsche nie im Teich, sagt er. Doch vor 20 Jahren verschwand der in 5000 Metern über dem Meeresspiegel gelegene Gletscher auf dem Chalon Sombrero spurlos und mit ihm das Wasser. Geblieben ist ein schwarzer, felsiger Gipfel über einer Gesteinsrinne, durch die einst ein Fluss strömte.

Wie in Stakmo regnet es auch in Licapa nur selten, und der Regen ist auf den Januar und Februar beschränkt. Für den Rest des Jahres sind die Hochgebirgsweiden auf das Gletscherschmelzwasser angewiesen; ohne es werden sie gelb und verdorren. Über 1000 Menschen haben das Dorf bereits verlassen, weil sie ihre Familie nicht ernähren konnten, und sind in Barackensiedlungen in der Umgebung von Perus Hauptstadt Lima gezogen. Auch Parco mit seiner Frau und drei kleinen Kindern hat darüber nachgedacht. „Aber meine Heimat ist hier. Was würde ich in der Stadt machen? Ich muss erst einmal versuchen, es hier zu schaffen", sagt er. Stattdessen streichen Parco und sein Freund Geronimo Torres den schwarzen Berg jeden Morgen mit weißer Farbe an, weil sie hoffen, damit den Gletscher wiederherzustellen, der 900 Menschen die Lebensgrundlage sichert.

Im Mai hatten sie mit dem Anstreichen des Berges begonnen; bei meinem Besuch im September sind bereits 3 Hektar an schwarzen Felsen weiß. Das außergewöhnliche Experiment wird durch ein Preisgeld von 200 000 Dollar aus einem von der Weltbank 2009 ausgeschriebenen Wettbewerb zur Anpassung an den Klimawandel unterstützt; die Idee dazu hatte der recht exzentrische peruanische Unternehmer Eduardo Gold. Das Geld, auf das Gold noch wartet, wie er mir mitteilt, soll in den Bau einer Fabrik in Licapa investiert werden, die die Kalkfarbe für das Weißen des Berges herstellen wird.

Das Experiment beruht auf dem Prinzip, dass ein schwarzer Körper mehr Wärme absorbiert als ein weißer. Erhöht man das Reflexionsvermögen der schwarzen Felsen durch die weiße Farbe, sollte der Berg kalt genug sein, um das sich auf ihm bildende Eis zu halten – bis schließlich ein Gletscher entstanden ist. Das hofft man zumindest.

Es gibt jedoch zahlreiche Skeptiker, unter ihnen Perus Umweltminister, nach dessen Meinung man das Geld besser für andere Projekte zur

Abschwächung der Folgen des Klimawandels ausgeben sollte. Auch Behörden und öffentliche Körperschaften betrachten Gold, der keinerlei wissenschaftliche Qualifikation besitzt, mit Argwohn.

Nichtsdestoweniger berichtet Parco, es seien schon einige Ergebnisse sichtbar. „Tagsüber beträgt die Temperatur auf der bemalten Fläche 5 °C, auf den schwarzen Felsen hingegen 20 °C. Und nachts fällt sie auf der weißen Oberfläche auf –5 °C", erklärt er. Über Nacht hat sich auf den bemalten Felsen bereits Eis gebildet, das allerdings bis 10.30 Uhr wieder geschmolzen ist.

Geplant ist, oberhalb des angestrichenen Bereichs einen kleinen Wasserbehälter zu bauen und mithilfe einer Windkraftanlage Wasser dorthin zu pumpen. Dieses Wasser soll dann die Nacht hindurch langsam über die Farbe sickern, wo es hoffentlich gefriert. Mit der Zeit soll die Eisschicht dann dicker werden und der Prozess eine Eigendynamik erhalten, weil die Voraussetzungen für die Entstehung eines Gletschers geschaffen werden: „Kälte erzeugt Kälte", erläutert Gold. Parco und Torres müssen insgesamt 70 Hektar anstreichen, was sie eigentlich in zwei Jahren erledigen wollten. Zu Beginn waren sie noch zu viert, aber nach 15 Tagen gaben die beiden anderen Männer auf, weil sie für ihre Arbeit kein Geld erhielten.

„Wir streichen den Berg weiter an, weil es funktioniert und weil wir keine andere Wahl haben", sagt Parco. „Ohne Gletscher gibt es kein Wasser für uns und wir müssen wegziehen."

Ich frage Lonny Thompson, einen Glaziologen der Ohio University, der die Gletscher Perus bereits seit 40 Jahren studiert, was er von der Idee hält. Seiner Ansicht nach kann das Anstreichen eines Berges in einem begrenzten Bereich kurzfristig einen gewissen Erfolg haben, ist aber in größeren Regionen nicht durchführbar. „Niemand wird die gesamte Andenkette weiß anpinseln", meint er kopfschüttelnd. Was man angesichts des bestehenden Gletscherschwunds brauche, seien künstliche Wasserspeicher, um die Gletscher zu ersetzen. „Das bedeutet, man müsste in großem Stil Dämme und Reservoirs bauen, was in einer solchen erdbebengefährdeten Zone ein heikles Unterfangen, aber unumgänglich ist."

Dass Parcos entlegenes Dorf Licapa in den kommenden Jahren auf der Prioritätenliste für neue Wasserspeicher ganz oben steht, ist unwahrscheinlich. Einen Berg weiß zu streichen, wird jedoch in den nächsten

Jahren möglicherweise genug Eis produzieren, um den Dorfbewohnern Zeit zu geben, sich eine andere Lebensgrundlage zu schaffen.

Versuche, die Erdoberfläche zu weißen, um ihr Reflexionsvermögen zu erhöhen, gibt es in viel größerem Rahmen auch anderswo. Verfahren zur Reduzierung der Sonneneinstrahlung, die den Planeten aufheizt – auch „Solar Radiation Management" genannt –, haben das Potenzial, der regionalen oder sogar der globalen Erwärmung rasch entgegenzuwirken. Angesichts der Tatsache, dass die Erderwärmung in diesem Jahrhundert höchstwahrscheinlich die Grenze von 2 °C überschreitet, die Wissenschaftler als „sicher" für die Menschheit betrachten, werden Optionen, die eine schnelle Abkühlung versprechen, immer attraktiver. Das Zurückwerfen der Sonnenenergie ins All hilft nicht gegen die Versauerung der Meere durch atmosphärisches Kohlendioxid – dazu später mehr. Es verspricht jedoch einen Zeitgewinn, während die Gesellschaften ihren Kohlenstoffausstoß verringern, sich an wärmere Bedingungen und ein neues Klima anpassen sowie einen effektiven und effizienten Weg finden, das Kohlendioxid, das wir in die Atmosphäre geblasen haben, wieder einzufangen.

Einige Wissenschaftler schlagen vor, Weltraumspiegel auf eine Umlaufbahn um die Erde zu schicken, die das Sonnenlicht zurückwerfen, bevor es unsere Atmosphäre erreicht. Auf der Erde könnte man die Dächer von Wohnhäusern und öffentlichen Gebäuden weiß tünchen, hellere und stärker reflektierende Nutzpflanzen anbauen (die eventuell gentechnisch modifiziert sind) und Wüsten oder Meere mit reflektierenden Materialien bedecken. Mit ausreichend Farbe und Entschlossenheit ließen sich strategisch günstige Berggipfel vielleicht aus der Luft weiß ansprühen.

Seit den 1980er Jahren hat sich im südspanischen Almería auf einer Fläche von 26 000 Hektar der weltweit größte Anbau von Obst und Gemüse unter Folien entwickelt. Diese Landschaft des Anthropozäns, auch „Plastikmeer" genannt, ist nicht nur deshalb bemerkenswert, weil Europas trockenstes Wüstengebiet mittlerweile Millionen Tonnen an Produkten erzeugt, sondern auch, weil die Folien so viel Sonnenlicht in die Atmosphäre zurückstrahlen, dass sie die Provinz tatsächlich abkühlen. Während die Temperaturen im restlichen Spanien schneller als der weltweite Durchschnitt angestiegen sind, haben meteorologische Observatorien in der unter Plastik liegenden Anbauregion einen Rückgang von 0,3 °C pro Jahrzehnt verzeichnet.[5] Es zeigt sich, dass die Plastikfolien wie ein Spiegel wirken, der das Sonnenlicht zurück in die Atmosphäre lenkt, bevor es den Erdboden erreichen und aufheizen kann. Zumindest vor Ort neutralisieren die Anbauflächen den globalen Treibhauseffekt.

Umstrittener ist das Verfahren, Schwebstoffpartikel in der Atmosphäre zu verteilen, die die Erde vor der Sonneneinstrahlung abschirmen und somit abkühlen sollen. Auf natürlichem Wege ist dies nach einem Vulkanausbruch zu beobachten, etwa 1991 beim Ausbruch des Pinatubo, der die Globaltemperaturen in den darauffolgenden zwei Jahren um mehr als ein halbes Grad sinken ließ.[6] In ferner Vergangenheit ließen Ausbrüche von Supervulkanen den Planeten in Eiszeiten versinken und führten zu Massenaussterben. Der gleiche Effekt, wenn auch weitaus schwächer, ist auf Schifffahrtsrouten zu beobachten: Schiffe verbrennen normalerweise Schwerbenzin mit schwefelhaltigen Emissionen, die die Ozeane mit messbar kühleren Luftströmen überziehen. Sulfatpartikel – die sich etwa in dem braunen Dunstschleier über Asien finden – haben einen abschirmenden Effekt, der das auf die Erdoberfläche treffende Sonnenlicht um 15 Prozent reduziert.

Natürlich würde niemand vorschlagen, das Problem der Erderwärmung durch industrielle Luftverschmutzung zu lösen. Stattdessen suchen Ingenieure nach anderen Möglichkeiten, die Sonnenenergie in der Atmosphäre abzufangen und zurückzuwerfen. Das Sprühen von Salzpartikeln in niedrige Haufenschichtwolken (Stratocumulus) über den Meeren könnte sie heller machen, somit den Reflexionsgrad erhöhen und lokal kühlend wirken. Wolken, die sich von der Reflexion und Höhe her perfekt dafür eignen, treten natürlicherweise in drei Regionen auf: vor Chile/Peru, Namibia/Angola und Nordamerika. Jim Haywood vom britischen Met Office Hadley Centre for Climate Research, ein Experte für den braunen Dunstschleier, hat Modellstudien über die Stratocumulus-Wolken vor Chile/Peru durchgeführt, die nahelegen, dass ein Modifizieren der Wolken einen signifikanten Kühleffekt hätte. Zugleich haben sich aber noch andere mögliche Konsequenzen gezeigt: Das Besprühen der westafrikanischen Wolken scheint den Niederschlag über dem Amazonas zu verringern, was schlecht wäre; das Sprühen von Salz in die Wolken vor Chile scheint den Niederschlag über dem trockenen Australien zu erhöhen, was sich als nützlich erweisen könnte.

Der britische Ingenieur und Erfinder Stephen Salter, ein Pionier der Wellenenergie-Technologie, ist der Meinung: Statt sich auf Feder-, Schicht- und Haufenwolken zu konzentrieren, sollte man weltweit strategisch günstig gelegene Zonen, in denen sich die Meereserwärmung bemerkbar macht, überwachen und Salzkristalle in die darüberliegenden Luftschichten sprühen, um reflektierende, Kühlung bringende Wolken zu erzeugen und auf gefährliche Wettererscheinungen einzuwirken. „Taifune wie Haiyan [der im November 2013 die Philippinen verwüstete] hätten vor dem Auftreffen auf die Küste durch Besprühen der Wolken entscheidend abgeschwächt werden können“, behauptet Salter. Er hat eine Flotte aus schwimmenden Türmen entworfen, die ein Spray aus Meerwasser in die Wolken sprühen könnten, um sie aufzuhellen. Nach seinen Berechnungen lägen die Gesamtkosten für einen Einsatz der Türme, der die Globaltemperaturen pro Jahr um ein halbes Grad senken würde, unter denen einer einzigen internationalen Klimakonferenz.

Währenddessen untersuchen andere Forscher, welche Wirkung Sulfatpartikel hätten, wenn man sie kilometerweit in die Stratosphäre pumpen würde – wie bei einem Vulkanausbruch, wenn auch in kleinerem, jedoch langfristigerem Rahmen. Mit ihren Experimenten, die bislang noch im Labor stattfinden, erproben sie, wie stark unterschiedliche Partikel das Sonnenlicht reflektieren würden und ob die kühlenden Partikel unerwünschte Nebeneffekte hätten – zum Beispiel die Zerstörung der Ozonschicht.

Die Veränderungen, die der Mensch in den Bergen des Anthropozäns initiiert hat, hängen weitgehend mit Temperaturen oder Niederschlägen zusammen. Beide Parameter ließen sich noch von uns beeinflussen, indem wir entweder unsere Treibhausgasemissionen reduzieren oder die Aufheizung durch Sonnenenergie eindämmen. Das Anthropozän könnte sich zu einer Epoche mit einem nuancierteren Klimawandel entwickeln, in der man Temperatur und Niederschlag auf die Bedürfnisse der Menschen abstimmt und das Wetter plant. Eine merkwürdige Vorstellung.

Die Menschen haben stets auf ihre Umwelt eingewirkt. Nur dank unserem hervorragend angepassten Gehirn können wir auf der ganzen Welt leben, was uns im Wesentlichen gelingt, indem wir uns gegen unsere natürliche Umgebung abschirmen. Ob wir die Globaltemperaturen um zwei, vier oder gar sechs Grad steigen lassen – es wird zweifellos immer einfallsreiche Vertreter unserer Spezies geben, die sich erfolgreich anpassen werden. Hätten wir dafür einige Jahrhunderte Zeit, würde es der gesamten menschlichen Population vermutlich gelingen, mit diesen Lebensbedingungen gut zurechtzukommen. Das Problem ist nur, dass die Erwärmung der Atmosphäre für den Menschen zu rasch erfolgt, um sich daran anpassen zu können.

Dennoch ist die Idee, die Atmosphäre künstlich abzukühlen, höchst umstritten, weil diese ein öffentliches Gut darstellt. Es könnte auch daran liegen, dass die Absicht dahinter so explizit geäußert wird. Obwohl die Menschen die Atmosphäre künstlich mit Treibhausgasen aufheizen, erfolgte die Nutzung fossiler Brennstoffe stets mit dem Ziel, Energie zu erzeugen, und nicht, den Planeten zu erwärmen. Nach Ansicht mancher Leute sollte selbst die Forschung über die Abkühlung der Atmosphäre untersagt werden, weil sie die Absicht impliziert, die Ergebnisse in die Tat umzusetzen. Andere meinen, diese Forschung schwäche die Bemühungen, den Klimawandel durch Eindämmen des Kohlendioxidausstoßes bei der Energieerzeugung zu bremsen. Die Freiheit der Forschung sollte jedoch keinesfalls eingeschränkt werden – wissenschaftlich zu untersuchen, ob etwas funktionieren würde und was die möglichen Folgen wären, bedeutet nicht zwangsläufig, dass die Wissenschaftler die Verwirklichung ihrer Ideen bedingungslos vorantreiben wollen. Es gibt wissenschaftliche Fragen, die es zu beantworten gilt, etwa die Auswirkungen auf den Niederschlag oder die technische Durchführbarkeit einer Idee, bevor die Gesellschaft sich Gedanken darüber machen kann, ob sie solche Techniken einsetzt oder nicht.

Dieser neue Bereich des Geoengineering im Anthropozän ist eine faszinierende wissenschaftliche Disziplin, und die beteiligten Forscher gehören zu den bemerkenswertesten und umsichtigsten Menschen, denen ich je begegnet bin. Das Ganze erinnert auf gespenstische Weise an die Atomforschung der 1940er-Jahre: Die Geoingenieure von heute sind die Pioniere einer aufregenden, völlig neuen Wissenschaft; sie machen ständig Entdeckungen und entwickeln verblüffend leistungsfähige Technologien, von denen sie inbrünstig hoffen, dass sie niemals eingesetzt werden. Sie alle warnen vor den Risiken, die mit der Anwendung der Technologien einhergehen, und wiederholen gebetsmühlenartig, dass eine drastische Reduzierung der Gasemissionen, die die Atmosphäre aufheizen, die beste Lösung des Problems wäre.

Der Einsatz von Reflektoren könnte sehr reale und ernst zu nehmende Folgen haben. Modelle lassen vermuten, dass ein Abkühlen der nördlichen Hemisphäre (um die katastrophale Eisschmelze in der Arktis zu verlangsamen) den Niederschlag in armen Ländern der südlichen Tropen stark verringern würde. Um das zu verhindern, müsste man eventuell zur gleichen Zeit reflektierende Kühlvorrichtungen über der südlichen Hemisphäre anbringen. Eine weitere Komplikation besteht in dem Problem, den Prozess wieder zu beenden. Um die Globaltemperaturen niedrig zu halten und der drohenden Aufheizung entgegenzuwirken, müssten diese Reflektoren permanent und vielleicht in größerem Umfang besprüht werden. Beim Beenden des Sprühprogramms würden die Globaltemperaturen dann sehr plötzlich um mehrere Grade ansteigen, und das wäre für die Menschheit viel gefährlicher als die allmähliche Erderwärmung aufgrund der zunehmenden Emissionen.

Dennoch bedeutet das Dilemma, in dem wir Menschen uns derzeit befinden – mit dem verheerenden Klimawandel konfrontiert zu sein und zugleich immer stärker abhängig von den Brennstoffen, die das Problem weiter verschärfen –, dass Techniken zur Kühlung unseres Planeten wohl ernsthaft in Betracht gezogen werden müssen. Das entspricht im Grunde dem, was Menschen angesichts einer Herausforderung immer getan haben: sich ihr stellen und einen Ausweg finden. Verfechter des Solar Radiation Management wie Paul Crutzen verweisen darauf, dass sie eigentlich nur nachahmen, was Vulkane tun, und in der Lage sind, den Heizeffekt einer verdoppelten Kohlendioxidkonzentration schnell und kostengünstig umzukehren. Und da wir bereits wissen, was bei einem Vulkanausbruch geschieht, sei dies angeblich eines der sichersten Verfahren – jedenfalls weniger gefährlich als die Folgen der globalen Erwärmung. Die Technik ließe sich langfristig nutzen, um einen desaströsen Klimawandel abzuwenden, oder auch in Zeiten schlimmer Dürren oder Hitzewellen – möglichst unter der Schirmherrschaft eines internationalen Abkommens. Und bei gut durchdachter Anwendung könnten solche Verfahren möglicherweise auch die Gletscher von ganzen Gebirgszügen erhalten oder wiederherstellen. Doch solange die Welt noch darüber nachdenkt, ob weltweit wirksame Kühlsysteme realisierbar, ethisch verantwortbar und klug sind, entwickeln Norphel und andere Architekten der Berge praktische und effektive regionale Lösungen für einen sich aufheizenden Planeten.

3 FLÜSSE

Wasser, das vom Himmel regnet, aus einem See abläuft, einer Quelle entspringt oder aus einem Gletscher sickert, nimmt seinen Weg vom Land ins Meer über einen Fluss. Diese Süßwasserwege sind wahre Lebensspender. Sie versorgen Wälder und Wiesen mit Wasser, erschaffen Sümpfe und Flussdeltas, führen Nährstoffe und Sediment mit sich und ernähren ganze Ökosysteme – in sich geschlossene Wasserwelten, bewohnt von Tieren, Pflanzen und Mikroorganismen.

Und doch sind es Lebewesen, denen Flüsse ihre Existenz verdanken. Über Jahrmilliarden strömte Süßwasser auf unserem Planeten in breitem, flachem Verlauf (ähnlich der auflaufenden Flut) über die harte, öde Erdoberfläche dem Meer zu. Erst mit der Ansiedlung von wurzelnden Pflanzen an Land vor etwa 420 Millionen Jahren entstanden Flüsse, wie wir sie heute kennen. Die Pflanzenwurzeln ließen die felsigen Oberflächen mit der Zeit bröckeln, es entstand Erde, in der sich durch Erosion Kanäle bildeten, durch die nun Wasser strömte. Die starken Wurzelsysteme der Pflanzen trugen dann weiter zur Kanalisierung des Wassers bei, indem sie die schlammigen Ufer der Fließgewässer befestigten und so ein tieferes, mäanderndes Bett für das entstehen ließen, was wir heute Fluss nennen. Diese Proto-Flüsse traten über ihre Ufer und zogen sich wieder zurück. Dabei wurden immer wieder Sedimente abgelagert. Es entstanden tiefe, nährstoffreiche Böden, auf denen sich große Gehölze ansiedelten. Wälder gaben den Flussbetten ein unterschiedliches Gepräge, verstärkten sie und trugen damit zur Entstehung des so wichtigen, vernetzten Gewässersystems bei, das heute auf der Erde besteht.

Die Flüsse der Erde entwässern fast 75 Prozent der Landoberfläche, von den eisigen Polarregionen bis zu den feuchtheißen Tropen. Sie enthalten zwar nur etwa 0,0001 Prozent des Wassers auf der Erde, spielen aber eine entscheidende Rolle im globalen Wasserkreislauf, denn sie geben vor, wo Süßwasser für Pflanzen und Tiere zugänglich ist. Im Laufe der Evolution sind Hunderttausende von Arten entstanden, die ihr Leben lang oder zumindest in bestimmten Entwicklungsstadien auf Süßwasservorkommen angewiesen sind – von der glucksenden Quelle eines Bergbaches über tosende Wasserfälle oder Stromschnellen und ruhige, tiefe, durch Auwälder strömende Flüsse bis hin zu den weiten, sedimentüberströmten Feuchtgebieten und Flussdeltas.

Der sich immer wieder regenerierende Strom durch die mächtigen Lebensadern der Erde wirkt zeitlos. Saurier lebten und starben an heute noch bestehenden Ufern. Sie ernährten sich von Fischen, von denen einige Arten – wie Störe und Knochenhechte sowie der Arowana und der Arapaima des Amazonas – bis heute in den Flüssen leben. Zu diesen urzeitlichen Arten hat sich seither eine Vielfalt von Fisch-, Echsen-, Säugetier- und Insektenarten gesellt, sodass Süßwasser-Ökosysteme zu den artenreichsten der Welt zählen.

Auch der Mensch ist seit jeher Teil dieses Ökosystems, denn er braucht Flüsse, um seinen Durst zu stillen, zu baden, Nahrung zu finden, Abfälle zu entsorgen und Dinge zu transportieren. Süßwasser ist für den Menschen so wichtig, dass man die menschliche Gesellschaft an ihm nachzeichnen kann. Flussdeltas sind kulturell ebenso fruchtbar wie landwirtschaftlich – in den großen Religionen gibt es entweder Flussgottheiten, wie den Ganges, oder Flüsse sind Teil bedeutsamer Legenden, wie der des auf dem Nil ausgesetzten Mose oder von der Taufe Jesu im Jordan. Im Laufe der Zeit entstanden Städte in fruchtbaren Flusstälern und an Flussmündungen. Sediment, Wasser und Nährstoffe aus landwirtschaftlichen Anbaugebieten ließen Deltas entstehen, die Grundlage für eine noch reichere Nahrungsproduktion wurden. Das und die guten, für Handel und Transport nutzbaren Verbindungen zu Meer und Flüssen machten Deltas zu idealen Lebensorten. Die menschliche Zivilisation entstand an einem Flussufer. Tigris, Euphrat, Indus und Nil boten den Nährboden für die ers-

ten ernsthaften Versuche des Menschen, in Städten zu leben, und brachten unsere Spezies damit auf einen Kurs, dem wir bis heute folgen.

Im Anthropozän jedoch ist die Menschheit dabei, die Flüsse und andere Quellen für Süßwasser auszutrocknen. Der Klimawandel hat den für das Holozän normalen globalen Wasserkreislauf verändert; es findet eine stärkere Verdunstung statt, und es gibt mehr Niederschläge. Wir erleben mehr Überschwemmungen und schlimmere Dürrezeiten. Generell lässt sich das Wetter schlechter vorhersagen, was den Menschen eine gezielte Anpassung erschwert. Durch die verstärkte Wasserentnahme für Landwirtschaft, Industrie und Energiegewinnung fallen manche Flüsse trocken, andere wiederum sind inzwischen zu verschmutzt, als dass man sie noch nutzen könnte.

Wir haben die Erde im Anthropozän auf vielfältige Weise umgestaltet, doch wie wir die Wasserwege unseres Planeten umgestaltet haben, ist geradezu anmaßend. Wir haben sie begradigt und umgeleitet, unter die Erde verbannt, eingedämmt, ihnen zu Bewässerungszwecken das Wasser entzogen, Fische hineingesetzt oder alle Fische herausgeholt, Baumaterial aus ihren Flussbetten gebaggert, mit ihrer Strömung Turbinen zur Stromgewinnung betrieben und sogar selbst Kanäle gebaut, um Städte miteinander zu verbinden oder Kontinente zu durchtrennen. Wir halten so viel Wasser fest, dass wir damit sein Gewicht auf der Erde anders verteilt haben und der Planet nun etwas langsamer um seine Achse rotiert.

Im letzten Jahrhundert haben wir die Hälfte der Feuchtgebiete der Erde trockengelegt, 48 000 große Staudämme gebaut und die meisten der großen Flüsse der Erde umgeleitet – nur 12 Prozent fließen noch frei von der Quelle bis zur Mündung.[1] *Immer wieder kommt es vor, dass große Flüsse, wie der Rio Grande (Rio Bravo) in Mexiko, der Gelbe Fluss (Huang He) in China und der Murray River in Australien, vor Erreichen des Meeres versiegen. Binnenseen wie der Aral- und der Tschadsee fielen zunehmend trocken, weil das Wasser ihrer Zuflüsse für die Landwirtschaft abgezweigt wird. Deiche, Umleitungen und Wasserentnahme verhindern, dass Sedimente flussabwärts transportiert werden und die Erosion von Flussdeltas aufhalten. Das und die Grundwasserentnahme durch Küstenstädte führt dazu, dass zwei Drittel der großen Flussdeltas absinken.*[2] *Etwa ein Viertel der Weltbevölkerung nutzt Grundwasser, das schneller entnommen wird, als es nachsickert, über 800 Millionen Menschen haben überhaupt keinen Zugang zu sauberem Trinkwasser, und vier von fünf Menschen leben an*

Orten, deren Wasserversorgung bedroht ist.[3] *Nicht nur wir Menschen leiden Durst, alle Arten brauchen Wasser, und Ökosysteme in aller Welt leiden unter zunehmendem Wassermangel – 30 Prozent der im Süßwasser lebenden Arten sind heute stark gefährdet, das ist der höchste Anteil unter allen Ökosystemen.*[4]

Und wir verlangen den Flüssen der Erde immer mehr ab. Auch wenn wir im Anthropozän viele Wege gefunden haben, uns gegen die Widrigkeiten und die Unvorhersehbarkeit der Natur zu wappnen, sind wir doch nach wie vor stark auf Flüsse angewiesen – zur Trinkwasserversorgung, für die Landwirtschaft, die Fischerei und zunehmend auch für die Erzeugung von Energie.

Das Anthropozän wird in vielerlei Hinsicht davon geprägt werden, wie wir die Flüsse behandeln – schon jetzt in vielen Gebieten der Erde ein emotionales und politisches Thema.

Die südlichste noch bewohnbare Region unseres Planeten ist eine ungezähmte Wildnis mit Gletschern und Bergen, subantarktischem Wald und trockenen Buschsteppen, Vulkanen und türkisfarbenen Seen. Patagonien, die Südspitze Südamerikas, ist die Heimat von Kondoren, Pumas und Blauwalen, eines der letzten zugänglichen Niemandsländer der Erde. Der Weg in die Antarktis führt meist über Patagonien. Dort befindet sich das Chilenische Inlandeis, nach dem antarktischen und dem grönländischen Eisschild das wichtigste Süßwasserreservoir der Erde. Wälder aus Antarktischer Scheinbuche sind Zeugnisse aus der Zeit, als diese Landmassen Teil des warmen Superkontinents Gondwana waren, während die häufigen Erdbeben und aktiven Vulkane die anhaltende Bewegung der Kontinentalplatten belegen.

Diese außergewöhnliche Landschaft steht im Mittelpunkt eines erbitterten internationalen Streits über Pläne, mehrere Wasserkraftwerke in drei der größten Flüsse Chiles zu bauen. Das Thema spaltet das Land tief, stellt einige der größten Unternehmen des Landes vor eine Zerreißprobe und gefährdete sogar das Präsidentenamt. Ich reiste dorthin, weil ich wissen wollte, ob sich die Menschen im Anthropozän für die Aussicht auf billigen Strom und den damit verbundenen wirtschaftlichen Aufschwung oder für den Erhalt einer unberührten Natur entscheiden werden, in die sich kaum einmal ein Mensch verirrt.

Tief im Herzen Patagoniens stoße ich auf die türkisfarbenen Fluten des Río Baker, des wasserreichsten Flusses von Chile. Er strömt hier schnell und wild durch die Berge und scheint sich tosend jeglicher Kontrolle oder Staumaßnahmen zu erwehren. Er ist wild und laut. Regenbogen leuchten in der Gischt auf, und die felsigen Ufer glänzen nass. Ich bilde mir ein, im Hintergrund Vogelrufe zu hören, bin mir aber nicht sicher. Jenseits des aufgewühlten Flusses ist es ruhig und still. Zwei große Wasserkraftwerke sind für den Río Baker geplant – ein Missklang aus Beton, Stahl und Asphalt soll die gewaltige natürliche Energie des Flusses einfangen und Stadtbewohnern in Tausenden von Kilometern Entfernung zur Verfügung stellen. Ich versuche, mir vorzustellen, dass die umgebende Landschaft in einem Stausee verschwindet, mit asphaltierter Zufahrtsstraße und jeder Menge Arbeiter an diesem entlegenen Ort ... es will mir nicht gelingen.

Patagonien ist fast menschenleer. Diese Eigenschaft macht einen Teil seines Reizes aus und hat schon immer Leute angezogen, die sich der Gesellschaft entziehen wollten. Butch Cassidy und seine Bande zogen sich in diese Ödnis zurück, genauso wie verschiedene sowjetische Überläufer, walisische Christen und englische Abenteurer. Es ist ein regenarmer, ungastlicher Ort, stets windgepeitscht und eisig kalt. Doch sein Himmel ist weit, das südliche Licht ist unglaublich und die felsige Wüste voller ungewöhnlicher Farben.

Über mir segeln riesenhafte schwarze Andenkondore, die über den staubigen Grasflächen Ausschau nach Aas halten. Da Bäume fehlen, sitzen andere Greifvögel auf der Straße und heben vor meinem Wagen erst im letzten Moment ab. Auf meiner stundenlangen Fahrt sehe ich Guanakos (eine Kamelart, die Wildform des Lamas) und einen schwarzweißen Skunk. Die Wüste erstreckt sich über Täler, die von Gletschern geformt wurden. Überall liegen große Findlinge, die nicht aus der Gegend stammen, sondern einst von den Gletschern aus den Bergen mitgeführt wurden und dann hier zurückblieben.

Nachdem ich fast einen ganzen Tag durchs Niemandsland gefahren bin, freue ich mich über ein Zeichen für menschliches Leben. Einige Pappeln bieten mehr schlecht als recht einem einsamen Haus mit kleinen Fenstern Schutz, das sich der Kälte entgegenstellt. Es ist eine der hiesigen Estancias – Ranches, aufgebaut vor fast einem Jahrhundert von „Pionieren“, die nicht nur die Steine, sondern die Eingeborenen gleich mit entsorgten, um mit der wachsenden Wollindustrie Geld zu machen. Später stoße ich auf eine riesige Schafherde, die das Land wie eine Schaumschicht überzieht und von berittenen Gauchos mit Hunden begleitet wird. Das Bild wirkt zeitlos und ganz natürlich, doch das ist nur eine Illusion – Schafe wurden erst Ende des 19. Jahrhunderts hier eingeführt.

Schließlich erreiche ich Coyhaique, Hauptstadt der chilenischen Región de Aysén in Patagonien. Diese kompakte, wohlgeordnete Kleinstadt liegt auf sanften Hügeln am Fuße eines Basaltmassivs; ihre Bewohner leben hauptsächlich von Fischfang und Rinderzucht. Viele leben noch fast genauso wie die ersten europäischen Siedler, doch überall in der Stadt künden Graffiti von Unruhe. *Patagonia Sin Represas!*, „Patagonien ohne Staudämme!" ist noch einer der zurückhaltenderen Sprüche. Sie künden vom Zorn der Menschen über Pläne, im Río Baker, aber auch in den ungezähmten Río Cuervo und Río Pascua Staudämme zu bauen.

Wie bei den meisten Wasserkraftwerken würde die Energie durch das Aufstauen von Wasser hinter einem Staudamm produziert, das dann zur Erzeugung von Strom je nach Bedarf durch Turbinen abgelassen werden kann. Doch um aus den relativ flachen Río Baker und Río Pascua tiefe Energiespeicher zu machen, braucht es Stauseen, und diese würden insgesamt 6000 Hektar Land überfluten. Den größten Widerstand aber ruft die damit verbundene Stromtrasse hervor. Über rund 6000 Strommasten, jeder an die 85 Meter hoch, würde der Strom 2450 Kilometer nach Norden geleitet, bis in die Hauptstadt Santiago de Chile und in die stromfressenden Bergwerke in der dahinter liegenden Wüste. Allein diese Trasse würde einen der weltweit größten Kahlschläge erfordern, einen 120 Meter breiten Korridor durch uralte Wälder, der die dortigen Ökosysteme zerschneidet.

Kritikern zufolge würden die Staudämme, Strommasten und Überlandleitungen eine echte Wildnis zerstören, nur um kurzfristig Energie zu gewinnen; die Befürworter halten dagegen, dass Wasserkraft eine saubere Energiequelle sei, Chile die 3500 Megawatt Strom brauche, um bis 2018 Südamerikas am höchsten entwickeltes Land zu sein (dieses Ziel hat es sich gesteckt), und angesichts fehlender Öl- oder Kohlevorkommen keine brauchbaren Alternativen habe.

Das Land muss seine Kapazitäten bis 2025 verdreifachen, um seinen Energiebedarf zu decken – derzeit stammen die Hälfte des Stromes aus

Wasserkraft und die andere Hälfte aus importierten fossilen Brennstoffen. Die Staudämme in Patagonien könnten allein ein Drittel des landesweiten Strombedarfs produzieren; für eine solche Energiemenge scheint das Opfern von ein paar entlegenen Tälern ein geringer Preis zu sein – oder etwa nicht? Die Gegner der Staudämme argumentieren jedoch, dass Chile über eine der mit 7000 Kilometern längsten Küsten aller Länder verfüge, die für Wind-, Wellen- oder Gezeitenkraftwerke wie geschaffen sei, außerdem über zehn Prozent aller Vulkane der Welt und damit über massenhaft geothermische Energie sowie in der Atacamawüste über eines der Gebiete mit der höchsten Sonneneinstrahlung weltweit. All dies könnte bedarfsorientierter und regional Energie liefern, ohne dass Patagonien zerstört wird. Ich bin verwirrt und befrage einen Energieexperten.

Claudio Zaror ist Chemieingenieur und Energieberater der Regierung, ein leiser, schmächtiger Mann, der unter der Diktatur von Augusto Pinochet schlimmstes Leid erdulden musste. In seinen Zwanzigern wurde er von der Geheimpolizei verschleppt, gefoltert und jahrelang in einer nur 60 Zentimeter breiten Zelle gefangen gehalten. Er war einer der glücklichen Desaparecidos („Verschwundenen"), denn er überlebte. Nach Jahrzehnten der Entbehrungen wünscht er sich ein besseres Leben für die einfachen chilenischen Bürger, und so hat er wenig Verständnis für das, was er für überflüssige Sentimentalität bezüglich einiger entlegener Flüsse hält. Für Claudio ist die Sache klar: „Wir sind ein sich entwickelndes Land, in dem fast 20 Prozent der Bevölkerung in extremer Armut leben – ich will, dass dieser Prozentsatz geringer wird, und dafür brauchen wir Energie."

Jedes Jahr brauche das Land zusätzliche 500 Megawatt installierte Leistung – also alljährlich acht Prozent mehr –, weil Bevölkerung und Industrie wüchsen und der Konsum zunehme. „Wenn diese Energie nicht von den Wasserkraftwerken in Patagonien kommt, dann kommt sie aus einer fossilen Energiequelle mit all ihren CO_2-Emissionen, denn andere erneuerbare Energiequellen sind unbezahlbar teuer. Unter Umweltschutzaspekten und wirtschaftlich gesehen ist Wasserkraft unsere einzige vernünftige Option", sagt er.

Der Klimawandel verleihe der Angelegenheit zusätzliche Dringlichkeit, so Claudio, denn es gebe immer häufiger immer schwerere Dürreperioden im Inland, also dort, wo sich derzeit die meisten Wasserkraftwerke befinden. „Während der Dürre 2008/2009 wurden weniger als 15 Prozent der Grundlast durch Wasserkraft gestellt, und wir mussten für die Kraftwerke Diesel importieren, für 118 Dollar pro Barrel." Da inzwischen 92 Prozent der chilenischen Gletscher aufgrund des Klimawandels schrumpfen, sprich: schmelzen, werden die Flüsse in Patagonien auf kurze bis mittelfristige Sicht sehr viel Wasser führen.

Dennoch sind die Staudämme umstritten, und das nicht nur in Aysén, sondern im ganzen Land. Untersuchungen ergaben, dass mehr als die Hälfte der Bevölkerung die geplanten Dämme ablehnt, doch ist diese Mehrheit so knapp, dass die Regierung in jedem Fall Probleme bekommen wird, ganz gleich, wie sie entscheidet. Am Streit beteiligen sich auch internationale Stimmen, denn Menschen in aller Welt wollen in der Angelegenheit dieser weltweit einzigartigen Wildnis mitreden. Selbst die altehrwürdige *New York Times* hat in einem Leitartikel dazu aufgerufen, die Pläne für die Staudämme aufzugeben.

Im Laufe des letzten Jahrhunderts hat die Menschheit tagtäglich das Äquivalent eines Staudamms errichtet – den Großteil davon nach 1950. Zwei Drittel der großen Flüsse der Erde werden heute durch mehr als 50 000 große Staudämme zerschnitten – allein in den USA gibt es 85 000 davon, die große und kleine Flüsse aufstauen und in den meisten Fällen den natürlichen Wasserfluss tief greifend verändern. Die berühmteste von ihnen, die in den 1930er-Jahren errichtete Hoover-Talsperre (Hoover Dam), trägt maßgeblich dazu bei, dass der mächtige Colorado River versiegt, noch bevor er das Meer erreicht. Vorhersagen gehen von einem Anstieg der weltweiten Stromgewinnung aus Wasserkraft um 40 Prozent bis 2050 aus. Somit hat die Menschheit im Anthropozän in die meisten größeren Flusssysteme gestaltend eingegriffen, und der Streit darüber, wie man diese Lebensadern unseres Planeten nutzen solle, wird immer heftiger. In Europa und Nordamerika sind die hydroelektrischen Möglichkeiten so gut wie ausgeschöpft – teilweise werden sogar Staudämme abgebaut und Flüsse „renaturiert". In Afrika, Asien und Südamerika befinden sich jedoch Hunderte von Staudämmen in Planung, die einige der ärmsten Völker der Welt mit Strom versorgen sollen, und das in einigen der ökologisch wertvollsten Regionen, von Patagonien über den Amazonas bis hin zum Kongo. Dennoch sind die Menschen, die den dort produzierten Strom erhalten, meist nicht dieselben, denen der Verlust ihrer Umwelt, ihres Lebensunterhalts und ihrer Heimat droht.

Global gesehen sind Wasserkraftwerke eine attraktive, CO_2-arme Energiequelle, die im Gegensatz zu Sonnen- und Windenergie wetterunabhängig und konstant Strom liefern kann. Etwa 20 Prozent des weltweit produzierten Stroms stammt schon heute aus Wasserkraft. Die Infrastruktur ist oft relativ kostengünstig, ihr Wirkungsgrad liegt bei 80 bis 90 Prozent, und sie hat ihre eigene Batterie dabei: den Wasserspeicher. Dieser ist so gut geeignet, dass Sonnen- und Windkraftwerke immer öfter Pumpspeicherkraftwerke als Energiespeicher für überschüssigen Strom einsetzen. Dabei wird Wasser in einen höher gelegenen Speicher gepumpt und durch Turbinen wieder abgelassen, wenn die Sonne nicht scheint oder kein Wind weht. Stauseen sind natürlich auch geeignet, um Wasser für den Fall einer Dürreperiode zu speichern oder das Risiko von Überschwemmungen zu mindern.

Doch bei allen attraktiven Vorteilen haben Staudämme auch viele negative Auswirkungen. Durch den entstehenden Stausee wird oft fruchtbares Land überflutet, nicht selten müssen Tausende von Menschen ihre Heimat verlassen. Gemeinden verlieren möglicherweise Land, Gebäude und kulturell bedeutsame Stätten wie etwa alte Friedhöfe oder Landschaften, die ihnen sehr wichtig sind. Wird die Fläche des zukünftigen Stausees nicht gründlich genug von Vegetation befreit, bildet sich durch die Zersetzung organischer Materie Methan, ein Treibhausgas, das im Verlauf von 100 Jahren 25-mal stärker zur Erderwärmung beiträgt als Kohlendioxid (CO_2). Fast ein Viertel der vom Menschen verursachten Methanemissionen geht auf große Staudämme zurück. Das Aufstauen eines Flusses lässt zudem oft Wasservegetation wachsen, deren Verrotten wiederum Sauerstoffarmut und Fischsterben verursachen kann.

Das Gewicht eines so großen Wasserkörpers kann außerdem Erdbeben verursachen, bei denen womöglich der Staudamm bricht und viele Todesopfer zu beklagen sind. Schwere Regenfälle können die Verwaltung des Stauwerks auch in ein Dilemma stürzen – soll man versuchen, die Fluten aufzuhalten, dabei aber einen Bruch des teuren Staudamms riskieren, oder soll man die Durchlässe öffnen und damit Überflutungen in den flussabwärts gelegenen Gebieten in Kauf nehmen? Schon oft wurden Hochwasser abgelassen und damit Leben und Existenzen vernichtet. So können Staudämme, die eigentlich Hochwasser abmildern sollen, sogar noch schlimmere, weil plötzlich auftretende Überflutungen herbeiführen.

Flussabwärts von einem Staudamm bleiben natürliche saisonale Hochwasser aus, die normalerweise Feuchtgebiete beleben und angrenzende Äcker und Wiesen mit Nährstoffen anreichern. Der Fluss führt dort womöglich nur noch so wenig Wasser, dass Landwirte ihre Felder nicht mehr ausreichend bewässern können und der Schiffsverkehr zum Erliegen kommt. Wanderfische gelangen oft nicht mehr bis zu ihren Laichgründen, andere Fische haben mit reduzierter aquatischer Vegetation zu tun oder werden von ihren Fortpflanzungsgemeinschaften abgeschnitten, was Ökosysteme und die Fischerei schädigt. Staudämme behindern außerdem den Sedimentstrom. Statt flussabwärts mitgeführt zu werden, lagert sich Sediment am Fuß des Staudamms an; das beschädigt die Turbinen und lässt den Wasserpegel im Stausee steigen. Doch flussabwärts sind die Auswirkungen durch fehlendes nährstoffreiches Sediment weitaus problematischer. Die Fruchtbarkeit des gesamten Systems kann darunter leiden, weil etwa durch jahreszeitlich bedingte Regenfälle fortgespülter Boden nicht wieder ersetzt wird. Die verschiedenen Ansprüche entlang des Flusses führen oft zu Konflikten um das kostbare Wasser, nicht selten über Landesgrenzen hinweg.

Doch oft winken große wirtschaftliche Vorteile, und der neue Stausee kann Wildtieren, etwa Vögeln, einen Lebensraum bieten, neue Fischgründe schaffen und eine dringend benötigte zuverlässige Bewässerung gewährleisten. Der Bau des ägyptischen Assuan-Staudamms in den 1960er-Jahren war beispielsweise höchst umstritten. Doch trotz aller Umweltschäden, die er für den Nil unterhalb des Staudamms bedeutete, findet man kaum einen Ägypter, der für seinen Rückbau wäre – der Staudamm ist ökonomisch ein riesiger Erfolg und sorgt nicht nur für bessere Ernten, weil selbst bei Dürre eine Bewässerung möglich ist, sondern auch für Strom aus Wasserkraft sowie Schutz vor Hochwassern, was Milliarden Euro wert ist. Auch hier ist die Nutzung des Flusses umstritten. Im Jahr 2011 beschloss Äthiopien, Ägypten das Anrecht auf den Großteil des Nilwassers abzusprechen, und ebnete den Weg für den Bau einer riesigen Talsperre mit Wasserkraftwerk im Blauen Nil nahe der Grenze zum Sudan.

Wie für so viele Entwicklungsprojekte gilt auch für Staudämme, dass man sie auf eine möglichst sozial- und umweltverträgliche Art bauen kann oder aber so billig wie möglich, um die Kosten möglichst schnell wieder hereinzubekommen.

Im August 2008 legte HidroAysén, die Firma hinter fünf der geplanten Staudämme in Patagonien, der chilenischen Umweltschutzbehörde ihr Gutachten für die zu erwartenden Auswirkungen auf die Umwelt zur Genehmigung vor. Die 32 Regierungsstellen, die über den Bericht zu entscheiden hatten, befanden diesen für so lückenhaft, dass die Firma Anweisung erhielt, innerhalb einer Frist von neun Monaten auf mehr als 3000 Anmerkungen einzugehen. Im Oktober 2009 unterbreitete HidroAysén seine Antwort in einem 5000-seitigen Zusatzdokument, das wiederum den Ansprüchen der staatlichen Behörden nicht genügte; über die Hälfte der Abteilungen übte harsche Kritik. So wurde bemängelt, dass das Gutachten zu Auswirkungen auf die Umwelt keinerlei Daten zur Erdbebengefahr in diesem für Erdbeben und Vulkanismus bekannten Gebiet enthielt, das plötzliche Auftreten von Gletscherseeausbrüchen (also dem plötzlichen Auslaufen von Gletscherseen) nicht berücksichtigt sei sowie Daten zu den Konsequenzen für natürliche Lebensräume innerhalb und außerhalb von Nationalparks, örtlichen Kommunen, Biosphärenreservaten von globaler Bedeutung, Feuchtgebieten und wasserführenden Bodenschichten fehlten.

Da sich aber die beiden mächtigen Firmen hinter den Projekten – HidroAysén und XSTRATA – der Unterstützung des rechtsliberalen damaligen Präsidenten Sebastián Piñera erfreuten, wurden die Pläne einfach durchgewinkt. In den letzten Jahren nun gab es gegen die Genehmigung immer wieder Klagen, die abgewiesen wurden, neue Klagen, neue Genehmigungen und so fort.

Ich will in Coyhaique mit dem Architekten und leidenschaftlichen Bergsteiger Peter Hartmann sprechen, dem Regionalleiter der Chilean Friends of the Earth (CODEFF), die zu den größten Gegnern des Staudammprojekts zählt. Wir verabreden uns in einem belebten Café, wo er mich sofort entdeckt. Er ist lang und dünn und begrüßt mich mit offenen Armen. Er gibt der Kellnerin zu verstehen, dass wir nichts essen wollen, und lädt mich zu sich nach Hause ein. „Wir unterhalten uns dort."

Wir fahren eine lange, unbefestigte Straße entlang, deren Zustand immer schlechter wird, je weiter wir ihr in die Berge oberhalb der Stadt folgen. Ich werde im Truck hin- und hergeworfen, während sich dieser durch tiefe Fahrspuren kämpft. Doch die Fahrt lohnt sich. Peters Haus ist ein wunderbar gearbeiteter Holzbau mit Dachbegrünung und in der Sonne schimmernden Fenstern, in denen sich die Stadt unter uns und ein riesiger, über uns aufragender Fels spiegeln. Beim Matetee – dem typisch südamerikanischen Aufgussgetränk, das durch ein dünnes Metalltrinkrohr aus einer kleinen Kalebasse getrunken wird – beschreibt Peter seine zahlreichen Vorbehalte gegen die Staudammprojekte, von der Sorge wegen der Umweltzerstörung bis hin zur Störung des Landschaftsbildes durch Hochspannungsleitungen, die durch die von ihm so geschätzten unberührten Täler und Berge verlaufen würden. „Sie sind ja daran gewöhnt, überall Hochspannungsmasten und Überlandleitungen zu sehen, darum bemerken Sie gar nicht mehr, wie hässlich sie sind und wie sie das Landschaftsbild verschandeln", so Hartmann. „Hier aber gibt es keine großen Bauwerke, die das natürliche Bild stören. Dies ist einer der letzten Orte dieser Art auf der Erde, und ich möchte ihn so bewahren."

Peter ist führend am Kampf gegen die Staudämme beteiligt. Er ist ein charmanter, großzügiger und sehr interessanter Gastgeber. Er erzählt mir die spannende Geschichte dieser Region, während er aus einheimischem Gemüse – darunter köstliche lilafarbene Kartoffeln, die wegen ihrer eindeutigen Form hier *meca de gato*, „Katzenscheiße" genannt werden – einen Eintopf zubereitet. Peter ist einer der wenigen Vegetarier in Chile. Seine Liebe zu Patagonien rührt von seiner jahrzehntealten intimen Kenntnis der Region her. Er hat ihre Berge und Felswände bestiegen, ist mit dem Boot ihre eisigen Stromschnellen hinuntergefahren und hat sie gegen die Umwelt verschmutzende Industrie und hässliche Infrastruktur verteidigt. Die Täler und Hänge rund um Coyhaique zeigen über weite Flächen noch die Wunden, die die ersten Europäer ihnen schlugen. Diese kamen erst vor ein paar Jahrzehnten hierher. Auf der Flucht vor den Konflikten in Argentinien oder auf der Suche nach Weideland aus anderen Teilen Chiles kommend, verursachten diese Rinderzüchter in ihrem Streben nach kultivierbarem Boden unterhalb der Urwälder von Aysén unermesslichen Schaden. Ihnen fehlte das Gerät oder der Wille, den Wald mit der Axt zu fällen, und so steckten sie ihn einfach in Brand. Rund vier Millionen Hektar Wald – die Hälfte des patagonischen Waldes – gingen in den 1940er- und 1950er-Jahren bei den weltweit größten Waldbränden in Flammen auf. Das Feuer wütete unkontrollierbar, angefacht vom trockenen Holz und den zunderartigen Blütenständen der einheimischen Bambuspflanzen. Die Verwüstung ist bis heute zu sehen: ganze Friedhöfe von nicht zerfallenen Bäumen, die so herumliegen, wie sie damals umgestürzt sind. Die dünne Bodenschicht, nicht mehr von den Baumwurzeln fixiert und zudem von den Klauen der hier nicht heimischen Schafe und Rinder geschwächt, wird einfach von den Bergen gewaschen, was die Flüsse verschlicken und die bebaubare Landfläche noch kleiner werden lässt. Der einst bedeutende Hafen von Aysén ist heute voller Schlick, stellenweise nicht einmal mehr einen Meter tief und somit unbenutzbar. Ein neuer Hafen musste bei Chacbuco gebaut werden. Manch einer in Coyhaique gesteht flüsternd: „Ich selbst habe einige Morgen abgebrannt."

Wo keine Rinder grasen, hat sich der Wald erholt. „Wir müssen aus den Fehlern lernen, die wir in der Vergangenheit begangen haben, und nicht durch Megastaudämme noch mehr Schaden anrichten", so Peter. „Wir wollen diese einzigartige, noch unbeeinflusste Region als lebendiges Schutzgebiet bewahren, statt sie zu zerstören wie andere Teile der Welt."

So überzeugend seine Argumente auch sind, ich will wissen, was so viele protestierende Demonstranten der ersten Stunde dazu gebracht hat, gegen diese Staudämme auf die Straße zu gehen. Wir fahren in Peters in die Jahre gekommenem Chevrolet los, vorbei an unglaublichen Panoramen mit hohen Bergen und wild schäumenden Bächen. Sommergrüne Bäume in allen nur denkbaren Gelb- und Rottönen bedecken die tieferen Hänge, immergrüne die höheren Lagen. Wir stoßen auf Felsmalereien, die die wenigen einheimischen Nomaden hinterließen, als sie auf der (vergeblichen) Suche nach dem Südandenhirsch oder Huemul, einem stark gefährdeten einheimischen Hirsch und chilenischen Nationalsymbol, hier durchzogen.

Wir halten an einem Strohballenhaus, das Francisco Vio gehört; er lebt vom Tourismus. Sein Haus wird via Sonnenenergie geheizt und mit Strom versorgt; nur im Winter, wenn es gerade einmal vier Sonnenstunden pro Tag gibt (es liegt im Schatten eines hohen Berges), kommt Propangas hinzu. Die Räume sind behaglich und gut gegen die Kälte isoliert, und das in einer Region, in der die meisten Menschen in Behausungen aus rostigem Blech oder aus Holz wohnen, die kaum Schutz gegen die eisigen Außentemperaturen bieten. Holz zum Heizen ist billig – eine LKW-Ladung, die für einen Monat ausreicht, kostet nur 80 US-Dollar (rund 60 Euro), und obwohl das etwa einem Drittel des Mindestlohns entspricht, ist es immer noch preisgünstiger als die Investition für die Isolierung. Francisco kämpft gemeinsam mit Peter gegen das Staudammprojekt. Er kam 1986 erstmals als Tramper aus Santiago hierher, verliebte sich in die Gegend und beschloss, mit seiner Familie hierher zu ziehen. „Was bedeutet denn eigentlich Entwicklung?“, fragt er mich, während er sein kleines Kind auf den Knien schaukelt. „Bedeutet es zwangsläufig einen Lebensstil, bei dem man mehr konsumiert, mehr Müll produziert und Naturregionen zerstört, die uns ein gutes Gefühl geben und das Leben lebenswert machen? Wir brauchen gar nicht so viel Strom, um uns als Nation weiterzuentwickeln. Es gibt einen anderen Weg.“

Der Widerstand gegen die Staudämme basiert in erster Linie auf dem Gedanken, dass sich Wildnis nicht wiederherstellen lässt – einer ästhetischen Vorstellung von unberührter Natur. Wie überall auf der Erde hat der Mensch auch hier bereits seine Spuren hinterlassen, in Gestalt von Schafen, Rindern und niedergebrannten Wäldern. Doch im Anthropozän ist die freie Natur bereits an so vielen Orten massiv verändert, und die patagonische Landschaft hat für viele einen immer größeren Wert. Und während Umweltschützer wie Peter vermutlich kaum wertvolle Kontakte zu Regierungskreisen haben, gilt dies für wohlhabende Landbesitzer hingegen sehr wohl.

Peter steuert den klapprigen Truck auf das Gelände einer hübschen Estancia. Sergio de Amesti, ein zum Rinderzüchter gewordener Agraringenieur, bewirtschaftet rund 3000 Hektar im Simpson Valley, dem wertvollsten und produktivsten Agrarland in dieser Region, in der 85 Prozent der Fläche von Felsen oder Gletschern bedeckt sind. Die geplante Überlandleitung würde genau durch sein Land verlaufen. Amesti war im Pinochet-Regime Regionalsekretär für das Landwirtschaftsministerium – genau die Sorte von unternehmerisch gesinntem Mensch, von der sich die Regierung vielleicht eine Unterstützung des Staudammprojekts erhofft hatte. Doch Amesti ist nicht dafür. „Ich verkaufe mein Fleisch vor allem deswegen, weil meine Rinder in einer sauberen, idyllischen Landschaft heranwachsen – frei von Schadstoffen und Verschmutzungen, ohne Lärm und auch optisch unverfälscht. Riesige Hochspannungsmasten würden dieses Bild zerstören und den Wert meines Landes und meines Rindfleisches verringern“, so Amesti.

Ich lerne weitere Einwohner kennen, die in einer schlimmeren Lage sind, darunter die sichtlich erboste Barkeeperin Gabriella Loshner, eine von etwa 200 Personen, deren Häuser in den geplanten Stauseen versinken würden. Im Vergleich zu anderen Megastauseeprojekten auf der Welt ist das eine geringe Zahl – die relativ geringen sozialen Auswirkungen der patagonischen Staudämme werden von den Befürwortern, darunter auch Regierungsmitglieder, immer wieder betont. („Da ist nichts und niemand“ – zu solchen Äußerungen über Patagonien hat sich mehr als ein Minister hinreißen lassen.) Für die Drei-Schluchten-Talsperre in China dagegen wurden 1,2 Millionen Menschen zwangsumgesiedelt sowie 13 Großstädte, 140 Kleinstädte und 1350 Dörfer überflutet. Die von Brasilien geplante Talsperre bei Belo Monte im Amazonasgebiet würde 20 000 Menschen aus ihrer Heimat vertreiben, größtenteils Angehörige indigener Stämme. Und die am Mekong in Laos geplanten Wasserkraftwerke würden Millionen von Menschen in den Flussniederungen und im Delta betreffen.

Andere Einwohner von Aysén protestieren nicht wegen der Menschen, sondern wegen der durch die Staudämme bedrohten Tiere, darunter der Südandenhirsch, einheimische Flussotter und einzigartige Kaltwasserkorallen im Mündungsbereich der Flüsse. Während der letzten Eiszeit vor 10 000 bis 20 000 Jahren änderte der Fluss seine Fließrichtung vom Atlantik zum Pazifik hin, eine naturgeschichtliche Besonderheit, die dem Flusssystem des Río Baker eine einzigartige Artenvielfalt bescherte. Anders als Flüsse nördlich und südlich von ihm beherbergt der Río Baker einige endemische Fischarten, darunter Angehörige einer primitiven Welsgattung und *Odontesthes hatcheri*, der zu den Neuweltlichen Ährenfischen gehört.

Die Staustufen im Río Baker würden Fischwanderwege versperren, und selbst die geringfügige Veränderung der Nährstoffgehalte könne weit reichende Folgen haben, so Brian Reid, ein energischer Limnologe (das heißt, er erforscht Binnengewässer), den wir im Centro de Investigación en Ecosistemas de la Patagonia in Coyhaique besuchen. „Durch das Aufstauen wird der Fluss zum See, und das verändert seine Funktion vollkommen“, erklärt er. Brian interessiert sich besonders für den Kieselsäuregehalt des Flusswassers. Kieselsäure ist ein wichtiger Bestandteil der Diatomeen (Kieselalgen), einer umfangreichen Gruppe planktonischer Algen, die die Grundlage eines großen Ökosystems bilden. Sinkt der Kieselsäuregehalt im Verhältnis zum Nitratwert ab, werden andere, zu den Flagellaten zählende Algen begünstigt, die für die giftigen „Roten Tiden“ (typische Algenblüten) im Meer verantwortlich sind. Diatomeen sind größer als Flagellaten, daher können sie von Tieren besser gefressen werden, und das gesamte System ist produktiver.

Brian befürchtet, dass die Staudämme im Río Baker die Kieselsäuregehalte in den unteren Flussabschnitten stark verändern könnten. „Das Aufstauen von Seen in ganz Europa hat dazu geführt, dass viele Partikel zurückgehalten werden, und so ist der Kieselsäuregehalt in der Ostsee und im Schwarzen Meer gesunken. Die Produktivität und Effizienz der Meeresorganismen ist dort zurückgegangen, und das hat Auswirkungen auf die Fischerei." Der Río Baker entspringt aus einem Gletschersee mit hohem Kieselsäuregehalt. „Ich rudere den Fluss mit einem Rafting-Boot entlang, wenn ich Proben nehme, und dabei kann man die Trübstoffe regelrecht hören, all die winzigen schnellen Strömungen, die alles in Lösung halten – hört sich an wie eine Schale mit Rice Krispies", so Brian. Ein Aufstauen würde zwar einen wärmeren, produktiveren Stausee entstehen lassen, aber bewirken, dass weniger im Wasser treibendes Sediment ins Meer strömt.

Kein System der Erde ist jemals komplett von den anderen abgetrennt, darum können Veränderungen, die wir Menschen auch an noch so kleinen Teilen des Planeten vornehmen, so enorme Konsequenzen haben. Der Bau eines Wasserkraftwerks mit einem Staudamm Hunderte von Kilometern im Landesinneren kann die Anzahl der Kabeljaue weit draußen im Ozean beeinflussen. Im Anthropozän haben wir mehr Möglichkeiten, die Erde zu verändern, als jemals zuvor, aber wir haben gerade erst begonnen zu verstehen, wie komplex die Auswirkungen unseres Einwirkens sind. Bislang hat das bedeutet, dass wir jedes Problem anpacken, wenn es sich stellt, eine Abfolge von Reaktionen auf Aktionen. Doch die Wissenschaftler sind immer besser imstande, die Auswirkungen unserer verschiedenen Interventionen im Modell vorherzusagen, und so sollte es uns gelingen, unser Einwirken auf das Wohl von Menschen und Ökosystemen auszurichten.

Die Arbeitsweise vieler Wasserkraftwerke etwa hat negative Auswirkungen auf Feuchtgebiete. Der sogenannte Schwallbetrieb (Hydropeaking) – das manchmal mehrmals täglich abwechselnde Zurückhalten (Sunk) und Ablassen (Schwall) von Wasser aus dem Stausee – kann für Fische verheerende Folgen haben. Der dramatische Anstieg und Abfall des Wasserpegels, manchmal um mehrere Meter, ist zu extrem, als dass Pflanzen und Tiere damit zurechtkommen könnten. An den Ufern des Stausees entstehen regelrecht tote Zonen. Bei Fischen, die zwischen den Wurzeln im Flachwasserbereich laichen, kommt es beispielsweise vor, dass die entsprechenden Stellen einige Stunden später völlig frei liegen und die Eier austrocknen, was zum kompletten Verschwinden einer Art führen kann. Die meisten Wasserkraftwerke arbeiten im Schwallbetrieb; dieser ist am profitabelsten, da die meiste Energie zum Zeitpunkt der stärksten Nachfrage geliefert wird. Weniger schädlich sind einfache Staustufen oder „Flusssperren", die nicht auf einen großen aufgestauten See als Wasserreservoir zurückgreifen, sondern bei der einfach die natürliche Strömung die Turbinen antreibt. Solche Kraftwerke wirken sich nicht negativ auf das stromaufwärts gelegene Ökosystem aus, weil kein Stausee gebildet wird, sich kein Sediment ansammelt und es nicht zu einem abrupten Temperatursprung zwischen flussaufwärts und flussabwärts befindlichen Abschnitten kommt, wie es geschehen kann, wenn ein Stausee bis auf seine untersten, kältesten Schichten entleert wird. Solche Kraftwerke sind nur einsetzbar, wenn der Fluss ein ausreichendes Gefälle hat (was beim Río Cuervo zutrifft). Deshalb fordern die Gegner des Projekts, die Betreiberfirma XSTRATA solle die Konzeption des Kraftwerks verändern.

Doch der geplante Staudammbau im Cuervo bringt noch mehr Probleme mit sich. Der geplante Staudamm liegt direkt oberhalb der Liquiñe-Ofqui-Bruchlinie, an der drei Kontinentalplatten (Nazca-, Südamerikanische und Antarktische Platte) aneinanderstoßen. Dort besteht also ein Risiko für vulkanische oder seismische Aktivität, doch hat sich noch keine Untersuchung damit auseinandergesetzt, so berichtet Peter. Im Jahr 2007 kam es – einen Monat nachdem XSTRATA einen Bericht eingereicht hatte, demzufolge der Bau in einer seismisch inaktiven Zone erfolgen würde – zu einem massiven Erdbeben, bei dem Felsbrocken in den darunterliegenden Fjord stürzten und eine Flutwelle auslösten, durch die am anderen Ufer Menschen zu Tode kamen. „Die Regierung hat ihnen den Bericht vor die Füße geschmissen", erzählt Peter lachend. Erdbeben haben schon überall auf der Welt schwere Schäden an Staudämmen angerichtet, unter anderem im April 2010, als ein Beben bei Yushu in der chinesischen Provinz Qinghai in Minutenschnelle Zehntausende von Menschen das Leben kostete. Der auf einer seismisch aktiven Zone liegende Yushu-Stausee könnte das Erbeben durch das auf den darunterliegenden Schichten lastende Gewicht des Wassers sogar ausgelöst haben. Im Anthropozän lässt die Errichtung von Staudämmen durch den Menschen sogar die Erde erbeben.

Und es gibt noch andere Gefahren. Patagonien ist eine der Regionen mit der weltweit schnellsten Gletscherschmelze, was bereits mehrfach zu katastrophalen Gletscherseeausbrüchen geführt hat, Sturzfluten voller Geröll, die ganze Wälder hinwegfegten. Solche Ausbrüche ließen den Pegel des Río Baker manchmal um vier Meter ansteigen, ja sie bewirkten sogar für einige Tage eine Strömungsumkehr. „Sie wollen Staudämme im vielleicht instabilsten Flusssystem der Erde errichten", sagt Peter und wirft verständnislos die Arme hoch.

In der Stadt suche ich später die Büros der Betreiberfirma HidroAysén auf. Veronika, eine ernste und gutmütige Frau, ist der festen Überzeugung, dass die Staudämme der örtlichen Bevölkerung aus der Armut helfen würden, da sie dringend benötigte Arbeitsplätze schaffen und die Entwicklung der Region vorantreiben würden. Ich frage, was sie konkret mit „Entwicklung" meine, und sie beschreibt mir, dass sie es als eine von wenigen Glücklichen aus ihrem isolierten Dorf geschafft habe, eine einjährige Ausbildung in der weiter nördlich gelegenen Kleinstadt Puerto Montt zu absolvieren. „Die meisten Menschen hier haben keine Wahl. Es gibt kaum Restaurants oder Einkaufszentren oder gute Bildungsmöglichkeiten", sagt sie. „Es ist sehr schwierig, auch nur ins nächste Dorf zu kommen, denn die Straßen sind oft in sehr schlechtem Zustand und unpassierbar, besonders im Winter." Der Bau der Staudämme würde eine Verbesserung der Straßen und der umgebenden Infrastruktur erfordern, außerdem würden für die Arbeiter Geschäfte, Restaurants und andere Betriebe eingerichtet werden, meint sie.

Ihr Kollege Rodrigo ist ebenfalls für die Staudämme, weil er in ihnen die einzige mögliche Energiequelle in Chile sieht. Im Jahr 2009 führte die Abhängigkeit von argentinischem Erdgas zu einem Desaster, als eine Krise in Argentinien zu einer Brennstoffknappheit führte und das Land dem benachbarten Chile den Gashahn zudrehte. „Wir können uns nicht auf ein anderes Land als Energielieferant verlassen", sagt Rodrigo. Das Argument der sicheren Energieversorgung steht auch im Mittelpunkt einer gezielten PR-Kampagne der Betreiberfirma, die unter anderem in TV-Werbespots eine Katastrophe für den Fall heraufbeschwört, dass das Projekt gestoppt wird. In einem dieser Spots geht in einem OP mitten bei einer Operation das Licht aus.

Nach mehrmaligem Hin und Her zwischen HidroAysén, XSTRATA und der Regierung und sieben Gerichtsverfahren aufgrund von Umweltfragen entschied der oberste Gerichtshof Chiles schließlich 2012 zugunsten der Staudämme. Nur für die Überlandleitung stand die Genehmigung noch aus.

Erstaunlicherweise jedoch haben die Unterstützer des Projekts begonnen, sich unter dem Druck der Öffentlichkeit allmählich zurückzuziehen. Präsident Piñeras eigene Umfragewerte sanken, nachdem er die Staudämme – nach massiven, teils gewalttätigen Protesten gegen das Projekt – öffentlich verteidigt hatte. Die zweitgrößte chilenische Bank, die BBVA Chile, kündigte an, sie werde HidroAysén nicht mit Krediten für das Projekt unterstützen, und berief sich dabei auf Bedenken hinsichtlich der Folgen für die Umwelt und sozialen Auswirkungen. Im Dezember 2012 schließlich verkündete der große chilenische Energiekonzern Colbún, er werde seine Anteile an HidroAysén (49 Prozent) verkaufen. Im Dezember 2013 wählten die Chilenen die Linke Michelle Bachelet zur Präsidentin, die sich im Vorfeld gegen die Wasserkraftwerke ausgesprochen hatte. Zum ersten Mal schien das Zehn-Milliarden-Dollar-Projekt ins Wanken zu geraten.

Der Kampf ist allerdings noch lange nicht vorüber. Die Stromtarife im zentralen Stromnetz sind in sechs Jahren um 75 Prozent gestiegen, was den Geldbeutel und die Wirtschaft belastet, insbesondere die energieintensiven Minenbetriebe nördlich der Wüste. Chile bezieht ein Drittel der nationalen Einkünfte aus Kupfer, und so wird die Hoffnung auf billigeren Strom aus Wasserkraft im Süden von vielen wohl nicht so schnell aufgegeben werden.

Im Gegensatz zu anderen großen Stauseeprojekten in aller Welt geht es bei den Plänen für Patagonien nicht in erster Linie um die Auswirkungen auf die betroffene Bevölkerung. Diese Projekte werfen vielmehr grundsätzliche Fragen dazu auf, was wir im Anthropozän eigentlich unter nachhaltiger Entwicklung in den ärmeren Ländern und unter sauberer Energie verstehen und was es uns als globale Gemeinschaft wert ist, einzigartige Regionen unseres Planeten zu bewahren.

Sollte die Hochspannungsleitung in Patagonien genehmigt werden, könnte mit der Stromproduktion schon 2015 begonnen werden. Wenn nicht, wird Chile eines der wenigen sich entwickelnden Länder sein, das den Schutz seiner Umwelt über kurzfristige finanzielle Gewinne stellt. (In der Tat wurde dies im Juni 2014 abgelehnt, Anm. d. Übers.)

Etwas Derartiges wäre im noch ärmeren Laos mit seinem Einparteiensystem kaum vorstellbar.

In den dunstigen Hügeln des südostasiatischen Goldenen Dreiecks besteige ich an der thailändisch-burmesischen Grenze ein langsames Boot mit Fahrtrichtung ins tropische Laos und trete eine Reise entlang des Mekong an, der nach 2600 Flusskilometern schließlich ins Südchinesische Meer mündet. Der Mekong ist der zwölftlängste Fluss der Erde und eines der artenreichsten Gewässer; hier gibt es mehr als 1300 Fischarten und die größte Binnenfischerei der Welt. Das Flussgebiet des Mekong zieht sich durch sechs Staaten; in ihm leben rund 60 Millionen Menschen, die auf den Fluss als Nahrungs- und Wasserlieferant sowie Transportweg angewiesen sind. Der Unterschied zum patagonischen Río Baker könnte nicht größer sein, doch auch hier gibt es höchst umstrittene Pläne für den Bau von Staudämmen für Wasserkraftwerke. Im Zeitalter des Anthropozäns ist der Mekong der wohl prominenteste Gegenstand der internationalen Debatte über die Zukunft der großen Flüsse unserer Erde geworden.

Das hölzerne Boot hat einen flachen Kiel und ist so breit, dass zwei Reihen harter Sitzbänke über seine ganze Länge verlaufen können. Wir folgen dem gewundenen Flusslauf durch Hügel und Berge mit lockerer Vegetation. Kletter- und Schlingpflanzen hängen aus den Baumkronen herab und hüllen den Wald vom Ufer bis hinauf in die Wipfel in Grün. Der Fluss wird von glatten Granit- und Kalksteinkarstfelsen zerschnitten, die am Ufer und aus dem Wasser aufragen. Von einigen dieser Felsen neigen sich Bambuspflanzen über das Wasser. Fischer aus versteckt liegenden Dörfern werfen ihre Netze aus oder waten in Badehosen durch das Wasser, um Fische zu fangen, die silbrigschnell dahinhuschen.

Der mächtige Mekong ist hier schmal und flach, ausgetrocknet auf seinem Weg von seiner Quelle im tibetischen Hochland 4500 Meter weiter oben im Schnee des Himalaja durch die chinesische Provinz Yunnan – bis vor Kurzem eine Region von so ursprünglicher Schönheit, dass es hieß, das paradiesische Shangri-La habe sich dort befunden. Mit dem im Oberlauf entnommenen Wasser werden die chinesischen Getreidefelder bewässert, und Chinas Durst wird jedes Jahr größer. China hat im chinesischen Teil des Mekong mehrere Talsperren errichtet, die der Stromgewinnung und als Wasserspeicher dienen. Die entlegene, 2008 fertiggestellte Xiaowan-Talsperre hat mit 300 Metern Höhe die weltweit höchste Staumauer, staut einen See von etwa 170 Kilometern Länge auf und liefert Strom bis nach Shanghai.

An manchen Stellen brodelt das Wasser wild über unsichtbaren Felsen. China plant, diese Stromschnellen wegzusprengen und den Mekong zu begradigen, damit er bis hinunter ins vietnamesische Ho-Chi-Minh-Stadt schiffbar ist. Ein Abschnitt nördlich von Thailand ist bereits zerstört, doch Proteste vor Ort bewirkten, dass die Projekte im Süden auf Eis gelegt wurden – vorerst.

Wir legen gelegentlich am Ufer an, wo man in der Ferne anhand von aus dem Wald ragenden Pfahlbauten ein Dorf erahnen kann. Die Einheimischen kommen mit Körben voller Fische und Gemüse und lebenden Hühnern an Bord – das Boot ist für viele Bewohner dieser ländlichen Gegenden die einzige Verbindung zum Leben und zu Märkten außerhalb des eigenen Dorfes. Fast alle 6,5 Millionen Einwohner von Laos leben am Mekong oder an seinen Zuflüssen. Einmal versucht eine Frau, mit zwei großen Waranen und einem an einer Schnur baumelnden großen toten Nagetier an Bord zu kommen. Es wird ungemütlich eng auf dem Boot.

Wir gleiten durch Luang Prabang, einst schillernde Hauptstadt des Königreichs Laos. Französische Villen im Kolonialstil mit gestrichenen Fensterläden und von Bougainvilleen überwucherten Veranden wechseln sich mit goldenen Stupas und reich dekorierten buddhistischen Wats ab (Wats sind mit einer Mauer umgebene Gebäudekomplexe, die v.a. religiösen Zwecken dienen, Anm. d. Übers.). Orangefarben gewandete Mönche schreiten mit entspannter Miene durch die verschlafene Stadt. Offiziell ist sie eine Großstadt, doch mit gerade einmal 100000 Einwohnern hat sie diesen Titel kaum verdient.

Über mir klaffen offene Brandrodungswunden an den Berghängen. Es ist eine traditionelle, aber sehr zerstörerische Art von Landwirtschaft, bei der Wälder abgeholzt und verbrannt werden, um Ackerland zu gewinnen. Die Folgen sind eine fatale Erosion des Erdreichs und hohe Kohlendioxidemissionen, und das Ganze ist einer der Gründe für die große Bedeutung des Opiumanbaus in dieser Region – Schlafmohn kommt mit verhältnismäßig nährstoffarmem Boden aus. Der traditionell von den einheimischen Stämmen praktizierte Opiumkonsum wurde von sämtlichen Kolonialmächten in ganz Asien manipuliert. Heute ist die Opiumindustrie fast ausschließlich in Afghanistan ansässig; dennoch wird mir die Droge mehrfach angeboten.

Laos zählt zu den Ländern mit dem niedrigsten Entwicklungsstand der Welt. Ein Grund dafür sind die Streubomben, die im ganzen Land verteilt liegen und derenthalben es fast unmöglich ist, einen Acker zu pflügen oder eine Straße zu bauen, ohne vorher eine gründliche und teure Minenräumung vorzunehmen. Ein Drittel der zwei Millionen Tonnen Bomben, die Ende der 1960er-Jahre von den US-Amerikanern bei etwa 600 000 Bombenangriffen abgeworfen wurden, detonierten nicht. Mehr als 40 Jahre später töten und verstümmeln diese Blindgänger noch immer Menschen, vor allem während der Aussaat, wenn sie von Bauern bei der Bodenbearbeitung ausgelöst werden. Die Zahl der Opfer steigt, besonders unter den Kindern, denn diese sammeln die orangengroßen Bomben, da in China neuerdings eine große Nachfrage nach Altmetall herrscht.

Ein weiteres Entwicklungshemmnis ist die kommunistische Regierung, die nach 1975 zehn Prozent der Bevölkerung in die Flucht trieb oder in Umerziehungslagern internierte. Vor allem die gebildete Mittelschicht verließ das Land, und diese Abwanderung warf die Nation in ihrer Entwicklung um eine Generation zurück, während die Nachbarländer Thailand, Vietnam und China gegenüber den etablierten Tigerstaaten (Hongkong, Singapur, Südkorea und Taiwan) rasant aufholten. Die große Mehrheit der Laoten lebt am Existenzminimum und betätigt sich als Fischer auf den Flüssen oder Reisbauern in den Höhenzügen oder Ebenen dieses Binnenstaates. Die noch verbliebenen Wälder sind für die vornehmlich ländliche Bevölkerung, von der die Hälfte ohne Stromversorgung ist, eine wichtige Quelle für Nahrung und andere Materialien. Ihr Lebensunterhalt wird durch ungerechte Zwangsverkäufe von Land bedroht, denn die Regierung zahlt kaum Entschädigungen, wenn sie für Infrastrukturprojekte oder bei korrupten Geschäften mit Reichen oder Firmen Familien das Land wegnimmt. Das Thema wird inzwischen so heiß diskutiert, dass sogar die staatlich kontrollierten Medien darüber berichten.

Schon lange gab es Ambitionen, aus Laos die wichtigste Stromquelle, die „Batterie“ Südostasiens zu machen. Der Mekong strömt mit fast all seinen Wassern auf ganzer Länge durch das Land, ein einzigartiges Potenzial für Strom aus Wasserkraft. Die Franzosen träumten als Erste davon, den Mekong zu zähmen – um 1900 war man von Saigon aus schneller in Paris als in Luang Prabang. Doch ihre Versuche mit Schienenwegen, dem Schleifen von Stromschnellen und dem Bau von Kanälen brachten kein Ergebnis. Ein paar Jahrzehnte später kamen internationale Konzerne nach Laos. Sie hatten neue Pläne für Wasserkraftwerke auf ganzer Länge des Mekong, die das Land völlig umgewandelt und seine Entwicklung vorangetrieben hätten. Krieg und politische Konflikte machten diese Pläne zunichte.

Bis heute. Inzwischen befinden sich elf Wasserkraftwerke am ungezähmten Mekong im fortgeschrittenen Planungsstadium. Die kommunistische Regierung verspricht der Bevölkerung dieses armen Landes Strom und alle anderen Annehmlichkeiten einer Entwicklung, doch es hätte enorme Auswirkungen für die Umwelt und die Menschen, diesen Fluss mit seiner einzigartigen Artenvielfalt in ein solches Korsett zu zwingen. Während die Regierung die natürlichen Ressourcen des Landes, vom Fluss bis zum Wald, verhökert und mit dem Verkauf von Strom, Gummiplantagen, Nutzholz und Bergbaulizenzen schnelles Geld macht, laufen die Menschen in Laos Gefahr, alles zu verlieren.

Ein paar Tage weiter stromabwärts mache ich – jenseits der charmanten kleinen Hauptstadt Vientiane – Halt in der Kleinstadt Thakek, die von beeindruckenden Kalksteinkarstformationen und geschützten Wäldern umgeben ist. Die Tiere hier sind scheu, vor allem, weil sie immer noch gejagt und gegessen werden, und so bekomme ich nur wenige zu Gesicht. Dorfbewohner, die im Wald nach Essbarem gesucht haben, gehen an mir vorbei, ihre Körbe gefüllt mit verschiedenen Nahrungsmitteln, darunter Pilze, Schnecken, Insekten, Eichhörnchen und eine Wasserpflanze aus dem Mekong, die sie trocknen. Sie kauen rote Ameisen, von denen ich auch eine probiere – sie zerplatzt beim Kauen und schmeckt dabei nach Zitrus. Ich mache mich auf, um mir ein gutes Geländemotorrad auszuleihen, und stehe schließlich mit einem 100-Kubik-Motorroller da, dessen Tankanzeige und Tacho kaputt sind. Ich besorge mir einen neuen Schlauch für den Hinterreifen, lasse ihn aufpumpen und begebe mich von Thakek aus auf eine dreistündige Fahrt in den Dschungel, wobei ich einem Zufluss des Mekong von seiner Mündung in die Hügel hinauf folge. Ich komme an für die Pflanzung vorbereiteten Reisfeldern vorbei, kräftigen Wasserbüffeln, die zufrieden in Teichen und Schlammlöchern umherwaten, Kindern, die mit Steinschleudern spielen, und in Sarongs gekleideten Frauen mit Babys an der Brust. Der Straßenbau, jenes allgegenwärtige Charakteristikum des Anthropozäns, ist selbst hier im Gange. In einigen Jahren wird die Bootsfahrt, die ich unternommen habe, Vergangenheit oder nur noch eine Touristenattraktion sein. Eine 1500 Kilometer lange Straße von der burmesischen Hafenstadt Mawlamyaing durch Thailand und Laos bis nach Danang in Vietnam ist fast fertiggestellt. Schon heute braucht man für Reisen zwischen Bangkok und Hanoi, die über das Meer zwei Wochen dauerten, über Land nur noch drei Tage. Der neue „Ost-West-Wirtschaftskorridor" wird Laos einer raschen Veränderung unterwerfen und das Wachstum von Industrie und Wirtschaft schneller antreiben als jedes Wasserkraftwerk.

Nach etwa 80 Kilometern ist die Straße nur noch eine löchrige, schlammige Piste, und die Landschaft wird plötzlich öde und braun. Dies ist die Großbaustelle des Nam-Theun-2-Wasserkraftwerks, dem ganzen Stolz der laotischen Regierung. Ich fahre am Kraftwerk vorbei. Die Straße windet sich nun durch kühlere, feuchtere Luft immer weiter hinauf bis in das Dorf Nakai. Dort steige ich ab; mein Rücken ist von der langen Fahrt wie taub, und meine Füße und Hände kribbeln von den Erschütterungen.

Ich habe mich hier mit dem amerikanischen Feldbiologen Bill Robichaud verabredet, einem Mann, der so verrückt ist, dass er „im Dschungel nach Tieren sucht, aber nicht, um sie zu essen!", wie mir die laotische Kellnerin erstaunt berichtet. Wir treffen uns in einem erstaunlich vornehmen französischen Restaurant mit entsprechenden Preisen – der Bau des Staudamms bringt Fremde hierher, und die bringen Geld mit. Ein paar Hundert Meter von unserem Tisch entfernt ist der alte Fluss bereits zu einem großen See aufgestaut. Darin sind 70 Dörfer versunken, deren 6600 Einwohner in hübsche, neu gebaute Häuser in traditioneller Aufmachung oberhalb von Nakai umgesiedelt wurden. Der Bau des Wasserkraftwerks wurde nur möglich, weil die Weltbank den internationalen Partnern beim Bau zusicherte, dass sie im Falle von politischen „Problemen" in Laos das Projekt finanziell stützen werde. Die Bank gewährte Laos zudem einen Kredit in Höhe von 1,5 Milliarden US-Dollar. Doch das Geld war mit Auflagen verbunden, darunter der, die aus ihren Dörfern vertriebenen Menschen zu entschädigen (daher die hübschen Häuser) und den Wald angemessen zu schützen.

Dieses Staudammprojekt gilt mit Blick auf seine sozialen und Umweltauswirkungen allgemein als erfolgreich. Sogar Gegner des Kraftwerks räumen ein, dass man sich bei Planung, Standortwahl und Maßnahmen bemüht hat, seine Auswirkungen möglichst gering zu halten. Doch leider ist die Sache nicht so einfach, selbst wenn offenbar guter Wille besteht. Als man die Dorfbewohner fragte, wohin sie denn umgesiedelt werden wollten, antworteten sie naheliegenderweise, dass sie in der Nähe ihres alten Dorfes, ihrer Freunde und ihres Flusses bleiben wollten. Das Problem war nun, dass guter Boden im neuen Dorf nicht verfügbar war – dort lebten ja bereits Menschen –, sondern nur noch unfruchtbarer Lehmboden. Die Menschen waren eigentlich Fischer gewesen, aber ohne den Fluss brauchten sie Alternativen, und so bot man ihnen Äcker an. Alle Nutzpflanzen jedoch gingen auf den kargen Böden ein. Man gab ihnen Büffel, doch auch diese gingen ein, weil es nichts zu grasen gab.

Am Rand des künstlichen Sees jedoch entwirren Leute Fischernetze, mit denen sie Fische fangen, die sie selbst verzehren oder verkaufen – was vor dem Aufstauen des Sees nicht annähernd so lukrativ war. Im Gespräch äußern sich die meisten vorsichtig positiv über das Projekt – sie bekommen sogar zum ersten Mal Strom, und die Straße ermöglicht den Austausch mit der Außenwelt und eröffnet Handelsmöglichkeiten. Solche Möglichkeiten gab es zuvor nicht. „Ich vermisse mein Dorf nicht", sagt mir ein alter Mann. „Mein Leben ist heute viel einfacher."

Der Nam Theun wies vor der Einmündung in den Mekong nicht genügend Gefälle auf, um der Kraftwerksgesellschaft die gewünschten Erträge zu verschaffen. Und so wurde in einer Meisterleistung der Ingenieurskunst der Fluss zu einem großen See aufgestaut, an dessen Grund ein 250 Meter langer Tunnel mit einem Durchmesser von neun Metern zum Xe Bang Fai verläuft, einem Fluss, der parallel zum Nam Theun dahinfließt, aber tiefer liegt. Das Wasser bekommt dadurch ein starkes Gefälle, und die Strömung wird so stark, wie sie zur Stromerzeugung benötigt wird. Auf diese Weise sollen mehr als 1000 Megawatt Strom erzeugt werden (der Großteil davon soll für Millionen von US-Dollar jährlich nach Thailand verkauft werden), aber dieses Vorgehen bewirkt tief greifende Veränderungen an zwei Flüssen (und betrifft damit Zehntausende von Menschen, die auf diese angewiesen sind) und beeinflusst auch den Mekong, in den beide münden.

Der Staudamm zeigt bereits Auswirkungen auf das örtliche Ökosystem. Dieser Wald ist etwas ganz Besonderes. Wissenschaftler stufen ihn bezüglich der Artenvielfalt kleiner Säugetiere auf Platz zwei der Welt ein (nur Madagaskar hat noch mehr), und seine 3500 Quadratkilometer sind bislang kaum erforscht.[5] Er ist ein wichtiges Rückzugsgebiet für neun Primatenarten, Tiger, Leoparden und Elefanten sowie für erst vor Kurzem entdeckte Arten, darunter einige, die man bisher nur von Fossilien her kannte und für längst ausgestorben hielt. Zu seinen Kuriositäten zählt die Saola, auch Vu-Quang-Antilope oder Vietnamesisches Waldrind genannt, die erst in den 1990er-Jahren entdeckt wurde und als „asiatisches Einhorn" bekannt ist, obwohl sie zwei Hörner trägt. Sie bildet eine eigene Gattung, vielleicht sogar eine eigene Unterfamilie,[6] und lebt in den Höhenlagen des Truong-Son-Gebirges (Annamitengebirges). Außerdem gibt es hier die Laotische Felsenratte (auch Kha-Nyou genannt), die sogar eine ganz neue Säugerfamilie repräsentiert. Dieses Nagetier steht den Stachelschweinen nahe, sieht ein wenig wie ein großes Hörnchen aus und lebt in Karstgebieten aus Kalkstein.

Bills Aufgabe ist es, den Schutz dieser riesigen Wildnis zu überwachen, und er erhält dafür über die nächsten 25 Jahre die beeindruckende Summe von einer Million US-Dollar pro Jahr. Doch der Staudamm sorgt für viele Probleme. Der angestiegene Wasserpegel bedeutet, dass Teile der Wälder von Nakai nun für Jäger per Boot erreichbar sind. Der Ort wurde zudem überflutet, bevor sämtliche Vegetation entfernt war, daher verrotten Pflanzen im Stausee, das Wasser wird vergiftet, Fische sterben und Methan wird freigesetzt.

Bill und ich treffen uns einen Tag nach seiner Rückkehr von einem zweiwöchigen Besuch in einigen der entlegenen Dörfer im Schutzgebiet, und er hat Trauriges zu berichten. Der Wald ist die Heimat von uralten Jäger-und-Sammler-Gruppen, aber auch Reis- und Gemüsebauern. In den letzten Jahren jedoch verdrängt die laotische Regierung gezielt Jäger und Sammler von dort und siedelt sie in Dörfern an, wo man ihnen Ackerland zuweist. Regierungsvertreter empfinden die Gegenwart von Jägern und Sammlern als nationale Peinlichkeit, die nicht zum angestrebten Image einer modernen, entwickelten Nation passt. Doch außerhalb des Waldes werden die meisten dieser Menschen krank und sterben. Ganze Stämme wurden auf diese Weise ausgelöscht. Sie glauben, dass ihre Schutzgeister im Wald bleiben, zu weit von ihnen entfernt, um sie weiter zu beschützen. Möglicherweise sind sie ihnen unbekannten Krankheitserregern ausgesetzt, oder sie werden einfach depressiv und sind nicht imstande, als Bauern zu leben. Die wenigen Überlebenden wünschen sich die Erlaubnis, in den Wald zurückzukehren, und Bill führt die Verhandlungen für 15 Angehörige eines Stammes.

Ich kehre nach Thakek zurück und folge dem Mekong auf seinem Weg durch das Land, bis er in der Region Si Phan Don mit ihren angeblich 4000 Inseln in ein Binnendelta mit mehreren Kanälen, unzähligen Rinnsalen, Stromschnellen und Wasserfällen übergeht. Ich bleibe in einem verschlafenen Dorf auf der Insel Don Khon. Hier gibt es keinen Strom außer dem, den der Generator irgendwann zwischen sechs und zehn Uhr abends liefert. Der Ventilator in meinem Zimmer hängt die ganze heiße Nacht über untätig da, seine drei Blätter stehen still über dem Moskitonetz. Selbst die Geckos, vom vielen geflügelten Protein träge und fett, scheinen unter der Hitze zu leiden, ihre Rufe brechen mitten im Ton ab.

Doch all das wird sich ändern, versichert mir mein eifriger Wirt Mr. Pan. Sobald der neue Staudamm gebaut ist, wird es Strom geben. Da die Treibstoffkosten immer weiter steigen, kann er es kaum abwarten, seinen Generator loszuwerden. „Und wir werden mit dem Strom vom Wasserkraftwerk auch Internet auf der Insel haben", sagt er.

Hier wie überall in Laos bestimmt der Fluss den Alltag. Ich sehe Kinder, die im Wasser spielen, schwimmen und versuchen, einen kleinen Fisch zu fangen. Weiter unten badet ein Mann, während in der Nähe eine Frau Geschirr abwäscht. Hinter der Biegung schnattern Hausenten, und ich komme an einem schwimmenden Gemüsegarten vorbei. Ich folge einem gewundenen Weg hinunter zum Dolphin Beach, so genannt, weil hier regelmäßig der seltene Irawadi-Delfin gesichtet wird. Am Strand komme ich mit ein paar Fischern ins Gespräch, die ich schließlich auf einer ihrer sechs täglichen Fahrten begleite, bei denen sie ihren Fang einsammeln.

Die Regenzeit hat gerade begonnen, daher benutzen die Fischer jetzt eine Reuse aus Bambusgeflecht, in der sich kleine Fische fangen, die bei den Stromschnellen hochgetrieben werden. Die Reuse ist eines von zehn besonderen Fischfanggeräten, die ich am Strand zähle. Jedes wird zu bestimmten Gelegenheiten, Jahres- oder Tageszeiten eingesetzt. Ich springe an Bord eines Fischerbootes, und wir fahren die paar Meter zu der Reuse, die die Fischer in dreimonatiger Arbeit gebaut haben. Der Fang besteht aus einigen Fischen, für den Grill am Strand und für unser Mittagessen. Die Fischer arbeiten mehr oder weniger als Kooperative – ein paar von ihnen bauen und warten die Reusen und teilen dann den Fang unter ihren Familien auf. Nur wenige fangen so viel, dass sie noch etwas verkaufen können. Ich frage einen von ihnen, was er von dem Plan der Regierung hält, einer malaysischen Kraftwerksgesellschaft zu erlauben, einen Steinwurf von hier entfernt eine Staustufe zu errichten – in Don Sahong, quer durch den Hou-Sahong-Kanal. Dieser Kanal des Mekong ist die wichtigste Fischwanderroute in dieser Region, denn nur er ist während der gesamten Trockenzeit passierbar. „Aber wir essen Fische, keinen Strom", antwortet er lächelnd. Ich weise ihn darauf hin, dass die Fischer entschädigt würden. „Das Problem ist, dass wir Fische brauchen, kein Geld", so seine Antwort.

Im Mekong herrscht ein Reichtum an Fischarten, der nur noch vom Amazonas übertroffen wird. Einzigartig ist, dass mehr als 70 Prozent dieser Arten Wanderfische sind – einige wandern alljährlich vom Südchinesischen Meer vor Vietnam bis hinauf nach Tibet.[7] Unter ihnen finden sich die größten Süßwasserfische der Welt, darunter der beeindruckende Mekong-Riesenwels. Er erreicht eine Körperlänge von mehr als drei Metern und ein Gewicht von bis zu 300 Kilogramm. Seine Bestände sind in den letzten 20 Jahren durch Überfischung um geschätzte 90 Prozent zurückgegangen. Wird die Don-Sahong-Staustufe tatsächlich gebaut, wird das den Verlust etlicher wirtschaftlich bedeutsamer Fischarten nach sich ziehen, doch nicht nur das: Damit wird auch das Auskommen Zehntausender von Menschen aufs Spiel gesetzt, die auf Fische als tägliche Nahrung angewiesen sind, etwa auf den sardinengroßen *Trey Riel*, der zu den Karpfenartigen gehört.

Am Nachmittag besuche ich Mr. Vong, der auf der Insel Don Det ein Restaurant betreibt. Dieses ist wegen Renovierungsarbeiten geschlossen. In den letzten Jahren hat er sehr merkwürdige Überflutungsrhythmen erlebt, bei denen sein Restaurant und der Weg daneben über Nacht und jeweils für Wochen oder gar Monate unter Wasser stehen, bis sich dieses plötzlich wieder zurückzieht. Vor Kurzem hat er herausgefunden, was dahintersteckt: Mehr als 1000 Kilometer stromaufwärts gelegene Wasserkraftwerke im chinesischen Teil des Mekong, die regelmäßig Wasser ablassen oder aufstauen. „Es gibt auch so viel weniger Fisch", so der Gastwirt. „Wenn sie die Don-Sahong-Staustufe bauen, werde ich mein Restaurant schließen und hinauf auf das Bolaven-Plateau umziehen müssen. Hier werde ich sicher überflutet. Die chinesischen Talsperren machen schon jetzt Probleme, und die Regierungsleute haben bloß zu uns gesagt: ‚Wenn das Wasser kommt, dann geht eben mit euren Hühnern und eurem Büffel in höhere Lagen.' Aber so können wir nicht leben."

Ich frage ihn, was die Menschen tun werden, wenn es im Fluss nicht mehr genügend Fische zum Essen gibt, und er sagt, er wisse es nicht. „Ich muss doch Fisch essen. So war es schon immer. Vielleicht werden die Leute dann im Tourismus arbeiten", überlegt er. Eine größere Touristenattraktion in der Region sind die Mekongfälle, Asiens größter Wasserfall. Doch auch er wird durch den geplanten Staudamm gestört, denn dieser wird die über den Wasserfall dahinströmende Wassermenge erheblich reduzieren.

Die Nutzung der umfangreichen natürlichen Ressourcen wird dem armen Land zu schneller Entwicklung verhelfen, so die Regierung. Sie wird außerdem dafür sorgen, dass einfache Bauern profitablere Geschäfte machen – einfache Bauern zahlen keine Steuern ... „Armut" ist jedoch ein sehr subjektives Konzept. Laos hat eine schlechte Infrastruktur (die sich dank chinesischer Finanzhilfen allerdings verbessert), praktisch keine medizinische Versorgung, nur schlechte Bildungsangebote und keine Sozialversicherung. Aber die Menschen hungern hier nicht. Viele sind wirklich autark, denn sie leben in einer kleinen Population in einer Umwelt, die reich an natürlichen Ressourcen ist, selbst wenn die Abholzung der Wälder rapide betrieben wird. Die Menschen hier sammeln essbare Früchte und Pflanzen, Insekten und andere Tiere aus dem Dschungel und den Flüssen – 90 Prozent der Bevölkerung leben in kleinen Dörfern –, sie halten Hühner und Wasserbüffel, bauen Reis und Gemüse an. Im Hinblick auf Geld sind sie ärmer als mancher indische Bettler, aber was ihre Lebensqualität angeht, sind sie womöglich sogar reich.

Bis jetzt. Mit wachsender Bevölkerung (diese hat sich seit den 1970er-Jahren verdoppelt) und zunehmender Umweltzerstörung werden die Laoten so abhängig wie ich von Nahrung werden, die im Gegenzug für ein anderes Gut erworben wird, von Reis, der aus einem anderen Teil des Landes (oder der Welt) herbeigeschafft und für Geld gekauft wird, das es in einer städtischen Fabrik oder im Dienstleistungsgewerbe zu verdienen gilt. Die Laoten besitzen derzeit noch etwas sehr Kostbares und Seltenes: die Fähigkeit, in ihrer heimatlichen Umgebung ein autarkes und ruhiges Leben zu führen.

Armut hat nichts Positives. Und gewiss sind viele der Laoten, mit denen ich mich unterhalte, genauso interessiert am Anschluss an das Stromnetz und andere Dinge der entwickelten Welt wie die Bewohner Patagoniens. Doch im Anthropozän haben wir die Wahl, wie Entwicklungserfolge erzielt und unter den Ärmsten der Armen verteilt werden.

In Ländern wie Laos oder Chile, die wenig Alternativen haben, ergibt die Nutzung von Flüssen zur Energiegewinnung durchaus Sinn, auch wenn dies Auswirkungen auf die Lebensumstände und die Umwelt hat. Wenn wir also akzeptieren, dass viele umstrittene Wasserkraftwerke gebaut werden, wie lässt sich ihr Bau möglichst verträglich gestalten? Jamie Skinner war ein führender Berater der World Commission on Dams (Welttalsperrenkommission) und leitet heute die Abteilung Wasser des International Institute for Environment and Development (IIED). Für ihn könnte eine Lösung darin bestehen, den Firmen, die Wasserkraftwerke errichten, Betreiberlizenzen nur auf Zeit zu erteilen. „In den USA laufen die meisten Lizenzen nur über 30 oder 50 Jahre, danach wird die Sache neu geprüft. Viele Staudämme werden heute zurückgebaut, weil ihre Lizenzen erloschen sind und nicht mehr den strengeren Umweltauflagen entsprechen", so Skinner.

Eine endliche Laufzeit macht Staudämme den Umweltschützern schmackhafter, besonders wenn Lizenzen nur unter der Voraussetzung vergeben werden, dass die Betreiberfirma den Abbau in 30 Jahren bezahlen kann. Das Problem ist nur, dass solche Abreden in vielen Ländern aufgrund von politischer Schwäche und Korruption praktisch bedeutungslos sind. Selbst in den USA, wo Firmen gesetzlich verpflichtet sind, Rücklagen für die Wiederherstellung des natürlichen Zustandes zu bilden, ist es am Ende oft der Staat, der zahlt. Begrenzte Laufzeiten sind auch aus anderen Gründen heikel – der Klimawandel verändert weltweit die Regenmengen, sodass viele Wasserkraftwerke ökonomisch wertlos werden. Das internationale Hydropower Sustainability Assessment Protocol der International Hydropower Association, veröffentlicht 2011, bietet eine Methode, um Wasserkraftwerke in jeder Entwicklungsphase von der Planung bis zum Einsatz zu beurteilen. Es soll den Betreibern dabei helfen, bessere, international anerkannten Umwelt- und Sozialstandards entsprechende Wasserkraftwerke zu entwickeln und Konflikte zu reduzieren.

Im Grunde muss die Planung von Wasserkraftwerken ein partizipatorischer Prozess sein. Wissenschaftler mögen die unterschiedlichen Konstruktionsmöglichkeiten, ihren Ertrag und ihre Umweltauswirkungen analysieren, doch es ist an der Gesellschaft zu entscheiden, welche

Auswirkungen akzeptabel sind. Der Einbau von verschließbaren Hochwasserentlastungsanlagen etwa sorgt für einen gleichmäßigeren, für die Ökosysteme schonenderen Abfluss, reduziert aber die produzierte Strommenge und mindert somit den Profit.

Wird die örtliche Bevölkerung angemessen entschädigt – nicht nur für Verluste von Land und Lebensunterhalt, sondern mit einer kulturell sensiblen Herangehensweise an die Umsiedlung – und beispielsweise an der Nutzung des Wasserkraftwerks durch die Bereitstellung von Strom beteiligt, wird der Bau einer solchen Anlage vermutlich weit weniger traumatisch oder von der lokalen Gemeinde sogar begrüßt. Und wenn wir als internationale Gemeinschaft entscheiden, dass bestimmte Umweltbereiche einfach zu kostbar sind, um dort Wasserkraftwerke zu errichten, dann müssen wir den betroffenen Ländern eine Entschädigung für die entgangene Stromproduktion anbieten, ebenso wie realistische Alternativen für ihre wirtschaftliche Entwicklung.

Laos könnte seine bedeutsame geografische Lage sowie die Tatsache, dass sein Staatsgebiet einige der gefragtesten Minerale beherbergt sowie ein großes Potenzial für Strom aus Wasserkraft bietet, zu seinem Vorteil nutzen und sicherstellen, dass seine reichen Nachbarn angemessen für eine umweltgerechte Nutzung des Mekong bezahlen. So könnte Laos es sich leisten, bestimmte wichtige Regionen zum Nutzen aller unberührt zu lassen.

Die Don-Sahong-Staustufe würde nur zwei Kilometer nördlich der Grenze zu Kambodscha gebaut werden, und ich nehme ein frühes Boot hinüber zu Laos' traurigem, unruhigen Nachbarland. Kambodscha ringt nach Jahrzehnten der Brutalität, des Hungers, der Folter und des Völkermords um eine Identität und versucht vergeblich, sich von seiner Vergangenheit freizumachen. Die Geldautomaten spucken hier nur US-Dollars aus, die Verkehrsschilder sind auf Französisch gehalten, und internationale Wohlfahrtsorganisationen nehmen grundlegende Regierungsaufgaben wie Gesundheitsfürsorge und Bildung wahr. In Siem Reap, einer hübschen Stadt voller Touristen, die zur nahe gelegenen Tempelanlage Angkor Wat wollen, hängen T-Shirts mit Slogans wie „No money, no honey“ an einem Marktstand, die von in Gruppen reisenden, jungen Amerikanerinnen mit roten Wangen, blonden Haaren und glänzenden Lippen gekauft werden, deren üppige Körper aus bonbonfarbenen Minikleidern quellen.

Wenn der Mekong die Lebensader Südostasiens ist, dann ist der Tonle Sap hier in Kambodscha sein Herz. Er ist der größte See der Region, sein Wasserstand schwankt je nach Jahreszeit enorm. Die meiste Zeit des Jahres ist der Tonle Sap ein rundes, flaches Gewässer mit einer Fläche von weniger als 30 Quadratkilometern. Doch während ich ihn der Länge nach von Siem Reap bis zur Hauptstadt Phnom Penh überquere, nimmt der Regen immer mehr zu. Von Juni bis November führt der Mekong riesige Wassermassen herbei, die über den Tonle-Sap-Fluss (der eigentlich der Abfluss des Sees in den Mekong ist) den Tonle Sap auf mehr als das Fünfzigfache seiner Ursprungsgröße anfüllen: 16 000 Quadratkilometer. Das Hochwasser bringt frisches Wasser in Seen und überflutet Wälder; dabei schafft es lebenswichtige Laichgründe und Kinderstuben für die Fische, die den Mekong hinaufwandern. Zwei Drittel der Fische im Mekong beginnen ihr Leben im Tonle Sap – hier findet sich die ertragreichste Binnenfischerei der Welt, von der bis zu vier Millionen Menschen leben und die drei Viertel der landesweiten Fänge stellt. Die Kambodschaner zählen also zwar zu den ärmsten Völkern der Welt, aber zugleich zu den am besten ernährten.[8]

Im November, gegen Ende der Regenzeit, bewirkt der übervolle See dann wieder die Umkehr der Fließrichtung des Tonle-Sap-Flusses. Dieses Ereignis ist in Kambodscha alljährlich Anlass zu großen Feierlichkeiten, die vor dem Königspalast in Phnom Penh in großem Rahmen begangen werden. Die stromaufwärts gelegenen Staustufen würden diesen jährlichen Wechsel auf die Hälfte des bisherigen Ausmaßes beschränken, ja vielleicht sogar das Ende der berühmten Umkehr der Strömungsrichtung im Tonle-Sap-Fluss bedeuten und somit das davon abhängige Ökosystem in enormem Maße beeinträchtigen.[9] Etwa die Hälfte des vom Mekong geführten Wassers würde jenseits der Grenze in Laos zurückgehalten, und statt der jährlichen Überflutung würde dieses Wasser nach dem Gusto der Kraftwerksverwaltung abgelassen, die den natürlichen Zyklus per Knopfdruck außer Kraft setzen könnte.

Am frühen Morgen schlittere ich das vom Regen aufgeweichte, matschige Ufer des Mekong hinunter und begebe mich an Bord einer verrosteten Fähre, die flussabwärts nach Vietnam fährt. Außer mir sind nur wenige Passagiere auf dem Schiff – die meisten Menschen benutzen die neue Autobahn. Wie anders doch der Fluss hier ist als im Norden Thailands, wo er sich in vielen Windungen durch die Berge schlängelt. Hier ist der Mekong breit und tief, und er strebt in Richtung auf das Südchinesische Meer wie ein nach Süden eilender Wanderfisch.

An der Grenze teilt sich der Mekong in zahlreiche Arme mit vielen Inseln – die Vietnamesen nennen den Fluss einen Drachen mit neun Schwänzen. Die Menschen hier leben so nah am Mekong wie sonst nirgends, in Pfahlbauten, die vom Ufer über wackelige Seilbrücken zu erreichen sind. Neben dem schwimmenden Café, in dem ich meine Nudeln schlürfe, steht ein solches Haus. Die Bewohner, eine junge Familie, baden im Fluss: Mutter, Vater und zwei Kleinkinder. Dann wird die Wäsche gewaschen, klatschend in den Fluss getaucht und auf der Bambusterrasse ausgeschlagen. Schließlich ist das Geschirr an der Reihe. Der Fluss liefert ihnen auch ihre Nahrung. In einem unter dem Haus hängenden Netz befindet sich eine Fischzucht, und die Bewohner füttern diese durch ein Loch im Zimmerfußboden.

Mehrere neue Brücken sind in diesem Flussabschnitt im Bau, doch bis jetzt überqueren die Menschen den Fluss in kleinen Kanus, die von Frauen in pyjamaähnlichen Anzügen und mit kegelförmigem Strohhut auf dem Kopf gerudert werden. Weiter stromabwärts erreiche ich Can Tho, Hauptstadt des Mekongdeltas. Hier ergießt sich das einstige Gletscherwasser in das Südchinesische Meer. Die Region ist die Heimat von 17 Millionen Menschen, die größtenteils vom Reisanbau und Fischen leben. Hier hat der Mensch den Fluss bereits verändert: Die Fischbestände gehen aufgrund von Überfischung, Verschmutzung und Sedimentanreicherung (als Folge der Abzweigung von Mekongwasser, wodurch der Fluss das Sediment nicht mehr so weit ins Meer spülen kann) zurück. Das Flusswasser wird zudem salziger, da der Meeresspiegel durch die globale Erwärmung ansteigt. Noch 56 Kilometer weit im Inland ist ein Salzgehalt von vier Promille messbar.[10] Viele Bauern müssen vom Reisanbau auf die Garnelenzucht umsatteln, was höhere Anfangsinvestitionen und Aquakulturkenntnisse erfordert, die sie nicht haben. Die Regierung reagiert darauf, indem sie die kleineren Flussarme auffüllt und angestammte Fischergemeinschaften zum Arbeiten in Fabriken schickt.

Ich stehe früh auf, um per Boot zu den berühmten schwimmenden Märkten zu fahren. Die Region habe ich 1995 zuletzt besucht, und ich habe die Märkte als riesiges Durcheinander von Hunderten von Booten in Erinnerung, die von farbenfrohen Erzeugnissen nur so überquollen. Diesmal sind sie kleiner, es sind weniger Boote da. Gekauft und verkauft wird noch immer, doch werden in dieser Gegend jetzt Brücken gebaut, und die schwimmenden Märkte werden ganz und gar verschwinden. An ihre Stelle werden Märkte an Land treten, zu denen die Menschen dann mit Motorrollern fahren.

Die unmittelbare Beziehung der Menschen zu ihren Flüssen verschwindet dadurch, dass diese Wasserquellen zerschnitten werden und austrocknen. Dennoch sind wir auf sie angewiesen wie eh und je – der Zugang zu Wasser ist weltweit einer der wichtigsten Gründe für Konflikte, und auch wenn sich Kriege ums Wasser durch Vereinbarungen und Abkommen zur gemeinsamen Nutzung von Flüssen bisher noch vermeiden ließen, gibt es doch bei 60 Prozent der 276 internationalen Flussgebiete keinerlei Kooperationen dieser Art. Vielerorts werden Konflikte jedoch abgewendet, indem wasserreiche Länder mit ihren weniger gesegneten Nachbarn Handel treiben. Diese Art der Lösung wird im Anthropozän noch an Bedeutung gewinnen. Paraguay ist beispielsweise wirtschaftlich fast komplett vom Verkauf von Strom aus Wasserkraft an Brasilien abhängig. Die beiden Nachbarstaaten teilen sich den Río Paraná, der bei Itaipú aufgestaut wird. Andere durstige Nationen erwägen, Wasser von ihren Nachbarn zu kaufen. Die USA etwa planen, Wasser aus Mexiko (aus zwei geplanten Entsalzungsanlagen im Bezirk Playas de Rosarito) und aus Kanada zu beziehen. Nach Aussage von Analysten wird der weltweite Wassermarkt im Jahr 2020 eine Billion US-Dollar (etwa 900 Milliarden Euro) wert sein, vor allem aufgrund des wachsenden Bedarfs in Asien und Südamerika.[11]

Menschen verteilen Wasser auch durch den Handel mit „virtuellem Wasser" in aller Welt – also den Handel mit Waren und Dienstleistungen, für die Wasser benötigt wird. Der größte Teil davon – 92 Prozent des Süßwasserverbrauchs – geht auf die Landwirtschaft zurück.[12] Mehr als zwei Drittel des von den Japanern verbrauchten Wassers stammt beispielsweise ursprünglich aus anderen Ländern, so etwa bei Rindfleisch, das aus Australien importiert wird. Der Wasser-Fußabdruck des durchschnittlichen US-Bürgers ist mit 2840 Kubikmetern pro Jahr mehr als doppelt so groß wie der eines Japaners. Dieses Wasser stammt zu 80 Prozent aus dem eigenen Land; der Großteil der verbleibenden 20 Prozent stammt aus dem Flussgebiet des Jangtsekiang in China. Da die Länder in Bezug auf Wasser jedoch zunehmend unter Druck geraten, entwickelt sich eine andere Strategie. Regierungen kaufen wasserreiche Ländereien im Ausland oder sorgen dafür, dass sie darüber mitbestimmen, wofür dieses Wasser benutzt wird. All diese Übernahmen finden in Entwicklungsländern statt, meist dort, wo die Politik schwach ist, Korruption herrscht, wenige gesetzliche Regelungen bestehen und die örtliche Bevölkerung hinsichtlich ihres eigenen Landes und der Ressourcen nur wenige Rechte hat. Saudi-Arabien, Südkorea, China und Indien haben allesamt große Flächen in ganz Afrika aufgekauft, vor allem in den fruchtbarsten Regionen und Flussgebieten der ärmsten Länder. Dort bauen sie Feldfrüchte an und exportieren diese wieder in die eigenen Länder. So muss der Nil heute nicht nur die Bevölkerung in seinem Flussgebiet ernähren, sondern auch diejenige in anderen Kontinenten, die Teile des Sudan erworben haben.

Die Flüsse führen immer weniger Wasser, und so könnte der Wassermangel im Anthropozän das Verderben für unsere Spezies bedeuten. Die Beraterfirma McKinsey & Company sagt voraus, dass der weltweite Wasserbedarf bis 2030 von heute 4,5 Billionen Metrischen Tonnen auf 6,9 Billionen Metrische Tonnen angestiegen sein wird. Damit wäre die heute verfügbare und zugängliche Wassermenge um 40 Prozent überschritten. Bei allem Erfindungsgeist sind wir doch noch nicht in der Lage, so viel Süßwasser herzustellen, wie wir brauchen, also sind weltweit künstliche Wasserspeicher dringend erforderlich. Seit Urzeiten haben Hausbesitzer Regen- und Flusswasser gesammelt. Vom Nahen Osten bis China konstruierte man ausgefeilte Bewässerungskanäle, um das kostbare Nass dorthin zu leiten, wo es gebraucht wurde. Seit Kurzem hat der Mensch hydrologisch solchen Ehrgeiz, dass er sogar natürliche Grenzen überschreitet und moderne Städte in der Wüste errichtet; man denke nur an Las Vegas und Phoenix in den USA mit ihren plätschernden Springbrunnen und teuren Golfplätzen. Die wasserverschlingenden Erzminen und Kohlegruben in der Wüste Gobi sowie die im Inland gelegenen Großstädte, Industrien und Landwirtschaftsflächen Nordchinas liegen ebenfalls weit entfernt von angemessenen Wasservorkommen. Satellitenbilder der arabischen Halbinsel zeigen befremdliche grüne Kreise im Wüstensand – bewässert mit anderswo gefördertem Wasser. China hat sich das ehrgeizigste Wasserbauprojekt vorgenommen, das die Welt je gesehen hat. Bis 2050 sollen jährlich fast 45 Milliarden Kubikmeter Wasser per Pipeline über Hunderte von Kilometern vom Jangtsekiang im Süden in den stark verschmutzten Gelben Fluss (Huang He) im dichter besiedelten Norden geleitet werden. Das Projekt ist technisch schwierig, enorm teuer und umfasst auch die Umsiedlung Tausender Menschen entlang der Strecke – viele Beobachter glauben, dass es nicht gelingen wird. Wie auch immer: Da unser Wasserbedarf die natürlichen Süßwasserressourcen der Erde immer weiter übersteigt, werden die Menschen immer häufiger versuchen, Flüsse und Seen auf den Kontinenten zu verschieben.

Auch wenn unsere Städte im Anthropozän geografisch nicht mehr an mäandernde Flüsse gebunden sind, ist zu bedenken, dass die Leitungen, Stauseen und Kanäle, die die Funktionen natürlicher Flüsse übernehmen, erhebliche Kosten verursachen. Der Überfluss an Wasser in den reichen Ländern kostet diese jährlich geschätzte 750 Millionen US-Dollar für Infrastruktur und Aufarbeitung – das ist für arme Länder zu teuer.[13] Da ist es oft günstiger, natürliche Ökosysteme zu erhalten oder wiederherzustellen. Die Stadt New York bezieht ihr Wasser aus den Catskill Mountains und dem Hudson Valley, und diese Quellen sind so sauber, dass sie seit alters her keiner Filterung bedurften. Das drohte sich jedoch in den 1990er-Jahren aufgrund von Verschmutzungen durch die Landwirtschaft und andere Kontaminationen zu ändern. Die Stadt erwog die Kosten für den Bau von Aufbereitungsanlagen (rund 10 Milliarden Dollar) und kam dann zu dem Schluss, dass es günstiger wäre, in ein Landschafts- und Umweltschutzprogramm zu investieren (1,5 Milliarden Dollar). Die Rechnung ging auf. Die Wasserqualität konnte für einen Bruchteil dessen, was eine neue Infrastruktur gekostet hätte, gehalten werden, und zugleich wurde ein artenreiches Ökosystem vor der Zerstörung bewahrt.

Saudi-Arabien ist kürzlich noch einen Schritt weitergegangen und hat ein „natürliches" System konstruiert, das eine infrastrukturelle Funktion übernehmen soll. In der weltweit größten Aluminium- bzw. Bauxitmine in der Wüstenstadt Ras el-Khair am Persischen Golf haben Ingenieure ein künstliches Sumpfgebiet angelegt, das als Biofilter für die industriellen und sanitären Abwässer der Mine fungiert. Es ersetzt chemische Filter, Aufbereitungstanks und mechanische Prozesse durch Pflanzen und Mikroorganismen, die durch natürliche Prozesse Toxine, Metalle und andere Verunreinigungen aus dem Wasser entfernen. Und durch ihre Tätigkeit werden über ein innovatives unterirdisches, geschlossenes Kreislaufsystem, das die Verdunstung des kostbaren entsalzten Wassers reduziert, täglich 7,5 Millionen Liter Wasser eingespart. Der Sumpf wirkt als Oase, bietet Lebensraum für Vögel und wurde um ein Vielfaches schneller angelegt als eine herkömmliche Aufbereitungsanlage.

Mit Fortschreiten des Anthropozäns werden wir gewiss mehr Infrastruktur sehen, die Aufgaben übernimmt, welche natürlicherweise eigentlich Flüsse, Seen und Wasserfälle erfüllen. Doch wir werden auch zunehmend künstliche Sumpfgebiete schaffen, die eine Lösung für unsere menschlichen Bedürfnisse bieten und bei denen zugleich die Vielfalt und Vernetzung der Natur Berücksichtigung finden. Ihre Konstruktion endet also nicht bei der physikalischen Struktur, sondern bezieht auch die biologische mit ein, indem sie ein funktionierendes, artenreiches Ökosystem bewahrt oder schafft, mit dem der Bedarf an Trinkwasser, Bewässerung und Energie teilweise gedeckt werden kann. Gleichzeitig wird sich der Wasserverbrauch bei der Produktion von Nahrungsmitteln und anderen Gütern zunehmend im Preis niederschlagen – vielleicht wird es sogar einen internationalen Wasserrechtehandel ähnlich dem neuen Emissionsrechtehandel geben.

Die Erkenntnis stimmt mich traurig, dass die wunderbare Schiffsreise auf dem sagenhaften Mekong, die hinter mir liegt, in wenigen Jahren nicht mehr durchführbar sein wird. Doch nostalgische Gefühle für die ungezähmten Flüsse des Holozäns sind nutzlos, sie können und sollten diese im Anthropozän nicht schützen. Wir müssen die großen Wasserwege unseres Planeten vielmehr ohne Emotionen betrachten und ihre Wechselwirkung mit Ökosystemen, chemischen und physikalischen Kreisläufen und der menschlichen Bevölkerung an ihren Ufern erfassen. Nur dann können Entscheidungen von allen Betroffenen darüber getroffen werden, wie wir die Flüsse nutzen und ihre Kapazität unseren Bedürfnissen entsprechend ergänzen sollten.

4 ACKERLAND

Wenn man über die unregelmäßig geformten Landflächen hinwegfliegt, die unseren Planeten bedecken, über die an Brokkoli erinnernden Wälder und die wie Spiegel und helle Bänder daliegenden Seen und Flüsse, dann gibt es Stellen, an denen das Auge sofort hängenbleibt – so wie an jedem Muster, das man in der Natur entdeckt. Vielleicht sind es regelmäßige grüne Ringe, die einen Hügel umgeben, oder ein Flickenteppich aus ordentlichen Vierecken oder lange Streifen in Gelb- und Grüntönen oder aber wie mit dem Zirkel geschlagene kreisrunde Flächen, die smaragdfarben oder golden inmitten von grauem Wüstensand liegen. Diese Muster sind nicht von selbst entstanden, sondern wurden eindeutig vom Chefgärtner hier auf Erden geschaffen: dem Menschen.

Der Ackerbau wurde vor etwa 10 000 Jahren im Nahen Osten erfunden, gefördert durch den Klimawandel. Nach der letzten Eiszeit begann mit dem Holozän eine wärmere Periode mit langen Trockenzeiten, die das Wachstum von Getreide begünstigten. Diese einjährigen Gräser konnten binnen einer Saison reifen und beim Vertrocknen ein ruhendes Embryonalstadium – ihren Samen, das Korn – ausbilden, das Trockenzeiten überdauerte. Getreide stecken ihre Energie in große, zucker- und eiweißreiche Samen und nicht in unverdauliche verholzte Stämme; das macht sie zu idealen Anbau- und Sammelpflanzen für den Menschen. Die ersten Ackerbauern sammelten wilde Körner, die sie in der Nähe ihrer Siedlungen aus-

säten. Dort konnten sie geerntet, in Zeiten des Überflusses gelagert, entspelzt und gemahlen werden. Diese Menschen wählten gezielt die schmackhaftesten, dicksten Körner, die sich am leichtesten entspelzen ließen und von Pflanzen gebildet wurden, die besonders gut auf nährstoffarmen Böden gediehen. Mit der Zeit bauten die Menschen die Getreide nicht nur an, sondern domestizierten sie auch. Dabei setzten sie sich über den allgemein herrschenden Selektionsdruck hinweg und schufen Feldfrüchte, deren Samen dem Menschen und nicht der Pflanze nützten.

Diese ersten Ackerbauern begannen, das Antlitz der Erde radikal zu verändern. Menschen brannten natürliche Vegetation – wie etwa Wälder – nieder, um statt dieser ihre künstlich geschaffenen Zuchtformen auf leicht abzuerntenden Flächen anzubauen. Die ersten Getreidefelder waren geschaffen. Mit der Umwandlung der örtlichen ökologischen Verhältnisse veränderte der Mensch auch auf anderen Gebieten die Artenvielfalt, indem er Tiere wie Hühner, Schweine und Rinder domestizierte, die auf dem neuen Grasland sichere Weidegründe fanden und Fleisch, Milch und Dünger produzierten.

Ackerbau und Viehzucht wurden mehrmals unabhängig voneinander erfunden, an mindestens drei Orten auf der Welt. Die Landwirtschaft zog enorme Veränderungen nach sich und verbreitete sich weltweit als die einzige Möglichkeit, größere Populationen zu ernähren. Das Jagen und Sammeln, das neben der Landwirtschaft weiter betrieben wurde, ist zu ineffizient, um feste dörfliche Siedlungen oder gar Städte mit ausreichender Nahrung zu versorgen. Erst die Landwirtschaft ermöglichte die Entwicklung von Zivilisationen und erlaubte deren Aufblühen.

Der Wanderfeldbau, die älteste Form der Landwirtschaft, hatte die Landschaft nur vorübergehend verändert. Nach der Brandrodung und einiger Zeit des Anbaus und der Ernte zogen die nomadischen Bauern weiter, sodass das Land wieder verwildern konnte. Doch als sich die Menschen dauerhaft niederließen und Flussufer und Deltas nutzten, die während jährlicher Hochwasser die Erde bewässerten und mit Nährstoffen anreicherten, entstanden viele dauerhaft bewirtschaftete Flächen. Ursprünglich beschränkte sich die landwirtschaftliche Aktivität der Menschen auf diese von Natur aus fruchtbaren Regionen, doch mit wachsenden technischen Fähigkeiten begannen wir, mithilfe ausgefeilter Bewässerungssysteme auch extrem lebensfeindliche Gebiete, wie die Wüsten der Arabischen Halbinsel und Chinas, zu kultivieren. Doch ganz gleich, wie ideenreich das

Bewässerungssystem war – die Ernte wurde doch immer noch durch die im Boden vorhandenen Mineralien begrenzt, insbesondere durch den Gehalt an Stickstoff, einem wichtigen Baustein von Proteinen und damit auch der DNA. Jeder Zentimeter Erdboden braucht Jahrhunderte für seine Entstehung, wenngleich die Bodenbildung in den Tropen etwas schneller vonstattengeht. Zunächst einmal muss Gestein durch Wind und Regen verwittern. Daran sind Mikroorganismen, Insekten und Flechten beteiligt, von deren Überresten sich wiederum andere Organismen ernähren, darunter mit der Zeit auch Pflanzen. Diese Akkumulation von organischer Materie, lebenden Organismen und Mineralien bezeichnen wir als (Erd-)Boden. Stickstoff ist in der Atmosphäre in großen Mengen vorhanden, jedoch in einer Form, die nur wenige Organismen verstoffwechseln können. Über Jahrtausende hinweg glichen Bauern den Mangel an Stickstoff und anderen wichtigen Nährstoffen im Boden vor allem dadurch aus, dass sie organisches Material wiederverwerteten, sprich: Sie beließen die Reste abgeernteter Pflanzen auf den Feldern, wo sie verrotteten, und brachten außerdem jedes organische Material auf, das verfügbar war, darunter tierische und menschliche Exkremente. Doch mit wachsender Populationsgrößte mussten immer größere Ernten bei gleichbleibender Stickstoffmenge eingebracht werden.

Schon bei einer einzigen Missernte drohten Hungersnöte; daher dehnten Wissenschaftler im 19. Jahrhundert ihre Suche nach dem wertvollen nutzbaren Stickstoff aus. Sie wurden in Südamerika fündig, wo sich im Küstenbereich der Atacamawüste und auf vorgelagerten Inseln riesige Mengen an Guano – Vogelexkrementen – angesammelt hatten. Einheimische Bauern hatten diesen bereits seit Jahrhunderten genutzt, doch nun zeigten Europa und die USA immer stärkeres Interesse daran. Es entwickelte sich ein umfangreiches Exportgeschäft, und die guanoreichen Länder Peru, Bolivien und Chile gerieten sogar in kriegerische Auseinandersetzungen mit Spanien um das kostbare Material. Zwar trugen sie den Sieg davon, doch währte der Triumph nicht lange. Im Jahr 1909 entwickelte der deutsche Chemiker Fritz Haber eine Methode, aus Luftstickstoff wasserlöslichen Ammoniak herzustellen, eine für Pflanzen verwertbare Stickstoffverbindung. Damit war das Zeitalter der Kunstdünger angebrochen, eine Innovation, die den Stickstoffkreislauf auf der Erde tiefgreifend und gezielt verändern sollte.

Der Einsatz von Kunstdüngern wirkte sich umgehend auf den Pflanzen-

bau aus und ließ die Populationen anwachsen. Die Zahl der Menschen, die von einem Hektar Land ernährt werden konnten, wuchs auf mehr als das Doppelte. Die Hälfte der Proteine in unseren Körpern stammt heute aus im Haber-Bosch-Verfahren hergestelltem Ammoniak. Milliarden von Menschen verdanken ihr tägliches Brot, ihren Reis und ihre Kartoffeln Kunstdüngern.

Im vergangenen Jahrhundert hat sich auf der ganzen Welt die Industrialisierung und Intensivierung der Landwirtschaft vollzogen. Rund 40 Prozent der eisfreien Landfläche wird für Ackerbau und Viehzucht genutzt; damit sind Felder und Weiden die größte künstlich gestaltete Landfläche und eines der offensichtlichsten Zeichen für unseren Einfluss auf die Erde im Anthropozän. Für die Landwirtschaft wurden bereits 70 Prozent des Graslandes, 50 Prozent der Savannen, 45 Prozent der Laubwälder gemäßigter Zonen und 27 Prozent des tropischen Regenwaldes abgeholzt oder kultiviert.[1] Auf etwa 80 Prozent der neuen landwirtschaftlichen Flächen in den Tropen standen zuvor Wälder.[2] Und 70 Prozent des verfügbaren Süßwassers wird in der Landwirtschaft verbraucht.[3]

Trotz der großen Vielfalt von Pflanzen- und Tierarten auf unserem Planeten besteht die Landwirtschaft größtenteils aus dem Anbau von einer Handvoll Pflanzenarten in Monokultur und der Haltung domestizierter Formen einer ebenso geringen Anzahl an Säugetier- und Vogelarten. Das Anthropozän ist somit ein Zeitalter, in dem bestimmte Spezies wie Weizen, Reis und das Huhn auf allen Kontinenten überdurchschnittlich erfolgreich erscheinen. Tatsächlich beläuft sich das Gesamtgewicht aller Menschen nicht einmal auf die Hälfte dessen, was die Hausrinder dieser Erde wiegen. Diese wiederum würden von Natur aus gar nicht existieren, sondern wurden vom Menschen gezielt aus einem Wildrind gezüchtet, das seinerseits ausgerottet wurde.

Bei der ersten Welternährungskonferenz 1974 formulierte Henry Kissinger das Versprechen, dass „in zehn Jahren kein Kind mehr hungrig zu Bett gehen muss". Er war nicht ohne Grund so optimistisch. Seit Jahren wuchs die weltweite Nahrungsproduktion schneller als die Weltbevölkerung. Der verbreitete Einsatz von ergiebigen Saatgutsorten sowie umfangreiche Investitionen in Bewässerung und Düngung brachten spürbare Ergebnisse. Für etwa zwei Jahrzehnte verschaffte die „Grüne Revolution" Hunderten Millionen Menschen, vor allem in Asien, eine sicherere Nahrungsmittelversorgung und Lebensgrundlage. Im Anthropozän jedoch ist *der Hunger in der Welt größer als je zuvor – fast eine Milliarde Menschen hat nicht genug zu essen, während anderthalb Milliarden Menschen übergewichtig oder fettleibig sind.*

Wie wird sich der Mensch im Anthropozän ernähren, oder genauer gefragt: Wie wollen wir in den nächsten vier Jahrzehnten mehr Nahrung produzieren als in den letzten 10 000 Jahren? Die Nahrungsmittelproduktion muss bis 2050 auf das Doppelte steigen – und das angesichts von ungewisser Wasserversorgung, Klimawandel, degradierten Böden und der Tatsache, dass fast alle für die Landwirtschaft gut geeigneten Flächen bereits genutzt werden.[4] *Ich begab mich hinaus auf die Äcker, um die Antwort zu finden.*

Ich fahre durch Gujarat ganz in den Westen Indiens, von der um Luft ringenden Stadt Ahmedabad weiter über ausgedörrte Ebenen, gesäumt von Feigenkakteen. Aus Tanklastern am Straßenrand wird Wasser an Frauen ausgegeben, die in Reihen warten und Blechkrüge mit sich führen. Diese werden sie auf ihrem beschwerlichen Heimweg dem Kopf tragen, manchmal zwei oder gar drei davon übereinander. Viele Dörfer in Gujarat, einem der besser entwickelten Bundesstaaten Indiens, haben noch keine Wasserleitungen. Zugleich sind ihre Brunnen ausgetrocknet; sie werden erst wieder Wasser führen, wenn die mäßigen Monsunregenfälle nach weiteren sieben Monaten einsetzen.

Das Dorf Raj-Samadhiyala liegt in der Mitte des Bundesstaates, etwa 15 Kilometer von der schmutzigen Industriestadt Rajkot entfernt. Wie in den meisten Dörfern sind auch hier die Menschen in ihrer Ernährung vor allem anderen auf das angewiesen, was sie selbst ernten, und mit dem Verkauf von überschüssigem Erntegut können sie gelegentlich noch etwas Geld verdienen. Dennoch ist dieses Dorf ganz anders als alle indischen Dörfer, die ich bisher gesehen habe. In den sauberen, von Bäumen gesäumten Straßen sieht man weder Müll noch Abwässer, und es gibt einen See, der wie eine Oase im Wüstenstaub glitzert. Rosa- und lilafarbene, gelbe und rote Blumen wachsen am Straßenrand und werden über strategisch ausgelegte Schläuche gewässert. Im Jahr 2007 machte Raj-Samadhiyala Schlagzeilen als das sauberste Dorf im Land. Ein Jahr darauf gewann es den Tirth-Gram-Preis als Dorf mit der niedrigsten Kriminalitätsrate. In diesem Land mit seinen 1,3 Milliarden Einwohnern, von denen 85 Prozent in Dörfern wohnen, lebt dieses Dorf eine ungewöhnliche Entwicklung vor. Hier fehlen die sonst üblichen Kinderscharen auf den Dorfstraßen – später entdecke ich die Kinder in der Schule, wo sie in ordentlichen Reihen unter einer farbenfrohen Darstellung von Sarasvati, der Hindugöttin des Lernens, eifrig den Unterricht verfolgen.

Ich werde vom Dorfvorsteher (oder *Sarpanch*) Hardevsinh Jadeja begrüßt, einem rüstigen Mann in den Sechzigern, der trotz der Hitze und ländlichen Umgebung einen gebügelten Anzug trägt. Sein gestärkter Hemdkragen hat allerdings dem Schweiß nicht viel entgegenzusetzen und liegt schon bald schlaff auf Jadejas Nacken, während dieser mich durch das exzellent geführte Dorf geleitet. Mit offensichtlichem Stolz erklärt er mir die Einzelheiten der von ihm so genannten „nicht-gandhischen, gelenkten Demokratie". Das Dorf ist in Einheiten von je 25 Hauseigentümern eingeteilt, die einen Vertreter wählen (es besteht Wahlpflicht). Die Vertreter beschließen dann die Regeln, an die sich alle Dorfbewohner halten müssen – andernfalls „drohen harte Strafen oder sogar der Hinauswurf aus dem Dorf – das ist ganz besonders wichtig". Das System basiert auf dem Gleichheitsprinzip, bei dem Angehörige aller Kasten dasselbe Stimmrecht haben, und die Dorfgemeinschaft hilft denen, die Hilfe brauchen, in jeglicher Form, von körperlicher Arbeit bis zu finanzieller Unterstützung. Faulheit wird jedoch nicht toleriert. Diese Sozialstruktur hat unbestreitbar eine saubere und funktionierende Gemeinschaft hervorgebracht. Sie verdankt ihren Erfolg der einzigartigen Weise, in der das Dorf seine kostbarste Ressource verwaltet und verteilt: Wasser. Und das geht in erster Linie auf Jadejas Einfallsreichtum und Weitsicht zurück – vor etwa 30 Jahren kam er zu dem Schluss, dass eine saubere Wasserversorgung und Abwasserentsorgung für jede Entwicklung unerlässlich sind und sein Dorf genau dies bekommen sollte.

Nach jeder Regenzeit füllten sich früher die Dorfbrunnen und zeigten damit an, dass der unterhalb des Dorfes gelegene Grundwasserleiter (Aquifer) mit Regenwasser gesättigt war. Das Problem war jedoch, dass der Großteil des Regenwassers zu rasch abfloss und verschwand, bevor es den Grundwasserleiter im Boden erreicht hatte. Da der Klimawandel zugleich kürzere Regenzeiten in der Region, heftigere Überflutungen und eine schnellere oberflächliche Verdunstung mit sich brachte, wurde das Verschwinden des Wassers zu einem ernsten Problem. Die meisten Brunnen fielen trocken, und der Grundwasserspiegel sank auf 250 Meter Tiefe. Die Ernten gingen zurück, die Menschen wurden ärmer und die Bewohner aus den benachbarten Dörfern wollten ihre Töchter nicht mehr mit jungen Männern aus Raj-Samadhiyala verheiraten. Zunächst wanderten die jungen Männer, dann ganze Familien in die Städte ab. Das Dorf war so trocken, dass es von der Regierung zum „Wüstengebiet" erklärt wurde.

Doch das Dorf hatte sozusagen ein Ass im Ärmel: Jadeja. Er ist überdurchschnittlich gebildet, hat einen Abschluss in englischer Literaturwissenschaft und machte gerade Karriere bei der Polizei – kurz zuvor hatte man ihm die Stelle des stellvertretenden Leiters der Central Reserve Police Force angeboten –, als ihn die Einwohner von Raj-Samadhiyala baten, ihr Dorfvorsteher zu werden. Was die Polizei an ihm verlor, kam dem Dorf zugute, als sich Jadeja für die weniger sichere Stelle entschied. Er wollte dem Schicksal seines Dorfes eine neue Wendung geben.

Es war das Jahr 1985, als sich Jadeja an die Wissenschaftler des India Space Research Centre in Ahmedabad wandte, die mithilfe von Satellitenaufnahmen die geologischen Verhältnisse unterhalb des Dorfes ermittelten. In der Gegend von Raj-Samadhiyala gab es vor Jahrtausenden vulkanische Aktivität. Die Karten zeigten Lineamente (tektonische Schwächezonen) im Grundgestein, anhand derer Jadeja die Wege aufzeichnen konnte, über die das Regenwasser vermutlich durch den Grundwasserleiter strömte. Jadeja trommelte die Dorfbewohner zusammen. Wo ein Lineament auf den Satellitenbildern erkennbar war, gruben sie in die Tiefe, bis diese unterirdischen Gräben auf dem Weg zum Grundwasserleiter frei lagen. An einer erhöhten Stelle (im Vertrauen auf die Schwerkraft) und dort, wo die Lineamente verliefen, ließ Jadeja einen See bauen, in dem sich das Monsunregenwasser sammeln sollte. Niemand darf sich aus diesem kostbaren Reservoir bedienen.

Unter Benutzung von Fernerkundungs- und geografischen Informationssystemen konnte Jadeja ermitteln, wo die beste Lage für über- und unterirdische Sammelbecken war. In den folgenden 15 Jahren bauten die Dorfbewohner unter seiner Anleitung mehr als 50 Rückhaltedämme, die den Abfluss des Regenwassers bremsen und ihm Zeit geben, bis in den Aquifer zu sickern. Viele dieser unterirdischen Kanäle hatten schon früher Wasser geführt, waren aber mit der Zeit ausgetrocknet. Nachdem man sie ausgegraben und gereinigt hatte, floss das Regenwasser wieder hinein.

Die Dorfbewohner pflanzten anschließend mehr als 40000 Bäume, die Schatten spenden und so die Wasserverdunstung aus der Erde reduzieren. Ihr Laub kann zudem zum Mulchen und als Dünger benutzt werden. Zusätzlich wurden Terrassen und Erdwälle um die Felder gebaut; diese bremsen das Regenwasser und somit die Bodenerosion. Und es funktioniert. Das Regenwasser füllt nach und nach den Grundwasserleiter, sodass die Brunnen und Bohrlöcher im Dorf das ganze Jahr hindurch Wasser führen. Trotz einer schweren Dürre ist im Reservoir sogar noch Oberflächenwasser vorhanden. Seit Jadeja sein Konzept umgesetzt hat, musste kein einziger Tanklaster mit Trinkwasser mehr im Dorf Station machen, berichtet er mir mit berechtigtem Stolz.

Das kostbare Wasser, für das die Bewohner von Raj-Samadhiyala so hart gearbeitet haben, wird umsichtig verwendet. Schwarze Kunststoffrohre verlaufen entlang der Pflanzreihen; aus ihnen tröpfelt gerade genug Wasser an jede Pflanze, die es sofort über ihre Wurzeln aufnimmt. Diese Tröpfchenbewässerung steigert die Erträge, mindert den Arbeitsaufwand, spart Wasser und verhindert ein Versalzen des Erdbodens. In Raj-Samadhiyala haben die so herbeigeführten reichen Ernten, von Getreide und Gemüse bis hin zu Marktfrüchten wie Baumwolle, sozialen und materiellen Wohlstand entstehen lassen. Trotz herrschender Dürre verdienen die Bauern hier bis zu hundertmal mehr als die Bauern in den umliegenden Dörfern, und sie können dreimal im Jahr ernten. Jedes Haus hat einen eigenen Regenwasserspeicher, eine zuverlässige Trinkwasserversorgung und eine Toilette, die auch „benutzt werden muss". Auf das Wegwerfen von Müll oder Ausspucken steht eine Geldstrafe von 50 Rupien, und auch Mädchen müssen zur Schule geschickt werden. Es gibt keinerlei Kriminalität, so Jadeja, „und die Migration erfolgt in Richtung auf unser Dorf" – auf einer Warteliste stehen schon Familien, die ins Dorf ziehen wollen.

Ich besuche Gulab Givi in seinem schönen zweistöckigen Haus. Im Garten und über der Terrasse blühen Bougainvilleen. Givi, Angehöriger einer indischen „Bettlerkaste", verbrachte seine Tage so, wie es seine Kaste vorgab, bis der Dorfrat einschritt. Heute besitzt er einen Laden und Land (angeschafft mit Krediten, die „ganz und gar zurückgezahlt sind", wie er mir stolz erzählt). Noch beeindruckender ist die positive

Entwicklung im Leben des ärmsten Dorfbewohners, eines „Unberührbaren“, der zuvor die Toiletten im Dorf gereinigt hatte. Heute besitzt er ein anständiges Haus und bekommt ein akzeptables Gehalt als Straßenkehrer.

Auf den tröpfchenbewässerten Feldern mit Bohnen (die die dritte diesjährige Feldfrucht sind) zeigt mir Jadeja, dass er den Speichersee vertiefen lässt, um die Oberfläche und somit Wasserverluste durch Verdunstung zu verringern. „Wir müssen die Drainage der Felder verbessern – ich experimentiere gerade mit verschiedenen Bodentypen –, denn in den letzten fünf Jahren kam der Regen in zu großer Menge und zu früh, sodass die Pflanzen noch vor der Ernte auf dem Feld verrotteten“, erklärt er mir. Ich bin sicher, dass Jadeja auch diese Herausforderung meistern wird.

Jadeja ist, wie Mahabir Pun und Chewang Norphel, eine visionäre und charismatische Führungspersönlichkeit und hat als solche die Lage seines Heimatdorfes dramatisch verbessert. Während die Regierung des Bundesstaates Gujarat mitten in der Wüste das geradezu lächerlich unpassende Projekt „Indus Oasis“ plant, einen Kasino- und Showkomplex nach dem Vorbild von Las Vegas, komplett mit künstlichem See, Wellenmaschine und künstlichem Strand für Wassersport, arbeitet Jadeja still und leise daran, seinen Erfolg beim nachhaltigen Wassermanagement in anderen trockenen Dörfern der Region zu wiederholen, wo die Bewohner Hunger leiden. Raj-Samadhiyala ist derweil so erfolgreich, dass es über die reine Landwirtschaft hinaus gerade die erste Fahrradfabrik des Bundesstaates gegründet hat.

Auf der Rückfahrt in die Stadt, die mich an braunen, öden Feldern vorbeiführt, frage ich mich, warum nicht andere Dörfer ähnliche Erfolge haben. „Sie sind nicht intelligent genug“, hatte Jadeja gesagt. Mich beschäftigt allerdings mehr seine Bemerkung, dass sich seit dem Erfolg des Projekts kein einziger Minister der indischen Regierung hat blicken lassen. Dennoch müssen Projektpläne wie dieser in koordinierter Weise wiederholt werden, wenn wir die zehn Milliarden Menschen des Anthropozäns ernähren wollen. Die „Grüne Revolution“ in der Landwirtschaft, die mit Bewässerung und Kunstdüngern die Ernten in ganz Asien kräftig wachsen ließ und Millionen Hungernden wieder Nahrung verschaffte, beruhte auf einem umfangreichen Verbrauch von Wasser. Und dieser ist seither stetig angestiegen, zusammen mit seinem Einsatz in der Industrie. Die heutige Herausforderung besteht darin, diesen Erfolg zu wiederholen, jedoch auf nachhaltige Art. In einer immer wasserärmeren Welt muss die Landwirtschaft größere Wasservorräte anlegen und weniger davon verbrauchen, beispielsweise durch Methoden wie die Tröpfchenbewässerung.

Etwa 69 Prozent von Indien werden inzwischen als trocken eingestuft (25 Prozent sind Wüsten) – schlechte Aussichten für ein Land, das vor allem von der Landwirtschaft lebt. Dieses Muster wiederholt sich in der ganzen Welt, von China über Afrika bis hin nach Südamerika. In Nordchina etwa mussten 24 000 Dörfer verlassen werden, weil sie in Sanddünen verschwinden, und Nigeria verliert jedes Jahr 350 000 Hektar Ackerland an die Wüste.[5]

Wenn Seen und Flüsse trockenfallen oder zu verschmutzt sind, um daraus Wasser zu beziehen, und darüber hinaus nur unregelmäßig Regen fällt, greifen Bauern auf Grundwasserleiter zurück. Diese liefern heute zwei Drittel des Wassers, das der Bewässerung von Feldern dient. Manche dieser Aquifere werden durch unterirdische Flüsse oder einsickerndes Regenwasser während des Monsuns wieder befüllt, doch andere enthalten „fossiles Grundwasser", das über Jahrtausende oder gar Jahrmillionen zwischen Gesteinsschichten eingeschlossen war. Fossiles Wasser wird nicht ersetzt; wenn es weg ist, ist es weg. In Indien liegt der Anteil fossilen Wassers bei der Bewässerung mit 68 Kubikkilometern pro Jahr weltweit an der Spitze und auf so hohem Niveau, dass internationale Experten vor einem Zusammenbruch der indischen Landwirtschaft und neuen Hungersnöten warnen.

Dieser Mangel geht größtenteils auf ein miserables Wassermanagement zurück. Es fehlt an Reservoirs und anderen Speichern, und gebrauchtes Wasser wird praktisch nie wiederaufbereitet. Mehr als 700 Millionen Inder verfügen über keinerlei sanitäre Einrichtungen (die Hälfte der Inder verrichtet ihr „großes Geschäft" im Freien, sodass der Minister für ländliche Entwicklung sein Land 2012 als „die größte Freilufttoilette der Welt" bezeichnete), ungeklärte Abwässer und andere Abfälle landen direkt in Flüssen und Kanälen, und das bisschen Wasser in den Leitungen wird von verzweifelten Menschen ohne rechtmäßigen Anschluss angezapft. Außerdem haben die Wasserleitungen zahlreiche Lecks. Indien hat es zwar geschafft, eine Rakete in Richtung Mond abzuschießen, aber es ist außerstande, auch nur die Angehörigen der Mittelklasse in einer hypermodernen Stadt wie Delhi mit Wasser aus der Leitung zu versorgen. Meist gelingt dies nur für einige Stunden am Tag, und selbst dann ist das Wasser häufig kontaminiert. In der Stadt Rajkot (1,6 Millionen Einwohner), der Raj-Samadhiyala am nächsten gelegenen Stadt, gelingt es den Behörden nur für 20 Minuten am Tag, Wasser durch die Leitungen zu schicken. Die Menschen warten stundenlang mit Eimern vor privaten LKW, die überteuertes Wasser von zweifelhafter Qualität verkaufen. Anderenorts gibt es Rammbrunnen, die entweder von der ganzen Gemeinde genutzt werden oder auf privatem Grund stehen; in letzterem Fall muss vermutlich wieder für das Wasser gezahlt werden.

Die Entwicklung billiger, mit Diesel oder Strom betriebener Pumpen führte in Kombination mit geringen Energiekosten dazu, dass das Abpumpen von Grundwasser in den letzten 25 Jahren explosionsartig zugenommen hat. Jedes Jahr entstehen mehr als eine Million neue Rammbrunnen im Land. Ein Sechstel des Energieverbrauchs von Indien geht auf das Konto von Bewässerungspumpen, was besonders in ländlichen Regionen zu regelmäßigen Stromausfällen führt. Die Bauern müssen mit immer stärkeren Pumpen in immer größere Tiefen gehen. In der Folge ist vielerorts, besonders im tief liegenden Gujarat, der Grundwasserspiegel rasant unter den Meeresspiegel abgesunken. Dadurch konnte Salzwasser in die Grundwasserleiter eindringen und Brunnen verunreinigen. Der Staat hat sogar ein Programm ins Leben gerufen, das Bauern in andere Branchen mit besseren Zukunftsaussichten bringen soll, etwa die Salzgewinnung.

Doch Gujarat verfügt, wie andere trockene Bundesstaaten Indiens, über eine lange Tradition des Sammelns und Speicherns von kostbarem Regenwasser als Trinkwasser oder zur Bewässerung. Ich habe in Ahmedabad, Rajasthan und Maharashtra mehrere dieser unterirdischen *tankas* besichtigt – aus Stein gebaute, mit Kalkputz wasserdicht gemachte Zisternen, in die das Regenwasser vom Dach fließt. Das Jahrtausende alte *Tanka*-System umfasst auch gemeinschaftliche Wasserspeicher, wie die tiefen Stufenbrunnen in der Thar-Wüste oder die Tempelteiche. Nicht nur in Gujarat verboten die britischen Kolonialherren die Benutzung privater *tankas* und ordneten deren Verfüllung an, weil sie befürchteten, dass sich darin Rebellen verstecken könnten. An den meisten Orten wurde das alte System dann nicht wiederhergestellt, Kanäle wurden verschlossen, Tiere konnten sie verunreinigen, und bei neuen Gebäuden sind Regenwasserzisternen nicht mehr vorgesehen. Seit einigen Jahren jedoch hat man die alte Praxis wiederbelebt. In manchen Dörfern werden die alten Wasserspeicher freigelegt und repariert. Und die jüngere Generation stellt sich der Herausforderung, im 21. Jahrhundert eine nachhaltige Lebensweise zu finden.

In einem Vorort von Bangalore, dem „Silicon Valley" Indiens, besuche ich Vishwanath. Sobald man sein Haus betritt, empfindet man tiefe Ruhe. Der „Zen-Regenmacher", wie er sich selbst nennt, ist Ingenieur von Beruf und kreativer Experimentator von Berufung, auf der Suche nach nachhaltigen Lösungen für das tägliche Leben, die praktisch und für jedermann bezahlbar sind. Sein Haus ist dadurch zu einer Art Labor geworden, in dem er verschiedene Techniken ausprobiert. Er hat es nach der alten Methode gebaut, indem er zunächst die *Tanka*-Zisterne aushob und so das Material für die an der Sonne getrockneten Lehmziegel gewann. Das Haus ist so gebaut, dass es gut von Luft durchströmt ist, seine Ausrichtung berücksichtigt den jeweiligen Stand der Sonne, und an den Außen- und Innenwänden wachsen Rankgewächse. Darum gibt es weder Ventilator noch Klimaanlage, wie sie hier in Mittelschichthäusern sonst üblich sind. Der Energiebedarf der Familie wird durch Photovoltaik- und Solarwärmemodule auf dem Dach gedeckt. Es gibt sogar einen Solarkocher auf dem Dach.

Ebenfalls auf dem Dach befinden sich eine chinesische Öko-Toilette und vier verschiedene Versuchsparzellen, die jeweils ein Habitat (Feuchtgebiet, Grasland, Reisfeld und Gemüsebeet) repräsentieren. Das wild wuchernde Durcheinander aus Grün und Gerätschaften hebt sich stark gegen den blanken Beton der in der Hitze brütenden Flachdächer der Nachbarn ab. Vom ästhetischen Gesichtspunkt einmal abgesehen, hat der Garten mit Aussicht einen wichtigen Zweck – er soll zeigen, dass Stadtbewohner zumindest einen Teil ihrer Nahrung selbst produzieren können. In den nächsten Jahrzehnten wird der Klimawandel vielen Kleinbauern die Existenzgrundlage entziehen, die dann zwangsläufig in den Städten ihr Glück versuchen werden. Klein- und Kleinstbauern werden verdrängt werden, wie es in Industrieländern schon größtenteils geschehen ist. Viele von ihnen werden jedoch in der Stadt weiter kleine Parzellen bepflanzen. Ich habe alle Arten von Gemüse und Obst in den übelsten Ecken beengter Elendsviertel gesehen; sie sind ein wichtiger Beitrag zur Ernährung der armen Bevölkerung. Nach Auskunft des

Worldwatch Institute bauen rund 800 Millionen Menschen in Städten Obst und Gemüse an; damit steuern sie stolze 20 Prozent zur weltweiten Nahrungsproduktion bei. Der Zen-Regenmacher überlegt nun, wie man einen ausschließlich mit Regenwasser bewässerten Dach-Gemüsegarten anlegen kann.

Selbst diese kleine Dachfläche verlangt eine beachtliche Menge an Wasser, doch Vishwanaths Wasserspeicher ist dem gewachsen. Bangalore verfügt wahrscheinlich über die weltweit teuerste Wasserversorgung. Das gesamte Wasser wird aus dem Kaveri in die Stadt hinaufgepumpt; täglich braucht es 80 Megawatt, um mehr als 100 Millionen Liter Wasser zu bewegen. Weitere 80 Megawatt verbrauchen die Stadt und ihre Vororte, um Wasser aus den über 200 000 Bohrungen zu pumpen, die gut 400 Meter tief in fossile Wasservorkommen hinabreichen. Das System wird von der Regierung in einer Form subventioniert, die dazu führt, dass die Ärmsten am Ende am meisten bezahlen müssen – sie bezahlen im Grunde für die Wasserverschwendung der Reichen. Warum? Wasser aus Leitungen und Tiefenbohrungen wird subventioniert, Hausbesitzer mit einem Verbrauch von mehr als 25 000 Litern im Monat erhalten einen Rabatt von 450 Rupien. Die Ärmsten der Armen jedoch können sich kein Leitungswasser und keine Brunnenbohrung leisten; daher greifen sie auf Wassertankwagen von Privatfirmen zurück, die herumfahren und Wasser zum Preis von etwa 3 Rupien pro Liter feilbieten.

In Vishwanaths Haus wird das Regenwasser direkt vom Dach und aus anderen Sammelvorrichtungen an den Wänden und im Garten in sein *tanka* geleitet, das den gesamten Jahresbedarf des Haushalts mehr als deckt. Seit dem Bau seines eigenen Hauses hat er einige weitere Regenwasser-Sammelsysteme für ähnliche Häuser in anderen Mittelschichts-Vorstädten konzipiert und gebaut, aber auch welche für die arme Landbevölkerung, die inzwischen in mehr als 1000 Dörfern stehen. Vishwanaths und Jadejas Beispiele zeigen, dass die älteste Form des sozialen Zusammenlebens, das Dorf, auf relativ einfache und kostengünstige Art grundlegend aufgewertet werden kann. Im ersten Zeitalter mit mehr Stadt- als Dorfbewohnern erlauben solche dörflichen Umgestaltungen den Menschen, die auf dem Land geblieben sind, ihre Möglichkeiten dennoch zu verbessern.

Von Indien nun nach Afrika, wo die Bauern für die Bewässerung ihrer

Felder fast ausschließlich auf Regenwasser angewiesen sind. Nur 10 Prozent des afrikanischen Ackerlandes sind bewässert (meist in Ägypten oder Südafrika), in Indien dagegen sind es 26, in China sogar 44 Prozent. In Afrika südlich der Sahara (Subsahara-Afrika) ist die Bewässerung im Laufe der letzten 30 Jahre sogar noch zurückgegangen, da Systeme aus der Kolonialzeit verfielen. An die Stelle von Rohren, Aquädukten und anderer Infrastruktur treten hier gelbe Plastikkanister. Sie sind in ganz Afrika derart allgegenwärtig, dass man sich kaum vorstellen kann, wie Wasser früher transportiert wurde. Mancherorts sind sie (abgesehen von Mobiltelefonen) das einzige Zugeständnis an die Moderne; in Großstädten wiederum gemahnen sie daran, dass trotz all der schicken Neubauten aus Beton und Glas die grundlegende Wasserversorgung bis heute beklagenswert mangelhaft ist. In Halbwüsten- und Wüstengebieten sieht man oft Frauen, die diese knallgelben Kanister auf dem Kopf balancieren und so teilweise mehr als 40 Kilometer (und das dreimal die Woche) zurücklegen, um Wasser in ihr Dorf zu holen. In solchen Gegenden mit sehr knappem Trinkwasservorkommen leben die Menschen traditionell als nomadische Hirten oder sie betreiben Wanderfeldbau – auf gerade einmal 14 Prozent der Fläche Afrikas geht genug Regen nieder, um echten Ackerbau zu betreiben, und selbst diese Flächen leiden immer wieder unter Dürren. Da aber die Bevölkerungszahlen rasch zunehmen und immer mehr Ackerland zur Wüste wird, versuchen die Bauern, den Ackerbau in Halbwüsten zu verlagern.

In dem Dorf Kyakamese im Norden Ugandas treffe ich Byarindaba Robinah, die auf ihrem Feld sitzt und Erdnüsse erntet – Schwerstarbeit in der glühenden Mittagssonne am Äquator. Ihre ärmellose Bluse ist schweißdurchtränkt, ihr Rock unter ihr auf dem staubigen Boden hochgerutscht. Ihr Blick ist hellwach.

„Wir haben dieses Jahr bislang nur sehr wenig Regen gehabt", sagt sie lächelnd zu mir, während sie unentwegt Erdnüsse von den trockenen Stängeln streift. „In einem guten Jahr kann ich von diesem Acker 20 Säcke ernten, aber dieses Jahr werden es wohl nur drei oder vier."

Jeder Sack Nüsse wird ihr unterm Strich etwa 100 000 Uganda-Schillinge (etwa 28 Euro) einbringen, womöglich sogar nur 80 000 Schillinge, da der Preis in diesem Jahr niedrig ist – eine Ernteeinbuße von mehr als 80 Prozent ist für Robinah finanziell kaum zu stemmen; dennoch lächelt sie und zuckt die Achseln. „Jedes Jahr wird der Regen weniger und unzuverlässiger – wir haben noch nicht einmal mehr richtige Regenzeiten –, aber ich will weiter als Bäuerin arbeiten, solange ich kann. Es ist eine gute Arbeit, Nahrung für andere Menschen zu produzieren", erklärt sie mir.

Robinah ist 35 Jahre alt und noch nicht lange Bäuerin. Sie und ihr Ehemann arbeiteten als Lehrer in Masindi, einer Stadt im Nordwesten Ugandas, doch sie mussten einsehen, dass sie mit ihrem Lohn ihre vier Kinder nicht ernähren konnten. „Lehrer verdienen nur sehr wenig", sagt sie.

Das Paar kaufte sich knapp anderthalb Hektar Land, baute sich ein Haus und begann, Landwirtschaft zu betreiben. Niemandem in Uganda ist die Landwirtschaft wirklich fremd. In einem Land, in dem mehr als 90 Prozent der Bevölkerung in der Landwirtschaft arbeiten, werden die meisten zumindest mit einem eigenen Gemüsegarten groß. Robinahs Eltern waren Pachtbauern gewesen, bis sie starben – ihre Mutter starb noch vor dem 40. Lebensjahr an AIDS, ihr Vater ein Jahr später bei einem Fahrradunfall (die durchschnittliche Lebenserwartung in Uganda beträgt 51 Jahre). Robinah war damit zur Waise geworden, sie hatte kein Geld und musste die Schule abbrechen, um zu arbeiten. Nach ihrer Hochzeit unterstützte ihr Schwiegervater sie dabei, die Lehrerausbildung zu absolvieren, und er lieh dem Paar auch Geld, damit es sich Land kaufen konnte.

Die Fläche des Ackers, auf dem sie sitzt, sollte eigentlich mehr als ausreichend sein, um eine Familie zu ernähren. „Aber das Klima verändert sich", so Robinah. Früher war die Regenzeit kalkulierbar, sodass die Bauern zu festen Zeiten pflanzen und ernten konnten. Doch heute treten Regenzeiten so sporadisch auf, dass niemand sagen kann, ob der Regen wochenlang anhalten oder nach ein paar Tagen wieder aufhören wird – ob man also beim ersten Anzeichen von Regen pflanzen sollte oder abwarten, wie anhaltend er ist, und dabei riskieren, das bisschen Niederschlag ungenutzt zu lassen. Manche Bauern lernen, mit dieser geringen Menge auszukommen, indem sie die Pflanzen auf angehäufelte Wälle oder kleine Hügel setzen; das Regenwasser sickert dann zu den Wurzeln, statt gleich abzulaufen. Kleine Maßnahmen wie diese sind zeitaufwendig, werden aber gerne mit manueller, Tröpfchen- oder Schlauchbewässerung kombiniert.

Robinah hatte anfangs Bananen und Mais angebaut, doch dieses Jahr wechselte sie zu Feldfrüchten wie Maniok, Sorghumhirsen und Erdnüssen, die Trockenheit besser vertragen. Feldfrüchte wie Maniok – eine Knolle aus Südamerika, die in Afrika oft angebaut wird – können darüber entscheiden, ob arme Bauern hungern müssen oder überleben können. Maniok kommt nicht nur mit Trockenheit und nährstoffarmen Böden zurecht, sondern gedeiht bei heißen Temperaturen sogar besonders gut. Daher rechnen Fachleute aufgrund des Klimawandels bis 2030 mit einem Anstieg der Maniokerträge um zehn Prozent.[6]

Wie es denn mit der Bodenverbesserung durch Dünger stehe, will ich von ihr wissen. „Ich habe noch nie Kunstdünger benutzt, er ist einfach zu teuer“, erklärt sie mir. Auch der Arbeitsaufwand ist ein Problem – sie besitzt keinen Ochsen, daher muss der Acker von Hand gepflügt und abgeerntet werden. „Man findet kaum Helfer, und wenn, dann kann man sie kaum bezahlen“, sagt sie. „Und weil ich so lange für die Ernte brauche, kommen Tiere aufs Feld und fressen meine Ernte oder zertrampeln sie.“

Robinah kauft ihr Saatgut auf dem örtlichen Markt. Sie weiß, dass es im Fachhandel besseres Saatgut gibt, doch auch viel minderwertiges „nachgemachtes“ Saatgut, und gutes kostet ohnehin viermal so viel. Wollte Robinah ihre Ernte verbessern, müsste sie Geld für Saatgut, Dünger und Schädlingsbekämpfungsmittel ausgeben – Geld, das sie nicht hat. Die zunehmend unvorhersehbaren Regenfälle machen das Ganze überdies zu einem Glücksspiel.

Robinah geht es finanziell verhältnismäßig gut, und selbst sie kann sich all das nicht leisten. In der Woche zuvor haben die Stanbic Bank Uganda, die Alliance for a Green Revolution in Africa und der Kilimo Trust eine Summe von 25 Millionen US-Dollar für Kredite an Kleinbauern zugesagt. Ich frage Robinah, ob sie einen solchen Kredit beantragen würde, und sie zuckt mit den Schultern: „Das müsste mein Mann entscheiden.“ In Uganda dürfen Frauen weder Land noch sonstiges Eigentum besitzen, obwohl sie 75 Prozent der Arbeit leisten.

Im Anthropozän spielen Frauen die Schlüsselrolle, wenn es um die Verbesserung von Ackerland in den Entwicklungsländern geht. Sie stellen weltweit mehr als die Hälfte der Arbeitskraft in der Landwirtschaft, doch ihr Einfluss wird durch sexistische Politik und kulturelle Tradition ausgebremst – so besitzen sie beispielsweise nur 1 Prozent der Landfläche. Hätten Bäuerinnen gleichberechtigten Zugang zu Geldmitteln, Ausbildung und anderen Ressourcen, könnten sie ihre Erträge um bis zu 30

Prozent steigern und die Unterernährung könnte um 17 Prozent zurückgehen, so die Einschätzung bei einer Analyse von 2011.[7]

Robinahs Acker würde, wie so viele in der Region, enorm von einer Bewässerung profitieren. Im Gegensatz zu manch anderen sehr trockenen Gebieten, die auf Reservoirs oder Regenwasserzisternen angewiesen sind, befindet sich hier in wenigen Metern Tiefe ein reiches Grundwasservorkommen. Doch bis vor wenigen Monaten war selbst die Trinkwasserversorgung äußerst problematisch. Robinah zeigt mir einen trüben Teich mit stinkendem Wasser, nicht mehr als zwei Meter im Durchmesser, aus dem die Menschen bis dahin ihr Trinkwasser bezogen und in dem sie gewaschen hatten – und den sie sich mit dem Vieh teilen mussten. Früher in diesem Jahr hatten die Dorfbewohner den Busoga Trust, eine britische nichtstaatliche Organisation (NGO), um Unterstützung beim Bau eines gegrabenen Brunnens mit Pumpe ersucht. Die Dorfleute leisteten die Arbeit, bezahlten die Mauersteine und das Füllmaterial, der Busoga Trust steuerte die Pumpe, Zement und technische Unterstützung bei. Binnen drei Wochen war die Pumpe betriebsbereit. Die Haut-, Durchfall- und Magenerkrankungen, unter denen die Dorfbewohner wegen des verschmutzten Trinkwassers gelitten hatten, verschwanden innerhalb von zwei Wochen. Auch die Zahl der Malariafälle ist rapide zurückgegangen, weil niemand mehr den offenen Teich zum Wasserholen und Waschen benutzt.

Im Gegensatz zu vielen in Uganda aktiven NGOs imitiert der Busoga Trust nicht einfach andere Organisationen und Stiftungen – er leistet beeindruckende Arbeit, die das Leben der Menschen praktisch sofort verbessert. Ned Morgan ist der Koordinator des Trusts, ein ernster 26-Jähriger aus Boston, der mit seinen blonden Haaren und Sommersprossen nicht gerade prädestiniert für stundenlange Touren durch das ländliche Afrika erscheint. Mit ihm habe ich fünf verschiedene Dörfer besucht, und in jedem wurde der leicht errötende Ned wie eine Art pumpenspendender Wassergott begrüßt.

Die Unzahl der NGOs, die afrikanischen Dörfern zu sauberem Trinkwasser verhelfen, machen bereits vor, wie das Bewässerungsproblem zu lösen ist, nämlich Dorf für Dorf. Große Kanalbau- und Stauprojekte mögen in Ländern wie Indien gut funktionieren, doch für viele afrikanische Regierungen sind diese einfach unbezahlbar. Stattdessen konnten kleine Projekte, die das Sammeln und Speichern von Wasser in einzelnen Haushalten oder Dörfern ermöglicht haben, sofortige Ergebnisse liefern. Wo der Grundwasserspiegel hoch genug ist, helfen schon flache, von Hand gegrabene Brunnen, wenn Dörfer keine Bohrgerätschaften bekommen können. Das Ganze ist jedoch mühselig, denn da die Pumpen nicht für den Einsatz in der Landwirtschaft konzipiert sind, müssen die Dorfbewohner ihre Äcker von Hand mit Eimern bewässern. Natürlich sollte die ugandische Regierung für die Trinkwasserversorgung ihrer Bevölkerung sorgen, keine NGOs. Mancherorts installiert sie auch tatsächlich Handpumpen, doch diese in China hergestellten Modelle von der Regierung werden allzu oft von Kriminellen abgebaut und als Altmetall verkauft.

Ich fahre im Regen durch Kampala, um mich mit Ambrose Agona zu treffen, dem Leiter der ugandischen National Agricultural Research Organisation. Er ist so riesenhaft, dass sein Büro wie mit Puppenmöbeln eingerichtet wirkt, doch sein Lächeln ist so breit, wie seine Hände groß sind. Wir unterhalten uns darüber, welchen Herausforderungen die Kleinbauern Ugandas gegenüberstehen, besonders im Norden des Landes. Einmal muss ich mich zu ihm hinüberlehnen, weil ich seine Worte bei dem aufs Dach prasselnden Regen sonst nicht verstehen könnte. Er sagt: „Es ist so furchtbar trocken da oben."

Im Großteil des Landes gibt es zwei Regenzeiten pro Jahr, die erste von März bis Juni und die zweite von August bis November. Dieses Jahr ist die erste Regenzeit in der ganzen Region ausgefallen, sodass die Menschen selbst in normalerweise feuchten Gegenden Hunger leiden mussten – etwa im Distrikt Jinja nahe der Stelle, wo der Weiße Nil den Victoriasee verlässt. Die Dürre traf den Norden und den Osten – die Grenzgebiete zum Sudan und zu Kenia – besonders schwer; dort hat es seit vier Jahren kaum noch geregnet, sodass sowohl Menschen als auch Vieh verhungerten. „Die Regenzeiten waren früher so vorhersehbar, dass die Bauern ihre Saat vor deren Beginn ausbrachten; so sehr vertrauten sie darauf, dass Wasser kommt", so Agona. „Heute herrscht in manchen Teilen Ugandas seit fünf Jahren Hunger." Die Lebensmittelpreise in Uganda, dem einstigen „Brotkorb" Ostafrikas, sind heute so astronomisch hoch, dass selbst Grundnahrungsmittel wie Bohnen oder Zucker für viele unerschwinglich sind.

Ostafrika trocknet seit etwa 15 Jahren immer weiter aus. Die Dürren werden zerstörerischer und häufiger, die Regenfälle kürzer und unvorhersehbarer, genau wie es die führenden Klimamodelle für die Region prophezeit haben. Man geht davon aus, dass Afrika vom Klimawandel am stärksten betroffen sein und immer schlimmere Dürren erleben wird, die die verfügbare Menge an Nahrungsmitteln unmittelbar schrumpfen lassen. Ob man es nun für relevant hält oder nicht – die meisten, mit denen ich geredet habe, tun es –, möchte ich doch erwähnen, dass die Afrikaner am allerwenigsten zum Klimawandel beigetragen haben. Sie leben auf dem einzigen Kontinent (außer Antarktika), der bis heute kaum industrialisiert ist. In vielen Regionen ist der Stand der Industrialisierung seit den 1980er-Jahren sogar noch zurückgegangen.

Im Anthropozän werden Todesfälle durch den Klimawandel nicht (oder nur in sehr geringer Zahl) unmittelbar auf das Wetter zurückgehen, sondern vielmehr auf das fatale Zusammenwirken von Klimawandel und einer ganzen Reihe anderer Negativereignisse: Naturkatastrophen wie Heuschreckenplagen, verfälschtes Saatgut, eine geringe Produktivität aufgrund schlechter Gesundheitsverhältnisse, schwache Regierungen und Korruption (durch die beispielsweise ein Großteil des für die Landwirtschaft vorgesehenen Geldes verschwindet), soziale Ungerechtigkeit und Geschlechterungleichheit, schlechte Infrastruktur sowie Handelsgesetze und Schutzabkommen zugunsten reicher Länder.

Im 18. Jahrhundert stahlen die westlichen Länder die Menschen Afrikas durch den Sklavenhandel. Im 19. und 20. Jahrhundert stahlen die westlichen Länder die Ressourcen Afrikas durch Kolonisation und unfairen Handel. Und im 21. Jahrhundert stehlen die westlichen Länder das Wasser Afrikas, weil aufgrund des Klimawandels weniger Regen fällt und mehr Feuchtigkeit verdunstet, aber auch durch den direkten Griff nach Land in den fruchtbarsten, wasserreichsten Gebieten.

Ausländische Konzerne und Regierungen kaufen in armen Ländern große Flächen fruchtbaren Landes, um dort Nahrungsmittel und Energiepflanzen für den Export anzubauen. Die Investoren werden von den Regierungen, die entweder korrupt sind oder auf Unterstützung zur Entwicklung der landeseigenen Landwirtschaft hoffen, meist mit Wasserzugang, Steuerbegünstigungen und Infrastrukturprogrammen hofiert. Doch ausländische Land-Investoren sind selten langfristig aktiv, die meisten verkaufen innerhalb von fünf Jahren wieder. Sie sind nicht an Nachhaltigkeit interessiert, und ihre mechanisierte, in riesigen Dimensionen erfolgende Bearbeitung kann Böden, Artenvielfalt, Wasserqualität und Wälder einer Region innerhalb von Monaten zerstören, sodass der Lebensunterhalt von Milliarden von Kleinbauern bedroht ist. Investoren verlangen oftmals, dass die auf dem von ihnen gekauften Land wohnenden Menschen umgesiedelt werden, oder sie kaufen „unbesetzte" staatliche oder Gemeindeflächen. Es gibt jedoch nirgendwo auf unserem Planeten wirklich unbesetztes Land, zumindest kein fruchtbares. Diese Landflächen sind lebenswichtig als Acker- und Weideland oder als Jagd- und Sammelrevier für die Ärmsten der Armen, die aber keine rechtlichen Ansprüche darauf haben und daher der Willkür der Regierungen ausgesetzt sind.

Der Handel mit landwirtschaftlichen Erzeugnissen hat seit 2005 extrem zugenommen (allein bis 2008 hatte er sich bereits verzwanzigfacht), wobei 98 Prozent rein profitorientierte Terminkontrakte ausmachen und nicht den Handel mit den tatsächlichen Waren.[8] Das hat die Lebensmittelpreise in die Höhe schießen lassen. Verschärft wurde das Ganze noch durch wetterbedingte Ernteausfälle; hier besteht ein Zusammenhang mit Aufständen aufgrund von Nahrungsmangel in vielen Ländern sowie mit den blutigen Unruhen des Arabischen Frühlings. Für die Armen dieser Welt, die 70 Prozent ihres Geldes für Nahrung ausgeben, können selbst kleine Preissteigerungen lebensbedrohlich sein. Mehr als 44 Millionen Menschen wurden allein 2010/2011 durch steigende Nahrungsmittelpreise in extreme Armut getrieben – und jeder Anstieg der Nahrungsmittelpreise um 1 Prozent lässt weitere 16 Millionen Menschen hungern.[9]

Ein Hauptgrund für die Amtsenthebung des madagassischen Präsidenten Marc Ravalomanana im März 2009 war der auf 99 Jahre angelegte Pachtvertrag mit dem südkoreanischen Konzern Daewoo, dem er zugestimmt hatte und durch den mehr als 1,3 Millionen Hektar besten Ackerlandes in fremde Hände gegangen wären. Der Konzern hatte vorgehabt, mit südafrikanischen Arbeitskräften 5 Millionen Tonnen Mais pro Jahr anzubauen und nach Südkorea zu exportieren, um dem flächenarmen Staat Nahrungsmittelsicherheit zu verschaffen. Da zwei Drittel der Madagassen in Armut leben und mehr als 500 000 auf internationale Nahrungshilfen angewiesen sind, wurde der Handel durch den neuen Präsidenten Andry Rajoelina schnellstens wieder aufgehoben.

Da nur wenig Land zur Verfügung steht und viele Mäuler zu stopfen sind, sehen viele die beste Lösung darin, das Ackerland der Welt großen

Konzernen für die intensive, technisch hochgerüstete Bearbeitung zu überlassen. Ich würde davon abraten. Die bessere Lösung für das hungrige, überbevölkerte Anthropozän besteht darin, örtlichen Bauern zu mehr Produktivität zu verhelfen und Produkte von ihnen zu kaufen.

Ich reise in das Dorf Ologara im Kumi-Distrikt im Osten Ugandas. Dort will ich mich mit einer Frau treffen, die das Schicksal ihrer Familie auf genau diese Weise gewendet hat.

„Die Landwirtschaft ist ein sehr edler Berufszweig. Sie ist das Rückgrat unseres Landes." Winifred Omoding unterbricht das Unkrautjäten und richtet sich auf, um ihre Aussage zu bekräftigen. Aufrecht stehend ist sie kaum größer als die Sonnenblumen, die um sie herum kräftig blühen.

Sie mag körperlich klein sein, doch sie hat Großes erreicht. Während fast 80 Prozent der Menschen in der Region auf Lebensmittelspenden angewiesen sind, um zu überleben, und die Äcker ihrer Nachbarn jämmerlich braun und mit verschrumpelten Mais- und Sorghumpflanzen auf halbhohen Stängeln bedeckt sind, tragen die Felder von Winifred ein geradezu unverschämtes Grün. Ihre Sonnenblumen, Sesam- und Maniokpflanzen gedeihen zwischen all den Kakteen und dem Staub, die ihr kleines Dorf mit seinen 500 Einwohnern umgeben.

All dies ist das Ergebnis jahrelanger harter Arbeit. Noch vor wenigen Jahren stand ihre Familie nach dem Ende des Bürgerkriegs traumatisiert da, ihre Ernte misslang und sie konnte kaum ihre Angehörigen ernähren. Heute produziert die 41-jährige Bäuerin nicht nur genügend Nahrung für ihren Ehemann und ihre neun Kinder, sondern macht durch den Verkauf des Überschusses auch einen guten Gewinn. Winifred hat noch viel Arbeit vor sich, bis ihr Land seine volle Ergiebigkeit erreicht, aber dieser Herausforderung stellt sie sich sehr gern. „Ich finde es sehr schön, als Bäuerin zu arbeiten", lächelt sie. „Schon wenn ich einfach mit jemandem zusammensitze und mich über Landwirtschaft unterhalte, bin ich sehr glücklich."

Allerdings war dies nicht ihr ursprünglicher Berufswunsch. Wie die meisten Landwirte in den Entwicklungsländern kam Winifred aus Verzweiflung zum Ackerbau, da sie keine andere Qualifikation hatte. Ihre Eltern waren beide Lehrer, und Winifred hoffte, es ihnen nachzutun. Doch die Jahre des bewaffneten Konflikts machten das unmöglich. Es ist eine Geschichte, wie sie sich in diesem Teil der Welt unzählige Male zugetragen hat – jedes Land in Subsahara-Afrika (außer Botswana) wurde in den letzten drei Jahrzehnten in seiner Entwicklung durch regionale oder nationale Konflikte stark gehemmt. Die ugandische Stadt Soroti und ihre Umgebung, darunter auch das Dorf Ologara, in dem Winifreds Familie immer noch lebt, litten Ende der 1980er-Jahre nach der Wahl von Präsident Yoweri Museveni unter mehreren Aufständen. Schwer bewaffnete Rebellengruppen, darunter die brutale Lord's Resistance Army (LRA), machten die wohlhabende Region mit ihrer gebildeten Bevölkerung, aufstrebenden Baumwollindustrie und -produktion nur mehr zu einem Kriegsgebiet.

Ein großer Teil der Bevölkerung floh in hastig eingerichtete „Sicherheitscamps" für Binnenflüchtlinge. „Die Lager waren schnell voll, es gab dort keinen Platz mehr für uns, also blieben wir in unserem Dorf", erklärt mir Winifred. Die Daheimgebliebenen, darunter auch ihre Familie, waren immer wieder der Gewalt durch die LRA ausgesetzt, bewaffneten Viehdiebstählen durch Stammesgruppen von Hirten, die sich das Fehlen von Recht und Ordnung zunutze machten, sowie Menschenrechtsverletzungen durch Regierungssoldaten, die sie eigentlich beschützen sollten.

„Es war eine sehr, sehr schlimme Zeit. Wann immer wir Schüsse hörten, ließen wir alles stehen und liegen und rannten in den Busch, um uns zu verstecken", erinnert sie sich. „Die Rebellen töteten meine ältere Schwester, die zwei kleine Kinder hatte. Ich besuchte die Schule, aber dann töteten sie unseren Vater, und meine Mutter konnte es sich nicht mehr leisten, uns alle zur Schule gehen zu lassen. Bildung war meinen Eltern sehr wichtig; daher war es für sie sehr schwer, dass wir alle die Schule auf diese Weise verlassen mussten. Aber die Rebellen hatten unser Haus niedergebrannt, unsere sieben Kühe, Ziegen und Schafe mitgenommen, unsere Ernte zerstört und auch unseren Maniok herausgerissen. Wir hatten nichts mehr."

Es lässt sich kaum ermessen, wie sehr der Konflikt die Landwirtschaft in dieser Region zurückgeworfen hat. Allmählich kehren die Menschen in ihre Dörfer zurück – obwohl der Entwaffnungsprozess noch nicht abgeschlossen ist und Spannungen zwischen Stammesgruppen in anderen Landesteilen noch immer ein Problem sind. Manche haben jedoch jahrzehntelang fernab ihrer Farmen gelebt, sodass sie verlernt haben, wie man das Land bewirtschaftet. So können sie auch kein Fachwissen an die nächste Generation weitergeben. Und selbst diejenigen, die geblieben sind, konnten ihr Land oft nicht nutzen, sodass es von Unkraut überwuchert ist. Sämtliche Industrie ist während des Konflikts abgewandert oder verschwunden, auch die Baumwollfabrikation, die früher vielen ein Einkommen verschaffte. Und da alle Haustiere verschwunden sind, gibt es keine Ochsen, die den Pflug ziehen und Mist produzieren, mit dem sich die Felder düngen ließen.

Winifred bewarb sich bei der Polizei, doch sie wurde abgelehnt, weil sie die Schule nicht abgeschlossen hatte. Mit 18 heiratete sie Ephrem Omoding, 27, der die Schule früh verlassen hatte, um als Soldat gegen die Rebellen zu kämpfen. Ungefähr zu dieser Zeit starb Ephrems Vater: „Er wurde verzaubert und dann vergiftet", erzählt Winifred in sachlichem Tonfall. Mit dem verfrühten Tod ihres Schwiegervaters erbte das junge Paar acht Morgen Land.

Winifred und Ephrem bauten ein einfaches Haus aus Hölzern, die mit Lehm verschmiert sind, mit einem Strohdach und nur einem Raum als Zuhause für ihre wachsende Familie. Und sie machten sich an die mühsame Arbeit, Nahrung zu produzieren.

Das Erbe war für Winifred ein Glücksfall – die meisten Bauern in Uganda besitzen nur kleine Flächen von ungefähr einem Morgen Land. Über 90 Prozent der Ugander bauen selbst nebenher etwas an, um ihren Speiseplan – und manchmal ihr Einkommen – aufzubessern. Rund 85 Prozent aller Farmen auf der Welt, die zusammen die Hälfte des Getreides und mehr als die Hälfte aller Kalorien produzieren, sind kleiner als fünf Hektar.[10] Und diese Flächen werden immer kleiner, denn die Bevölkerung wächst, und das Land wird im Laufe der Generationen unter den männlichen Nachkommen in immer kleinere Parzellen aufgeteilt. Die Tätigkeit als Kleinbauer ist oft elementar und aufwendig, doch genauso ernähren sich die meisten Menschen in den ländlichen Gebieten; es ist Teil ihrer Identität. Effiziente Monokulturen im großen Maßstab sind für Afrika nur in den wenigsten Fällen geeignet – teils wegen ihrer Artenarmut (unter anderem fehlen Bestäuber) und teils deshalb, weil es angesichts des Klimawandels zu riskant wäre, alles auf eine Karte, sprich: eine Feldfrucht zu setzen. Weit sicherer und nachhaltiger ist es, eine Vielfalt an Nahrung zu produzieren und dabei auch örtliche, einheimische Gemüsearten zu integrieren, die selbst dann überdauern und der Familie Nahrung liefern, wenn die

Hauptfrucht durch Krankheit, Überschwemmung oder Dürre zerstört wurde.

Das Dorf Ologara liegt in einer semiariden (Halbwüsten-) Region, was bedeutet, dass dort weniger als 800 Millimeter Regen im Jahr fallen. Sukkulenten und kleine Büsche bilden die natürliche Vegetation. Durch Rodungen wurde die Bodenschicht dünn und lose; bei stärkerem Wind verdunkeln Staubstürme den Himmel. Die Menschen hier können es sich nicht leisten, ihre Felder auch nur eine Saison lang brach liegen zu lassen – sie praktizieren die Fruchtfolge, doch diese ist nicht sehr effektiv, und die Böden sind ausgelaugt und nährstoffarm. Das macht die Felder anfällig, etwa für den Befall mit Pflanzen der Gattung Striga, die beispielsweise auf Sorghumhirsen parasitieren. In Afrika können es sich die meisten Kleinbauern nicht leisten, die durch jede Erntesaison entnommenen Nährstoffe und Mineralien zu ersetzen. Darum sind drei Viertel des Ackerlandes mittlerweile degradiert, und die Ernten in Subsahara-Afrika gehen alljährlich um 15 bis 25 Prozent zurück.[11] Schon heute lässt sich in den meisten Teilen Afrikas von einem Hektar Land nur noch etwa 1 Tonne Getreide ernten; in Südasien sind es dagegen 2,5, in Ostasien sogar 4,5 Tonnen. Afrikanische Bauern waren daher gezwungen, ihre Ackerfläche durch Brandrodungen auszudehnen, was wiederum zur Zerstörung von Ökosystemen, verringerter Fähigkeit des Bodens zur Wasserspeicherung und Erosion führte.

Überall auf der Welt geht Erdboden verloren – Jahr für Jahr sind es etwa 75 Milliarden Tonnen, mehr als 100 000 Quadratkilometer kultivierbaren Landes.[12] Rund 80 Prozent des weltweiten Ackerlandes ist heute relativ oder extrem minderwertig, und in den letzten 40 Jahren wurde ein Drittel der Flächen aufgegeben.[13] In Europa geht der Boden 17-mal schneller verloren, als er auf natürlichem Wege ersetzt werden kann, in China 57-mal schneller. Jedes Jahr wird mehr Land durch den Bau von Gebäuden und Straßen versiegelt. Und da sich Städte meist aus Siedlungen entwickelt haben, die einst in den fruchtbarsten Gebieten entstanden, thronen heute riesige Städte auf einigen der besten Böden, die es gibt. Bodenerosion hat in der Vergangenheit ganze Reiche untergehen lassen und stellt im Anthropozän ein riesiges Problem dar. Zwar braucht man nicht unbedingt Erdboden, um Nahrungspflanzen anzubauen – ich habe Gemüse gesehen, das in Bangladesch auf Flößen aus Wasserpflanzen angebaut wurde, in Australien auf nährstoffreichen Membranen und in Spanien in Plastiksäcken –, doch selbst wenn wir ohne Erdboden genügend Nahrung produzieren könnten, wäre es doch unmöglich, die zahlreichen Funktionen für das Ökosystem auszugleichen, die der Boden erfüllt, vom Wasserhaushalt über den Ausgleich von Umweltverschmutzung bis hin zum Halt, den er Bäumen und Häusern bietet.

Nicht nur in Ologara, sondern überall auf der Welt sind es vor allem Rodungen, die den Verlust von Boden beschleunigen – sobald Buschwerk und Gräser entfernt sind, gibt es keine Wurzeln mehr, die Erdboden, Nährstoffe und Wasser festhalten. Eine Trockenphase kann die Erde in Staub verwandeln, der leicht vom Wind fortgetragen wird, sodass Äcker zu Wüsten werden. Folgen dann starke Regenfälle, wie es nach der Trockenzeit in den Tropen regelmäßig der Fall ist, wird noch mehr Erdboden bei Überschwemmungen abgetragen, es kann zu Erdrutschen kommen und Sediment wird in stromabwärts gelegene Wasserläufe gespült. Die Bauern wirken dem entgegen, indem sie Bäume und Büsche pflanzen, die den Boden feucht halten, den Wind brechen und Regenwasser langsamer abfließen lassen. In Westafrika haben solche Bepflanzungsprogramme die Bodenfruchtbarkeit enorm verbessert. In Indonesien habe ich gesehen, wie Bauern Vetiver, ein tief wurzelndes, ursprünglich aus Indien stammendes Gras, anpflanzten, um ihre Böden vor Erosion zu schützen. Die Pflanze reduziert zudem den Eintrag von Unkräutern und Schädlingen, bildet ein Öl, das sich vermarkten lässt, und kann als Tierfutter dienen.

Das Wiederverwerten organischer Materie ist der einfachste und kostengünstigste Weg, den Boden anzureichern, und an vielen Orten der Welt ist Viehdung der einzig verfügbare Dünger. Doch er wird immer knapper, denn um die wenigen Bäume und Büsche in der Nähe ihrer Felder zu schonen, nutzen ihn Bauern oft als Brennstoff zum Kochen. In Indien sah ich einmal, wie eine Lösung dieses Problems aussehen könnte: Man speiste mit dem Dung eine Biogasanlage, also einen Behälter, in dem Bakterien organische Abfälle vergären. Das von den Bakterien produzierte Methan diente zum Befeuern der Kochstellen, und der Gärrest wurde als Dünger auf die Felder ausgebracht.

Winifred hatte jedoch keine Tiere, die Dünger produzierten oder Arbeit für sie verrichteten. „Unser Boden war so schlecht, dass wir am Anfang ein paar Männer aus dem Dorf holen und sozusagen vor den Pflug spannen mussten; auf diese Weise haben wir unseren Acker am Anfang mit Menschenkraft umgebrochen", berichtet sie. „Es war furchtbar. In den 90er-Jahren hungerten viele Menschen, und viele Kinder starben."

Sie pflanzte Maniok und probierte auch andere Feldfrüchte aus, von Mais bis hin zu Erdnüssen. „Ich habe das Saatgut auf dem Markt gekauft, aber da ist es nicht gut. Es ist ein Mix von mehreren Bauern-Produzenten, darum weiß man nicht, was man bekommt. Und es gibt auch so viel gefälschtes Saatgut."

Die Eheleute hatten zehn Jahre lang schwer zu kämpfen und ernteten kaum genug zum Leben, obwohl ihre Ackerfläche dreimal größer war als die von vielen Nachbarn. „Oft aßen wir nur einmal am Tag etwas. Meist Maniok und Bohnen", erinnert sie sich. Doch schließlich wendete sich das Blatt. In den 2000er-Jahren kehrte wieder politische Stabilität ein, sodass viele Soldaten die Armee verlassen und wieder auf den Äckern arbeiten konnten. Im Jahr 2003 schließlich unterstützten Hilfsorganisationen Winifred und andere Frauen aus Ologara dabei, eine landwirtschaftliche „Kleinkredit-Kooperative" zu bilden. Die Frauen zahlen kleine Beträge bei der Kooperative ein und können im Gegenzug kleine Kredite erhalten, mit denen sie Verbesserungsmaßnahmen auf ihrer Farm finanzieren. Winifred nutzte ihren ersten Kredit, um einen Ochsen zu mieten und mit ihm ihre Äcker zu pflügen und von Unkraut zu befreien.

Dann wurde ihr klar, dass sie nie bessere Ernten erzielen würde, solange sie minderwertiges Saatgut verwendete, und so fragte sie die Wissenschaftler des von der Regierung neu eingerichteten National Semi-Arid Resources Research Institute (NaSARRI) im wenige Kilometer entfernten Soroti um Rat. Florence Olmaikorit-Oumo, die als Sozialarbeiterin beim NaSARRI den Kontakt zwischen den Bauern und Ansprechpartnern unter den Wissenschaftlern herstellt, erinnert sich noch gut an Winifreds ersten Besuch. „Sie war furchtbar niedergeschlagen, weil sie schon wieder eine Missernte gehabt hatte. Aber sie war so intelligent und fleißig", sagt Oumo. „Uns war klar, dass sie Erfolg haben würde."

Es war genau der richtige Zeitpunkt. Das Institut testete gerade neue dürre- und krankheitsresistente Sorten, die für semi-aride Bedingungen geeignet waren, und war auf der Suche nach zuverlässigen Bauern, die ihm bei der Vermehrung des sortenreinen Saatguts im Feld halfen. Winifred war die ideale Kandidatin. „Man konnte sehen, dass sie unseren

Empfehlungen aufmerksam zuhörte und wirklich etwas lernen wollte", so Oumo.

Im Jahr 2006 wurde Winifred darin unterwiesen, wie sie ihre Felder präparieren konnte, indem sie etwa die Pflanzenreste der vorigen Ernte unterpflügte und zunächst verrotten ließ, bevor sie erneut pflügte und das Saatgut ausbrachte. Man sagte ihr auch, welche Feldfrüchte sie anbauen sollte: Mais war nicht erwünscht (zu hoher Wasserbedarf), Sorghumhirsen, Maniok und Millethirsen dagegen wurden empfohlen. Dann bekam sie vom Institut das neueste Saatgut, das sie auf Kredit erwerben musste.

Winifred konnte sofort Ergebnisse beobachten – die nächste Ernte war so gut, dass sie einen Überschuss für den Verkauf auf dem Markt erwirtschaftete und außerdem ein paar Kilogramm hochwertigen Saatguts erzeugte, das sie über das Netzwerk des NaSARRI an andere Bauern verkaufen konnte. Begeistert sah sie sich nach weiteren Feldfrüchten um, mit denen sich Geld verdienen ließ. Das war der Wendepunkt für ihre Familie und auch in Winifreds Beziehung zur Landwirtschaft. „Davor hatte ich Landwirtschaft betrieben, um meine Kinder zu ernähren", erklärt sie mir. „Aber jetzt ist sie für mich ein Weg, unser Leben zu verbessern und mehr Geld zu verdienen. Es ist aufregend, etwas Neues auszuprobieren."

Zu diesen neuen Dingen gehört eine verbesserte Sonnenblumensorte, die von den NaSARRI-Wissenschaftlern entwickelt wurde. Sie kann Trockenheit besser tolerieren und bildet Samen, die viel Öl enthalten. Diese Samen verkauft Winifred über eine Kooperative, deren Mitglied sie ist, an andere Bauern. Die Kooperative verfügt auch über die notwendigen Apparaturen, um aus Sonnenblumenkernen Öl zu gewinnen; eine NGO hat sie zur Verfügung gestellt. So kann Winifred ihre Ernte aufwerten, denn das abgefüllte Öl lässt sich zu einem viel höheren Preis verkaufen als die Samen, aus denen es hergestellt ist. Überdies ist der bei der Ölherstellung anfallende Presskuchen ein sehr nährstoffreiches Tierfutter, das sie, wie die anderen Mitglieder der Kooperative, verkauft.

Die Gewinne erlaubten dem Ehepaar, weitere vier Morgen Ackerland zu kaufen. Dort pflanzt Winifred im Moment eine neue ergiebige, dürreresistente Sesamsorte an, die die von den Käufern bevorzugten weißen Samen hervorbringt und nicht die stärker braun gefärbte normale Form. „Er ist nach nur vier Monaten erntereif, nicht erst nach sechs wie die hier übliche Sorte *sim sim* [Sesam]", erzählt sie, während sie über das erntereife Feld geht, das eine Rekordernte verspricht.

Auch jenseits ihrer Felder sieht man die Zeichen für die besseren Ernten. Am Rand ihrer Maniokpflanzung, auf einer Lichtung an der Straße steht ihr kleines Haus aus Hölzern und Lehm – und dahinter ein viel größeres, halbfertiges Haus aus Backsteinen mit mehreren Zimmern. „Die Wände haben wir mit unserem Sonnenblumengeld gebaut, und wir hoffen, dass wir mit der nächsten *Sim-sim*-Ernte ein Dach kaufen können", sagt Winifred voller Stolz.

Inwiefern also hat diese neue Produktivität Winifreds Leben verändert? All ihre Kinder besuchen heute private Internate, bis auf ihre älteste Tochter, die mit ihren 21 Jahren eine Ausbildung zur Lehrerin macht. „Sie wird den Beruf meiner Eltern weiterführen, den Beruf, den ich eigentlich selbst ausüben wollte. Bildung ist das Wichtigste überhaupt für unser Land", sagt Winifred voller Überzeugung. „Mit Bildung können wir Ugander unser Land und unsere Wirtschaft weiterentwickeln, und sie wird unsere jungen Leute davon abhalten, Verbrecher oder Rebellen zu werden – wenn man gebildet ist, findet man immer einen Weg, um Geld zu verdienen."

Was wäre, wenn ihre Kinder Bauern werden möchten, wie sie selbst? „Das Leben als Bauer ist sehr hart", antwortet sie nachdenklich. „Aber sie sollten einen Garten haben, um ein bisschen Maniok anzubauen."

Winifred steht noch ganz am Anfang ihres Weges. In Soroti wird eine Orangensaftfabrik errichtet, und Winifred wittert eine Gelegenheit. Sie plant einen Orangenhain, aber dabei ist Wasser ein wichtiger Faktor. Die Regenzeit lässt seit zwei Jahren auf sich warten. In Zukunft profitieren Bauern wie Winifred vielleicht von Geoengineering-Lösungen für das Dürreproblem, etwa der Wolkenimpfung mit Silberiodid, wie sie bereits in China praktiziert wird. Das Silberiodid dient dabei als Kondensationskern, um den sich Wasser anlagert. Das kann Regen auslösen, aber auch zu regionalen Konflikten um den „Diebstahl" von Regen eines anderen Gebiets führen. Eine andere Technik, die Beeinflussung der Sonneneinstrahlung (Solar Radiation Management), bei der Sulfattröpfchen in die Stratosphäre injiziert werden, damit mehr Sonnenlicht ins All reflektiert wird (siehe Kapitel 2), könnte bei dem Problem der geringeren Ernten durch zu hohe Temperaturen Abhilfe schaffen. Ohne die Wärme würde das zusätzliche Kohlendioxid in der

Atmosphäre die Photosyntheseaktivität steigern, und die Technik könnte die Ernten weltweit um 20 Prozent ansteigen lassen, wie Forscher vermuten.[14]

Winifred will darauf nicht warten. Sie hat bereits ein Darlehen für eine Fußpumpe aufgenommen und spart das Geld für einen von Hand gegrabenen flachen Brunnen zusammen. Dieser wird, so hofft sie, das Wasser für ihre Orangen liefern, obwohl sie immer noch herauszubekommen versucht, wie man Bewässerungskanäle konstruiert. Sie würde auch gern einen Traktor nutzen können. „Wenn der Regen kommt und die Ochsen sind krank oder gerade nicht verfügbar, verpasse ich vielleicht den Zeitpunkt für die Aussaat", sagt sie. „Mit einem Traktor kannst du pflügen, jäten, ernten und steinigen Boden bearbeiten. Das wäre wirklich toll." Es gibt auch noch andere Themen, mit denen sie sich bisher nicht beschäftigt hat, etwa den Einsatz von Pestiziden gegen Krankheiten wie Blattwelke bei den Erdnüssen. Und wie praktisch alle afrikanischen Bauern kann auch sie sich künstlichen Dünger nicht leisten.

Die asiatische „grüne" landwirtschaftliche Revolution, die von der US-amerikanischen Agency for International Development und der Weltbank gefördert wurde, ließ Afrika links liegen, und Bewässerungssysteme sowie der Einsatz von Düngemitteln und landwirtschaftlichen Maschinen sind selten bis nicht vorhanden. Afrika ist deshalb der Kontinent mit der weltweit ineffizientesten Nahrungsproduktion. US-amerikanische Farmer ernten fünfmal so viel Mais pro Morgen wie afrikanische Kleinbauern. Kunstdünger spielen dabei eine entscheidende Rolle. Ihre Erfindung veränderte den Stickstoffkreislauf und damit den gesamten Planeten. Mehr als 100 Millionen Tonnen Stickstoff entzieht die Kunstdüngerindustrie jedes Jahr der Atmosphäre; damit wird zur Ernährung der halben Weltbevölkerung beigetragen. Problematisch ist daran allerdings, dass nur ein Teil des Stickstoffs in unserer Nahrung landet. Der Rest reichert sich in Böden, Seen und Meeren an, wo er beispielsweise massive Algenblüten entstehen lässt. Diese können toxisch sein und verbrauchen den im Wasser gelösten Sauerstoff, sodass anderen Arten die Luft ausgeht. So entstehen kilometerlange Todeszonen. Sie sind besonders in China ein Thema, wo die intensive Landwirtschaft ganze Flusssysteme verschmutzt hat. Ein Lösungsansatz ist die gezielte Verabreichung oder „Mikrodosierung" direkt an die einzelne Pflanze, wodurch man den Überschuss minimiert. Auffangbecken mit Schilfbewuchs können zudem abfließendes Wasser reinigen, bevor es in Bäche oder Flüsse gelangt.

Vertreter der biologischen Landwirtschaft bevorzugen die vorindustriellen Methoden der Bodenanreicherung, wie Miststreuen, Fruchtwechsel mit Leguminosen (die über ihre Knöllchenbakterien Luftstickstoff im Wurzelwerk binden und damit den Boden für andere Pflanzenarten anreichern, ohne selbst nennenswerte Düngermengen zu benötigen) und die sogenannte „konservierende Bodenbearbeitung", bei der die nach der Ernte auf dem Acker verbliebenen Stängel und Blätter als Mulch fungieren. All diese Methoden sind nützlich, umweltfreundlich und kostengünstig, und sie werden ihre Bedeutung nie verlieren, selbst wenn es überall Kunstdünger geben sollte. Dieser kann nämlich nicht den Verlust an organischer Materie im Boden ausgleichen. Mulchen dagegen ist eine wertvolle Methode, die strukturelle Integrität wieder herzustellen und zugleich dafür zu sorgen, dass Nährstoffe im Boden bleiben und nicht gleich wieder ausgewaschen werden – allein durch Mulchen lässt sich in manchen Fällen die Erntemenge verdoppeln. Doch wie alle Dünger können auch Mist oder Gülle Gewässer verschmutzen, und bei der „Produktion" von Mist entsteht wiederum das potente Treibhausgas Methan. Der Anbau von Leguminosen als Gründünger kann sehr arbeitsaufwendig sein und Platz besetzen, den Bauern vielleicht lieber für Feldfrüchte nutzen würden, die ihnen Geld einbringen. Das Mulchen schließlich ist zwar sehr effektiv, doch das Mulchmaterial gäbe auch ein wertvolles Tierfutter, einen Brennstoff oder einen Grundstoff für die Biogasproduktion ab.

Der Gedanke an mögliche Umweltschäden sowie ein gewisses kulturell bedingtes Misstrauen gegen Lösungen, die in einem Labor zusammengekocht wurden und dann in unserem Essen landen, haben viele Menschen der reichen Länder bewogen, sich biologischen Landwirtschaftsmethoden zuzuwenden. Wer biologische Produkte wählt, weil er glaubt, diese seien per se gesünder, sollte sich die Risiken des schnellen Verderbs und der Verunreinigung mit Keimen wie *Escherichia coli* (*E. coli*) bewusst machen. Biologische Landwirtschaft fördert jedoch eine größere Artenvielfalt und benutzt eher biologische Methoden der Schädlingsbekämpfung, wie die Förderung von Fressfeinden oder das Ausbringen von Extrakten des Niembaumes (oder Neembaumes), wie ich es auf einer biologisch wirtschaftenden Farm in Indien beobachtet habe. Dieses natürliche Pestizid ist weitaus ungefährlicher als synthetische Mittel, und Niembäume spenden überdies noch Schatten und liefern Dünger. Andere Techniken, wie das Trockenlegen von Reisfeldern in der Mitte der Anbausaison, das Halten von Fischen oder Enten oder aber die Förderung von Tieren wie Ameisen und Termiten auf den Feldern, können die Ernten verbessern, Treibhausgasemissionen verringern und den Wasser- und Pestizidverbrauch massiv eindämmen.

Dennoch wäre es unmöglich, die wachsende Weltbevölkerung ausschließlich mit biologischen Anbaumethoden zu ernähren. Die Ernten fallen hierbei um durchschnittlich 25 Prozent geringer (und bei manchen Feldfrüchten noch geringer) aus als bei den in Industrieländern gebräuchlichen Methoden. Daher bräuchte man viele zusätzliche Anbauflächen, was zu Lasten der verbliebenen Wälder und anderer Lebensräume ginge.[15] In vielen Regionen enthält organischer Dünger nicht die von den Feldfrüchten benötigten Nährstoffe. Da beispielsweise der Boden in weiten Teilen Afrikas vollkommen ausgelaugt ist, fehlen auch dem Tierfutter und somit dem Dung die Substanzen, die die Pflanzen bräuchten.

Die Afrikaner benötigen ohne Zweifel Zugang zu synthetischen Düngemitteln, wenn sie im Hinblick auf ihre Ernten mit dem Rest der Welt mithalten sollen. Derzeit wird nur in wenigen afrikanischen Ländern Kunstdünger hergestellt, und die hohen Transportkosten innerhalb des Kontinents (die Treibstoffkosten sind hoch und die Straßen meist in erbärmlichem Zustand) führen dazu, dass afrikanische Bauern bis zu sechsmal mehr für Dünger bezahlen als der weltweite Durchschnitt – wenn sie denn überhaupt welchen ergattern. In den 1980er-Jahren knüpften der Internationale Währungsfonds (IWF) und die Weltbank Bedingungen an die Entwicklungshilfe, die afrikanische Regierungen daran hinderten, Düngemittel zu subventionieren. Nach Jahrzehnten am Rande des Hungers und nach einer katastrophalen Missernte im Jahr 2005, die dazu führte, dass mehr als ein Drittel der Bevölkerung nur mit Lebensmittelhilfen überleben konnte, lehnte sich der damalige malawische Präsident Bingu wa Mutharika jedoch dagegen auf und führte wieder Subventionen für Kunstdünger ein – Malawi war damit der erste Subsahara-Staat, der so verfuhr. Die landwirtschaftliche Produktion verdreifachte sich, und schon 2007 konnte Malawi überschüssigen Mais nach Simbabwe und Kenia exportieren. Ein Dutzend Länder folgen inzwischen diesem Beispiel und führen Subventionen ein.

Im Anthropozän muss Ackerland mehr für uns Menschen leisten. Das Ziel der Nahrungsmittelproduktion ist es, sich über die reine Vermeidung von Hunger und die Erzeugung einer Kalorienmenge, die zum Überleben ausreicht, hinaus zu entwickeln. Heute arbeiten Wissenschaftler daran, die wichtigsten Feldfrüchte nährstoffreicher zu machen, besonders in Regionen, in denen sich die Menschen nicht abwechslungsreich ernähren können. Die Organisation Save the Children schätzt, dass sich in den nächsten 15 Jahren mehr als 500 Millionen Kinder körperlich und geistig eingeschränkt entwickeln werden, weil sie nicht genug zu essen haben – jede Stunde sterben 300 Kinder an Unterernährung, mehr als an Malaria, AIDS und Tuberkulose zusammen. Die Menschen brauchen eine angemessene Protein-, Vitamin- und Mineralienversorgung, damit sich Gehirn und Körper gesund entwickeln können und sie nicht bloß überleben, sondern ein erfülltes Leben haben und in geistiger wie körperlicher Gesundheit etwas für die Gesellschaft leisten können.

Ich unternehme eine sechsstündige Busfahrt nach Soroti im Norden Ugandas, denn ich will eine der wirkungsvollsten Waffen Ostafrikas im Kampf gegen den Hunger kennenlernen. Ich finde ihn auf einem Gelände mit ein paar niedrigen, improvisierten Biolaborgebäuden, umgeben von Versuchsfeldern.

David Kalule Okello leitet ein nationales Forschungsprogramm und verdient doch weniger als 6000 US-Dollar im Jahr; er ist permanent frustriert über die armselig ausgestatteten Labors und die spärliche Wissenschaftsförderung in Afrika, und doch würde es ihm nie einfallen, in Europa oder den USA arbeiten zu wollen. Er hat schon drei Bürgerkriege überlebt, obwohl er erst 33 Jahre alt ist. Dieser junge Mann mit seinem leuchtend weißen Hemd, der mich da anlächelt, ist schon etwas Besonderes.

„Ursprünglich wollte ich Arzt oder Zahnarzt werden. Aber dann bin ich bei der Landwirtschaft gelandet, und das ist wohl das Beste, was mir passieren konnte", erzählt Okello. „Unser Professor hat uns immer gesagt: Das hier ist das beste Fach. Seht euch die Ärzte an, die können keine Patienten behandeln, wenn sie selbst hungern müssen. Seht euch die Patienten an, die können nicht gesund werden, wenn sie nichts zu essen haben. Seht euch die Anwälte an ... Ohne Nahrung kann niemand arbeiten, und ihr seid diejenigen, die die Nahrung herstellen."

Diese Verantwortung übernimmt Okello voller Enthusiasmus und auf sehr sympathische Art. Als Leiter des ugandischen Programms zur Erforschung der Erdnuss beim NaSARRI muss er sich darum kümmern, dass das Land mit der richtigen Menge und Qualität dieser wichtigen, proteinreichen Feldfrucht versorgt ist. „Ich muss neue Sorten auf den Markt bringen, die den Bedürfnissen der Bauern entsprechen, also mehr Trockenheit vertragen, resistenter gegen Krankheitserreger wie das Groundnut Rosette Virus sind oder sich leichter in einem Arbeitsgang schälen lassen" – der letzte Punkt spielt für die Verarbeitung eine wichtige Rolle.

Weil die wichtigen Getreide Reis und Weizen sehr unter dem Klimawandel leiden, arbeiten Wissenschaftler an neuen Sorten alternativer Nahrungspflanzen. Die Erdnuss ist besonders von Nutzen, weil sie eigentlich keine Nuss, sondern eine Leguminose ist, also Luftstickstoff in ihren Wurzelknöllchen bindet. Erdnüsse lassen sich zudem gut verkaufen, weil sie sich zu verschiedensten Produkten von der Erdnussbutter bis hin zu Pasten und Öl verarbeiten lassen. Eine von Okellos wichtigsten Aufgaben besteht deshalb darin, Bauern zu unterweisen, wie sie die von ihm am Institut entwickelten, verbesserten und auf ihre speziellen Anforderungen zugeschnittenen Sorten am besten anbauen. Damit er die Bauern im ganzen Land erreicht, fungiert Okello nun auch als Radio-DJ – er gibt über den Äther Ratschläge und erhält auch Rückmeldungen. So ist er zu einer kleinen Berühmtheit geworden, besonders unter den Bäuerinnen, die sich bei ugandischen Landwirtschaftsmessen stets um seinen Stand scharen. Das Radio ist nicht das einzige Medium – überall in den Entwicklungsländern gehen Bauern ins Internet oder nutzen Apps, um sich über den richtigen Einsatz von Düngemitteln, Pestiziden und Saatgutsorten ebenso zu informieren wie über aktuelle Preise für ihre Produkte und ihr Saatgut sowie den aktuellen Wetterbericht.

Okello war der Erfolg nicht in die Wiege gelegt. Er kam in Kitgum mitten im von Konflikten erschütterten Acholiland als zwölftes von sechzehn Kindern zur Welt und wuchs in Armut auf, doch seine Eltern vermittelten ihm eine Liebe zur Bildung, die ihn durch die unruhigsten Jahre des Landes trug. Okello kam zur weiterführenden Schule, als der Bürgerkrieg seinen Höhepunkt erreichte. „Seit 1986 lebte ich versteckt im Busch. Ich konnte zwei Jahre lang nicht lernen – meine Schule lag mitten im Kriegsgebiet", erinnert er sich. „Wir steckten im Kreuzfeuer von Regierungskräften und Rebellen."

In dieser Zeit erkrankte Okellos Vater schwer an Knochenkrebs, und so suchten sie 1988 Zuflucht im Krankenhaus in Kitgum. „Ich ging gleich nach Ende der Konflikte wieder zur Schule. Ich schlief neben dem Bett meines Vaters, wachte auf, ging zur Schule. Ich sah viele Tote. So war damals unser Leben: Man versuchte, zur Schule zu gehen, man geriet ins Kreuzfeuer, man kam nicht an den Toten vorbei, also ging man zurück an das Krankenbett des Vaters. Bis 2004 gab es ständig Aufstände, ich erlebte nie Frieden. Ich verlor viele meiner Verwandten in jenem Krieg, und die meisten meiner Freunde kamen ums Leben. Ein Teil von mir starb und wurde dunkel", sagt er, und seine fröhliche Miene verdüstert sich.

Der Krebs nahm Okello innerhalb eines Jahres den geliebten Vater, doch dieser hatte seinem Sohn die Leidenschaft für die Wissenschaft und den Wunsch vererbt, diese zum Beruf zu machen. „Mein Vater war leitender medizinischer Assistent, fast ein Arzt, und er war in der Gemeinde sehr angesehen. Er war für die gesundheitlichen Angelegenheiten von mehr als 30 000 Menschen verantwortlich", erklärt Okello. „Ihn dabei zu beobachten, wie er Menschen mit Medizin half, weckte in mir den Wunsch, in die Wissenschaft zu gehen. Also ging ich wieder zur Schule und studierte. Ich wusste, dass ich es eines Tages schaffen würde, und diese Überzeugung ließ mich weitermachen, trotz aller Widrigkeiten und des Kriegstraumas."

Okellos Mutter, eine Erzieherin, die mit kleinen Kindern arbeitete, konnte ihn während seiner Schul- und Universitätszeit nicht unterstützen. Dennoch ergatterte er eines der heiß begehrten Regierungsstipendien für ein Studium der Agrarwissenschaft an der Makerere-Universität in Kampala. Er erbrachte im Studium hervorragende Leistungen und entschied sich für die Pflanzenzucht. „Ich fing an, mich für das Thema Ernährungssicherheit in Afrika und insbesondere in Uganda zu interessieren, also dachte ich, mit Genetik als Hauptfach könnte ich einer von denen werden, die eines Tages zur Lösung des Hungerproblems beitragen."

Afrika ist der Kontinent mit der am schnellsten wachsenden Bevölkerung und mit der größten Zahl unterernährter Menschen. Die globale Erwärmung und Dürren wirken sich verheerend auf die Ernteerträge aus – laut Schätzungen wird es bis Ende des Jahrhunderts beispielsweise in den USA Rückgänge von 43 Prozent im Falle des langsamsten und von 79 Prozent im Falle des schnellsten Erwärmungsszenarios geben.[16] Die Weizenerträge fallen schon heute um etwa 6 Prozent geringer aus, als es ohne Klimawandel der Fall wäre, und weltweit laufen bestimmte Nahrungs- und Genussmittel Gefahr, aufgrund der Klimaveränderungen ganz zu verschwinden oder völlig unerschwinglich zu werden, so etwa Kaffee und Schokolade.[17] Ein Drittel der Weltbevölkerung lebt in trockenen Regionen, wo durch zunehmende Bodendegradation Nahrungsangebot, Artenvielfalt, Wasserqualität und Bodenfruchtbarkeit immer weiter zurückgehen. Daher besteht größtes Interesse an der Entwicklung von hitze- und dürreresistenten Nutzpflanzensorten und einer Verbesserung des Nährstoffgehalts wichtiger Nahrungspflanzen in den Entwicklungsländern, wo sich die Menschen eher einseitig ernähren.

Im Jahr 2003 erhielt Okello von der Rockefeller Foundation ein Stipendium für ein Master-Forschungsprojekt an der Makerere-Universität, in dessen Rahmen er an der Entwicklung einer verbesserten Maissorte mit der Bezeichnung „Quality Protein Maize" (QPM) arbeiten sollte. Die Maissorte war auf einen erhöhten Gehalt an Tryptophan und Lysin (essenziellen Aminosäuren, die in normalem Getreide nicht enthalten sind) gezüchtet worden und besitzt 82 Prozent des Proteinwertes von Milch. Sie ist vor allem für stillende Mütter, Schwangere und mangelernährte Kinder gedacht. Okellos Aufgabe bestand darin, ergiebige lokale Varietäten dieser Maissorte zu entwickeln. „Dabei habe ich sowohl auf molekularer Ebene im Labor gearbeitet als auch konventionelle Kreuzungsversuche im Freiland durchgeführt." Er hatte Erfolg, und die Gruppe veröffentlichte die Maissorte Longe5, die in Uganda heute weit verbreitet ist. Mit der Erlangung seines Master-Titels endete jedoch auch das Stipendium, und das Projekt lief aus.

Im Jahr 2006 bewarb sich Okello darum, im Auftrag der Regierung über Mais zu forschen, und erhielt schließlich eine Stelle in der Abteilung für Ölsaaten (Sesam, Sonnenblumen und Erdnüsse) des NaSARRI. Zwei Jahre später erhielt er ein Dreijahresstipendium von der Alliance for a Green Revolution in Africa (einer gemeinsamen Organisation der Rockefeller und der Bill and Melinda Gates Foundation), um neue ergiebige, trockenheitstolerante und gegen das Groundnut Rosette Virus resistente Erdnusssorten zu entwickeln.

Okello zieht sich Gummistiefel an, und wir gehen hinaus, um uns die neuen Erdnusssorten bei den letzten Tests im Feld anzusehen. „Ich habe bis jetzt etwa 500 Varietäten – bis 2016 [wenn die Förderung endet] werde ich mindestens zwei Sorten pro Jahr auf den Markt bringen können."

Bei seinem nächsten Projekt wird er die genetische Zusammensetzung und die Varianten des Groundnut Rosette Virus untersuchen, das Erdnüsse befällt, Minderwuchs und eine Zerstörung der Blätter bewirkt und schlimmstenfalls zu Totalverlusten der Ernte führt. „Ich möchte transgene Sorten ausprobieren", sagt er. Dabei werden nützliche Gene von einer Spezies in eine andere verpflanzt. „In 30 oder 40 Jahren wird man überall transgene Pflanzen einsetzen, aber ich will wissen, wie man sie im Umgang mit dieser Viruskrankheit nutzen kann."

In Indien hatte ich bereits Forscher kennengelernt, die Erdnüsse in dieser Hinsicht verbessern. Im International Crops Research Institute for the Semi-Arid Tropics (ICRISAT) außerhalb von Hyderabad beschäftigen sich die Wissenschaftler vor allem mit fünf Nutzpflanzenarten, die sehr nährstoffreich sind und wenig Wasser brauchen: Straucherbsen, Kichererbsen, Perlhirse, Sorghumhirsen und Erdnuss – mehr als 120 000 Sorten dieser Pflanzen werden dort in Kühlräumen aufbewahrt, in der Hoffnung, damit künftige Generationen vor Hunger bewahren zu können. Wie David Okello nutzen die Forscher genetische Marker, um jene DNA-Abschnitte zu identifizieren, die bei einer Pflanze beispielsweise für Dürre- oder Mehltauresistenz sorgen. Dann werden gezielt Hybridsorten gezüchtet, die diese Merkmale besonders ausprägen. Das Vorgehen ist ähnlich wie bei Rosenzüchtern, die größere Blüten erzielen, oder Hundezüchtern, die winzige Pekinesen oder riesige Deutsche Doggen heranzüchten, nur ausgefeilter.

Die Wissenschaftler am ICRISAT verbessern die Nutzpflanzen jedoch auch auf eine Weise, die mit Zucht allein nicht zu erreichen ist. So haben sie ein Gen einer Schaumkresse (Gattung *Arabidopsis*) in Erdnusspflanzen übertragen, das bei diesen die Wärme- und Trockenheitstoleranz steigert. Bei einem anderen aufregenden Experiment statteten sie Erdnusspflanzen mit einem Gen aus, das beim Mais für die Bildung von Beta-Carotin (ß-Carotin oder Provitamin A) codiert. Dieses wird von unserem Körper in Vitamin A umgewandelt. Von Vitamin-A-Mangel sind weltweit 250 Millionen Kinder und in Afrika mehr als ein Drittel der

Kinder im Alter von unter fünf Jahren betroffen; er ist eine der wichtigsten Ursachen für vermeidbare Blindheit, Krankheiten und vorzeitige Todesfälle. Diese genveränderten Erdnüsse sind intensiver gelb gefärbt, schmecken aber ansonsten genauso wie andere Erdnüsse.

Dies ist nicht die erste Feldfrucht, die man mit Beta-Carotin angereichert hat – es gab bereits Goldenen Reis (der schon 2015 als erste so angereicherte genmanipulierte Feldfrucht auf den Markt gebracht wurde) und die Golden Sweet Potato, eine Süßkartoffelsorte. Die Anreicherung von Erdnüssen ist jedoch besonders sinnvoll, weil sie viel Fett enthalten – Vitamin A ist eines der fettlöslichen Vitamine und daher in Kombination mit ölhaltiger Nahrung besonders gut verfügbar. Die gentechnische Veränderung von Nutzpflanzen zur Anreicherung mit Vitaminen und auch Mineralien, wie Zink oder Eisen, könnte Millionen von Menschen in Armutsgebieten der Welt vor Krankheit bewahren. Selbst in den reichen Ländern, wo sich viele Menschen einseitig ernähren und deshalb Mangelerscheinungen haben, könnten so veränderte Nahrungspflanzen zur besseren Gesundheit beitragen. Wissenschaftler denken auch schon daran, gentechnisch veränderte Obst- und Gemüsesorten herzustellen, die auf andere Weise die Gesundheit fördern, etwa indem sie die Anreicherung ungesunder Fette aus der Nahrung im Körper reduzieren; das könnte ein Beitrag zur Lösung des weltweiten Problems der Fettleibigkeit sein. Denkbar wären auch Pflanzen, die bestimmte chemische Substanzen, Treibstoffe oder medizinische Wirkstoffe produzieren.

Zwar werden schon seit den 1990er-Jahren gentechnisch veränderte Feldfrüchte angebaut, aber wir stehen mit der Erforschung ihres Potenzials noch ganz am Anfang. Neue Werkzeuge zur Gensequenzierung haben die Technik schneller und kostengünstiger gemacht, als man es sich noch vor zehn Jahren hätte vorstellen können. Darum können Labors in Indien und Uganda, in China und Brasilien (wo derartige Forschung intensiv gefördert wird) Sorten erzeugen, die auf das Klima, die Böden und speziellen Anforderungen ihrer Länder zugeschnitten sind. Mehr als die Hälfte des Anbaugebiets gentechnisch veränderter Feldfrüchte liegt heute in Entwicklungsländern.

Regierungen in aller Welt geben nur langsam und spärlich Auskunft über gentechnisch veränderte Lebensmittel. Und der Markt für solche Pflanzen wird bis heute von gewinnorientierten Konzernen wie Monsanto und Syngenta dominiert, die ihre Patente eifersüchtig hüten und ihre Kunden davon abhalten, Saatgut zu sammeln und auszubringen, das bei der Ernte angefallen ist. Stattdessen zwingen sie die Abnehmer, jedes Mal erneut Saatgut vom Konzern zu kaufen. Bauern in westlichen Ländern tun das normalerweise sowieso, doch die Armen dieser Welt können sich das nicht leisten. Praktiken wie diese in Kombination mit intransparenter Forschung der Konzerne bezüglich Umwelt- und Verbrauchersicherheit – sie lassen keine Forschungen von unabhängigen Wissenschaftlern an ihrem Saatgut zu – haben dazu geführt, dass viele Menschen der Gentechnik misstrauisch gegenüberstehen. Um genmodifizierte Nahrungsmittel dem Verbraucher schmackhafter zu machen, könnte man der Öffentlichkeit freien Zugang zu den genetischen Daten gewähren – so ist der genetische Code des Menschen und der von Reis für Forscher bereits jetzt frei zugänglich, und einige kleinere Biotech-Firmen stellen ihre Techniken heute der Allgemeinheit zur Verfügung.

Glücklicherweise wird die Forschung über derartige Optimierungen von Feldfrüchten größtenteils an staatlich finanzierten Universitäten durchgeführt, wo wenig Interesse daran besteht, die Ergebnisse zu schönen. Und diese Forschungen haben viele Vorteile mit sich gebracht. Indische und chinesische Baumwollbauern, die genetisch veränderte, gegen herkömmliche Schädlinge resistentere Pflanzen anbauen, setzen heute nur wenige oder gar keine Pestizide ein, was ihrer Gesundheit zugute kommt.[18] Andere genveränderte Nutzpflanzen brauchen weniger toxische Herbizide oder weniger Düngemittel; das verringert die massiven Emissionen bei ihrer Verarbeitung und den Eintrag solcher Substanzen in Gewässer. Nutzpflanzen, die auf Dürreresistenz zugeschnitten sind, konnten noch keine so beeindruckenden Resultate vorweisen, aber auch hier scheint der Fortschritt sicher.

Gentechnisch veränderte Nutzpflanzen stehen derzeit nur auf 10 Prozent der Anbauflächen der Welt. Ein guter Teil davon geht nicht in die Lebensmittelproduktion, sondern dient der Energiegewinnung, obwohl sich damit auch viele hungrige Menschen ernähren ließen. Dem allgemeinen Misstrauen zum Trotz stellen genmanipulierte Produkte kein zusätzliches Gesundheitsrisiko dar, wie zahlreiche Studien belegen.[19] Es sei angemerkt, dass transgene Veränderungen auch in der Natur vorkommen. Die Mitochondrien in unseren Zellen etwa, die diese als „Kraftwerke“ mit Energie versorgen, waren ursprünglich vermutlich Bakterien, die irgendwie in die ersten Organismen gelangten. Die Genmanipulation von Nahrungspflanzen ist ebenfalls nichts Neues – viele Nutzpflanzensorten, auch biologische, wurden erzeugt, indem man Saatgut mutagenen Substanzen oder Strahlung aussetzte.

Dennoch sind genmanipulierte Nahrungspflanzen kein Allheilmittel – Insekten werden sich darauf einstellen und gegen pestizidbildende gentechnisch veränderte Nutzpflanzen resistent werden, resistente Superunkräuter machen sich heute dort breit, wo herbizidtolerante genveränderte Feldfrüchte ausgesät werden, und selbst die dürretoleranteste Pflanze braucht etwas Regen. Bauern brauchen nach wie vor Zugang zu Saatgut, Bewässerung, Dünger und fruchtbarem Boden, ob sie nun genmanipulierte oder konventionell erzeugte Pflanzen anbauen.

Trotz oft emotionaler und extremer Ansichten zu der Frage, ob Landwirtschaft kleinrahmig, gentechnikfrei und biologisch oder industriell unter Einsatz effizienter synthetischer Biohilfsmittel betrieben werden sollte, wird sich am Ende herausstellen, dass zunehmend all dies zusammen eine Rolle spielen wird. So haben Bauern verschiedenste Vorteile, wenn sie rund um ihre Felder Bäume, die (mit Wurzelbakterien) Luftstickstoff im Boden binden, und Hecken pflanzen, während sie zugleich die effektivsten, weil jeweils auf Gebiet, Klima und Bodentyp zugeschnittene Nutzpflanzen anbauen – ob nun gentechnisch veränderten Reis oder konventionell gezüchteten Maniok. Es gibt nun einmal unzählige verschiedene Feldfrüchte, Äcker und Bauern; darum werden unzählige verschiedene Methoden genutzt, und diese Vielfalt brauchen wir auch in den kommenden Jahrzehnten.

Für die Auswirkungen auf die Umwelt ist die Art des Anbaus viel entscheidender als die Frage, ob das Saatgut genetisch verändert ist oder nicht. Setzt der Landwirt zu viel Dünger und Pestizide ein? Verdrängt das Ackerland den Regenwald? Wird eine Nutzpflanze mit hohem Wasserbedarf, wie etwa Baumwolle, in einer ungeeigneten, ariden Gegend angepflanzt? Gibt man dem Boden Gelegenheit, sich zu regenerieren? Schon der einfache Pflug kann Böden schädigen und die Freisetzung großer Mengen an Kohlendioxid dadurch beschleunigen, dass Mikroben nun den für die Zersetzung organischer Materie benötigten Sauerstoff erhalten – heute entweicht aus Böden zehnmal mehr Kohlendioxid, als der Mensch direkt emittiert.[20] Manche Wissenschaftler fordern, Ackerflächen nicht umzupflügen, sondern das Saatgut zwischen die nach der letzten Ernte verbliebenen Vegetationsreste zu säen. Kraut und Wurzelwerk der bereits abgeernteten Pflanzen fixieren den Erdboden sowie die darin enthaltene Feuchtigkeit und verringern zugleich die Erosion und Oxidation von Mineralien (die beide der Bodenfruchtbarkeit abträglich sind). Das langsame Verrotten der Pflanzenreste setzt derweil wieder Nährstoffe frei und fördert die Ökosystemdienstleistungen. Diese so genannte Direktsaat setzt sich in den USA und in Brasilien immer mehr durch, doch es wird Zeit brauchen, bis die ärmsten Bauern in der Welt die Methode anwenden können, vor allem, weil die speziellen Sämaschinen ihren Preis haben.

Im Anthropozän bewirken der wachsende Bevölkerungsdruck und der zunehmende Appetit, dass immer mehr Naturflächen in Kulturflächen umgewandelt werden. Darum ist in bisher ertragarmen Ländern eine gewisse Intensivierung der Landwirtschaft vonnöten, damit die Hungrigen satt werden und zugleich die Artenvielfalt geschützt wird. Die Erträge in Westeuropa sind bereits heute nahe an der Grenze des Machbaren. Würden die Erträge in den armen Ländern ansteigen und 95 Prozent des Möglichen erreichen, dann würde die weltweite Lebensmittelproduktion auf den derzeitigen landwirtschaftlichen Flächen um 58 Prozent steigen – um etwa 2,3 Milliarden Tonnen, wie der US-amerikanische Ökologe Jonathan Foley berechnet hat. Selbst wenn die Erträge nur 75 Prozent ihres Potenzials erreichten, würde die weltweite Produktion noch um 28 Prozent oder 1,1 Milliarden Tonnen ansteigen. Wie Hardevsinh Jadeja, Winifred Omoding und andere Bauern zeigen, ließe sich das schon mit einfachen Maßnahmen wie verbessertem Zugang zu Bewässerung, hochwertigem Saatgut und Dünger erreichen. Große Monokulturen mögen effizienter sein, doch industriell betriebene Landwirtschaft belastet die Umwelt oft stark und bietet weniger Arbeitsplätze. Durch die Verwendung von nur wenigen Sorten wäre zudem ein größerer Anteil der Lebensmittelproduktion durch Krankheiten oder Wettereinflüsse bedroht. Zuverlässige einheimische Feldfrüchte wie dürreresistente Sorghumhirsen, Maniok, Millethirsen, Süßkartoffeln, Kochbananen und Erdnüsse, die bisher zugunsten der gefragteren Getreide vernachlässigt wurden, sind für heißes, trockenes Klima besser geeignet und sollten wieder vermehrt angebaut werden.

Auf lange Sicht gilt es, vollkommen neue landwirtschaftliche Techniken zu erforschen und zu entwickeln – beispielsweise die Erzeugung von Nahrungsmitteln aus Algen oder Pilzen, die im Meer oder in Fabrikregalen wachsen können. Derzeit arbeiten Wissenschaftler an der Entwicklung von ausdauernden Getreiden, die bei Erfolg enorm zur Versorgungssicherheit und Schonung der Umwelt beitragen werden, denn sie würden weitaus weniger Dünger, Bewässerung, Bodenbearbeitung und Pestizideinsatz erfordern als die einjährigen Getreide von heute.

Große Veränderungen verspricht auch die Steigerung der Photosyntheseleistung bei den wichtigsten Nahrungspflanzen. Die meisten Pflanzen, darunter Reis und Gerste, sind C3-Pflanzen, will sagen: Wenn sie Kohlendioxid aus der Luft aufnehmen, „fixieren" sie es in Form eines Moleküls mit drei Kohlenstoffatomen. C3-Pflanzen gedeihen in Zonen mit gemäßigtem Klima und guter Wasserversorgung, sind aber bei höheren Temperaturen weniger effizient. Die globale Erwärmung hat schon heute die Reiserträge um ganze 20 Prozent fallen lassen. Etwa drei Prozent der Nutzpflanzenarten, darunter Mais, Zuckerrohr und Sorghumhirsen, haben jedoch eine effektivere Form der Photosynthese entwickelt, bei der Moleküle mit je vier Kohlenstoffatomen fixiert werden. Diese C4-Pflanzen brauchen mehr Sonnenlicht als die C3-Pflanzen, kommen aber besser mit höheren Temperaturen, Trockenheit und geringem Stickstoffgehalt zurecht. Wissenschaftler sind derzeit dabei, Reis zu einer C4-Pflanze zu machen; das könnte die Erträge um die Hälfte steigern. Die gute Nachricht dabei ist, dass sich der C4-Mechanismus bei zahlreichen Pflanzen auf natürlichem Wege entwickelt hat und viele – auch Reis – bereits die dafür nötigen Enzyme besitzen.

Damit die Hungrigen etwas zu essen bekommen, braucht es im Anthropozän oftmals nicht mehr (oder weniger) als bessere Straßen und Lagermöglichkeiten, damit Erntegüter die Märkte erreichen, bevor sie verderben. Als ich von Ruanda nach Nordosten in Ugandas Hauptstadt Kampala fuhr, kam ich an üppig tragenden Bananen- und Gemüsefeldern vorbei. Die Bauern aber zerstörten ihre Ernte auf den Feldern, weil sie sie aufgrund des Überangebots in der Gegend nicht verkaufen, aber wegen des miserablen Zustandes der Straßen auch nicht ein paar Hundert Kilometer weiter nach Nordosten transportieren konnten, wo die Menschen Hunger litten. Schuld an den schlechten Straßen waren Korruption und die schlechte Verwaltung der für den Straßenbau vorgesehenen Gelder.

Etwa 40 Prozent der in den Entwicklungsländern produzierten Lebensmittel werden wegen fehlender Kühlung oder Transportschwierigkeiten weggeworfen, bevor sie einen Markt erreichen.[21] Derselbe Anteil landet in den reichen Ländern im Müll. Die wohl schnellste und preiswerteste Methode, dem künftigen weltweiten Nahrungsmittelbedarf gerecht zu werden, wäre somit das Vermeiden von Abfall. Das Wegwerfen von Nahrung ist in den USA und China die drittgrößte Quelle von Treibhausgasen und blockiert ein Drittel der landwirtschaftlichen Anbaufläche, obwohl jeden Tag 870 Millionen Menschen Hunger leiden.[22]

Wir müssen fortan auch sehr gut überlegen, wofür wir weltweit fruchtbare Flächen nutzen. Wer würde schon angesichts Hunderter von Millionen mangelernährter Menschen auf der Welt bewusst Nahrung verbrennen? Doch genau das tut die Biokraftstoffindustrie, sanktioniert und gefördert von Regierungen und NGOs. Biokraftstoffe scheinen eine ideale Sache zu sein: Feldfrüchte wie Mais oder Zuckerrohr lassen sich als Quelle für Kraftstoffe anbauen, deren Verbrennen lediglich das Kohlendioxid freisetzt, das die heranwachsende Pflanze zuvor aus der Luft gebunden hat. Allerdings haben sich große Konzerne bereits über fünf Millionen Hektar Ackerland in Entwicklungsländern angeeignet, um dort Biokraftstoffe zu produzieren. Ich habe in Indien und Mittelamerika mangelernährte Bauern kennengelernt, die entweder selbst Kraftstoffpflanzen – wie Sonnenblumen, Purgiernuss (Jatropha) und Zuckerrohr – anbauten oder für den Anbau dieser Pflanzen von ihrem Land vertrieben worden waren. So oder so sind sie und ihre Familien die Verlierer, während riesige Regenwald- und Savannenflächen für den Anbau von Biokraftstoffen gerodet werden.

Da ein beträchtlicher Anteil der weltweiten Nutzpflanzen für die Kraftstoffproduktion abgezweigt wird, steigen die Lebensmittelpreise unweigerlich an. Werden Ernten durch Dürren, Überschwemmungen oder andere Katastrophen zerstört, verschlimmert sich die Situation noch weiter. Im August 2012, nach einer Sondersitzung von Vertretern der G20-Staaten zum Thema Lebensmittelpreise, appellierte der Generaldirektor der Ernährungs- und Landwirtschaftsorganisation der Vereinten Nationen (FAO) an die US-Regierung, auf die gesetzlich vorgeschriebene Quote zu verzichten, die festlegt, welcher Anteil der Maisernte für die Produktion von Biokraftstoff zu verwenden ist. Zuvor hatte eine monatelange Dürre und Hitzewelle einen großen Teil der Ernte zerstört. Rinderzüchter in aller Welt schlossen sich der Forderung an, denn sie fürchteten hohe Futterpreise im Winter. Da die US-Regierung einen Anstieg des Benzinpreises jedoch noch mehr fürchtete, blieb sie bei der Biokraftstoff-Quote. Im Widerstreit zwischen hungernden Menschen und durstigen Autos trugen zumindest in jenem Jahr die Autos den Sieg davon.

Fast noch schlimmer ist die Tatsache, dass Biokraftstoffe als Ersatz für Erdölprodukte die Treibhausgasemissionen kaum reduzieren, ja manchmal sogar noch erhöhen – das liegt daran, dass ihre Produktion den Einsatz von Düngemitteln erfordert (die bei ihrer Nutzung und Herstellung Treibhausgase freisetzen) und tropische Wälder, die Kohlendioxid speichern, oft gerodet werden, um auf den Flächen die Biokraftstoffpflanzen (oder die durch diese anderswo verdrängten Nahrungspflanzen) anzubauen.

Sogenannte Biokraftstoffe der zweiten Generation, die aus pflanzlichen Abfallprodukten hergestellt werden, kommen als Alternative zum Einsatz. Doch selbst das ist problematisch. Es kostet nicht nur mehr Energie, aus diesen Quellen (die wir sonst verdauen würden) Kraftstoff herzustellen – in vielen Teilen der Erde ist Material wie dieses überhaupt kein „Abfall", sondern dient als wertvoller Mulch oder Dünger, als Tierfutter, getrocknet als Dachabdeckung oder als Brennstoff zum Kochen und Heizen. Schon zeichnen sich Biokraftstoffe der dritten Generation ab, die aus genmodifizierten Algen oder Bakterien gewonnen werden. Die bisherigen Experimente verliefen vielversprechend. Doch Bakterien brauchen selbst Kraftstoff – meist Zucker –, der erst einmal angebaut sein will. Algen lassen sich im Meer, in Seen und auf Brachland züchten; auch sie benötigen Nährstoffe (der Eintrag an Düngemitteln dürfte hier ausreichen) und Sonnenlicht, aber keine Feldfrüchte als Zuckerlieferanten. Doch selbst mit ihrem hocheffizienten Umwandlungsprozess würden Algen eine riesige Fläche in Anspruch nehmen, und sie könnten realistisch gesehen nur einen Bruchteil unseres Kraftstoffbedarfs decken.

Auch ohne Biokraftstoffproduktion ist der landwirtschaftliche Fußabdruck des Anthropozäns gewaltig und derzeit nicht zu beherrschen. Die Landwirtschaft verändert den Stickstoffkreislauf, lässt Flüsse und Seen trockenfallen und saugt so viel Grundwasser ab, dass ganze Städte im Meer versinken. Die Treibhausgasemissionen aus Düngemitteln, Rinderrülpsern, Reisfeldern und der Abholzung von Wäldern sind für 30

Prozent der Gesamtmenge verantwortlich – mehr als die Emissionen aus Stromerzeugung oder Transport.

Der wichtigste Grund für diese Entwicklung ist die Zahl der Menschen. Vor rund 10000 Jahren, am Beginn des Holozäns, gab es nur etwa 5 Millionen, heute sind wir mehr als 7 Milliarden. Seit mindestens zwei Jahrhunderten gibt es Warnungen, dass die Weltbevölkerung die Grenzen der Ressourcen sprengen und es damit zu furchtbaren Hungersnöten kommen werde.

Doch die Wachstumsrate der Bevölkerung hat ihren Gipfel bereits hinter sich. Ihren Zenit erreichte sie um 1968, in jenem Jahr, als Paul R. Ehrlichs Buch *The Population Bomb* (deutsch: *Die Bevölkerungsbombe*) erschien. Seitdem ist die Wachstumsrate um etwa 50 Prozent zurückgegangen; die Frauen in den Entwicklungsländern (außerhalb von China) bekommen heute im Durchschnitt drei und nicht mehr sechs Kinder. Manche Länder haben Empfängnisverhütung und spätere Mutterschaft aktiv gefördert, ebenso wie Bildung für Mädchen und Frauen, was zu kleineren Familien führt. China, das bevölkerungsreichste Land der Welt, führte 1978 die umstrittene Ein-Kind-Politik ein, die Hunderte Millionen Geburten verhinderte. Dennoch hat sich gezeigt, dass soziale Eingriffe die Familiengröße längst nicht so effektiv reduzieren wie wirtschaftliches Wachstum: Im selben Zeitraum zeigte Taiwan, während es sich vom Entwicklungsland zum „entwickelten" Land wandelte, eine noch etwas stärker rückläufige Fruchtbarkeit als China.

Von heute bis 2050 wird das Bevölkerungswachstum fast ausschließlich in den Entwicklungsländern erfolgen. Subsahara-Afrika wird die höchsten Zuwachsraten zeigen, doch rein zahlenmäßig werden die Asiaten am meisten zulegen, wobei Indien um 2020 China den Rang als bevölkerungsreichstes Land ablaufen wird. Die reichen Länder dagegen verzeichnen einen Rückgang der Kinderzahlen, was beispielsweise in Japan dazu führt, dass die Bevölkerung im Jahr 2050 kleiner sein wird als heute. Der bereits stattfindende demografische Wandel wird die reichen Gesellschaften dazu zwingen, mehr und mehr auf die Arbeitskraft von Migranten aus den Entwicklungsländern zu bauen, was den Prozess der weltweiten Vermischung der Völker im Anthropozän noch beschleunigt. Der Rückgang des Bevölkerungswachstums geht manchen Umweltschützern, die die Verkleinerung der Weltbevölkerung als eine der wichtigsten Voraussetzungen für unsere sichere Zukunft ansehen, noch

Von oben: In der kleinen Ortschaft Nangi turnen Kinder auf dem Schulhof; Mahabir (mit Brille) in der WiFi-Schaltzentrale; die Kinder von Nangi online im Computerraum.

Im Uhrzeigersinn von unten links: Der Bau von Uferbefestigungen und Einfassungen für den künstlichen Gletscher über Stakmo; der Gletscher, der sich hier bildet, schmilzt im Frühjahr; Norphel unterhält sich vor seinem Haus in Stakmo mit Tashi; Tashis Rekordernte; in den peruanischen Anden streichen Parco und Torres ihren Berg weiß an.

Im Uhrzeigersinn von unten links: Das Boot, mit dem ich in Laos den Mekong hinunterfuhr; ein schwimmender Markt in Chao Doc; in Vietnam leben die Menschen noch immer auf dem Fluss; die riesige patagonische Wildnis ist die Heimat der Gauchos – und Gletscher; Francisco Vios kleiner Sohn betritt sein warmes, selbst gebautes Ökohaus in der Nähe von Coyhaique, Patagonien.

Im Uhrzeigersinn von unten links: In der Nähe von Masindi, Uganda, löst Robinah ihre armselige Ernte an Erdnüssen aus der Schale; Winifred und ihre Familie stehen in der Türöffnung ihres zukünftigen großen Hauses; die Sesamkörner, die Winifreds Geschick zum Guten gewendet haben.

Im Uhrzeigersinn von unten: Ein Klassenzimmer in Raj-Samadhiyala, Indien; Gulab Givi, ein früherer Bettler, in seinem florierenden Laden; David Okello stapft in Soroti, Uganda, über sein Feld mit neuen Erdnusssorten.

Im Uhrzeigersinn von oben links: Malé, von einem Wasserflugzeug aus gesehen; Anni Nasheed; Gerald McDougalls Haus auf seiner Müllinsel, Belize (ein paar Tage vor dieser Aufnahme war es von einem Zyklon beschädigt worden, und er war gerade dabei, es zu reparieren).

nicht schnell genug. Viele Agronomen und Ökonomen jedoch sind der Meinung, dass es von allem – auch Nahrung – genug gibt. Den zunehmenden Auswirkungen von Klimawandel, Bodendegradation und Wassermangel zum Trotz sind sie der Überzeugung, dass wir die zusätzlichen Milliarden von Menschen ernähren können, wenn wir nur die Landwirtschaft effizienter machen und die Verschwendung vor und nach der Ernte reduzieren.

Wenn Menschen zu Wohlstand kommen, ernähren sie sich nicht mehr von Reis oder Maniok, sondern von Milch und Fleisch – doch wollten sich alle Menschen auf der Erde ernähren wie ein Durchschnittsamerikaner oder -europäer oder so leben wie dieser, wäre nicht genug für alle da. Jedes Kilogramm Protein, das wir aus Fleisch beziehen, verbraucht weitaus mehr Land, Wasser und Energie und setzt viel mehr Treibhausgase frei als Protein aus pflanzlichen Quellen. Derzeit ernähren sich etwa 2 Milliarden Menschen fleischreich, während 3 Milliarden mangelernährt sind. Wird aber die Weltbevölkerung größer und in Teilen wohlhabender, so wird die Zahl und somit der Anteil der Fleischesser völlig untragbar. Der Viehbestand in den USA ist bereits heute fünfmal so groß wie die Anzahl der Menschen und verbraucht siebenmal mehr Getreide (wobei die Anbaufläche dafür siebenmal so groß ist wie jene, auf der Nahrung für Menschen wächst) – davon ließen sich 840 Millionen Menschen ernähren. Weltweit dienen nur 62 Prozent der Ernten direkt der Ernährung von Menschen, ein Drittel wird an Nutztiere verfüttert und weitere 3 Prozent gehen in die Produktion von Biokraftstoffen und dergleichen. Die Menschen töten pro Sekunde etwa 1600 Tiere (auch Vögel), um sie zu essen; die im Meer gefangenen Tiere sind dabei noch gar nicht mitgezählt.[23] Insgesamt ist die Biomasse der Nutztiere doppelt so groß wie die der Menschen.

Wenn wir im Anthropozän die wenigen verbliebenen Wälder und sonstigen vielfältigen Ökosysteme der Welt bewahren wollen, wird der Verzehr von Fleisch eines frisch geschlachteten Tieres wohl immer seltener werden. Insekten wandeln ihre Nahrung weitaus effizienter in Protein um als Rinder; sie werden wahrscheinlich einen wachsenden Anteil unseres Nahrungsproteins stellen – schon heute ergänzen mehr als zwei Milliarden Menschen ihren Speiseplan auf diese Weise. Vielleicht wird es weiterhin Nutztierhaltung für die Fleischproduktion geben, dann jedoch in Großmastbetrieben, die neuartige Futtermittel wie Algen verwenden (und möglicherweise wird man, wie schon vorgeschlagen wurde, den Tieren die Großhirnrinde herausoperieren, damit sie nicht bemerken, was für ein elendes Leben sie führen). Schon jetzt gibt es in Saudi-Arabien und den USA Superfarmen, in denen mehr als 100 000 Tiere gehalten werden. Eine andere Option ist, Fleisch synthetisch wachsen zu lassen. Laut Schätzungen von Wissenschaftlern würde das den Wasserverbrauch um 90 Prozent, die Treibhausgasemissionen um 95 und den Landverbrauch um 99 Prozent senken.[24] Theoretisch ließe sich der weltweite Fleischbedarf decken, indem man die Zellen eines einzigen Tieres in Labors kultiviert und vermehrt – und womöglich so modifiziert, dass es weniger Fett enthält, gesünder ist und unterschiedliche Geschmacksrichtungen hat.

Die größte Wirkung hätte jedoch ein dramatisch reduzierter Fleischkonsum im Anthropozän. Viele Gesellschaften in aller Welt essen aus kulturellen, religiösen oder ethischen Gründen kein Fleisch. Es gibt vielerlei nährstoffreichen und schmackhaften Ersatz dafür; die eigentliche Schwierigkeit besteht darin, den verbreiteten Glauben zu überwinden, Fleisch sei ein Zeichen von Wohlstand. Schon heute gibt es manche ermutigende Entwicklung – der Fleischkonsum in den USA etwa ist in den letzten zehn Jahren um zehn Prozent zurückgegangen, weil die Menschen auf gesündere Ernährung achten und die Futtermittelpreise auch den Fleischpreis in die Höhe treiben.[25]

Die Beziehung der Menschen zur Landwirtschaft wird im Anthropozän eine andere sein als heute. Weltweit wird es weniger selbstversorgende Kleinbauern wie Winifred geben. Die Menschen werden zunehmend in Städten leben, weiter entfernt von Gärten und Bauernhöfen. Lebensmittel werden eher gekauft als angebaut, und das zunehmend in bereits weiterverarbeiteter Form. Bauernhöfe werden sich irgendwo anders befinden. Die Menschen werden keinen Bezug mehr zu der täglichen Mühsal haben, Nahrungspflanzen aus Saatgut heranzuziehen.

Was auch immer wir essen – wir müssen unsere Zahl zweifellos mit der Zeit verringern und Nahrung nachhaltiger nutzen. Wir werden mehr Nahrung auf weniger Land anbauen, dabei weniger Wasser verbrauchen und die Umwelt weniger verschmutzen. Die von uns angebaute Nahrung wird mehr Nährstoffe enthalten, und wir werden weniger davon wegwerfen. Dies wird uns nur gelingen, wenn wir alle Mittel nutzen, die uns zur Verfügung stehen – uralte Praktiken wie Wanderfeldbau, Hirtennomadismus und naturschonende Agrarwirtschaft, aber auch vielversprechende neue Techniken wie die Genmanipulation. Veränderungen in der Landwirtschaft etablieren sich manchmal innerhalb weniger Anbausaisons, wie Winifred, Jadeja und andere gezeigt haben, doch brauchen sie Unterstützung von außen – etwa in Form einer verbesserten Infrastruktur –, bis sie sich von allein tragen.

Auf diese Weise müsste es möglich sein, unsere wachsende Bevölkerung trotz Klimawandel und anderer Belastungen zu ernähren. Allerdings ist wohl davon auszugehen, dass sich die Anbauflächen im Anthropozän noch weiter ausdehnen und am Ende vielleicht die Hälfte der Landfläche der Erde beanspruchen werden, denn das Bedürfnis der Menschen nach Nahrung betrifft alle Teile dieses Planeten.

5 MEERE

Der große Wasserkörper, dessen Strömung sich über die ganze Erde erstreckt, unterscheidet unsere blaue Heimat von allen anderen Planeten im Sonnensystem. Unser Planet ist der einzige, auf dem es flüssiges Wasser gibt. Aber so war es nicht immer – viele Millionen Jahre lang gab es auf unserem noch schmelzflüssigen Planeten kein Wasser in welcher Form auch immer.

Als sich schließlich die Kruste unseres Planeten bildete, stieß sein aufgewühlter Magen das erste Wasser in Form von vulkanischen Wasserdampf-Rülpsern aus, die in die kühlere Atmosphäre aufstiegen und Wolken bildeten. Als sich die Erde schließlich abkühlte, regnete es – viele Tausend Jahre lang. Die tief liegenden Teile der Planetenoberfläche wurden in Wasser gebadet, und die ersten Meere entstanden. Unterdessen ging ständig ein Bombardement großer, eisiger Kometen auf die junge Erde nieder. Vielleicht die Hälfte des irdischen Wassers kam auf diese Weise zu uns.

Die Meere definierten und formten die Küsten des Planeten, wuschen Steilküsten und Meeresarme aus, schlugen gegen Inseln an, brandeten gegen Strände und hoben und senkten ihre große Masse in einem regelmäßigen Gezeitenrhythmus, der die Erdrotation beeinflusste und die Tage länger werden ließ.

Das Meer war auch für das bemerkenswerteste Experiment im Universum verantwortlich: die Entstehung des Lebens. Es begann rund um

Tiefseeschlote, Risse in der ozeanischen Kruste, aus denen heiße, mineralhaltige Gase strömen, reich an den Ingredienzien des Lebens. Vor rund 3,5 Milliarden Jahren vereinigten sich an diesen energiereichen Orten komplexe, zur Selbstreplikation fähige Moleküle miteinander und bildeten schließlich lebende Zellen. Über Jahrmilliarden sollte das Leben diese ozeanische Gebärmutter nicht verlassen.

Meere bedecken heute 70 Prozent unseres Planeten, sie steuern Wetter und Klimamuster und beeinflussen den globalen Kohlenstoff-, Stickstoff- und Wasserkreislauf. Der größte Teil des Wassers, das als Regen auf unsere Nutzpflanzen und Wälder, unsere Seen und Städte fällt, stammt aus Wolken, die durch Verdunstung von Meerwasser entstanden sind. Aus den Meeren verdunstet mehr Wasser als hineinregnet, und wenn sie nicht durch Flüsse und andere Einleitungen aufgefüllt würden, so würde der Meeresspiegel absinken. Tatsächlich aber steigt er, weil wir die Weltmeere aufheizen, was ihre Ausdehnung hervorruft, und weil sich das Schmelzwasser der Gletscher ins Meer ergießt.

Im Altertum markierten die Meere den Rand unserer Welt, die Grenzen menschlichen Wissens und Erlebens. Für einige der frühesten Völker war Fisch eine wichtige Nahrungsquelle, aber in vielerlei Hinsicht war das Meer etwas, das man fürchtete. Kühne Entdecker machten sich auf, neue Welten jenseits der Meere zu erkunden, doch nur wenige wagten sich aufs offene Meer; die meisten zogen vor, in Sichtweite der Küsten zu bleiben. Die Meere trennten Länder so wirkungsvoll, dass ganze Zivilisationen Jahrtausende lang nichts voneinander wussten. Selbst der schmalste Meeresarm kann Tiere und Pflanzen so lange trennen, dass sie tief greifende Unterschiede entwickeln, wie Charles Darwin auf den Galapagosinseln entdeckte. Schließlich überquerten abenteuerlustige Seefahrer auf der Suche nach üppigen neuen Fischgründen die furchterregenden Weiten der Hochsee. Bei ihrer Rückkehr erzählten sie von fantastischen Geschöpfen, wie „einhornigen“ Walen und Riesenkalmaren von mehr als zehn Metern Länge, deren Existenz erst viele Hundert Jahre später wissenschaftlich bestätigt wurde. Und sie stießen auf neue Kontinente. Ihre Entdeckungsfahrten sollten die Völker der Welt miteinander verbinden und den Prozess der Globalisierung einleiten.

Im Anthropozän macht sich die Menschheit daran, die Meere zu verändern. Wo die See Landmassen trennte, haben wir diese oftmals durch Brücken und Tunnel verbunden. Dadurch kam es zu einem Austausch en-

demischer Arten, denn mit uns traten auch andere Spezies von einer Insel oder einem Kontinent auf einen anderen über. Wo Kontinente Ozeane trennten, haben wir diese durch Kanäle verbunden, wie in Panama oder in Suez. Die wohl größte anthropogene Veränderung zeigt sich jedoch in der Arktis, die fast völlig aus Meer besteht und wo riesige Eismassen ganze Regionen das ganze Jahr hindurch unpassierbar machten. Nun tauen die gefrorenen Meeresflächen allmählich auf, sodass Schiffe passieren können, die Regionen bewohnbar werden und Ölbohrungen sowie der Abbau von Mineralien möglich sind.

Die Meere sind für uns zu Müllhalden geworden, in denen wir unsere chemischen, biologischen und sonstigen Abfälle entsorgen. Diese Verschmutzung hat die Meere saurer gemacht und die Nährstoffkonzentrationen verändert, besonders in Küstennähe. Die Menschheit hat die Meere aufgeheizt, ihren Wasserspiegel steigen lassen und sie überfischt. Wir rotten selektiv ganze Arten aus und bringen ungerührt marine Ökosysteme aus dem Gleichgewicht, und das während wir gleichzeitig neue Arten und Lebensräume entdecken und in zuvor unzugängliche Tiefen vorstoßen.

Im Anthropozän sind die Meere unsere Speisekammer und unser Transportsystem, aber zunehmend auch unsere Energieversorgung und unsere Öl- sowie Gasquelle. Sie bieten Milliarden von Menschen ein Auskommen und Nahrung und beherbergen die größten „Wälder" der Erde: das Phytoplankton, das die Luft von unseren Kohlendioxidemissionen reinigt. Wir haben erst drei Prozent der Meere erforscht, doch während wir lernen, ihre geheimnisvollen Tiefen zu erkunden, geschehen an der Meeresoberfläche katastrophale Dinge: Ganze Inseln werden von den Wellen verschlungen.

Durch die runden Fenster des Wasserflugzeugs betrachtet, erinnern die Malediven an eine Kette türkisfarbener Spritzer im Indischen Ozean. Jede dieser seichten aquamarinblauen Lagunen ist umgeben von einem Ring aus Korallen, der aus der Höhe grün erscheint. Und viele der hellen Pools weisen im Zentrum einen weißen Sandwirbel auf – auf den größten steht ein Durcheinander von Gebäuden, einige der anderen tragen hingegen kleine Wälder aus Kokospalmen, Papaya-, Banyan- und Meerrettichbäumen.

Neun Zehntel der Malediven sind vom Meer bedeckt, und das

Wenige, was über die Wasserfläche hinausragt, verteilt sich auf 1200 winzige Inseln, die sich über eine Fläche von vielen Hundert Quadratkilometern ausbreiten. Rund 470 000 Menschen leben auf diesen Inseln, deren größte weniger als acht Quadratkilometer misst. Die Hauptstadt der Malediven, Malé, ist die am dichtesten besiedelte Stadt der Welt; dort drängen sich 130 000 Menschen auf einer Fläche von nur zwei Quadratkilometern.

Es ist eine unsichere Existenz. Der höchste „Berg" der Insel ragt nur 2,3 Meter über den Meeresspiegel; das macht die Sandstrände der Malediven zu einem der empfindlichsten Landstriche der Erde, da sie dem Klimawandel besonders schutzlos ausgesetzt sind. Das wenige Land, das es gibt, ist aus den Skeletten von Meerestieren aufgebaut – die Malediven sind ebenso Teil des Meeres, wie sie Teil des Landes sind. Ein steigender Meeresspiegel, zunehmend intensive Sturmfluten, Veränderungen des Monsuns, Versauerung der Meere und die damit einhergehende Erosion – all das droht dieses tropische Paradies zu zerstören, und einige Wissenschaftler sagen voraus, dass die Inseln bereits im Jahr 2030 unbewohnbar sein werden.

„Die Inseln sind so viel kleiner als früher. Und die Sandbänke schrumpfen Jahr für Jahr", meint John Gregory, während er durch das Flugzeugfenster schaut. John und seine Frau Sue aus Bath in Großbritannien sind Stammgäste hier. Seit 2000 verbringen die Gregorys jedes Jahr zwei Wochen im März und im September in einem der Luxusresorts des Landes. Im Lauf der letzten zehn Jahre hat das Paar einige Veränderungen wahrgenommen. „Ein paar der Bungalows in der Anlage mussten aufgegeben werden, weil sie immer wieder überflutet wurden. Einer fiel einfach ins Meer. Und der Strand, wo wir immer sonnenbaden gingen, ist vollständig verschwunden", erzählt Sue. „Es ist wirklich traurig. Ich denke, wir müssen uns bald nach einem anderen Urlaubsziel umsehen."

Die Unannehmlichkeiten der Gregorys sind etwas, das sich die Regierung kaum leisten kann – der Tourismus sichert mindestens ein Drittel des Landeseinkommens. Ich besuche die Malediven in einer Zeit großer physischer, sozialer und politischer Umwälzungen: Im Land hat man das Gefühl, man stehe mit dem Rücken zur Wand, während global der Eindruck besteht, es sei noch nicht alles verloren, denn das Land ist inzwischen ins internationale Rampenlicht gerückt. Es ist eine sehr beängstigende Zeit für die Menschen dieses so verwundbaren Landes und paradoxerweise zugleich eine Zeit großen Optimismus. Nach 30 Jahren brutaler Diktatur ist mit Mohamed Nasheed ein neuer junger Präsident voller frischer Ideen ans Ruder gekommen. Aber er braucht sämtliche Touristendollars, deren er habhaft werden kann, um das ererbte Haushaltsloch zu stopfen und die versprochenen sozialen und infrastrukturellen Verbesserungen umzusetzen – und für seinen großen Plan: einen Staatsfonds zur Rettung der Nation, wenn das Wasser so hoch steigt, dass ein Bleiben unmöglich wird. Bevor die Korallenriffe und Strände verschwinden, muss Nasheed vom Geld von Besuchern wie den Gregorys genügend Rücklagen aufbauen. Es ist ein Wettlauf gegen die Zeit und ein Rennen gegen die von Menschenhand veränderten Meere des Anthropozäns.

In vieler Hinsicht ist die Notlage der Malediven ein Abbild der Herausforderungen, denen wir uns alle stellen müssen, während die Menschheit nach den Meeren greift, diesem letzten wilden Grenzraum. Von der Überfischung bis zum Klimawandel spürt man diese Herausforderungen hier zuerst und besonders ausgeprägt. Ich bin hierher gekommen, um herauszufinden, wie es ist, in der niedrigsten Nation der Welt zu leben, in jenem Land, in dem das Risiko des Untergangs am größten ist. Und um den bemerkenswerten Mann zu treffen, der neue Wege geht, um die globalen Auswirkungen menschlichen Handels zu bekämpfen, und sich weigert, seine Nation still und leise ertrinken zu lassen.

Ende 2008 wurde Nasheed der erste demokratisch gewählte Präsident der Malediven, und er versprach, nicht nur Wirtschaft und Infrastruktur zu entwickeln, sondern seinen Staat gleichzeitig in ein mit erneuerbaren Energien betriebenes Kraftwerk und das erste CO_2-neutrale Land der Welt zu verwandeln. In einer starken Botschaft an andere Nationen wies er den Plan seines Vorgängers zurück, Ölvorkommen in den Gewässern seines Landes auszubeuten. Nie zuvor hatte sich eine Nation so eindeutig für eine ökologische Politik entschieden – trotz wirtschaftlicher Härten, die dieser Entschluss mit sich bringen würde. Andererseits war auch keine Nation jemals zuvor so direkt und offensichtlich durch die unsichtbare Umweltverschmutzung bedroht, die unser rastloser Drang nach Fortschritt mit sich gebracht hat. Es ist ein aufregender und faszinierender Zeitpunkt für einen Besuch.

Ich treffe „Anni“, wie Nasheed in der Bevölkerung liebevoll genannt wird, nach Sonnenuntergang in dem bescheidenen Hofgarten seines Familienhauses in Malé. Er hat Schlips und Anzug abgelegt und erscheint in Zehensandalen sowie einem bequemen rosafarbenen Hemd ohne Kragen im traditionellen Stil. Durch die offene Terrassentür tauscht er mit seiner Frau Laila, die drinnen das Essen für ihre beiden kleinen Kinder vorbereitet, ein paar Worte in der Landessprache Dhivehi und bietet mir ein Getränk an. Dann, während er einen Standventilator anstellt, der die träge Abendluft umwälzt, schenkt er mir ein Begrüßungslächeln und setzt sich mir gegenüber. Zum ersten Mal wird mir klar, wie jung er ist – in den Vierzigern, aber schmal und knabenhaft gebaut, mit einer ruhigen, aber leidenschaftlichen Stimme, die ungewöhnlich hell ist für eine Profession, in der die meisten ihre Stimme heruntermodulieren.

Wir beginnen, uns zu unterhalten, und seine Offenheit und sein Humor nehmen mich rasch für ihn ein. Im Lauf unseres Gesprächs bezeichnet er die Tatenlosigkeit der Industrieländer im Hinblick auf kohlenstoffeffiziente Maßnahmen als „dumm", die Abhängigkeit vom Erdöl als „blödsinnig" und fragt, warum „der Rest der Welt nicht aufhört zu reden und damit beginnt, die Probleme anzupacken, indem er Geld in die Hand nimmt und sich ab sofort auf den Wechsel zu erneuerbaren Energien konzentriert". Dieser Präsident scheut sich nicht, bei Themen, die ihm am Herzen liegen – wie Menschenrechte und Klimawandel –, deutliche Worte zu äußern oder mit einer spektakulären Aktion Aufsehen zu erregen. Gefilmt von einem Fernsehteam, hielten er und seine Minister, die über ihren Geschäftsanzügen Tauchausrüstung trugen, 2009 an einem Tisch auf dem Meeresgrund sitzend eine Kabinettssitzung ab, um auf die Gefahr eines steigenden Meeresspiegels für die Nation aufmerksam zu machen. Später in jenem Jahr wurde Anni zum „wahren Helden" der internationalen Klimakonferenz in Kopenhagen, indem er dem dänischen Premierminister zufolge intensiven Druck auf die Führer der Welt ausübte, „ihren Stolz zu überwinden und diesem Abkommen unseren Enkelkindern zuliebe zuzustimmen". Allgemein war man sich darüber einig, dass nur durch seinen Einsatz und seine Hartnäckigkeit bei diesem unseligen Treffen überhaupt irgendeine Art von Vereinbarung zustande kam.

Anni ist erfrischend anders als andere Staatsoberhäupter. Er strahlt Leidenschaft und Dringlichkeit aus – einen fast körperlichen Drang, Dinge rasch zu erledigen. Es ist, als wisse er, dass ihm im Rahmen seiner

Präsidentschaft nicht viel Zeit bleibt (was leider allzu hellsichtig ist). Oder dass bereits zu viel Zeit verschwendet wurde. Er hat den größten Teil seines Lebens als Menschenrechtsaktivist und Journalist verbracht und unter der autokratischen Herrschaft des vorherigen Präsidenten Abdul Gayoom für Demokratie geworben. Anni wurde mehr als 20-mal ins Gefängnis geworfen, oft in Einzelhaft, mehrmals gefoltert (so wurde er beispielsweise gezwungen, zerkleinertes Glas zu essen) und verpasste die Geburt seiner beiden Töchter. Er verbrachte seine Einkerkerung, wenn möglich, mit Studieren und schrieb drei Bücher über die Geschichte der Malediven. Im Jahr 2003 verlangte Anni eine Untersuchung, nachdem ein junger Häftling zu Tode gefoltert worden war, was zu nationalen Protesten und Aufständen führte. Er floh aus dem Land und gründete im britischen Exil die Maldivian Democratic Party (MDP). Als er 2008 an die Macht kam, versprach Anni seinen jubelnden Unterstützern ein ganzes Paket von Reformen. Eine seiner ersten Amtshandlungen bestand darin, alle politischen Gefangenen zu entlassen und die Gebäude zu zerstören, in denen Gefangene gefoltert worden waren.

Anni musste jedoch bald feststellen, dass er ein System geerbt hatte, das völlig von Korruption durchsetzt war. Obwohl die Malediven das höchste Pro-Kopf-Einkommen in Südasien haben, lebt die Hälfte der Bevölkerung in Armut und verdient weniger als zwei US-Dollar pro Tag. Den meisten Einwohnern mangelt es an der Grundversorgung, von sauberem Leitungswasser bis zu Abfallbeseitigung; es gibt so gut wie keine Gesundheitsfürsorge, unzureichende Bildung, marode Infrastruktur und zwischen den vielen Inseln kein öffentliches Transportsystem. Schlimmer noch ist die sehr verbreitete Heroinabhängigkeit bei Jugendlichen auf den Malediven – in manchen Regionen benutzt jeder Fünfte die Droge; relativ zu seiner Einwohnerzahl belegt das Land hierin weltweit einen Spitzenplatz. Der Gegensatz zwischen der indigenen Bevölkerung und der beträchtlichen Menge reicher Feriengäste könnte nicht krasser sein, und beide Gruppen haben kaum Kontakt miteinander – fast alle Touristen fliegen direkt zu ihrer Ferieninsel und von dort wieder zurück und besuchen niemals Inseln, die von Maledivern bewohnt sind. „Wir haben Dritte-Welt-Inseln, wo Malediver leben, direkt neben luxuriösen europäischen Ferieninseln", meint Anni und verliert sein unbeschwertes Lächeln.

In der völlig überbevölkerten Hauptstadt Malé lebt ein Drittel der Bevölkerung in einem Gewirr aus neben- und übereinander errichteten Betongebäuden. Im Inneren kämpfen die meist arbeitslosen Jugendlichen gegen Drogensucht, Armut und Langeweile – eine gefährliche Mischung, die sie empfänglich für den Fanatismus macht, den Annis politische Feinde schüren. „Die Malediven können ein Beispiel dafür sein, wie eine muslimische Nation friedlich, ohne Blutvergießen und Bitterkeit, in eine funktionierende Demokratie übergehen kann", meint Anni. „Wir müssen Leute ausbilden und einige der stärker isolierten Dörfer ins 21. Jahrhundert bringen, sodass sie besser mit den vor uns liegenden Herausforderungen umgehen können, ob es sich nun darum handelt, auf eine andere Insel oder in ein anderes Land umzusiedeln."

Für die Meere wie für andere Bereiche hängt das Ausmaß der Veränderung im Anthropozän von uns ab – davon, wie arme Länder ihre Wirtschaft entwickeln und wie reiche Länder ihren negativen Einfluss auf die Umwelt reduzieren. Anni versucht, die Energieversorgung des Landes zu dekarbonisieren und bei der Industrialisierung Umweltstandards zu beachten. Das sei eine mutige Entscheidung, meine ich, vielleicht unnötig schmerzhaft…? Anni unterbricht mich scharf: „Nein, es ist der einzige Weg zum Fortschritt. Wir haben keine Wahl. Es ist mutig – sogar tollkühn –, Kraftwerke zu bauen, die auf fossilen Energieträgern basieren, wo wir doch wissen, dass das die Situation für das Klima, den Meeresspiegel verschlimmert. Großbritannien, die USA und die anderen Industrieländer haben die Atmosphäre die letzten 300 Jahre hindurch vergiftet. Wir müssen der Welt zeigen, dass es auch anders geht."

Sein Volk vor dem Klimawandel zu schützen, sagt er, sei eine humanitäre Herausforderung von der Größenordnung des Zweiten Weltkriegs. „Der Klimawandel ist nicht nur ein Umweltthema", erklärt Anni. „Er ist ein Menschenrechtsthema, bei dem das Zuhause, der Lebensunterhalt und das Leben von Millionen Menschen auf dem Spiel stehen. Menschen in aller Welt stehen in der Verantwortung, denjenigen zu helfen, die am verwundbarsten sind." Die internationalen Klimaverhandlungen zielen darauf ab, den globalen Temperaturanstieg auf 2 °C zu begrenzen – ein Anstieg, der die Malediven zum Untergang verdammen würde. „Für uns ist es zu spät", sagt Anni. „Hier würde man dann nicht mehr leben können. Aber für die ganze Welt ist es noch nicht zu spät. Und wenn wir auf 2 °C abzielen, so fällt es uns dann vielleicht leichter, im Rahmen von 1,5 °C zu bleiben." (Wie bereits erwähnt, gehen viele

Wissenschaftler allerdings inzwischen von einer Erhöhung von 4 °C bis Ende des Jahrhunderts aus.)

Viele von Annis Ideen sind radikal; dazu gehören durch Geoengineering geschaffene künstliche Küsten und Inseln innerhalb des Archipels, der Bau schwimmender Inseln und sogar der Kauf von Land in einem anderen Staat, um die gesamte Bevölkerung der Malediven mit Mitteln des Staatsfonds umzusiedeln. So etwas wurde abgesehen von kolonialen Eroberungen noch niemals versucht, und es fällt schwer, sich in der gegenwärtigen politischen Landschaft das Funktionieren eines Staates innerhalb eines Staates vorzustellen. Aber Ideen wie diese werden im Anthropozän zunehmend ernsthaft verfolgt, da jeder verschwindende Staat seine eigene Lösung für den Fall zu finden versucht, dass der Klimawandel sein Land stiehlt. „Wir wollen zusammenbleiben. Wir wollen unsere Kultur nicht verlieren", sagt Anni. „Aber wir wollen auch keine Klimaflüchtlinge werden, die jahrzehntelang in Zelten leben."

Unterdessen versucht er, aktuelle Probleme zu bewältigen und den Tag hinauszuschieben, an dem seine Mitbürger ihre Heimat verlassen müssen. „Wir haben eine Wasserkontaminierung durch eindringendes Meerwasser, wir haben 16 Inseln, die evakuiert werden müssen, wir haben Probleme beim Fischfang aufgrund von Wilderei, Erosionsprobleme, die Korallenbleiche ... Es gibt eine lange Liste von Dingen, die gerade jetzt passieren", sagt er. „Wir müssen die natürlichen Verteidigungslinien unserer Inseln reparieren, indem wir Korallenriffe wiederherstellen und Bäume anpflanzen."

Annis Pläne kosten allesamt viel Geld, das größtenteils aus dem Tourismus kommen muss. Paare auf Hochzeitsreise und Wohlhabende besuchen die Malediven seit Jahrzehnten in Scharen, angezogen von der stillen Schönheit der Inselgruppe, der Sonnengarantie und den ruhigen Küstengewässern mit ihrem tropischen Fischreichtum. Ich mache mich auf zu einer Luxus-Ferieninsel, um zu sehen, was sie so anzieht. Mein Boot wird einen Bilderbuchstrand hinaufgezogen: Vor geschmackvoll gestalteten Gästebungalows aus Holz streichelt kristallklares Wasser zuckerweiße Sandstrände. Doch wenn sich der Strand von Badenixen in ihren Bikinis leert, ist die Technik am Zug. Zweimal am Tag taucht ein großes Rohr vor der Küste ins Wasser und saugt Sand vom Meeresboden, der auf den Strand gepumpt wird. Ohne die Pumpe gäbe es hier keinen Strand. Tatsächlich wäre vielleicht auch nicht mehr viel Insel übrig. Die Malediven sind so vorübergehend und flüchtig wie der sich mit den Gezeiten verlagernde Sand. Viele dieser Inseln sind bloße Sandbänke, die mit den wechselnden Strömungen kommen und gehen. Die Einheimischen nennen ihr Land auch *Wodun adhi Girun*, was so viel wie „die Nation des Auftauchens und Verschwindens" bedeutet.

Das Land kämpft seit seiner Geburt als eine Kette vulkanischer Inseln vor vielen Jahrtausenden ums Überleben. Charles Darwin, der in den 1840er-Jahren auf den Malediven weilte, erkannte als Erster ihren vulkanischen Ursprung. Die 23 ringförmigen Inseln mit ihren Lagunen begannen als Korallenriffe, die Vulkaninseln umsäumten, so seine Vermutung. Als die Erde nach der letzten Eiszeit auftaute, führte glaziales Schmelzwasser zu einem Anstieg des Meeresspiegels. Unterdessen verschwanden die erloschenen Vulkane durch Erosion allmählich unter der Wasseroberfläche, und diese beiden Effekte sorgten dafür, dass die Inseln peu à peu abtauchten. Riffbildende Korallen bevorzugen seichtes Wasser – die meisten können kaum unter 45 Meter Tiefe gedeihen –, daher begannen sie, ihre Kalkskelette auf den Skeletten ihrer Vorgänger aufzubauen, und zwar so schnell, dass sie mit dem Ansteigen des Meeresspiegels Schritt halten konnten. Gleichzeitig wuchsen die Korallen an der Oberfläche zur Seite aus, um auf gleicher Höhe mit der ständig zurückweichenden Küste zu bleiben. Auch nachdem die Vulkaninsel völlig überflutet war, drängten die Korallen weiter nach oben und außen und bildeten einen Ring um eine Lagune, in deren Mitte einst der ursprüngliche Vulkan aufragte.

Dieser allmähliche Prozess führte zur Entstehung jener Korallenkette, die ich vom Flugzeug aus sah und deren einzelne Perlen Darwin als „Atolle" bezeichnete, wobei er den maledivischen Begriff übernahm. Die Korallen werden von anderen Meeresbewohnern, wie Papageienfischen und Seesternen, abgebaut und ihre Skelette zu Sand zerkleinert, der gemeinsam mit anderen „Trümmern" in den Lagunen niedrige Inseln bildet.

In den vergangenen 15 Jahren ist dieses empfindliche Gleichgewicht jedoch aus der Balance geraten – der Meeresspiegel steigt zu rasch, als dass die Korallen Schritt halten könnten, und immer mehr Inseln verschwinden für immer. Global gesehen, steigt der Meeresspiegel um 3,5 Millimeter pro Jahr – etwa doppelt so schnell wie im Lauf des 20. Jahrhunderts. Der größte Teil des Meeresspiegelanstiegs in den letzten zehn

Jahren rührte von der thermischen Ausdehnung der Meere her – wenn der Treibhauseffekt das Wasser erwärmt, rücken die nun energiereicheren Moleküle weiter auseinander und nehmen daher mehr Platz ein –, doch inzwischen ist glaziales Schmelzwasser die Hauptursache. Bisher war der Meeresanstieg der Rate der Erderwärmung direkt proportional, aber Wissenschaftler erwarten, dass sich der Anstieg demnächst beschleunigt und der Meeresspiegel pro Grad Erwärmung um 2,3 Meter steigt.[1] Ihre Berechnungen werden zeigen, ob große Teile der Malediven 2070, 2050 oder bereits 2030 unbewohnbar werden. Selbst ein Anstieg um einen einzigen Meter wäre für die Malediven eine Katastrophe, denn er würde zahlreiche Inseln unbewohnbar machen und den größten Teil der Infrastruktur überfluten.

Der Anstieg des Meeresspiegels, dazu Korallenriffe, die im Wachstum nicht Schritt halten können und daher zugrunde gehen, haben dazu geführt, dass die Riffe die Inseln kaum noch vor der Brandung und Stürmen schützen können, die die Küste rasch auswaschen. Auf den Malediven geht es bei der Küstenerosion nicht nur um den Verlust von einigen Metern Küste pro Jahr. Die Existenz des Landes selbst steht auf dem Spiel.

Die Erosion wirkt sich bereits stark auf die Lebensqualität der Bevölkerung aus. Straßen und Häuser werden weggespült, Kokospalmen stürzen ins Meer, und in das Grundwasser ist so viel Salzwasser eingedrungen, dass es auf vielen Inseln nicht mehr als Trinkwasser taugt. Bisher sind 20 Inseln aufgegeben worden. Während die Ferieninseln möglicherweise noch eine Weile überdauern können, indem sie zweimal am Tag Sandpumpen einsetzen, könnten sich die von Einheimischen bewohnten Inseln so etwas nicht leisten, selbst wenn es das Problem lösen würde. Und die Manager der Luxusresorts wissen nur allzu gut, wie temporär diese Maßnahme ist.

Das Land hat bereits einen Vorgeschmack auf die Überschwemmungen erhalten, die ihm drohen. Die Malediven haben, pro Kopf gerechnet, am stärksten unter der asiatischen Tsunami-Katastrophe von 2004 gelitten, obgleich die maximale Wellenhöhe durch das Fehlen eines Kontinentalschelfs nicht mehr als vier Meter betrug. Auf einer der am schlimmsten betroffenen Inseln, Kandholhudhoo, maß der höchste Tsunami nur 2,5 Meter, doch als er Minuten später wieder zurückwich, waren drei Menschen tot und alle Häuser unbewohnbar, die Bewohner mussten ihre Insel für immer aufgeben. Auf 57 der 150 bewohnten Inseln wurden kritische Infrastruktureinrichtungen stark beschädigt, 14 mussten völlig evakuiert werden und 6 wurden in großen Teilen zerstört. Weitere 21 Hotelinseln mussten aufgrund der schweren Schäden schließen. Der Gesamtschaden betrug geschätzte 470 Millionen US-Dollar (rund 420 Millionen Euro), also rund 62 Prozent des Bruttoinlandsprodukts. Bei steigendem Meeresspiegel und häufigeren Unwettern bedarf es in Zukunft möglicherweise keines Tsunami mehr, um ähnliche Schäden zu verursachen.

Ich reise mit Anni zur offiziellen Eröffnung der ersten sturmsicheren „Designerinsel", Dhuvaafaru, im Raa-Atoll. Die gesamte Insel, die zuvor ein unbewohnter Dschungel gewesen war, wurde gerodet, und für die 4000 Tsunami-Überlebenden von Kandholhudhoo wurde von Rotkreuz-Mitarbeitern ein völlig neues Dorf finanziert und errichtet. Im Vergleich zu anderen Inseln liegen die Häuser weiter landeinwärts, und jedes verfügt über einen traditionellen Brunnen zum Waschen (der steigende Meeresspiegel hat das Grundwasser auf allen mit Ausnahme der größten Inseln der Malediven in Brackwasser verwandelt). Schule und Gemeindezentrum sind so gebaut, dass sie Sturmfluten und anderen Überschwemmungen widerstehen können; sie sind groß genug, um im Notfall der gesamten Inselgemeinde Schutz zu bieten, und erheben sich auf Stelzen über den Grund, damit die Fluten ungehindert unter ihnen hindurch über die Insel strömen könnten.

Während Anni Hände schüttelt und mit Gemeindeleitern plaudert, streife ich ein wenig in der Nähe der neuen Häuser herum. Fatima Mohammed, die mit ihrem Mann und ihren drei Kindern hierher gezogen ist, liebt ihr neues Zuhause. „Es ist so viel größer und sauberer als unser altes Haus, wo wir mit der ganzen Familie in einem einzigen Raum schliefen. Und es hat einen Ventilator", zeigt sie mir. Die Familie hat die letzten vier Jahre mit drei anderen Familien in einer Flüchtlingsunterkunft verbracht – 14 Menschen in einem einzigen Raum. Aber so dankbar und glücklich Fatima für ihr neues Zuhause auch ist, in ihrem Herzen wird sie immer auf Kandholhudhoo leben, erklärt sie mir.

Menschen auf Designer-Inseln mit Notfall-Unterkünften auf Stelzen umzusiedeln, kann kurzfristig für ein paar Leute funktionieren – Häuser vor Überschwemmungen zu schützen, ist in anderen niedrig liegenden Ländern wie Bangladesch erfolgreich versucht worden –, ist aber keine langfristige Lösung für den steigenden Meeresspiegel, der die 200 Inseln der Nation bedroht: Es gibt einfach nicht genug geeignete andere Inseln, auf die man die Menschen umsiedeln könnte. Es hat Bemühungen gegeben, überschwemmungsgefährdete Inseln mit Betonwällen gegen die See abzuschirmen, aber mit gemischtem Erfolg. In den 1990er-Jahren investierte die japanische Regierung 63 Millionen US-Dollar in einen Seedeich, um Malé vor dem steigenden Wasserspiegel zu schützen. Zwar bewahrte dieses Bollwerk die Stadt vor dem Tsunami, aber es hatte negative Auswirkungen auf die Umwelt, und Anni zögert, auf anderen Inseln weitere Seedeiche zu errichten. Seedeiche verringern die Strömung über den Korallenriffen – Korallen benötigen eine Strömungsgeschwindigkeit von rund zehn Zentimetern pro Sekunde, um zu überleben –, sodass dieser natürliche Schutzwall abstirbt, was die Erosion beschleunigt. Ohne das Riff zerfallen die Inseln einfach. Vielleicht am schädlichsten sind die zahlreichen Inselhäfen, die von Annis Vorgänger Gayoom im Vorfeld der Wahl 2008 hastig errichtet wurden. Mehr als ein Dutzend wurden an Stellen angelegt, wo sie die Strömung beeinträchtigen und die Erosion von Korallen, Sand und Küste beschleunigen – was oft dazu führte, dass Sand ausgewaschen und in den Häfen abgelagert wurde, sodass diese unbenutzbar wurden.

Die lokale Umweltorganisation Bluepeace glaubt, dass die Nation über Deiche und Inselerweiterungen hinausdenken muss. Das, was wirklich gebraucht werde, so die Organisation, sei eine Reihe von erhöhten, über den gesamten Archipel verteilten künstlichen Inseln. Sieben Inseln, deren Baukosten die internationale Staatengemeinschaft als Kompensation für den Klimawandel übernehmen könnte, würden der gesamten maledivischen Bevölkerung erlauben, dem steigenden Meeresspiegel zu trotzen, argumentiert Bluepeace. Die Idee ist nicht völlig aus der Luft gegriffen. Bereits 2004 wurde nordwestlich der Hauptstadt eine künstliche Insel, Hulhumalé, gebaut. Zwar sollte sie hauptsächlich als Handelshafen dienen und zudem Druck von der überbevölkerten Hauptstadt nehmen, doch sie wurde drei Meter über dem Meeresspiegel errichtet – genug, um sicherzustellen, dass sie selbst nach konservativen Schätzungen mindestens bis Mitte des Jahrhunderts überdauert. Durch die Störung der natürlichen Strömung hat Hulhumalé jedoch die Erosion auf benachbarten Inseln verstärkt, und ein Ausbaggern des Meeresbodens verringert zudem die Widerstandskraft der Küsten gegen Erosion. Mehrere Unternehmen arbeiten inzwischen an Konzepten für schwimmende Inseln. Eines davon, Dutch Docklands, verhandelt mit der Regierung über die Schaffung von vier einzelnen ringförmigen Inseln (jede mit 72 Wasservillen), 43 schwimmenden Privatinseln in einer Archipel-Konfiguration, dem ersten schwimmenden Golfplatz der Welt mit 18 Löchern und einem schwimmenden Hotel mit 800 Zimmern. Den Plänen zufolge sollen die schwimmenden Inseln durch Unterwassertunnel verbunden werden, und der Golfplatz soll ein Unterwasser-Clubhaus erhalten, das an zwei Luxushotels angrenzt. „Die Verwirklichung schwimmender Inseln könnte beginnen, die Zukunft urbaner Landschaften zu gestalten – mit zusätzlichen Gestaltungsmöglichkeiten für Landwirtschaft, Wohnen und Freizeit", erklärt das Unternehmen. „Das wird neue wirtschaftliche Chancen eröffnen; so können Regierungen zum Beispiel kosteneffizient Inseln mit flexiblen Lösungen leasen, statt in statische Entwicklungen zu investieren."

Am anderen Ende der Skala steht Thilafushi, eine weitere künstliche Insel, vor 20 Jahren zur Lösung des Abfallproblems auf den Malediven innerhalb einer natürlichen Lagune errichtet. Jeder Tourist produziert durchschnittlich pro Tag 3,5 Kilogramm Abfall und damit das Fünffache eines Einheimischen, und auf der Insel, die lokal als Rubbish Island bezeichnet wird, werden gegenwärtig per Boot mehr als 33 Tonnen Müll pro Tag abgeladen, die sich zu einem riesigen, stinkenden, von Fliegen umschwärmten Haufen auftürmen. Zwischen dem stinkenden Abfall und dem beißenden Qualm brennenden Unrats kann man Arbeitsmigranten aus Bangladesch ausmachen, die den Müll sortieren – darunter Öltonnen, Asbest, Blei, Cadmium und Batterien, die das Meer verschmutzen, wann immer es zu „Müll-Rutschen" kommt. Jeden Tag wächst die Insel um einen weiteren Quadratmeter, während Müllberge die Lagune füllen.

Während Anni „für alle Möglichkeiten offen" ist und künstliche Inseln nicht ausschließt, möchte er zunächst einmal die natürliche Widerstandskraft des Landes stärken. „An einigen Stellen verschlimmern wir unsere Situation noch", gibt er zu. Das Schicksal von Kandholhudhoo ist eine Warnung, wie man andere Inseln nicht managen sollte. Kandholhudhoo war stark überbevölkert, und seine Küsten erodierten rasch, denn seine Bewohner hatten die Korallenriffe völlig ausgebaggert, um die Insel zu erweitern und Baumaterial zu gewinnen. Deshalb gab es nichts mehr, was die Energie der Brandung hätten dämpfen können. Unterdessen war die gesamte Vegetation abgeholzt worden, da man Holz zum Hausbau brauchte – somit fehlten Mangroven, um die Strömung zu verlangsamen und so die Küste zu schützen; zudem gab es auch keine Bäume mehr, um den Mutterboden festzuhalten. Richtig bewirtschaftete Mangrovenpflanzungen könnten diese Barriere wiederherstellen, und da einige Arten in fünf bis zehn Jahren heranwachsen, könnte sich diese Maßnahme relativ rasch auszahlen.

Im Jahr 2011 veröffentlichte die Regierung den ersten Strategic National Action Plan, der eine Reduzierung des Risikos von Naturkatastrophen mit Anpassungen an den Klimawandel verbindet. Dieser Plan zeigt dem Land mehrere Wege auf, seine Widerstandsfähigkeit durch verbesserte Infrastruktur, soziale Investitionen und auch durch Pflege der natürlichen Ökosysteme wie Mangroven und Riffe, die die Erosion verzögern können, zu stärken. Das maledivische Ökosystem der Korallenriffe ist das siebtgrößte der Welt und enthält zwei der größten natürlichen Atolle – Tiladhunmathi und Huvadhoo. Zudem gehört es zu den artenreichsten Ökosystemen weltweit und beherbergt mehr als 1900 Fischarten, 187 Korallenarten, 350 Crustaceenarten, 9 große Walarten, 15 bis 20 Haiarten, sieben Delfinarten und fünf Arten von Meeresschildkröten. Korallen spielen nicht nur eine wichtige Rolle für Artenvielfalt, Fischerei und Tourismus des Archipels, sondern bilden einen integralen Teil der Inseln – schließlich bestehen diese selbst aus Korallen.

Die Korallen im Land sind nur teilweise kartiert worden, und wie sich die Riffe bei einem Anstieg von Meeresspiegel und Temperatur verhalten werden, ist weitgehend unbekannt. Doch die Prognosen sind düster. Korallenriffe sind im Begriff, die ersten Ökosysteme der Welt zu werden, die der Mensch völlig vernichtet hat. Einige Wissenschaftler vermuten, dass die Riffe bereits 2050 verschwunden sein werden – die atmosphärische Kohlendioxidkonzentration könnte bereits über der Schwelle liegen, die riffbildende Korallen zum Aussterben verdammt. „Ab 2050 gibt es möglicherweise noch Korallen und Gebilde, die wir ‚Riffe' nennen, doch dabei handelt es sich dann um massive, in der Vergangenheit errichtete Kalkstrukturen mit winzigen Oasen lebender Korallen, die dort ums Überleben kämpfen", meint der Korallenökologe Peter Sale.[2] Bis 2100 aber werden seiner Meinung nach sämtliche Riffe verschwunden sein. „Wir sprechen hier über die Vernichtung einer ganzen integrierten

Gemeinschaft von Organismen, die uns während unserer gesamten Existenz begleitet haben und die es schon viel früher als uns Menschen gab – wir lassen sie aus dem Universum verschwinden, weil wir den Planeten verändert und zu einem Platz gemacht haben, an dem solche Riffgemeinschaften nicht länger existieren können."

Wenn es tatsächlich so kommt, werden die Ozeane des Anthropozäns nicht nur weniger bunt sein, sondern auch viel ärmer an Fischarten – Korallenriffe unterhalten ein Viertel des gesamten Meereslebens. Zudem sichern Riffe den Lebensunterhalt von Millionen Menschen, tragen in vielen Insel- und Küstenländern entscheidend zur nationalen Wirtschaft bei, schaffen sandige Strände und schützen die Küsten. Und bei steigendem Meeresspiegel bieten sie wichtigen Schutz gegen Sturmfluten und Überflutungen, vor allem an niedrig liegenden Orten wie den Malediven.

Unter Korallen versteht man allgemein sessile, koloniebildende Nesseltiere, eine Gruppe, zu der auch die Quallen zählen. Die eigentlichen Riffbildner sind die Steinkorallen. Sie scheiden ein Skelett aus Kalziumkarbonat (Kalk) ab und beherbergen Photosynthese treibende Algen, die die Korallen mit Nährstoffen versorgen, während diese ihren Mitbewohnern Schutz bieten (Symbiose). Der anthropogene Kohlendioxidausstoß stellt die Korallen vor ein doppeltes Problem. Höhere Wassertemperaturen zwingen sie, die bunten Algen auszustoßen – wenn es zu einer derartigen Korallenbleiche kommt, verlieren die Riffkorallen einen Großteil ihrer symbiotischen Algen, erscheinen dann weiß und sterben größtenteils ab. Da sich in den Ozeanen zudem immer mehr Gas aus der Atmosphäre löst, wird ihr Wasser saurer, und Säure löst Kalziumkarbonat auf. Das heißt, dass die Steinkorallen mehr Energie für den Bau ihrer Skelette aufwenden müssen. Die Meere schlucken momentan ein Viertel unserer Kohlendioxidemissionen, sodass der pH-Wert im Wasser aufgrund der Zunahme an Kohlensäure im vergangenen Jahrhundert um 0,1 gefallen ist.[3] Das mag wenig erscheinen, doch der pH-Wert wird auf einer logarithmischen Skala gemessen; daher entspricht dies einem Anstieg im Säuregehalt von nahezu 30 Prozent (allein 15 Prozent seit den 1990er-Jahren) – eine Veränderungsgeschwindigkeit, die größer ist als jemals im Verlauf der letzten 65 Millionen Jahre, mehr als zehnmal schneller als während einer der früheren evolutionären Krisen in der Erdgeschichte.

Gleichzeitig stehen die Riffe auch noch durch Wasserverschmutzung,

Überfischung (die Schlüsselarten aus dem System entfernt und andere hochkommen lässt, zum Beispiel schädliche Algen, die die Korallen überwuchern und abtöten) und Schäden durch Schiffsanker unter Beschuss. Ein gesundes Riff kann eine Biomasse von bis zu 1500 Kilogramm Fisch pro Hektar aufweisen, doch sobald der Wert auf unter 300 Kilogramm Fisch-Biomasse pro Hektar sinkt, wird das Riff wahrscheinlich kollabieren.[4] Das ist einer der Gründe, warum die geschützten Hotelinseln weniger Riffschäden zeigen als die von Einheimischen bewohnten Inseln; Riffe erholen sich auch viel eher von einem Wärmeschock wie El Niño, wenn sie in einer Schutzzone liegen, als wenn sie weiteren menschengemachten Schädigungen ausgesetzt sind. Das Überleben der Riffe in den kommenden Jahren wird weitgehend von den Korallen der nächsten Generation abhängen – davon, wie gut es den Korallenlarven gelingt, sich auf den Felsen festzusetzen, in Polypen zu verwandeln und nach einer ausgedehnten Schädigung neue Riffe aufzubauen.

Während die Menschheit kurz davor steht, die riffbildenden Korallen auszulöschen, wird gleichzeitig verzweifelt versucht, diese zu retten. Hier steht Anni an vorderster Front; er fördert diese Bemühungen und ist aktiv an den ersten Experimenten beteiligt, künstliche Riffe wachsen zu lassen. Die weltweit ersten Projekte zur Korallenzucht zielen darauf ab, den Meeresboden durch Unterwassergärtnerei wiederherzustellen, und der dynamische Präsident hat Wissenschaftler dabei unterstützt, in Aufzuchtstationen gezüchtete kleine *coral nubbins* (von der Spitze eines Astes abgelöste Korallenstückchen) zwischen ihre abgestorbenen Vettern zu pflanzen und auf speziellen Gittern unter Wasser anzusiedeln. Man hofft auf die Entwicklung einer lebendigen Riffstruktur, aus der sich schließlich eine neue Insel bilden soll. Bisher sieht das Projekt erfolgreich aus; viele Zehntausend neue Korallenfragmente siedeln sich auf Proto-Riffen vor Nakatcha Fushi, Landaa Giraavaru und anderen Inseln an und sorgen wieder für eine Zunahme der Artenvielfalt.

Eine andere Ferieninsel geht noch einen Schritt weiter, und so reise ich nach Vabbinfaru, um jene Insel zu besuchen, die für die mögliche Zukunft des Atollmanagements im Anthropozän steht. Auch hier kultiviert man Korallenfragmente in einer Aufzuchtstation, aber als ich meine Schnorchelausrüstung anlege, erklärt mir der Meeresbiologe Roberto Tomasetti, dass sie den Korallen in den saurer werdenden Gewässern Unterstützung geben. Wir springen vom Steg und schwimmen über den öden Sandboden sowie vereinzelte styroporartige Überreste abgestorbener Korallen. Dann, ein paar Meter weiter draußen, kommt ein enorm großes buntes Spektakel in Sicht. Die Forscher haben einen riesigen Stahlkäfig, „Lotus" genannt, auf dem Meeresboden platziert. Die zwölf Meter lange und zwei Tonnen schwere Struktur ist mit einem langen Kabel verbunden, durch das ein schwacher elektrischer Strom fließt. Die Elektrizität löst eine chemische Reaktion aus, die zur Ablagerung von Kalziumkarbonat auf der Struktur führt. Das lockt Korallen offenbar unwiderstehlich an, und der Lotus ist so vollständig von Korallen besiedelt, dass es inzwischen schwer fällt, das ursprüngliche Stahlgerüst unter all den vielen Formen und Farben auszumachen.

Das El-Niño-Phänomen von 1998, das den Pazifik erwärmte, tötete 98 Prozent der Riffkorallen rund um Vabbinfaru; daher konnten Wissenschaftler hier die Wachstumsraten von Korallen vergleichen, die auf Betonblöcken an öden Flecken am Meeresboden oder eben auf dem Lotus wuchsen. Das Korallenwachstum auf der Metallstruktur ist Roberto zufolge bis zu fünfmal höher als anderswo. Das elektrische Riff könnte die Korallen auch gesünder und widerstandsfähiger gegen Wärmeereignisse und andere Stressfaktoren machen, vielleicht weil die Polypen weniger Energie für ihre Skelettkonstruktion aufbringen müssen. Während der El-Niño-Warmphase 1998 gab es vor Ort bereits einen kleineren Prototyp, und 80 Prozent der auf ihm siedelnden Korallen überlebten – im Vergleich zu 2 Prozent anderenorts. „Ich würde gern herausfinden, ob wir wärmetolerante Korallenpolypen in Teile des Riffs verpflanzen können, die stärker exponiert sind, um dort für eine Bedeckung zu sorgen", meint Roberto. Forscher versuchen, selektiv Korallenvarianten zu züchten, die höhere Temperaturen, mehr ultraviolettes Licht und eine höhere Azidität vertragen. Eine Möglichkeit wäre, die symbiotischen Algen der Korallen gegen robustere Arten auszutauschen, was einige Korallen natürlicherweise tun, und erste Experimente in dieser Richtung verliefen positiv.[5] In großem Maßstab durchgeführt, könnte dies genug vom Riff am Leben erhalten, um die Erosion zu verzögern und den Inselbewohnern etwas mehr Zeit zu verschaffen. Rund um die Welt sind mehrere elektrische „Biorock"-Strukturen installiert worden, darunter ein 200 Meter langer Garten vor Pemuteran auf Bali, Indonesien, die von den Meeresforschern Wolf Hilbertz und Thomas Goreau entworfen wurden, um Riffe besser vor dem Klimawandel zu schützen. Aber die Kosten und

Mühen, die dies erfordert, verhindern, so etwas in größerem Maßstab zu tun. „Es gibt gegenwärtig keine Technik, die es erlaubt, viele Tausend Kilometer Riff wiederaufzubauen; also ist dies nur von sehr begrenztem Wert", so Peter Sale. Er sieht darin jedoch eine nützliche Technik für Touristenresorts und zur Restaurierung kleiner Riffflächen, die zum Beispiel durch eine Ölkatastrophe oder Dynamitfischen Schaden erlitten haben. Künstliche Riffe könnten überdies eine physikalische Barriere gegen illegale Fischtrawler bilden – Betonblöcke werden dazu bereits heute im Mittelmeer und vor der Küste von Florida eingesetzt –, selbst wenn sie nicht immer erfolgreich von Korallen besiedelt werden.

Das Problem der verschwindenden Riffe hat zahlreiche kreative Lösungen hervorgebracht – eine Idee ist, riesige Dächer zu errichten, um die seichten Gewässer, in denen Riffe wachsen, zu beschatten und zu kühlen. Die britische Konzeptarchitektin Rachel Armstrong stellt sich vor, mithilfe synthetischer Biologie korallenähnliche Organismen zu erschaffen, die mit Sonnenenergie ein künstliches Riff aus Kalziumkarbonat herstellen und dadurch versinkenden Städten wie Venedig wieder „auf die Beine" helfen. Doch ob die Riffbildung nun natürlich oder mit menschlicher Hilfe stattfindet – solange die Versauerung der Meere anhält, ist ein Kalkriff leider zum Untergang durch Auflösung verurteilt.[6] Und nicht nur Korallen sind betroffen. Sämtliche Lebewesen, die Kalk in ihre Körperhülle einbauen, wie Muscheln, viele Crustaceen und zahllose Planktonorganismen, wie auch die Tiere, die sich von ihnen ernähren, von Walen bis zum Menschen, werden die Auswirkungen zu spüren bekommen. Winzige planktonische Pteropoden (Flügelschnecken), eine wichtige Nahrungsquelle für Fische und Meeressäuger, lösen sich bereits jetzt auf, ebenso Austern.[7] Auch die Knochen von Fischen und Walen bestehen aus Kalziumkarbonat, und es hat sich herausgestellt, dass die Versauerung die Knochenbildung beeinflusst, vor allem bei den empfindlichen Ohrsteinen (Otolithen), die gewisse Fische hauptsächlich zum Hören benutzen.[8] Fische verlieren durch die Versauerung nicht nur ihre Orientierung: Biologen haben entdeckt, dass auch ihre Neurotransmitter in Mitleidenschaft gezogen werden, was zu Verhaltensänderungen führt.[9] Die Versauerung verändert auch die Art und Weise, wie Schallwellen durchs Wasser wandern. Ein Absinken des pH-Wertes um 0,3 erlaubt Schallwellen, sich 70 Prozent weiter durchs Wasser fortzupflanzen – im Anthropozän wird das

Meer lauter und verwirrt dadurch vielleicht Meeresgeschöpfe, die per Schall kommunizieren, wie Waltiere.[10]

Orte, an denen die Kohlendioxidkonzentration natürlicherweise hoch ist, wie Tiefseeschlote, weisen eine entsprechend geringe marine Vielfalt auf; dort sind Korallen durch Bakterienschleim ersetzt, und das Szenario bietet ein Fenster, das zeigt, was aus den Meeren des Anthropozäns in den kommenden Jahrzehnten werden könnte.[11]

Eine Möglichkeit, die Azidität der Meere zu senken, wäre, Hydrogenkarbonate oder Kalk ins Wasser zu schütten.[12] Wie Versuche gezeigt haben, ist dies eine erfolgreiche Technik, und wo sie eingesetzt wird, nimmt das Korallenwachstum lokal zu, doch wir müssten die Ozeane jedes Jahr mit rund 10 Kubikkilometern (etwa 9 Milliarden Tonnen) Kalk düngen, um den globalen Auswirkungen unserer Kohlenstoffemissionen entgegenzuwirken.[13] Gegenwärtig produzieren wir rund 300 Millionen Tonnen Kalk jährlich, vor allem für die Zementindustrie, daher wird das Problem rasch deutlich. Vielleicht sind Seegurken die Antwort? Man hat festgestellt, dass diese großen Wirbellosen im Rahmen ihres Verdauungsprozesses Kalziumkarbonat und Ammoniak ausscheiden, was den pH-Wert des Wassers hebt. Aber wir würden eine Menge Seegurken brauchen. Die Meere absorbieren gegenwärtig rund ein Viertel unserer Kohlenstoffemissionen; wenn wir die Azidität der Meere senken wollen, müssen wir letztlich diese Emissionen reduzieren.

Das Problem der Korallenriffzerstörung im Anthropozän ist akut und global. Bei der massiven Korallenbleiche 1998 wurden 16 Prozent der Riffe weltweit zerstört.[14] Seitdem ist es mindestens sechsmal zu weiteren größeren Korallenbleichen gekommen, und es wird geschätzt, dass mindestens 20 Prozent des Great Barrier Reef in Australien – das weltgrößte Riff – und bis zu 90 Prozent der Korallenbestände im Indischen Ozean und in der Karibik zerstört sind. Nirgendwo bemüht man sich intensiver als auf den Malediven, das Problem zu bekämpfen, aber das Verschwinden der Korallenriffe ist nur eine der Veränderungen im Meer, denen sich Anni gegenübersieht. Mit so wenig kultivierbarem Land hängt die Bevölkerung hier ebenso stark vom Fischfang ab wie jeder andere marine Prädator – bei den meisten Mahlzeiten kommt gesalzener, getrockneter oder mit Curry gewürzter Thunfisch auf den Tisch –, und die Fischerei steckt in Schwierigkeiten. Generationenlang haben sich die Malediver auf den Nakaiy gestützt, einen einzigartigen und komplexen

Wetterkalender, der vermutlich bis ins 14. Jahrhundert zurückreicht. Er enthält übers Jahr in 14-Tage-Intervallen präzise und detaillierte Angaben darüber, wo im Archipel Schulen von Thunfischen und anderen Fischen zu finden sind und wie sich Sterne, Winde, Stürme, der Monsun und die Gezeiten verändern. „Es hat bisher immer perfekt funktioniert", erklärt Abdul Azeez, ein Fischer in den Sechzigern. „Aber im Lauf der letzten 15 Jahre ist der Kalender immer unzuverlässiger geworden. Nun können wir ihn gar nicht mehr gebrauchen." Das Klima ist im Anthropozän unvorhersehbar geworden, und Fischer haben festgestellt, dass die Länge der Fische und die Größe ihrer Fänge abgenommen haben. „Thunfische waren früher so groß", meint Abdul und streckt beide Arme aus. „Es gab Muscheln, so groß wie Ihr Gesicht, und so viele verschiedene Sorten von Barrakudas und Haien." Die Regierung hat mit Fangverboten in gewissen Regionen und für bestimmte bedrohte Arten reagiert. Die Fischer sind vor allem auf den Echten Bonito und seinen selteneren, größeren Vetter, den Gelbflossenthunfisch, aus, und Fischerei trägt mit einem Zehntel zum nationalen Einkommen bei. Die Fische werden per Angelrute – Netze sind zum Schutz der Bestände auf den Malediven verboten – von Motorbooten aus gefangen, die als *Dhonis* bezeichnet werden und die hübscheren Segel-*Dhonis* ersetzen, die hier seit Jahrhunderten verwendet wurden. Es ist die nachhaltigste Fischtechnik, die wir kennen, und dennoch sind die Bestände dramatisch geschrumpft. Seit 2005 gab es einen Rückgang um 40 Prozent; die Fischer müssen immer weiter hinausfahren, um ihren Lebensunterhalt zu verdienen, und einige sind versucht, illegal an geschützten Riffen oder bedrohte Arten zu angeln. Inzwischen locken die besser erhaltenen Bestände der Malediven skrupellose Fischer aus anderen Teilen Asiens an – und die haben es nicht nur auf Thunfische abgesehen.

Ich schließe mich einer Gruppe von Biologen an, die zu einer dreitägigen Exkursion aufbricht, um den größten Fisch der Welt zu suchen: den Walhai. Diese Riesen finden sich überall in den tropischen Ozeanen, doch über ihr Verhalten, ihre Wanderrouten, ihre Lebenserwartung oder ihre Fortpflanzungsgewohnheiten ist wenig bekannt, abgesehen davon, dass sie lebende Junge gebären, die bereits im Mutterleib aus ihren Eiern schlüpfen. Walhaie werden wegen ihrer großen Rückenflosse gejagt, die vor Restaurants in Asien als Reklametafeln aufgestellt werden, um für Haifischflossensuppe zu werben. Durch dieses „Finning" (Abschneiden der Flossen) ist die Zahl der Haie rund um die Malediven in den letzten Jahren gesunken. Es kann mehr als zehn Jahre dauern, bis ein Hai geschlechtsreif wird, und ihre Fruchtbarkeit ist sehr gering, daher können sich viele Populationen nicht von Überfischung erholen. Die Biologen an Bord hoffen, mehr über diese bedrohte Haiart zu erfahren, bevor es zu spät ist.

Wir machen uns auf den Weg zu einem äußeren Atoll in einigen Kilometern Entfernung, wo sich Walhaie gern versammeln. Das Sonnenlicht wird so stark von der glatten Meeresoberfläche reflektiert, dass wir polarisierende Sonnenbrillen tragen müssen, um ins Wasser zu schauen, das fast so transparent ist wie Luft. Ein Manta-Rochen gleitet mit elegantem Flossenschlag vorbei, Meeresschildkröten paddeln wie verdrießliches Badespielzeug durchs Wasser, und riesige Schulen bunter Fische flitzen vorüber. Mir erscheint all dies magisch, doch die Biologen werden allmählich unruhig. Ein Walhai, der eine Länge von 20 Meter erreichen kann und auf dem Rücken ein auffälliges Schachbrettmuster an Punkten trägt, sollte eigentlich leicht zu entdecken sein, doch wir gucken schon drei Stunden lang ins Wasser, ohne ein Exemplar zu finden. Wir sind nicht die Einzigen, die suchen. Schnellboote mit Touristen aus den Resorts, die auf einer Walhai-Tour sind, schießen an uns vorbei. Solche Touren sind hier zu einem großen Geschäft geworden, und mehr als 75 Prozent der in dieser Region gesichteten Walhaie tragen Narben oder Wunden von Zusammenstößen mit Booten, meint Richard Rees vom Maledives Whale Shark Research Programme; diese Riesen sind besonders gefährdet, weil sie langsam und dicht unter der Oberfläche schwimmen.

Plötzlich entdeckt Richard ein Exemplar. Ich springe hinter dem erfahrenen Forscher ins Wasser und schwimme, so schnell ich kann, auf den großen Hai zu, der träge dahingleitet. Richard drückt mir ein Ende des Messbands in die Hand. Ich beschleunige, bis ich die Schnauze des Haies erreiche, und schaue ihm direkt in die Augen, während Richard beim Schwanz bleibt. Der Hai ist ein Jungtier, nur 6,5 Meter lang, aber mir erscheint er als majestätisch gezeichnetes Geschöpf, das elegant und mühelos durchs Wasser gleitet. Im Gegensatz zu anderen Haien stellt das riesige Maul des Walhais für Menschen keine Gefahr dar – Walhaie sind Filtrierer und ernähren sich von Plankton und anderen Kleinstlebewesen. Richard schwimmt unter den Fisch, um dessen Geschlecht festzustellen; die kleinen Klaspern (Begattungsorgane) bestätigen, dass es sich um ein Männchen handelt. Er fotografiert den Hai von rechts und links mit einer Unterwasserkamera. Ein anderer Wissenschaftler nähert sich mit einer Harpune und markiert den Hai direkt unter der Rückenflosse; dieser Mikrochip sammelt Daten, um sie an einen Satelliten zu übermitteln, sobald der Hai auftaucht.

Wir wollen gerade auftauchen, als Richard einen weiteren Walhai entdeckt, und wir tauchen wieder ab. Dieses arme Geschöpf hat eine schwer verletzte Rückenflosse, die nach einem erfolglosen Finning-Versuch fast vollständig abgetrennt ist. Eine Haiflosse dieser Größe bringt in Taiwan oder Hongkong bis zu 10000 Dollar; das ist einer der Gründe, warum erwartet wird, dass der Walhaibestand im Lauf des Jahrhunderts um bis zu 50 Prozent zurückgeht.[15]

Nach vier Tagen auf dem Meer kehre ich an Land zurück und erfahre, dass Anni die Jagd auf Riffhaie in maledivischen Gewässern verboten hat; damit sind die Malediven die erste Nation in der Region – und die zweite in der Welt –, die diese Praxis für illegal erklärt. Dieses Verbot wird von Meeresschützern begrüßt, die lange um einen besseren Schutz der 37 Haiarten in maledivischen Gewässern gekämpft haben. „Vor acht Jahren konnten man 60 oder 70 Schwarzspitzen-Riffhaie vor unserem Anlegesteg schwimmen sehen, wann immer man schnorcheln ging", meint die Meeresbiologin Anke Hofmeister, die am Soneva Fushi Resort im Baa-Atoll arbeitet. „Nun hat man Glück, wenn man zwei sieht."

Ich habe dieses Luxusresort im Norden der Malediven auf Annis Vorschlag hin aufgesucht – er beschreibt es als eine Inspiration und schickt seine Minister regelmäßig hierhin, um sich die Neuerungen anzuschauen, die hier getestet werden. Der Besitzer, Sonu Shivdasani, verfolgt im Kleinen auf eigene Weise ein ähnliches Ziel wie Anni: ein profitables Unternehmen, das sozial und ökologisch fortschrittlich ist. Ab 2015 plant Soneva Fushi, mehr Kohlendioxid zu absorbieren als zu produzieren. Zu diesem Zweck hat das Resort Mangroven und andere Bäume gepflanzt (ganz anders als fast alle anderen Hotelinseln, die bis auf ein paar Palmen nackt sind). Jede maßgeschneiderte Villa ist so entworfen, dass sie auf natürliche Weise belüftet wird, und um das zu erreichen, experimentiert Sonu mit einem neuartigen wärmeaustauschenden Klimaanlagensystem mit Rohren, die bis ins kühle, tiefe Meereswasser hinabreichen. Nachdem er eine Million Dollar in das Projekt gesteckt hatte, musste er das System jedoch aufgeben und neu anfangen. Nun ist geplant, die Kühlung auf dieselbe Weise zu erzeugen, in der das Resort auch seinen übrigen Strombedarf deckt – mithilfe eines neuen Solarkraftwerks. Heißes Wasser für die Duschen wird bereits heute von einer Wärmerückgewinnungsanlage geliefert, unterstützt von einer Biokraftstoffanlage, die mit den Abfällen des Restaurants betrieben wird. Diese Bemühungen sollten ausreichen, um den Dieselgenerator des Resorts überflüssig zu machen, hofft er. Nun arbeitet das Resort daran, den CO2-Fußabdruck, den die Fernflüge seiner Besucher hinterlassen, durch Baumpflanzprojekte in aller Welt zu kompensieren.

Das menschliche – soziale – Umfeld ist für Sonu ebenso wichtig wie die natürliche marine Umgebung. Er beschäftigt doppelt so viele einheimische Mitarbeiter wie andere Resorts und investiert in sie und ihre Dörfer durch verschiedene Projekte, darunter ein Programm, bei dem Touristen mehrere Tage als freiwillige Helfer mit Maledivern verbringen, um sich einen zehntägigen kostenlosen Urlaub im Resort zu verdienen.

Soneva Fushi, das immer wieder Auszeichnungen für das beste wie auch grünste Hotel gewinnt, hat nicht Luxus für Nachhaltigkeit geopfert. Seine kleinen Veränderungen, darunter Recyclingpapier aus Elefantendung und Jutetaschen, sind genauso wichtig wie die großen technischen Innovationen, betont Sonu. So sind Plastikflaschen von der Insel verbannt. Stattdessen erhalten die Touristen Glasflaschen, die kostenlos mit Mineralwasser aus der Entsalzungsanlage aufgefüllt werden können, eine Entscheidung, die, so das Resort, mehr als 45 000 Wegwerfflaschen jährlich einspart. Diskret in einem Wartungsbereich verborgen, findet sich ein Recyclingsystem, und jenseits davon liegen einige Gärten, die Obst, Kräuter und Salat liefern – eine beachtenswerte Leistung an einem Ort, an dem mehr als 90 Prozent der Nahrungsmittel importiert werden.

Welchen Unterschied machen diese Bemühungen, frage ich mich, wenn die Inseln wegen eines viel größeren Emissionsvolumens, das viele Tausend Meilen entfernt freigesetzt wird, sowieso verschwinden werden? Zurück in Malé stelle ich Anni diese Frage. „Wir müssen mit gutem Beispiel vorangehen", antwortet er. „Wenn wir andere Länder ernsthaft auffordern, ihre Emissionen zurückzufahren, müssen wir bereit sein, selbst das Gleiche zu tun. Und das gilt für alle Länder, ob reich oder arm."

Es ist eine völlige Abkehr von der üblichen Position der Entwicklungsländer, die argumentieren, sie müssten ihre Wirtschaft entwickeln und sollten dabei freie Hand haben, die Umwelt zu verschmutzen. Da sie das Problem mit den Treibhausgasen nicht verursacht haben, so ihre Begründung, sollten sie auch keiner Emissionskontrolle unterliegen. Anni erscheint es hingegen nicht sinnvoll, sich angesichts einer ökologischen Notsituation über Fairness zu streiten. „Ja, es ist unfair, dass einige Länder ihre Wirtschaft auf Kosten der Umwelt entwickelt haben, und es ist unfair, dass die ärmsten Menschen auch diejenigen sind, die am schlimmsten unter dem Klimawandel zu leiden haben. Aber wir müssen diese Argumentation hinter uns lassen und beginnen, das Problem aktiv zu lösen."

Die wegweisenden Versuche von Anni, Menschenrechte und die Bekämpfung des Klimawandels zu koppeln, beeindrucken mich tief. Diese Inseln werden verschwinden, das weiß er, aber diese Menschen, ihre Kinder und Enkelkinder, benötigen dennoch einen bewohnbaren Planeten, und Anni plant langfristig, während er kurzfristig aktiv wird. So etwas ist bei jedermann ungewöhnlich, doch bei einem Präsidenten ist es besonders selten. Aus diesem Grund erscheinen mir die Ereignisse, die sich später in diesem paradiesischen Inselstaat abspielen, besonders tragisch.

Genau, wie er befürchtet hatte, war Annis Präsidentschaft nur allzu kurz. In der Mitte seiner Amtszeit, Anfang 2012, wurde er durch einen Staatsstreich gestürzt. Seine vielen Projekte wurden gestoppt oder storniert, weil Investoren sich zurückzogen, und das Land bewegte sich in vielerlei Hinsicht rückwärts. Nach zunehmendem internationalem Druck, gewalttätigen Unruhen und Protesten auf den Straßen wurden Ende 2013 endlich Wahlen abgehalten. Anni verlor um Haaresbreite gegen Abdulla Yameen Gayoom, den Bruder des früheren Diktators, der eine islamistische Kampagne gegen seinen Rivalen geführt und behauptet hatte, dieser sei zu säkular und westlich eingestellt. Nun in der Opposition, kämpft Anni weiter gegen den Klimawandel und engagiert sich für Entwicklungs- und Umweltthemen, doch ich blicke auf meinen Besuch der Malediven mit einer gewissen Melancholie zurück, denn ich erinnere mich nur allzu gut an das Gefühl von Optimismus und Hoffnung, das ich noch vor so kurzer Zeit verspürte. Und mit nicht geringer Verzweiflung, denn während die Kohlendioxidkonzentrationen weiterhin steigen und die Meere wärmer und saurer werden, gibt es kein anderes Staatsoberhaupt, das das Problem so entschlossen angeht, wie er es tat. Und das ist einer der größten Fehler der Menschheit. (Mittlerweile hat sich Annis Lage weiter verschlechtert: Im März 2013 wurde er zu 13 Jahren Gefängnis verurteilt. – Anm. d. Übers.)

Lässt sich das verlorene Paradies an einem anderen Ort zurückgewinnen? Das ist ein Thema, mit dem sich andere Inselvölker, die mit steigendem Meeresspiegel, Küstenerosion, sinkendem Grundwasser, geschädigten Riffen und geringeren Fischfangerträgen zu kämpfen haben, bald werden auseinandersetzen müssen. Tuvalu, Bhola Island in Bangladesch, die Carteret Islands in Papua-Neuguinea, Kiribati, Fidschi und die pazifischen Atolle – sie alle stehen auf dieser Liste.

Ich traf Anote Tong, den Präsidenten von Kiribati (ausgesprochen Kiribas), in New Delhi. Wie Anni sprach auch Tong voller Leidenschaft über die Notlage der 113 000 Einwohner von Kiribati. Tong war einer der ersten Staatsoberhäupter, der sich zur globalen Erwärmung äußerte und zum Handeln drängte. Vielleicht liegt der Grund darin, dass er eine naturwissenschaftliche Ausbildung hat, oder eher noch, weil die Auswirkungen des Klimawandels auf seiner pazifischen Heimatinsel – ähnlich wie die Malediven eine Kette aus 33 tief liegenden Atollen und Inseln – zunehmend deutlicher werden. „Wir können die Inseln Baum um Baum, Haus um Haus in den Wellen verschwinden sehen", klagt er. „Es ist nicht länger ein Fall von ‚Falls der Meeresspiegel steigt, gehen wir unter'. Es passiert bereits, und wir haben den Punkt erreicht, an dem keine Umkehr mehr möglich ist."

Kiribati wird aller Voraussicht nach der erste Staat sein, dessen gesamte Landfläche aufgrund des Klimawandels überflutet wird, und Nationen wie die Malediven und Bangladesch beobachten das Schauspiel ebenso fasziniert wie erschreckt. Tong ist Pragmatiker und plant für das Unausweichliche. Er hat Australien und Neuseeland gebeten, einwandernde I-Kiribati (wie sich die Bewohner von Kiribati selbst nennen) aufzunehmen. Kiribati gehört zu den ärmsten Nationen weltweit. Die meisten Menschen sind Fischer oder arbeiten in der Kokosindustrie und stellen Dinge aus Kokosbast (den haarigen Fasern der äußeren Schicht) oder Kopra (dem weißen getrockneten Kernfleisch, aus dem Kokosöl gewonnen wird, während die Überreste zu Viehfutter verarbeitet werden) her.

Für Tong ist es wichtig, die Bevölkerung so gut wie möglich auf ihr neues Leben in Ländern mit einer womöglich ganz anderen Kultur vorzubereiten. „Ich will nicht, dass unser Volk zu einem Volk von Klimaflüchtlingen wird, die mit wenig Hoffnung von einem Tag zum nächsten leben", erklärt er. „Viele junge Leute haben ihr ganzes Leben noch vor sich, und wir müssen sicherstellen, dass sie in ihrem neuen Leben die besten Chancen haben, sodass sie sich in ihrer neuen Heimat nützlich machen können und keine Bürger zweiter Klasse sind. Es ist nicht ihr Fehler, dass sie ihre Heimat verlassen müssen." Zu diesem Zweck hat er mit der Regierung von Neuseeland ausgehandelt, dass einige I-Kiribati dort als Obstpflücker arbeiten können und eine Ausbildung im Gartenbau erhalten. Und Australien hat eingewilligt, hundert weitere als Krankenpfleger auszubilden. Das sind kleine Zahlen, und bisher hat noch kein Land eingewilligt, Bewohner von Kiribati als Neubürger zu akzeptieren. Tatsächlich hat ein neuseeländischer Richter 2013 die Klage eines Mannes von Kiribati auf Anerkennung als Klimaflüchtling abgewiesen.

Der Präsident von Sambia, Levy Mwanawasa, war das einzige Staatsoberhaupt, das die Inselbewohner willkommen hieß und Tong gegenüber meinte, es gebe „genug Platz" für die Inselbewohner in seinem Land. Doch er verstarb 2008 plötzlich im Amt, bevor die Umsiedlung unter Dach und Fach war. Tong verhandelt gegenwärtig mit der Militärregierung der Republik Fidschi über den Kauf von 5000 Morgen Land auf der zweitgrößten Insel des Landes, Vanua Levu. Mehrere I-Kiribati studieren bereits an der University of the South Pacific auf Fidschi, die gemeinsam von den zwölf Inselnationen betrieben wird. Tong plant, die jüngsten, qualifizierten Arbeiter zuerst zu schicken, sodass das neue Land nicht mit Migranten überlastet wird. Dennoch ist es ein schwieriger Umzug, nicht zuletzt deshalb, weil Kiribati eine Demokratie ist, während die demokratisch gewählte Regierung von Fidschi 2006 gestürzt wurde und das Land seitdem mithilfe von repressiven „Notstandsgesetzen" regiert wird.

Für den Fall, dass der Fidschi-Plan nicht funktionieren sollte, sieht sich Tong nach anderen potenziellen Unterkünften um und zieht auch die Möglichkeit in Betracht, riesige schwimmende Inseln oder Strukturen ähnlich wie Bohrinseln zu bauen, auf die die Menschen umgesiedelt werden könnten. „Wir dürfen keine Option ausschließen", meint er. „Wir sind Pioniere bei diesem Prozess, und wir wissen noch nicht, was die richtige Antwort ist."

Wie fühlt es sich an, wenn man weiß, dass das Land, in dem man geboren wurde, bald nicht mehr existiert? Er schweigt, und einen Moment lang verlässt ihn die Professionalität, die ihm erlaubt, die immer gleichen Fragen flüssig zu beantworten.

„Es tut weh", meint er schließlich. „Wir sprechen hier über den Verlust einer Kultur, die vielleicht 5000 Jahre weit zurückreicht, über den Verlust einer einzigartigen Sprache, über Märchen und Gesänge. Ich hoffe, dass unsere Bevölkerung gemeinsam irgendwo anders hin umsiedeln kann, aber wahrscheinlich werden wir uns in kleine Gruppen hier und da aufspalten und sehen müssen, wo wir unterkommen."

„Ältere Menschen erzählen mir, dass sie lieber in den Wellen sterben würden, als ihre Heimat zu verlassen, den Ort ihrer Ahnen und die Gräber ihrer Lieben. Wahrscheinlich werden viele eher vor Kummer sterben als wegzugehen", sagt er. Mir wird die Realität, der er gegenübersteht – dass eine ganze Kultur innerhalb von Jahrzehnten vor unseren Augen ausgelöscht werden wird –, bewusst. Die geografische Karte des Anthropozäns wird eine andere sein, aber Gleiches gilt auch für die kulturelle Karte.

„Das ist der größte globale Notfall unserer Zeit – größer als der Terrorismus. Menschen, die weithin Treibhausgase freisetzen, sind Klimaterroristen", empört sich Tong. „Wir sind die Ersten, die gehen müssen. Aber andere werden uns folgen."

Das Schicksal dieser tief liegenden Länder hängt von einfachen physikalischen Prozessen in rund 10 000 Kilometern Entfernung ab – an einem Ort, so fremdartig, dass man kaum glauben kann, dass er auf demselben Planeten liegt. In der Arktis, wo im Winter der größte Teil des Tages in Dunkelheit gehüllt ist, wo heulende Stürme über das gefrorene Meer peitschen und Eisberge, groß wie Städte, ineinander krachen, bahnt sich eine Veränderung an, so extrem, wie sie die Erde seit mehr als 10 Millionen Jahren nicht erlebt hat. Das wildeste, am besten geschützte Meer unseres Planeten erliegt schließlich dem menschlichen Einfluss – der Nordpol verliert allmählich seine Eisdecke.

Klimamodelle sagen voraus, dass die Eisschmelze in Polargebieten wie Grönland und der Antarktis einen Tipping-Point erreichen wird, nach dessen Überschreiten sich die Schmelzrate plötzlich beschleunigt.

Die Gründe dafür sind, dass Schmelzwasser das raschere Aufbrechen von Eisschilden begünstigt und es dort dann weniger Eis und Schnee (die bis zu 90 Prozent des Sonnenlichts reflektieren), aber mehr dunkles Wasser gibt (das die Sonnenwärme besser absorbiert). Die Modelle unterscheiden sich jedoch in ihren zeitlichen Prognosen. Nach der Vorhersage von James Hansens Gruppe beim NASA Goddard Institute for Space Studies steigt der Meeresspiegel weltweit bis 2100 um bis zu fünf Meter; konservativere Modelle wie das von Stefan Rahmsdorfs Gruppe am Potsdamer Institut für Klimaforschung gehen von 1,4 Meter bis Ende des Jahrhunderts aus. Das würde reichen, um tief liegende Inseln wie die Malediven zu überfluten, genauso wie viele Megastädte der Welt. Selbst Rahmsdorf meint, dass sich ein Anstieg des Meeresspiegels um Meter statt Zentimeter nicht ausschließen lässt, wenn es ein „nicht-lineares oder Schwellenverhalten der Eisschilde gibt" – mit anderen Worten: einen Tipping-Point.

Fest steht jedenfalls, dass sich die Eisschmelze beschleunigt. Das Verschwinden der Gletscher, das ich im Himalaja miterlebt habe, ist nichts im Vergleich zu dem, was in der Arktis geschieht. Die Arktis erwärmt sich mindestens doppelt – vielleicht sogar achtmal – so schnell wie der übrige Planet.[16] Eine durchschnittliche globale Erwärmung von 2 °C würde beispielsweise eine arktische Erwärmung um 3–6 °C bedeuten. Das liegt zum Teil daran, dass warme südliche Winde, die in der Region zusammenlaufen, Rußteilchen mit sich führen. Diese dunklen Teilchen absorbieren die Sonnenstrahlung und heizen die Atmosphäre auf. Wenn sie auf das Eis herabsinken, färben sie es dunkler, was das Schmelzen beschleunigt. Fast alle arktischen Gletscher schrumpfen – der grönländische Eisschild verliert jährlich 200 Gigatonnen Eis, viermal mehr als vor zehn Jahren. Forscher, die 2011 nur ein einziges Gebiet in Grönland untersuchten, stellten fest, dass die Zahl der Spalten in der Eisdecke seit 1985 um 13 Prozent zugenommen hatte, was ihr Abdriften ins Meer beschleunigt.[17] Der grönländische Eisschild bedeckt 80 Prozent der Oberfläche der Insel und ist der zweitgrößte nach dem der Antarktis. Wenn er komplett abschmilzt, wird der Meeresspiegel weltweit um sieben Meter ansteigen.

Der Meeresspiegel hebt sich nicht gleichmäßig an – der Pazifik wird beispielsweise 20 Prozent mehr als der Durchschnitt steigen.[18] Und während tropische Inseln verschwinden, tauchen in der Arktis neue auf.

Uunartoq Qeqertoq (im Englischen auch *Warming Island,* „sich erwärmende Insel“ genannt) entstand 2006, das Resultat des Schmelzens einer Eisbrücke, die zuvor diese Insel und das grönländische Festland verbunden hatte. Im Anthropozän müssen die Landkarten neu gezeichnet werden.

Der sich erwärmende Meeresboden und das tauende Land der Arktis legen uralte Lagerstätten mit vielen Millionen Tonnen Methan frei, einem Treibhausgas, das 20-mal stärker wirkt als Kohlendioxid. Wissenschaftler haben beobachtet, dass riesige Gasmengen in die Atmosphäre aufgestiegen sind, und diese haben das Potenzial, unsere Welt in einen unbewohnbaren Ort zu verwandeln. „Erstmals haben wir dauerhafte, kräftige und beeindruckende Quellstrukturen von über eintausend Metern Durchmesser entdeckt“, erklärte der russische Wissenschaftler Igor Semiletov gegenüber der britischen Zeitung *The Independent* 2011. An Land ergrünt die arktische Tundra, eine riesige Permafrostregion, die nun taut und Landwirtschaft möglich macht. „Tundra“ bedeutet „baumlos“, doch Forscher haben eine 20-prozentige Zunahme der Vegetation ausgemacht, darunter Erlen- und Weidenwälder.[19] Auch Tierarten könnten einwandern, während andere, wie der Eisbär, auszusterben drohen – er kreuzt sich schon mit seinem nach Norden vordringenden südlichen Vetter, dem Grizzly, und produziert Bastarde, die als Pizzly oder Grolar bezeichnet werden.

Die größte und dramatischste regionale Veränderung findet sich jedoch beim Meereis. Die Arktis ist das kleinste, flachste Meer weltweit, fast vollständig von Land umgeben und das ganze Jahr hindurch gefroren. Ein paar Monate im Sommer zieht sich das Eis teilweise zurück, bevor es wieder gefriert. Inzwischen zieht sich das Eis jedoch immer weiter zurück, und dieser Rückzug beginnt immer früher. Noch 1980 machte das arktische Eis im Sommer 2 Prozent der Erdoberfläche aus, doch inzwischen hat sich diese Fläche halbiert, und das Volumen ist um 75 Prozent zurückgegangen. Im Jahr 2007 schmolz das Eis plötzlich rascher als je zuvor. Freie Kanäle taten sich auf und erlaubten eine Schiffspassage zwischen Atlantik und Pazifik über den „Scheitel“ der Erde („Nordwestpassage“). Seitdem hat sich die Eisschmelze fortgesetzt, und der Sommer 2012 war so eisarm, dass Klimaforscher ihre Modelle und Vorhersagen überdenken mussten. Die Daten unterschätzen die Schmelzrate möglicherweise, weil die Forscher auf Satellitenbildern

Packeis nicht von weichem, geschmolzenem Eis unterscheiden können. Klar ist jedoch, dass das Eis in eine Todesspirale von beschleunigter Schmelze und Erwärmung eintritt. Das Nordpolarmeer könnte schon 2030 eisfrei sein – vielleicht sogar früher. Diese Geschwindigkeit alarmiert Wissenschaftler; sie haben berechnet, dass die finanzielle Belastung einer sich erwärmenden Arktis dem Umfang der Weltwirtschaft 2012 vergleichbar sein könnte.[20] Andere empfehlen dringend Geoengineering-Maßnahmen zur Temperatursenkung, etwa das Versprühen von Meerwasser in der Atmosphäre, damit die Wolken mehr Sonnenlicht reflektieren.

Anders als Schmelzwasser von Gletschern an Land beeinflusst schmelzendes Meereis den Meeresspiegel nicht direkt, sondern ersetzt nur sein eigenes Volumen. Die Konsequenzen, die es mit sich bringt, wenn es im Anthropozän statt einer dicken Schicht reflektierenden Eises am Nordpol des Planeten einen großen dunklen Wasserkörper gibt, reichen jedoch weit über die Arktis hinaus. Die Meeresströmungen werden weitgehend von der Temperaturdifferenz zwischen den warmen tropischen Meeren und den eiskalten arktischen Gewässern gesteuert. Wissenschaftler stellen bereits Veränderungen fest, die Klimaphänomene rund um die Welt beeinflussen, von El Niño bis hin zu Wirbelstürmen. Der Zustrom von relativ warmem Süßwasser aus Gletscherschmelzen in die Arktis erzeugt stabile Wasserschichten, die nicht so zirkulieren und sich mischen, wie sie sollten. Fische verlegen ihre Wanderrouten weiter nordwärts, wenn die Temperaturen dort weniger lebensfeindlich werden und das Nahrungsangebot zunimmt – wenn das Eis schmilzt, kann mehr Licht in das Wasser dringen und zur Massenvermehrung von Phytoplankton führen.[21]

Hierin liegt eines der größten Geschenke der Meere: Phytoplankton betreibt Photosynthese – diese Organismen sind sozusagen die Regenwälder des Meeres und binden Kohlendioxid –, und wenn wir uns ihre Aktivität zunutze machen könnten, ließen sich so gleichzeitig die Temperaturen senken und die Meere neutralisieren. Dieser Gedanke treibt Geoingenieure an, die hoffen, solche Phytoplanktonvermehrungen mit Eisensalzen zu stimulieren – einem Dünger, der in niedriger Konzentration normalerweise im Meer vorhanden ist. Verschiedene Querdenker haben ihre eigenen Versuche in kleinem Maßstab unternommen, doch die größte Hoffnung liegt in den eisigen antarktischen Gewässern. Von deren Krillreichtum haben sich einst große Walpopulationen ernährt. Unsere Walfangindustrie hat diese riesigen Meeressäuger praktisch ausgerottet, und mit ihnen verschwand ein ganzes Ökosystem, höchstwahrscheinlich deshalb, weil die Wale das Wasser mit ihren eisenreichen Fäkalien düngten. Ohne Krill gibt es weniger Wale. Eine Düngung des Wassers mit Eisenpulver wäre für eine Öffentlichkeit, die dem Geoengineering skeptisch gegenübersteht, eher akzeptabel, denn es würde bei der Wiederherstellung eines Ökosystems helfen, das wir zerstört haben. Und gleichzeitig könnte es uns einer Korrektur der Globaltemperatur näher bringen.

Wichtige globale Wettermuster sind stark abhängig von den Bedingungen an den Polen, und der Umfang der Eisschmelze in der Arktis verändert bereits die einst gemäßigten Zonen der Nordhalbkugel. Wenn sich die Temperaturdifferenz zwischen den warmen südlichen und den eisigen nördlichen Winden verringert, stoßen die beiden Fronten dieser Luftmassen nicht mehr so heftig zusammen wie früher, sondern mischen sich sanfter. Die Starkwindbänder, die bei diesem Zusammenstoß entstehen, auch als Jetstream bekannt – eine mehrere Hundert Kilometer breite Strömung, die für das mildere Klima in Nordeuropa verantwortlich ist –, werden weiter nach Süden abgedrängt. Die relative Stabilität dieser Strömung bedeutet, dass das gewöhnlich wechselhafte Wetter in gemäßigten Zonen stärkere Ausschläge zeigt und Wetterextreme länger anhalten. Daher werden in der Region im Sommer statt kurzer Regenschauer monsunartige Starkregen niedergehen, die zu Überschwemmungen führen werden, und statt kurzer Trockenperioden wird es zu monatelangen Dürren kommen. Im Winter führt die neue, weiter nach Süden verlagerte Position des Jetstreams in den nördlichen gemäßigten Breiten von Europa und den USA dann zu eisigen Temperaturen, und die zunehmende Luftfeuchtigkeit aufgrund von Verdunstung wird lange und heftige Schneefälle zur Folge haben. Mit anderen Worten: Die Winter im Norden Europas werden kälter und schneereicher, während es südlich des Jetstreams häufiger zu Dürreperioden kommt. Im Anthropozän wird es keine großen kontinentalen Regionen mit gemäßigtem Klima mehr auf unserem Planeten geben.

Die Arktis des Anthropozäns wird für einen Besucher aus dem Holozän bald nicht mehr wiederzuerkennen sein. Die Öffnung der Nordostpassage, der lang ersehnte direkte Seeweg zwischen Europa und Asien, bietet neue Handelsmöglichkeiten und fördert den Schiffsverkehr. Die Reise von Europa in den Fernen Osten dauert über die Arktis fast nur halb so lang wie durch den Suezkanal – die Strecke Rotterdam–Yokohama ist via Nordostpassage mehr als 7000 Kilometer kürzer und um rund ein Drittel billiger, denn man braucht nicht nur weniger Treibstoff, sondern auch die Versicherungsprämien sind geringer, denn man vermeidet ein mögliches Zusammentreffen mit somalischen Piraten im Golf von Aden.

Die Eisschmelze eröffnet noch weitere neue Gelegenheiten – und zwar für genau jene Unternehmen, die die Erderwärmung befeuern. Unter dem Nordpolarmeer liegen geschätzte 50 Milliarden Barrel Öl und 7 Billionen Kubikmeter Gas – das sind vermutlich 15 bzw. 30 Prozent der bisher noch nicht erschlossenen Reserven – wie auch eine Fülle wertvoller Mineralien. Die Unternehmen rangeln regelrecht darum, in diesen bisher unzugänglichen Gebieten Bohrungen durchzuführen, und das enorme wirtschaftliche Potenzial führt zu diplomatischen Spannungen zwischen den fünf Anrainerstaaten des Nordpolarmeeres, die allesamt ein Stück vom Kuchen – den unterseeischen Reichtümern – abhaben wollen; zudem möchten sie die großen Möglichkeiten nutzen, die Wind, Gezeiten und Geothermie als Energiequelle bieten. Jedes Land kann Anspruch auf den Anteil des Kontinentalschelfs erheben, der von seiner Küste ausgeht, daher wird die Hoheitsgewalt eines Staates durch seine Unterwassergeografie bestimmt. Allein die USA beanspruchen eine solche ausschließliche Wirtschaftszone von 8,6 Millionen Quadratkilometern; das ist vermutlich die größte unterseeische Landausdehnung, eine Fläche größer als das gesamte Kernland des Staates. Im Jahr 2007 ist der russische Präsident Wladimir Putin einer internationalen Vereinbarung zuvorgekommen, indem er eine russische Flagge auf dem Meeresboden am Nordpol hissen ließ. Aber trotz dieses Husarenstücks scheinen Ängste vor einem neuen Kalten Krieg momentan unbegründet.

Größer ist die Gefahr, dass Energiekonzerne in ihrer Hast, schnelles Geld zu machen, den fragilen ozeanischen Lebensraum zerstören werden. Die Lebewesen in diesem Ökosystem haben extreme Anpassungen entwickelt, um Kälte und Dunkelheit zu trotzen – so gibt es Fischarten mit Frostschutzmittel im Blut, und Großraubtiere wie der Eisbär können monatelang ohne Nahrung auskommen. Dennoch steht das Überleben der Arktisbewohner auf Messers Schneide – jede Ölkatastrophe könnte ganze Arten zum Aussterben verdammen. Bohrungen unter arktischen Bedingungen in der Hoffnung auf riesige Ölvorkommen sind nicht einfach, und die Gefahr von Lecks, Tankerkatastrophen oder Kollisionen mit Eisbergen wie bei der RMS Titanic vor einem Jahrhundert ist höher als anderswo. Eine Ölpest in der Arktis, und sei sie noch so klein, ist zudem weitaus schwieriger zu bekämpfen als anderenorts. In eisigem Wasser verteilt sich Öl nicht auf natürliche Weise, wie es dies in den Tropen tut, und die Mikroorganismen, die im Golf von Mexiko helfen, das Öl abzubauen, kommen in der Arktis nicht vor. Der Einsatz von Sperren und anderen physikalischen Barrieren zur Eingrenzung eines Ölteppichs wäre unmöglich.

Trotz ökologischer Bedenken eilen Öl- und Mineralprospektoren jedoch in großer Zahl in diese Region. Selbst wenn es sich heute noch nicht rechnet, dort zu bohren – und mehrere Unternehmen sind nach einer realistischen Evaluierung der Kosten wieder ausgestiegen –, wird noch innerhalb dieses Jahrzehnts der Zeitpunkt kommen, zu dem solche Unternehmungen profitabel werden.

Um die neue Industrie zu unterstützen, werden an Orten, die zuvor nur von Eskimos und Waljägern bewohnt wurden, bereits Klein- und sogar Großstädte gebaut. Grönland, die größte Insel der Welt bei einer Bevölkerung von nur 560 000 Menschen (davon 85 Prozent Inuit), läuft Gefahr, davon überrannt zu werden. Für die indigene Bevölkerung wird das Leben in der Region ohnehin immer schwieriger. Viele können den zuvor gefrorenen Boden nicht mehr überqueren, ohne im Schlamm zu versinken oder zu riskieren, durch Spalten im dünnen Eis zu fallen. Schmelzendes Eis legt die fragile Küste frei, die nun schutzlos der arktischen Brandung ausgesetzt ist und Stück für Stück ins Meer gerissen wird. In einigen Teilen der Arktis hat sich die Erosionsrate aufgrund des Tauwetters und des Verlusts einer auch vor dem Wind schützenden Eisdecke auf mehrere zehn Meter pro Jahr erhöht.[22] Traditionelle Jagdgründe sind inzwischen unzugänglich, und Neuankömmlinge aus der modernen Welt führen eine Lebensweise ein, die ihre Kultur erodiert. Greenpeace hat Schiffe in der Region eingesetzt, und die Aktivisten versuchen, Bohrungen zu verhindern und die Öffentlichkeit gegen entsprechende Pläne zu mobilisieren. Wie erfolgreich die finanziell gut ausgestattete NGO im Kampf gegen die finanziell noch besser ausgestatteten Ölfirmen sein wird, bleibt abzuwarten.

Unterdessen werden die beiden sogenannten *doughnut holes* – Zonen von mehreren Millionen Quadratkilometern Meeresfläche, die außerhalb der exklusiven Fischereizone der arktischen Nationen liegen – zum ersten Mal eisfrei und erlauben internationalen Fischereiflotten den kostenlosen Zugriff auf Populationen des Polardorsches. Dem unberührten Nordpolarmeer droht dasselbe schlimme Schicksal wie allen anderen Meeren: Überfischung.

Fische sind die letzten Wildtiere, die wir in großer Zahl jagen, doch möglicherweise sind wir die letzte Generation, die das tut. Weltweit sind 85 Prozent der Bestände überfischt, erschöpft, voll genutzt oder erholen sich gerade.[23] Die Bestände an Großfischen sind um 90 Prozent zurückgegangen. Der globale jährliche Fischkonsum nähert sich inzwischen 20 Kilogramm pro Person (viermal so viel wie in den 1950er-Jahren), obgleich die Fischbestände weltweit ständig geschrumpft sind. Menschen sind inzwischen die bedeutendsten Prädatoren der Meere, senken die Artenvielfalt und zerstören Nahrungsketten im Meer. Wahrscheinlich werden die einzigen Fische, die Menschen im weiteren Verlauf des Anthropozäns essen werden, Fische aus Fischfarmen sein. Wir werden ganze Arten niemals zu Gesicht, geschweige denn auf den Teller bekommen. Riesige Bereiche des Meeresbodens von Mittelmeer und Nordsee ähneln bereits einer Wüste, leergefegt von Europäern, die mit Grundschleppnetzen fischen. Und nun leeren diese stark subventionierten industriellen Flotten auch die tropischen Meere. Ein Viertel des EU-Fangs stammt inzwischen aus außereuropäischen Gewässern, viel davon aus den einstmals fischreichen westafrikanischen Meeresgebieten, wo jeder Trawler viele Hundert Tonnen Fisch am Tag zusammenschaufeln und mit seinem Fang nach Europa zurückkehren kann. Alle westafrikanischen Fischereigründe sind inzwischen überfischt, sodass viele Einheimische ihre Familien nicht mehr durch Fischfang ernähren können.

Die Politik, riesige staatlich subventionierte Fischereiflotten zu unterhalten, um die immer weiter schrumpfenden Bestände auszubeuten, ist in keinerlei Hinsicht nachhaltig und kostet jährlich geschätzte 50 Milliarden US-Dollar. In Spanien etwa bezahlt der Staat de facto jeden dritten angelandeten Fisch. Die Kleinfischerei bringt hingegen nur die Hälfte aller Fische weltweit auf den Tisch, liefert aber 90 Prozent der Arbeitsplätze in dieser Branche.[24] Natürlich werden die Industrieländer nicht zu traditionellen Fischfangmethoden zurückkehren; es ist jedoch auch offensichtlich, dass die riesigen Flotten drastisch reduziert werden müssen. Wir haben die marinen Ökosysteme derart verändert, dass wir, um zumindest einen Teil der holozänen Fischvielfalt zu erhalten, etwas tun müssen, was noch keine Spezies geschafft hat: unsere Jagdaktivität zügeln, obwohl wir die Gelegenheit und die Fähigkeit haben, weiter zu jagen.

In der EU allein könnte eine Wiederherstellung der Bestände die Fangmenge Schätzungen zufolge um 3,5 Millionen Tonnen steigern; das entspricht einem Gegenwert von 4,4 Milliarden US-Dollar pro Jahr.[25] Das gegenwärtige System, bei dem sich alle Mitgliedsnationen für möglichst hohe Fangquoten ins Zeug legen, könnte durch eines ersetzt werden, bei dem einzelne Regierungen Quoten auf der Basis lokaler Bestände festsetzen. Den Fischern würden individuelle handelbare Fanganteile an den Quoten zugeteilt – schließlich haben sie ein persönliches Interesse daran, dass die Bestände wieder zunehmen. Dieses System wird bereits erfolgreich in Ländern wie Island und Neuseeland eingesetzt und trägt dazu bei, dass nicht mehr jeder so viel aus dem Meer herausholt, wie er kann, bevor ein Rivale den letzten Fisch fängt. Wie Studien zeigen, sind die Chancen derart bewirtschafteter Fischgründe, einen Kollaps der Bestände zu vermeiden, doppelt so hoch sind wie bei Fischgründen mit freiem Zugang (*open-access fisheries*). In stark überfischten Zonen ist die einzige Möglichkeit für eine Erholung der Bestände ein völliges Fangverbot. In anderen Regionen muss die Einhaltung der Quoten genau überwacht werden – Fischtrawler können lizenziert und mit Ortungsgeräten ausgestattet werden, um sicherzustellen, dass sie die legalen Fanggebiete nicht verlassen; Stichprobenüberprüfungen können Auskunft über Größe und Art der gefangenen Fische geben, und man könnte Fische sogar markieren, um sicher zu sein, woher sie stammen.

Im Anthropozän sehen wir nun aber Meeresfische, die nicht frei im Meer leben, sondern in kleinen Netzgehegen: Die Menschheit hat wieder einmal ihre übliche Methode angewandt, um mit Nahrungsknappheit fertig zu werden, und ist von der Jagd zur Zucht übergegangen. Mehr als die Hälfte der Fische, die bei uns auf den Tisch kommen, stammt inzwischen aus Fischfarmen – in China sind es sogar 80 Prozent. Fische neben Reispflanzen in Reisfeldern zu züchten, wie es viele Dorfgemeinschaften in Asien seit Jahrhunderten tun, ist eine nachhaltige Weise, die landwirtschaftliche Produktion auf eine breitere Basis zu stellen; sie liefert Proteine und andere essenzielle Nährstoffe und erhöht die Ernte: Die Pflanzen schützen die Fische vor Hitze und Fressfeinden, die Fische fressen Schädlinge und düngen den Reis mit ihren Ausscheidungen. Fischzucht im industriellen Maßstab ist jedoch weitaus problematischer. Zuchtfische, wie Lachs und Thun, fressen bis zum Zwanzigfachen ihres Körpergewichts an kleineren Fischen, wie Sardellen und Heringe, was zu einer Überfischung dieser kleineren Arten führt. Zudem sind Fischfarmen üble Umweltverschmutzer. Sie produzieren eine Menge toxischer Abwässer – Fäkalien –, die Algen im Meer düngen, den gelösten Sauerstoff verringern und regelrecht tote Zonen schaffen. So produziert die schottische Lachszuchtindustrie dieselbe Menge Stickstoffabfall wie die unbehandelten Abwässer von 3,2 Millionen Menschen – mehr als die Hälfte der Bewohner des Landes.[26] Zudem sind Fischfarmen Brutstätten für Infektionen und Parasiten, die dann häufig auf Wildpopulationen überspringen. Dennoch werden solche Farmen in den kommen Jahrzehnten zweifellos an Bedeutung gewinnen, und ihre Probleme lassen sich durch besseres Management und Innovationen lösen – zum Beispiel, indem man die Fische vegetarisch ernährt und die Nahrung mit künstlich hergestellten Omega-3-Fettsäuren ergänzt.

Überfischung in Kombination mit Abwässern, Klimawandel und Versauerung verändern das gesamte marine Ökosystem. Eine breite Palette exotischer Meeresgeschöpfe wird bis zur Ausrottung gejagt, darunter Meeresschildkröten, Mantas, Meeressäuger und Haie. Jedes Jahr werden rund 100 Millionen Haie getötet – ihre Zahl ist weltweit um 80 Prozent zurückgegangen; ein Drittel aller Haiarten steht inzwischen am Rand des Aussterbens. Haie sind Spitzenprädatoren und erfüllen eine wichtige Funktion für das Gleichgewicht des marinen Ökosystems. Ein Rückgang in der Zahl der Haie kann zu einer Zunahme in der Zahl der Fische weiter unten in der Nahrungskette führen, was wiederum den Zusammenbruch in der Population sehr kleiner Meeresbewohner, wie Plankton, nach sich ziehen kann. Ohne die kleinsten Lebewesen ist das gesamte marine Nahrungsnetz bedroht.

Eine Rückwirkung dieses Systems zeigt sich bei Quallen. In den letzten zehn Jahren kam es in verschiedenen Regionen zu einer geradezu explosionsartigen Vermehrung von Quallen – das Wasser verwandelte sich in eine gallertartige Suppe, die Küsten, Häfen und Buchten überzog und zur Schließung von Stränden, zur Abschaltung von Kernkraftanlagen und zu hohen Verlusten in Industrien von der Fischerei bis zum Tourismus führte. Kühlschrankgroße Monsterquallen von bis zu 220 Kilogramm Gewicht und 2 Metern Durchmesser, sogenannte Nomura-Quallen, treten seit 2002 im Gelben und im Ostchinesischen Meer jedes Jahr in Massen auf, was für die japanische Fischereiindustrie Verluste von Milliarden Yen bedeutet. Meeresökologen warnen, dass es noch schlimmer kommen könnte: Die menschengemachten Veränderungen der marinen Umwelt könnten zu einem Tipping-Point führen, nach dessen Überschreiten schließlich Quallen und nicht Fische die Meere des Anthropozäns dominieren, so wie sie es schon vor vielen hundert Millionen Jahren im Präkambrium taten.[27] Quallen sind einfach besser als andere Meeresbewohner auf die Bedingungen im Anthropozän eingestellt – hohe Temperaturen, Veränderung des Salzgehalts, Versauerung und Verschmutzung der Meere, all das wirkt zu ihrem Vorteil. Die stark wasserhaltigen Quallen kommen viel besser mit einem niedrigen Sauerstoffgehalt zurecht als die muskelbepackten Fische. Selbst unsere Infrastruktur – Pontons, Piers und Bohrplattformen – ist ein Segen für Quallen, denn dort können sich ihre Polypen ansiedeln.

Wir müssen entscheiden, welche Form von mariner Biodiversität wir im Anthropozän wollen – und dann schnell handeln, wenn wir Arten retten möchten. Manche Lösungen können durchaus einfach sein. Beispielsweise werden jedes Jahr mehr als 300 000 Seevögel getötet, weil sie sich in den Angelschnüren von Langleinen verheddern, was Populationen von Albatrossen, Sturmvögeln und Sturmtauchern an den Rand des Aussterbens bringt. Mit Gewichten beschwerte Fangleinen und Vogelscheuchen-Leinen, bei denen farbige Bänder die Vögel abschrecken, könnten mehr als 90 Prozent dieser Todesfälle verhindern.[28] Die Stärkung und Ausweitung von Meeresschutzgebieten hilft Meeresbewohnern zu überleben, und eine Nation nach der anderen erkennt dies. Die Malediven verfügen inzwischen über mehr als 30 Meeresschutzgebiete, und Australien hat mit 2,3 Millionen Quadratkilometern das größte Meeresschutzgebiet der Welt geschaffen. Gegenwärtig steht weniger als ein Prozent der Meere unter Schutz, obgleich die internationale Gemeinschaft übereingekommen ist, diesen Anteil bis 2020 auf zehn Prozent zu erhöhen. Diese Meeresschutzgebiete sind jedoch nur dann effektiv, wenn die jeweiligen Regierungen über genügend Ressourcen verfügen, um sie zu überwachen und zu sichern. Zudem unternehmen viele Meerestiere, vom Walhai bis zu den Walen, weite Wanderungen – sie bleiben nicht in den Schutzgebieten, was sie zu einer leichten Beute für Fischer werden lässt. Was wir brauchen, argumentieren viele, sind mobile Reservate, die wandernden Tieren und solchen folgen, die ihren Lebensraum aufgrund von Strömungen oder Klimaphänomenen wie El Niño verlagern. Die Zonen müssen gezielt gewählt werden und wirken sich nicht zwangsläufig negativ auf den Lebensunterhalt von Fischern aus. Wie eine Studie ermittelt hat, könnte die Ausweisung von nur 20 Lokalitäten – gerade einmal 4 Prozent der Weltmeere – als Schutzzonen 108 Arten oder 84 Prozent aller Meeressäuger schützen.[29]

All das wird nicht viel helfen, wenn wir die Verschmutzung der Meere nicht drosseln. Wir Menschen haben die Meere stets als riesiges Wasserklosett für unseren Abfall benutzt, aber früher war die menschliche Bevölkerung viel kleiner, und unsere Produkte bestanden aus natürlichen Materialien, die biologisch abbaubar waren, daher hatte dies wenig Auswirkung auf die marine Ökologie. Das war damals eine vernünftige Option, denn es verhinderte beispielsweise, dass sich unser Abfall an Land ansammelte und zu Krankheiten führte. Aber die schiere Menge unseres Unrats ist inzwischen dabei, die Meere zu verändern. Schwermetalle und andere toxische Abfallprodukte werden von Filtrierern wie Muscheln aufgenommen und reichern sich in der Nahrungskette derart an, dass Spitzenprädatoren wie Eisbären erkranken und Schwangeren geraten wird, auf Raubfische wie Thunfisch zu verzichten, um eine Schwermetallvergiftung des Kindes zu vermeiden. Wir produzieren Millionen Tonnen Plastikmüll – die Plastikproduktion ist im Verlauf der letzten 30 Jahre um 500 Prozent gestiegen –, der nicht biologisch abbaubar ist und an der Oberfläche treibt, und zudem chemische Abwässer wie Detergenzien und Dünger. Letztere können zu toxischen Algenblüten führen, die man noch vom Weltraum aus sehen kann und die anderen Meeresbewohnern den Sauerstoff wegnehmen, sodass riesige Zonen ohne jegliches Leben entstehen. Selbst die Reinigung synthetischer Kleidung wird wegen der Größenordnung, in der dies geschieht, zu einem Problem. Kleidung aus Polyester setzt bei jeder Wäsche rund 1900 Plastikfasern frei, die von Meerestieren gefressen werden und in messbaren Mengen in die Nahrungskette gelangen. Jeder Quadratkilometer Meeresoberfläche enthält inzwischen durchschnittlich 18500 schwimmende Plastikteilchen, und in der Strömung sammeln sich riesige treibende Inseln aus Müll an. In den wichtigsten Meeresdriftströmungswirbeln beträgt das Gewichtsverhältnis von Plastik zu Meeresleben inzwischen bereits 6:1.[30] Das ist ein Problem für Fische und andere Meeresbewohner wie Meeresschildkröten und Albatrosse, die ihre Jungen mit Plastikmaterial füttern, doch andererseits bieten diese Flöße aus Plastikmüll – im Nordpazifik bedeckt der Müllstrudel eine Fläche von 5000 Quadratkilometern – Weichtieren, Krabben und anderen Wirbellosen Schutz vor der Sonne sowie eine feste Oberfläche und schaffen so ein neues Ökosystem, das Meeresbiologen als „Plastisphäre" bezeichnen. Im Anthropozän bietet treibendes Plastik im Pazifik viele Hundert Millionen Organismen feste Oberflächen (andere treibende Strukturen, wie Seetang, kommen hier natürlicherweise nicht vor).

Diese Wirbellosen sind nicht die einzigen Geschöpfe, die auf unserem Müll leben. In der Karibik treffe ich einen Mann, der eine ganze Insel aus Müll geschaffen hat – vielleicht eine potenzielle Lösung für überbevölkerte Inseln und erodierende Küsten. Westpoint Island, einige Kilometer vor der Küste von Belize gelegen, beherbergt eine Reihe von Holzhäusern sowie ein paar fruchttragende Bäume und Schweine, alles umgeben von Mangroven. Sie ist kaum bemerkenswert, wenn man davon absieht, dass es sie vor fünf Jahren noch nicht gab. Gerald McDougall, ein kreolisch sprechender Fischer, erklärt, wie er auf die Idee zum Bau der Insel kam, nachdem er bemerkt hatte, dass „im Meer Kokospalmen ausschlagen". „Arbeiter vom nahe gelegenen Saltwater Caye Resort warfen immer Abfall in eine Gruppe von Mangroven, und mit der Zeit hatte sich Sand auf dem Müll abgelagert, und es wuchsen Kokospalmen darauf", erzählt er mir. Gerald hatte nach einem Stück Land Ausschau gehalten, um ein Haus zu bauen, doch die Inseln und Cayes in dieser beliebten Region der Karibik waren zu teuer.

„Ich erkannte, dass ich aus all dem Müll hier ein Heim für meine Familie schaffen konnte", meint er, und sein schwarzes ledriges Gesicht zeigt ein Lächeln voller fehlender Zähne. In Tobacco Caye – einer kleinen Gruppe von Inseln und Mangrovenhainen – stieß Gerald auf ein vielversprechendes Fleckchen Sand, umgeben von Mangroven. Es maß 100 x 70 Meter und war Teil einer der Regierung gehörigen Inselkette. Er wandte sich an die Behörden von Belize, fragte nach einer Pachtmöglichkeit und erklärte, was er tun wollte. „Sie glaubten nicht, dass es funktionieren würde, aber sie überließen mir den Fleck", meint er.

Im Lauf der nächsten Jahre verbrachte Gerald jeden freien Tag auf seiner im Entstehen begriffenen Insel. Er überzeugte alle lokalen Inseln und Resorts, ihren Abfall auf seinem Sandfleck abzuliefern, und stellte aus seinen vielen Freunde ein Helferteam zusammen. Gemeinsam sortierten sie den Müll: Die Glasflaschen verkaufte er zurück an die Flaschenindustrie, um seine Insel zu finanzieren; die Blechdosen schmolz er ein, um eine metallische Füllmasse herzustellen, mit Plastiktüten schuf er Volumen, und die restlichen Kunststoff- und Metallabfälle wurden zu seinem neuen Land. Eine Insel aus dem Boden zu stampfen, erfordert, sie Schicht um Schicht aufzubauen. Zuerst grub er den Schlamm und das Seegras aus, dann packte er seinen sortierten Müll in das Loch, es folgte eine Lage Schlamm und Sand, dann eine Lage Sägemehl aus einer Sägemühle, dann noch mehr Schlamm und Sand. Mit Holzzäunen schirmte er die Insel gegen das Wasser ab. „Wenn es regnet, hält das Sägemehl das Wasser. Ich pflanzte Papaya und Kokospalmen, und ihre Wurzeln halten die ganze Sache an Ort und Stelle", erläutert Gerald. „Der Regierungsinspektor schaute vorbei, und er war wirklich erstaunt. Es funktioniert tatsächlich!" Das Ergebnis ist wirklich eindrucksvoll: Gerald hat zwei große Häuser auf seiner Insel errichtet, die bei meinem Besuch bereits zwei Morgen misst, und kultiviert einen üppig gedeihenden Nutzgarten.

Werden wir im weiteren Verlauf des Anthopozäns eine Reihe künstlicher Inseln oder sogar schwimmender Städte erleben? Vielleicht – künstliche Inseln werden bereits überall angelegt, von den Malediven bis Dubai, um eine wachsende Bevölkerung auf zu diesem Zweck aufgeschüttetem Land unterzubringen, und dies verändert die Geografie unseres Planeten. Bislang sind die meisten tief liegend und daher wie ihre natürlichen Gegenstücke von einem Anstieg des Meeresspiegels bedroht. Schwimmende Inseln würden sich hingegen mit dem Meer heben. Der Milliardär Peter Thiel, Mitbegründer von PayPal, finanziert das Seasteading Institute, das hofft, ganze schwimmende autonome Stadtstaaten zu schaffen.

Im Anthropozän müssen wir unsere Beziehung zum Meer radikal überdenken. Bis vor Kurzem galten die riesigen, wilden Ozeane mit ihren scheinbar unerschöpflichen Fischbeständen als zu gewaltig, um durch menschliches Tun bleibenden Schaden zu nehmen. Der wohl erste Hinweis, dass dem nicht so war, datiert zurück ins 19. Jahrhundert, als die Walfangindustrie beinahe die größten Geschöpfe ausgerottet hätte, die jemals auf diesem Planeten gelebt haben. Heute kann man den menschlichen Einfluss überall in den Meeren erkennen, und wir laufen Gefahr, Schlüsselarten zu verlieren, von denen wir abhängen. Wir Landsäuger waren niemals stärker Teil des marinen Ökosystems als heute: Die meisten von uns wohnen an der Küste, und wie die Malediver leben viele von uns auf Meeresniveau – wir müssen entscheiden, wann wir uns zurückziehen und wann wir unseren Lebensraum schützen sollten. Es ist weder wünschenswert noch praktikabel, Menschen von den Meeren zu trennen, um diese zu „retten". Doch wir müssen dringend unsere destruktiven Auswirkungen auf die Meere drosseln.

Die Meere haben sich grundlegend verändert, und wir müssen neue Wege entwickeln, mit diesen Veränderungen zu leben. Wenn der Meeresspiegel steigt, brauchen wir technische Möglichkeiten, selbst Inseln und Küsten zu schaffen, wenn die Fischbestände schrumpfen, müssen wir Fische auf Farmen züchten, wenn die Meere wärmer und saurer werden, müssen wir künstliche Riffe bauen und die Meere vielleicht sogar mit Photosynthese treibendem Phytoplankton bewirtschaften.

Diejenigen, die bei diesen Veränderungen an vorderster Front stehen, wie Anni Nasheed und Anote Tong, haben sich diesen Herausforderungen gestellt und sich dabei als inspirierende Führungspersönlichkeiten erwiesen. Nun muss der Rest der Welt zu ihnen aufschließen.

6 WÜSTEN

Wüsten – trocken, karg und windgepeitscht – sind die lebensfeindlichsten Landschaften der Erde und diejenigen Orte, die der Oberfläche anderer Planeten am stärksten ähneln. Wüsten bedecken ein Drittel der Landfläche unseres Planeten; in diesen Gebieten gibt es so wenig Niederschlag, dass das Wasser schneller verdunstet, als es vom Himmel fällt. Die Hälfte der irdischen Wüsten liegt in den Polarregionen – gefrorene Landstriche, in denen großenteils kein Leben existiert.

Die übrigen Wüsten befinden sich in Äquatornähe. Oft grenzen sie an die üppigsten und feuchtesten tropischen Regenwälder. Diese dürren Regionen bilden riesige Flächen aus Sand und Staub. Die Vegetation ist so spärlich, dass Winde ungehindert über sie hinwegfegen, die abgetragene Erde aufnehmen und sie in Tausenden Kilometern Entfernung wieder abladen. Minerale aus der Sahara, der größten Wüste der Erde, sorgen für die Fruchtbarkeit des Amazonasgebiets, das so voller Leben ist.

Tagsüber brennt die Sonne auf den kargen Boden und erzeugt Temperaturen von bis zu 50 Grad Celsius. In der Nacht entweicht die Hitze in den wolkenlosen Himmel und die Temperaturen stürzen bis in den Minusbereich ab. Dennoch haben Pflanzen, Tiere und Menschen Wege gefunden, in Wüsten zu leben, indem sie ihre Randzonen bevölkern und wagemutig ihre lebensfeindlichen Weiten durchmessen. Grasenden Herden und Hirtennomaden, die gelernt haben, ihnen zu folgen, ist es gelungen, über Generationen hinweg in scheinbar unbewohnbarer Ödnis zu überleben.

In ferner Vergangenheit gab es in vielen Gebieten, die heute Wüste sind, Wasser. Die Sahara war einst eine Savanne voller Leben. Jahrtausendealte Felsmalereien zeigen große Antilopen und Nutzvieh. Früher waren viele Wüsten, auch die Sahara, mehrfach von riesigen Seen bedeckt, deren unter der trockenen Oberfläche verborgenen Überreste derzeit aufgespürt werden. Dieses fossile Wasser birgt das Potenzial, die Wüste wieder ergrünen zu lassen.

Im Anthropozän jedoch dehnen sich die Wüsten der Welt weiter aus. Die globale Erwärmung lässt die Oberflächentemperatur der Erde ansteigen, sodass Wasser schneller verdunstet, und der Klimawandel sorgt dafür, dass die Niederschlagsmenge in Halbtrockengebieten weiter zurückgeht.[1] *Zudem sorgen die Menschen mit der Art ihrer Landnutzung dafür, dass vormals bewachsene Landstriche zur Wüste werden. Intensive Landwirtschaft und das Vordringen der Bevölkerung in fragile Trockengebiete beschleunigen die Ausbreitung von Wüsten. Dadurch wird einst kultivierbares Land zerstört, was die Menschen aus den Dörfern in die Elendsviertel der Großstädte und immer größere Armut treibt. Weltweit vernichtet die Wüstenbildung Jahr für Jahr über 12 Millionen Hektar urbares Land.*[2] *Rund 40 Prozent der Landfläche Afrikas sind bereits davon betroffen, und Wissenschaftler warnen, dass bis 2025 weltweit zwei Drittel des kultivierbaren Landes zerstört sein könnten.*

Dem Vorrücken von Sand und Staub versucht man auf verschiedene Weisen Einhalt zu gebieten. Zu den bemerkenswertesten Projekten gehört der Versuch, die sogenannte Grüne Mauer anzupflanzen, einen 15 Kilometer breiten und 7775 Kilometer langen Waldgürtel, der sich am Südrand der Sahara entlang über 11 Staaten vom Senegal bis nach Äthiopien und Dschibuti erstrecken soll. Mit einer weiteren Grünen Mauer hofft man in China, die Ausbreitung der Kubuqi-Wüste, die sich von der Inneren Mongolei nach Osten ausdehnt, zu stoppen.

Im Anthropozän ziehen Menschen auch Nutzen aus den Wüsten und finden neuartige Verwendungen für die gnadenlose Sonne und den Wind. Einige der ärmsten Länder der Erde profitieren zunehmend von Plänen, diese Sonnen- und Windenergie für die Erzeugung von Strom einzufangen. Man denkt an riesige Energiegürtel quer über Wüsten in Australien, den USA, China und Afrika, wobei ein Teil der Elektrizität genutzt werden soll, um die Wüsten bewohnbarer zu machen. So hat die solarbetriebene Entsalzung das Potenzial, Landwirtschaft an Orten zu ermöglichen, wo sie früher undenkbar war.

Im Anthropozän hat die Menschheit Wüsten unterworfen und verändert; sie hat diese fremdartigen, unwirtlichen Landschaften in Städte und Parks, grüne Felder und ausgedehnte Seen verwandelt.

Sogar aus dem Weltall betrachtet springen solche Orte ins Auge. Kreisförmige Tupfen aus Weizen und gelben Blumen sprießen unter dem riesigen Arm einer rotierenden Bewässerungsanlage aus dem grauen Sand. Großstädte wie Phoenix, Las Vegas und Dubai erheben sich makellos über dem dürren Boden, mitsamt sprühender Fontänen und Blumenrabatten.

Wüsten waren schon immer Orte mit wenig Wasser und Vegetation, extremen Temperaturen und peitschenden Winden. Im Anthropozän jedoch versuchen immer mehr Menschen, dort zu leben. Sie erlernen neue Methoden, sich diese unwirtliche Landschaft nutzbar zu machen – und sie dabei zu verwandeln.

„Ich möchte die Stämme besuchen, die am Turkana-See leben", teile ich meiner allzeit hilfsbereiten Pensionswirtin Sally mit. „Wissen Sie, welche Busse von dort nach Nairobi gehen? Und ist die Nachfrage sehr groß, sodass wir die Fahrt vorher buchen müssen?"

Sie bricht in unbändiges Gelächter aus. „Dorthin fahren keine Busse", lacht sie. „Hihi, welcher Bus zum Turkana-See geht!", kichert sie noch einmal.

Die Wüstenregion im äußersten Norden Kenias, an der Grenze zu Äthiopien, ist ein rechtsfreier Raum, ein Unruheherd mit Stammeskämpfen und aggressiven Banditen; die Straßen, die dorthin führen, gehören zu den schlechtesten des Kontinents. Jahrelange zerstörerische Dürren haben die Spannungen noch weiter verschärft. Ich will dorthin, weil ich wissen möchte, wie die Menschen mit der immer feindlicheren Umgebung zurechtkommen, und um mehr über einige bedeutende sich anbahnende Veränderungen zu erfahren.

Schließlich hört Sally auf zu lachen und hat Erbarmen mit mir. Nachdem ich ihr klar gemacht habe, dass ich alles daransetzen werde, an mein Ziel zu gelangen, sagt sie, ihr Cousin sei katholischer Priester bei der Seemission, und verspricht, eine Fahrt für mich zu arrangieren. Wie es der Zufall will, wartet gerade ein anderer Priester vom See in Isiolo auf ein Ersatzteil für sein Fahrzeug. Er könnte mich zum See mitnehmen. Die Gelegenheit ist zu günstig, um sie verstreichen zu lassen, und so stehe ich am nächsten Morgen um 6.30 Uhr in der Stadt am Taxistand, wo ich auf ein Matatu (Minivan-Taxi) warte, das mich nach Isiolo bringt. Am späten Nachmittag, nach einer unbequemen Reise mit mehreren Polizeikontrollen, hat das Matatu endlich die Stadt erreicht. Auf jedem Schild und an jedem Haus suche ich nach einem Hinweis auf die katholische Mission von Isiolo, aber das ist leichter gesagt als getan – 400 Millionen Afrikaner sind wiedergeborene Christen, und die verschiedenen christlichen Sekten sind in dieser Kleinstadt gut vertreten, von der Church of Wonderful Miracles bis zur Church of the Best Future. Es gibt auch eine große muslimische Gemeinde. Die Menschen spenden etwa 10 Prozent ihres spärlichen Einkommens an diese Gruppen – das ist weit mehr, als die Regierung an Steuern einzieht. Auf diese Weise haben es einige Kirchenführer Afrikas zum Multimillionär gebracht, mit Privatjets, prunkvollen Kirchen, Videoproduktionen und Verlagshäusern, die sich allesamt an den Verzweifelten bereichern.

Endlich entdecke ich die Mission, und dort, in einem Geländefahrzeug mit laufendem Motor, wartet geduldig Pfarrer Fabio-Miguel Chaparro aus Kolumbien. Ich habe mich um mehr als drei Stunden verspätet, aber er ist überaus verständnisvoll. Er trifft die letzten Vorbereitungen für die Reise, während Mädchen aus der weiterführenden Schule der Mission an uns vorbeigehen. Dem hübschen jungen Priester – er ist 35 – fliegen viele schmachtende Blicke zu, aber er kümmert sich nicht darum. Er überprüft den Motor und beantwortet höflich vorgeschobene Fragen der Schulmädchen, die ihre Röcke so weit schürzen, wie es unter den kritischen Blicken vorbeikommender Nonnen gefahrlos möglich ist. Einige Minuten später sind wir unterwegs und fahren in leicht überhöhtem Tempo durch die Stadt, vorbei an Gesichtern, die uns mit unverhohlener Feindseligkeit anstarren.

Und dann sehen wir es: einen großen rußgeschwärzten Platz im Herzen der Stadt. Es steigt immer noch Rauch auf, aber die Leute sind schon mit dem Wiederaufbau der Hütten beschäftigt. Am Tag zuvor ist der Markt bis auf den Erdboden niedergebrannt worden, wie Fabio mir erzählt. Alles wurde zerstört – sämtliche Läden, Stände, Waren (zum großen Teil bitter benötigte Nahrungsmittel), Wohnhäuser und Lebensgrundlagen.

Es habe mit Schießereien angefangen, erklärt Fabio. Am gestrigen Tag sei es hier in den Straßen zwischen den Hirtenvölkern der Turkana und

Borana zu Feuergefechten gekommen. Über zehn Menschen seien getötet worden, darunter ein 14-jähriges Schulmädchen von der Missionsschule. Sie habe in einem Lastwagen gesessen; die Borana hätten allen befohlen auszusteigen, die Turkana aussortiert, unter ihnen auch das Mädchen, und sie alle erschossen.

Der Konflikt hatte – wie jedes Mal – damit begonnen, dass ein Stamm dem anderen Vieh gestohlen hatte. In dieser immer kargeren Wüste müssen die Nomaden ihre jahrhundertealte Lebensweise aufgeben. Ihre Tiere verhungern, die Kinder leiden an Unterernährung und Cholera und die Regierung ist taub für ihre Hilferufe. Und so kämpfen Völker wie die Turkana, Samburu und Borana um die wenigen Tiere, die noch am Leben sind, und die vereinzelten noch nicht versiegten Wasserstellen. Während Stammeskämpfe früher mit Stöcken und Speeren ausgefochten wurden, hat die Gewalt im benachbarten Somalia und im Sudan dafür gesorgt, dass Waffen leicht und billig zu haben sind. Ein großer Teil der Region ist heute ein rechtsfreier Raum, der unter Banditen und Brutalität leidet und von Regierung und Polizei seinem durch den Klimawandel bestimmten traurigen Schicksal überlassen wird.

„Eine leichte Dürre zwingt die verschiedenen Stämme, enger zusammenzurücken und sich die wenigen Wasserzugänge zu teilen. Bei einer schweren oder lang anhaltenden Dürre hingegen sterben Tiere, und die Stämme stehlen einander Vieh, was zu gewalttätigen Auseinandersetzungen führt“, sagt Fabio. „Bei einer besonders schlimmen Dürre ist es leichter, sich die gestohlenen Tiere zurückzuholen, weil die gegnerischen Stämme und die Tiere so krank und geschwächt sind, dass sie nicht weit kommen“, fügt er hinzu.

Die aktuelle Dürre ist besonders schlimm – die schwerste seit über 60 Jahren. Zur Zeit meines Aufenthalts waren Leid und Verzweiflung in Nordkenia und am Horn von Afrika unermesslich; mehr als 13 Millionen Menschen hungerten und waren auf Nothilfen angewiesen. In den letzten 50 Jahren sind die Durchschnittstemperaturen um 1,3 Grad Celsius gestiegen, während der Niederschlag um über 20 Prozent zurückgegangen ist. Infolgedessen haben sich die Vegetationszonen verschoben und jeder fünfte Baum ist verdorrt.[3] Die Sahara rückt stellenweise im Jahr um über einen Kilometer weiter vor, was Hunger und Massenmigration sowie immer schärfere ethnische und regionale Konflikte zur Folge hat. Drei Viertel der afrikanischen Staaten – einschließlich Kenias – liegen in Zonen, in denen ein kleiner Rückgang der Niederschlagsmenge die Strömung von Flüssen stark vermindern kann. Die Dürre hat Auswirkungen auf Lebensunterhalt, Tiere und Vegetation sowie auf die Erzeugung von Wasserkraft.

Dabei sind die Menschen hier durchaus an ein trockenes Klima gewöhnt – immerhin leben sie in einer Wüste –, doch Dürreperioden werden häufiger, dauern länger an und die Regenzeiten dazwischen werden kürzer. Früher trat eine Dürre alle neun oder zehn Jahre auf, und danach kam der Regen. In den letzten zehn Jahren gab es in jedem zweiten Jahr eine schwere Dürre, und in einigen Landesteilen hat es in den vergangenen vier Jahren überhaupt nicht geregnet. Die herkömmlichen Strategien zur Bewältigung von Trockenzeiten greifen nicht mehr. Menschen und Tiere haben keine Zeit mehr, um sich von einer Dürre zu erholen und neue Widerstandskräfte zu sammeln, bevor die nächste zuschlägt, und die Tierbestände können sich in der Zwischenzeit nicht regenerieren. Die globale Erwärmung lässt das in Brunnen und Reservoirs noch vorhandene Wasser schneller verdunsten, und die spärliche Vegetation wird von Herden aus einem kilometerweiten Umkreis überweidet, sodass sie noch spärlicher wird.

Kenia ist ein unsicheres Konglomerat aus Volksstämmen, die zuerst von arabischen Sklavenhändlern und dann von britischen Kolonisten aufgewiegelt und manipuliert wurden. Auf die Unabhängigkeit folgte eine kurze Phase der Ruhe und des Wohlstands, doch dann kam es erneut zu Stammeskämpfen um Land, Tiere und Wasser. Seit 2002 ist das Land auf dem Index für humane Entwicklung um 20 Plätze nach unten gerutscht. Die Regierung ist korrupt und strebt kaum demokratische Reformen an, was die konfliktmüden Kenianer frustriert und die internationale Gemeinschaft alarmiert. Zugleich hat sich die Bevölkerung, die zu mehr als der Hälfte aus Kindern besteht, in den letzten 20 Jahren verdoppelt.

Dieses Land am Äquator besteht zu über 80 Prozent aus Wüste; dort leben Nomaden, die riesige Gebiete mit Rindern, Ziegen und Kamelen bewandern. Die Bedeutung der Tiere für die Menschen ist kaum zu überschätzen. Ohne Tiere kann ein Mann nicht heiraten, aber wenn er eine große Herde besitzt, kann er sechs oder sieben Ehefrauen haben. Tiere sind ein Maßstab für Wohlstand und Sicherheit, und sie liefern die Grundnahrungsmittel Blut, Milch und Fleisch. Oft sind die Leute eher bereit, Medizin für eine kranke Ziege zu kaufen als für ihr eigenes krankes Kind. Wenn sie Tiere verlieren, erhöht sich der Druck, einen benachbarten Stamm zu überfallen, um dort welche zu stehlen. Und so dreht sich die tödliche Spirale immer weiter.

Auf dem Weg aus der Stadt hinaus bin ich angespannt und wachsam. Neben Fabio eingekeilt, befürchte ich ständig einen Angriff aus dem Hinterhalt. Jeder Mann, jede Frau, jedes Kind ist ein potenzieller Killer. Viele halten Schusswaffen in den Händen; korrupte Polizisten versorgen die Volksstämme mit Munition im Überfluss und ziehen sich zurück, wenn es zu Auseinandersetzungen kommt. Fabio zeigt auf eine Stelle in der Wüste, wo Flugzeuge mit Waffenladungen nachts landen. „In den Bergen da drüben hausen Aufständische", erklärt er, während wir auf dem unbefestigten Weg, der sich Straße nennt, daran vorbeirasen. Wir werden nach links und rechts, oben und unten geschleudert und stoßen uns immer wieder schmerzhaft an, aber Fabio nimmt den Fuß nicht vom Gas. Hier säumen dicke Felsbrocken und hohe Lehmböschungen den Straßenrand – die ideale Deckung für Männer mit Gewehren. Als die Landschaft wieder flacher und offener wird, atmen wir etwas auf.

Angehörige der Turkana geben Fabio durch Winken zu verstehen, dass sie mitgenommen werden möchten, doch er macht die kenianische Geste für „voll" und rast vorbei. „Vor ein paar Monaten hatte ich ein paar Turkana auf der Ladefläche, und einige Samburu eröffneten das Feuer auf uns. Drei Kugeln schlugen im Auto ein: Eine ging hier an mir vorbei [er macht eine Bewegung mit der Hand von seiner Tür vor seinem Bauch entlang zur anderen Tür], eine traf den Motor und eine durchlöcherte den Vorderreifen, aber ich fuhr noch einige Hundert Meter weiter, bis ich die Kontrolle über das Fahrzeug verlor", sagt er. Und mit einem Lächeln: „Das war der schnellste Reifenwechsel meines Lebens. Seitdem nehme ich in einer Gegend mit gemischter Bevölkerung keine Stammesleute mehr mit."

Andauernd klingelt Fabios Handy, weil ihn Leute fragen, wo er ist. Fabio bleibt bewusst vage, antwortet nicht und schützt ein Funkloch vor – was man von einem Priester so sicherlich nicht erwarten würde. Er fängt meinen fragenden Blick auf. „Wenn ich verrate, wo ich bin, verbreitet sich die Nachricht und wir geraten in einen Hinterhalt", erläutert er.

Am Straßenrand stehen Strauße, als wären sie einem Zeichentrickfilm entsprungen, wir fahren an Zebras und winzigen, märchenhaft anmutenden Zwergantilopen vorbei, die Dikdik heißen. Ich bin aufgeregt, weil ich solche Tiere bisher nur aus dem Fernsehen oder dem Zoo kenne, aber es ist zu gefährlich, auch nur das Tempo zu drosseln, und so sausen wir an ihnen vorüber. Ich hoffe, dass wir zumindest keines überfahren. Außer Jeeps von Armeepatrouillen und einer Reihe von Lastwagen treffen wir auf keine anderen Fahrzeuge. „Sie fahren im Konvoi, um sich gegen Überfälle zu schützen", sagt Fabio.

Die Stunden vergehen. Dieser Teil der Straße solle von chinesischen Arbeitern asphaltiert werden, berichtet Fabio, aber die Leute hier seien von dem Projekt nicht begeistert. Man sage den Chinesen nach, sie würden alles essen, was sich in der Nähe ihrer Arbeitsplätze befinde. Sie äßen die kostbaren Ziegen, was zu Konflikten mit den Besitzern führe, sie äßen Hunde, sodass die Einheimischen entweder den Chinesen ihre eigenen Hunde verkauften oder die Hunde anderer Leute stehlen würden, um sie weiterzuverkaufen. Und sie äßen Wildtiere – alles von Hirschen und Antilopen bis zu Raubkatzen, die von den Stämmen erlegt und dann an die Chinesen verkauft würden. Am erschütterndsten sei der schwunghafte und lukrative Handel mit Elfenbein, für den die Einheimischen Elefanten töteten. Dann gebe es noch das Problem der Prostitution, die an Baustellen floriere – und das in einer Region, in der mindestens jeder Zehnte HIV-positiv sei.

Fünf Stunden später endet die Straße abrupt an einem kleinen Fluss. Im Gegensatz zu den saisonabhängigen Flüssen, die nur nach Regenfällen Wasser führen, versiegt dieser das ganze Jahr über nicht. Aber auch hier macht sich die Dürre bemerkbar. Ich sehe an den Auswaschungen im Sand, wie breit und tief der Fluss zu dieser Jahreszeit eigentlich sein sollte. Dennoch ist er ein wichtiger Wasserspender. In den Dörfern, die er durchfließt, hat man mehrere Sanddämme gebaut. Solche simplen Konstruktionen bestehen aus einer Betonmauer quer zur Strömung eines Flusses, an der sich Schlamm und Sand ablagern. Der Sand fungiert als erhöhtes Flussbett, sodass das Wasser weiterhin über die Mauer hinwegströmt. Doch mit der Zeit nimmt der Sand so viel Wasser – Millionen von Litern – auf, dass dieses bis zu 40 Prozent des gestauten Volumens ausmacht. Selbst wenn der Fluss dann versiegt, liefern in den Sanddamm gegrabene flache Brunnen weiterhin Wasser – eine Lebensader in der Wüste. Einige Dämme haben sogar einen Hahn, der die Menschen über eine Leitung mit sauberem, durch den Sand gefiltertem Wasser vom Sockel der Betonmauer versorgt.

Das gegenüberliegende Ufer ist hoch und steil. Wir fahren geradewegs hinab in den Fluss und mit durchdrehenden Reifen hinüber zur anderen Seite, doch das schwere Fahrzeug kann das Steilufer nicht bewältigen. Immer wieder lässt Fabio den Motor aufheulen und versucht, uns aus dem sandigen Schlamm zu befreien, doch mit qualmender Kupplung und Reifen, die keinen Halt finden, kommen wir keinen Zentimeter von der Stelle. Fabio versucht es im Rückwärtsgang, mit dem Erfolg, dass wir noch tiefer einsinken. Um uns bricht die Nacht herein. Wir beschließen, von Dornbüschen Zweige abzuschneiden und sie unter die Räder zu legen. Ohne Schuhe und Strümpfe wate ich in den Fluss, der schleimige Schlamm quillt zwischen meinen Zehen hindurch. Wir mühen uns weiter mit unseren Zweigen und dem Spaten ab, bis es Fabio endlich gelingt, das Auto freizubekommen. Es ist jetzt stockdunkel, die Art von völliger Dunkelheit, die die Augen nicht wahrhaben wollen – man reißt sie weiter und weiter auf, weil man hofft, von irgendwoher Licht einzufangen. Wir sind erschöpft und von oben bis unten mit Schlamm bedeckt. Ich habe Dornen in den Füßen und Kratzer an Armen und Beinen, aber wir sind dem Fluss entronnen und bereit zur Weiterfahrt. Unser Ziel, das Dorf Loiyangalani am Ufer des Turkana-Sees, ist noch mindestens sieben Stunden entfernt. Wir nehmen Fahrt auf und rumpeln dahin. Manchmal leuchten die Augen von Raubkatzen – vielleicht Leoparden – aus der schwarzen Dunkelheit.

Fabio beschließt, bei einer nahe gelegenen Mission einen Reisestopp einzulegen. Das von italienischen Missionaren erbaute Haus ist wunderschön, umgeben von einer ausladenden Veranda. Die beiden Geistlichen begrüßen uns herzlich und laden uns ein hereinzukommen. Wie ich sehe, sind die drei Priester gut befreundet; sie alle sind jung und in ihrer Solidargemeinschaft eng zusammengerückt, um sich gegen das harte Leben, das sie führen, zu wappnen. Alle drei wurden bereits beschossen, standen wütenden Stammesgruppen gegenüber und erlebten die Frustration, ihre Mühen wieder zerstört zu sehen – von ihnen erbaute Schulen wurden niedergebrannt, Kinder, um deren Ernährung und Ausbildung sie sich gekümmert hatten, kamen bei Kämpfen, durch Krankheit oder Mangelernährung ums Leben. Man zeigt uns unsere Zimmer – „Vorsicht vor Skorpionen im Bad" – und mahnt uns, die Moskitonetze zu benutzen. Vor einigen Jahren erkrankte ein italienischer Priester, der hier allein lebte, an zerebraler Malaria und starb einen qualvollen Tod, weil sein Auto defekt war und er keine Möglichkeit hatte, Hilfe zu holen. Sein Geist begleitet Fabio in den Schlaf – doch dies ist nur eines der vielen Opfer, die das Leben hier draußen fordert.

Am nächsten Morgen sind die Priester um fünf Uhr auf den Beinen und bereiten sich auf die Fahrt zu ihren weit entfernten Gemeinden vor, um ihnen Medikamente gegen Cholera zu bringen. Zurzeit grassiert eine Epidemie, die vor allem Kleinkinder und alte Menschen tötet. Gemeinsam essen wir Brot, und dazu gibt es eine Schüssel mit köstlich cremigem Akazienhonig. Hier gibt es einen kleinen Vogel, den Honiganzeiger, der sich von Honigwaben ernährt. Da er aber nichts gegen die grimmigen Bienen ausrichten kann, um an seine Futterstelle zu gelangen, ist er eine besondere Beziehung mit dem Honigdachs eingegangen, einem kleinen, sehr aggressiven Säugetier, das ebenfalls Honig schätzt, aber nicht weiß, wo er zu finden ist. Der Vogel fliegt dem Dachs immer ein Stück weit voraus und führt ihn so zur Honigquelle. Dann räubert der Dachs mit seinen großen Klauen das Bienennest aus und vertreibt die Bienen, sodass Vogel und Dachs sich satt essen können.

Die Einheimischen beobachten ihrerseits Dachse und Honiganzeiger, um so den Weg zum Honig zu finden. Die Vögel haben inzwischen gelernt, dass Menschen schneller und klüger als Dachse sind und die Bienen mit Rauch vertreiben. Darum machen sie nun gezielt Menschen durch lautes Rufen auf sich aufmerksam und führen sie direkt zum Honig, während die armen Dachse leer ausgehen. Die Missionspriester vor Ort fördern das Sammeln von Honig, weil die Einheimischen diesen in Nairobi verkaufen können. So erwerben sie sich eine zweite Lebensgrundlage, die denjenigen Familien hilft, deren Tiere der Dürre zum Opfer gefallen sind.

Um sechs Uhr in der Frühe sitzen Fabio und ich wieder im Auto. Es ist bereits warm, und wir fahren nun langsamer, um sparsam mit unserem bisschen Benzin umzugehen. In diesem Tempo lassen sich Tiere besser ausmachen. Dikdiks stehen mitten auf dem Weg und flüchten im letzten Moment mit übertrieben angstgeweiteten Augen. „Hmm, sehr lecker“, sagt Fabio. Wir fahren an zwei prächtigen Hühnervögeln vorbei; ihre Köpfe sind indigofarben und tragen einen kleinen Kamm. „Sie sind wunderschön", sage ich. „Ja, sehr schön", nickt Fabio. „Noch besser als Hähnchen."

Die meisten Wüsten sind verblüffenderweise voller Leben; sie sind Heimat der größten, kleinsten und sonderbarsten Landtiere, von Wüstenelefanten über Chamäleons und Geckos bis hin zu fluoreszierenden Skorpionen und den wunderlichsten Insekten. Alle haben Anpassungen entwickelt, die ihnen das Überleben in der mörderischen Hitze und Trockenheit der Wüste ermöglichen. Dennoch hat die anhaltende Dürre Folgen für die hier lebenden Tiere und Menschen. Sie ziehen vermehrt südwärts, und viele Tiere werden krank und sterben. Alle paar Kilometer steigt uns der widerwärtige Gestank verrottenden Fleisches in die Nase. Dann liegt am Straßenrand ein Kamel, eine Kuh oder eine Ziege, erkennbar nur an den großen Umrissen, der Form des Kiefers oder an einem Huf inmitten einer schleimigen, von Fliegen surrenden Masse aus violetter und grüner Flüssigkeit. Der Geruch ist unbeschreiblich, schon beim Vorbeifahren überkommt uns ein heftiger Würgereiz. Für die Geier hingegen ist es ein himmlischer Duft. Manche Kadaver sind bereits weiße Skelette. Laut Fabio sterben die Tiere seit April oder Mai; sie verhungern oder verdursten, während ihre Besitzer vergeblich auf Regen warten. Die Menschen können sich nicht erinnern, jemals einen so großen Verlust an Tieren beklagt zu haben wie in diesem Jahr – auf der Suche nach Weideland werden ganze Herden immer schwächer und gehen schließlich ein.

Einige Zeit später taucht ein Dorf in der Wüste auf. Wie die meisten in dieser Region ist es nichts weiter als ein Rastplatz – eine Siedlung mit vielleicht zwanzig Rundhäusern, erbaut aus Stöcken, über die man Häute geworfen hat. Weil die Volksstämme, die allesamt Nomaden sind, häufig umziehen, ist nichts dauerhaft. Solchen Nomadismus hat es schon im gesamten Holozän gegeben. Er bietet die nachhaltigste Möglichkeit, in der Wüste zu leben. Die Hirten der Turkana nehmen nur mit, was ein oder zwei Esel leicht tragen können. Aus diesem Grund werden die Behausungen meist zurückgelassen, und am nächsten Standort baut man neue aus Stöcken, die man während der mehrere Tage dauernden Wanderung gesammelt hat. Hier stehen nur noch sehr wenige Bäume. Der Wald, der diese Gegend Anfang der 1970er-Jahre bedeckte, wurde längst geschlagen, um Häuser zu bauen, Holzkohle herzustellen oder Feuerholz zu machen. Es ist eine traurige Spirale des Zerfalls, die sich mit dem Wachstum der Bevölkerung immer weiter beschleunigt.

Wir rollen in das Dorf, das Sarima heißt, und halten vor der Hütte des Lehrers Lowoi. Er ist einer von nur zwei Männern hier, wie ich bemerke. Alle anderen sind Frauen und Kinder, die uns aufgeregt umringen, an unseren Fingern zerren und ständig die wenigen englischen Wörter wiederholen, die sie kennen: „How do you do? How do you do?" Die Männer, so erfahren wir, sind alle unterwegs, um nach den Ziegen zu suchen. In der Nacht zuvor hat es einen Überfall durch einen anderen Stamm gegeben, bei dem die meisten Ziegen gestohlen wurden. Im Verdacht stehen die Samburu. Dieses winzige Turkana-Dorf könnte es wohl kaum mit den Samburu aufnehmen, doch es gibt einen Kampftrupp der Turkana, eine Gruppe von Rebellen, die in den Bergen hausen und auf das Überleben unter schwersten Bedingungen gedrillt sind. Nachdem die Samburu den Turkana im letzten Jahr einige Ziegen gestohlen hatten, baten diese die kriegerische Gruppe um Hilfe. Daraufhin drangen die Rebellen ins Gebiet der Samburu ein und stahlen Tausende Ziegen und Rinder. „Man konnte zusehen, wie diese riesigen Herden geraubt und dann unter den Dörfern der Turkana verteilt wurden", sagt Fabio. „Die Armee rückte mit Hubschraubern und Gewehren an, aber sie war den Rebellen unterlegen und musste mit toten Soldaten zu ihrem Stützpunkt zurückkehren."

Wir sind im Dorf, um Geschäfte abzuwickeln. Die Leute hier produzieren Weihrauch – viele kauen ihn wie Kaugummi –, indem sie das aromatische Harz von einem 25 Kilometer entfernten Baum abzapfen. Der Lehrer zeigt mir die drei kleinen von der Mission gespendeten Säcke mit Getreide, die der Verpflegung aller Kinder dienen. Die Hirten haben nur wenige zusätzliche Einkommensquellen; der Vertrieb von Weihrauch und Holzkohle bietet Familien eine Verdienstmöglichkeit, um Nahrung zu kaufen und die verheerende Dürre zu überleben. Leider müssen für die Holzkohleproduktion die letzten verbliebenen Bäume geschlagen werden, was erneut weniger Schatten und Wasserreserven bedeutet. Zudem sind die *Boswellia*-Bäume, aus denen der Weihrauch gewonnen wird, vom Aussterben bedroht, da das hungrige Vieh in zunehmender Verzweiflung die Schösslinge frisst. Durch die Dürre kommt es auch häufiger zu Bränden, was ausgewachsene Bäume für Bockkäfer anfälliger macht. Fabio kauft Weihrauch, den die Missionare bei der Messe verwenden. Das ganze Dorf schart sich um zwei Frauen, die den Weihrauch becherweise in einen Sack füllen.

An dieser Stelle sollte ich gestehen, dass ich ein starkes Vorurteil, ja, sogar eine Abneigung gegen Missionare hatte, die die Entwicklungsländer mit ihren Glaubensinhalten und Regeln „infizieren“. Im Lauf der Geschichte haben Missionare den Tod unzähliger Menschen verschuldet, und die paarweise auftretenden eifernden Nordamerikaner, denen ich in Afrika oft begegne, erfüllen mich nicht gerade mit himmlischer Freude. Diese Reise hat mich jedoch aus meiner bequemen Abwehrhaltung gerissen. Fabio ist nichts weniger als ein Held. Ohne die praktische Unterstützung dieses engagierten Netzwerks von Missionaren könnten die Menschen hier die Umweltveränderungen nicht überleben. Trotz aller Gewalt, die andere Wohlfahrtsorganisationen in die Flucht schlägt, der grausamen Profanität des Lebens in der unwirtlichsten Landschaft und der politischen Voreingenommenheit, die nur ausgewählte Volksstämme durch die Armee retten lässt, ist Fabio nach wie vor zur Stelle, um Muslime und Christen gleichermaßen zu besuchen, ihnen zu helfen, sie zu ernähren und zu unterrichten.

Wir laden zwei große Säcke mit Weihrauch ins Auto, bezahlen den Dorflehrer und sind bereit zur Abfahrt. Doch bevor es losgeht, sind noch weitere Verhandlungen zu führen. Mehrere Frauen möchten in unserem Wagen zur 35 Kilometer entfernten Oase mitgenommen werden, um dort ihre Wasserkanister zu füllen. So würden sie den Fußweg sparen, den sie gewöhnlich alle zwei oder drei Tage zurücklegen müssen. Wir haben nicht genug Platz für alle, und Fabio möchte niemanden benachteiligen. Zu guter Letzt findet sich ein Kompromiss: Wir nehmen sechs Frauen und ein paar Kinder mit.

Die schwere Aufgabe des Wasserholens in Trockengebieten fällt fast immer den Frauen zu. Viele von ihnen müssen beschwerliche Wege durch entlegene und gefahrvolle Gegenden bewältigen und auf dem Rückweg ihre schwere Last tragen – auch wenn sie krank oder schwanger sind. In Wüstendörfern ist Wasserholen eine der Hauptursachen für Fehl- oder Totgeburten; oft bringen Frauen auf den anstrengenden Märschen ihre Kinder zur Welt. In Kenia heißen solche Babys Mwanzia – das heißt „unterwegs geboren“.

Hier müssen die Dorfbewohner wegen der schweren Dürre mehrere Stunden lang laufen, bis sie eine ihnen bekannte Wasserstelle erreichen, und da sich die Temperatur allmählich der 50-Grad-Marke nähert, ist die Erleichterung auf den Gesichtern unserer Passagiere nur zu verständlich.

Möglicherweise wird diesen Frauen das Leben bald dauerhaft leichter gemacht. Das von den Vereinten Nationen 2013 gestartete Programm GRIDMAP soll mithilfe hochwertiger Satellitenbilder eine Karte der unterirdischen wasserführenden Schichten (Grundwasserleiter oder Aquifere) in Turkana erstellen. Bisher hat man bereits über 250 Milliarden Kubikmeter Grundwasser entdeckt, manchmal nur wenige Meter unterhalb der Erdoberfläche.

Wieder geht die Reise los, und unsere Passagiere beginnen zu singen. Um uns ist jetzt nur noch Wüste. Es gibt keine Bäume, nichts mehr. Der hohe Salzgehalt im Boden lässt in dieser fremdartigen vulkanischen Landschaft keinerlei Wachstum zu. Wir befinden uns im Rift Valley. Es ist heiß. Überall sind Klumpen aus Kissenlava und Fossilien zu sehen – Zeugnisse einer Zeit, in der dies alles hier unterhalb der Meeresoberfläche lag. Wir fahren einen Hang hinauf, und dort unter uns, inmitten dieser kahlen, felsigen Landschaft, liegt der See. Er ist erstaunlich grün – man nennt ihn auch Jademeer – und erstreckt sich weit bis hin zum Omo-Tal in Äthiopien.

In dieser Region gab es schon vor der Evolution des modernen Menschen Hominiden. Am Seeufer lebten sie schon im frühen Pleistozän, wie der 1,6 Millionen Jahre alte „Turkana Boy" beweist, das nahezu vollständige Skelett eines Kindes der Art *Homo erectus*, das hier gemeinsam mit anderen Funden ausgegraben wurde. Der Rand des Sees ist länger als Kenias Küste am Indischen Ozean, doch im Anthropozän lässt die Menschheit den See mit jedem Jahr weiter schrumpfen. Zu Beginn des Holozäns vor 10 000 Jahren stand das Wasser 100 Meter höher als heute und speiste den Nil. Heute haben Versandung, Staudämme und die Bewässerung landwirtschaftlicher Flächen den Zufluss merklich eingeschränkt. Überdies baut Äthiopien zur Erzeugung von Wasserkraft einen großen Staudamm quer durch den Omo, der die Strömung noch weiter reduzieren und den Wasserspiegel bis 2024 um zusätzliche 8 Meter absenken wird.

Nach einer Weile geht es wieder einen Hügel hinauf, und mit einem Mal bietet sich uns ein märchenhafter Anblick: Scheinbar aus dem Nichts taucht die Stadt Loiyangalani wie eine Fata Morgana vor uns auf. Es sind nur einige Hundert Hütten aus Stöcken und Palmwedeln, aber unsere Erleichterung ist unbeschreiblich. Wir halten vor der katholischen Mission, mit 15 Stunden Verspätung und bedeckt vom Staub und Schmutz der Wüste.

Die Priester verabschieden sich, um ihren geistlichen Pflichten nachzukommen, und ich erkunde meine Umgebung. Die Mission liegt in einem kühlen, schattigen Hof mit Bäumen und gepflegten Blumenanlagen. Ein Nebengebäude weiter hinten bietet Hängematten und einen Fernseher, der mit Strom von einer Solaranlage und einem Windrad betrieben wird. Hier ist es kühl und es weht eine leichte Brise, weil man, anders als beim Hauptgebäude aus Beton, regionales Baumaterial verwendet hat – es sieht aus wie eine größere Version der Holz-Palmen-Hütten. Ich umrunde einen Palmenhain und stoße auf den Swimmingpool der Mission! Er wird auf natürliche Weise durch vulkanisches Quellwasser beheizt. Ich ziehe meine Schuhe aus, springe vollständig bekleidet hinein und lasse mir die Reise der vergangenen Tage vom Körper spülen.

Nach dem Mittagessen mache ich einen Erkundungsgang durch die fremdartige Wüstenstadt. Fast alle Einwohner sind Turkana; außerdem gibt es einige Somali, die hier als Geschäftsleute auftreten, eine Handvoll Samburu und dann noch ein paar Vertreter anderer Stammesgruppen. Die Leute sind überwiegend freundlich und bunt geschmückt. Die Frauen tragen aufwendige perlenbesetzte Halsketten und es dominiert Rot – die Lieblingsfarbe der Turkana. Eine vor Kurzem ausgebrochene Cholera-Epidemie ist nun unter Kontrolle, aber die Priester verteilen noch immer Antibiotika und die dringend benötigten Lebensmittelpakete. Die Mission hat eine Reihe von Schulen erbaut und versucht, insbesondere Mädchen zum Schulbesuch zu bewegen, weil eine gebildete Frau zumindest dafür sorgt, dass auch ihre Kinder zur Schule gehen. Als Anreiz erhält jedes Kind wenigstens eine freie Mahlzeit. Wie auch anderswo können viele Mädchen jedoch nicht am Unterricht teilnehmen, weil ihre Eltern es nicht erlauben. Sie befürchten, dass ihre Töchter dann „zu gebildet zum Heiraten“ sind und die Mitgift, die sie vom Ehemann erhalten würden, aufs Spiel setzen. Die Mission bietet auch Abendunterricht mit einer kostenlosen Mahlzeit für verheiratete Mädchen an, von denen einige erst zehn Jahre alt sind, aber auch dort nehmen viele nur unter Schwierigkeiten teil.

Im Allgemeinen bin ich recht skeptisch, was die Vorzüge von Ausbildungsprojekten an Orten wie diesem hier betrifft. Ich finde, dass ein eurozentrisches Bildungskonzept der Gesellschaft wie auch dem Einzelnen schadet – Kinder werden aus ihrer traditionellen Lernumgebung, in der sie beispielsweise Kenntnisse über Tierhaltung oder Ackerbau erwerben, herausgerissen und lernen veraltete, geistlose Texte aus einem langweiligen Lehrbuch über Themen, die keinen Bezug zu ihrem Leben haben. So bereitet man junge Menschen auf ein Leben in städtischen Slums und Barackensiedlungen vor, selbst wenn ein verschwindend geringer Teil von ihnen einen einträglichen Beruf ergreift. Hier, am Ufer des Turkana-Sees, habe ich jedoch den entgegengesetzten Eindruck. Es ist, als sei ich Zeuge des nahenden Endes einer jahrhundertealten Lebensweise und diese Wüstenbewohner bräuchten eine Alternative.

Eigentlich ist die Naturweidewirtschaft (Pastoralismus) die wirtschaftlichste und produktivste Nutzung von Trockengebieten und bietet in Krisenzeiten wie der derzeitigen Dürreperiode eine lebensspendende Nahrungsquelle. Die Art von Hirtennomadismus, die diese Volksstämme praktizieren, beruht auf uralten Kenntnissen und Verfahren, die dazu dienen, in solch scheinbar öden Regionen Wasser und Weideland aufzuspüren. Die nachhaltige Nutzung riesiger Gebiete, die nicht solchen Raubbau an Grund und Boden betreibt wie die Land- und Viehwirtschaft sesshafter Bauern, hat es Hirten ermöglicht, ihre Lebensweise über Jahrtausende hinweg beizubehalten.

In Afrika gibt es über 250 Millionen Viehhirten, die mehr als 43 Prozent der kontinentalen Landmasse durchstreifen und 10 bis 44 Prozent des jeweiligen Bruttoinlandsprodukts erwirtschaften, obwohl sie zu den ärmsten Menschen der Erde gehören.[4] Umsichtiges Beweiden speichert den Kohlenstoff im Boden und trägt zur Humusbildung bei, sodass sich mehr Wasser aufnehmen und die Wüstenbildung rückgängig machen lässt. Viehhirten liefern rund 90 Prozent des Fleischbedarfs in Ostafrika und 80 Prozent der Milch. Dennoch sind sie so vielen Zwängen ausgesetzt, dass der Hirtennomadismus vielleicht austerben wird. Laut einem Bericht der Hilfsorganisation Christian Aid aus dem Jahr 2006 sah sich über ein Drittel der Viehhirten Nordkenias gezwungen, ihre Lebensweise aufzugeben; 2008 hatte sich die Zahl bereits auf eine Million Menschen verdoppelt.

Die Probleme sind mannigfaltig. Die Nomaden verlieren den Zugang zu ihrem traditionellen Weideland, weil Bauern, Umweltschützer und Lizenzinhaber für Bergbau und Industrie Gebiete weiträumig einzäunen. Infolgedessen müssen sich die Viehhirten auf kleine Restbereiche beschränken, meist mit dem kargsten und trockensten Land und nur wenigen Wasserstellen. Die immer häufigeren und schlimmeren Dürren haben ihnen den Rest gegeben. Angesichts des Viehsterbens und der fortwährenden Konflikte um Wasser und Weideland mit benachbarten Stämmen sehen sich viele Nomaden gezwungen, in die Dörfer abzuwandern und sich von Spenden, zusammengesuchten Lebensmitteln und der Jagd auf Wildtiere zu ernähren. Mancherorts haben sie sich mit mäßigem Erfolg als Bauern niedergelassen. Viehdiebstahl, der überall und regelmäßig zu beobachten ist, wird zu einem immer wichtigeren Geschäft für hungrige, verzweifelte Menschen, die mittlerweile mit modernen Waffen ausgerüstet sind, wie ich selbst gesehen habe. Loiyangalani ist voller Witwen von Männern, die bei solchen Raubzügen getötet wurden.

Alles, was hilft, diese Menschen auf ein neues Leben vorzubereiten, was Frauen stärkt und ihnen die Gelegenheit bietet, sich auf andere Weise zu ernähren, kann nur gut sein. Die Wahrscheinlichkeit ist groß, dass Kinder der Turkana, die hier Lesen und Schreiben lernen, nicht schon vor ihrem 20. Lebensjahr verheiratet werden, zum Familienunterhalt beitragen können und Kinder bekommen, die sich die Hände waschen. Nach einer Ausbildung finden Turkana Arbeit als Krankenschwestern, Lehrerinnen, Mechaniker, in der Armee und im Geschäftsleben. Ich treffe auf Isabella, die hervorragend Englisch spricht und zwei Jahre die weiterführende Schule besucht hat, bis sie das Schulgeld nicht mehr aufbringen konnte (in Kenia ist nur der Besuch der Grundschule kostenlos). Sie ist 20 Jahre alt und hat zwei kleine Kinder. Mit mir zusammen übt sie Englisch und erzählt mir von ihren Plänen – eigentlich wollte sie Lehrerin werden, aber das wird wohl ein Traum bleiben. Nun hofft sie, eines Tages Nairobi besuchen zu können.

Als ich zur Mission zurückkehre, bringt Fabio gerade das aus Isiolo mitgebrachte Ersatzteil am Auto an. Er kriecht unter dem Wagen hervor und berichtet, dass die Witwen fischen gehen wollen und ich sie begleiten könne. Diese Frauen haben ihre Männer bei Stammeskämpfen verloren und müssen ihre Kinder nun irgendwie durchbringen. „Zuerst", erzählt Fabio, „kamen sie jeden Tag zur Mission und bettelten um Lebensmittel. Darum haben wir ihnen Fischernetze besorgt und ihnen beigebracht, wie man Fische fängt." Der Start war holprig – in der Kultur der Turkana hat Fischen keinen hohen Stellenwert. Doch nach einigen Rückschlägen hatten die Frauen nicht nur Erfolg – sie produzierten sogar mehr, als sie essen konnten. Sie kamen nicht mehr zur Mission, um zu betteln, sondern um zu fragen, wie sie ihre Fische verkaufen könnten. Nun verfügen sie über eine nette kleine Einnahmequelle, indem sie mit ihrem Fisch sogar bis zum Victoriasee Handel treiben. Ihr Fang wird getrocknet und gesalzen und in einem Schuppen gelagert. Einmal wöchentlich kommt ein Lastwagen auf dem Weg von Äthiopien zum Victoriasee vorbei und nimmt ihn mit.

Im Gegensatz zur Viehhaltung hat sich das Fischen als äußerst sichere Lebensgrundlage erwiesen. Die Fischerinnen leiden keinen Hunger, niemand stiehlt ihren Fang, weil sie nicht in weit entlegene Gegenden wandern müssen, um Weideland zu finden, und die Fische kann man in der Stadt gegen Geld verkaufen, um davon dann andere Dinge zu erwerben. Auf diese Weise vollzieht sich allmählich ein Wandel: Witwen, die ihre niedrige Position in der Turkana-Gesellschaft lange Zeit akzeptiert haben, erleben, wie sich ihr Status langsam verbessert. Da sie nun sesshafter sind, können sie mehr Bildungsangebote wahrnehmen und Gesundheitseinrichtungen nutzen. Doch wie bei den Viehhirten, die nun am Straßenrand Holzkohle verkaufen, wird damit das Ende einer nomadischen Lebensweise eingeläutet.

Unser Auto, einmal mehr voll besetzt mit singenden Turkana, rumpelt zum Seeufer hinunter – über Felsbrocken hinweg, die unüberwindbar scheinen. Zu guter Letzt wird dann doch nichts aus dem Fischfang, denn als wir zum See kommen, stellen wir fest, dass die Netze allesamt von Krokodilen zerstört worden sind – diese sind ein Vermächtnis aus der Zeit, in der noch der Nil den See speiste. Die Witwen, die zwischen 16 und 35 Jahren alt sind, zaudern jedoch nicht lange, entkleiden sich und gehen im See schwimmen. Angesichts der Krokodile und Nilpferde im See ist Schwimmen hier ein wahrer Nervenkitzel. Die unerschrockenen Witwen spritzen Fabio gnadenlos nass. Dann fahren wir zur Mission zurück, wo Pfarrer Andrew enttäuscht von unserem Misserfolg erfährt. Macht nichts – es gibt noch getrockneten Tilapia, den wir zum Abendbrot verspeisen. Er schmeckt köstlich.

Die einheimischen Turkana ernähren sich von Fleisch, Milch und Blut – sie ritzen eine Arterie am Hals eines Tieres an und lassen das Blut in eine Tasse laufen. Dann drücken sie die Ader so lange zu, bis das Blut gerinnt und die Wunde verschließt. Dagegen genießen die umherziehenden Priester eine abwechslungsreichere Kost, mit Obst und Gemüse aus den Vororten von Nairobi. Die Einheimischen verschmähen sogar Käse, „weil er wie Seife schmeckt", wie Andrew sagt, während er bekundet, dass Tilapia der einzige genießbare Fisch in Kenia sei. Ich gebe zu bedenken, dass es in Mombasa und an der übrigen Küste auch sehr viel Fisch gibt. „Oh, aber der kommt aus dem Meer. Den kann man nicht gut essen", erwidert er. Ich frage ihn, was damit nicht stimmt, und er meint, weil er aus dem Meer komme, sei er salzig. Ich weise darauf hin, dass die Fische vom Turkana-See auch gesalzen werden. Darauf sagt er in unheilschwangerem Ton: „Manche Fische im Meer haben beide Augen auf derselben Seite vom Kopf." Und damit ist das Thema erledigt.

Am Sonntag fahren wir ins nächstgelegene Dorf, weil Fabio dort in der Kirche die Messe lesen will. Das Dorf gehört zum kleinsten Volksstamm Kenias, den El Molo. Von den rund 50 Stammesangehörigen haben so viele mit den Samburu Mischehen geschlossen, dass nicht klar ist, ob es überhaupt noch „echte" El Molo gibt. Es handelt sich um einen der Stämme Kenias, die traditionell nur vom Fischfang leben – die Männer fahren mit Holzflößen hinaus und fangen Nilbarsche und Tilapias von bis zu 100 Kilogramm Gewicht. Wie die Witwen von Loiyangalani trocknen sie die Fische und salzen sie ein, um sie am Victoriasee zu verkaufen. Alle Transaktionen lassen sich mit dem Geldtransfersystem M-Pesa über das Mobiltelefon abwickeln.

Während der Messe wird ausgiebig, schön und harmonisch gesungen und viel Weihrauch geschwenkt, und zahlreiche neugierige Blicke schießen in meine Richtung. Die Kinder und Erwachsenen haben deformierte Knochen und Zähne. Fabio erklärt sich das damit, dass sie Wasser direkt aus dem See trinken. Möglicherweise verhindern die im Wasser gelösten Mineralstoffe, dass die Menschen Kalzium aufnehmen. Hier ist die Kindersterblichkeit hoch. Frauen haben sechs oder sieben Kinder; dass sie ein oder zwei verlieren, wird als normal hingenommen. Erst wenn Kinder die kritischen ersten fünf Lebensjahre überstanden haben, „zählen" sie als dauerhafte Familienmitglieder und gehören mit größerer Gewissheit zum Kreis der Lebenden.

Dennoch steht dem Leben hier eine Umwälzung bevor, die alles übertrifft, was diese Dorfbewohner – vom Turkana Boy ganz zu schweigen – je erlebt haben. Fabio fährt mich aus der Senke des Sees hinauf und zurück auf die Wüstenebenen. Hier ist es unfassbar windig – die Art von Wind, die einen Motorradfahrer umhaut, wie Fabio mir kleinlaut erzählt, denn ihn selbst hat es auch schon einmal erwischt. Das Gebiet wird vom Turkana-Korridor-Jetstream durchzogen, einem sogenannten Strahlstrom in der unteren Troposphäre. Er entsteht durch im Tagesverlauf auftretende Temperaturschwankungen, die starke und konstante Windströme zwischen dem Turkana-See und dem Inneren der Wüste erzeugen. Aus diesem Grund ist dies einer der weltweit besten Standorte für die Erzeugung von Windenergie. Bald soll hier der größte Windpark des Kontinents entstehen, ein riesiges 300-Megawatt-Projekt einer niederländisch-kenianischen Unternehmensgruppe, welches etwa 20 Prozent des nationalen Strombedarfs decken wird. Wegen der verlässlich wehenden starken Winde lässt sich mit denselben Turbinen doppelt so viel Energie wie in Europa erzeugen. Auf einer Fläche von 7,5 Quadratkilometern werden hier über 360 Windkraftanlagen errichtet; mit Überlandleitungen wird der Strom Hunderte von Kilometern nach Süden bis Nairobi und in andere stark besiedelte Regionen transportiert. Derzeit liefern Wasserkraftwerke schätzungsweise rund 80 Prozent des nationalen Energiebedarfs, doch durch die häufigen Dürren ist darauf kein Verlass mehr, sodass sie bald nur noch 30 Prozent des Bedarfs decken werden und Unternehmen auf teure Dieselgeneratoren zurückgreifen müssen – wenn sie es sich denn leisten können.

Wüsten sind ideale Standorte für Windkraftanlagen, weil die Landschaft dem Wind keine Hindernisse in den Weg stellt und nur wenige Menschen von den Anlagen beeinträchtigt werden. Andererseits heißt dies, dass die Bevölkerung, die von der Stromerzeugung profitiert, oft in einiger Entfernung lebt und man lange Stromleitungen benötigt, sodass unterwegs Energie verloren geht. Dennoch werden in Wüsten überall auf der Welt, so in der Mojave-Wüste in Kalifornien, der Thar in Rajasthan und der Gobi in der Inneren Mongolei, zahlreiche Windkraftanlagen errichtet. Bei einigen Projekten kombiniert man verschiedene Arten der Stromerzeugung; so gibt es Solar-Wind-Projekte, bei denen die Turbinen in der Nacht zum Einsatz kommen. Eine Anlage in Abu Dhabi nutzt den Strom aus Windkraftanlagen, um aus der heißen Luft Wasser kondensieren zu lassen. Die von dem französischen Unternehmen Eole Water umgesetzte Erfindung gewinnt pro Tag 500 bis 800 Liter Wasser aus der Luft. Dazu benötigt sie lediglich eine 30-Kilowatt-Turbine und einen Kondensator – in größerem Maßstab ließen sich damit ganze Gemeinden versorgen.

Im Anthropozän könnten Windkraftanlagen einen beträchtlichen Anteil der weltweit benötigten Energie erzeugen – theoretisch ließen sich mit 4 Millionen Turbinen pro Jahr leicht 7,5 Terawatt produzieren (das wäre fast die Hälfte des menschlichen Weltprimärenergiebedarfs von 18 Terawatt). Die Anlagen sind jedoch umstritten, weil sie Vögel töten und im Vergleich mit konventioneller Stromerzeugung riesige Land- oder Meeresflächen beanspruchen.[5] Eine Möglichkeit, das zu umgehen, wäre die Windnutzung in höheren Schichten der Atmosphäre, wo sich noch mehr Energie gewinnen ließe.[6] Zurzeit werden verschiedene Ausführungen von Flugwindkraftwerken entwickelt, die Winde bis in 500 Metern Höhe nutzen. Offshore-Windparks treffen auf weniger Widerstand von Landnutzern, doch ihre Installation ist schwieriger und teurer, und es kann unter anderem zur Behinderung der Schifffahrt kommen. Eine mögliche Lösung wären schwimmende Windparkinseln, für die man keine Fundamente tief im Meeresgrund bauen müsste und die zu den besten (windigsten) Standorten in tiefem Wasser geschleppt werden könnten, wo sie keinen Schifffahrtsrouten in die Quere kämen.

Der Turkana-Windpark wird in den ersten drei Baujahren rund 2500 Arbeitsplätze schaffen. Zudem erfordert er eine neue Infrastruktur und ein Straßennetz, das Nairobi mit dem Turkana-See verbindet – zurzeit reisen die Manager mit dem Hubschrauber an. Fabio befürchtet, dass Kultur und Lebensweise der hier isoliert lebenden Volksstämme unter dem Einfluss so vieler Neuankömmlinge von auswärts verloren gehen. Bereits jetzt müssen die Viehhirten dieser Gegend damit klarkommen, dass kürzlich in einem Brunnen in 143 Metern Tiefe Öl entdeckt wurde. Seitdem wurden Teile des stammeseigenen Landes ohne Zustimmung der Gemeinden von der Regierung zu Tabuzonen erklärt, die den Ölsuchern offenstehen. Der Projektleiter des Windparks, Carlo van Wageningen, ist jedoch davon überzeugt, dass die Erschließung des Gebiets dem Nordosten des Landes erstmalig Chancen in Gestalt von neuen Arbeitsplätzen, Infrastruktur und Elektrizität bietet. Die Unternehmensgruppe wird, so van Wageningen, die Fischerei am Turkana-See fördern sowie Wasseraufbereitungsprojekte einrichten, sodass sich die Konflikte um Wasserstellen zwischen den Ethnien möglicherweise beilegen ließen. Zudem wurde den isoliert lebenden Menschen eine neue Klinik versprochen, die ihre gesundheitliche Versorgung erheblich verbessern könnte.

Einige Menschen nutzen hier bereits zum ersten Mal Elektrizität. Das verdanken sie der zweiten großen Energiequelle der Wüste – der Sonne. Ein paar Männer der El Molo besitzen solarbetriebene Mobiltelefone, die man in Nairobi für wenig Geld kaufen kann, und eine Strohhütte im Dorf hat zwei Photovoltaikmodule auf dem Dach. Außerdem soll vor Ort ein großes 250-Megawatt-Solarkraftwerk errichtet werden. Während ich hier an dem von Nomadenvölkern bewohnten Ufer dieses abgelegenen Wüstensees stehe, kann ich mir diesen Ort nur schwer als Zentrum der Energieerzeugung vorstellen. Doch wenn die Menschheit den Traum der unbegrenzten, kostenfreien Gewinnung von Sonnenenergie verwirklicht, werden sich Wüsten wie diese in den kommenden Jahrzehnten verwandeln, und dasjenige Viertel der Erdbevölkerung, das bislang noch ohne Strom lebt, wird Zugang zu Elektrizität erhalten.

Selbst in den Wüsten, in denen der Wind nicht weht, scheint die Sonne als verlässliche Energiequelle weiterhin ungehindert vom wolkenlosen Himmel. Das ist ganz besonders nützlich, weil Wüstenvölker oft in entlegenen Gebieten und weit entfernt von Kraftwerken leben. Tatsächlich erweist sich die dezentrale Solarenergie in vielen Entwicklungsländern als weitaus zuverlässiger als der Strom aus einem zentralen Netz. Bei den in Indien häufig vorkommenden Stromausfällen sind es oft die ärmsten, vom Stromnetz unabhängigen Dörfer mit ihren kürzlich installierten Photovoltaikmodulen, die permanent über Strom verfügen und demnach zum Beispiel weiterhin Wasser pumpen können, um ihre Nutzpflanzen zu wässern. Die Sonne versorgt unseren Planeten konstant mit 120 000 Terawatt Energie, die unsere gesamte Welt, von den Bakterien über die Pflanzen bis zu den Tieren, den Wettersystemen und chemischen Kreisläufen, in Gang hält. In einem Jahr verbrauchen alle Menschen zusammen etwa die gleiche Menge an Energie, die die Sonne in einer Stunde produziert. Das Problem besteht darin, dass sich die Sonnenenergie verteilt, während wir sie in konzentrierter Form nutzen müssten. Solarenergie aus der Wüste bietet eine Möglichkeit dazu.

Die Industrie hat schnell den Markt erkannt, den Haushalte ohne Netzanschluss, die zum Telefonieren Strom brauchen, in Aussicht stellen. In ganz Afrika und auf dem indischen Subkontinent sind verschiedenste Prepaid-Solarsysteme wie Pilze aus dem Boden geschossen. Sie richten sich an die Ärmsten, die sich keine eigenen Photovoltaikmodule leisten können und das meiste Geld für ihren Energiebedarf ausgeben, weil sie ohne billigen Zugang zu einem zentralen Stromnetz Petroleum oder Diesel kaufen müssen, um ihren Haushalt mit Energie zu versorgen. Bei einigen Prepaid-Verträgen erhalten die Nutzer gegen eine geringe Gebühr einen großen Akku, mit dem sie ihre Haushaltsgeräte betreiben. Ist er leer, bringen sie ihn ins Solarzentrum der Gemeinde und tauschen ihn für einen kleinen Geldbetrag gegen einen aufgeladenen aus; die Gebühr lässt sich oft über das M-Pesa-System mit dem Mobiltelefon entrichten.

In Shanghai habe ich einen israelischen Unternehmer kennengelernt, der in Afrika einen Massenvertrieb für chinesische Photovoltaikmodule ins Leben gerufen hat. Zurzeit müssen Afrikaner und andere Verbraucher aus Entwicklungsländern zehnmal mehr für Photovoltaikanlagen bezahlen, weil sie sie einzeln oder in kleinen Mengen an entlegenen Orten kaufen. Yotam Ariels Firma Bennu Solar will eine Milliarde Dorfbewohner erreichen, sie beraten, welche Solarsysteme für sie am geeignetsten sind, und dann in ihrem Auftrag eine Sammelbestellung für kostengünstige Photovoltaikmodule tätigen. Andere Projekte sind ähnlich wie ein Ratenkauf organisiert; die Photovoltaikmodule, Akkumulatoren und anderes Zubehör, das man zum Aufladen von Geräten benötigt, werden über mehrere Monate gegen eine geringe Gebühr vermietet, bis sie schließlich in den Besitz der Nutzer übergehen. Das neu gegründete, in Großbritannien ansässige Unternehmen Eight19 geht entsprechend vor: Die Nutzer zahlen eine Einlage von 10 US-Dollar und erhalten einen Sonnenkollektor, einen Solarbeleuchtungs-Bausatz für zwei Zimmer mit LED-Lampen und einen wiederaufladbaren Lithium-Akku mit Anschlüssen zum Aufladen von Handy und Laptop. Dann kaufen sie jede Woche für 1 US-Dollar eine Rubbelkarte mit einer Nummer, versenden eine SMS mit dieser Nummer und erhalten im Gegenzug einen Code, den sie in die Batterie des Solarsystems eingeben müssen, damit sie läuft. Nach 18 Monaten gehört die Ausrüstung dem Nutzer. Die Kunden können weiteres Zubehör kaufen – beispielsweise zusätzliche Module oder Akkus für andere Räume, einen Fernseher oder eine Nähmaschine.

In den Wüsten der Erde forciert man die Erzeugung von Solarenergie. Oftmals werden Photovoltaikmodule aufgestellt, die über die direkte Sonneneinstrahlung Strom produzieren. Zu den eindrucksvollsten Projekten dieser Art gehören eine 200-Megawatt-Anlage in Arizona, eine in Golmud in der chinesischen Wüste Gobi, die im Jahr über 300

Gigawattstunden Strom erzeugt, und die weltweit größte mit 600 Megawatt in Gujarat, Indien. In der Atacamawüste hat Chile mit Solarenergieanlagen bereits Netzparität erreicht (die Kosten des produzierten Stroms entsprechen denen für die Energie, die konventionell mit fossilen Brennstoffen erzeugt wird), und zwar ohne Bedarf an staatlichen Subventionen.

Dennoch ist die Wüste ein staubiger, sandiger Ort, und derzeit benötigt man selbst bei kleinen Solaranlagen Zehntausende Liter Wasser, um Sonnenkollektoren und reflektoren sauber und betriebstüchtig zu halten. Und dort ist Wasser ein knappes und teures Gut. Um das Problem in den Griff zu bekommen, arbeiten Ingenieure an der Entwicklung von staub- oder wasserabweisenden Beschichtungen. Ein Ingenieur aus Saudi-Arabien hat einen batteriebetriebenen automatischen Trockenreiniger für Photovoltaikmodule erfunden, der sich in der Testphase befindet.

Eine Alternative zur Energieerzeugung mit Kollektoren bietet die Aufheizung eines Materials wie Wasser oder Öl durch Sonneneinstrahlung; der dabei entstehende Dampf produziert Strom, indem er eine Turbine antreibt. Wenn man tagsüber einen Teil des Dampfes abzweigt und speichert, können die Generatoren auch nachts laufen. Ein herkömmliches Kraftwerk funktioniert ganz ähnlich – nur dass dort zum Aufheizen statt der Sonne fossile Brennstoffe genutzt werden. Eine Reihe von Reflektoren bündelt die Sonnenstrahlen und lenkt sie in ein Absorberrohr im Brennpunkt einer Parabolrinne oder in einen zentralen Solarturm, in dem die Wärmeträger-Flüssigkeit enthalten ist. Die Internationale Energieagentur schätzt, dass Sonnenwärmekraftwerke im Jahr 2050 ein Viertel der weltweit benötigten Elektrizität produzieren könnten. Zu den ambitioniertesten Sonnenwärmekraftwerken zählen das größte der Welt in der Mojave-Wüste in Kalifornien mit 400 Megawatt und ein interessantes Projekt in Südspanien, bei dem eine Spirale aus Reflektoren, die wie eine Sonnenblume angeordnet sind, die Sonnenstrahlen auf einen Turm mit geschmolzenem Salz lenkt. Das Salz ist ein so effektiver Wärmespeicher, dass die Anlage im 24-Stunden-Betrieb jährlich 540 Gigawattstunden Strom erzeugt, indem sie die Wärme nachts abgibt und damit Turbinen antreibt.

Diese Projekte werden jedoch in den Schatten gestellt vom ehrgeizigsten länderübergeifenden Solarunternehmen, Desertec. Bei diesem 2000-

Megawatt-Konzept soll in der nordafrikanischen Wüste mithilfe von Sonnenwärmekraftwerken, Photovoltaik und Windkraft Strom erzeugt und in europäische Länder transportiert werden. Auf die Sahara trifft in sechs Stunden so viel Energie, wie weltweit in einem Jahr verbraucht wird. Desertec hat sich zum Ziel gesetzt, 15 Prozent des europäischen Strombedarfs zu decken; effiziente Hochspannungs-Gleichstrom-Übertragungsleitungen (HGÜ), bei denen 90 Prozent der Energie über große Distanzen erhalten werden, sollen den Strom nach Norden transportieren. Was wichtig ist: Das Projekt wird nicht nur Europa mit Strom versorgen. Auch afrikanische Länder sollen davon profitieren, darunter Marokko, Tunesien und Ägypten, wo die Energie erzeugt wird.

HGÜ ist nur eine von mehreren Optionen – die fortschreitende Entwicklung von Hochtemperatursupraleitern ermöglicht zudem eine effiziente Stromübertragung über größere Distanzen mit Seekabeln. Auf diese Weise lässt sich etwa in Island aus Erdwärme oder in Norwegen aus Wasserkraft erzeugter Strom nach Großbritannien übertragen. Eine weitere Option ist, die Energie in Form von Wasserstoff zu speichern und zu transportieren. Mithilfe von Sonnenlicht wird Wasser in Sauerstoff und Wasserstoff aufgespalten; mit der umgekehrten Reaktion lässt sich in einer Brennstoffzelle bei Bedarf Elektrizität erzeugen. Außerdem könnte man die Wärme der Sonnenergie nutzen, um die Reaktion chemischer Stoffe, zum Beispiel Kohlendioxid und Wasser, herbeizuführen und auf diese Weise Kohlenwasserstoff-Brennstoffe wie Ethanol, Diesel und Methan herzustellen. Im Grunde ist dies das Gleiche, was Chlorophyll bei der Photosynthese in Pflanzen macht – es handelt sich also um die Reaktion, die allem Leben auf der Erde zugrunde liegt. Der Trick besteht darin, einen Katalysator zu finden, der sich besser eignet als Chlorophyll, und den Prozess zugleich kostengünstig zu gestalten, womit der beste Kandidat – Platin – ausscheidet.

Zurzeit findet die Solarenergie unter anderem in Europa (wo 80 Prozent der Kollektoren aus China importiert werden) begeisterte Nutzer – dank staatlicher Subventionen vor allem in Deutschland. In Nordeuropa kann Sonnenenergie zwar zur allgemeinen Stromversorgung beitragen, sie ist dort aber eine der ineffizientesten Energieerzeuger. Viel besser ist es, die Produktion von Solarenergie auf die Wüsten zu konzentrieren und sich im wolkigen Norden auf andere Energiequellen ohne CO_2-Emissionen, wie Atom- und Windkraftwerke, zu verlassen.

Als riesige, unerschlossene Gebiete, die Sonne und Wind ausgesetzt sind, werden Wüsten bei der zukünftigen Energieproduktion im Anthropozän eine Schlüsselrolle spielen. Aber sind sie wirklich so öd und leer, wie es den Anschein hat? Die Viehhirten, mit denen ich spreche, führen an, dass es hier um ihr Land und ihre Lebensgrundlage geht. Auch die fragilen Ökosysteme der Wüste bekommen die Folgen unseres Bedarfs an alternativer Energie in industrieller Größenordnung zu spüren – in weiten Bereichen findet man in den Wüsten dieser Welt keine Wildtiere mehr. An manchen Orten kommen nur noch Nagetiere, Schlangen und niedrige Büsche mit den veränderten Bedingungen zurecht; Vögel, Schildkröten und größere Tiere verschwinden mit der massiven menschengemachten Umgestaltung unserer Wüstenlandschaften. In der kalifornischen Mojave-Wüste musste das Unternehmen vor dem Bau seines riesigen Solarparks bedrohte Wüstenschildkröten umsiedeln. Ob andere Wüstentiere ähnlich rücksichtsvoll behandelt werden, ist unklar.

Tatsächlich kann man immer weniger von menschenleeren Wüsten sprechen – teils, weil Wüsten in zuvor urbare Gebiete vorrücken, und teils wegen der überall steigenden Bevölkerungszahlen haben immer mehr Menschen in Wüsten ihre Heimat. Das Auffinden von Wasser ist für alle Wüstenbewohner die wichtigste Beschäftigung – insbesondere aber für den Menschen, dessen Überlebenschancen ohne Wasser schneller schwinden als bei den meisten Tieren und Pflanzen, die man in der Wüste findet. Unsere Defizite in biologischer Anpassung machen wir mit unserer Gewitztheit jedoch mehr als wett – und auf diese sind wir auf unserem trockener werdenden Planeten dringend angewiesen.

Mit dem ständig wachsenden Bedarf an Trinkwasser sowie Süßwasserreserven für Landwirtschaft und Wasserkraft intensivieren wir unsere Bemühungen, jede denkbare Wasserquelle auszuschöpfen. Viele Wüstenstaaten haben ihre unterirdischen Wasservorräte bereits verbraucht, ohne dass diese wieder aufgefüllt werden können. Diese Grundwasserleiter bildeten sich vor vielen Jahrtausenden; zu jener Zeit herrschte ein anderes Klima, es gab mehr Niederschläge und die betreffenden Regionen wurden von Flüssen durchzogen. Vor Kurzem haben Geologen riesige Wasservorkommen in Schichten unterhalb der Sahara und Namibias entdeckt. Es handelt sich um die hundertfache Menge von Afrikas Oberflächenwasser und den weltweit drittgrößten Süßwasserspeicher hinter Grönland und den Eisschilden der Antarktis. Das Wasser, das sich bis vor rund 5000 Jahren angesammelt hat, ließe sich über Bohrungen erreichen, aber in manchen Gegenden befindet es sich 150 Meter unter der Erdoberfläche; seine Förderung würde also viel Geld kosten.

Dennoch ist dies ein Hoffnungsschimmer für viele Länder, die unter Wasserknappheit leiden und versuchen, nach dem Vorbild anderer Wüstenstaaten mithilfe von Bewässerung Landwirtschaft zu betreiben. Das Great-Man-Made-River-Projekt in Libyen ist das größte Bewässerungsprojekt der Welt. Dort werden über 500 Meter tiefe Brunnen jeden Tag 6,5 Millionen Kubikmeter fossiles Wasser aus dem Nubischen Sandstein-Aquifer abgezapft, der rund 150 000 Kubikkilometer Wasser enthält. Das Wasser erreicht durch Rohre 70 Prozent der Bevölkerung des Landes sowie Bewässerungsanlagen für Nutzpflanzen. Experten sagen jedoch voraus, dass die Wasserschicht, die sich während der letzten Eiszeit gebildet hat, noch innerhalb dieses Jahrhunderts versiegen wird. Infolge der Entnahmen sinkt der Grundwasserspiegel im benachbarten Ägypten bereits. Trotz Libyens erstaunlichem künstlichen Fluss bleibt die Wasserknappheit in den meisten Wüstenstaaten eine ernst zu nehmende Bedrohung.

Theoretisch ist Wasserknappheit etwas, unter dem die Menschheit auf diesem blauen Planeten nicht leiden sollte. Im Anthropozän sind wir technisch in der Lage, Meerwasser zu entsalzen; gebremst werden wir einzig durch den damit verbundenen Energiebedarf. Überall auf der Erde entstehen bereits Entsalzungsanlagen, und das gewonnene Süßwasser wird zu Städten gepumpt, die Hunderte Kilometer weit im Landesinnern liegen. Bei dem Verfahren wird gefiltertes Meerwasser einfach verdampft und an anderer Stelle wieder zu Flüssigkeit kondensiert, wobei das Salz zurückbleibt. Die erforderliche Energie liefern derzeit jedoch noch fossile Brennstoffe. Selbst ölreiche Staaten sind aber zunehmend bestrebt, bei der Entsalzung Sonnenenergie einzusetzen. So baut Saudi-Arabien drei solarbetriebene Anlagen, und bis 2030 soll sich der Staat zum Nettoimporteur von Öl gewandelt haben. Eine durch Wind oder Sonnenkraft betriebene effiziente Entsalzung in großem Stil hat das Potenzial, die Wüsten des Holozäns von öden, furchteinflößenden Orten zu landwirtschaftlichen Zentren mit blühenden Metropolen zu machen – sozusagen nachhaltige Anthropozän-Varianten von Las Vegas.

Doch natürlich kann im Anthropozän nicht in jeder Wüste ein Las Vegas entstehen. Arme Wüstengemeinden werden weiterhin auf örtliche Lösungen angewiesen sein, wie Sanddämme und das Sammeln und Speichern von Regenwasser – Methoden, von deren Effektivität ich mich mit eigenen Augen überzeugen konnte. Doch was tun, wenn es so gut wie nie regnet?

Perus Hauptstadt Lima wurde an einem sonderbaren Ort errichtet. Die Stadt liegt nicht nur über die Hälfte des Jahres in bleiernem Nebel – was den spanischen Konquistadoren im sonnigen Januar von 1535, als sie den Ort zu ihrer Hauptstadt erkoren, vermutlich verborgen geblieben ist. Zudem fällt im Jahr weniger als 1,5 Zentimeter Niederschlag. Lima ist, hinter Kairo, die größte Wüstenstadt der Welt. Den gesamten Wasser- und Strombedarf deckt der dürregeplagte Río Rímac, der Hunderte Kilometer entfernt in den Gletschern der Anden entspringt. Über 70 Prozent der tropischen Gletscher der Erde befinden sich in Peru, und ein Viertel von ihnen ist seit den 1970er-Jahren abgeschmolzen – darunter zwei Drittel der Gletscher, die den Rímac speisen. „Laut den Prognosen werden fast alle unsere Gletscher bis 2030 verschwunden sein", sagt Elizabeth Silvestre, die wissenschaftliche Leiterin des nationalen meteorologischen und hydrologischen Dienstes in Lima. „Aber tatsächlich geht alles sehr viel schneller."

Ironischerweise ist die Trockenheit in den Anden ein Hauptgrund dafür, dass die Menschen in die Stadt abwandern. Über 80 Prozent der Bevölkerung Perus lebt mittlerweile auf dem Wüstenstreifen an der Küste – wo 1,8 Prozent der Niederschlagsmenge des Landes fällt –, davon 9 Millionen in Lima. Selbst in den wohlhabendsten Vierteln der Innenstadt müssen Unternehmen und Wohnhäuser häufig die Rationierung von Wasser erdulden; dann geben aufgedrehte Wasserhähne keinen Tropfen her. Noch viel schlimmer jedoch ist die Lage in den 1800 *Asentamientos Humanos* (abgekürzt AAHH), den „Menschensiedlungen", wie sie schönfärberisch genannt werden. In diesen Migrantenslums hausen etwa 2 Millionen Einwohner.

Daher ist es mehr als verblüffend, dass sich die Bewohner einer bitterarmen Barackensiedlung daran gemacht haben, auf ihrer Sanddüne einen Wald anzupflanzen. Javier Torres Luna erhofft sich vom Wiederaufforsten der Dünen oberhalb seiner notdürftig zusammengezimmerten Heimstatt aus Sperrholz im AAHH Bellavista die langfristige Lösung für ein dringendes Problem: In seinem Distrikt gibt es kein Wasser zum Trinken und Waschen oder für sanitäre Anlagen. Und für die Bewässerung eines Waldes erst recht nicht. Dennoch ist der Plan nicht so verrückt, wie er klingt. Vor dem 16. Jahrhundert waren diese Hügel bewaldet. Dann kamen die Spanier und machten Bauholz aus den Bäumen.

Es ist durchaus nicht so, dass es in Lima kein Wasser gibt. Es gibt nur keinen Regen.

Beim Aufstieg auf den kleinen Hügel, der über Lunas Haus aufragt, fällt das Atmen wegen der hohen Luftfeuchtigkeit schwer. Zwischen Mai und November hängt ständig ein dicker, grauer Nebel, der Garúa, über der Stadt. Er verdeckt die Sonne, und die ärmsten Stadtbewohner leiden häufig an Bronchitis und Lungenentzündung. Der Nebel entsteht aufgrund einer Inversionswetterlage – der kalte Humboldtstrom kühlt die vom Pazifik wehende, mit Wasser gesättigte Luft ab und verhindert, dass es entlang der Küste zu Niederschlägen kommt.

Nebel ist eine an Küstenlinien häufig vorkommende bodennahe Wolke aus Wasserdampf. Dabei sprüht die von der Brandung erzeugte Gischt Salzkristalle in die Luft, um die sich Wassertropfen bilden. In den letzten Jahren haben Luna und seine Nachbarn auf dem Bellavista-Hügel eine Reihe großer Netze aufgespannt, um die kostbaren Tropfen aus der feuchten Luft einzufangen. Das Netz lässt den Nebel zu Wassertropfen kondensieren – die Tröpfchen aus der Luft vereinigen sich zu Rinnsalen. Die Natur hat diese Technik bereits perfektioniert: So deckt der Küstenmammutbaum die Hälfte seines Wasserbedarfs mit Nebel; und der in der Namibwüste lebende glänzend schwarze Nebeltrinker-Käfer sammelt im Kopfstand Nebelfeuchtigkeit auf seinen gefurchten Deckflügeln, wo sie kondensiert und in seine Mundöffnung rinnt.

Luna und seine Nachbarn haben Reservoirs und Tanks gebaut und an Stahlkabeln 40 Quadratmeter große Netze befestigt, die eigentlich zum Beschatten von Pflanzen dienen. Die Netze sind an strategisch günstigen Punkten auf einer Hügelkuppe angebracht, um dort den kostbaren Nebel einzufangen. Der vom Ozean kommende Wind weht ihn dann gegen die Netze. Der Erfolg ist hörbar – das Wasser rauscht förmlich an den Netzen hinab. „Wir hätten nie gedacht, dass es so gut funktioniert", sagt Luna. „Das einzige Problem besteht darin, dass wir die Netze vor Vandalen aus Nachbargemeinden schützen müssen, die unser mühsam errichtetes Werk zerstören und die Stahlkabel stehlen."

Eine Rinne unter den Netzen nimmt das Wasser auf, von wo es über Rohre durch einen Sandfilter und in Speichertanks fließt. Das Wasser wird zum Waschen und Trinken sowie zum Bewässern der Schösslinge verwendet. In nur vier Jahren werden die Bäume groß genug sein, um den Nebel selbst einfangen zu können. Dann entsteht ein sich selbst tragendes Wasserversorgungssystem, das alte Brunnen wieder auffüllen wird und der Gemeinde zum ersten Mal nach 500 Jahren Wasser liefert.

Nach Experimenten mit verschiedenen Baumarten wurden einheimische Tarabäume gepflanzt. Ihre Früchte sind eine begehrte Ware; aus ihnen wird Gallussäure für die Anwendung in der Reifenindustrie, beim Gerben und in der Pflanzenheilkunde gewonnen. „Ohne Bewässerung würde ein Tarabaum in dieser Wüste 400 Jahre brauchen, um seine volle Höhe zu erreichen, aber nach 4 Jahren Gießen trägt er bereits Früchte", sagt Luis Marquez Cano, Forstwirtschaftler an der Universidad Nacional Agraria in La Molina, der bei dem Projekt als Berater fungiert hat.

Nach verschiedenen Experimenten haben die deutschen Biologen Kai Tiedemann und Anne Lummerich, die die Netze von Bellavista entwickelten, im benachbarten AAHH Virgen de Chapi B ihr „bisher bestes" Netz präsentiert. Es handelt sich um ein dreiseitiges Gebilde namens „Eiffelturm", das pro Tag 2500 Liter Wasser produziert, obwohl es genauso viel Platz wie das herkömmliche rechteckige einnimmt. Auch andere Organisationen planen nun Nebelfängerprojekte; in einigen Distrikten von Lima sollen bis zu 20 Netze errichtet werden.

Weist das Nebelfangen demnach einen Weg aus Limas Wasserkrise? Laut Bob Schemenauer, der die Technik als Erster in der Atacamawüste in Chile erprobt hat, eignet sich das Verfahren hervorragend für kleine Gemeinden mit 500 bis 1000 Einwohnern. Es deckt jedoch lediglich den Wasserbedarf zum Trinken und Waschen sowie für Landwirtschaft im kleinen Maßstab. Sobald eine Gemeinde so groß wird, dass sie Unternehmen wie Cafés oder Schwimmbäder unterhält, steigt der Wasserverbrauch pro Kopf von 40 bis 50 Litern auf Hunderte Liter an. Dann muss die Regierung in ein Wasserleitungssystem mit individuellen Anschlüssen investieren. „Für kleine Dörfer auf dem Land und isolierte Gemeinden kann dies jedoch die Rettung sein", sagt Schemenauer.

Lässt sich dieses Nebelnetzprinzip auch mit Meerwasserentsalzung kombinieren? Das ist eine geniale Erfindung mit dem Potenzial, Wüsten im Anthropozän ein neues Gesicht zu geben, sie sogar in neue landwirtschaftliche Zentren zu verwandeln. Farmer in Australien bewässern Gemüse in der Küstenwüste in einem Treibhaus, dessen Wände aus poröser Pappe bestehen. Die wabenförmige Wand wird mithilfe einer solarbetriebenen Pumpe mit Meerwasser besprüht. Dann lässt der Wind das Wasser verdunsten und das Salz bleibt zurück; die feuchte Luft kondensiert und bewässert die Nutzpflanzen im Treibhaus. Bei Windstille werden mit Solarstrom betriebene Ventilatoren eingesetzt.

Dieses System wird von dem Unternehmen Sundrop Farms eingesetzt. Es hat außerhalb von Port Augusta in Südaustralien im trockenen Buschland an der Küste eine riesige Gewächshausanlage errichtet, wo tonnenweise saftiges Gemüse angebaut wird. Das Meerwasser-Treibhaus wird zurzeit auf über 80000 Quadratmeter erweitert, um Millionen Gemüsepflanzen in Hydrokultur zu ziehen. Im Tagesverlauf folgen Parabolspiegel dem Stand der Sonne und erhitzen dabei eine dampfgetriebene Turbine, die Meerwasser pumpt und entsalzt, das Gewächshaus nachts beheizt und tagsüber kühlt. Täglich werden etwa 10000 Liter reines Gießwasser erzeugt und mit Nährstoffen versetzt an die Pflanzenwurzeln gesprüht. Weil es sich um ein überdachtes System handelt, das ohne Erde auskommt, braucht man keine Pestizide. Allerdings werden „verträgliche“ Raubwanzen ausgesetzt, um Spinnmilben und Thripse zu vertilgen, die sich eventuell an den Pflanzen gütlich tun wollen.

Auch in Katar soll das System nun eingeführt werden, und für andere Wüsten gibt es ebenfalls entsprechende Pläne. Würde man solche Gewächshäuser in großer Zahl bauen, könnten sie sogar das regionale Klima verändern, weil sie, ähnlich wie das „Plastikmeer“ in Almería, einen Kühleffekt haben. Auf diese Weise ließe sich die Wüstenlandschaft an manchen Orten möglicherweise in eine Savanne verwandeln.

Vielleicht werden Hirtennomaden in den sich ausbreitenden Wüsten des Anthropozäns keinen Platz mehr haben. Wir lernen jedoch, andere Wege zur Nutzung dieser riesigen kargen Gebiete zu finden – als überreiche umweltfreundliche Energiequellen und, kaum zu glauben: als Ackerland der Zukunft.

7 SAVANNEN

Die ersten riesigen baumlosen Ebenen auf diesem Planeten ähnelten stark den Savannen von heute, mit einer gewichtigen Ausnahme: Gräser gab es noch nicht. Jene Ökosysteme waren geprägt von Moosen, Flechten, Farnen und anderen prähistorischen Pflanzen. Im Mesozoikum durchstreiften Herden von pflanzenfressenden Dinosauriern und anderen Reptilien die Savannen und ernährten sich von diesen Gewächsen. Erst nach der Kreidezeit und dem Aussterben der Dinosaurier übernahmen endgültig Gräser die Herrschaft – heute bedecken sie ein Fünftel der Landfläche unserer Erde.

Während die Gräser allmählich die Pflanzenwelt dominierten, entwickelten die Tiere verschiedene Anpassungen, um diese reichhaltige Nahrungsquelle nutzen zu können. Wiederkäuer, wie Rinder, Antilopen, Schafe und Kamele, haben einen Magen mit vier Abschnitten. Damit sind sie in der Lage, die im Gras befindliche faserige Zellulose in mehreren Phasen zu verdauen, wobei sie die Nahrung wieder hochwürgen. Diese Säugetiere verfügen über zahlreiche Darmbakterien, die die Zellulose aufschließen, und zu ihrem spezialisierten Verdauungstrakt gehört eine Gärkammer, in der die Mikroflora ihre Arbeit tut. Genau wie das Gras findet man nun auch Wiederkäuer auf jedem Kontinent, mit Ausnahme der Antarktis – heute käuen Gnu und Bison dort wieder, wo einst die Dinosaurier weideten.

Wollte man dem Menschen seinen natürlichen Lebensraum zuschrei-

ben, so wäre dies die Savanne. Wie alle Lebewesen, die ihre Nahrung auch erjagen, zog es unsere Urahnen zu diesem großen, offenen Grasland hin, in dem es von Pflanzenfressern wimmelte. Die Savannen erwiesen sich als unwiderstehliches Jagdgebiet; sie boten genügend Bäume als Schutz und Feuerholz, aber keine ausreichende Deckung für große Ansammlungen grasender Tiere. In den afrikanischen Savannen erfolgte die Evolution zum Zweibeiner – unsere aufrecht gehende Spezies, die zwei Hände zum Tragen und für die lebenswichtige Verwendung von Werkzeug frei hat, verdankt ihren außergewöhnlichen Erfolg zum Teil den Veränderungen, die sich vor Jahrmillionen Schritt für Schritt auf den winddurchwehten Grasfluren vollzogen.

Vor Zehntausenden von Jahren begannen Menschen, die Savannen zu „bewirtschaften". Sie vergrößerten sie und schufen neue, indem sie häufig die Vegetation niederbrannten und Bäume fällten. Wir lernten, schnellere und stärkere Tiere zu verfolgen und einzufangen. Und als Klimaveränderungen die Wiederkäuer zu langen Wanderungen trieben, folgten wir ihnen aus Afrika hinaus und über die ganze Welt. Dieses Umherziehen mit den Tieren versorgte die Menschen mit Nahrung über große Entfernungen hinweg, ermöglichte das Erkunden von neuem Weideland und später auch den Handel. Als sich die Erde am Ende der letzten Eiszeit erwärmte, waren es die auf den Savannen sprießenden Gräser, die die ersten Bauern zum Anbau von Nutzpflanzen anregten. Um ihre Felder entstanden Siedlungen und es entwickelte sich die menschliche Zivilisation.

Im Anthropozän bleiben nur noch wenige Savannen sich selbst überlassen – sie gehören zu den letzten Orten der Erde, in die der Mensch nur minimal eingreift. Dort kann man sich vorstellen, wie eine Welt ohne Menschen aussehen würde. Die meisten Savannen wurden in Ackerland umgewandelt, bebaut oder zu braven Parks gebändigt. Die wilden Großsäuger, die einst die Savannen der Erde durchstreiften, wurden bis zur Ausrottung gejagt. An ihrer Stelle haben wir neue Pflanzenfresser geschaffen. Heute weiden Hausrinder, die in nur wenigen Varietäten gezüchtet wurden, in den gezähmten Savannen. Der Tod kommt für sie nicht mehr in Gestalt eines hungrigen Raubtiers, sondern wird fortlaufend in großem Maßstab von Menschenhand organisiert. Im Anthropozän gibt es keine echte Wildnis mehr. Die Menschen selbst erleben nicht länger die Angst und Unberechenbarkeit des Jagens und Gejagtwerdens. Wir sind eine Superspezies und entscheiden über das Schicksal aller anderen Tiere. Mit der Erfindung des Gewehrs manifestierte sich unsere Vormachtstellung: Bis heute haben wir so viele Lebewesen getötet, dass wir ein globales Massenaussterben heraufbeschwören – es ist erst das sechste der Erdgeschichte und das erste, das von einer lebenden Art erzeugt wird.

Wir haben die gesamte Welt bereist, uns die Pflanzen und Tiere herausgepickt, die uns gefallen, sie in neue Lebensräume verbracht und damit neue Ökosysteme erzeugt. In unseren Vorstadtgärten, auf Golfplätzen und in Parkanlagen haben wir einen Abklatsch der wilden Savannen geschaffen. An einigen Stellen führen wir die einheimischen Pflanzenfresser wieder ein und sondern in Vertretung der nicht vorhandenen Raubfeinde die zur Zucht ungeeigneten Tiere regelmäßig aus.

Nun, da wir die Natur gezähmt, die Wildnis mit einigen wenigen auserwählten Lebewesen bestückt und Wildtiere ausgerottet haben, müssen wir im Anthropozän entscheiden, welche Art von Natur wir wollen – und wie die Koexistenz von Menschen und wild lebenden Arten auf unserem gemeinsamen Planeten aussehen könnte.

Die Menschen vom Volk der Hadza haben keine Besitztümer – keine Tiere, kein Land, nur das, was sie am Leibe tragen. Und vor allem die Fertigkeiten und den Einfallsreichtum, um sich alles, was sie brauchen, aus ihrem Umfeld zu beschaffen.

Um diesen uralten Stamm von Jägern und Sammlern zu treffen, fahre ich von der kosmopolitischen Stadt Arusha in Nordtansania vier Stunden nach Westen bis zum Eyasisee. Dieser 1000 Quadratkilometer große Salzsee mit periodisch schwankendem Wasserstand liegt in einer Senke des Großen Afrikanischen Grabenbruchs in der Savanne im Süden der Serengeti. Die Hadza ermöglichen uns einen Einblick in die Welt, bevor die Menschheit die Herrschaft übernahm, in eine Zeit, als die relativ wenigen existierenden Menschen nichts weiter waren als nur eine – wenn auch klügere – Spezies unter vielen. Bis vor Kurzem war dieser Teil der Erde vom Anthropozän noch buchstäblich unberührt. Nach wie vor ist die Serengeti der Ort, der dem Pleistozän am nächsten kommt, einer Zeit in der Erdgeschichte, als Großsäuger in riesiger Zahl über unseren Planeten zogen und der Mensch auf der Jagd nach ihnen ihren Wanderwegen folgte.

Der Eyasisee liegt nur 40 Kilometer von Laetoli entfernt, wo vor etwa 3,6 Millionen Jahren drei frühe Verwandte des Menschen entlangspaziert sind. Als die Paläoanthropologin Mary Leakey mit ihrem Team deren fossile Fußabdrücke entdeckte, die in dem ehemals weichen Untergrund erhalten geblieben waren, erkannte sie, dass die beiden Erwachsenen und das Kind aufrecht gingen wie wir, auf zwei Füßen und im Gegensatz zu den übrigen Menschenaffen mit nach vorn zeigender Großzehe.

Als wir uns dem Lager der Hadza nähern, habe ich das Gefühl, den Boden meiner Urahnen zu betreten und nach Hause zurückzukehren, um mit Menschen zusammenzutreffen, die nie weggezogen sind.

Sie sitzen gruppenweise nach Geschlechtern getrennt; die Männer spielen auf kleinen lautenähnlichen Saiteninstrumenten oder bestreichen ihre metallenen Speerspitzen mit einem giftigen Baumharz. Sie entfachen ein Feuerchen, indem sie einen Hartholzzweig schnell in einen Weichholzstock aus dem einheimischen Myrrhenbaum (*Commiphora myrrha*) hineindrehen. Schon bald beginnt es zu schwelen. Ich bin fasziniert und probiere es auch einmal. Es ist erstaunlich schwierig, aber mit Hilfe der Hadza erzeuge auch ich schließlich Rauch.

Die Buschleute der Hadza leben in Gruppen von etwa 15 Personen und sprechen eine ungewöhnliche Sprache mit Klicklauten, die sich sogar von anderen Klicksprachen in Afrika stark unterscheidet. Heute ist die Zahl der Hadza auf unter 400 gesunken. Sie führen ein Leben, das in Ost- und Südafrika jahrtausendelang verbreitet war. Man geht davon aus, dass der Volksstamm seit mindestens 50 000 Jahren ununterbrochen in dieser Gegend beheimatet ist, doch ihr ursprünglicher Lebensraum schrumpft immer mehr. Die moderne Welt verleibt sich ihr Land ein, mit Farmen, staatlich eingerichteten Naturschutzgebieten und privaten Jagdreservaten. Für Eingeborenenrechte eintretende Organisationen haben einen Rechtsbehelf gegen die Regierung eingelegt, um für die Hadza ein Jagdgebiet zu erwirken, doch bisher ist noch nichts passiert.

Am Eyasisee liegt ein Dorf der Datoga, einem Ackerbau betreibenden Volksstamm, der vor 300 Jahren von seinem traditionellen Weideland im Ngorongoro-Krater von einfallenden Massai vertrieben wurde. Zwischen den Datoga und einigen Hadza-Gruppen hat sich eine Handelsbeziehung entwickelt. Edward, ein Datoga aus der Gegend, hat mich mit einer dieser Gruppen bekannt gemacht und fungiert als Dolmetscher.

Über die Hälfte der Hadza-Kinder sterben, bevor sie fünf Jahre alt sind – meistens an Malaria, aber auch an anderen behandelbaren Krankheiten. Viele Frauen sterben bei der Geburt, verbluten im Busch oder fallen einer der zahlreichen übrigen hier lauernden Gefahren zum Opfer, wie der von der Tsetsefliege übertragenen Schlafkrankheit. Die Bewohner aus Edwards Dorf versuchen, in den Wehen liegende Frauen der Hadza rechtzeitig ins Krankenhaus und Kinder zur Schule zu bringen, stoßen dabei aber auf Widerstand, weil die Mitglieder des Stammes traditionell Angst vor Gebäuden haben. „Sie glauben, sich unter einem Dach zu befinden, bringe den Tod. Darum gehen Kinder nur etwa einen Monat lang zur Schule; die Frauen fürchten sich davor, im Krankenhaus zu entbinden, und bleiben ihm deshalb fern", sagt Edward. Die Hadza leben in einfachen Unterständen aus Zweigen und Tierhäuten, unter dem Blätterdach eines Baumes oder in Höhlen. Anfang des 20. Jahrhunderts versuchten auch britische Kolonialherren, die Hadza zu zivilisieren und in Dörfern sesshaft zu machen, aber sie weigerten sich und kehrten zu ihrer traditionellen Lebensweise zurück.

Es ist keineswegs so, dass die Hadza „es einfach nicht besser wissen". Seit die ersten dieser Volksstämme im 5. Jahrhundert vom Horn von Afrika herüberzogen, hatten sie Kontakt mit Hirtennomaden und sesshaften Bauern. Obwohl die Hadza äußerst verschlossen sind, gewöhnlich nur innerhalb des Stammes heiraten und Außenstehenden mit Argwohn begegnen, weil diese sie früher als Sklaven entführten, töteten oder Krankheiten einschleppten, haben die Gemeinschaften in den vergangenen Jahrhunderten stets Handel mit anderen Stämmen getrieben und dabei Fleisch und Honig gegen metallene Speerspitzen eingetauscht. Ich habe den starken Eindruck, dass sich die Hadza angesichts der möglichen Alternativen aus freien Stücken und ganz bewusst für ihre urzeitliche Lebensweise entschieden haben. Es ist eine ausgesprochen egalitäre und tolerante Gesellschaft ohne Hierarchie und mit einer Gleichberechtigung der Geschlechter, die man anderswo so nicht findet.

Die Gruppe aus fünf Männern und Jungen erhebt sich plötzlich gemeinsam und macht sich mit Pfeil und Bogen bewaffnet auf den Weg.

Einer der Männer, der einen Kopfputz aus Pavianfell trägt, ist eindeutig der Anführer. Er trägt den längsten und am reichsten verzierten Bogen, mit einer Schnur aus Giraffensehnen. Edward und ich folgen der Gruppe gemächlich, manchmal auch im Laufschritt, während die Hadza im Blätterwerk und Gebüsch nach Beutetieren spähen. Ein Buschbaby wird ausgemacht, und Erregung macht sich breit, als die Männer ihr Ziel anvisieren und Pfeile zwischen die Äste schießen. Ich halte den Atem an. Mir ist nicht ganz klar, ob ich etwas essen möchte, das „Baby" heißt. Es entkommt, ich bin insgeheim erleichtert und es geht weiter. Die dornigen Sträucher greifen nach uns, während wir an ihnen vorübereilen, reißen an unseren Kleidern und verfangen sich in den Haaren. Die Hadza sind allesamt barfuß. Wir kommen an Bäumen und Büschen vorbei, die ergänzende Nahrung bieten – Tamarinden mit saurem Saft sowie kohlenhydratreiche Knollen und Wurzeln, die sich zur Saftgewinnung auspressen oder als Medizin und zur Vitaminzufuhr essen lassen.

Von Affenbrotbäumen wird Honig geerntet, indem Stöcke in den Stamm getrieben werden und so als Leiter dienen. Wie die Leute im äußersten Norden von Kenia sind auch die Hadza eine Partnerschaft mit dem Honiganzeiger eingegangen; er leitet sie und den Honigdachs zu einem Bienennest, das Honig und Bienenwachs bietet. Einer der Männer führt uns einen speziellen Vogelruf vor, der den Ruf des Honiganzeigers nachahmt, damit dieser darauf antwortet.

Die Hadza ernähren sich überwiegend vegetarisch, meist von Honig und Früchten, die insbesondere von den Frauen gesammelt werden. Doch da nun die Regenzeit eingesetzt hat, gibt es Fleisch in großen Mengen. Die Gruppe erbeutet in der Regel kleine Tiere, wie Vögel und Nager, aber auch ein Pavian wird natürlich nicht verschmäht. Verständlicherweise sind die Paviane hier jedoch sehr scheu. Wie wir erfahren, „verirrt" sich manchmal ein Büffel vom Reservat hierher; dann gibt es ein köstliches und ausgiebiges Festessen.

Vor uns haben die Männer in den Bäumen etwas erspäht. Sie umringen es mit gespanntem Bogen und angelegten Pfeilen. Dieses Mal haben sie Erfolg. Einer der Jungen klettert auf einen Baum, um den Pfeil und einen kleinen Vogel herunterzuholen, dessen Flügel noch jämmerlich flattern. Einer der Männer zieht den Pfeil aus dem Vogel heraus, steckt seinen winzigen Kopf in den Mund und beißt ihm das

Genick durch. Dann steckt er die Beute in seinen Gürtel und wir marschieren weiter.

Etwa eine Stunde später stecken zwei Vögel und ein Eichhörnchen in seinem Gürtel und wir machen uns auf den Rückweg zum Lager, wo die Tiere über einem Feuer gebraten werden und wir sie gemeinsam verspeisen – die Frauen kommen auch zu uns, essen aber für sich, in einigen Metern Entfernung.

Das Anthropozän stellt für dieses Steinzeitleben eine massive Bedrohung dar. In den letzten 100 Jahren hat man die Hadza auf immer kleinere Flecken Land zurückgedrängt. Große Gebiete gingen an tansanische Zwiebelfarmer, die die Region regelrecht überschwemmt haben – seit dem Jahr 2000 sind 50 000 Menschen hierhergekommen. Im Westen wurde das Land der Hadza zu einem privaten Jagdrevier, in dem der Volksstamm nicht länger jagen darf. Die Datoga haben ihr Gebiet mittlerweile bis über das Yaeda-Tal der Hadza ausgedehnt. Sie haben die Tiere dort gejagt, das Land urbar gemacht (weshalb es nun keine Früchte, Knollen und Bienennester mehr gibt) und Wasserstellen für ihre Rinder gegraben, was dazu führt, dass die Wasserstellen der Hadza austrocknen. Im Jahr 2007 verpachtete die Regierung Tansanias weitere 6500 Quadratkilometer Hadza-Land als privates Jagdrevier an die königliche Familie der Vereinigten Arabischen Emirate; alle Hadza und Datoga mussten das Gebiet verlassen. Nach internationalen Protesten wurde das Geschäft jedoch wieder rückgängig gemacht. Seit zudem PBS und die BBC Anfang der 2000er-Jahre Dokumentarfilme über den Volksstamm sendeten, die beim Publikum sehr gut ankamen, hat auch der Tourismus die entlegenen Gruppen entdeckt. Reisegesellschaften bringen Geld und mit Geld kann man Alkohol kaufen. Nun werden die Hadza auch noch vom Alkoholismus heimgesucht.

Ich verlasse die Gruppe, wie ich sie vorgefunden habe – sie sitzen auf dem Boden und zupfen an ihren Instrumenten –, und reise weiter über die Savanne nach Norden, zur vielleicht größten Wildtiershow der Erde, dem Serengeti-Nationalpark.

Als Präsident Theodore Roosevelt 1910 hierherkam, um ein einjähriges Schlachtfest zu feiern, das der Smithsonian Institution und ähnlichen Einrichtungen über 10 000 große Kadaver bescherte, beschrieb er der Welt einen von der Zeit vergessenen Ort – ein Jagdrevier von solchem Überfluss, wie es ihn in Amerika oder Europa schon seit Jahrhunderten nicht mehr gab. Seiner Meinung nach sollte eine solch ertragreiche Wildnis zukünftigen Generationen zum Jagen erhalten bleiben.

Europäer und Amerikaner brachen auf zu diesem neu entdeckten Märchenland, wo sie ihre „Mann-gegen-Tier"-Fantasien des Pleistozäns ausleben konnten – allerdings mit modernen Waffen, einem Team einheimischer Träger und praktischen Kraftfahrzeugen –, um mit mindestens einem Foto in Siegerpose rittlings auf einem gerade erschossenen Löwen nach Hause zurückzukehren. Als immer mehr Touristen aus aller Welt eintrudelten, um höchstpersönlich die Big Five – Löwe, Nashorn, Leopard, Büffel und Elefant – zur Strecke zu bringen, stellte sich heraus, dass der Vorrat an Tieren hier ebenso wenig unerschöpflich war wie vormals in den großen Ebenen Amerikas oder Indiens. Die Zahl der Löwen brach dramatisch ein, professionelle Jäger begannen, die Tiere nicht nur als reine Tötungsobjekte zu betrachten, wandelten sich zu Wildhütern und der Nationalpark entstand.

Mein erstes Ziel ist der größte vollständige Vulkankrater der Welt – der Ngorongoro-Krater. Dieser Ort ist unglaublich: riesig und kreisrund, mit steil aufragendem Rand und einer Grasebene mit Seen in der Mitte. Afrikas berühmte Säugetiere der Savanne sind allesamt vertreten, mit Ausnahme von Giraffen, die die steilen Abhänge nicht bewältigen können. Gruppen von riesenhaften Elefanten stehen beieinander – sie sind so viel größer als ihre asiatischen Verwandten. Die rosa Masse am Ufer der Natronseen entpuppt sich als Kolonien von Flamingos, zwischen denen Schakale und Hyänen umherstreifen. Das Gras ist schwarz von Büffeln und Gnus, die von der Masai Mara in Kenia nach Süden gewandert sind. Sie ziehen in Gruppen oder merkwürdig arrangierten Reihen; ihre gestreiften Hälse und goldenen Bärte schimmern in der Sonne. Zwischen ihnen grasen Zebras wie hübsch geschmückte Zirkuspferde.

Mein Jeepfahrer ist auf der Jagd nach ganz anderen Wesen – weiteren Jeeps. Dann entdeckt er eine Ansammlung von einem halben Dutzend Fahrzeugen und wir brausen so rasant zu ihnen hinüber, dass ich mich am Metallgestänge des Autos festklammern muss. Bald sehen wir, was ihre Aufmerksamkeit geweckt hat: ein demonstrativ faules Rudel Löwen, das sich majestätisch im Gras räkelt. Als wir uns nähern, hebt das große Männchen seinen dicken Kopf um einige Zentimeter, bevor es ihn wieder sinken lässt. Es wälzt sich auf den Rücken – seine riesigen Hinterpranken nicht gerade elegant himmelwärts gereckt und mit einer

Vorderpranke auf dem vollgefressenen Bauch. Und so bleibt es die nächste Stunde über liegen. Satte Löwen sind nicht zu energiegeladenen Darbietungen aufgelegt.

Über die Ebene kommen uns zwei Spitzmaulnashörner, ein Muttertier und sein Kalb, wie zwei archaische Panzerwesen entgegen. Es ist faszinierend, diese gigantischen Tiere aus solcher Nähe zu betrachten – sie sehen so ganz anders aus als die Rinder und Pferde, mit denen ich vertraut bin. Und die Szene hat auch etwas Unwirkliches – es sind ganz und gar wilde Tiere und wir befinden uns in ihrem Lebensraum, aber irgendetwas an dem kreisrunden Krater und den anderen Touristen fühlt sich merkwürdig an. Und dann weiß ich, was mir fehlt: Angst. Viele dieser Tiere kommen uns so nah, dass sie uns alle töten könnten, aber ich empfinde keine Angst, weil ich weiß, dass sie das nicht tun werden. Es ist skurril – ich würde dieses Erlebnis hier nicht halb so sehr genießen, wenn ich wüsste, dass ich gleich gefressen werde, und dennoch ...

Als wir in die Serengeti hineinfahren, verfliegt das unwirkliche Gefühl. Die Serengeti ist unermesslich weit und beherbergt die umfangreichste Ansammlung von Großsäugern der Erde. Vor der Kulisse Tausender Gnus auf Wanderschaft wirkt unser Jeep winzig – er ist ein Nichts in einer Landschaft, die sich mit endlosem Horizont so weit vor uns erstreckt, dass es die Augen schmerzt. In der Sprache der Massai bedeutet Serengeti „unendliche Ebene".

Anders als im Regenwald kann man in der Savanne die Tiere sehen, die man – mit Waffe oder Kamera – jagt, und ebenso sieht man besser, wovon man selbst gejagt wird. Vielleicht ist das der Grund, warum wir Menschen vor so vielen Jahrtausenden zuerst die Ebenen erobert haben, und vielleicht sind sie darum das Umfeld, in dem wir uns am wohlsten fühlen und das wir in unserer privaten Umgebung bevorzugt wiedererschaffen.

Ich erlebe einige einzigartige Tage, in denen ich Löwenrudel entdecke und auf einen Leoparden stoße, der zufrieden auf einem Ast liegt und seine weiter oben verstaute Impalabeute bewacht. Ich beobachte, wie sich ein Gepard an seine Beute heranpirscht und gleich einem energiegeladenen Blitz aus Muskeln und Sehnen Jagd auf sie macht. Grunzende Warzenschweinfamilien planschen auf kurzen Beinen in Schlammteichen herum. Großäugige Dikdiks springen panisch an uns vorbei – die Lieblingsspeise aller Raubtiere. Ich sehe hässliche, aber majestätische Marabus, die ebenso wie die Geier auf die Gelegenheit warten, sich an einem Tierkadaver gütlich zu tun. Füchse mit Fledermausohren schießen aus ihren Bauen in den rostgelben Termitenhügeln, und Nilpferde drängeln sich in großartiger schwabbeliger Hässlichkeit in viel zu kleinen Tümpeln. In der Nacht liege ich eingerollt im Schlafsack in meinem hauchdünnen Zelt. Ich höre Büffel vorbeidonnern und das schaurige Gebrüll eines Löwen.

Der Park entstand nach dem Vorbild des ersten Nationalparks der Welt, der 1872 am Yellowstone River in Wyoming gegründet worden war und das Ziel „zurück zur Natur“ verfolgte, mit der Bewahrung des Zustands vor Einwirken des Menschen. Man plante, eine vom modernen Menschen besudelte Wildnis wieder in ihren unberührten Urzustand zu versetzen. In den 1950er-Jahren begannen die Arbeiten zur Errichtung des Serengeti-Nationalparks. Eines der ersten Ziele der neuen Umweltschützer war die Verbannung aller Menschen, Häuser und domestizierten Tiere. Die 10 000 Massai, die hier bereits seit 200 Jahren ihr Vieh gehütet und gejagt hatten, bevor die Europäer die überreiche Tierwelt dieser Gegend entdeckten, wurden in Bereiche außerhalb des Parks umgesiedelt.

Zuerst wurden sie auch aus dem Ngorongoro-Krater verbannt, durften aber schließlich dorthin zurückkehren und zur Nahrungsergänzung Mais anbauen. Einige Jahrzehnte später wurde die Landwirtschaft im Ngorongoro-Krater jedoch verboten. Nachdem die Regierung verfügt hatte, dass 64 800 Menschen – 1959 waren es noch 8000 gewesen – für eine nachhaltige Bewirtschaftung zu viel seien und das weidende Vieh die Wildtiere beeinträchtige, begannen 2009 weitere Umsiedlungen, bei denen fast 60 000 Massai den Krater verlassen mussten.

Immer wieder wurden die Massai entwurzelt und an andere Orte verbannt, wenn die Regierung neue Naturschutzgebiete einrichtete oder privaten Initiativen Land für den Umweltschutz oder zur Jagd zusprach. Im Jahr 2009 wurden rund 3500 Massai vertrieben und ihre Wohnstätten niedergebrannt, als der Staat ein neues Artenschutzgesetz erließ; 2013 drohte man mindestens 30 000 Massai die Umsiedlung an, als den Vereinigten Arabischen Emiraten ein weiteres Gebiet als königliches Jagdrevier verpachtet wurde.[1] Die VAE verfügen bereits über Jagdreviere von Tausenden Hektar, die früher den Massai gehörten, was der tansanischen Regierung beträchtliche Einnahmen beschert.

Früher zogen die Massai durch fast ganz Ostafrika. Sie ließen ihr Vieh weiden, betrieben ein wenig Ackerbau und zogen im jahreszeitlichen Wechsel wieder weiter. In den Augen vieler Wissenschaftler ist das die nachhaltigste Nutzung dieser Region. Doch nun, da sie sich mit immer kleineren Flecken Land begnügen müssen, nicht jagen und oft auch keine Landwirtschaft betreiben dürfen, kämpfen die Massai ums Überleben. In den Jahren 2000 und 2009 wurden ihre Viehherden durch verheerende Dürren, Schwächung infolge jahrzehntelanger Inzucht und Krankheiten um die Hälfte dezimiert. Viele Massai sind auf Almosen angewiesen und gelten als primitives, gescheitertes Relikt der Vergangenheit. Im Jahr 2005 erklärte Tansanias neu gewählter Präsident Jakaya Mrisho Kikwete: „Wir müssen den Hirtennomadismus vollständig abschaffen. Die Rinder sind abgemagert und die Viehhirten nur Haut und Knochen. Im 21. Jahrhundert hat diese Form der Viehwirtschaft keine Erfolgsaussichten mehr."

Wie die Hirtennomaden in den nördlich gelegenen Wüsten am Horn von Afrika und in Turkana stehen auch die Massai vor dem Ende ihrer Kultur und einer jahrtausendealten Lebensweise. Im Anthropozän wird man sich wahrscheinlich erzählen, dass es einmal eine Massai-Kultur gab, und vielleicht werden Parks und Museen von ihren Traditionen Zeugnis geben. Doch schon heute sind viele Anthropologen der Meinung, dass es gar keine Massai mehr gibt, die „authentisch" als Löwenjäger leben – genauso wenig, wie noch Wikinger existieren.

Ich reise durch die überweideten Ebenen, wo Massai ihre Rinder und Ziegen hüten. Ich komme an Bäumen voller Bienennester vorüber, an kleinen Lehmhüttendörfern und Menschen, die Nutzpflanzen von Bananen bis Reis anbauen. Die Massai sind eine wahre Augenweide. Groß und anmutig wie die Turkana, sind sie geschmückt mit Perlen und Ohrringen aus Silber, Kupfer und Türkis, die ihre Ohrläppchen weiten. Sie tragen einen langen Speer mit einer Eisenspitze, oft auch Pfeil und Bogen oder einen Dolch. Am charakteristischsten sind die rotkarierten Umhänge – Shoukas –, die sie entweder über die Schultern drapiert oder zu einem Kleid gewickelt tragen. Sie sind entweder barfuß oder haben einfache aus Reifen hergestellte Gummisandalen an den Füßen. Aufgrund ihrer kriegerischen Vergangenheit werden viele Massai in den Großstädten als Wächter oder Türsteher eingestellt, wo sie aus den Falten ihrer Shoukas ihr Handy hervorzaubern, aber ansonsten ihr traditionelles Äußeres beibehalten.

Als ich die unvergleichliche Serengeti mit ihrem üppigen Grasbewuchs vor mir sehe, den keine Viehherden dezimieren, kann ich ein wenig besser verstehen, dass die tansanische Regierung versucht, die Viehhirten aus der Gegend zu verbannen und das beste Futter gefährdeten Tieren vorzubehalten. Doch zwischen dem, was Bewohner der westlichen Welt unter „Natur" oder „natürlich" verstehen, und der Realität des Anthropozäns liegen kulturelle Welten. Touristen, die Tausende Dollar für einen Urlaub in der Serengeti bezahlen, wollen durch den Sucher ihrer Kamera bestimmt keine Massai entdecken, die zwischen Zebras und Gnus ihre Rinder weiden, wie mir ein Reiseführer mitteilt. Wie würden sich die Touristen wohl fühlen, frage ich mich, wenn sie sähen, wie ein Hadza-Junge einen dieser bambiartigen Dikdiks der Serengeti erlegt? Viele Leute möchten die von diesen künstlich menschenleeren Parks genährte Illusion einer Welt nicht aufgeben, in der die „Natur" isoliert von dem zerstörerischen Einfluss des Menschen existiert. Diese stark viktorianisch-romantisierende Vorstellung ist immer mehr in Mode gekommen – und das trotz eindeutiger Indizien, dass der Mensch und seine frühen Verwandten über Jahrmillionen hinweg in Koexistenz mit Wildtieren gelebt haben, wie Mary Leakey in den 1970er-Jahren vor Ort offengelegt hat.

Die Wiedererschaffung „der" unberührten Natur ist deswegen problematisch, weil es sie so nicht gibt und nie gegeben hat. Die Evolution der natürlichen Welt ist ein fortwährender Prozess, in dem sich das Gleichgewicht zwischen Beutetieren und Raubtieren immer wieder neu einstellt, das Klima sich wandelt und Störungen wie extreme Wetterereignisse, Seuchen, Vulkanausbrüche und andere Phänomene auftreten. Und die Menschen sind von Beginn an ein Teil dieser Evolution gewesen – insbesondere hier im Rift Valley, der sogenannten „Wiege der Menschheit".

Die Vorstellung „Hier der Mensch, dort die Natur" ist von Grund auf falsch, weil auch wir ein Teil der Natur sind. Warum aber empfinden wir dann ein Vogelnest oder einen Biberbau und damm als natürlich, die Häuser von Menschen hingegen nicht? Wenn wir ein Teil der natürlichen Welt sind, warum zollen wir dann unseren kulturellen, „künstlichen" Produkten mehr oder weniger Bewunderung, Ehrfurcht und

Respekt als dem, was planetarische Kräfte oder die Evolution auf natürlichem Wege, wie wir sagen, geschaffen haben? Mit dieser Differenzierung zwischen Mensch und Natur wollen wir wohl ausdrücken, dass wir in der Lage sind, die Umwelt so drastisch und bewusst zu erwählen und zu verändern, wie keine andere Spezies es vermag. Wir können die Natur – sogar die Biologie, die uns von Geburt an eigen ist – umwandeln und erweitern sowie die natürlichen physikalischen Grenzen überschreiten wie keine andere Art. Sind wir im Anthropozän dann immer noch ein „Teil der Natur"?

In der gesamten Geschichte der Zivilisation haben sich Menschen über die von der Natur wegführende Entwicklung besorgt gezeigt und zugleich Gesellschaften verachtet oder auch zum Fetisch erhoben, die besonders naturverbunden leben. Im Anthropozän, da die letzten dieser „Naturvölker" nunmehr vor dem Aussterben stehen, bestätigt dies möglicherweise, dass der Mensch seine natürliche Umwelt nicht einfach nur verändert, sondern dass wir uns auf diesem Planeten nun als ein gänzlich fremdartiges Tier gebärden.

Für viele Eingeborenenvölker kommt das zu plötzlich. Weiter im Süden Afrikas treffe ich auf Angehörige einer Familie der San, die auf den Straßen von Botswanas zweitgrößter Stadt ein jämmerliches Leben als Alkoholiker fristen. Martin Flattery stellt mich ihnen vor. Er ist ein in Botswana geborener Weißer, der mit den Buschleuten aufwuchs – als er in die Schule kam, brauchte er einen Dolmetscher, weil er nur die Klicksprache der San beherrschte. Die San-Buschleute der Kalahari gehören wie die Hadza zu den ältesten noch existierenden Volksstämmen der Welt; sie leben seit Zehntausenden von Jahren in dieser Region.

Die San teilen sich in fünf Stammesgruppen auf, die sieben verschiedene Dialekte sprechen. Wie die Hadza in Tansania sind sie reine Jäger und Sammler. Sie wenden verschiedene Jagdmethoden an, unter anderem Pfeil und Bogen oder ausgeklügelte Fallen für Tiere mit unterirdischen Bauen wie den Springhasen. Ihre ungewöhnlichste Jagdtaktik besteht darin, ein Tier, zum Beispiel eine Antilope, zu Tode zu hetzen, indem sie es ohne Unterbrechung in einer Geschwindigkeit verfolgen, die das Tier nicht zur Ruhe kommen lässt. In zwei bis drei Stunden kann eine Gruppe von zwei oder drei Buschleuten ein großes und schnelles Säugetier so lange hetzen, bis es vor Erschöpfung zusammenbricht. Ein Jahr vor meinem Aufenthalt filmte ein Fernsehteam aus

Großbritannien eine solche Jagd; beim ersten Drehversuch gelang es dem Team in seinem Fahrzeug mit Vierradantrieb nicht, mit den rennenden Jägern Schritt zu halten.

Die San leben traditionell in kleinen sich selbst versorgenden Familiengruppen mit 5 bis 20 Mitgliedern. Gemäß ihrer nomadischen Lebensweise errichten sie provisorische Grashütten, die sich leicht wieder abbauen lassen. Die Gruppen richten sich in ihren Wanderungen nach der jahreszeitlich bedingten Verfügbarkeit von Wild. Sie jagen nur, was sie zur Ernährung ihrer Familien und als Material für Kleidung und Waffen brauchen. Wenn ein Familienmitglied in einem Lager stirbt, wird der Platz sofort verlassen, und die Gruppe schlägt dort nie wieder ihr Lager auf. Die Gruppen leben und jagen zwar getrennt voneinander, doch einige Male im Jahr treffen sie sich bei Heilzeremonien, die von *Sangomas* (Medizinmännern) vorgenommen werden. Während dieser Zusammenkünfte lassen sich auch Eheschließungen zwischen den Gruppen arrangieren.

Im Nordwesten von Botswana befinden sich die Tsodilo-Hügel, eine Art Mekka oder Pilgerstätte für die San. Dort bezeugen Tausende von Höhlen- und Felsmalereien die außerordentlich alte Kultur der Buschleute; darunter sind Darstellungen von Robben und Walen – und das in einem Binnenland, das Hunderte Kilometer vom Meer entfernt liegt. Sie wurden von San aus Angola und Namibia angefertigt, die den weiten Weg bis hierher zu Fuß bewältigt haben.

Wie bei den Hirtennomaden am Turkana-See ist die Lebensweise der San-Buschleute ernsthaft bedroht. Doch während die Turkana- und Samburustämme unter der vom Klimawandel hervorgerufenen Dürre litten, wird der Niedergang der San in Botswana vom Staat diktiert. Botswana wird sich für immer vorwerfen lassen müssen, dass die Regierung in den letzten zehn Jahren die San systematisch aus ihren uralten Stammesgründen vertrieben und dabei ihre Kultur und Lebensgrundlage zerstört hat, um Platz für Landwirtschaft, den Diamantenabbau und Naturschutzgebiete zu schaffen.

Im Zuge von drei großen Umsiedelungsaktionen in den Jahren 1997, 2002 und 2005 wurden diese indigenen Völker gezwungen, in Reservaten zu leben, wo sich der Vorrat an Tieren, die sie zum Leben brauchen, schnell erschöpfte. In Reservaten lebende Buschleute können nicht auf die Jagd gehen und sind darum von staatlichen Almosen in

Form von Mais und Zucker abhängig, aus denen sie Alkohol herstellen, um Langeweile und Depression zu vertreiben. In einem Reservat gibt es kaum Bewegungsspielraum – Menschen, deren ganze Lebensweise auf die freie Interaktion mit dem Land und seinen Wildtieren ausgerichtet ist, müssen sich dort mit einer Existenz innerhalb von vier Wänden begnügen, die ihnen so fremd ist, als würde man von dem Bewohner eines Londoner Vororts verlangen, für immer in einem Zweimannzelt zu hausen. Alkoholismus sowie Infektionen mit HIV und Tuberkulose sind sprunghaft angestiegen. Zwischen den Reservatsbewohnern und Ortsansässigen kommt es zu Konflikten, weil Ladeninhaber den Buschleuten Waren auf Kredit verkaufen, obwohl diese keinerlei Erfahrungen im Umgang mit Geld haben und die Waren nicht bezahlen können. Also wildern sie oder stehlen Ziegen, um sie als Zahlungsmittel zu nutzen.

Einige Buschleute entgehen der Unterbringung im Reservat, indem sie sich im Busch verstecken, doch die meisten haben erlebt, wie ihre Kultur und Lebensweise in den letzten zehn Jahren schneller verfallen sind als in den Jahrtausenden davor zusammengenommen. Verschiedene besorgte NGOs und Behörden versuchen zu helfen (auch wenn manche ihrer Bemühungen unangemessen erscheinen – so hat Survival International den Buschleuten angeblich wiederholt Toyota Land Cruiser gespendet). Im Jahr 2006 erwirkten die Buschleute vor dem Obersten Gerichtshof das Recht, in ihr angestammtes Land zurückzukehren. Doch nun gibt es das Problem, dass die San dank der Regierung oder wohlmeinenden NGOs im Besitz von Gewehren und Fahrzeugen sind und sich an die Wasserversorgung aus Bohrbrunnen und die bequeme ärztliche Behandlung in einer Klinik gewöhnt haben. Die Buschleute wollen mit all ihren neu erworbenen Annehmlichkeiten, einschließlich der gekauften Ziegen, zu ihren Jagdgründen in den Nationalparks zurückkehren. Die Regierung hat ihnen zwar die Rückkehr zugesichert, verlangt aber den Verzicht auf die Hilfsmittel. Sie dürfen nur mit Pfeil und Bogen jagen und müssen so nachhaltig wie früher leben, Grashütten bauen und zu Fuß gehen. Einige von ihnen haben diesen Lebensstil wieder aufgenommen, aber andere kommen mit dem Rückschritt nicht zurecht – etwa 50 Buschleute wurden verhaftet, weil sie in den Nationalparks mit dem Gewehr auf Jagd gegangen waren. Das Durcheinander hat dieses uralte Volk weiter dezimiert, was einen Verlust für Botswana und die ganze Welt bedeutet. „Wir sind Zeugen der Zerstörung einer einzigartigen menschlichen Lebensweise. Ich habe so viele Freunde verloren, die der Lebensmut verlassen hat, nachdem sie von ihrem Land vertrieben wurden", sagt Martin Flattery.

Dies immer gleiche Muster kennen wir aus Savannen überall auf der Welt, von den Prärien Nordamerikas bis zu den Schaffarmen und Weizenfeldern Australiens. Menschen, die jahrtausendelang Teil dieser alten Ökosysteme waren, wurden im Laufe weniger Jahrzehnte durch den immer weiter greifenden Einfluss des Anthropozäns verdrängt oder ausgelöscht. Die darauf folgende Landnutzung ist fast immer intensiver, verfügt über geringere Artenvielfalt und ist weniger nachhaltig, was den Wasserverbrauch betrifft. So umschließt Kenias Regierung das Gebiet um den Mount Kenya mit einem 400 Kilometer langen und 2 Meter hohen elektrischen Zaun, der 1 Meter tief im Boden verankert ist. Angeblich soll er Wildtiere davon abhalten, in Ackerland einzudringen, doch zugleich hindert er Stammesleute daran, umherzuziehen und ihre Tiere weiden zu lassen.

Die Vertreibung indigener Völker zugunsten von Landwirtschaft oder Bergbau mag ethisch fragwürdig sein, doch in diesem Fall tut zumindest niemand so, als geschehe es zum Wohle der „Natur". Dagegen lässt die Umsiedlung von Eingeborenenstämmen zum Zwecke des Umweltschutzes – um das Land in seinen ursprünglichen Zustand zurückzuversetzen – Naturschützer in einem zweifelhaften Licht erscheinen. Die indigenen Völker, die dem Yellowstone-Nationalpark weichen mussten – an einem einzigen Tag wurden allein 300 Menschen getötet –, waren ein organischer Bestandteil des Ökosystems im Holozän. Als sie nicht mehr da waren, gab es keinen Spitzenprädator mehr und niemanden, der die Vegetation durch regelmäßig entfachte Feuer eindämmte, um auf diese Weise verheerende Flächenbrände zu verhindern. Demzufolge nahm der Bestand an Huftieren, die Schösslinge fraßen, überhand und die Biodiversität in der Region ging zurück.

Seitdem versuchen Parkmanager – die ohne ein funktionierendes Ökosystem benötigt werden, um diese „natürlichen" Gebiete zu verwalten –, Wölfe wiedereinzuführen, um den menschlichen Spitzenprädator zu ersetzen und die Huftiere in Schach zu halten. Das hat jedoch zu Konflikten geführt, denn während der Park das menschenfreie Pleistozän imitieren soll, steht der Rest des Landes ganz im Zeichen des dicht bevölkerten Anthropozäns. Und Bauern mögen es gar nicht, wenn ihr Vieh von Beutegreifern gefressen wird, die ihre Vorfahren bereits vor Jahrhunderten erfolgreich eliminiert haben. Mancherorts hat sich der Naturschutz bereits von der Vorstellung verabschiedet, dass in einem natürlichen Ökosystem der Mensch keinen Platz hat – so betreiben Namibia und Südafrika mit Erfolg Nationalparks, die von Gemeinden verwaltet werden, deren Mitglieder Seite an Seite mit den zu schützenden Wildtieren leben und arbeiten. Selbst unter größten Anstrengungen wären Umweltschützer nicht in der Lage, einen Park völlig von menschlichem Einfluss freizuhalten. So verändert der im Anthropozän auftretende Klimawandel die Ökologie des Yellowstone-Nationalparks – über die Hälfte der Koniferen wurde vom Bergkiefernkäfer befallen, der sich in wärmeren Wintern stark vermehrt.

Dennoch bleibt der Traum vom Ursprünglichen ein Ziel des Umweltschutzes. In Montana versucht Sean Gerrity, vormals Silicon-Valley-Unternehmer, das Renaturierungskonzept auf ein zusammenhängendes Präriegebiet von fast 1,5 Millionen Hektar auszudehnen und dabei die einst in dieser Gegend herrschende Überfülle an Wildtieren wieder erstehen zu lassen. Er möchte 25000 „reinrassige" Bisons, zahlreiche Wolfsrudel sowie Elche und Dickhornschafe auswildern und hat für den Park seiner Träume schon einen Großteil des betreffenden Landes aufgekauft.

Selbst in Europa, einem Kontinent, der schon vor Jahrhunderten eine Menge seiner ursprünglichen Fauna verloren hat, verfolgen Naturschützer diesen Traum. Es gibt Pläne, in Schottland Wölfe wiederanzusiedeln. In den Niederlanden wurde eine ganze Pleistozän-Landschaft im Naturentwicklungsgebiet Oostvaardersplassen wieder zum Leben erweckt – wenn auch mit Stellvertreterarten für all jene ausgestorbenen Spezies, die es dort vielleicht einmal gab (wenn das Land nicht vom Meer bedeckt gewesen wäre). Demzufolge fungieren nun Konik-Pferde als Double für die ausgestorbenen Tarpane (Wildpferde), und in Deutschland gezüchtete Heckrinder vertreten den ausgestorbenen Auerochsen und den Europäischen Bison (Wisent). In Ermangelung von Beutegreifern wie Bären oder Wölfen kontrollieren die Parkaufseher die Anzahl der Tiere, indem sie bis zu 60 Prozent von ihnen schießen, und führen damit das erklärte Ziel des Parks, die Funktionsweisen eines „natürlichen" Ökosystems zu beobachten, ad absurdum.

Das Konzept der „Renaturierung" eines Gebiets ist zudem mit einem Zeitproblem behaftet: Die Umweltschützer müssen entscheiden, *welche* Naturepoche sie wieder zum Leben erwecken wollen. In Bezug auf den Yellowstone-Park würde das etwa heißen, ob man bis vor die Ankunft weißer Amerikaner in dem Gebiet zurückgehen will, also bis in die Mitte des 19. Jahrhunderts? Oder in die Zeit, bevor überhaupt ein Mensch dorthin vorgedrungen ist, also rund 11 000 Jahre vor heute? In diesem Fall könnten sie es gleich bleiben lassen, denn damals sah die Gegend so völlig anders aus, dass die meisten Tiere jener Tage inzwischen ausgestorben sind.

Menschen haben schon immer einen Einfluss auf natürliche Ökosysteme ausgeübt, weil wir, wie jeder andere Spitzenprädator, ein Teil von ihnen sind. Die an das Pleistozän erinnernde Fülle von Wildtieren in der Serengeti ist bemerkenswert, weil es so etwas – außerhalb von Afrika – seit rund 10 000 Jahren nicht mehr gibt (im Grunde seit dem Ende des Pleistozäns). Davor existierten in zahlreichen Teilen der Welt riesige Säugetiere. In Australien beheimatet waren drei Meter große Donnervögel und Kängurus (von denen einige Fleischfresser waren) sowie Tapire, mächtige Koalas, Beutellöwen, schafgroße Schnabeligel und zwei Tonnen schwere Wombats von der Größe eines Geländewagens. Nordamerika war noch aufregender – eine Superserengeti mit Mammuts und Amerikanischen Mastodons, Geiern mit einer Spannweite von fünf Metern, Faultieren, die so groß wie Nilpferde waren, Geparden, Amerikanischen Löwen, Säbelzahnkatzen, Antilopen, Kamelen und anderen riesenhaften Tieren, die die Savannen durchstreiften. Und dann, ganz plötzlich, starben sie alle aus – 75 Prozent der Großsäuger weltweit verschwanden am Ende des Pleistozäns, und mit dem Erscheinen des Menschen erlebte jeder Kontinent seine eigene Welle des Massenaussterbens[2] An manchen Orten, zum Beispiel in Madagaskar und Neuseeland, geschah dies erst vor 2000 beziehungsweise 900 Jahren.

Nach unserem ersten Rundumschlag in der Tierwelt pendelten sich die menschlichen Populationen – wie bei anderen wandernden Beutegreifern – großenteils in einem neuen Gleichgewicht im Ökosystem ein. Sie gingen nachhaltig auf die Jagd und achteten darauf, dass sich der Tierbestand immer wieder erholen konnte. Wer das nicht tat – etwa die

Bewohner entlegener Inseln, wo es keine alternativen Ressourcen gab –, bezahlte mit dem Zusammenbruch seiner Gemeinschaft einen hohen Preis. An diesen Orten bildete sich dann ein neues, menschenloses Gleichgewicht, oder es erfolgte die Anpassung an eine andere Gesellschaft.

Einige Male in der frühen Menschheitsgeschichte standen wir nahe vor dem Aussterben. Evolutionsbiologen bezeichnen solche Ereignisse als genetischen „Flaschenhals"; damit sind Zeiten gemeint, in denen die Menschenpopulation schrumpfte – möglicherweise auf nur noch 2000 Individuen. Angesichts dieser Zahlen, mit noch weniger Exemplaren als etwa heutzutage beim Königstiger, hätte der Mensch als bedrohte Art gegolten. Aber wir hielten durch, wohingegen unsere Neandertaler-Verwandten ausstarben. Im Holozän machten wir uns dann daran, die Erde den Bedürfnissen unserer Spezies anzupassen.

In einigen Gegenden dominierten die Menschen die Ökosysteme des Holozäns; durch Landwirtschaft, Feuer, Städtebau und die Jagd auf Großtiere verschoben sie das Artenspektrum von Grund auf. Weltweit verdanken viele Savannen ihre Existenz dem Menschen, der Wälder rodete, um Ackerland zu gewinnen, und das Grasland durch regelmäßige Brände im Zaum hielt. So verwandelte der Ackerbau betreibende Zweig der Bantu vor rund 3000 Jahren weite Bereiche des Regenwalds im Kongobecken in Savanne. Zudem glaubt man, dass Jahrtausende zuvor Jäger-Sammler-Gemeinschaften große Gebiete niederbrannten, um Weidetiere und ihre Beutegreifer zur leichteren Jagd anzulocken. Doch erst im Anthropozän entfaltete sich der weitreichende, globale Einfluss des Menschen. Heute bewirkt die schiere Anzahl an Menschen, ihre weite Verbreitung und die unglaubliche Ausbeutung natürlicher Ressourcen, dass die Ökosysteme des Holozäns weltweit in neue, für das Anthropozän charakteristische Zustände umschlagen, wie sie nie zuvor geherrscht haben.

Die Massenaussterben der Megafauna am Ende des Pleistozäns waren kleine, unbedeutende Ereignisse verglichen mit dem, was im Anthropozän geschieht – allein seit 1970 haben wir ein Drittel aller wild lebenden Wirbeltiere verloren. In etwa 300 Jahren werden 75 Prozent aller derzeit auf der Erde existierenden Säugetierarten ausgestorben sein. Diese verstörende Berechnung stammt von dem Paläobiologen Anthony Barnosky von der University of California in Berkeley. Sie beruht auf den aktuellen Aussterberaten und geht davon aus, dass die bereits bedrohten oder gefährdeten Tierarten noch in diesem Jahrhundert ausgelöscht werden.[3] Der renommierte Biologe E. O. Wilson geht noch einen Schritt weiter. Er sagt voraus, dass am Ende des Jahrhunderts die Hälfte aller Arten ausgestorben sein wird. Ein Drittel bis eine Hälfte der Amphibien sind vom Aussterben bedroht; die Lage ist so ernst, dass Forscher „Archen" einrichten, in denen wild lebende Frösche und ihre Verwandten vor äußeren Gefahren geschützt aufgezogen und in die Freiheit entlassen werden können, wenn und falls diese Gefahren vorüber sind.[4]

Seit sich Lebensformen entwickelten, ausbreiteten und differenzierten und damit unseren Planeten zu etwas wahrhaft Einzigartigem machten, ist es fünfmal zu einem Massenaussterben gekommen. Jedem dieser Ereignisse ging eine verheerende Katastrophe voraus, die mindestens 75 Prozent aller Spezies auslöschte. Das letzte Massenaussterben erfolgte vor 65 Millionen Jahren, als ein Meteorit auf der Erde einschlug und riesige Wolken aus Staub und Schmutz aufwirbelte, die den Himmel für Jahre verdunkelten. Der daraus resultierende Klimawandel führte dazu, dass die Dinosaurier und drei Viertel aller anderen Tiere ausstarben.

Laut Barnoskys Berechnungen beschwört die Menschheit nun ein sechstes Massenaussterben vom gleichen Ausmaß herauf, indem sie in Lebensräume eindringt und diese zersplittert, durch Jagd, Klimawandel, Umweltverschmutzung sowie durch die Verbreitung von Krankheiten und ortsfremden Arten. Nach Schätzungen von Naturschützern werden bereits innerhalb der nächsten 40 Jahre rund 30 Prozent aller Spezies verschwinden. „Meiner Meinung nach ist das, was sich derzeit abspielt, mit dem Asteroideneinschlag zu vergleichen, der die Dinosaurier von der Erde fegte", sagt Barnosky im Gespräch mit mir. „Nur, dass jetzt wir der Asteroid sind."

Im Grunde ist das Aussterben von Arten ein natürliches und verbreitetes Phänomen. Von den schätzungsweise rund 4 Milliarden Arten, die sich bisher auf der Erde entwickelt haben, sind 99 Prozent schon wieder verschwunden – wobei die Aussterberate jedoch gewöhnlich durch die Evolution neuer Spezies wieder ausgeglichen wird. Das derzeitige menschengemachte Aussterben von Arten jedoch erfolgt so schnell, dass die Evolution damit nicht Schritt halten kann. Barnosky geht davon aus, dass die aktuelle Aussterberate die natürliche Rate um das Tausend- bis Zehntausendfache übersteigt, womit sie den bisherigen Massenaussterben, den sogenannten Big Five, in nichts nachsteht. Wenn wir den Wildtierbestand vom Beginn des Anthropozäns erhalten wollen, müssen wir zuerst verstehen, wie und warum wir ihn zerstören.

Sämtliche noch existierenden Großkatzenarten sind vom Aussterben bedroht, von den Löwen Afrikas bis zu ihren Verwandten auf anderen Kontinenten. Die verschiedenen Gründe dafür werfen ein Schlaglicht auf die Art und Weise, wie der Mensch drei Viertel aller Tiere in den Untergang treibt.

Das Pantanal ist die Serengeti Südamerikas – fast 200 000 Quadratkilometer Grasland und Sumpf, die sich über Teile von Brasilien, Bolivien und Paraguay erstrecken. Dort gibt es Wildtiere in Hülle und Fülle. Auf der Suche nach Amerikas größter Raubkatze, dem Jaguar, breche ich auf in die Nacht. Meine starke Taschenlampe lässt Hunderte roter „Lichter“ in Entwässerungsgräben und Flüssen aufleuchten – die Augen von Kaimanen (einer Unterfamilie der Alligatoren) reflektieren den Lampenschein. Falkennachtschwalben mit gegabelten Schwänzen fliegen auf und ein paar Große Ameisenbären wuseln vorüber. Eines der Tiere trägt zwei Junge auf dem Rücken – das ist etwas Besonderes, denn Zwillingsgeburten sind außergewöhnlich selten. Kleine Maikongs (Savannenfüchse) tollen umher, und ich entdecke einen Tapir – das Pferd, das sich für ein Schwein hält. Mit seinem lustigen kleinen Rüssel schnüffelnd, stolpert er ein wenig herum, bricht dann mit Getöse durchs Gebüsch und ist verschwunden. Ein wenig weiter die Straße hinunter erspähe ich einen Ozelot mit dem typischen, wundervoll gezeichneten Fell. Mit erhobenem Schwanz schleicht er wie eine überdimensionierte Hauskatze die Böschung entlang, die Ohren zucken in Reaktion auf winzige Geräusche, die für mich unhörbar sind. Als ich fast bei meiner Unterkunft angelangt bin, höre ich ein unverkennbares Grollen: ein Jaguar. Neben einem dichten Gestrüpp bleibe ich stehen und warte. Ich spähe in die Dunkelheit, aber die Nacht verbirgt ihn vor mir.

Jaguare sind majestätische, wunderschöne Kreaturen. Die drittgrößten Katzen der Welt verfügen über den kräftigsten Biss in Relation zu ihrem Körpergewicht. Sie erlegen ihre Beute wie der Tiger mit einem gewaltigen Biss in den Hinterkopf, der das Gehirn durchbohrt. Ihre Präzision ist tödlich, und sie sind perfekt an ihre Umwelt angepasst. Sie sind gute Schwimmer und klettern trotz ihres beträchtlichen Gewichts auf Bäume. Am engsten sind sie mit dem Löwen verwandt. Obwohl in den USA nur noch sehr wenige Exemplare leben, stammen Jaguare ursprünglich aus Nordamerika. Sie wanderten nach Südamerika ein, als sich die Kontinente in Panama über eine Landbrücke miteinander verbanden, und sind für das Aussterben vieler südamerikanischer Tierarten nach der letzten Eiszeit verantwortlich. Heute jedoch ist der Jaguar selbst vom Aussterben bedroht. Aufgrund von Abholzung, der Ausbreitung des Ackerbaus und anderer menschlicher Eingriffe beschränkt sich sein Lebensraum nur noch auf wenige Nischen. Die ausgedehntesten davon befinden sich am Amazonas und hier, im Pantanal.

Ich bin hergekommen, um Forscher zu besuchen, die sich mit dem Konflikt zwischen der größten Katze des Kontinents und dem unersättlichen Hunger der Menschheit nach landwirtschaftlichen Erzeugnissen beschäftigen – eine der weltweit größten Gefahren für Wildtiere geht von dem ständig steigenden Fleischkonsum aus. So werden in Großbritannien Dachse geschossen, weil sie als Überträger der für Rinder (und über die Milch auch Menschen) ansteckenden Rindertuberkulose gelten. Rund 95 Prozent des Pantanal sind im Privatbesitz von Ranchern, die etwa 8 Millionen Rinder züchten (Brasilien ist der größte Rindfleischexporteur der Welt). Viele Rancher heuern illegal Jaguarjäger an, die die Tiere mit Hunden aus dem Dschungel hetzen und sie aus kurzer Entfernung mit Schrotflinten erschießen. Doch wie groß ist die Bedrohung für Hausrinder durch Jaguare in einer Gegend, die von Capybaras (Wasserschweinen, den größten lebenden Nagetieren), Kaimanen und Hirschen nur so wimmelt?

Genau das versucht Henrique Concone, Forscher am brasilianischen Instituto Pró-Carnívoros, herauszufinden. Seine Forschungsstation ist die im Süden des Pantanal gelegene San Francisco Farm. Dort hat er in den letzten sieben Jahren Jaguarkot analysiert, um zu bestimmen, was die Großkatzen fressen. Wie sich herausgestellt hat, sind ihre Lieblingsspeise die Capybaras, dicht gefolgt von Kaimanen. „Die Analyse der Daten ist noch nicht abgeschlossen, aber anscheinend sind Jaguare für nur 0,8 Prozent der hier getöteten Rinder verantwortlich – das sind ungefähr 24 Tiere pro Jahr, also deutlich weniger, als viele Rancher behaupten“, sagt Henrique. „Wenn ein Farmer 100 Kühe hat und die Geburt von 100 Kälbern erwartet, aber nur 50 geboren werden, kann das unzählige Gründe haben. Am einfachsten ist es dann, den Jaguar zu beschuldigen, und auch, ihn zu beseitigen. Die meisten Todesfälle sind aber auf schlechte Haltung zurückzuführen – es kommt zu spontanen Fehlgeburten, weil die Kühe nicht geimpft sind, Verletzungen nicht behandelt werden, Infektionen vorliegen und so weiter."

Außerdem untersucht Henrique Fälle, in denen Jaguare tatsächlich Rinder gerissen haben. Er möchte ein Muster finden, das sich vermeiden ließe, um den Konflikt zwischen Jaguaren und Ranchern zu entschärfen. Wie er sagt, spielt auch hierbei fehlerhaftes Verhalten eine Rolle. „Eine gut geführte Ranch kalkuliert ein, dass im Jahr 5 von 1000 Rindern getötet werden, und kann das auffangen. Schlecht geführte Ranches lassen ihre Herden in riesigen Gebieten von 5000 Hektar weiden, wo sie regelmäßig bestimmte Wasserstellen aufsuchen oder in Waldnähe leichte Beute für einen Jaguar werden. Es ist besser, das Vieh auf kleineren Flächen von 200 Hektar zu halten, die man turnusmäßig wechselt, sodass sich die Jaguare nicht darauf verlassen können, es an einem bestimmten Ort vorzufinden."

Eine andere Empfehlung lautet, Bullen getrennt von der Herde zu halten, sodass die besonders gefährdeten Kälber alle gemeinsam zu bestimmten Zeiten im Jahr geboren werden und sich auf diese Weise besser schützen lassen. Man solle auch auf die Gesunderhaltung der Tiere achten, damit die Farmer besser an ihnen verdienen und so den Verlust einiger Kühe durch Jaguare besser verkraften können. Außerdem könne man auf eine biologische Abwehrtechnik zurückgreifen. So haben Kleinbauern in Turkana festgestellt, dass die Einfassung ihrer Felder mit zwischen Pfählen aufgehängten Bienenkästen sehr viel besser gegen das Eindringen von Elefanten schützt als Dornbuschhecken (und zudem eine willkommene Honigernte abwirft). Die Bienenkästen werden in Zehn-Meter-Abständen rings um die Felder platziert, um die die Elefanten dann einen weiten Bogen machen. Sobald ein Elefant einen Pfahl berührt, schwärmen die Bienen aus. Im Pantanal versucht man, Wasserbüffel oder eine Rinderrasse mit langen Hörnern – die ihre Kälber aggressiv gegen Jaguare verteidigt – zusammen mit den normalen Rindern weiden zu lassen.

Laut Henrique liegt es im wirtschaftlichen Interesse der Farmer, den Jaguar vor dem Aussterben zu retten. Zum einen könnten sie sich ein zusätzliches Taschengeld von Touristen verdienen, die auf ihrem Land

Wildtiere beobachten wollen; zum anderen bewirkt die Eliminierung eines wichtigen Spitzenprädators aus einem Ökosystem, dass sich alle anderen Tiere mit unheilvollen Konsequenzen vermehren. „Spitzenprädatoren halten das Ökosystem gesund, indem sie die kranken und schwachen Tiere töten, was Epidemien in Schach hält", erläutert Henrique. „In der Nähe von São Paulo, wo man alle Jaguare und Pumas erlegt hat, ist die Zahl der Capybaras explosionsartig angestiegen. Vor zwei Jahren hat es dort bei Rindern und Menschen einen Ausbruch an Fleckfieber gegeben. Überträger war eine Zecke, die Capybaras befallen hatte. In Europa und Nordamerika greift die Borreliose um sich, weil dort der Wolf als Spitzenprädator nahezu ausgerottet wurde."

Obwohl uns die Zivilisation auf alle möglichen Weisen von der natürlichen Welt entfremdet, bleiben wir ein organischer Bestandteil des globalen Ökosystems, von dem wir weiterhin abhängig sind. Das Ausrotten von Spitzenprädatoren – ob Haie, Wölfe oder Jaguare – hat Auswirkungen auf den Menschen. Im Anthropozän müssen wir entweder unsere Spitzenprädatoren erhalten oder ihre Rolle im Ökosystem künstlich ausfüllen. Auf den Jaguar bezogen bedeutet das die Behandlung tödlicher Krankheiten, die von Zecken auf den Menschen übertragen werden. Wir werden als globale Gemeinschaft entscheiden müssen, welchen Wert wir diesen Tieren beimessen: Wiegen die landwirtschaftlichen Gewinne die Kosten auf, die der Verlust des Jaguars mit sich bringt?

In Bezug auf den Jaguar mag die Gleichung einfach sein, doch wenn es beispielsweise um Bienen geht, wird die Sache sehr viel komplexer. Weltweit geht die Zahl der Bienen aus unterschiedlichsten Gründen zurück. Dies hat teilweise mit landwirtschaftlichen Maßnahmen (dem Einsatz von Pestiziden und dem Ausmerzen von Pflanzenarten) zu tun, teilweise sind die Gründe unbekannt. Die Folgen für unsere Nutzpflanzen sind jedoch katastrophal. Mittlerweile bezahlen Bauern schon für Bestäubungsdienste durch Unternehmen, die im Frühjahr Stöcke mit europäischen Honigbienen zu ihren Feldern transportieren. Billiger, für die Bienen stressfreier und besser für das jeweilige Ökosystem wäre es jedoch, ein für die Bienen natürliches landwirtschaftliches Umfeld zu erhalten.

In Asien ist die größte Raubkatze der Welt vom Aussterben bedroht, weil Menschen ihren Wert paradoxerweise künstlich erhöht haben.

Ich besuche den Bardia-Nationalpark in dem im Westen Nepals gelegenen Tiefland, wo es die landesweit größte erhaltene Population von Bengaltigern gibt. Man geht davon aus, dass hier nur noch 18 Tiger leben. Diese Zahl will die Regierung bis 2022 verdoppeln, indem sie für bessere Weidegründe der Beutetiere sorgt und rigoros gegen Wilderer vorgeht.

Tiger sind gefährliche Geschöpfe – sie haben mehr Menschen getötet als jede andere Großkatze, und während ich einem Exemplar verstohlen hinterherschleiche, dämmert es mir, dass das vielleicht keine so gute Idee war. Der Holzknüppel, den mein nepalesischer Führer Siteram in der Hand hält, während wir der Fährte der riesigen Katze folgen, trägt kaum zu meiner Beruhigung bei. Den Fußspuren nach zu urteilen, reichen allein die Pranken aus, um mir das Gesicht vom Schädel zu reißen. Trotzdem stapfen wir weiter durch das hoch aufragende Elefantengras und folgen den Spuren bis zum Ufer eines Flusses und hinüber an den Rand einer trockenen Baumsavanne.

Wir bleiben kurz stehen, um frische Exkremente auf dem Pfad zu inspizieren. Sie sind voller Tierfell und Knochen – und noch warm. Dann hören wir das unverkennbare Krachen von Knochen, die von einem mächtigen Kiefer zermalmt werden. Siteram bedeutet mir mit einer Geste, still stehenzubleiben, während er auf Zehenspitzen vorwärtsschleicht. Ich kann den Tiger nun riechen; mir bricht der Schweiß aus und meine Knie beginnen zu zittern. Fünf Meter vor mir winkt Siteram mich wortlos zu sich, und ich zwinge meine Beine, sich auf dieses grauenerregende Krachen zuzubewegen. Als ich um den Strauch biege, zerbricht ein Zweig unter meinem Fuß mit lautem Knacken, und ich erhasche gerade noch einen Blick auf eine verschwommene kraftvolle Bewegung. Mit einem riesigen Satz springt das mächtige flammenfarbene Tier davon und verschwindet im tiefen Innern des Waldes.

Wo der Tiger gelegen hat, ist der Boden noch warm, umgeben von frischem Blut und zerkauten Hirschknochen. Es dauert eine Weile, bis sich mein Herzschlag wieder beruhigt, aber das Grinsen auf meinem Gesicht hält sich noch deutlich länger.

Wir konnten einen Blick auf einen von vielleicht noch 3000 Tigern auf der Welt werfen. Im Jahr 1900 waren es noch 100 000. Damals gab es sie von Sibirien über Bali bis zur Türkei, aber im Laufe des letzten Jahrhunderts haben die Jagd und das Vordringen des Menschen in ihre

Lebensräume ihren Bestand um mehr als 90 Prozent dezimiert. Drei Unterarten, darunter der Bali-Tiger, wurden ausgerottet. Heute gibt es noch sechs Unterarten, die allesamt als gefährdet oder ernsthaft bedroht gelten; zu ihnen gehört der beeindruckende Sibirische Tiger, der bis zu 300 Kilogramm schwer wird. Ihr Lebensraum zerfällt jedoch in immer kleinere Einzelgebiete, wo sie umso verletzlicher sind – allein in den letzten zehn Jahren ist die Zahl der Tiger um mindestens 40 Prozent gesunken. Naturschützer befürchten, dass wild lebende Tiger in den kommenden zwei Jahrzehnten aussterben werden.

Der größte Teil von ihnen lebt in Indien, wo auch am meisten zu ihrem Schutz unternommen wird. So hat Indien in den letzten fünf Jahren seine Tigerhabitate vergrößert, indem es menschliche Populationen aus Naturschutzgebieten umgesiedelt und sie für Nutztiere, die von Tigern gerissen wurden, entschädigt hat. Im Jahr 2012 beschloss der Oberste Gerichtshof Indiens die noch nie da gewesene Maßnahme, den gesamten Tourismus vorübergehend aus den zentralen „Kernzonen" der Tigerschutzgebiete zu verbannen. Dies war eine Reaktion auf die von Naturschützern geäußerten Bedenken, dass sensible Gebiete den Ansturm von Menschen nicht verkraften könnten. Trotz seiner beträchtlichen Anstrengungen sieht Indien die größte Bedrohung seiner Tiger in der Wilderei. Laut Angaben des WWF wurden in den letzten zehn Jahren 644-mal Körperteile von Tigern beschlagnahmt, die von mindestens 1296 Tigern stammten. Über die Hälfte davon kam aus Indien. Und das Problem nimmt immer noch zu – seit 2009 gab es über 200 solcher Beschlagnahmungen.

Laut TRAFFIC, die den Handel mit Wildtieren überwachen, ist der größte Markt für Tigerprodukte China. Im Jahr 1992 wurde der Handel mit Tigerteilen verboten. Dennoch gibt es einen florierenden Schwarzmarkt, auf dem ganz offen Handel betrieben wird und Tigerfelle und knochen in China, Taiwan und Korea für Hunderte US-Dollar den Besitzer wechseln. Die Knochen dienen als Medizin für alles und jedes, von Geschwüren bis Typhus. Mit Tigerknochenmehl versetzter Wein – für einen Preis ab 120 US-Dollar pro Flasche – entwickelt sich zu einem immer beliebteren Statussymbol.

Wegen der chinesischen Gier nach gefährdeten Spezies droht allen möglichen Arten, von Tigern über Schuppentiere bis zu Manta-Rochen, die Ausrottung. Ähnliches gab es bereits in längst vergangenen Tagen:

Die riesige Mumifizierungsindustrie Ägyptens trug zur Ausrottung mehrerer dort lebender Arten bei, darunter der Heilige Ibis und der ägyptische Pavian. Zahllose weitere Spezies wurden ausgelöscht, weil der Mensch ihr Fell, ihre Haut oder andere Körperteile zum Fetisch erhoben hatte. Der Unterschied zum Anthropozän, geprägt durch die große Nachfrage Chinas, besteht darin, dass nun alles in globalem Maßstab geschieht und so viele verschiedene Arten betrifft.

Der weltweite illegale Handel mit Wildtieren hat heute einen Wert von 12 Milliarden US-Dollar im Jahr und bedroht die Stabilität von Regierungen sowie die menschliche Gesundheit – rund 70 Prozent der Infektionskrankheiten wurden ursprünglich von Tieren auf den Menschen übertragen, wie etwa HIV und Ebola.[5] Tiere und ihre Körperteile sorgen neuerdings auch in Afrika für Konfliktpotenzial. „Es geht nicht mehr um einige wenige Jäger, die im kleinen Maßstab versuchen, auf lokalen Märkten Tierteile zu verkaufen. Heutzutage ist dies ein großes, gut organisiertes Geschäft, bei denen Granatwerfer und Maschinengewehre zum Einsatz kommen", erfahre ich von Jean-Baptiste Mamang-Kanga, dem Leiter der Tierschutzabteilung im Umweltministerium der Zentralafrikanischen Republik.

In den letzten Jahren hat es in mehreren afrikanischen Ländern Invasionen durch schwer bewaffnete organisierte Banden gegeben, darunter die Lord's Resistance Army (LRA), al-Shabaab und Dschandschawid sowie weitere Gruppen vom Sudan bis Uganda, die Wilderei mit allen möglichen Tieren, von Affen über Nashörner bis zu Elefanten, betreiben, um ihre anderen Aktivitäten zu finanzieren. So wurden im März 2012 in wenigen Stunden bis zu 400 Elefanten getötet. Eine sudanesische berittene Bande mit Maschinengewehren hatte sie in einem Park in Kamerun angegriffen.[6] Einige Wochen später massakrierte eine berittene Miliz im Tschad 30 Elefanten und ließ ein zwei Wochen altes Elefantenbaby dem Tode geweiht zurück.

Jedes Jahr werden Zehntausende Elefanten getötet, mit einer Rekordmenge an beschlagnahmtem Elfenbein im Jahr 2012, vor allem in armen Ländern mit einer schwachen Regierung. Im Ituri-Regenwald im Osten der Demokratischen Republik Kongo etwa, wo einige der blutigsten Kämpfe der letzten Jahrzehnte auf afrikanischem Boden stattfanden, wurden zwischen 2010 und 2013 um die 1000 Elefanten abgeschlachtet. Heute gibt es im ganzen Land weniger als 7000 Exemplare; vor 20 Jahren waren es noch rund 100000. Mittlerweile sind die Elefantenjäger dazu übergegangen, Wasserstellen mit Cyanid zu vergiften, was das Töten umso mehr zu einem willkürlichen Rundumschlag macht. Naturschützer warnen, dass die wild lebenden Elefanten in Afrika angesichts der momentanen Tötungsrate – alle 15 Minuten stirbt ein Elefant – in 10 Jahren ausgerottet sein könnten. Auch das Wildern von Nashörnern ist zwischen 2007 und 2011 um 3000 Prozent gestiegen. Im Jahr 2014 wurden 100 Nashörner von Südafrika nach Botswana umgesiedelt, um die Art vor dem Aussterben zu bewahren.

Der illegale Handel mit wild lebenden Tieren wird oft von gut organisierten kriminellen Netzwerken betrieben. Sie unterlaufen staatliche Bemühungen, andere illegitime Geschäfte wie den Handel mit Waffen und Drogen zu unterbinden, und helfen bei der Finanzierung regionaler Konflikte. Die Händler agieren immer geschickter; so verkaufen sie über eBay Produkte, die sie als „in Gefangenschaft gezüchtet" deklarieren oder mit euphemistischen Bezeichnungen versehen, wie „Ochsenknochen" für Elfenbein, um unentdeckt zu bleiben.

Über die Hälfte aller illegal gehandelten Wildtierartikel landet in China, wo Foren ihre Hilfe beim Schmuggeln von gefährdeten Arten und Elfenbein anbieten und einen Markt für solche Artikel schaffen. „Manche Leute schenken ihrem Chef eine Flasche mit Tigerknochenwein, um schneller befördert zu werden, oder versüßen damit harte Geschäftsverhandlungen", erläutert Sabri Zain von TRAFFIC, der nach Wegen sucht, um die Nachfrage nach Körperteilen von Tigern einzudämmen. „Öffentliche Aufklärung hilft nicht", meint er. „Auch Plakatwände mit abgeschlachteten Tigern halten die Leute nicht davon ab, Tigerwein zu kaufen." Stattdessen arbeitet Zain mit Unternehmensleitern zusammen, die sich vielleicht öffentlich gegen Tigerwein aussprechen werden. „Wir müssen das Trinken von Tigerwein gesellschaftlich inakzeptabel machen. Und wir müssen tigerfreie Alternativen anbieten, die ebenfalls einen hohen Status versprechen. China hat eine Bevölkerung von 1,3 Milliarden Menschen, die immer reicher wird. Wenn nur ein knappes Prozent von ihnen scharf auf Tigerteile ist, wirkt sich die verstärkte Wilderei bei nur noch 3000 verbliebenen Tigern verheerend aus."

Von der Wilderei abgesehen ist das größte Problem beim Schutz der Tiger, dass die Raubkatzen typischerweise in den weltweit am dichtesten besiedelten Regionen leben, zum Beispiel in Indien. Die Lösung für das Anthropozän könnte eine gesteuerte Tigerwanderung sein – die Schaffung eines neuen Habitats in einer anderen Gegend. Eine Gruppe der gefährdeten Beutelteufel wurde auf eine entlegene Insel vor Tasmanien umgesiedelt, um sie vor dem Aussterben zu bewahren, und der britische Unternehmer Richard Branson hat auf einer karibischen Insel für Lemuren aus Madagaskar ein Refugium eingerichtet. Das Gleiche will Li Quan, die früher Modemanagerin war, für Tiger tun. Li hat zwei Südchinesische Tiger, die in freier Wildbahn ausgestorben sind und von denen es in Gefangenschaft keine 60 Exemplare mehr gibt, in ein Reservat gebracht, das sie in Südafrika geschaffen hat. Sie hofft, dass sie sich dort vermehren, und will ihnen die Möglichkeit geben, sich die Fertigkeiten eines wilden Tigers anzueignen, um sie schließlich wieder in chinesische Reservate umzusiedeln.

Spielt es eine Rolle, ob uns die Tiger „ausgehen" – oder die Jaguare, Gorillas, Koalas und all die unzähligen anderen bedrohten Arten? Immerhin bekommen die meisten Menschen ohnehin nie welche von ihnen in freier Wildbahn zu Gesicht, und für die, die es wollen, gibt es reichlich Filmmaterial und Fotos, die die Tiere in ihrem natürlichen Lebensraum zeigen. Außerdem beziehen sich all die genannten alarmierenden Zahlen nur auf wild lebende Tiger – in Gefangenschaft sind sie keineswegs vom Aussterben bedroht. In Gefangenschaft leben über fünfmal so viele wie in freier Wildbahn – es sind vielleicht 20 000. Wenn wir tatsächlich das sechste Massenaussterben in den 4,5 Milliarden Jahren der Erdgeschichte verursachen, werden wir unweigerlich verschiedene Spezies verlieren. Laut der Biodiversitäts-Konvention der UN würde uns die Bewahrung der Biodiversität jährlich 300 Milliarden US-Dollar kosten. Falls wir diese Summe nicht ausgeben wollen, müssen wir im Anthropozän Prioritäten setzen und uns entscheiden, welche Tierarten wir vor dem Aussterben bewahren möchten. Wir stehen vor der Wahl: Sind wild lebende Tiger den globalen Fonds von 350 Millionen US-Dollar wert, der zu ihrer Rettung vorgesehen ist?

Wir sind nicht auf das Fleisch oder die Felle von Tigern angewiesen. Wir brauchen sie nicht zur Fortbewegung oder zum Pflügen unserer Felder. Im Gegensatz zu ihren viel kleineren Artgenossen kann man sie nicht als Haustiere halten, sie streicheln und mit ihnen kuscheln. Der WWF rechtfertigt den Schutz von Tigern mit den damit verbundenen

Vorteilen für andere Wildtiere. Das Revier eines einzelnen Tigers ist so weitläufig, dass mit seinem Schutz zugleich ein Gebiet von 100 Quadratkilometern Savanne oder Dschungel bewahrt wird, einschließlich anderer gefährdeter Tiere wie Nashörner sowie der lebenswichtigen Ökosystemdienstleistungen, die uns Menschen Nahrung und Wasser liefern. Tiger sind, wie Jaguare, Spitzenprädatoren, also ein ähnlich wichtiger Bestandteil des Ökosystems. Verglichen mit Bienen oder Kühen oder Reis sind sie für uns jedoch nutzlos. Und das ist derzeit die ausschlaggebende Entscheidungshilfe für den Naturschutz: Wenn es nützlich ist, bewahren wir es. Wenn nicht, stehen die Überlebenschancen nicht allzu gut. Das gilt für alles, von einzelnen Tieren und Pflanzen bis zu Ökosystemen und natürlichen Landschaften.

Tiger sind so groß und stark und schön, dass sie Symbolcharakter erlangt haben und in mehreren Staaten von großer kultureller Bedeutung sind. Bei anderen Tieren mit Symbolcharakter reicht dies allerdings nicht aus, um sie zu schützen. Zu ihnen gehört der Asiatische Löwe, dessen Verbreitungsgebiet einst von Nordeuropa bis nach Südasien reichte; heute leben nur noch vereinzelte Exemplare in einem kleinen indischen Reservat. Oder der Berberlöwe, der größte und schwerste Löwe, der von den Römern im Kampf gegen Gladiatoren eingesetzt wurde und Mitte des 20. Jahrhunderts ausgestorben ist. Dass wir Tiger mögen, könnte sie in freier Wildbahn freilich zu einer einträglichen Touristenattraktion machen. So erörtert man die Möglichkeit, den gefährdeten Orang-Utan, der sich sein Territorium mit Tigern teilt, vor dem Aussterben zu retten, indem man von Touristen, die ihn sehen wollen, eine beträchtliche „Tierschutzgebühr" verlangt. Die Genehmigung, Berggorillas in Ruanda zu beobachten, kostet beispielsweise mindestens 500 US-Dollar. Vermutlich werden wir im Anthropozän große Summen zahlen müssen, um seltene Tiere zu sehen, die einst zahlreicher als wir Menschen waren.

Der „Wert" der Natur wird im Ringen um den Umweltschutz immer häufiger zu einem wichtigen Faktor. Wissenschaftler sehen sich verstärkt dem Druck ausgesetzt, das Heilpotenzial einer Pflanze vom Amazonas bei der Krebsbehandlung nachzuweisen oder die mit bestimmten Böden oder Wäldern verbundenen finanziellen Vorzüge der „Dienstleistungen" eines Ökosystems. Laut einer vom Umweltprogramm der Vereinten Nationen 2010 in Auftrag gegebenen Studie belief sich der

Schaden, den die Menschheit in einem Jahr (2008) der natürlichen Welt zugefügt hatte, auf 2 bis 4,5 Billionen US-Dollar. Eine andere Studie kam zu dem Ergebnis, dass die Erhaltung von Biodiversitäts-Hotspots den armen Völkern der Erde einen Gewinn von jährlich 500 Milliarden US-Dollar bescheren könnte.[7] Eine derartige Kommerzialisierung der Natur könnte verhindern, dass die Gesellschaft die zahlreichen Aufgaben der Biosphäre als selbstverständlich erachtet, und bewirken, dass sie sich für ihre Erhaltung einsetzt. Immerhin könnten wir es uns niemals leisten, unsere Luft zu filtern, unser Wasser zu recyceln oder die aus der natürlichen Welt bezogenen Proteine, Medikamente und Materialien künstlich herzustellen, selbst wenn das technisch möglich wäre.

Dennoch halte ich es für unsinnig, für die Natur irgendeinen Preis festzulegen. Man sollte sich bewusst machen, dass die Natur der Menschheit zwar wichtige Dienste leistet, uns aber auch Milliarden kostet. Die Natur ist keine Wohltäterin – wir wenden Zeit und Geld auf, um unseren menschlichen Lebensraum vor ihr zu schützen, indem wir etwa Krankheiten bekämpfen oder Unwetter, Baumwurzeln, Unkraut und Schädlinge, gefährliche Tiere, die Erosion von Küsten und vieles mehr. Wie bei jedem Krieg ist es ein Leichtes, die Gegenseite zu dämonisieren oder in den Himmel zu heben. Im Anthropozän müssen wir jedoch einen Weg zur Koexistenz mit Ökosystemen finden, während wir fortfahren, lebende Systeme auf der ganzen Welt in eine künstliche Ordnung zu pressen.

Zudem sollten wir anerkennen, dass die Natur, ganz abgesehen von den Diensten, die sie uns erweist, einen immanenten, nicht quantifizierbaren Wert besitzt und wir sie um uns haben wollen. Dass wir Tiger schützen, hat möglicherweise letztlich nicht so viel mit dem Ökosystem oder den Gewinnen für die Tourismusbranche zu tun, sondern einfach mit der Tatsache, dass sie solch großartige Geschöpfe sind. „Wir haben die moralische und ethische Pflicht, sie in der freien Wildbahn vor dem Aussterben zu retten“, führt Barnosky an. „Ich möchte nicht der Generation angehören, die den letzten frei lebenden Tiger getötet hat.“ Und auch ich möchte die Gewissheit haben, dass in der Wildnis nach wie vor Tiger existieren. Jener atemberaubende flüchtige Blick, den ich auf hell aufblitzendes kupferfarbenes Fell werfen durfte, wird für immer in mein Gedächtnis eingebrannt bleiben.

Das Massenaussterben im Anthropozän wird langfristige Folgen haben. Es geht nicht nur um die einzelnen Tiere, die verschwinden, sondern auch um ihre Nachkommen im evolutionären Stammbaum. Ganze Abstammungslinien werden vorzeitig ausgelöscht, was dazu führt, dass die Artenvielfalt auf unserem Planeten in einigen Tausend oder Millionen Jahren ein völlig anderes Gesicht haben wird, als es ohne die Herrschaftsübernahme durch den Menschen der Fall gewesen wäre.

Zu den einschneidendsten Eingriffen, mit denen wir Menschen die Biodiversität im Anthropozän verändern, gehört die große Gleichschaltung der Ökosysteme – was Barnosky als die „McDonaldisierung der Natur" bezeichnet. Bei vielen Tieren und Pflanzen hat die Evolution bewirkt, dass sie spezifische geografische Nischen, wie Inseln oder Bergseen, besetzt haben. Aus diesem Grunde finden sich überall auf der Erde endemische Arten, die es sonst nirgendwo gibt, wie die Riesenschildkröten der Galapagosinseln, die Lemuren von Madagaskar oder die Koalas in Australien. Im Laufe der Erdgeschichte haben tektonische Platten gelegentlich Landmassen zusammengeschoben, was es den verschiedenen Artenspektren erstmalig ermöglichte, sich zu vermischen. Das passierte beispielsweise, als sich der nord- und südamerikanische Kontinent vor etwa drei Millionen Jahren vereinigten.

Der Mensch indes inszeniert schon lange Artenwanderungen in vergleichbarer Größenordnung, indem er bewusst oder zufällig Spezies in vormals fremde Ökosysteme einschleppt und dort verbreitet. Demzufolge sind nun einige Arten, zum Beispiel Ratten, Ziegen, Rhododendron, Weizen und Eukalyptus, auf der ganzen Welt anzutreffen. Zugleich sind zahlreiche andere selten geworden oder ganz verschwunden. Viele eingeschleppte Arten sind invasiv – „wie Unkraut"; sie verdrängen die einheimischen Arten im Wettstreit um Nahrung, Licht und Lebensraum oder fressen sie einfach auf. Auch wir haben Schädlinge und Krankheiten von einem Ort zum anderen verschleppt und damit häufig bewirkt, dass einheimische Arten ausgestorben sind. Sogar isoliert lebende Menschenpopulationen wurden auf diese Weise ausgelöscht, weil wir Krankheiten wie Grippe oder Masern in Gegenden eingeschleppt haben, wo die einheimischen Bewohner keine Abwehrkräfte dagegen hatten entwickeln können.

Überdies haben wir die Populationen bestimmter ausgewählter Spezies künstlich in die Höhe getrieben. Zu ihnen zählen Rinder, Hunde, Reis, Mais und Hühner – die meisten davon sind gezüchtete Unterarten, die sich von ihren natürlich vorkommenden Vorfahren grundlegend unterscheiden. Während etwa Hausrinder weit davon entfernt sind, als gefährdet zu gelten, starb ihr wilder Urahn, der Auerochse, 1627 in Polen aus. Entsprechend gibt es in Großbritannien unzählige Hunde, wohingegen der Wolf im 18. Jahrhundert von der Insel verschwand. Laut Vaclav Smil, einem kanadischen Professor und innovativen Umweltanalytiker, machen die Menschen und die von uns domestizierten Tiere mittlerweile über 95 Prozent des Gewichts aller Landwirbeltiere aus. Zu Beginn des Holozäns vor 10 000 Jahren lag dieser Wert bei gerade einmal 0,1 Prozent. Die Biomasse der Megafauna (damit ist alles gemeint, was mehr als 44 Kilogramm wiegt) ist heute größer als jemals zuvor in den 200 000 Jahren, in denen sich die Evolution des *Homo sapiens* vollzogen hat – und das trotz unserer unersättlichen Jagd nach Beute, von Riesenfaultieren über den Bison Nordamerikas bis zu den Elefanten der Serengeti. Der Grund dafür ist die in jüngerer Zeit aufgetretene ungeheure Vermehrung der Menschen und der von uns geschaffenen Lebewesen, die keinem anderen Zweck als unserer Ernährung dienen. Nach Smils Berechnungen übertrifft die Zahl der Menschen alle Individuenzahlen der Großtierarten, die je existiert haben.[8]

Demnach hinterlässt die Menschheit auf unserem Planeten einen ausgesprochen markanten Fußabdruck. Nirgendwo auf der Erde gibt es noch echte Wildnis oder Ursprünglichkeit – überall finden sich Spuren von menschlichem Einfluss, von der neuerdings verschmutzten Atmosphäre, die verschiedene Konzentrationen und Isotope von Kohlendioxid enthält, bis zu den Weizenmonokulturen in Gebieten, wo sich einst reichhaltige Ökosysteme der Savanne befanden. Wenn wir das Leben auf der Erde intelligenter, zielgerichteter und kontrollierter beeinflussen wollen, statt von einem demolierten Ökosystem zum nächsten zu stolpern, müssen wir akzeptieren, dass das Holozän Vergangenheit ist. Vielleicht wäre es vorteilhafter, das Augenmerk von einzelnen Spezies auf die Schaffung neuartiger holistischer Ökosysteme zu richten, die möglicherweise eine nie da gewesene Zusammensetzung von Arten darstellen, in unserer vom Menschen dominierten Welt aber besser funktionieren und widerstandsfähiger sind.

Auf den zu Ecuador gehörenden Galapagosinseln, die als „lebendes Museum" gefeiert werden, kämpfen Forscher bei dem Versuch, eines der außergewöhnlichsten Ökosysteme der Welt möglichst erfolgreich zu erhalten, mit den ökologischen – und emotionalen – Herausforderungen des Anthropozäns. „Als Wissenschaftler und Naturschützer müssen wir der Tatsache ins Auge blicken, dass wir versagt haben: Galapagos wird niemals wieder ursprünglich sein", sagt Mark Gardener, der sich bei der Charles Darwin Research Station mit eingeschleppten Arten beschäftigt. „Es ist an der Zeit, die Fremdlinge willkommen zu heißen."

Wir befinden uns auf Santa Cruz, einer der vier bewohnten Inseln, und fahren bergauf. Die glänzenden Mangroven der Küste und goldenen Feigenkakteen des trockenen Tieflands gehen bald in feuchten Nebelwald über. Gardener hält kurz an; eine schwerfällige Riesenschildkröte von 400 Kilogramm überquert gemächlich den Asphalt zwischen den grasbewachsenen Wegrändern. Über unseren Köpfen zwitschern Galapagosfinken in einem immergrünen Scalesia-Baum mit blasser Rinde, dessen Zweige von Epiphyten und Flechten triefen. Trotz aller Bemühungen Gardeners und seines Teams ist das feuchte Hochland ein Mischmaschwald aus Neuankömmlingen, wie Guavenbäumen und Passions fruchtgewächsen, und endemischen Pflanzen, wie Scalesia und Guaybillo (Galapagos-Guave), unterbrochen und bedrängt durch akkurate landwirtschaftliche Flächen. Weiter bergaufwärts wird die nebelgesättigte Luft immer feuchter und das Unterholz dichter. Inmitten eines Gewirrs aus Brombeerzweigen und Farnen hat sich ein seltener Miconia-Strauch mit rostfarbenen Blättern durchgekämpft. Seine fliederfarbenen Blüten leuchten wie ein Banner des Widerstands gegen die eingeschleppten Unkräuter, die seine einst allgegenwärtige Existenz bedrohen.

Der wettergegerbte australische Forscher mit seinem rostroten Bart, den offenen Sandalen und einer Halskette mit Muschelanhänger sieht nicht gerade nach einem „Anti-Umweltschützer" aus, wie er da mit seinen langen Beinen über die Brombeerbüsche stapft. Als genau das aber empfinden ihn einige Mitarbeiter der Charles Darwin Research Station, die den Naturschutz und die Forschungen auf den Galapagosinseln großenteils koordiniert. Gardener hat die letzten 20 Jahre mit dem Versuch verbracht, das Ökosystem der Inseln, welches als eines der weltweit ursprünglichsten und einzigartigsten Schutzgebiete gefeiert wird, in seinen „Urzustand" zurückzuversetzen. Doch nun schlägt er einen anderen Kurs ein. „Vor 10 Jahren war ich noch sehr viel idealistischer und hatte die Vision, die ursprüngliche, vormenschliche Natur wiederherzustellen. Rückblickend muss ich sagen, dass diese Vision unrealistisch war", meint er. Mit einem traurigen Lächeln hebt Gardener eine dornige Ranke mit ihren kleinen, sauren Früchten in die Höhe und sagt: „Heute bedecken Brombeeren hier über 30 000 Hektar Bodenfläche, und unsere Untersuchungen haben ergeben, dass die Biodiversität der Insel dort, wo Brombeeren wachsen, um mindestens 50 Prozent zurückgeht. Dennoch bin ich der Meinung, dass die Pflanze nun zu den Galapagosinseln gehört und es an der Zeit ist, das zu akzeptieren."

Dieser abgelegene, noch relativ junge Archipel im Pazifik ist berühmt für seine ungeheure Anzahl endemischer Arten. Jede Insel hat ihre eigenen, charakteristischen Ökosysteme entwickelt, die teilweise in einem Abstand von wenigen Kilometern andere Unterarten einer Pflanze oder eines Tieres hervorgebracht haben. Dies ist weltweit einmalig. Doch die Eingriffe durch den Menschen haben ihren Tribut gefordert. Bei seinem fünfwöchigen Aufenthalt während der Reise mit der *Beagle* im Jahr 1835 besuchte Charles Darwin vier der elf Hauptinseln des Galapagos-Archipels. Wie er vermerkte, hatten sich in nur drei Jahren, nachdem sich Menschen erstmalig dauerhaft auf den Inseln niedergelassen hatten, bereits 17 eingeschleppte Arten ausgebreitet. In den letzten 150 Jahren – der Lebensspanne einer jener großen alten Schildkröten – haben die Inseln dank Jagden, Rodungen, Landwirtschaft und der Einschleppung neuer Spezies die größten und rasantesten Veränderungen ihrer fünf Millionen Jahre langen Geschichte erlebt.

Im Kampf ums Überleben haben die fremden Arten die Oberhand gewonnen und dominieren heute die Wildnis der Inseln. Im Einsatz für die endemischen Arten haben sich Naturschützer unter Anleitung von Wissenschaftlern der Forschungsstation zusammengetan und in den vergangenen 50 Jahren versucht, eingeschleppte Arten auszurotten und das Ökosystem der Inseln in den Zustand vor Einwirken des Menschen zurückzuversetzen. Einige Erfolge konnten sie verzeichnen: Auf mehreren Inseln verschwanden die Ziegen, und dank Züchtungen in Gefangenschaft erlebten die Schildkrötenpopulationen wieder einen Aufschwung.

Die Wiederherstellung der einzigartigen Flora der Inseln stellt die Forscher jedoch vor deutlich größere Herausforderungen. Die 238 endemischen und 376 einheimischen Pflanzenarten wurden von 888 eingeschleppten Arten verdrängt, und die Folgen sind offenkundig.[9] So erstreckte sich der Wald mit *Scalesia pedunculata* einst über eine Fläche von 100 Hektar. Heute ist die Baumart allein auf Santa Cruz um 97 Prozent dezimiert. Die besonders invasiven und problematischen Fremdlinge – Brombeere und Guave – haben sich zu Wäldern entwickelt, wo nichts anderes mehr wächst, Vögel nicht nisten können und sogar Insekten rar sind. Der Kampf der Naturschützer, 36 invasive Pflanzenarten auszumerzen, hat bisher über eine Million US-Dollar verschlungen; bei nur vier Arten war man erfolgreich.

Laut Gardener ist dieses Scheitern vor allem darauf zurückzuführen, dass invasive Pflanzen sehr viel widerstandsfähiger als einheimische sind. Samen von invasiven Arten wie Brombeeren – die ursprünglich aus Asien eingeschleppt wurden – sind langlebig und sammeln sich im Boden in großer Zahl an. „Viele Wiederherstellungsmaßnahmen scheitern, weil die damit verbundenen Umwälzungen die Keimung dieser Samen noch fördern – es ist ein Teufelskreis", klagt er.

Doch nun, so Gardener, sei es genug. Er plädiert für einen umstrittenen Paradigmenwechsel, wonach Naturschützer eingeschleppte Arten als Teil eines „neuartigen", „hybriden" oder „entstehenden" Ökosystems akzeptieren, wie es eine neue Generation von Ökologen ausdrückt. Im Jahr 2010 lud Gardener einen Pionier dieser jungen Bewegung, des *novel ecosystem management,* auf die Galapagosinseln ein. Der Ökologe Richard Hobbs von der University of Western Australia sollte ihm helfen, ein Konzept für die neue Naturschutzstrategie zu entwerfen. Gardeners Entscheidung hat jedoch Schockwellen unter den ehrwürdigen Mitgliedern der Charles Darwin Foundation ausgelöst, jener 50 Jahre alten Organisation, die die Charles Darwin Research Station leitet. Viele aus der alten Garde sind „äußerst bestürzt von der Idee".

„Die Leute regen sich auf, weil dies ein regelrechter Affront gegen das übliche Vorgehen des Naturschutzes ist. Das vorherrschende Paradigma lautete immer, das ‚Gute' zu bewahren und das ‚Schlechte' auszumerzen. Wegen der Auswirkungen des Klimawandels und der Eingriffe durch den Menschen lassen sich die Grenzen zwischen Gut und Schlecht in den Ökosystemen der Erde jedoch nicht mehr klar ziehen", sagt Hobbs. „Die Welt befindet sich großenteils in einem Schwebezustand – ungefähr 80 Prozent der weltweiten Landfläche stehen unter dem Einfluss des Menschen."

Eingeschleppte nicht endemische Arten werden häufig mit abschätzigen und stark wertenden Bezeichnungen bedacht, die in wissenschaftlichen Diskussionen sonst eher unüblich sind – man spricht ausnahmslos von „Unkraut", „invasiven Arten" oder „degradierten Ökosystemen". Dennoch muss ein Mischwald aus endemischen und nicht einheimischen Pflanzen durchaus nicht nur Nachteile haben. So bietet er möglicherweise Lebensräume, Ökosystemdienstleistungen oder Schatten und kann vielleicht sogar eine größere Artenvielfalt tragen. Bis vor Kurzem hat man die ökologische Bedeutung dieser scheinbar unnützen Mischgebiete jedoch ignoriert.

Das änderte sich im Jahr 2006, als eine Gruppe von Ökologen die ersten Studien über solche Systeme veröffentlichte. Die Wissenschaftler kamen zu dem Schluss, neuartige Ökosysteme seien schützenswert und böten in vielen Fällen tatsächlich eine größere Artenvielfalt als einheimische Ökosysteme, weil eingeschleppte Arten den ausgestorbenen einheimischen zahlenmäßig überlegen seien.[10] Wie sie behaupten, hat der Mensch die Artenvielfalt im Pflanzenreich unter dem Strich sogar gesteigert. „Biologen marschieren zwei Stunden lang durch ‚minderwertigen' Sekundärwald, ohne nach links und rechts zu schauen, bis sie endlich den ursprünglichen Wald erreichen, wo sie ihre Forschung betreiben", moniert Ariel Lugo, Leiter des International Institute of Tropical Forestry (USDA Forestry Service) in Puerto Rico. „Über 30 Prozent der Erde sind von neuartigen Ökosystemen bedeckt und nur ein Bruchteil davon sind von Menschenhand unberührt. Demnach muss jeder, der sich für globale Ökologie interessiert, auch diese Systeme berücksichtigen."

Bill Laurance, Naturschützer und Umweltforscher an der James Cook University in Cairns, Australien, widerspricht hingegen der These, dass primäre und neuartige Ökosysteme von ihrer Artenvielfalt her gleichwertig sind. „Sekundäre oder neuartige Ökosysteme besitzen möglicherweise eine größere Artenvielfalt, aber dabei handelt es sich um Allerweltsarten, die nicht gefährdet sind. Die wuchern überall auf der Erde. Wir müssen die seltenen Pflanzen und Tiere aus dem Primärwald schützen", meint Laurance. „Wer lediglich neuartige Ökosysteme verwalten will, homogenisiert die Biota der Welt und begründet die geologische Epoche des Homogenozäns. Ich verfechte die Erhaltung ur-sprünglicher Ökosysteme in Gestalt von Nationalparks."

Doch Laurance wird den Kampf gegen die „McDonaldisierung“ der Natur verlieren. Von Galapagos bis Hawaii wechseln Naturschützer die Marschrichtung und akzeptieren zunehmend die eingeschleppten Arten in den Ökosystemen des Anthropozäns. Zugleich richten sie ihre Bemühungen darauf, gefährlichere invasive Arten, die eine einzigartige Flora oder Fauna verdrängen, auszumerzen. Demzufolge sieht Gardeners Experiment auf den Galapagosinseln vor, die lästigen Brombeersträucher, die ursprünglich aus dem Himalaja stammen, einfach nur in Schach zu halten, während Ratten und Ziegen, die den seltenen Schildkröten das Futter wegfressen, vergiftet oder vom Hubschrauber aus abgeschossen werden.

An manchen Orten haben invasive Arten die Landschaft bereichert und Erosion eingedämmt, liefern praktische Marktfrüchte oder Nahrung sowie Lebensräume für andere Wildtiere. In Kuba hat sich beispielsweise der aus Afrika eingeschleppte Farbkätzchenstrauch, den man zur Verschönerung des Inselstaats eingeführt hatte, übermäßig ausgebreitet. Nun aber haben Wissenschaftler eine nützliche Verwendung für ihn gefunden: Das Holz liefert einen hervorragenden Aktivkohlefilter für die Rumindustrie. Zermahlen und in Kombination mit Aluminium wird es zu leichten Elektroden verarbeitet, die sich in effizienten Batterien und Superkondensatoren einsetzen lassen. Auf der zu Australien gehörenden Macquarieinsel erlegten Naturschützer alle invasiven Katzen, weil diese die einheimischen Vögel fraßen. Infolgedessen aber vermehrten sich (die ebenfalls eingeschleppten) Kaninchen stark und machten dem einheimischen Pflanzenwuchs den Garaus.[11]

Die Vernichtung invasiver Arten, die ihre eigenen neuartigen Ökosysteme schaffen, erfordert ein sorgfältig überlegtes Vorgehen, um solche Dominoeffekte zu verhindern. Auch in der Serengeti gedeihen fremde Pflanzen; dort lassen Naturschützer die „harmlosen“ gewähren und konzentrieren sich auf die problematischeren wie den Feigenkaktus, der für Säugetiere undurchdringliche Barrieren bildet. Vermutlich wurden die Kakteen mit Schotterladungen eingeschleppt oder von Lastwagen, die durch die Savanne fuhren.

Weil der Mensch heute einen solch dominanten Einfluss auf die Biosphäre ausübt, können wir nicht länger davon ausgehen, dass natürliche Ökosysteme „schon irgendwie damit zurechtkommen“ und das mehr oder weniger vorhandene Gleichgewicht zwischen den Spezies aufrechterhalten, das im Holozän existierte. Im Anthropozän müssen wir uns entscheiden, wie wir die von uns hervorgerufene rasante Aussterberate und Homogenisierung am besten in den Griff bekommen. Das Anthropozän wird zweifellos eine Epoche mit einer weitaus geringeren Artenvielfalt sein, in der einst verbreitete Spezies aussterben oder nur noch weit entfernt von ihrem natürlichen Lebensraum in menschengemachten Umgebungen wie Zoos oder privaten Zuchtkolonien vorkommen – siehe etwa Richard Bransons Lemuren-Schutzgebiet.

Andernorts treibt unser Einfluss skurrile Blüten: In Australien habe ich wilde Papageien gehört, die von aus Haustierhaltung entflogenen Papageien gelernt haben, wie Menschen zu sprechen, und nun aus den Bäumen vorbeikommenden Leuten etwas zurufen. In Indonesien habe ich Kokoskrebse über den Strand krabbeln sehen, die Blechdosen oder Joghurtbecher als schützende Schalen trugen. Viele Orte, an denen ich als Kind oder erst noch vor 10 Jahren war, haben sich völlig verändert und ihre einstige Artenvielfalt verloren. Die kleinen Fischerdörfer auf thailändischen Inseln, in denen ich früher von den hicksenden Balzrufen der Tokeh-Geckos in den Schlaf gewiegt wurde, erbeben nun unter den Klängen elektronischer Musik und des Verkehrslärms – die Tokehs sind längst verschwunden.

Dennoch können Menschen, die beschließen, für die Rettung einer Spezies aktiv zu werden, damit bemerkenswerte Erfolge erzielen. So wurde die Arabische Oryx 1972 in freier Wildbahn ausgerottet; nach einem erfolgreichen Zuchtprogramm in Zoos konnte man einzelne Antilopen jedoch in die Freiheit entlassen, und nun gibt es wieder über 1000 Exemplare davon. Ihr Comeback feierten auch der Amerikanische Bison und der Weißkopfseeadler, die schon kurz vor dem Aussterben standen. Wir können selbst bestimmen, wie das Ökosystem des Anthropozäns beschaffen sein soll, welche Wildtiere des Holozäns wir bewahren wollen und wo. Ist es beispielsweise sinnvoll, Milliarden auszugeben, um Pandas in Gefangenschaft zu züchten, für die es außerhalb von Zoos keine ausreichenden Lebensräume gibt und die demzufolge nie in die Freiheit entlassen werden, zugleich aber die bedrohliche Lage für den extrem seltenen Salamander *Pseudoeurycea nigra* oder für die Karibische Hirnkoralle zu ignorieren? Die Zoologische Gesellschaft von London hat versucht, die Frage nach der Auswahl schützenswerter

Arten zu beantworten, indem sie unter der Bezeichnung EDGE (Evolutionarily Distinct and Globally Endangered) ein wissenschaftliches Raster erstellt hat, um evolutionär bedeutsame und weltweit bedrohte Spezies zu identifizieren. Dies betrifft insbesondere Arten, die schon lange existieren und sich durch ihre Einzigartigkeit in der Evolutionsgeschichte auszeichnen. Dazu gehören Pandas, zum Beispiel aber auch der nicht so niedliche violette Froschlurch *Nasikabatrachus sahyadrensis.* Angesichts begrenzter finanzieller Mittel und der kurzen verbliebenen Zeitspanne, um die vom Aussterben bedrohten 75 Prozent der Arten zu retten, sind wir gezwungen, auf solche Strategien zurückzugreifen, um die Überlebenden von den Verlierern zu trennen.

Überdies müssen wir uns entscheiden, in welcher Form wir die Natur erleben möchten. Sollen wir große Landflächen – etwa Teile der Antarktis, einige tropische Inseln oder Gebiete des Regenwaldes – abschotten und jegliches Eindringen des Menschen verbieten? Genügt es uns zu wissen, dass wilde Tiere existieren, oder ist es notwendig, dass wir sie in ihren Lebensräumen aufsuchen können, um sie mit eigenen Augen zu sehen? Im Anthropozän müssen wir festlegen, was wir an der Natur wertschätzen. Ist es etwas, das sich in einem „Holozän-Themenpark" wiedererschaffen lässt, wo man die Ökosysteme der Welt auf engem Raum versammeln kann und wo vielleicht die charismatischen Geschöpfe der afrikanischen Savanne am Fuße eines künstlichen Berges umherstreifen, auf dem Bären und Kondore hausen?

An anderen Orten, etwa in den riesigen Monokulturen, die wir durch Landwirtschaft erzeugen, gibt es bereits Bemühungen, die heimischen Ökosysteme wiederherzustellen. Oder man pflanzt nicht-einheimische Bäume und Gräser oder siedelt Tiere an, um die früheren Funktionen des ursprünglichen Ökosystems, wie das Eindämmen von Bodenerosion, das Bestäuben von Blumen oder den Erhalt von Wasserquellen, künstlich neu zu erschaffen. Der Umweltbiologe David Bowman hat vorgeschlagen, Elefanten und Nashörner nach Australien einzuführen, die eingeschleppte Gräser fressen und auf diese Weise Buschbrände eindämmen könnten, weil die Aborigines sie nicht mehr durch regelmäßiges Abbrennen kontrollieren. Außerdem hat Bowman angeregt, Dingos wiedereinzuführen, um die Katzen- und Fuchspopulationen zu bekämpfen, die alle möglichen einheimischen Tiere reißen.

Was die verbliebenen „wilden" Gebiete betrifft, könnten wir uns bemühen, den menschlichen Einfluss auf die Artenvielfalt besser zu kontrollieren, indem wir die landwirtschaftlich genutzten Flächen reduzieren, die Wilderei bekämpfen, Abholzungen und Jagden einschränken sowie wieder Wanderkorridore zwischen den einzelnen naturbelassenen Bereichen herstellen, die größere Tiere zur Fortpflanzung und zum Jagen brauchen. Es hat noch nie so viele Nationalparks und Naturschutzgebiete gegeben – daher könnte es uns gerade noch gelingen, einige gefährdete Arten vor dem Aussterben zu retten. Derzeit stehen rund 13 Prozent der weltweiten Landfläche unter irgendeiner Form von Schutz, wobei aber viele Gebiete nur nominell geschützt werden, denn die Bereiche mit der größten Artenvielfalt befinden sich häufig in den ärmsten und besonders krisengeschüttelten Regionen.[12]

Selbst berühmte, großzügig finanzierte und international unterstützte Gebiete wie die Serengeti sind in großer Gefahr: Geplant ist der Bau einer 480 Kilometer langen Straße, die die Route der weltweit größten Gnuwanderung zur Masai Mara in Kenia zerschneiden würde. Der Präsident Tansanias möchte wirtschaftlich bedeutende Regionen miteinander verbinden und die ökonomische Entwicklung ankurbeln. Naturschützer geben zu bedenken, dass Tiere dann von Autos und Lastwagen getötet werden, die das Reservat durchqueren, und dass eine Straße die dortige Artenvielfalt unwiderruflich schädigen wird. Nach Berechnungen von Wissenschaftlern würde die Gnupopulation vermutlich von 1,3 Millionen auf etwa 200 000 schrumpfen, wenn man ihnen den Weg in die für sie so wichtigen Rückzugsgebiete während der Trockenzeit abschneiden würde – das wäre höchstwahrscheinlich das Ende der Großen Wanderung.[13] Schon wenn die Gnupopulation nur um 50 Prozent zurückginge, könnte dies die Brandgefahr im Park erhöhen, weil weniger Gras gefressen würde.

Im Jahr 2011 boten die Weltbank und ein Konsortium aus Regierungen und Geldgebern der tansanischen Regierung die vollständige Erstattung der Kosten für eine andere Straßenführung an, die südlich von der empfindlichen Savanne verlaufen, fünfmal so viele Personen bedienen und nach wie vor die wichtigsten Zentren verbinden würde, doch Präsident Jakaya Kikwete lehnte den Vorschlag ab. Zu guter Letzt stimmte er dem Bau einer höhergestuften, aber unbefestigten Straße durch den Bereich des Nationalparks zu, auf der der Verkehr überwacht wird. Ob die Straße auch in Zukunft unbefestigt bleiben wird, ist alles andere als sicher. Und wenn wir schon diesen berühmtesten und beliebtesten Flecken der Welt nicht vor dem Eingriff des Menschen bewahren können – welche Hoffnung bleibt dann noch für den Rest?

In einer Zeit, während der wir uns auf den entscheidenden Tipping-Point für ein Massenaussterben zubewegen, gelingt uns paradoxerweise vielleicht bald, ausgestorbene Tiere wieder zum Leben zu erwecken. Forscher hoffen, Mammuts und andere Tiere aus dem Pleistozän klonen zu können und vielleicht sogar unseren ausgestorbenen Vetter, den Neandertaler, wiederauferstehen zu lassen.

Aus dem 19. Jahrhundert gibt es Schilderungen von riesigen, kilometerweiten Wandertaubenschwärmen, die Stunden um Stunden vorüberzogen. Sie waren so zahlreich, dass sie den amerikanischen Himmel verdunkelten. Doch schon 50 Jahre nach Erfindung der Schrotflinte wurde die letzte wilde Wandertaube im Jahr 1900 Berichten zufolge von einem Jungen geschossen (ein im Zoo lebendes Tier schaffte es noch, bis 1914 zu überleben). Nun versucht das in San Francisco ansässige Projekt Revive and Restore, die Wandertaube zu neuem Leben zu erwecken. Dazu soll ein Hybridküken aus DNA-Fragmenten der Wandertaube und ihrer engsten lebenden Verwandten, der Trauertaube, gezüchtet werden. Aus diesem Vogel ließe sich durch „Rückzüchtung" oder „Rückklonen" mit mehr Wandertauben-DNA oder durch Genome Editing dieser Schöpfung eine „reine" Wandertaube hervorbringen.

Dies ist nur eines von mehreren Projekten auf der Welt, bei denen DNA von gefährdeten und ausgestorbenen Spezies gesammelt wird. In Großbritannien verfügt das Frozen-Ark-Projekt der University of Nottingham mittlerweile über Stichproben von mehr als 28 000 lebenden Arten, darunter 7000 bedrohten. Forscher nutzen die DNA-Sammlungen im Zoo von San Diego (ehemals „Frozen Zoo Collection") und im Audubon Center for Research of Endangered Species in New Orleans versuchsweise für artübergreifende Leihmutterschaften. Dabei werden geklonte Embryos von ausgestorbenen Tieren (die man aus der DNA in Hautzellen oder anderen Fragmenten gewonnen hat) in die Gebärmutter ihrer lebenden Verwandten eingepflanzt.

Bisher haben sich Martha Gomez und ihre Mitarbeiter mit der gefährdeten Schwarzfußkatze beschäftigt, die im südlichen Afrika beheimatet ist. Sie haben sie per In-vitro-Fertilisation gezüchtet und die Embryos Hauskatzen eingepflanzt. Als Nächstes wollen sie sich den Beutelwolf vornehmen, der seit den 1930er-Jahren ausgestorben ist. Währenddessen versuchen Forscher am Embrapa, einem brasilianischen Forschungsinstitut, mithilfe ihres „Frozen Zoo" gefährdete Spezies wie den Mähnenwolf und den Jaguar zu klonen. Anderen Biologen ist es gelungen, pluripotente Stammzellen vom gefährdeten Schneeleoparden zu isolieren, was sie theoretisch in die Lage versetzt, die Geschlechtszellen zu erzeugen, aus denen Embryos entstehen.

Das eröffnet unzählige Möglichkeiten. Wenn eine Art aufgrund einer Krankheit gefährdet oder ausgestorben ist, ließe sich eine geklonte Unterart mit einem manipulierten Genom wiedererschaffen, die gegen diese Krankheit resistent ist. Tiere, die dem Menschen gefährlich werden oder in Konkurrenz zu ihm treten, wie etwa Wölfe, könnte man genetisch so modifizieren, dass ihnen Schafe und Rinder nicht mehr schmecken. Man hat bereits hypoallergene Hauskatzen gezüchtet, sodass ihren Besitzern allergische Reaktionen erspart bleiben.

Allerdings ist das Klonen existierender Arten, bei denen die Forscher Zugang zum gesamten genetischen Material haben, nur in fünf bis sieben Prozent der Fälle erfolgreich – und das Klonen ausgestorbener Arten mit fragmentierter DNA ist bisher nur ein einziges Mal gelungen. Im Jahr 2003 klonten Wissenschaftler den Pyrenäensteinbock, eine im Jahr 2000 ausgestorbene Unterart, unter Verwendung eingefrorener Hautproben und pflanzten die Embryos einer eng verwandten Steinbockart ein.[14] Das größte Problem beim Klonen ausgestorbener Arten besteht darin, dass die DNA für eine Verwendung zu degeneriert ist. Dennoch sind moderne DNA-Lesegeräte theoretisch in der Lage, das Genom eines Tieres aus nur wenigen DNA-Fragmenten wiederherzustellen. Dann können Wissenschaftler diese Informationen verwenden, um die DNA eines lebenden Verwandten, etwa eines Afrikanischen Elefanten, zu manipulieren. Darauf hoffen die Mammut-Kloner – es sei denn, es taucht noch als glückliche Fügung ein perfekt gefrorener Mammuthoden auf. Dann ließe sich vielleicht eine In-vitro-Fertilisation vornehmen.

Leider lassen sich solch teure Verfahren, selbst wenn sie bei einzelnen Tieren erfolgreich angewendet werden, in der Praxis nicht nutzen, um die komplexe Vielfalt des Lebens wiederherzustellen, die vor der Ausbeutung des Planeten durch den Menschen existierte. Wenn eine

Spezies ausstirbt, geschieht das nie ohne Grund – sei es die Zerstörung des Lebensraumes oder der Klimawandel –, und die Wiedererschaffung der Tiere würde das Problem nicht beheben. Die meisten Forscher, die in diesem Bereich arbeiten, versuchen lediglich, die Tiere für ein Leben in Gefangenschaft im Zoo zu klonen.

Stattdessen müssen wir in unserer Menschenwelt entscheiden, welche Arten von Ökosystemen wir insgesamt gern hätten, und uns dann daran machen, sie zu erschaffen und zu schützen. Im Anthropozän sind wir nicht länger nur irgendein Teil der natürlichen Welt. Wir sind die Gärtner dieses Planeten, und dafür brauchen wir besondere pflegerische Fertigkeiten. Doch bei dem Versuch, einen Kompromiss zwischen den widerstreitenden Ansprüchen der natürlichen und unserer menschlichen Welt zu finden, sollten wir nie vergessen, dass wir nur diese eine lebende Welt haben.

8 WÄLDER

Die meiste Zeit seit Bestehen der Erde war ihre Landfläche nichts als ödes Gestein, ähnlich den Oberflächen der anderen Planeten. Es brauchte fast 4 Milliarden Jahre und eine Periode der globalen Erwärmung, bis die Pflanzen das Land eroberten. Ihre Ankunft veränderte alles; sie machten die Erde grün, verwandelten die Atmosphäre und breiteten einen Teppich wie zur Begrüßung der ersten Landtiere aus.

Rund 100 Millionen Jahre später hatten die Pflanzen jenes Gefäßsystem entwickelt, das ihnen erlaubte, auch abseits von Feuchtgebieten und zu beachtlicher Größe heranzuwachsen – sie entwickelten sich von anfänglichen 30 Zentimetern bis zu 30 Metern Höhe am Ende des Devon. Die ersten Wälder entstanden.

Jene frühen Regenwälder würden einem Besucher von heute vorkommen wie eine andere Welt. Zunächst einmal herrschte in ihnen Stille. Der typische Klang des Waldes, die krächzenden, summenden, zirpenden, flötenden Geräusche und Töne von Fröschen, Insekten und Vögeln, fehlte – es gab keine fliegenden Tiere, und die ersten Baumkronen raschelten und wogten allein durch Einwirken des Windes. Die Dinosaurier hatten sich noch nicht entwickelt, nichts kroch, lief, kletterte oder schlängelte sich durch das Unterholz. Es gab kein Wesen, das eine Nase besessen hätte, doch der Geruch des Waldes war damals ohnehin ganz anders als heute. Es gab keine duftenden Blüten oder süßen Früchte, keinen säuerlich riechenden Tierkot und keine aromatischen Blätter.

Diese stillen, ruhigen und schlichten Wälder waren mit verschiedenen Moosen gepolstert, hier und da ragten Schachtelhalme und Farne auf. Über allem thronten die ersten „Bäume", etwa neun Meter Höhe erreichende Pflanzen der Gattung Wattieza. *Sie sahen heutigen Palmen sehr ähnlich; aus einem Stamm entsprang ihre hübsche schirmförmige Krone. Doch sie waren keine echten Bäume. Als Verwandte der Farne bildeten sie keine Blüten aus und vermehrten sich nicht mit Samen, sondern mit Sporen. Sie hatten überdies Wedel und keine Blätter. Doch schon diese eher primitiven Gewächse veränderten unseren Planeten nachhaltig. Zum ersten Mal bildeten Pflanzen tief reichende Wurzeln aus, die in den Boden eindrangen und ihn festhielten, ja sogar Gestein sprengten und so zerkleinerten. Ihre Wurzeln bahnten den Weg für Wasser, ließen Flussbetten entstehen und festigten die Ufer von Seen und Feuchtgebieten, in denen viele Lebewesen gediehen. Die neuen Wälder bildeten die erste Kronenschicht und schufen eine Vielfalt an Kleinstlebensräumen, in denen sich Pflanzen, Insekten und andere Lebewesen ansiedeln sollten.*

Die Photosyntheseaktivität dieser grünen Pioniere setzte ungeheure Mengen an Sauerstoff frei und erschuf eine Umwelt, in der sich beispielsweise Rieseninsekten mit meterlanger Flügelspannweite entwickeln konnten. In diesen Wäldern traten außerdem die ersten samenbildenden Pflanzen und die ersten Reptilien auf. Im üppigen Dschungel herrschte ein enorm rasches Wachsen und Sterben, der morastige Untergrund wurde zu einem Friedhof für umgestürzte Bäume und Pflanzenteile. Diese Masse an nur teilweise zerfallenen Stämmen aus organischen Kohlenstoffverbindungen verwandelte sich mit der Zeit in Torf und legte so bereits den Grundstein für das spätere Anthropozän – denn aus dem Torf entstanden im Laufe der Zeit die reichen Kohlevorkommen, die die Industrielle Revolution befeuerten und das Zeitalter des Menschen einläuteten.

Manchmal band die intensive Photosynthese dieser frühen Wälder so viel Kohlendioxid aus der Atmosphäre, dass das globale Treibhaus sozusagen seine Glasscheiben einbüßte und der Planet in Eiszeiten versank. Ein massiver, diesmal durch Bewegung der Erdplatten ausgelöster Klimawandel bedeutete schließlich das Ende dieser ersten Wälder, die unter Eisschichten begraben wurden und eine öde Landschaft hinterließen. Ihre energiereichen Skelette sollten später von uns wiederentdeckt werden.

Es dauerte Jahrmillionen, bis weit in die Trias hinein, bevor sich wieder eine solche Artenvielfalt einstellte. Die Wälder, die nun wuchsen, waren ganz anders; es herrschten Samenpflanzen vor und es gab eine Unzahl von Nadelbäumen. Erst am Ende der Kreidezeit, vor rund 70 Millionen Jahren, ähnelten die Wälder tatsächlich denen, die wir heute kennen. Die ersten Blattpflanzen und blütenbildenden Bäume entwickelten sich, darunter Magnoliengewächse und Feigen. Diesmal flogen Vögel und Insekten in den Wäldern umher, und sie wurden von frühen Säugetieren und vor allem den dominierenden Dinosauriern durchstreift.

Die Welt, in die sich der Mensch hineinentwickelte, war dagegen wieder trocken und kalt – die wenigen verbliebenen Wälder konnten sich nur an den Rändern der Eisschilde halten. Die letzte Eiszeit endete schließlich vor ungefähr 10 000 Jahren, und das warme Holozän läutete eine neue grüne Zeit ein: Von den Polen bis in die heutigen Tropen war die Hälfte der Landmasse der Erde von Wäldern bedeckt. Unsere Spezies nutzte diese reiche Ressource umfangreich: Die Menschen sammelten hier Früchte, Beeren und Blätter, bezogen Heilmittel und Öle aus den Wäldern, jagten Waldtiere, sammelten Feuer- und Bauholz und anderes Baumaterial im Wald. Noch heute leben unsere nächsten Verwandten unter den Menschenaffen im Wald, und noch heute suchen Menschen im Wald Schutz – oder legen sich dort auf die Lauer.

Etwa 70 Prozent aller Landtiere und -pflanzen leben in Wäldern. Tropische Regenwälder, insbesondere die des Amazonasgebiets, im Kongo, auf Borneo, Sumatra, Madagaskar und in Neuguinea, bergen eine beispiellose Vielfalt von Arten, von denen unzählige der Wissenschaft noch nicht einmal bekannt sind. In vielen dieser Wälder leben indigene Völker mit einzigartigen Kulturen und einem enormen Wissen über die einheimische Pflanzenwelt, von dem auch andere Menschen profitieren könnten.

Wälder spielen für das lokale und globale Klima eine wichtige Rolle. Die Wälder der Erde absorbieren alljährlich rund 8,8 Milliarden Tonnen CO_2 durch Photosynthese – etwa ein Drittel der Treibhausgasemissionen des Menschen. Und wie fast alle Lebewesen atmen sie. Sie nehmen Sauerstoff auf und verdunsten Wasser über ihre Blätter. Zugleich bietet ihr Laub Schutz vor Sonneneinstrahlung und Wind, sodass Wälder viel feuchter und kühler sind als baumlose Gebiete. Das wiederum speist Bäche und Flüsse, bietet vielerlei Amphibien und anderen Organismen einen Lebensraum, hilft bei der Kühlung der regionalen und globalen Atmosphäre und führt Wasser wieder dem Kreislauf zu. Dieses Wasser ist lebenswichtig für die Bäume, die es zur Photosynthese benötigen. Wälder bestimmen zwar das

Klima mit, reagieren aber auch sehr empfindlich darauf; je kleiner ein Wald ist, desto weniger widerstandsfähig ist er. Werden Bäume geschlagen, dringt das Sonnenlicht in die entstandene Lücke und trocknet den Boden aus. Dürren bringen den ausgefeilten Wasserkreislauf der Wälder durcheinander – Bäume beginnen abzusterben, und das gesamte Ökosystem kann sich vom Regenwald in eine grasbewachsene Savanne verwandeln.

Im Verlauf der letzten Jahrhunderte haben wir uns unseren Weg durch die Wälder freigebrannt und geschlagen, besonders in Europa, dem Nahen Osten und China. Es gab Phasen der intensiven Abholzung – etwa als England seine Flotte baute, um die spanische Armada zu schlagen – und von einer lokalen Erholung der Wälder, etwa wenn die örtliche Bevölkerung durch Krankheiten ausgelöscht wurde. Die dramatischste und umfassendste Abholzung aber erfolgte seit den 1850er-Jahren; seither wurden mehr als 40 Prozent der Wälder der Erde zur Holzgewinnung und zunehmend auch zur Gewinnung landwirtschaftlicher Flächen gerodet.[1] *Heute ist nur noch ein Viertel der eisfreien Landfläche bewaldet.*

Die Rodung der Wälder setzt CO2 aus dem Boden und zerfallenden Pflanzenteilen frei und ist für etwa 20 Prozent aller Kohlendioxidemissionen verantwortlich.[2] *In den letzten Jahren führte die Rodung von Wäldern in den Tropen dazu, dass ebenso viele Kohlenstoffverbindungen freigesetzt wie aus der Atmosphäre gebunden wurden. Zugleich kam es durch die höheren Temperaturen zu vermehrtem Käferbefall und mehr Waldbränden in den borealen Nadelwäldern, sodass diese unterm Strich CO2 emittieren.*[3] *Erst die nachwachsenden Wälder auf ehemals landwirtschaftlich genutzten Flächen in Europa und den USA haben das Pendel wieder mehr in Richtung CO2-Bindung ausschlagen lassen.*

Im Anthropozän sind Wälder so stark bedroht wie noch nie, und gleichzeitig waren sie angesichts von globaler Erwärmung, Verlusten der Artenvielfalt und Wasserknappheit noch nie so unverzichtbar wie heute.

Das entlegene Städtchen Rurrenabaque liegt im bolivianischen Tiefland des Amazonasbeckens am Ufer des tosenden Río Beni. Wenn abends die Motorroller und das Stimmengewirr vom Markt verstummen, ist die feuchte Luft erfüllt vom Lärm der Frösche und Zikaden, Vogellaute und Fledermausklicks – dem Klang des Amazonas-Regenwaldes.

Der Himmel ist von El Chaqueo (dem „großen Rauch“) verhangen, was zwar zu spektakulären Sonnenuntergängen führt, aber die Sicht so sehr versperrt, dass das gegenüberliegende Flussufer nicht zu sehen ist. Der Rauch rührt von der saisonalen Brandrodung von Regenwald her, mit der Acker- und Weideflächen gewonnen werden – rund 300 000 Hektar bolivianischen Waldes werden pro Jahr auf diese Weise zerstört. Die Bauern vor Ort glauben, der dichte Qualm erzeuge Regenwolken und sorge so für eine gute Ernte, doch tatsächlich ist das Gegenteil der Fall: Die Zerstörung des Waldes verschlimmert noch die Auswirkungen der Dürre, unter der die Bauern schon jetzt leiden, sodass sie noch mehr Wald abbrennen müssen, um mehr zu ernten. So dreht sich die Spirale immer weiter. Weltweit gehen mehr als 70 Prozent des Waldverlustes auf das Konto der Landwirtschaft.

Ich bin ins Amazonasgebiet gekommen, um mehr über die Beziehung zu erfahren, die die Menschheit im beginnenden Anthropozän zum größten Regenwald der Erde hat – und um eine wahre Amazone kennenzulernen, die ihr Leben dafür riskiert, diesen Wald zu retten.

Rosa Maria Ruiz ist eine zierliche Frau in den Sechzigern mit klaren Gesichtszügen, üppigem, langem schwarzem Haar und auffallendem Hinken. Sie empfängt mich mit zurückhaltendem Lächeln am Steg von Rurrenabaque, und wir besteigen gemeinsam einen Einbaum mit Außenbordmotor, der uns zu ihrem Haus tief im Dschungel bringt. Der Río Beni, ein großer Zufluss des Amazonas, ist breit und fließt schnell dahin, auf beiden Seiten gesäumt von Wald, der immer ursprünglicher wird, je weiter wir hineinfahren. Die Baumstämme werden immer mächtiger und die Bananen- und Mangopflanzungen immer spärlicher. Wir kommen an den einfachen Hütten nomadischer Stämme vorbei, die während der Trockenzeit, wenn der Wald relativ wenig Früchte und andere Nahrung zu bieten hat, am Ufer kampieren, um zu fischen. Kinder mit aufgetriebenen Bäuchen stöbern am Ufer nach Essbarem, leichte Beute für die vielen Kaimane, Süßwasserstechrochen und Piranhas, die im schnell dahinströmenden Wasser lauern.

Wir sind mittlerweile seit zwei Stunden unterwegs und in eine entspannte Unterhaltung vertieft, als ich unter Rosas lockerem taupefarbenen Shirt eine merkwürdige Bewegung bemerke. Ich versuche, nicht hinzustarren, doch als sich ein dünnes schwarzes, behaartes Ärmchen mit langen, schlanken Fingern zwischen den Knöpfen hindurchschiebt, muss ich sie einfach danach fragen: „Rosa, haben Sie da etwa einen

Affen unter Ihrem Shirt?"Sie greift hinein und zieht ein vier Wochen altes Klammeräffchen mit großen runden Augen und einem Schwanz hervor, der sich sofort behaglich um Rosas Arm legt. „Die Jäger haben ihn verletzt, weil er sich an den Bauch seiner Mutter klammerte, als sie sie als Bushmeat erschossen", sagt sie. „Er hatte eine klaffende Wunde an der Brust, aber ich pflege ihn wieder gesund, und wenn er so weit ist, werden wir ihn im Schutzgebiet freilassen."

Hier im bolivianischen Amazonas-Regenwald stellt die Jagd auf Wildtiere und der Schwarzhandel mit ihnen ein wachsendes Problem dar. Rosa hat einen Großteil ihres Lebens darauf verwendet, dagegen zu kämpfen. Im Jahr 1995 war sie maßgeblich an der Einrichtung des Madidi-Nationalparks beteiligt, der mit fast 19000 Quadratkilometern eines der größten Schutzgebiete der Erde ist. Ihr Einsatz hat sie ihr Haus, ihr Geschäft und fast sogar ihr Leben gekostet, doch die Zukunft dieses wichtigen Bereichs des Amazonasbeckens ist immer noch alles andere als sicher.

Etwa die Hälfte der Wälder, die einst die Erde bedeckten, sind durch Einwirkung des Menschen bereits verschwunden, und jedes Jahr kommen weitere 16 Millionen Hektar hinzu.[4] Über die Hälfte der Wälder auf unserem Planeten befindet sich in den Tropen, doch im beginnenden Anthropozän werden in jeder Sekunde 1,5 Morgen Regenwald gerodet, und diese Zerstörung reicht bereits bis ins Innere der letzten verbliebenen unberührten Regenwaldgebiete.[5] Nicht einmal ein Viertel der weltweiten ursprünglichen Altbestände an Wald sind noch „intakt" – meist sind dies Bestände des borealen Nadelwaldes sowie des Tropenwaldes im Amazonasbecken und im Bergland von Guyana (Guyana-Schild) –, und die Qualität der verbliebenen Wälder lässt immer mehr nach. Wenn die Zerstörung der Wälder in diesem Tempo weitergeht, werden womöglich noch in diesem Jahrhundert alle Regenwälder der Welt ausgelöscht. Der größte und wohl bedeutsamste noch existente Regenwald im riesigen Amazonasgebiet, der über das Klima und die Regenfälle ganzer Kontinente bestimmt, ist heute derart bedroht, dass Wissenschaftler fürchten, er könne sich innerhalb von Jahrzehnten in eine Savanne und schließlich eine Wüste verwandeln.

Rosa ist einer der wenigen Menschen, die diesen einzigartigen Lebensraum vor dem gewalttätigen Zugriff des Menschen zu schützen versuchen. Andere mutige Menschen haben dabei ihr Leben gelassen – so extrem ist das Bedürfnis der Menschen, den Wäldern Holz, im Boden verborgene Minerale und Ackerland zu entreißen. Im Jahr 2011 wurde jede Woche ein Amazonas-Schützer umgebracht.[6] Dabei trifft es landlose Gummizapfer und Kleinbauern, die versuchen, vom Wald zu leben, Angehörige von Indiostämmen, die versuchen, ihre angestammte Heimat zu verteidigen, katholische Priester, die versuchen, den Wald und seine Ureinwohner zu schützen, Wissenschaftler und prominente Umweltaktivisten wie José Claudio Ribeiro da Silva und seine Frau Maria do Espirito Santo. Die beiden Brasilianer wurden im Bundesstaat Pará im Norden Brasiliens nahe der Stadt Marabá in einen Hinterhalt gelockt und erschossen, nachdem sie schon mehrfach über Todesdrohungen von Holzfirmen und Rinderfarmern berichtet hatten. Zu oft schon wurde auch Rosa fast zu einer Waldmärtyrerin.

Wir fahren stromabwärts zu ihrem neuesten Projekt, dem 20 000 Morgen großen Serere-Schutzgebiet, das sie 2008 gegründet hat, um den Wald gegen Wilderei, Holzeinschlag und andere Bedrohungen zu verteidigen. Während unser kleiner Einbaum über Stromschnellen saust und Felsen und treibenden Baumstämmen ausweicht, gibt Rosa dem winzigen Äffchen eine Banane und Milch aus einer Spritze. Sie weist mich auf Wildtiere hin, die sie entdeckt. Umgestürzte, teilweise im Wasser liegende Stämme bieten Schildkröten Gelegenheit zum Sonnenbad; die Tiere sitzen dicht an dicht in langen Reihen nebeneinander. In den nächsten Wochen werden sie zu den Sandbänken schwimmen und ihre Eier ablegen. Capybaras stehen mucksmäuschenstill da und hoffen darauf, nicht entdeckt zu werden. Vögel aller Farben und Größen kreischen und rufen über unseren Köpfen. Wir sehen Reiher, Aras, Tukane, Fischadler und Geier, kleine Watvögel, winzige Kolibris und Amazonasfischer.

Auf einer Waldlichtung ist ein betriebsamer illegaler Holzhafen zu sehen, an dem Mahagoni-, Zedrelen- und andere Laubholzstämme hoch aufgestapelt auf den Abtransport warten. Die Behörden beschlagnahmen von Zeit zu Zeit einige Stämme, doch die Bestechungsgelder sind für die Beamten so lukrativ, dass sie keine wirksamen Maßnahmen ergreifen, um den Handel zu unterbinden. Später passieren wir eine weitere Lichtung, auf der Goldgräber kampieren. Sie durchwühlen den kahlgeschlagenen Boden und leiten Quecksilber und andere Gifte in den Fluss. Ein Boot, das mit unzähligen Säcken voller toter Affen beladen ist, fährt an uns vorbei, in Richtung auf den Markt in Rurrenabaque.

Rosa hat derlei sicher bereits Hunderte von Malen gesehen, und doch geht es ihr sichtlich nahe. „Ich lebe schon seit Jahrzehnten in diesem Dschungel und versuche, mit den Eingeborenen zusammenzuarbeiten, um ihn zu schützen. Wir hatten eine Lösung, die für alle machbar war. Diese grauenhafte Zerstörung ist so unnötig!", sagt sie.

Rosa war ihre Berufung vielleicht schon in die Wiege gelegt. Ihr Vater starb, als sie gerade einmal sieben Monate alt war, und so musste ihre Mutter Lucie mühsam für ihren Unterhalt sorgen. Sie verkaufte Medikamente gegen Provision in den ärmlichen Siedlungen rund um Zinnminen. Was Lucie in jenen Jahren zu sehen bekam, machte sie zu einer der berühmtesten Menschenrechtsaktivistinnen Boliviens, die unermüdlich dafür arbeitete, versklavte Eingeborene und ihre natürlichen Ressourcen vor der Ausbeutung zu schützen. In präkolumbianischer Zeit lebten im Amazonas-Regenwald etwa 10 Millionen Menschen; heute sind es im gesamten Wald nicht einmal mehr 200 000 Eingeborene. Trotzdem war der Wald noch sie so bedroht durch den Menschen wie heute.

Rosa verbrachte ihre Kindheit zum Teil bei den Familien der Minenarbeiter in den Anden (wo ihre Freunde mit 8 Jahren unter Tage zu arbeiten begannen und im Alter von durchschnittlich 26 Jahren an Silikose starben) und zum Teil bei dem indigenen Tacana-Volk im Amazonas-Regenwald. In den 1980er- und 1990er-Jahren lebte sie im Wald und half den verschiedenen halbsesshaften Tacana-Gemeinschaften dabei, sich politisch zu organisieren und Landtitel zu beanspruchen. So sollte das angestammte Tacana-Gebiet vor der Ausbeutung durch Abbau von Bodenschätzen und andere kommerzielle Interessen geschützt werden, deren Betreiber immer tiefer in den Wald vordrangen. Sie beschreibt diese Jahre als eine furchtbare Zeit mit wiederholten Umsturzversuchen und gewalttätigen Protesten, mit staatlichen Kräften, die aus dem Hubschrauber auf Dorfbewohner schossen, und sie erinnert sich, wie das Haus ihrer Kindheit unter Maschinengewehrfeuer genommen wurde.

Aus dieser Arbeit heraus entwickelte Rosa einen Plan für einen großen Nationalpark rund um ihre Heimat im Amazonasgebiet, der eines der artenreichsten Waldgebiete der Erde schützen sollte. Das von ihr auserkorene Gebiet schloss Gletscher in den Höhenlagen der Anden ebenso ein wie Nebelwald-, Trockenwald-, Grassteppen- und Regenwaldgebiete, in denen mehr als 1000 Arten leben. Es war auch die Heimat von über 1700 Eingeborenen, und Rosa plante, den Park mit deren voller

Von oben: Fischende Witwen am Ufer des Turkana-Sees; einer der vielen Viehkadaver, an denen ich während der Dürre weit im Norden von Kenia vorbeikam.

Im Uhrzeigersinn von unten links: Luna befestigt die Rinne unter dem Nebelnetz oberhalb seiner Barackensiedlung am Stadtrand von Lima; experimentelle Nebelnetzmodelle; in Afrika sind Plastikkanister zum Wassertransport unerlässlich.

Von oben: Elefantenbulle im „Teenageralter“; ein Hadza mit Kopfschmuck aus Pavianfell; Löwenjunges aus der Anthropozän-Savanne mit einer Trophäe.

Im Uhrzeigersinn von oben links: Ein Massai mit Handy in Kenia;
Mark Gardener auf Santa Cruz, Galapagos; ein Kaiman unterwegs im Pantanal, Brasilien.

Gegenüberliegende Seite: Rosa Maria Ruiz in ihrer
Serere-Reservat mit einem freundlichen Hellroten Ar

Gegenüberliegende Seite, im Uhrzeigersinn von oben: Im Herzen des Amazonasbeckens wird Bushmeat zum Verkauf angeboten; Rosa füttert ein Klammeraffenbaby, das sie aus den Händen von Händlern gerettet hat; Berggorillamutter und -junges im Hochland des Virunga-Nationalparks, Ruanda.

Oben von links: Minenarbeiter im Cerro Rico in Bolivien mit einer Tüte Cocablätter; lithiumhaltige Salzhügel im Salar de Uyuni, Bolivien.

Im Uhrzeigersinn von oben: Dichtgedrängte Bebauung in der Favela Rocinha; Slum in Villa Hermosa am Stadtrand von Cartagena; der Zen-Regenmacher vor seinem Haus in Bangalore, wo er auf verschiedene Weisen Wasser sammelt und speichert.

Unterstützung und Beteiligung einzurichten. Sie hatte unter anderem vor, sanften Tourismus zu etablieren, der der indigenen Bevölkerung ein Auskommen bescheren und den Schutz der Natur fördern sollte. Die Einwohner waren jedoch skeptisch – die Holzkonzerne boten ihnen Schulen, Straßen und Geld für das Roden des Waldes und den Verkauf von Edelhölzern. Mit der Zeit wurde jedoch deutlich, dass die Konzerne ihre Versprechen nicht einhielten – der Wald wurde gerodet und abgebrannt, die Arbeiter schossen die Wildtiere ab und die neu gebauten Straßen ebneten anderen Eindringlingen den Weg, die das Gebiet ihrerseits ausbeuteten.

Mehr als ein Jahr lang wandte Rosa alle Überredungskünste an, sie legte Tausende von Kilometern in unwegsamem Gelände zurück, per Maultier, zu Fuß oder in einem Balsaholzkanu, wie es schon die Inkas benutzt hatten. Auf diese Weise versuchte sie, das Vertrauen und die Kooperation der Regenwaldbewohner für das Madidi-Projekt zu gewinnen. Es funktionierte, und sie begann, die Menschen des Regenwaldes für die Arbeit mit möglicherweise kommenden Touristen auszubilden. Rosa gründete gemeinsam mit ihrer Mutter die Eco Bolivia Foundation und machte sich daran, die Welt davon zu überzeugen, dass dieser kostbare Teil des Amazonasgebiets Schutz brauchte. Trotz der anfänglichen Ablehnung durch die nationalistische Regierung gelang es ihr, die Unterstützung der Weltbank für die Einrichtung des Parks zu gewinnen, und so eröffnete der Madidi-Nationalpark im Jahr 1995: Ganze 4,7 Millionen Morgen unberührten Waldes, in dem Tapire und Brillenbären, Jaguare und Mähnenwölfe, Faultiere, Riesenotter und über 1000 der 9000 Vogelarten der Welt leben.

Unser Boot landet an einer in das Ufer gearbeiteten Treppe an, und wir klettern hinauf in den Bambuswald, der sich nach kurzem Weg in einen Regenwald verwandelt. Wir gehen zwei Kilometer, vorbei an Baumriesen, neben deren Brettwurzeln wir uns wie Zwerge vorkommen, an verschlungen gewachsenen Würgefeigen und einer Palme, die auf ihren Stelzwurzeln angeblich durch den Wald „läuft", indem sie neue Wurzeln in Richtung auf Lichtinseln entsendet. Abseits unseres Weges herrscht überall reger Lärm und Bewegung: Kleinsäuger huschen umher, Affen springen krachend durch die Baumkronen, und unzählige Vögel kreischen im dichten Laub und stoßen Warnrufe aus. Dennoch sind all die Wesen, die da rumoren, kaum zu sehen.

Charles Darwin lieferte eine schöne Beschreibung von seinem ersten Besuch des Amazonasgebiets im Jahr 1832: „Indes selbst Entzücken ist nur ein schwacher Ausdruck zur Wiedergabe der Gefühle eines Naturforschers, der zum ersten Male allein in einem brasilianischen Walde gewandert ist. Die Eleganz der Gräser, die Neuheit der parasitischen Pflanzen, die Schönheit der Blüten, das glänzende Grün des Laubes, aber vor allem die allgemeine Üppigkeit der ganzen Vegetation erfüllte mich mit Bewunderung. Ein höchst paradoxes Gemisch von Geräusch und Stille herrscht in den schattigen Teilen des Waldes. Das Geräusch der Insekten ist so laut, daß man es in einem Schiff, welches selbst mehrere hundert Yards von der Küste entfernt vor Anker gegangen ist, hören kann; und doch scheint in der Abgeschiedenheit des Waldes ein allgemeines Stillschweigen zu herrschen. Für jemand, der Naturgeschichte liebt, bringt ein Tag wie dieser tieferes Vergnügen mit sich, als er jemals wieder zu erleben hoffen kann."

Schließlich erreichen wir eine kleine Lichtung mit einem zweistöckigen Holzbau. Seine Wände bestehen nur aus Moskitonetzen, und von den aufgespannten Hängematten aus blickt man auf einen großen See. Ein blaugelber Ara kreischt zur Begrüßung aus dem Wipfel eines Kakaobaumes. Der See wimmelt von Fischen und Stachelrochen, über ihm schießen im Tiefflug Amazonasfischer dahin.

Rosa zeigt mir meine Hütte, eine geräumige, erhöhte Holzplattform mit Dach, jedoch – von den Moskitonetzwänden abgesehen – nach allen Seiten offen. Hier gibt es keinen Strom, also begnüge ich mich nach Einbruch der Dunkelheit mit dem Mondlicht, ein paar Kerzen und meiner Taschenlampe. In der Abend- und Morgendämmerung erklingt ein vielstimmiges Konzert aus dem tiefen Grölen der Brüllaffen, einer Vielzahl von Vogelstimmen und Insektenlauten sowie all den undefinierbaren Geräuschen des Waldes. In den nächsten Tagen gehen Rosa und ich immer wieder in den Wald. Wir schrecken Vogelspinnen auf, die in ihre gesponnenen Wohnschläuche huschen, und stoßen auf zahllose Straßen geschäftiger Blattschneiderameisen, die ihre grüne Fracht wie kleine Segel mitschleppen. Über unseren Köpfen sehen wir Horden verspielter Affen, darunter Brüll-, Kapuziner- und Klammeraffen. Wir beobachten eine Weile den merkwürdig anmutenden Hoatzin (auch „Stinkvogel" genannt) mit seiner bizarren Federhaube. Die Jungvögel dieser Art haben Krallen an den Flügeln, die an *Pterodactylus*-Flugsaurier erinnern. Damit erklimmen sie nach Verlassen des Nestes die schlammigen Flussufer. Ihr bellender Ruf ist nicht gerade wohlklingend. Sie zählen zu den wenigen Arten mit einem gesunden Bestand – aufgrund ihres grässlichen Eigengeruchs werden sie als Beutetiere nicht geschätzt.

Die Flora ist nicht weniger faszinierend. Da sind Kletterpflanzen, aus denen Trinkwasser fließt, wenn man sie anschneidet, süße, proteinreiche Nüsse, Arzneipflanzen, die Wunden heilen, Arthritis lindern und bei Insektenbissen helfen, Bäume, deren Rinde an Papier erinnert, und andere, die nach Knoblauch schmecken. In den Bäumen klettern Nasenbären und Opossums umher, und im Unterholz rascheln wilde Schweine und Pekaris. Meist ist es unmöglich, die Tiere zu entdecken, doch wir können immer wieder einen lohnenden Blick erhaschen. Auf unseren Wanderungen reicht mir Rosa fortwährend Leckerbissen vom Waldboden, darunter süße Palmnüsse und bitteren Kakao. Etwa 80 Prozent unserer Nahrungspflanzen haben ihren Ursprung in diesem tropischen Regenwald, darunter Früchte wie Avocados, Kokosnüsse, Feigen, Orangen, Bananen und Tomaten, Gemüse wie Mais, Kartoffeln, Reis, Riesenkürbis und Yamswurzel, Gewürze wie Pfeffer, Cayennepfeffer, Kakao, Zimt, Nelken, Ingwer, Zuckerrohr und Kurkuma sowie Kaffee, Vanille und Nüsse wie Paranuss und Cashews. Und diese Wälder haben bislang mindestens ein Viertel der Wirkstoffe in den Arzneimitteln der westlichen Welt geliefert, obwohl erst ein verschwindend kleiner Teil der hiesigen Pflanzenwelt überhaupt wissenschaftlich untersucht wurde.

Trotz dieser ungeheuren Artenvielfalt ist der Boden im Amazonasgebiet meist extrem nährstoffarm – Ureinwohner, die hier Ackerbau betrieben haben, mussten ausgefeilte Methoden entwickeln und reicherten den Boden, insbesondere an Flussufern, unter anderem mit Pflanzenkohle an. Vor kurzem erst fanden Wissenschaftler heraus, dass der Regenwald auf Sandstaub angewiesen ist, der vom Wind aus einem kleinen Gebiet der Sahara über den Atlantik bis hierher getragen wird und dem Boden Nährstoffe und Mineralien liefert. Satellitenaufnahmen zeigen, dass mehr als die Hälfte des fruchtbaren Materials im Regenwald aus der Bodélé-Depression nahe dem Tschadsee stammt, in der sehr häufig Staubstürme auftreten.[7] Ohne die Bodélé-Depression wäre das Amazonasgebiet womöglich eine nasse „Wüste“.

Regenwälder zählen mit ihrem warmfeuchten Klima zu den artenreichsten terrestrischen Ökosystemen unseres Planeten und sind die

Heimat von gut der Hälfte aller Pflanzen- und Tierarten – eine Biomasse, die doppelt so groß ist wie die Biomasse aller anderen terrestrischen Ökosysteme zusammen. Viele der Tierarten, die (wie etwa der Orang-Utan) ausschließlich in Regenwäldern vorkommen, können nur in unberührtem Primärwald überleben oder brauchen zumindest große zusammenhängende Waldgebiete. Diese Bedürfnisse kollidieren vielerorts mit dem gierigen Vordringen des Menschen in intakte Wälder, seiner unsystematischen Abholzung von Waldflächen für Ackerland und der Verschmutzung, Lärmbelästigung und Rodung, die der Bau von Straßen mit sich bringt. Genau deshalb war der Schutz eines so großen Gebiets wie Madidi so wichtig.

Während unserer Wanderung erzählt mir Rosa mehr von ihrem außergewöhnlichen Leben. Der Aufbau des Madidi-Nationalparks verschaffte ihr internationale Anerkennung, aber auch viele Feinde. Die kommerziellen und politischen Interessen an den Ressourcen im Schutzgebiet wurden gefährlich groß.

Im Jahr 2001 hatte Rosa eine Lodge mit Hütten im Park eingerichtet und stand kurz davor, ihre ersten Gäste zu empfangen, die an geführten Exkursionen durch sorgfältig darauf vorbereitete indigene Gemeinschaften teilnehmen sollten. Die Einrichtung umfasste auch ein voll ausgestattetes Umweltzentrum, in dem sich bis zu 300 indigene Männer und Frauen an Workshops zu Themen wie Überwachung von Schutzgebieten und Infrastrukturmanagement sowie an Fremdsprachenunterricht beteiligen konnten. Doch es gab ein Problem. Bereits 2000 hatte das Magazin National Geographic einen großen Bericht über ihre Arbeit gebracht, der ihr internationale Unterstützung durch Spender und Freiwillige einbrachte, die bei ihr arbeiten wollten. Rosa kritisierte die Beteiligung der damaligen Regierung an der Zerstörung der Wälder und war dem selbstherrlichen Präsidenten Gonzalo Sánchez de Lozada und seinen Kumpanen ein Dorn im Auge. Diese verdienten gutes Geld mit Holzeinschlagslizenzen, dem illegalen Handel mit Tieren aus dem Schutzgebiet und Plänen zum Abbau von Bodenschätzen. (Sánchez de Lozada erhielt später von den USA unter George W. Bush politisches Asyl, obwohl in Bolivien mittlerweile Anklage wegen Völkermordes gegen ihn erhoben wurde.)

Die Regierung und die für den Park zuständigen Behörden versuchten mit gewissem Erfolg, sie in Misskredit zu bringen, doch sie hielt durch und arbeitete von zu Hause weiter. Im Jahr 2003 erhielt sie Todesdrohungen, ein Killer wurde auf sie angesetzt. Im Jahr darauf wurden ihre Öko-Lodge und die 26 Hütten im Wald niedergebrannt; dabei befanden sich drei ihrer Mitarbeiter und zwei Kinder in den Gebäuden und entgingen nur knapp dem Tod – all das unter den Augen der Parkbehörde. Das Militär rückte mit Maschinengewehren und Polizeikräften an und vertrieb sie von ihrem Grundstück und aus dem Park, zerstörte ihre Gebäude und ihre Ausrüstung und stahl ihren persönlichen Besitz, wie Rosa erzählt.

„Ein Projekt, mein Traum, für den ich 30 Jahre gearbeitet hatte, wurde in wenigen Stunden zerstört. Sie nahmen mir alles, sogar meine Bücher, zerschlugen meine Solarpaneele, zerstörten das Teleskop für die Ara-Beobachtung – es brach mir das Herz", erzählt sie. „Und obwohl um ein Haar fünf Menschen bei lebendigem Leib verbrannt wären, wurde nichts unternommen, um die Eindringlinge zu fassen und zu bestrafen."

In jenem Jahr kam es in La Paz zu einer Revolution – das Volk warf den alten, sich als Diktator gerierenden Präsidenten hinaus und setzte einen Nachfolger ein. Im Jahr 2006 wurde dann der erste Präsident des Landes mit indigenen Wurzeln, Evo Morales, gewählt. Rosa erhielt eine Einladung ins Justizministerium, denn sie sollte rehabilitiert und entschädigt werden. Kurz darauf wurde sie jedoch beim Schwimmen in ihrem See von einem viereinhalb Meter langen Mohrenkaiman angegriffen, der sie beinahe tötete. Sie verbrachte drei Jahre im Krankenhaus und ließ mehrere Operationen über sich ergehen, die ihr das Leben retteten und die Funktion ihres rechten Beins halbwegs wiederherstellten.

Wir machen an einem umgestürzten Baum Halt, der sich zur Rast anbietet, und sehen erst nach, ob sich darauf große Ameisen befinden, bevor wir uns hinsetzen. Rosa verschnauft und entlastet ihr Bein. So ist es nun einmal, wenn man sich in den Regenwald begibt: Man verlässt die wohlgeordnete Menschenwelt und ist plötzlich nicht mehr als ein wandelndes Stück Fleisch, von dem alle möglichen Wesen fressen, in dem sie sich einnisten oder ihre Eier ablegen wollen. Ich bin innerhalb kürzester Zeit von Stechmücken, Kriebelmücken, Sandmücken und Bremsen völlig zerstochen und voller Beulen ... Malaria stellt hier kein nennenswertes Problem dar, wohl aber Dasselfliegenbefall, Leishmaniose und andere Scheußlichkeiten. Ich sprühe mich von oben bis unten mit Insektenspray ein, aber sie stechen trotzdem.

Über uns nähert sich ein großer Klammeraffe und schaukelt schwermütig im Geäst. Als Rosa dieses Land kaufte, war es eine zerstörte abgeholzte Fläche; die meisten Wildtiere hatte man abgeschossen oder verschreckt. Einige Tiere haben die Fläche nun wieder besiedelt, und andere, wie der Klammeraffe über uns, hatte Rosa gerettet und dann wieder im Nationalpark ausgesetzt. Wie die Tiere der Meere und Savannen sehen sich auch die Waldbewohner einer Bedrohung nie gekannten Ausmaßes ausgesetzt – weltweit ist der Handel mit Wildtieren mittlerweile der drittgrößte illegale Markt nach Waffen und Drogen, und hier im Amazonasgebiet sind alle drei miteinander verwoben. Die Abholzung nimmt seit 2007 stetig zu, da Bauern auf Brandrodungsflächen Cocasträucher für die Kokainindustrie anbauen. Ist ein Cocafeld ausgelaugt, brennen die Bauern neue Felder ab, und so geht es in schneller Folge. Abgesehen von einigen abgelegenen Produktionsstätten, in denen die Arbeiter die Cocablätter mit den Füßen zerstampften, wurde Kokain früher in den Nachbarländern produziert. Heute jedoch ist dank neuer Geräte eine Produktion sogar in kleinen Wohnungen in La Paz möglich, was zu mehr Nachschub und einer größeren Nachfrage nach der lukrativen Droge führt. Der Drogenhandel steht in direkter Verbindung mit dem illegalen Tierhandel: Die Brandrodungen töten viele Tiere, und die überlebenden sind äußerst gefährdet. Sie lassen sich schnell fangen und auf Lastwagen verstauen – im Durchschnitt überlebt nur jedes zehnte Tier bis zu seinem Verkauf. Es soll in La Paz drei mächtige Familien geben, die den Wildtierhandel im Land größtenteils kontrollieren. Sie beauftragen Jäger und LKW-Fahrer und verkaufen in alle Welt. Die örtlichen Guerilleros, die früher für politische Ideale kämpften, benutzen ihre Waffen heute dazu, ihre Claims im Drogen- und Wildtierhandel abzustecken.

Boliviens neue Gesetze zum Schutz der indigenen Kultur tragen unweigerlich dazu bei, die Wildtierbestände im Land zu dezimieren. Stammesgemeinschaften ist es erlaubt, Wildtiere als Nahrungsquelle zu jagen und Waldbäume als Baumaterial für den Eigengebrauch zu fällen; allerdings dürfen sie Waldgüter nicht verkaufen oder damit Handel treiben. Vor einigen Jahrzehnten wäre dies kein Problem gewesen, doch heute gibt es immer mehr Schusswaffen, und selbst entlegene Dörfer haben über Straßen Anschluss an Märkte. Und so wird vom Affen über den Jaguar bis hin zum Tapir wahllos alles abgeschlachtet, und noch die letzten verbliebenen Mahagonibäume werden abgeholzt und zu Geld gemacht.

Kaum eines der erlegten Tiere wird tatsächlich von der Stammesgemeinschaft gegessen. Stattdessen wird Adulttieren das Fell abgezogen (es bringt einen guten Preis) und ihr Fleisch als Bushmeat verkauft; überlebende Jungtiere werden als Haustiere verschachert. Ein Klammeraffe kostet auf dem Markt im Distrikt El Alto in La Paz gerade einmal 100 US-Dollar, und davon erhält der Dorfbewohner, der ihn gefangen hat, selbst nur einen Bruchteil. Diese Tiere landen in sehr unterschiedlichem Zustand bei Rosa. Oft sind die Fingerspitzen der kleinen Affen abgeschossen, weil sie sich an die Mutter geklammert hatten; viele der geretteten Tiere tragen immer noch Geschosse im Leib, oder ihnen fehlen Körperteile.

Die verschiedenen Arten der Klammeraffen zählen zu den 25 am stärksten bedrohten Primaten der Welt. In einer Zeit, da auf allen Kontinenten und in allen Lebensräumen so viele Arten vom Aussterben bedroht sind, sollten wir uns vor Augen halten, dass die unzähligen verschiedenen Lebensformen dieser Erde nicht bloß unsere Mitbewohner auf diesem Planeten sind, sondern unsere Verwandten. Und niemand ist näher mit uns verwandt als die Menschenaffen. Diese intelligenten Waldbewohner haben mehr als 97 Prozent der DNA mit uns gemeinsam. Sie alle sind heute von Ausrottung bedroht, durch Tierhändler, die Bushmeatjagd, Rodungen, Kriege, die Ausbeutung der Wälder, den Klimawandel und Krankheiten wie Ebola.

Umweltschützer kämpfen mit unterschiedlichen Mitteln dagegen an. Ich habe die Susa-Gruppe der Berggorillas besucht, die in Ruanda im Gebiet der Virunga-Vulkane leben und für deren Schutz die berühmte Dian Fossey sorgte, bis sie selbst hinterrücks ermordet wurde. Es gibt heute nicht einmal mehr 400 wild lebende Berggorillas, die in einem Bruchteil ihres ursprünglichen Verbreitungsgebiets festsitzen, da das Flachland von der Landwirtschaft okkupiert wurde. Im Jahr 2010 verkündeten Forscher, sie hätten die Bedrohung der Berggorillas noch unterschätzt und diese könnten in weniger als zehn Jahren ausgestorben sein.[8] Jede Gorillagruppe wird daher nun rund um die Uhr von bewaffneten Wachen begleitet, die sie vor Wilderern schützen sollen. Fossey lehnte zwar jeglichen Gorilla-Tourismus ab, doch kleine Touristengruppen dürfen mittlerweile einige Gorillagruppen für maximal eine Stunde am Tag besuchen. Die Einkünfte aus diesem Tourismus kommen dem Schutz der Tiere zugute. Im Jahr 2012 war die Zahl der Gorillas in Uganda wieder um 10 Prozent gestiegen.[9]

In den Wäldern Borneos versucht der niederländische Umweltschützer Willie Smits mit einer anderen Methode, den Lebensraum des Orang-Utans zu schützen. Jahrzehnte der Abholzung, Brandrodungen für Ölpalmenplantagen (alljährlich wüten dort Waldbrände) und Wilderei haben den Regenwald auf Borneo auf etwa ein Drittel der Fläche schrumpfen lassen, die er noch 1970 bedeckte. Mehr als die Hälfte des weltweit gehandelten Tropenholzes kommt von der Insel. Statt den Orang-Utans bewaffnete Wachen an die Seite zu stellen, kauft Smits degradierte Waldgebiete, mit dem Ziel, sie (mit Unterstützung der Einheimischen) zu regenerieren und zu schützen, sodass die Menschenaffen von sich aus dorthin zurückkehren. Bisher hat er 2000 Hektar durch Brandrodung degradierte Flächen erworben, die er nach und nach mit über 1000 einheimischen Pflanzenarten wieder aufforstet, und er hat gesund gepflegte Tiere (auch Orang-Utans) dorthin gebracht. Das Projekt nützt den Einheimischen ebenfalls. Überwachungssysteme im Wald schützen diesen vor Holzdieben und Wilderern. Smits' Erfolg beweist, dass es sich für die einheimische Bevölkerung lohnt, die Artenvielfalt wiederherzustellen, und dass sich ein Wald mit ihrer Hilfe auch von den schlimmsten Schäden erholen kann. Dieser These stimmt Rosa aus vollem Herzen zu – in Madidi war sie der Erfüllung dieses Traumes bereits sehr nahe gekommen.

Der Klammeraffe über uns streckt uns Mitleid heischend einen Arm entgegen und bettelt um ein Stück von der Banane, die wir gerade essen – das verrät seine Vergangenheit als abhängiges Haustier. Rosa ignoriert ihn. „Die Menschen haben dem Wald und seinen Tieren allein während meiner Lebenszeit so viel angetan", sagt sie. „Holzeinschlag, Brandrodung für Ackerland, Abbau von Bodenschätzen und hierher gezogene Leute mit kommerziellen Interessen, all das bedroht diesen besonderen Ort. Neue Straßen werden gebaut, und noch immer gibt es so viele Konzessionen für die Erdölgewinnung", so Rosa. „Als ich ein Kind war, sprach ich hier Tacana – heute ist diese Sprache vergessen, jeder spricht Spanisch. Und die Menschen, die früher nur für den Eigenbedarf fällten und jagten, benutzen heute Maschinen und Schusswaffen und verkaufen die Ressourcen des Waldes bis nach China."

Heute will Rosa die Vergangenheit hinter sich lassen. Sie kann den illegalen Holzeinschlag und die Wilderei in Madidi nicht aufhalten, wohl aber mit einigem Erfolg in ihrem eigenen, kleineren Schutzgebiet Serere.

Präsident Morales treibt die Vergabe von Landtiteln an indigene Gruppen voran, daher arbeitet Rosa derzeit vor allem mit diesen Gemeinschaften zusammen. Sie unterstützt sie dabei, sich ein nachhaltiges Auskommen aufzubauen, in der Hoffnung, dass Ökotourismus den Tacana in der Nachbarschaft zu Serere helfen wird – so, wie der Madidi-Nationalpark weitaus mehr Menschen hätte helfen sollen, die nun mangels Alternativen weiter jagen, roden oder nach Gold graben. „Ich träume immer noch von einem ‚Madidi-Mosaik', einem Mosaik aus Schutzgebieten, wobei das Land der Region den hier lebenden indigenen Völkern gehört und von ihnen überwacht wird und sie die hier vorkommenden natürlichen Ressourcen auf nachhaltige Weise nutzen", verrät mir Rosa auf dem Rückweg zur Lodge.

Heute sieht sich Madidi der vielleicht größten Bedrohung seit seinem Bestehen gegenüber: Präsident Morales hat einen eigentlich ad acta gelegten Plan für einen Staudamm in der Bala-Schlucht im Oberlauf des Río Beni wieder aus der Schublade geholt. Bei dessen Bau würden mehr als eine Million Morgen Regenwald im Madidi-Nationalpark und im benachbarten Biosphärenreservat Pilon Lajas überflutet. Den Plan hatte die Stiftung Eco Bolivia zehn Jahre zuvor erfolgreich bekämpft. Selbst wenn die Gegner des Staudammprojekts erneut Erfolg haben sollten (und danach sieht es nicht aus), gibt es noch Pläne für über 60 weitere große Staudämme allein im brasilianischen Amazonasgebiet, darunter das höchst umstrittene, mit 15 Milliarden US-Dollar veranschlagte Belo-Monte-Wasserkraftwerk – das drittgrößte der Welt –, das im Bundesstaat Pará vermutlich 2019 in Betrieb gehen soll. Der Stausee wird mehr als 20 000 Menschen (darunter auch indigene Stämme) aus ihrer Heimat vertreiben und riesige Waldflächen überfluten. So soll Strom, vornehmlich für die Industrie und Fabriken, erzeugt werden.

Während die furchtlose bolivianische Umweltschützerin den kleinen Klammeraffen säubert und wieder füttert, erinnert sie sich daran, in welchem Zustand Serere anfangs war. „Wir mussten 20 Tonnen Müll aus dem Wald holen, und wir forsteten ihn wieder auf, mit mehr Früchte tragenden Bäumen, damit hier mehr Tiere leben können. Und schon nach wenigen Jahren haben wir hier einen gesunden Bestand an Spitzenprädatoren, Jaguaren. Umweltschutz ist harte Arbeit und erfordert Hingabe und Wachsamkeit. Aber es lohnt sich", meint Rosa. Das Äffchen zeigt auf einen in der Nähe stehenden Baum, in dem gerade zwei leuchtendbunte Hellrote Aras landen. „Genau das ist es, was so schützenswert ist“, sagt Rosa und deutet auf die lärmerfüllte Baumkrone. „Dies ist mein Zuhause und das Erbe unseres Landes.“

Dieser kleine Teil des gewaltigen Amazonas-Regenwaldes ist in guten Händen, aber wie steht es mit den übrigen 5,5 Millionen Quadratkilometern? Wir müssen im Anthropozän einen Weg finden, wie wir unseren Bedarf an Mineralen, Holz und anderen Ressourcen aus dem Wald decken und zugleich den notwendigen Erhalt des Waldes und seiner Artenvielfalt sichern.

Ich reise weiter nach Westen, flussaufwärts in die Region Madre de Dios in Peru, wo der Kampf um die Nutzung der uralten Wälder ganz unmittelbar tobt. Der vor gut 40 Jahren gegründete Manú-Nationalpark beherbergt eine überwältigende Artenvielfalt, darunter mindestens 1800 verschiedene Vogelarten (mehr als in jedem anderen Schutzgebiet der Erde), 13 Primatenarten und 400 Ameisenarten. Außerdem leben hier verschiedene indigene Stämme, auch Hunderte von „nicht kontaktierten“ Völkern, die ein Leben als Jäger und Sammler ohne den kulturellen (und oft Krankheiten mit sich bringenden) Einfluss der neueren Siedler im Gebiet führen. (Im Jahr 1984 starben viele Angehörige des Yora-Stammes an der Grippe, nachdem sie Kontakt mit Goldgräbern hatten.) Im Anthropozän machen nun Tourenführer Geld mit nicht kontaktierten oder isoliert lebenden Völkern, indem sie Touristen zu Stämmen wie den Mashco-Piros im Manú-Nationalpark und den Ureinwohnern der zu Indien gehörenden Andamanen bringen, damit sie diese begaffen und fotografieren können.

„Dies ist eine der ganz wenigen Regionen im Amazonasgebiet, die geschützt wurden, noch bevor Wilderei und illegaler Holzeinschlag einwirkten – es ist einer der letzten Orte, in denen man noch alte, hohe Mahagonibäume findet. Vom Nebelwald abwärts ist das Gebiet unberührt und bis heute einfach fantastisch, wenn man Vögel beobachten will“, so der britische Ornithologe Barry Walker vom Manú Wildlife Center. Er lebt seit mehr als 20 Jahren in der Region und erforscht ihre Vogelwelt. Barry nimmt mich mit durch den Nebelwald mit seinen Wasserfällen, Moosen, Flechten und vielerlei Orchideen. Hier befindet sich ein „Lek“ (Balzplatz) des Andenklippenvogels, des Nationalvogels von Peru. Die Männchen dieser merkwürdig anmutenden, auch Roter Felsenhahn genannten Vogelart sind leuchtend orange gefärbt, und ihre

Augen scheinen fast am Hals zu sitzen. Sie vollführen für uns beeindruckende Tänze – nun ja, eigentlich nicht für uns, sondern für die Weibchen, denn es ist Paarungszeit – und geben wenig melodische, gackernde Geräusche von sich. Barry, ein großer, rotwangiger, aus Manchester stammender Gemütsmensch mit Vorliebe für das dort gebraute Bier, kann sich auch für den unscheinbarsten Vogel begeistern. In seiner Gesellschaft vergeht die Zeit wie im Flug.

Schon bald umfangen uns die warme Feuchtigkeit und das intensive Grün des eigentlichen Regenwaldes. Wir befinden uns nun im Amazonasbecken, am Ufer des Río Madre de Dios, weit jenseits der Anden. Für den Schutz dieses Gebiets setzte sich in den 1970er-Jahren ein Sohn des polnischen Zoologen Jan Kalinowski ein. Dieser entkam Ende des 19. Jahrhunderts der russischen Gefängnishaft (man hatte ihn wegen Herumschleichens in der russischen Wildnis der Verschwörung verdächtigt, obwohl er nur Tiere und ihr Verhalten beobachtete), indem er dem russischen Zaren einen riesigen (ausgestopften) sibirischen Eisbären beschaffte. Wieder auf freiem Fuß, setzte er sich nach Peru ab, heiratete eine Peruanerin aus der Region Cusco und bekam mit ihr 18 Kinder. Eines davon gründete den Manú-Nationalpark.

Die Zukunft dieses einzigartigen Waldes, seiner Menschen und Tiere sieht düster aus. Die texanische Hunt Oil Company sucht am Rande des Nationalparks nach Öl- und Gasvorkommen – eine ernste Bedrohung, so Barry. Für rund 70 Prozent des peruanischen Amazonasgebiets wurden Ölförderlizenzen erteilt, und 17 Staudämme sind hier geplant. Tausende Menschen kommen hierher, teilweise sogar aus China, und es gibt regelmäßig Auseinandersetzungen zwischen den indigenen Waldbewohnern und denen, die hergekommen sind, um Geld zu machen. Einige Wochen vor meinem Besuch wurde ein britischer Missionar des Landes verwiesen, weil er die Ureinwohner im Kampf gegen die vordringenden Ölkonzerne unterstützt hatte.

Bei Barry war es eine andere Urwaldattraktion, die ihn hierherlockte. Schon als Kind hatte er Vogeleier gesammelt und dabei seine große Liebe zu Vögeln entdeckt, und er war entschlossen, die Vögel des Amazonas mit eigenen Augen zu sehen. Er kam Ende der 1970er-Jahre zum ersten Mal nach Peru und war gleich vom reichen Vogelleben des Landes begeistert. „Viele Arten im Amazonasgebiet waren ganz und gar unbekannt, es gab noch so wenige Forschungen“, sagt er. „Früher schossen die Ornithologen einfach einen Vogel, nahmen ihn mit in die Stadt und gaben ihm einen Namen. Daher wusste niemand, ob der Vogel am Boden oder in den Bäumen lebte, wie sein Ruf klang oder sein Paarungsverhalten aussah. Es war sehr, sehr aufregend, dies alles nun vor Ort zu erkunden." Er begleitete den hoch angesehenen Amazonas-Ornithologen Ted Parker von der Louisiana University auf Vogelexpeditionen in die Tiefe des Waldes, wo sie über Jahre hinweg Vogelstimmen mit dem Kassettenrekorder aufnahmen, den Sängern nachspürten und Notizen zu den Tieren machten, um später die entsprechenden ausgestopften Exemplare im Museum in Lima zu identifizieren. Zusammen zeichneten sie Hunderte verschiedener Vogelstimmen auf und beschrieben noch viel mehr bis dahin unbekannte Verhaltensweisen.

Wir begeben uns vom oberen Río Madre de Dios flussabwärts zum größeren Río Manú und müssen dabei unser Kanu immer wieder über Untiefen tragen, denn die anhaltende Dürre hat den Wasserpegel enorm sinken lassen. Unterwegs beobachten wir Kormorane, Krähenstirnvögel mit quietschgelben Federn, die hängende Nester bauen, Wasserschildkröten und Reiher. Wir übernachten in verschiedenen Wald-Lodges und Zelten und stehen am letzten Tag früh auf, weil wir ein Steilufer aus Lehm betrachten wollen, das von Hunderten kreischender Aras und anderer Papageien aufgesucht wird. Es ist ein beeindruckender Anblick: Eine Explosion von Farben und Geräuschen, geradezu leuchtend vor lauter Hellroten Aras. Diese monogamen Vögel treffen in Paaren oder Dreiergruppen (mit einem Jungvogel im Schlepptau) an der Lecke ein, wo sie sich an die Wand klammern und es scheinbar fertigbringen, gleichzeitig zu fressen und zu schreien. Der Ort ist ein wichtiger sozialer Treffpunkt für die Vögel – die noch von den Eltern begleiteten Jungen finden hier an der Lehmwand womöglich einen Partner oder eine Partnerin fürs Leben, und jetzt ist gerade Paarungssaison. Barry und die anderen Forscher am Manú Wildlife Center waren die Ersten, die nach ihren langen Vogelbeobachtungs-Exkursionen berichteten, dass auch andere Tiere Lehmlecken aufsuchen, darunter Tapire und Schwarzgesichtklammeraffen.

Heute entdecken Forscher bei immer mehr Primaten das Phänomen der Geophagie; möglicherweise ist es sogar die Regel und nicht die Ausnahme, Erde zu fressen. Am Flussufer überraschen wir eine Gruppe rostbrauner Bolivianischer Brüllaffen, die am Ufer sitzen und den Lehm laut schmatzend verschlingen. Gerade sei Hochsaison für das Lehmfressen, erklärt mir Barry, denn mitten im Winter (weit in der Trockenzeit) seien schmackhafte und gut verdauliche Früchte und Beeren kaum zu finden. Die Tiere müssten dann mehr toxinhaltige Blätter und faserreiche Früchte fressen, die nur schwer verdaulich seien. Die Mineralien im Lehm unterstützen offenbar die Verdauung. Bei Vögeln helfen offenbar auch die Gritsteine im Muskelmagen dabei mit, und bei Säugetieren tragen die Minerale und Alkaloide vermutlich dazu bei, dass die Pflanzennährstoffe besser verfügbar sind. Tapire, die südamerikanischen Vertreter der Unpaarhufer (zu denen auch die Pferde zählen), legen ebenfalls weite Wege zurück, um hier Lehm aufzulecken. Wir übernachten in einem Versteck, um sie dabei zu beobachten. Werden diese bemerkenswerten Kreaturen auch dann noch hierherkommen, wenn sich Ölkonzerne in diesem Gebiet breitgemacht haben?

Die schönen Tage, die ich in diesem einzigartigen Teil des Amazonas-Regenwaldes verbracht habe, lassen sich so wohl nicht mehr wiederholen. Die Zukunft des empfindlichen Ökosystems mit seiner unglaublichen Tierwelt ist tiefschwarz und sieht sich einer ultimativen Bedrohung gegenüber: einer Straße. Die Transoceánica, eine 5400 Kilometer lange Asphaltstraße, die den Atlantik mit dem Pazifik verbindet, wurde 2011 eröffnet und verändert die Region rapide. Der „Dschungel-Highway“ wurde in erster Linie gebaut, um in Brasilien angebaute Sojabohnen und andere Feldfrüchte über peruanische Häfen in asiatische Länder zu exportieren. Er durchschneidet das Herz des Regenwaldes an einigen seiner empfindlichsten und unberührtesten Stellen, darunter zwei der größten Schutzgebiete und ein Ort in unmittelbarer Nähe, Madre de Dios. Wie die Straße durch die Serengeti verspricht die Transoceánica den Armen Möglichkeiten zu einer wirtschaftlichen Entwicklung, bedroht aber gleichzeitig ganze Ökosysteme.

Der Straßenbau ist ein charakteristisches Merkmal des Anthropozäns; durch alle Regenwälder dieser Erde sollen Straßen gebaut werden. Allein im brasilianischen Amazonasgebiet entstehen gerade 7500 Kilometer ausgebaute Straßen. Nachdem bolivianische Ureinwohner Hunderte von Kilometern aus dem Regenwald nach La Paz gelaufen waren, um zu verlangen, dass eine Straße durch ihr angestammtes Gebiet nicht weitergebaut wird, gab Präsident Morales das Projekt im Jahr 2011 auf. Auf diesen Protest folgte jedoch ein Jahr später ein weiterer, wenn auch schwächerer, der Straßenbefürworter. Diese betrachten die neue Verbindung als zwingende Voraussetzung für den Anschluss ihrer entlegenen Dörfer an wirtschaftliche Entwicklung und Märkte. Es ist daher vorerst ungewiss, ob das Projekt wirklich in der Schublade bleibt.

Der Straßenbau ist die wichtigste Ursache für das Verschwinden der Wälder. Ganz gleich, ob sie den Zugang zu Bergwerken oder Staudämmen sicherstellen oder Städte und Dörfer miteinander verbinden soll – eine Straße ermöglicht illegalen Holzfällern, Wilderern und illegalen Tierhändlern sowie kleinen Rohstoffdieben, in unberührte Gebiete vorzudringen. Ihnen folgen die Bauern, die den Wald für Ackerland roden, sowie jene, die Drogen anbauen und herstellen. Wissenschaftler haben nachgewiesen, dass 95 Prozent aller Rodungen maximal 25 Kilometer von einer Straße entfernt erfolgen und jede Straße, die das Amazonasgebiet durchschneidet – allein in den letzten drei Jahren wurden dort 50 000 Straßenkilometer gebaut –, von einem 50 Meter breiten baumlosen Streifen gesäumt wird.[10]

Genau aus diesem Grund empfehlen Wissenschaftler, große Staudammprojekte oder Bergwerke im Wald über die Schiene oder das Flusssystem zu versorgen. So liegt das Camisea-Erdgasfeld bei Las Malvinas in Peru beispielsweise zwar mitten in einem sensiblen Gebiet des Amazonas, hat jedoch keinerlei Straßenanschluss und operiert wie eine Insel. Alles kommt und geht per Boot, Hubschrauber oder unterirdische Pipeline; das beschränkt die Auswirkungen auf den Wald ganz ungemein. Andere Möglichkeiten, die Beeinträchtigung der Umwelt in Maßen zu halten, sind schmalere Straßen, über denen das Kronendach geschlossen bleibt, oder Seilbrücken, über die Tiere sicher die Straße überqueren können, sodass weniger von ihnen überfahren werden. Bodenbewohnende Tiere profitieren von Unterführungen – ein Elefanten-Tunnel, der 2011 in Kenia unter einer stark befahrenen Straße her gebaut wurde, wurde bereits von Hunderten Elefanten genutzt und hat dazu beigetragen, voneinander getrennte Gruppen wieder zu vereinen und so Konflikte mit Bauern und Straßennutzern zu vermeiden.

In Madre de Dios jedoch werden die Auswirkungen der neu gebauten Straße schmerzhaft deutlich. Die illegale Goldgewinnung in der Region explodiert geradezu, und der Zuzug von Zehntausenden von Kleinbauern – deren Zahl sich seit 2006 verfünffacht hat – fördert Kriminalität und Korruption. Am unteren Río Madre de Dios (der in Bolivien zum

Río Beni wird und in Brasilien schließlich in den Amazonas mündet) häufen sich heute Minen und stetig wachsende Elendsviertel mit Malaria, Prostitution und einer erhöhten Rate von HIV-Infektionen. Die Tierwelt ist auffallend verarmt. Wie Forschungen ergaben, beeinträchtigt der menschengemachte Lärm sogar das Pflanzenwachstum, von anderem Leben ganz zu schweigen, denn er stört das Verhalten der Bestäuber.

Ich fahre die neu gebaute Straße entlang und komme an riesigen entwaldeten Gruben vorbei, in denen Arbeiter durch kaffeebraunen Schlamm waten, der ihnen bis an die Oberschenkel reicht. Sie ziehen gewaltige Wasserschläuche hinter sich her, die mithilfe von permanent laufenden Dieselgeneratoren betrieben werden. Eine dieser Riesenschlangen dient dazu, die Fläche unter Wasser zu setzen und den Boden aufzuschwemmen, die andere wird benutzt, um den Schlamm einzusaugen und zu filtern. Der aufgesaugte Sand wird dann mit zugesetztem Quecksilber durchmischt; dabei bilden sich Amalgamklumpen aus Quecksilber und Gold. Anschließend wird das Quecksilber durch Erhitzen verdampft, und das Gold bleibt zurück. Mehr als 200 Menschen finden sich Tag für Tag in den Goldminen der Gegend ein, und mittlerweile gibt es so viele entwaldete Gruben, dass diese allmählich zu einer großen, schlammigen Wunde zusammenfließen. Ist in einem Gebiet kein Gold mehr zu finden, ziehen die Goldschürfer zum nächsten weiter. Über 50 000 Tonnen Quecksilber gelangen jährlich in den Río Madre de Dios, weil Arbeiter, die kaum Geld haben und zwölf Stunden am Tag schuften, die Erde nach Gold durchsuchen (die Arbeiter behalten 25 Prozent). Die Einwohner der Region essen inzwischen kaum noch Fisch, um sich nicht zu vergiften. Viele Ökologen ziehen die Methode der Cyanidlaugung dem Amalgamverfahren vor, weil sich Cyanid nach dem Gebrauch neutralisieren lässt.

Mehrere LKW kommen vorbei, hoch beladen mit illegal geschlagenen Edelholzstämmen. Sie fahren aus der Tiefe des Dschungels in Richtung auf die Pazifikhäfen, während in der Gegenrichtung der fast unaufhörliche Verkehr Ausrüstung und Arbeiter für den Abbau von Bodenschätzen im Wald herbeischafft. Als wir uns der Stadt nähern, gehen die kärglichen Reste des Waldes schließlich ganz in Weideland über, auf dem allerdings noch keine Rinder grasen. In nur wenigen Stunden gelangt man von unberührtem Dschungel in die Grenzstadt Puerto Maldonado, einen staubigen Außenposten voller Betrunkener und Stripclubs, Baumärkte, Fahrzeuge und und anderen Segnungen der Zivilisation. Für einen solch entlegenen Ort ist die Stadt, wie Rurrenabaque, überraschend kosmopolitisch. Die neue Straße hat hier zu einer gewissen Entwicklung geführt – es gibt mittlerweile Ampeln –, aber auch viele neue soziale und ökologische Probleme. Weil der Klimawandel die Bauern der Anden besonders hart trifft, sind Zehntausende Menschen bereit, unter harten Bedingungen nach Körnchen kostbaren Metalls zu suchen. Für sie ist der Wald ein notwendiges Opfer.

Und doch ist die Menschheit gerade im Anthropozän mit seinen steigenden Temperaturen mehr als je zuvor auf den Amazonas-Regenwald angewiesen. Die Photosyntheseaktivität dieser gewaltigen Pflanzenmasse erzeugt mehr als 20 Prozent des Sauerstoffs auf der Erde und bindet jährlich etwa 1,5 Milliarden Tonnen menschlicher Kohlendioxidemissionen. Darum wird das Amazonasgebiet oft „die Lunge der Erde" genannt. Angesichts der globalen Erwärmung ist diese Funktion von so grundlegender Bedeutung, dass Länder mit vielen Emissionen Geld an Regenwaldnationen zahlen, damit diese ihre Bäume stehen lassen und die Wälder nicht roden. Das Land Ecuador umfasst eine der artenreichsten Regionen der Erde, den Yasuní-Nationalpark im Amazonasgebiet. Dort hatte man Ölvorkommen im Wert von 7,2 Milliarden US-Dollar entdeckt, doch das Land hatte angeboten, Boden und Wald unangetastet zu lassen, wenn die reichen Länder der Welt gemeinsam die Hälfte dieses Betrages an Ecuador zahlen würden. Als 2013 dafür jedoch kaum mehr als 300 Millionen US-Dollar zusammengekommen waren, verkündete der ecuadorianische Präsident, ihm bleibe nun nichts anderes übrig, als nach Öl bohren zu lassen – mittlerweile wird auf 40 Prozent der Fläche des Nationalparks Öl gefördert. Diese Entscheidung könnte uns alle weit mehr kosten als 3,6 Milliarden US-Dollar.

Diese Photosynthese im großen Maßstab ist ungeheuer wertvoll und zugleich ein empfindlicher Prozess, der von der Gesundheit und „Qualität" eines Waldes abhängt – also der Frage, wie viele große Bäume sich im Verhältnis zu Gräsern und Kletterpflanzen darin befinden –, ebenso vom Klima und von der Wasserversorgung. Die Abholzung der Wälder reduziert die Menge an Kohlenstoffverbindungen, die aufgenommen werden kann, und in gleicher Weise wirken sich Dürren aus. Die schweren Dürren von 2005 und 2010 kehrten die Aktivität des Amazonasgebietes sogar um, sodass es mehr Kohlendioxid produzierte als band.[11]

Mit dem Absterben der Bäume endete ihre Photosynthesetätigkeit, während die Zersetzung und Atmung weitergingen, die beide Sauerstoff verbrauchen und Kohlendioxid freisetzen. Im Jahr 2005 entließ das Amazonasgebiet 1,6 Milliarden Tonnen Kohlendioxid in die Atmosphäre. Insgesamt hoben die Emissionen aufgrund der beiden Dürren die Menge an Kohlenstoffverbindungen, die der Wald in den vorausgegangenen zehn Jahren aufgenommen hatte, wieder auf.

Diese häufigeren und schwereren Dürren in der Region hatten Klimaforscher wegen der vom Menschen verursachten globalen Erwärmung vorausgesagt, doch das Ausmaß überraschte selbst sie. Wälder, besonders jene der tropischen Zonen, erzeugen ihr eigenes Mikroklima, mitsamt Wolken und Regen – organische Aerosole, die von Pflanzen und Pilzen freigesetzt werden, dienen dabei als Kondensationskerne, um die sich Wasser zu Tropfen anlagert. Dieser sich selbst aufrechterhaltende Wasserkreislauf lässt sich sehr effektiv nutzen, wie ich in der peruanischen Wüste beobachten konnte. Dort „fangen" Dorfbewohner mit Netzen den Nebel, um mit dessen Feuchtigkeit einen Wald zu bewässern, der eines Tages diese Aufgabe übernehmen wird. Wälder wirken sich so stark auf das örtliche Klima, den Boden und die gesamte Ökologie aus, dass man sie in aller Welt anpflanzt. Damit will man einerseits der Wüstenbildung entgegenwirken und andererseits Ackerland wieder fruchtbarer machen – und ganz nebenbei wird auch noch Kohlendioxid gespeichert, was die globale Erwärmung verlangsamt.

Diese gestaltende Kraft der Wälder machten sich im 19. Jahrhundert Wissenschaftler beim vielleicht ungewöhnlichsten je durchgeführten Geoengineering-Experiment zunutze. Nach dem Sieg über Napoleon Bonaparte bei Waterloo richtete die britische Marine einen Stützpunkt auf Ascension ein, einer winzigen, entlegenen Vulkaninsel mitten im Atlantik. Von hier wollte man ein Auge auf den französischen Kaiser haben, der auf die nicht allzu weit entfernte Insel St. Helena verbannt worden war. Ascension bestand jedoch fast nur aus nackten Felsen mit wenig Süßwasser und Vegetation – das bisschen Regenwasser, das auf die Insel fiel, lief schnell ab oder verdunstete.

Doch glücklicherweise bereisten damals einige der größten Wissenschaftler jener Zeit die Welt. Im Jahr 1836 machte der Naturforscher Charles Darwin auf seiner Reise mit der HMS *Beagle* Station auf der Insel; einige Jahre später tat dies auch sein Freund, der Botaniker Joseph

Hooker. Wieder in London, arbeiteten Darwin und Hooker einen ausgefeilten Plan aus, um auf Ascension einen Wald entstehen zu lassen und damit Wasser zu erzeugen. Die Bäume würden dann die Feuchtigkeit aus den Wolken einfangen und einen feuchten Nebel entstehen lassen, es würde sich Bodensubstrat ansammeln, das noch mehr Wasser speichern würde, und in recht kurzer Zeit wäre ein funktionierendes Ökosystem entstanden. In Zusammenarbeit mit den königlichen botanischen Gärten in Kew, deren Direktor Hookers Vater war, traten sie an die britische Marine heran, und ab 1850 brachten Schiffe regelmäßig Bäume und Sämlinge von Kew zu der atlantischen Felseninsel. Die verschickten Pflanzen waren eine bunte Auswahl afrikanischer, südamerikanischer, europäischer und asiatischer Arten, denn die Botaniker experimentierten nach Herzenslust. Und es funktionierte. Binnen weniger Jahrzehnte waren die Vulkangipfel von einem Wald aus Eukalyptus, Norfolk-Tannen (Zimmertannen), Bambus und Bananen bedeckt. Es war ein Designer-Wald, wie geschaffen für das Anthropozän. Darwins Nebelwald auf dem von den Inselbewohnern so genannten Green Mountain fängt die Feuchtigkeit des Seenebels ein und bildet eine nebelfeuchte Oase, die immer noch wächst. Es bildeten sich sogar Bäche, die den Wald durchzogen, und der Marinestützpunkt konnte auf dem fruchtbaren Boden Gemüsegärten anlegen. Das Beispiel Ascension demonstriert, dass Wälder Mikroklimata erzeugen, in denen sich Ökosysteme entwickeln und die Menschen mit Wasser versorgen können. In größerem Umfang ließe sich das auf der ganzen Welt wiederholen.

In einem noch weitaus größeren Maßstab erfüllen die Regenwälder der Erde eine ähnliche Funktion für Millionen von Menschen. Das Amazonasbecken ist einer der wasserreichsten Orte der Erde. An etwa 200 Tagen im Jahr regnet es, und der Fluss transportiert die bei Weitem größte Wassermenge aller Flüsse der Welt. An seiner Mündung strömen mehr als 12 Millionen Kubikmeter Wasser pro Minute ins Meer, mehr als zehnmal soviel wie beim Mississippi und ein Fünftel des gesamten kontinentalen Abflusses aller Fließgewässer der Erde. Sein Ausstoß ist so gewaltig, dass das Atlantikwasser noch in über 150 Kilometern Entfernung zur Küste einen geringeren Salzgehalt aufweist.

Doch der Regenwald produziert nicht nur den Regen, er braucht ihn auch zum Überleben, und wenn sich das Klima verändert, bricht dieser wunderschöne, sich selbst aufrechterhaltende Kreislauf zusammen. Ausgehend von den Kohlendioxidemissionen, die die Menschheit erzeugt, prognostizieren Klimaforscher, dass dieser wohl üppigste Lebensraum der Erde noch in diesem Jahrhundert größtenteils zur Wüste wird: Wenn die Bäume sterben, emittiert der Wald mehr Kohlendioxid, was das Klima weiter aufwärmt, wodurch noch mehr Bäume sterben, und so fort. Eine Forschergruppe sagt einen Rückgang des Anteils der Laubbäume im Amazonasgebiet von 80 Prozent im Jahr 2000 auf etwa 28 Prozent im Jahr 2100 voraus. „Beginnt der Waldanteil erst einmal zu schrumpfen (ab etwa 2040), werden sich anfangs Gräser auf einigen freien Flächen ausbreiten", so die Forscher über ihr Modell. „Doch die unaufhörliche Erwärmung und Austrocknung schaffen selbst für diesen Pflanzentyp ungeeignete Bedingungen, und bis 2100 wird das Amazonasgebiet schließlich überwiegend zur Wüste geworden sein."[12] Eine andere Wissenschaftlergruppe geht sogar noch weiter und prognostiziert: „Am Ende des 21. Jahrhunderts wird der durchschnittliche Laubbaumanteil im Amazonasgebiet von über 80 Prozent auf weniger als 10 Prozent zurückgegangen sein." Die Forscher kommen zu dem Schluss, dass „in ungefähr der Hälfte des Gebiets die Bäume durch Gras ersetzt werden, sodass eine savannenähnliche Landschaft entsteht. Anderenorts werden nicht einmal Gräser wachsen können, und es werden wüstenähnliche Verhältnisse herrschen."[13]

Ich versuche, mir anstelle der summenden, schwirrenden, tröpfelnden Oase des tiefen Waldes eine öde, stille Wüste vorzustellen; es will mir nicht gelingen. Der Gedanke, dass noch zu meinen Lebzeiten Menschen auf eine trockene Buschsavanne deuten und erzählen werden, dass sich dort einst ein riesiger Regenwald mit nicht kontaktierten Stammesgruppen, Königsboas und Baumriesen, in denen Affen herumturnten, befand, ist nicht nur unbeschreiblich traurig, sondern auch erstaunlich. Die Geschwindigkeit und das Ausmaß des Wandels im Übergang vom Holozän zum Anthropozän sind vielleicht nirgends so extrem wie hier.

Obwohl die Menschen so sehr auf die Funktion des Amazonasgebiets als Kohlendioxidspeicher angewiesen sind und der mächtige Regenwald Gefahr läuft, im Anthropozän zur Wüste zu werden, unternehmen die Regierungen recht wenig, um das Problem zu lösen. Die Abholzung von Wäldern in den Tropen erzeugt jährlich 20 Prozent der Kohlendioxidemissionen der Menschheit; daher haben verschiedene Nationen mittlerweile ein Programm ins Leben gerufen, das den Wald schützen soll:

REDD+ (*Reducing Emissions from Deforestation and Forest Degradation*, „Reduzierung der Emissionen aus Abholzung und Degradation der Wälder"). Dabei können reiche Länder ihren internationalen Verpflichtungen zur Emissionsreduktion zum Teil nachkommen, indem sie tropischen Ländern Geld für den Schutz ihrer Wälder geben. Im Grunde bezahlen die reichen Länder dafür, das Kohlendioxid in den Bäumen zu belassen und aus der Atmosphäre fernzuhalten.

Zunächst einmal müssen die Länder der Tropen jedoch berechnen, wie viel an Kohlenstoffverbindungen sich tatsächlich in dem betreffenden Wald befindet. Das ist schwer zu ermitteln und hängt von den Pflanzentypen und ihrer Bestandsdichte ab. Ein Projekt in dem Wald bei Puerto Maldonado soll hier die Lösung bieten. Greg Asner von der Carnegie Institution for Science in Washington, D. C., hat ein automatisiertes System entwickelt, bei dem die Baumkronen in etwa 2000 Metern Höhe überflogen werden. Dabei wird mit zwei starken, hin- und herschwingenden Laserstrahlen bei 400 000 Impulsen pro Minute der Boden abgetastet. Das *Light-Detection-and-Ranging-System* zeichnet mit einem Sensor kontinuierlich auf, wie die Lasersignale von Blättern, Zweigen und anderen Objekten zurückgeworfen werden, während ein Spektrometer einzelne Pflanzenarten – und ihren Gesundheitszustand – anhand von Details wie dem Lignin- oder Zellulosegehalt in der Pflanze sowie der Konzentration von Chlorophyll, Nährstoffen und Wasser in den Blättern ermittelt. Aufgrund dieser Informationen kann Asner den gesamten Wald bei bis auf zehn Zentimeter genauer Auflösung kartieren, das heißt, er kann einzelne Bäume, aber auch Buschwerk, herabhängende Kletterpflanzen, Farne und Bromelien in den Baumkronen erkennen. Die Technik ermöglicht es den Wissenschaftlern zu berechnen, wie viel Kohlendioxid in der Vegetation gebunden ist, denn diese Menge ist abhängig von der Biomasse. Alte Hartholzbestände etwa enthalten mehr Biomasse pro Hektar als Flächen, die vor allem von Bambus bedeckt sind, oder auch Ackerland. Das System berechnet dann die ungefähre Menge für den gesamten Wald.

Im Jahr 2009 kartierte Asner 4,3 Milliarden Hektar in der Region Madre de Dios. Die Satellitenbilder zeigen die Zerstörung des Waldes von der staubigen Stadt ausgehend in mehreren langen Schneisen, die von den Straßen in Richtung auf die Gegend ausstrahlen, die ich mit Barry zusammen besucht habe. In diesen Schneisen wurde der Wald gefällt, um Ackerland oder Bodenschätze zu gewinnen. Asners Analysemethode enthüllt auch die zahllosen Flecken kleinerer Kahlschläge bis in die Tiefe des unberührten Waldes hinein sowie illegale Goldgräberaktivitäten, Kokainanbau und kleine Ackerflächen. Mittlerweile arbeitet Asner an der Analyse des gesamten peruanischen und danach des kolumbianischen Amazonasgebiets. Die bunten dreidimensionalen Bilder, die das System erzeugt, lassen erkennen, wie viel Kohlendioxid in einem Wald im Laufe der Zeit gespeichert wurde, und können für die REDD+-Zahlungen herangezogen werden.

Im Anthropozän sind die uralten Regenwälder einem so rapiden Wandel unterworfen wie nie zuvor; gleichzeitig kann der alles beobachtende Mensch zum ersten Mal diese Veränderungen und ihr Ausmaß mit ansehen, und das bis auf einen einzelnen von einem Mann in Manú gefällten Baum genau. Wir haben also die Möglichkeit, unsere eigene Zerstörungstätigkeit zu dokumentieren – und zu beenden. Asner hat nachgewiesen, dass tatsächlich doppelt so viele Waldflächen durch menschliches Einwirken beeinträchtigt worden ist, als man bisher geschätzt hatte. Somit lagen die Treibhausgasemissionen des Amazonasgebiets bis zu 25 Prozent höher als gedacht.[14] Für die einzelnen Menschen, die am gewaltigen tropischen Wald sägen, bedeutet die Zerstörung von wenigen Morgen Wald für die Holzgewinnung, als Acker- oder Weideland eine Verbesserung ihres Lebensunterhalts mit verschwindend geringem Einfluss auf die gewaltige Größe und Lebensdauer eines Waldes, der sich weiter ausdehnt, als sie wahrscheinlich in ihrem ganzen Leben reisen werden. Doch die schiere Masse von Millionen solcher kleinen Waldfresser plus die groß angelegten kommerziellen Einschläge zerstören unaufhörlich riesige Gebiete, die über Jahrtausende hinweg bewaldet waren. Asner konnte nachweise, dass sich die kleinen Holzeinschläge zusammengenommen 20-mal stärker auswirken als die offensichtlichere großflächige Abholzung.[15]

Selbst sogenannte nachhaltige Holzeinschlagsmethoden – wie selektiver Holzeinschlag (*selective logging*), bei dem nur ein oder zwei wertvolle Baumarten geschlagen und die übrigen verschont werden – schaden dem Wald enorm, wie Asner entdeckt hat. Auf jeden selektiv gefällten Baum kommen nämlich durchschnittlich 30 Bäume, die schwer beschädigt werden, was die Gefahr von Waldbränden erhöht, die Bodenqualität verschlechtert und die Artenvielfalt beeinträchtigt. Nach seinen

Berechnungen verdoppelt der selektive Holzeinschlag die Fläche des Amazonaswaldes, die bereits verbrannt oder für Rinderweiden, Ackerland und andere Nutzungen gerodet wurde, auf etwa 30 000 Quadratkilometer pro Jahr.

Wald wird oft von den Ärmsten der Armen gerodet – ein Edelholzstamm wie der eines Mahagonibaumes bringt womöglich Hunderte von US-Dollars ein, und Sojabohnen oder Rinder sorgen vielleicht über Jahrzehnte für ein Einkommen. Programme wie REDD+, die den Bäumen einen Wert beimessen, bewirken oft, dass Regierungen oder Behörden die Wälder vor den Menschen beschützen, die von diesen abhängig sind; das ruft nicht selten Widerwillen hervor. Generell scheinen Programme, die eher Gemeinschaften als Besitzer der Waldressourcen fördern, erfolgreicher zu sein. Doch wie gut solche Initiativen auch arbeiten mögen – die tropischen Wälder können die auf ihrem Gebiet liegenden Großstädte mit ihren enormen Einwohnerzahlen ebenso wenig tragen wie den globalisierten Handel mit Ressourcen aus dem Wald oder das massive Einwirken des Klimawandels. Wenn sich Länder wirtschaftlich entwickeln, wollen mehr Menschen mehr Ressourcen aus dem Wald. Solche reicheren Länder beginnen oft, den eigenen Wald zu schützen und wieder aufzubauen, fordern aber gleichzeitig mehr von den Wäldern in anderen Ländern. Über die Hälfte des weltweit verschifften Holzes geht nach China, das den Bau von Straßen tief in die Tropenwälder hinein finanziell fördert und internationale Ansätze einer nachhaltigen Forstwirtschaft unterminiert.[16] Allein die globale Zunahme des Fleischverzehrs führt zu einer enormen Nachfrage nach brasilianischen Sojabohnen als Tierfutter – mittlerweile sind bereits 17 Prozent des Amazonaswaldes für den Sojaanbau, die Rinderhaltung oder zur Holzgewinnung zerstört worden.[17]

Wenn der Mensch nicht schnellstens neue Materialien findet, die Holz, Fleisch, Palmöl, Zuckerrohr und derlei mehr ersetzen können, werden die tropischen Regenwälder und ihre einzigartige Tierwelt binnen einer Generation verschwinden. Nachhaltige Plantagenwälder sind eine der Alternativen zum Roden des Regenwaldes, wobei bevorzugt schnellwüchsige Baumarten wie Kiefern und Eukalyptus gepflanzt werden. Die Biotechfirma FuturaGene hat eine gentechnisch veränderte Eukalyptussorte geschaffen, die um 40 Prozent schneller wächst als normale Sorten und innerhalb von nur fünf Jahren Höhen von mehr als 27 Metern erreicht. Die Firma im Besitz des großen brasilianischen Zellstoffherstellers Suzano Papel e Cellulose plant große Anpflanzungen dieser genmanipulierten Bäume zur Holz- und Treibstoffgewinnung und hat bei der brasilianischen Regierung die Erlaubnis beantragt, die Bäume ab 2015 kommerziell anzubauen. Solche Plantagen könnten einen Teil des Holzeinschlags abwenden, wenn man sie abseits bestehender Wälder und nicht an deren Statt anlegen würde. In den kommenden Jahrzehnten müssen wir fraglos mehr biologische Produktionsstätten wie diese anlegen, doch als Lebensräume taugen Monokulturen von Eukalyptus, Ölpalmen, Kautschukbäumen und dergleichen nicht; im Vergleich zu anderen Ökosystemen mit ihrem ungeheuren Artenreichtum sind sie grüne Wüsten.

Derweil versuchen Wissenschaftler, mehr darüber zu erfahren, wie die natürlichen Regenwälder des kommenden Anthropozäns aussehen könnten. Ich reise weiter nordwärts in das brasilianische Amazonasgebiet, in die Nähe der großen Urwaldstadt Manaus. Dort wollen Forscher herausfinden, ob das Amazonasgebiet einen Tipping-Point erreichen und sich danach rasant zur Wüste entwickeln wird oder ob es allmählich degradiert und uns somit noch Zeit zum Handeln bleibt.

Heute leben rund 25 Millionen Menschen in Manaus und den anderen aufstrebenden Großstädten des Amazonasgebiets, was die Abholzung, Ausweitung der landwirtschaftlichen Flächen, Verschmutzung durch die Industrie und andere zerstörerische Einflüsse immer weiter befeuert. Die Umgebung von Manaus etwa ist der einzige Lebensraum des stark gefährdeten Zweifarbentamarins, einer kleinen Primatenart, der in rasantem Tempo die Heimat genommen wird. „Wir wissen so gut wie nichts über das Amazonasgebiet", sagt Adalberto Luis Val, Biologe und Leiter des INPA (Instituto Nacional de Pesquisas da Amazônia, „Nationales Institut zur Erforschung des Amazonas") in Manaus. „Vor zwei Jahren haben wir nicht weit von hier eine bislang unbekannte Affenart entdeckt. Und wir finden ständig bisher unentdeckte Insekten- und Spinnenarten."

Taxonomen versuchen im Wettlauf mit dem Anthropozän, unbekannte Arten aufzuspüren und zu benennen. Die Forscher glauben, dass sich im Amazonasgebiet eine sogenannte „Aussterbeschuld" (*extinction debt*) entwickelt – die Populationen der betroffenen Spezies gehen rapide zurück, doch dauert es noch einige Generationen, bis die Arten ganz aussterben.[18] Und selbst wenn Arten nicht aussterben, verändern sie sich doch unter dem Druck des Klimawandels dramatisch, so Adalberto. Das Problem besteht darin, dass unsere Erkenntnisse über die zu erwartenden Veränderungen allein auf Computersimulationen, Fossilbelegen und einer Handvoll dokumentierter Fälle beruhen, bei denen der Klimawandel bereits Spezies (meist Vogelarten) betroffen hat. Kurzum: Wir können nicht in die Zukunft blicken.

Adalberto ist jedoch dabei, das zu ändern. Im Rahmen des ersten Versuchs dieser Art – mit der Bezeichnung ADAPTA (Adaptações da Biota Aquática da Amazônia) – wirft er einen Blick auf den Amazonas in den kommenden Jahrzehnten, wobei er sich an drei unterschiedlichen Erwärmungsprognosen orientiert. Adalbertos Spezialgebiet sind Fische; darum beginnt er sein Experiment mit Fischen, unter anderem dem Pfauenaugenbuntbarsch. Trotz seines eher unscheinbaren Äußeren ist dieser Buntbarsch etwas Besonderes. Er kann seinen Stoffwechsel herunterfahren und in eine Art Ruhestarre verfallen, ohne dass seine Körpertemperatur absinkt. Das muss er vor allem nachts tun, weil das Wasser der „schwarzen" Flüsse (mit ihrem von zerfallenden Pflanzenteilen dunkel gefärbten Wasser), in denen er lebt, dann sehr sauerstoffarm und sauer wird (der pH-Wert sinkt nachts durch das gelöste $CO2$ auf etwa 3,5, weil keine Photosynthese erfolgt).

Dies sind ungewöhnliche Lebensumstände für einen Organismus. Viele Fische dieser Gewässer nehmen an der Wasseroberfläche Sauerstoff auf und umgehen so das Problem. Die einzigen anderen komplexen Lebewesen, die mit Sauerstoffmangel zurechtkommen, leben in großen Höhen und haben als Anpassung ein größeres Herz entwickelt. Doch der Pfauenaugenbuntbarsch reagiert ganz anders auf den verschwindend geringen Sauerstoffgehalt. Er stoppt zunächst den aeroben Stoffwechsel und schaltet auf anaeroben Stoffwechsel um, wie wir auch. Und er lenkt seinen Blutfluss vermehrt in bestimmte Gewebe wie die weiße Muskulatur, die es tolerieren, dass sich dort die anfallende Milchsäure anreichert. An einem bestimmten Punkt bewirkt dann ein biologischer Auslöser, den die Forscher noch nicht identifizieren konnten, dass der Buntbarsch vom anaeroben Stoffwechsel über Nacht in eine Art Ruhestarre wechselt. „Er sieht aus wie tot, er stellt sich tot, und er ist bis zum nächsten Tag auch mehr oder weniger tot", erläutert Maria Tereza Fernandez Piedade, die den Fisch ebenfalls erforscht.

Im Rahmen von ADAPTA werden zehn Fischarten des Amazonas-Flusssystems untersucht (darunter eben der Pfauenaugenbuntbarsch), außerdem eine Reihe aquatisch lebender Insekten, Mikroorganismen und Pflanzen. Sie werden in vier identischen Mikrolebensräumen gehalten, drei davon mit dem erhöhten CO_2-Gehalt, der erhöhten Temperatur und erhöhten Luftfeuchtigkeit entsprechend den jeweiligen Erwärmungsprognosen und einer als Kontrolle. Diese Mikrolebensräume werden über Jahre aufrechterhalten und beobachtet, um dann am Ende die Ergebnisse zu analysieren.

Adalberto hat mir einen Blick in diese möglichen Amazonasgebiete der Zukunft gestattet – durch versiegelte Doppeltüren in einem „Reinraum" voll funkelnder Apparaturen. Es gibt dort einen nach neuestem Stand arbeitenden Hochleistungs-DNA-Sequenzierautomaten, mit dem nach durch den Klimawandel induzierten genetischen Veränderungen gesucht wird, und ein kompliziertes, computergesteuertes Belüftungssystem, alles durch einen unabhängigen Generator versorgt. Ich frage ihn, mit welchen Ergebnissen er rechne. „Einige Fische werden wohl sterben, andere werden vermutlich bestimmte Gene überexprimieren oder herunterregulieren, die mit der Temperatur, dem Kohlendioxidgehalt und der Anpassung an den pH-Wert in Zusammenhang stehen", antwortet Adalberto. „Wir wissen es nicht sicher, und genau darum geht es hier." Als es das letzte Mal einen massiven Anstieg des CO_2-Gehalts in der Atmosphäre gab, stieg die Zahl der Fischarten geradezu explosiv an. Doch jener Anstieg erfolgte über einen sehr viel längeren Zeitraum als der gegenwärtige. „Die Fische des Amazonassystems sind an hohe Temperaturen angepasst, aber sehr empfindlich gegen Temperaturschwankungen", so Adalberto.

Das Amazonasgebiet ist viel mehr als die Summe seiner Teile, und möglicherweise sind Fische – was ich Adalberto gegenüber natürlich niemals äußern würde – nicht das entscheidendste Element des Waldes. Sie sind jedoch Indikatoren. Und dies ist bloß der Anfang – der Versuchsaufbau wird bereits zu einem größeren Ökosystem ausgebaut, mitsamt Stechmücken (von denen einige Malariaerreger und Dengue-Viren in sich tragen), Säugetieren und Bäumen. Bei einem ähnlichen Experiment in Australien setzt man Eukalyptusbäume um 40 Prozent erhöhten CO_2-Konzentrationen (von 550 parts per million) sowie höheren Temperaturen aus und beobachtet, wie sie darauf reagieren. Anfangs scheint es zu einem Anstieg der Photosyntheseaktivität zu kommen, doch wird dieser schon bald durch die erhöhten Temperaturen ausgeglichen, die das Wachstum der Bäume hemmen.

Bislang zeigen Wälder durch den Klimawandel vor allem Schäden, entweder weil es häufiger zu Waldbränden oder Dürren kommt oder weil die höheren Temperaturen die Entwicklung von Schädlingen und Krankheitserregern fördern. Küstenmammutbäume jedoch scheinen vom Klimawandel zu profitieren, unter anderem weil dieser den Küstennebel reduziert, sodass mehr Sonnenlicht auf ihre Nadeln fällt.[19] Mancherorts entstehen Wälder, wo vorher keine waren. Die arktische Tundra zeichnet sich normalerweise durch Permafrostböden aus. Während des Holozäns konnten dort nur Gräser und kleine Gehölze wachsen, doch das Auftauen der Böden hat eine Ausbreitung grüner Wälder nach Norden ermöglicht. In der Antarktis könnten eines Tages Palmen wachsen; immerhin haben Forscher entdeckt, dass dort vor 55 Millionen Jahren, in einem Zeitalter mit hohem atmosphärischen Kohlendioxidgehalt, ähnliche Bäume wuchsen.[20]

Unterm Strich jedoch sagt man dem Wald im Anthropozän ein eher düsteres Schicksal voraus – also genau dann, wenn wir eher mehr Bäume brauchen, um die Treibhausgasemissionen der Menschheit aufzunehmen. Die Situation ist sogar so kritisch, dass manche Wissenschaftler der Auffassung sind, man müsse nicht einfach mehr Bäume pflanzen, sondern die Bäume selbst grundlegend verändern, sodass sie der Luft effektiver CO_2 entnehmen. Die natürliche Methode – Photosynthese – entstand vor etwa 3 Milliarden Jahren, als ein bestimmter Bakterientyp erstmals die Fähigkeit entwickelte, sich direkt von der Sonne zu ernähren, indem er mit ihrer Energie aus dem in der Luft enthaltenen Kohlendioxid Zucker herstellte. Das erwies sich als unschätzbar nützliche Anpassung, und die Bakterien vermehrten sich rasch und in großem Umfang. Sie reicherten die Luft mit ihrem giftigen Abfallprodukt Sauerstoff an. Jene Organismen, die durch den Sauerstoff nicht abgetötet wurden, entwickelten sich bald weiter und profitierten von ihm. So entstand das Leben, wie wir es von der heutigen Erde kennen. Die Pflanzen machten sich die Produkte dieser Bakterien zunutze, bis irgendwann vor etwa 2,6 Milliarden Jahren eine Pflanze das Bakterium in ihre Zelle aufnahm, wo es fortan die Photosynthese als Teil der Pflanze betrieb. Fast alle Lebewesen – auch der Mensch – sind auf die photosynthetische Fähigkeit der Pflanzen angewiesen, mithilfe der Sonnenenergie aus der Luft Kohlenstoff aufzunehmen, jenen essenziellen Baustein des Lebens. Und das Klima des Holozäns, in dem sich die menschliche Zivilisation entwickelte, ist auf Wälder angewiesen, die die Treibhausgase in der Atmosphäre in Schach halten.

Ich begebe mich nach New Jersey. Dort will ich mich mit einem Mann treffen, der glaubt, er könne mit einem Wald aus künstlichen Bäumen positiv auf diesen Prozess einwirken. Klaus Lackner ist Leiter des Lenfest Center for Sustainable Energy der Columbia University und kam wie James Lovelock nach einer Tätigkeit für die NASA zum Geoengineering. (Vielleicht führt einem die Erforschung des Weltraums vor Augen, wie kostbar unser Heimatplanet ist.) Der umtriebige deutsche Physiker sucht nach Wegen, die globalen Temperaturen zu beeinflussen, indem er Kohlendioxid direkt aus der Luft entnimmt, so wie es ein Blatt tut. Sollte es funktionieren, wäre es eine von wenigen Geoengineering-Maßnahmen mit Vorteilen, die über das einfache Abkühlen der Atmosphäre hinausgehen – so würde beispielsweise die Versauerung der Meere wieder ein Stück weit rückgängig gemacht.

Seit einigen Jahren versucht man immer wieder, CO_2 aus Kraftwerken durch Gaswäscher (Nassabscheider) in den Schornsteinen herauszufiltern. Das Kohlendioxid lässt sich dann herunterkühlen und zur Lagerung in tief liegende Hohlräume im Gestein pumpen, um dabei beispielsweise die Flüssigkeit in salzhaltigen wasserleitenden Schichten zu ersetzen. Eine weitere Lagerungsoption wäre, das Gas in Erdöllagerstätten zu pumpen, um das Erdöl zu verdrängen und damit den Fördergesellschaften zu helfen, Erdöl auch aus schwer zugänglichen Vorkommen zu gewinnen – ein Verfahren der sogenannten erweiterten Ölgewinnung. Die Abspaltung von Treibhausgasemissionen an Kraftwerken – die CO_2-Abscheidung und Speicherung – ist eine gute Methode, um zusätzlichen Kohlendioxidausstoß zu verhindern, solange wir noch fossile Brennstoffe verwenden. Was aber ist mit dem Gas, das sich bereits in der Atmosphäre befindet? In einem Kraftwerksschornstein stellt Kohlendioxid einen Anteil von bis zu 12 Prozent einer relativ kleinen Abgasmenge. Die Abscheidung des Gases erfordert viel Energie; sie ist also teuer, aber machbar. Die Entnahme von Kohlendioxid aus der Atmosphäre dagegen stellt uns vor das Problem, dass das Gas hier in geringer Konzentration vorliegt (nur 0,04 Prozent oder 400 parts per million des

Gasvolumens) und deshalb riesige Luftmengen verarbeitet werden müssen, um einen spürbaren Effekt zu erzielen. Das Ganze erfordert zudem ein langfristiges Engagement.[21] Aus diesen Gründen scheuen die meisten Forscher vor dieser Idee zurück.

Klaus aber hat eine Technik entwickelt, die das Problem lösen könnte. Er hat einen „künstlichen Baum" konstruiert, dessen „Blätter" 1000-mal effizienter als echte Blätter CO_2 aus der Luft ziehen. „Die Blätter brauchen kein Sonnenlicht für die Photosynthese, so wie es bei einem echten Baum der Fall ist", erklärt Lackner. „Unsere Blätter lassen sich also viel dichter und überlappender anordnen – oder sogar in Wabenform, damit sie möglichst effizient arbeiten."

Die Blätter sind aus papierähnlichem Kunststoff gefertigt und mit einem Harz überzogen, das Natriumkarbonat (Waschsoda) enthält. Dieses entzieht der Luft Kohlendioxid und speichert es als Natriumhydrogenkarbonat (Natron). Um das Kohlendioxid abzuscheiden, werden die Blätter in Wasserdampf abgespült, trocknen an der Luft und sind erneut bereit, Kohlendioxid aufzunehmen.

Klaus rechnet damit, dass sein „Baum" rund eine Tonne Kohlendioxid pro Tag aus der Luft ziehen kann. Somit könnten 10 Millionen solcher Bäume 3,6 Milliarden Tonnen Kohlendioxid im Jahr aus der Atmosphäre ziehen – etwa ein Zehntel der jährlichen CO_2-Emissionen der Menschheit. „Mit 100 Millionen Bäumen ließen sich unsere Emissionen komplett auffangen", so Lackner. „Dafür wäre die tausendfache Menge an echten Bäumen nötig." Bäume haben es im Anthropozän schwer zu wachsen, und für Pflanzungen in diesem Ausmaß müsste wertvolles Ackerland umgewidmet werden. Bei einer Massenproduktion der künstlichen Bäume würde der Preis für ein Exemplar ungefähr dem eines Autos entsprechen, erläutert mir Lackner und weist darauf hin, dass jedes Jahr 70 Millionen Autos gebaut werden. Jeder künstliche Baum würde auf einen LKW passen, sodass man ihn überallhin transportieren könnte. „Das Großartige an der Atmosphäre ist, dass sich darin alles vermischt. Man kann also in einer amerikanischen Großstadt produziertes Kohlendioxid in der Arabischen Wüste wieder entnehmen."

Das so gewonnene Kohlendioxid ließe sich herunterkühlen und lagern, meint Lackner. Selbst wenn wir all unsere CO_2-Emissionen aus der Atmosphäre filtern könnten, befürchten doch viele Wissenschaftler, dass es gar nicht genügend Lagerstätten in salzwasserführenden Grundwasserleitern oder Erdöllagerstätten gebe. Seitens der Geologie kommen jedoch bereits Alternativvorschläge. Peridotit etwa, ein Tiefengestein aus Olivin und anderen Silikaten, kann sehr gut Kohlendioxid absorbieren und wandelt es dabei in stabiles Magnesiumkarbonat um. Allein in Oman gibt es einen Berg, der aus rund 3000 Kubikkilometern Peridotit besteht. Eine andere Option könnten Basaltformationen sein, die kleine Hohlräume enthalten – erstarrte Gasblasen aus der Zeit, als vor Jahrmillionen Lava zu diesem Gestein erkaltete. Beim Einpumpen von Kohlendioxid in diese uralten Gasblasen würde dieses zu stabilem Kalziumkarbonat reagieren – Kalkstein. Solche CO2-Absorptionsprozesse laufen auch in der Natur ab, aber nur langsam, über geologische Zeitalter hinweg. Wissenschaftler versuchen derzeit, den Prozess zu beschleunigen, indem sie das Gas zunächst in Wasser lösen und dann unter hohem Druck ins Gestein injizieren.

Klaus hält das Gas jedoch für zu wertvoll, um es einfach in Gestein umzuwandeln. Er hat die Idee, daraus flüssige Treibstoffe für Transportfahrzeuge zu machen. Kohlendioxid kann mit Wasser zu Kohlenmonoxid und Wasserstoff reagieren – ein Synthesegas genanntes Gemisch, aus dem sich jederzeit Kohlenwasserstoff-Treibstoffe wie Methanol oder Diesel herstellen lassen. Dazu braucht es Energie, aber diese ließe sich aus erneuerbaren Quellen wie der Windenergie beziehen, wie Klaus vorschlägt.

Wir verfügen über die nötigen Techniken, um Kohlendioxid aus der Luft zu entnehmen (und es daraus fernzuhalten). Eine andere Frage ist jedoch, ob dies wirtschaftlich lohnend ist. Nach Klaus' Auskunft entstehen bei seinen „Bäumen" Unkosten von 200 US-Dollar pro Tonne CO2, die sie aus der Atmosphäre ziehen. Bei diesem Preis rechnet sich das Verfahren nicht einmal für Ölkonzerne, die etwa 100 US-Dollar pro Tonne bezahlen würden, um das Gas bei der erweiterten Ölgewinnung einzusetzen. Letztlich müssen wir uns darüber klar werden, ob die Technik es unter sozialen Gesichtspunkten wert ist, eingesetzt zu werden. Auch bei anderen Methoden, die Funktionen erfüllen, welche die Natur auch von sich aus erledigt, wird dies das entscheidende Kriterium sein.

Derzeit ist die Photosynthese, ob nun durch Regenwälder, künstliche Bäume oder die „Algenwälder" der Ozeane, der einzige Weg, um den Kohlendioxidgehalt der Atmosphäre wieder auf die im Holozän geltende Norm zu senken. Im weiteren Verlauf des Anthropozäns wird es einfacher und kostengünstiger werden, Kohlendioxid gleich an der Quelle zu entnehmen – und die Notwendigkeit dafür wird weiter steigen. Gut möglich, dass es dann riesige Wälder aus künstlichen Bäumen gibt, die die Luft reinigen. Doch als ich Klaus' Labor verlasse, wandern meine Gedanken zu den Baumriesen im Amazonasgebiet mit ihrem reichen Insekten- und Vogelleben. Rosas Wald ist so viel mehr als eine Ansammlung von Bäumen, die Kohlendioxid absorbieren – er ist das Leben selbst. Wie halbherzig wird unsere Sorge um die Wälder erst sein, wenn wir einen künstlichen Ersatz für ihre Dienste entdeckt haben?

9 GESTEIN

Die Elemente Wasserstoff und Helium machen mit 99,99 Prozent fast die gesamte bekannte Materie im Universum aus. Somit ist die Vielfalt der Materie auf der Erde etwas ganz Besonderes. Noch außergewöhnlicher aber ist die Entstehungsgeschichte dieser wunderbaren Komplexität, denn als sich die Erde vor 4,6 Milliarden Jahren bildete, war sie eine brodelnde Mixtur aus nur ungefähr 70 verschiedenen Mineralen. Mit der Abkühlung des Planeten wurden die schwereren Elemente – zum Beispiel Eisen – durch die Schwerkraft in den Erdkern gezogen.

Vor etwa 3,9 Milliarden Jahren begann dann für unseren rotierenden Planeten eine turbulente Ära, die als Großes Bombardement („Late Heavy Bombardment") bezeichnet wird. Damals schlug ein Trommelfeuer aus Asteroiden auf der Erde ein, die gigantische Krater in die Erdoberfläche gruben. Diese Asteroiden-Invasionen hatten wertvolles Gepäck an Bord – eine Schatztruhe voll kostbarer Metalle, darunter Gold, Platin und Wolfram, die in den Mantel des Planeten eingebettet wurden. Die anhaltende vulkanische Aktivität der Erde und der Abrieb durch die anbrandenden Meere verdoppelten die Zahl der Minerale noch einmal annähernd, da verschiedene Elemente zusammengebracht wurden und unter verschiedenartigsten Drücken und Temperaturen miteinander reagierten. Andere Planeten unseres Sonnensystems gelangten über dieses Stadium nicht hinaus, doch die Erde fuhr fort, Tausende verschiedener Minerale zu produzieren. Dafür sollten wir dankbar sein!

Die sich verschiebenden und kollidierenden tektonischen Platten der Erde – die über dem dichteren Basalt treibende Granitkruste – lieferten die Bausteine des Lebens: das Rohmaterial (wie Kohlenstoff, Stickstoff, Phosphor und Schwefel), die Energie und die fortgesetzten Reaktionszyklen dieser Stoffe, die zur Aufrechterhaltung der lebenden Organismen beitrugen. Der Zaubertrick des Lebens war die Photosynthese. Der Boden unter unseren Füßen, jener einzigartige Planet Erde, ist aus dem Wechselspiel von Biologie, Chemie und Geologie hervorgegangen. Das Leben hat diesen felsigen Planeten ebenso gewiss geschaffen wie die Sonne.

Der innere Motor der Erde versorgt ihre Oberfläche mit einer Energie von gerade einmal 0,1 Watt pro Quadratmeter; die Photosynthese bindet jedoch viermal so viel Energie chemisch aus dem Sonnenlicht. Diese chemische Energie half beim Antrieb geologischer Prozesse, die ihrerseits in einem grandiosen Kreislauf die Explosion von Leben auf der Erde auslösten. Die Photosynthese füllte die Atmosphäre mit Sauerstoff, woraufhin sich Tausende neuer Minerale, etwa Metalloxide, bildeten. Und die organische Materie wiederum beförderte geologische Prozesse – die nun reichlich vorhandenen Tongesteine dienten gewissermaßen als Schmiermittel der Tektonik, sodass sich riesige Granitplatten bewegen konnten, was die Verschiebung der Kontinente verstärkte. Die Tonpartikel sammelten sich in Sedimentschichten an, wurden zu Magma recycelt und dann als Granit wieder ausgespuckt. Das Gestein unseres Planeten wurde nahezu vollständig vom Leben geformt.

Starb lebende Materie ab, wurde sie im Inneren des Planeten begraben – Wälder versteinerten zu Kohle, tote Meeresorganismen verwandelten sich in flüssiges Erdöl oder wurden als Erdgas eingeschlossen. Auf der Erdoberfläche erodierten Gletscher und Flüsse die Felsen und gruben Täler und Schluchten. Bei Vulkanausbrüchen und Erdbeben traten weiterhin Minerale und Gase aus dem aufgewühlten Inneren der Erde aus; sie veränderten das Klima und erzeugten oder verschluckten Landmassen in unvorhersehbarer Weise.

Das Holozän ist eine relativ stabile geologische Epoche – in 10 000 Jahren haben sich die Kontinente weniger als einen Kilometer weit bewegt –, doch mittlerweile hat sich der Mensch selbst zu einem geologischen Faktor entwickelt. Wir haben Gestein für Werkzeuge und als Baumaterial behauen und gesammelt und uns auf der Suche nach Metallen und Brennstoffen in die Tiefe gegraben. Wir schätzen die nützlichen Metalle, wie Eisen und Zinn, doch einen noch größeren Wert messen wir nutzlosen Metallen und Mineralen bei – dekorativen Edelmetallen, wie Gold, oder Kristallen, wie dem Diamant. Sie ließen Weltreiche entstehen, und um sie wurden Kriege geführt.

Im Anthropozän haben unsere „weltbewegenden" Fähigkeiten wahrhaft planetare Ausmaße angenommen: Durch Bergbau und andere Entnahmen bewegen wir nun mehr Gesteinsmaterial als alle Gletscher und Flüsse zusammen. Das Anthropozän gründet sich auf die Ausweidung der Erde. Alles, was wir herstellen – und auch die dafür benötigte Energie – verdanken wir den von uns abgebauten Mineralen.

Die Industrielle Revolution wurde durch unterirdische fossile Brennstoffe befeuert, und die darauf folgenden großen gesellschaftlichen Umwälzungen erzeugten eine immer größere Gier nach Materialien, die wir dem Gestein der Erde entnahmen. Seit Mitte des 20. Jahrhunderts haben Massenproduktion, freie Marktwirtschaft, Konsumdenken, technische Revolution und Globalisierung allesamt dazu beigetragen, die Nachfrage nach geförderten Mineralen dramatisch in die Höhe zu treiben. In zahlreichen Fällen übersteigt diese Nachfrage das Angebot der Erde, und einige Metalle werden immer schwerer zugänglich oder seltener. Viele Metalle, die wir für Geräte des 21. Jahrhunderts, etwa Smartphones, benötigen, sind die seltensten der Erde, sodass einige Leute schon vorschlagen, unseren künftigen Bedarf durch den Rohstoffabbau auf Asteroiden oder gar anderen Planeten zu decken. Im Anthropozän hat die Ausbeutung der irdischen Mineralressourcen nie da gewesene Ausmaße angenommen. Zugleich jedoch entdecken wir nun auch neue Wege der Energie- und Materialgewinnung aus reichlich vorhandenen statt raren Ressourcen sowie neue Lebensweisen, die die Kapazitäten unseres irdischen Gesteins nicht sprengen.

An der Flanke des Berges kleben einige unbeheizte Steinhütten. Zwischen ihnen klafft ein niedriger dunkler Eingang mit schwarzen Flecken von Lamablut, Überresten eines vor einigen Wochen dargebrachten Opfers für „el Tío", eine Gottheit, die teuflische Züge annehmen kann. Bergarbeiter sind extrem abergläubische Kreaturen – die grausame Realität ihrer Lebensumstände nährt die verzweifelte Hoffnung auf übernatürlichen Beistand. Im sonnigen Tageslicht sind sie glühende Katholiken, doch in der Unterwelt ist es el Tío, der ihr Schicksal in seinen Händen hält.

Hier enden viele Klimaflüchtlinge aus Boliviens Dörfern – sie schließen einen Pakt mit dem Teufel, den nur wenige überleben. Ich bin hergekommen, um mit eigenen Augen zu sehen, wie es diesen Menschen ergeht, sobald die Dürre ihre Ernten vernichtet und sie von Haus und Hof vertrieben hat – und das ist alles andere als schön.

Das schäbige und von Armut geprägte Potosí gehört mit seiner Lage in über 4000 Metern Höhe zwar zu den am höchsten gelegenen Großstädten der Welt, wird aber noch vom regenbogenfarbenen Cerro Rico („Reicher Berg") überschattet. Drohend ragt er über den Einwohnern auf – ein imposanter Mahner an den Ursprung von Glanz und Elend dieser Stadt. Potosí wurde 1545 gegründet, nachdem man im Berg Silber entdeckt hatte. Die Mine erwies sich als die ertragreichste der Welt und hielt das spanische Kolonialreich mehr als 200 Jahre lang finanziell über Wasser. Das außergewöhnlich reichhaltige Vorkommen des kostbaren Metalls – man sagt, es habe so viel davon gegeben, dass man eine silberne Brücke von dort bis Spanien hätte bauen können und immer noch genug Silber gehabt hätte, um es über die Brücke zu transportieren – hatte zur Folge, dass Potosí zur wohlhabendsten, größten und bevölkerungsreichsten Stadt der westlichen Welt wurde. Im 17. Jahrhundert zählte sie über 200 000 Einwohner. Die Stadt hatte ihre eigene Münzstätte, deren Prägezeichen – die übereinandergeschriebenen Buchstaben PTSI – angeblich Pate für das Dollarzeichen stand. Insgesamt wurden während der Kolonialzeit fast 70 000 Tonnen Silber vom Cerro Rico aus verschickt.

Der Preis dafür war jedoch grausam: In den 350 Jahren der spanischen Besatzung starben 8 Millionen Menschen bei der Arbeit im Bergbau. Die Ersten, die man „verbrauchte", waren die einheimischen Sklaven, die in solch enormen Mengen hinweggerafft wurden, dass die Spanier Zehntausende afrikanische Sklaven importierten und sich 1572 auf das Militärrecht beriefen, wonach alle Sklaven in Zwölf-Stunden-Schichten arbeiten und vier Monate ununterbrochen unter Tage bleiben mussten. Die durchschnittliche Lebenserwartung eines Bergarbeiters betrug nur sechs Monate.

Zu Beginn des 19. Jahrhunderts erschöpften sich die Silbervorräte und der Weltmarktpreis ging zurück, was den Niedergang der Stadt einleitete. Davon konnte sie sich erst kürzlich dank der Nachfrage nach Zinn, Blei und Zink wieder erholen. Der Cerro Rico lockt jedoch nach wie vor Arbeiter in die Silbermine. Damit schließen sie einen übleren Pakt als

Faust, weil sie nicht nur ihre Seele verkaufen, sondern auch ihren Körper. Wer zur Arbeit in diese Mine einzieht, stirbt innerhalb von 10 Jahren, im Schnitt vor Erreichen des 35. Lebensjahrs. Die Todesursachen sind Silikose (Staublunge), Unfälle und Vergiftungen durch die verschiedenen schädlichen chemischen Stoffe, denen die Arbeiter ausgesetzt sind, darunter Cyanid, Quecksilber und Kohlenmonoxid.

Wer in den begehrten Kooperativen arbeitet, kann durchschnittlich 1500 Bolivianos (225 US-Dollar) pro Woche verdienen; wer allein arbeitet, verdient normalerweise sehr viel weniger. Alles hängt von der Quantität und Qualität der geförderten Minerale ab. Zurzeit (Januar 2014) liegt der Silberpreis bei 20 US-Dollar pro Unze; sobald die Zwischenhändler bezahlt sind, erhält der Minenarbeiter einen kleinen Anteil davon. Gelingt es einem Arbeiter, einer Kooperative beizutreten (dieses Privileg kostet ihn 7000 US-Dollar), gehen 16 Prozent seines Verdienstes (auf alle Mitglieder gleichmäßig verteilt) an die Kooperative. Nach Abzug der Steuern wird dieses Geld verwendet, um den Minenarbeitern eine Rente und Gesundheitsfürsorge zu sichern, wenn sie früher oder später an Silikose erkranken oder einen Unfall erleiden, und ihren Witwen regelmäßige Einnahmen.

Juan Mamani Choque hat drei Jahre in den Minen gearbeitet. Er musste 50-Kilo-Säcke mit Gestein aus einer Bohrtiefe von 60 Metern zur nächsthöheren Sohle bei 25 Metern Bohrtiefe hochschleppen, wo man das Gestein auf Loren umladen konnte. Damals wog Juan nur 45 Kilo; er leistete die gleiche Arbeit wie sein Vater, der an Silikose gestorben war. Mit 25 Jahren rutschte Juan aus und stürzte in einen Schacht, wobei er sich den Rücken verletzte. Während seiner Genesung überredete ihn seine Frau, nicht mehr in die Minen zurückzukehren, und so ging er wieder zur Schule und machte schließlich einen Hochschulabschluss als Sprachlehrer.

Juan nimmt mich mit zum Markt der Minenarbeiter, wo ich für zwei US-Dollar eine Stange Nitroglyzerin, eine Stange mit Ammoniumnitrat und eine Zündschnur kaufe, die einem vier Minuten Zeit lässt, sich in Sicherheit zu bringen. Wir nehmen den Bus zur Mine Candelaria Bajo, die mit mindestens 350 Jahren eine der ältesten der 700 Minen im Cerro Rico ist, und gehen durch den blutbefleckten Eingang.

Wie all die Millionen Menschen, die bereits vor mir den Eingang passiert haben, werfe ich einen letzten Blick zurück zur Sonne. Dann betrete ich die Unterwelt. Sofort umfangen mich Dunkelheit und Staub, und die Luft erfüllt ein eigenartiger Geruch – eine beißende Mischung aus den zahlreichen chemischen Verbindungen hier. Ich stolpere hinter Juan her, geduckt unter den tief hängenden Felsen, und versuche, nicht daran zu denken, was Geologen zehn Jahre zuvor prophezeit haben: Der Berg sei so von Tunneln und Felsspalten durchlöchert, dass er innerhalb der nächsten acht bis zehn Jahre in sich zusammenstürzen werde. Immer wieder stoße ich mir den Kopf an und bin dankbar für meinen Schutzhelm, um ihn im nächsten Moment zu verwünschen, weil er mir über die Augen rutscht und die Sicht versperrt. Plötzlich ruft Juan mir zu, von den Schienen runter und zur Seite zu gehen. Mit einiger Mühe klettern wir auf einen Felsen, und schon saust eine Reihe stählerner Loren auf den Gleisen auf uns zu, gezogen und geschoben von geisterhaften Männern mit geweiteten Pupillen – alle kauen hier Cocablätter gegen die Müdigkeit.

Wir setzen unseren Weg fort und dringen weiter in die Mine vor. Selbst durch meinen Schal hindurch ist das Einatmen der staubigen Luft fast unerträglich und mit jedem Schritt wird die Sicht schlechter. Schon bald kommen wir nur noch auf Händen und Knien kriechend voran, durch Tunnel, die so eng sind, dass man durchaus in Panik geraten könnte, und noch immer geht es bergab. Wir rutschen einen senkrechten Schacht, ein „rabbit hole", hinunter – wobei kein Kaninchen in dieser Tiefe leben würde – und erreichen eine tiefere Sohle. Wir befinden uns nun mehrere Kilometer weit im Inneren des Berges. Es ist erstickend heiß, die Luft brennt in meiner Lunge und ich bin völlig erschöpft – und dabei arbeiten wir nicht einmal. Weiter geht's. Auf unserem Weg nach unten passieren wir nun eine Stelle, die so eng ist, dass ich auf dem Bauch rutschen muss, und kommen bei zwei Männern heraus, die Gesteinsbrocken in Loren schaufeln. Ich biete ihnen von meinem Wasser an, und nachdem zwei weitere Loren versorgt worden sind, legt einer der Männer eine Pause ein, um sich ein paar Minuten mit mir zu unterhalten.

Damaso Condori ist 40 Jahre alt und arbeitet erst seit fünf Jahren hier. Immer schlimmere Dürren haben ihn aus seinem Heimatdorf vertrieben, und nun will er sein Glück im Cerro Rico versuchen. Vor ein paar Monaten hat er angefangen zu husten (das erste Anzeichen der Silikose), und nun sorgt er sich um seine Familie, die im Dorf geblieben ist. Zunächst muss er aber weiter in der Mine arbeiten, weil er sonst nicht für die Ausbildung seiner fünf Kinder aufkommen kann. In einer Höhe von

4200 Metern über dem Meeresspiegel und bei Temperaturen über 40 Grad bewegen Damaso und sein Arbeitskamerad in einer (kurzen) Acht-Stunden-Schicht jeweils 40 Tonnen Gestein.

Die Luft ist so dünn und der Staub so dicht, dass ich allein vom Herumstehen hämmernde Kopfschmerzen habe und mir die Augen tränen. Als ein weiteres Männerquartett mit Lorenladungen eintrifft, beginnt Damaso wieder zu schaufeln, und wir machen kehrt, um den Rückweg bergauf anzutreten. Der Weg ist lang und quälend – wir schleppen und ziehen uns die Schächte wieder hoch, durch die wir gekommen sind, und ich denke beschämt daran, dass Juan den gleichen Weg viele Male am Tag mit 50 Kilogramm auf dem Rücken zurückgelegt hat. Ich frage ihn, was wäre, wenn sein Sohn ihm sagen würde, dass er in den Minen arbeiten will. „Ich würde ihm eine Stange Dynamit in den Arsch schieben“, sagt Juan. „Kommt nicht infrage!“

Das kostbare Silber wurde früher überwiegend zur Herstellung von Münzen und Schmuck verwendet. Später entdeckte man, dass das Metall unter Zusatz von Salpetersäure zu farblosen, lichtempfindlichen Kristallen – Silbernitrat – reagierte, welches sich als entscheidender Ausgangsstoff für die Entwicklung der Fotografie entpuppte. Es war so unverzichtbar, dass man in den 1970er-Jahren befürchtete, eines Tages gebe es kein Silber mehr, was das Ende der Fotografie bedeutet hätte. Doch dann wurde die digitale Fotografie erfunden.

Heute wird Silber überwiegend in der Industrie genutzt, unter anderem in der Elektronik, bei der Katalyse und bei medizinischen Anwendungen. Silber verfügt über die höchste elektrische (und thermische) Leitfähigkeit aller Metalle und kommt darum in einer Vielzahl elektronischer Geräte zum Einsatz. Die medizinischen Eigenschaften von „Silberkugeln“ kennt man bereits seit Hippokrates, dem „Vater der Medizin“ aus dem antiken Griechenland. Sie beruhen auf der Tatsache, dass Silber und seine Verbindungen für Bakterien und Pilze giftig sind, weshalb sich Silberverbindungen ideal für die Antisepsis und Wundversorgung eignen. Außerdem verwendet man Silber in Herzklappen und kathetern, und zurzeit wird sein Potenzial im Kampf gegen Krebs erforscht.

Silber wird jedoch immer seltener. Laut einem Bericht des geologischen Dienstes der USA gibt es weltweit bekannte Silbervorkommen von nur noch 400000 Tonnen. Jährlich werden 21000 Tonnen gefördert, also sind die Reserven voraussichtlich bis 2029 aufgebraucht. Da der Silberpreis steigt, wird der Abbau in Wahrheit jedoch kostengünstiger, und normalerweise werden auch immer wieder neue Vorkommen entdeckt – obwohl diese vielleicht nicht mehr über das jetzige Jahrhundert hinausreichen.

Eine mögliche Lösung besteht darin, das bereits im Umlauf befindliche Silber zu recyceln. In 1 Tonne Silbererz ist gewöhnlich weniger als 3 Gramm Silber enthalten; dagegen kann 1 Tonne ausrangierter Mobiltelefone (6000 Handys) 3,5 Kilogramm Silber enthalten. Das heißt, es ist sinnvoller, nach alten Handys zu „schürfen" – im Elektronikmüll verbergen sich mittlerweile Edelmetallmengen, die im Durchschnitt 40- bis 50-mal ergiebiger sind als Erze aus dem Bergbau. Dennoch muss man angesichts der zunehmenden Verknappung und des steigenden Preises für viele Verwendungen von Silber einen Ersatz finden. Dazu würden sich etwa Aluminium oder komplexe Metalloxide anbieten, die eine gute Leitfähigkeit aufweisen. Sollte der Goldpreis unter den Silberpreis fallen, was denkbar ist, könnte auch Gold das Silber bei einigen Anwendungen ersetzen.

Doch angesichts des hohen Silberpreises und weil im Erdboden nach wie vor etwas Silber zu entdecken ist, werden trotz möglicher Alternativen weiterhin verzweifelte Menschen danach graben. Und da Minerale knapper werden, benötigt man mehr Ressourcen (Land, Energie und Wasser) zu ihrer Gewinnung. So braucht man für den Abbau des nun seltener werdenden Kupfers im Schnitt zehnmal mehr Erz als früher, um die gleiche Menge an Metall zu erhalten. Die Nachfrage hat den Preis für eine Reihe nützlicher Metalle, von Gold bis zu Seltenerdmetallen, in die Höhe getrieben. Da die Gewinnung lukrativer wird, befördert dies die Zerstörung von Regenwäldern und Flüssen sowie Gewalt und Menschenrechtsverletzungen in der armen Welt.

Hinzu kommt, dass die Menschheit von allem immer mehr benötigt – man erwartet, dass sich die globale Nutzung von fossilen Brennstoffen, Mineralen, Erzen und Biomasse bis 2050 verdreifacht und damit eine Größenordnung von 140 Milliarden Tonnen pro Jahr erreicht.[1] Der Preis für Metalle und andere Güter hat einigen Ländern zu Wohlstand verholfen, doch ob dieser auch die Ärmsten erreicht, hängt von den Regierungen ab. Botswana hat beispielsweise mithilfe seiner Diamantminen – die sich zum Teil in staatlichem Besitz befinden – Bildungseinrichtungen, Gesundheitsfürsorge und andere öffentliche Projekte finanziert. Die Demokratische Republik Kongo hingegen hat das nicht getan.

Auf unserem Rückweg durch die Mine nach oben schlagen Juan und ich einen weiteren unsagbar schrecklichen Weg ein, um einen Abstecher zu el Tío zu machen – jede Mine hat ihren eigenen. Die schaurige Statue sitzt mit ihren fratzenhaften Gesichtszügen und einem unzweckmäßig großen Penis da, umgeben von einem Haufen Müll, wie es auf den ersten Blick scheint. Rasch geht mir aber auf, dass all die Zigaretten, Cocablätter, Whisky- und Rumflaschen, Nahrungsmittel und Softporno-Spielkarten Geschenke für el Tío sind. Die Minenarbeiter kommen regelmäßig her und besänftigen ihn mit diesen Opfergaben. So hoffen sie, ihn abzulenken, damit er sie nicht durch einen Unfall tötet.

Nach einem gefühlten Tag, tatsächlich aber nur anderthalb Stunden gelangen wir wieder blinzelnd ins Sonnenlicht. Ich sauge die frische kalte Luft in tiefen Zügen ein, dankbar, noch zu leben und el Tío überlistet zu haben. Der Staub in der Mine hat mich heiser gemacht, ich werde 20 Minuten duschen müssen, um mir den rußigen Dreck vom Leib zu waschen, und meine Kleider stinken nach Unterwelt, aber für mich war dies nur ein kurzer Ausflug. Ich kann mir beim besten Willen nicht vorstellen, wie man unter diesen Bedingungen 12 bis 14 Stunden lang arbeiten kann, manchmal auch in einer doppelten Nachtschicht, und das für Jahre. Kinder arbeiten in diesen Minen, sobald sie neun Jahre alt sind. Männer mittleren Alters sind hier nicht zu sehen; nur ihre Witwen schaufeln draußen Gesteinsbrocken.

In Potosís Krankenhaus für Minenarbeiter bietet sich mir ein mitleiderregendes Bild: Greisenhaft aussehende Männer zwischen 30 und 40 liegen apathisch im Bett, mit dem Tropf am Arm und riesigen Sauerstoffflaschen hinter ihnen. Das ist der Fallout unserer Liebe zum Silber, das Ergebnis des Klimawandels, der die Dorfbewohner von ihren Höfen in die Minen treibt, die Folge einer staatlichen Politik, die es zulässt, dass Menschen unter solchen Bedingungen leben und arbeiten.

Simon Arcibia in Bett 5 wurde in Potosí geboren und hat in den Minen gearbeitet, seit er 17 war. Seit einem Monat liegt er mit Silikose in der Klinik, wofür seine Kooperative aufkommt, und erzählt mir, es gehe ihm schon besser. „Wie schön“, sage ich erfreut. „Ja, normalerweise sterben die Leute, aber ich nicht. Ich werde mich wieder erholen. Ich habe einen Sohn, wissen Sie.“ Ich frage, ob sein Sohn auch in der Mine arbeitet. „Nein, er studiert. Ich möchte, dass er Arzt wird. Das ist teuer, aber die ganze Kooperative legt Geld zusammen, und ich werde mehr Schichten einlegen.“

Wir plaudern noch eine Weile. Und dann, als ich gehen will, sagt er: „Ich finde, die Regierung sollte die Minen schließen. Sie haben meinen Vater getötet, und nun töten sie mich."

Zehntausende von Jahren lang haben Menschen unter dem Erdboden dieses großen felsigen Planeten herumgegraben und die harte Oberfläche auf der Suche nach Werkzeugen, Baumaterialien und funkelnden Juwelen geplündert. Wir sind nicht die einzige Spezies, die harte, unnachgiebige Materialien zu schätzen weiß – Schimpansen verwenden Steinwerkzeuge und europäische Neandertaler buddelten nach Feuerstein –, aber wir sind die einzigen Lebewesen, die auch nach den Metallen und anderen Mineralen graben, die sich im Inneren des Gesteins verbergen. Auf unsere Abbautätigkeit gründeten sich ganze Zivilisationen, und manche Metalle wurden so bedeutsam, dass sie für ganze kulturelle Epochen stehen, wie die Eisenzeit und die Bronzezeit. Mächtige Reiche dehnten sich auf der Suche nach Edelmetallen, Juwelen und Brennstoffen über ganze Ozeane aus. Die Römer eroberten Britannien wegen seiner Metallvorkommen und schürften mithilfe hydraulischer Geräte Gold aus den Tiefen der Felsen. Der plötzliche Aufschwung Spaniens vor 400 Jahren verdankt sich großenteils dem Silber aus jenen Hügeln von Potosí.

Ein Teil dieser gehobenen Schätze – wie etwa Eisen – entstand vor Milliarden von Jahren im Inneren eines Sterns; andere, etwa Kohle, bildeten sich in jüngerer Zeit aus lebenden Wäldern, die vor rund 300 Millionen Jahren im Moor versanken und durch Sedimente zusammengepresst wurden. Manche dieser geförderten Minerale, beispielsweise Eisen, kommen in der Erdkruste häufig vor, während andere selten sind, aber keines von ihnen lässt sich in einigen Tausend Jahren ersetzen oder erneuern.

Die Techniken der Steinzeit waren primitiv und rudimentär und beruhten vollständig auf erneuerbarem Material. Mit der Entwicklung von Städten und der Entstehung ganzer Industrien, die neue Zivilisationen ernährten, wuchs unser Einfluss auf den Planeten. Die Industrielle Revolution brachte einen steilen Aufstieg des Bergbaus mit sich. Die durch Kohle angetriebene Dampfkraft erhöhte in Windeseile unsere Kapazitäten, nach Rohstoffen (einschließlich der Kohle) zu graben, sie zu transportieren und zu verarbeiten. Zu Beginn des 18. Jahrhunderts wurde über 80 Prozent der Kohle weltweit in Großbritannien abgebaut, der Nation, die diese Praxis der Gewinnung, Verarbeitung und Verbreitung neuer Materialien über die ganze Welt ausdehnte. Während sich die Technik im Laufe des 18. und 19. Jahrhunderts weiter verbesserte, erkundeten Spekulanten neues Terrain in Afrika, Australien und den USA, um Ausschau nach Gold und anderen hochwertigen Metallen und Edelsteinen zu halten.

Doch erst in den letzten 60 Jahren vollzog sich auf diesem Sektor eine wahrhaft globale Revolution. Nichts kommt der Great Acceleration gleich, jenem rasanten Aufschwung menschlicher Aktivität, befeuert von Bevölkerungswachstum, Globalisierung, dem Fortschritt in Technik und Kommunikation, verbesserten landwirtschaftlichen Methoden und medizinischen Erfolgen. Der gestiegene Bedarf an abgebauten Rohstoffen während der Great Acceleration äußert sich in allem Möglichen, vom Kohlendioxidausstoß über den Wasserverbrauch, die Anzahl der Autos, den Ozonabbau, das Abholzen von Wäldern und das Bruttoinlandsprodukt bis hin zum Konsumverhalten. Mit unserer stetig wachsenden, unersättlichen Gier nach neuen Rohstoffen durchpflügen wir die Struktur unseres Planeten immer hemmungsloser, um die Bestandteile dann auf seiner Oberfläche zu verbreiten.

Der Mensch ist mittlerweile der größte Erdverschieber auf diesem Planeten – er bewegt über dreimal so viel Sediment und Gestein wie weltweit alle Flüsse und Gletscher, Wind und Regen zusammengenommen. Jedes Jahr befördern Flüsse etwa 13 Milliarden Tonnen Sediment.[2] Zur Verdeutlichung: 1 Milliarde Tonnen entsprechen zwei Chinesischen Mauern. Menschen fördern jährlich rund 8 Milliarden Tonnen Kohle – im Jahr 2030 werden es 13 Milliarden Tonnen Kohle sein. Außerdem fördern wir Jahr für Jahr 13 Milliarden Tonnen Schotter, 2 Milliarden Tonnen Eisenerz sowie Milliarden Tonnen anderer Materialien.[3] Allein in den USA befinden sich 568 000 aufgelassene Minen und auf der ganzen Welt gibt es viele Millionen weitere.

Wir gestalten die Oberfläche der Erde und entnehmen ihr Material in einer Geschwindigkeit, wie sie die Erdgeschichte nie zuvor erlebt hat. Unser Vordringen in die Tiefe hat Millionen von kilometerlangen Löchern und Höhlen im Fels hinterlassen. Auf der ganzen Welt – selbst in den unwirtlichsten Gegenden wie dem gefrorenen Nordpolarmeer, der glutheißen Atacamawüste und den tiefsten Tiefen des Atlantiks – graben sich Menschen weit unter die Erdoberfläche, auf der Suche nach Öl und

Gas, Diamanten und Kupfer, Uran und seltenen Metallen, die vor einigen Jahrzehnten noch unbekannt waren, heute aber unverzichtbare Bestandteile der Annehmlichkeiten des modernen Lebens sind. Neue Funde verheißen den Territorien, unter denen sie verborgen liegen – ebenso wie den grabenden und bohrenden Spekulanten – unermessliche Reichtümer, und so sind Nationen von Uganda bis Brasilien erpicht darauf, die entsprechenden Sondierungen voranzutreiben. Die Welt hat schon mehrmals erlebt, wie einige der ärmsten Länder nach der Entdeckung umfangreicher Bodenschätze zu kometenhaftem Wohlstand emporgestiegen sind – Saudi-Arabien mit seinen riesigen Öl- und Gasvorkommen ist nur ein Beispiel hierfür.

Dennoch bringt ein solcher Reichtum auch Probleme mit sich. Der Abbau von Rohstoffen ist ein schmutziges und gefährliches Geschäft. Die Welt nahm voller Entsetzen Anteil, als 33 Bergarbeiter in Chile 2010 monatelang unter Tage gefangen waren. Sie wurden gerettet, aber nur wenige Monate später hatten 29 Bergleute in Neuseeland weniger Glück. Und dies sind nur ein paar Vorfälle, die sich in jüngerer Zeit in einigen der weltweit bestgeführten Minen unter Leitung der größten Unternehmen ereignet haben. Jedes Jahr kommen jedoch Tausende ungenannter Bergarbeiter, die großenteils in illegal errichteten Schächten unter schrecklichen Bedingungen schuften, unbemerkt von der Öffentlichkeit ums Leben – allein in China sterben jede Woche ungefähr 50 Minenarbeiter.[4]

Die Minen werden oft in Landflächen gegraben, die armen, nahezu rechtlosen Einheimischen gehören. Diese Menschen erhalten wenige oder keine Erlöse oder Kompensationszahlungen für die entstandenen Verschmutzungen von Boden, Luft, Wasser und naturbelassenem Terrain. Das Nigerdelta in Nigeria ist ein toter Morast voller Öllachen und lecks, der weiterhin die Gesundheit einer der ärmsten Bevölkerungen der Welt zerstört, Trinkwasser und Äcker vergiftet und Fische sterben lässt. Die dortige Umweltkatastrophe scheint nicht im Geringsten eingedämmt zu werden. Vielmehr fährt eines der weltweit reichsten Ölunternehmen nahezu ungestraft fort, die Natur zu verschmutzen, während die Armen illegal die Ölleitungen anzapfen, sodass noch mehr von der giftigen Flüssigkeit austritt und sich ausbreitet. Vom Amazonas bis Sibirien tritt bis heute überall auf der Welt immer wieder Öl aus, das vor Jahrmillionen aus abgesunkenen Algen und Plankton entstanden ist, und verbreitet sich mit verheerenden ökologischen Folgen auf der Erdoberfläche.

Derzeit verbraucht die Welt pro Tag über 85 Millionen Barrel Erdöl, und mit steigendem Ölpreis forcieren die Förderunternehmen umso ehrgeiziger ihre Anstrengungen – sie versuchen sogar bereits, Rohöl aus Ölsand zu gewinnen. Obwohl Ölsand große Mengen bituminöses Öl enthält, ist die Gewinnung ein schmutziger, energieintensiver Prozess, der eine verwüstete Landschaft hinterlässt. Für Länder wie Kanada ist die Verlockung dennoch groß, eine solch lebenswichtige Ware gewissermaßen vor der Haustür zu haben; das kann durchaus die erheblichen Umwelt- und Gesundheitsrisiken in den Hintergrund treten lassen.

Der Rohstoffabbau benötigt ungeheure Mengen an Wasser und Energie, und das nicht selten an Orten, wo beides knapp ist. Darum gehören zu Minen häufig betriebseigene (Wasser-) Kraftwerke, Verarbeitungsanlagen oder Raffinerien, Schnellstraßen und weitere Infrastruktur sowie Einrichtungen zur Abfallentsorgung, von großen Schönungsteichen bis zu giftigen Schlammbergen. Auch die Verfahren zum Scheiden der gewünschten Metalle vom restlichen Gestein schließen häufig den Einsatz von Giften ein – so wurden ganze Flusssysteme mit Quecksilber aus der Goldwäsche kontaminiert. Die eigentliche Gewinnung der Materialien macht nur einen kleinen Teil einer weitaus umfangreicheren Umwälzung der Natur aus, und das oft in empfindlichen Gebieten wie dem Regenwald oder der Arktis.

Wir haben Bergkuppen abgetragen, neue Berge aus Schlacke und Gestein aufgetürmt und sogar Inseln geschaffen, wo früher keine waren. Die palmenförmige Insel vor der Küste von Dubai wurde aus rund 400 Millionen Tonnen an geologischem Material geformt, das von einem Ort zum anderen bewegt worden war – eine Verschiebung, wie sie sonst nur ein Vulkanausbruch oder ein tektonischer Zusammenprall hervorrufen würde. Im Anthropozän formt die Menschheit den Planeten Erde Stückchen für Stückchen mit Baumaschinen um. Der Fels unter unser Füßen wird immerzu aufgebohrt und ausgeplündert und dann wieder mit Abfällen wie giftigen Metallen und Abwässern gefüllt, die jederzeit austreten und das Grundwasser verseuchen können.

Die Protagonisten der Industriellen Revolution im 19. Jahrhundert haben Großbritannien ein gewaltiges Verschmutzungsproblem hinterlassen: In Bereichen des Peak District ist der Torf wegen des sauren Regens aus Fabrikschornsteinen saurer als Zitronensaft, Flüsse sind immer noch kontaminiert mit giftigen Tailings, feinkörnigen Rückständen aus dem Blei- und Zinnabbau, und Küstenzonen werden durch Kohlenhalden verschandelt. Wenn Orte jedoch reicher werden, lagern sie die schmutzigen, umweltschädlichen Komponenten der Herstellung von Gütern einfach in ärmere Länder aus. Die Umweltverschmutzung in China – dreckige Emissionen, verfärbte Flüsse, verseuchte Böden und verwüstete Naturlandschaften – beruht großenteils auf der jüngeren Produktion von Waren für den Export nach Großbritannien und anderen Orten.

Mein Ausflug in die Mine von Potosí hat mir ein praktisches Problem beschert: Staub und Ruß haben meine Kamera in Mitleidenschaft gezogen, und nun funktioniert der Blendenverschluss nicht mehr. Also suche ich in der Hauptstadt La Paz jemanden auf, der mir die Kamera vielleicht reparieren kann. Er sagt mir, ich solle in ein paar Stunden wiederkommen, und ich bin dankbar, dass mir dieses Malheur in einem Entwicklungsland passiert ist. Während meiner Reise kam es unzählige Male vor, dass ich etwas auszubessern hatte, von Rissen in meinem Rucksack bis zu Speicherkarten, auf denen Daten verloren gegangen waren. Ob in Indien oder Äthiopien – nie war es schwierig, eine Person zu finden, die etwas Beschädigtes reparieren konnte oder eine geniale Idee für einen Notbehelf hatte. In reichen Nationen würden solche Artikel weggeworfen und durch neue ersetzt, doch die Entwicklungsländer sind voll von Flickschustern, Experten für Provisorien, findigen Nutzern vom Abfall anderer Leute. In Nairobi habe ich ein Fahrrad gesehen, das aus Autoteilen, einem Sieb und einem Ledergürtel bestand, Antennen aus allen möglichen Gegenständen und Häuser, die aus Bootstauen, Reissäcken und Plastikflaschen erbaut waren.

Doch als ich zur Fotowerkstatt zurückkehre, erwartet mich eine böse Nachricht: Der Mann erklärt mir, dass sich diese Art von Kamera nicht reparieren lasse. Sie sei „zu neu". Vor 30 Jahren seien jedes Jahr nur eine Handvoll neuer Modelle auf den Markt gekommen, für jedes habe es einen Kundendienst, Reparaturanleitungen und Ersatzteile gegeben, und die Reparaturindustrie habe gut zu tun gehabt. Doch nun hat sich das Blatt gewendet. Wie bei fast der gesamten Verbraucherelektronik wurde meine Kamera nicht so hergestellt, dass man sie leicht reparieren kann, und der Hersteller gibt keine Reparaturanleitungen mehr heraus.

Die Teile meiner Kamera sollen bewusst nicht leicht ersetzbar sein – der wiederaufladbare Akku kann ausgetauscht werden, wenn er nicht mehr gut funktioniert, aber das kostet dann ähnlich viel wie eine neue Kamera. In einigen Geräten sind die Akkus mit dem Schaltkreis verlötet, sodass man das gesamte Produkt austauschen muss, wenn der Akku seinen Geist aufgibt. Angesichts der immer weiter sinkenden Gerätepreise sind die Verbraucher umso eher bereit für ein „Upgrade". Da der Mobiltelefonmarkt in Großbritannien und in den USA schon Anfang der 2000er-Jahre gesättigt war, wetteifern die Telefongesellschaften miteinander, indem sie die Handys ihrer Kunden Jahr für Jahr automatisch aufrüsten. Sie ersetzen funktionierende Geräte einfach aus Modegründen oder wegen geringfügiger technischer Erweiterungen, die sich ohne Weiteres auch durch Software-Upgrades der existierenden Telefone installieren ließen.

Mittlerweile fallen jährlich – Handys eingeschlossen – rund 50 Millionen Tonnen Elektronikmüll an; die betreffenden Bestandteile setzen sich aus Hunderten verschiedener Materialien zusammen.[5] Der internationale Elektroschrotthandel ist äußerst lukrativ. Ein Großteil des Schrotts wird derzeit jedoch unter Bedingungen recycelt, bei denen die Arbeiter, darunter auch Kinder, neurotoxischen Schwermetallen und Dioxinen ausgesetzt sind sowie Kunststoffen, die einfach verbrannt werden, um an die kostbaren Metalle in ihrem Inneren zu gelangen. Im besten Falle löscht man bei gebrauchten elektronischen Geräten die Daten, um die Geräte danach zu überholen und zu reparieren. Im schlimmsten Falle werden sie geschreddert und entsorgt, was bedeutet, dass man die zur Herstellung abgebauten Materialien und andere Ressourcen vernichtet und Ersatz notwendig wird. Heute benötigt man für die Produktion elektronischer Geräte jährlich 320 Tonnen Gold und 7500 Tonnen Silber, doch von diesem kostbaren Schatz werden weniger als 15 Prozent der Wiederverwendung zugeführt.[6]

Die Vorstellung, etwas zu ersetzen, das einwandfrei funktioniert, ist mittlerweile so tief in unserer Kultur verwurzelt, dass kaum jemand sie noch infrage stellt. Sie ist allerdings noch relativ neu, entstanden aus einer Revolution in der Werbe- und Fertigungsindustrie, die von neuen Entwicklungen im 20. Jahrhundert, unter anderem Urbanisierung, Massenproduktion, Rundfunkmedien und Globalisierung, profitierte. Im Zuge dieser Revolution wandelte sich die ganze Welt zu einer Fabrik und einem Marktplatz für all die Dinge, die von Menschen hergestellt werden. Kleidung, Stahl, Geräte, Spielzeug, Computer, Mobiltelefone und Kameras – alles ist nun so kostengünstig, dass man es bei der kleinsten Fehlfunktion wegwerfen und ersetzen kann. Die Herstellung erfolgt in Billigfabriken, wo die Gesundheit und Sicherheit der Arbeiter oft keine große Rolle spielen und wo giftige Abfallprodukte und Reststoffe in Flüsse geleitet werden oder im Boden versickern. Etwa 20 Prozent von Chinas urbaren Flächen sind mittlerweile durch Schwermetalle verseucht.

Die meisten Fabrikationsunternehmen haben das Ziel, den Weg und die Frequenz von abgebauten Materialien über das Produkt zum Verbraucher zu optimieren. Das erste Beispiel, bei dem Kunden dazu bewegt werden sollten, ein Produkt häufig durch ein neues zu ersetzen, war vielleicht die sogenannte Glühlampenverschwörung. Damals gründete eine Gruppe von Unternehmen ein geheimes Kartell, um zu verhindern, dass Firmen Glühlampen mit einer Lebensdauer von über 1000 Stunden verkauften, obwohl man auch Birnen hätte produzieren können, die 100 000 Stunden gehalten hätten.[7] Bekanntlich instruierten einst auch Hersteller von Nylonstrümpfen und -strumpfhosen ihre Ingenieure – die da prahlten, ihre Strümpfe seien so haltbar, dass sie ein Auto abschleppen könnten –, weniger starke Fasern zu entwickeln, die reißen oder Laufmaschen ziehen würden, damit Frauen häufiger neue kaufen mussten.

Diese Methode, mehr Produkte zu verkaufen, indem man ihre Lebensdauer bei der Herstellung bewusst eingrenzt, bezeichnet man als geplante Obsoleszenz, und viele Politiker und Ökonomen halten sie für wirtschaftlich notwendig. Die Idee entstand während der Weltwirtschaftskrise der 1930er-Jahre in den USA, um die Wirtschaft wieder anzukurbeln und Arbeitsplätze zu schaffen. In den 1950er-Jahren ließen sich die Verbraucher dann von einer ausgeklügelten Werbeindustrie und leicht verfügbaren Krediten zu hemmungslosem Einkaufen verleiten. Der Konsumismus war geboren. Die gesamte Modebranche beruht auf geplanter Obsoleszenz; andere Industrien folgen diesem Vorbild des hohen Umsatzes und bringen Produkte mit oberflächlichem Schnickschnack oder saisonalem Reiz auf den Markt, die aber bald wieder überholt erscheinen. Zugleich sind viele Erzeugnisse von vornherein auf einen schnellen Verschleiß angelegt oder lassen sich kaum reparieren oder aufrüsten. Fernsehgeräte besitzen hitzeempfindliche Kondensatoren, die auf der Leiterplatte bewusst neben einen heißen Transistor montiert werden. Drucker enthalten

Chips, die so programmiert sind, dass sie nach Erreichen einer voreingestellten Seitenzahl den Dienst quittieren.

Jugendlich frisch, energiegeladen und innovativ – das kalifornische Computergenie Kyle Wiens ist der ausgefuchste Elektroniktüftler, den Branchenführer wie Microsoft und Apple nur zu gern in ihren Reihen hätten. Doch Computerfreak Kyle ist ein Partisan – er ist ihnen durch die Maschen geschlüpft und zur Verbraucherseite übergelaufen. Statt sich komplizierte Möglichkeiten auszudenken, wie sich immer mehr Komponenten in immer schlankere Geräte packen lassen, nimmt Kyle sie auseinander.

Alles begann 2003, als er 18-jährig an der California Polytechnic State University in San Francisco Ingenieurwissenschaft studierte. „Mein iBook gab den Geist auf. Die Garantie war abgelaufen und ich konnte kein Bedienungshandbuch auftreiben. Also haben mein Freund [sein Kommilitone Luke Soules] und ich es in unserer Studentenbude auseinandergenommen, um es zu reparieren, und dabei unser eigenes Handbuch erstellt." Anschließend druckten sie Kopien von ihrem iBook-Handbuch aus und verteilten sie an ihre Kommilitonen.

Ihr Gerät war nicht das Einzige, für das kein Bedienungshandbuch existierte. Kyle rattert eine Liste weltweiter Hersteller herunter, die alles von Waschmaschinen bis zu Mobiltelefonen produzieren. Laut Kyle ist es heutzutage im Grunde nicht mehr üblich, ein Produkt gemeinsam mit seiner Anleitung zu vertreiben. Der Wendepunkt sei in den 1980er-Jahren gewesen, als die Videorekorder den Markt eroberten, sagt Kyle und schaut himmelwärts, während er an früher denkt. Wie ein Schlag trifft mich die Erkenntnis, dass Kyle erst 1985 zur Welt gekommen ist – er redet über eine Aus-Alt-mach-Neu-Kultur, die er nie kennengelernt hat.

Bis dahin wurden Elektrogeräte überwiegend in Europa oder Amerika hergestellt, nahe bei den Kunden und den Servicetechnikern, die fehlerhafte Waren mithilfe von Anleitungen und Ersatzteilen reparierten, welche die Hersteller zur Verfügung stellten. Als die Videorekorder auf den Markt kamen, wurden die meisten in Japan und sonstwo in Asien produziert. „Mit der Verlagerung der Produktfertigung nach Asien stellten die Unternehmen die Herstellung von Bedienungsanleitungen ein und Tausende Techniker in Reparaturbetrieben wurden arbeitslos. Wenn ein Produkt defekt war, warfen die Verbraucher es weg und kauften das neueste Modell." Auch die Leute, die überarbeitete Secondhand-Computer oder -Fernseher gekauft hatten, mussten nun neue kaufen.

Aus diesem Grunde wachen die meisten Unternehmen mit großen Namen, von Apple bis Toshiba, nun eifersüchtig über ihre Handbücher und pochen auf das Urheberrecht, weil sie verhindern wollen, dass jemand sie online veröffentlicht. „Sie geben die Anleitungen nicht heraus, um den Markt für Weiterverkäufe lahmzulegen, das Reparaturgeschäft zu unterbinden und die geplante Obsoleszenz ihrer Produkte zu fördern", sagt Kyle. Zudem ermöglicht das den Unternehmen, die Preise verschiedener Modelle beträchtlich in die Höhe zu treiben. So unterscheiden sich ein iPad mit 16 GB und eines mit 64 GB laut Kyle nur in einem einzigen Chip, der 7 US-Dollar zusätzlich kostet, wohingegen der Preisunterschied für die Verbraucher 200 US-Dollar beträgt. Könnten die Kunden den Chip ersetzen oder die Akkus austauschen – die nicht ersetzbar und bewusst so beschaffen sind, dass sie nach 12 bis 24 Monaten nicht mehr funktionieren –, so würde den Firmen ein lukrativer High-End-Markt verloren gehen.

Kyle und Luke begannen, Computer und andere Geräte auseinanderzubauen, und umgingen den Urheberschutz, indem sie bei Null anfingen und eigene Bedienungshandbücher verfassten, die sie dann kostenlos ins Internet stellten. Die Resonanz kam prompt und übertraf all ihre Erwartungen. „Schon am ersten Wochenende hatten wir über 10 000 Zugriffe", erzählt Kyle. Die beiden nannten ihre Website iFixit.com und haben ihr Angebot in den letzten zehn Jahren auf Hunderte weiterer Anleitungen ausgedehnt. Sie ermuntern private Hacker, ebenfalls Anleitungen für die Website zu erstellen, und verkaufen Werkzeuge und Ersatzteile, die Verbraucher benötigen, um ihre Elektrogeräte zu reparieren. „Dass wir die Abfallberge reduzieren und die abgebauten Rohstoffe erhalten, ist von großer ökologischer Bedeutung – man braucht etwa 3000 Pfund Rohstoffe, um einen 5 Pfund schweren Laptop herzustellen", sagt Kyle. Außerdem trügen sie zu einer geänderten kulturellen Wahrnehmung bei, meint er. „Wenn jemand sein defektes Gerät repariert hat, ist dies eine Erfahrung, die sein Leben verändert. Dieser Mensch wird sich zu einem anderen Verbraucher entwickeln – er wird bei Neukäufen darauf achten, wie langlebig die Produkte sind und wie leicht man sie auseinandermontieren und reparieren kann."

Der Markt wird den Verbrauchern ohnehin keine andere Wahl lassen.

Während die Warenpreise im Verlauf des 20. Jahrhunderts stetig gefallen waren, steigen sie seit 2000 kontinuierlich an. „Wir bewegen uns auf eine Wirtschaft mit begrenzten Ressourcen zu; das bedeutet, dass sich die Hersteller mehr auf Wiederaufarbeitung und Reparaturen einstellen müssen, weil die Kosten der Seltenerdmetalle und anderer Rohstoffe die Profite drastisch reduzieren", erläutert Kyle. Seltenerdmetalle verdanken ihren Namen der Tatsache, dass diese 17 Elemente in winzigen Mengen sowie in Verbindungen mit anderen Metallen, wie den radioaktiven Elementen Uran und Thorium, vorkommen, sodass es teuer und ressourcenintensiv ist, sie zu gewinnen und zu reinigen.

Über 95 Prozent des weltweiten Angebots an Seltenerdmetallen werden in China produziert. Die Nachfrage nach den für den Elektronikmarkt unerlässlichen Bestandteilen ist in den letzten Jahren jedoch so sprunghaft angestiegen, dass China ab 2012 den Export eingeschränkt hat, was den Protest anderer Nationen hervorrief. Die Verknappung beeinträchtigt auch den Sektor der erneuerbaren Energien, weil alle möglichen Erzeugnisse von Windturbinen über Energiesparlampen bis zu Sonnenkollektoren Seltenerdmetalle benötigen. (Zudem werden durchaus nicht nur exotische Metalle knapper und teurer – Blei, Kupfer und andere werden mittlerweile so stark nachgefragt, dass Diebe Kirchendächer, Schachtabdeckungen und sogar Kabel an Eisenbahnstrecken stehlen.)

Nehmen wir das Beispiel Indium. Fernsehbildschirme, Computerbildschirme, Solarzellen in Photovoltaikmodulen und Handy-Touchscreens sind allesamt mit Indiumzinnoxid beschichtet, weil es transparent ist und eine gute elektrische Leitfähigkeit hat. Indium ist ebenfalls eines der seltensten Metalle der Erde. Demzufolge ist sein Preis in den letzten Jahren durch die Decke gegangen – er stieg innerhalb von drei Jahren von 60 US-Dollar pro Kilo im Jahr 2003 auf 1000 US-Dollar pro Kilo. Das wiederum begründete einen geradezu industriell betriebenen Indiumschmuggel, vornehmlich aus China. Experten warnen, dass das globale Angebot an Indium schon 2017 erschöpft sein könnte. Eine solche Aussicht ist zwar weniger alarmierend als das Versiegen von Nahrungs- oder Wasservorräten, doch in den vergangenen Jahrzehnten sind digitale Anzeigen so allgegenwärtig geworden, dass sie sich zu einem unverzichtbaren Bestandteil unserer sozialen Interaktionen und unserer Lebensgrundlage entwickelt haben – vom ländlichen Ostafrika bis zu den Büros der Wall Street. Dass Fischerinnen vom Turkana-See ihre Waren per

SMS an Kunden verkaufen können, die Hunderte Kilometer entfernt sind, verdanken sie Indium.

Indium wurde vor 150 Jahren entdeckt und wird als Abfallprodukt des Zinkabbaus gewonnen. Es findet sich fast ausschließlich in Spuren (von manchmal nur 1 ppm) in Vorkommen anderer Erze wie Zink und Blei. Weil es nicht isoliert abgebaut werden kann, bedeutet eine größere Nachfrage nach Indium nicht zwangsläufig, dass sich die Fördermenge erhöht. Das auf der Erde vorkommende Indium liegt zudem größtenteils in Form einzelner Atome in Gestein vor, die somit nie nutzbar sein werden.

Eine Lösung wäre mehr Recycling – wegen seines Wertes ist der Recyclingmarkt für Indium bereits größer als die Grundstoffindustrie. Das Problem besteht darin, dass man das Metall – das meist in der praktischen Oxidform, als Indiumzinnoxid (ITO), verarbeitet wird – in so winzigen Mengen verwendet, dass deren Rückgewinnung aus elektronischen Produkten sehr kostspielig ist. Ein einzelner Bildschirm enthält typischerweise weniger als 0,5 Gramm ITO.

Da die Nachfrage nach Displays nicht abebbt – allein 2011 wurden mehr als 1,5 Milliarden Mobiltelefone verkauft –, versuchen Forscher, Alternativen zum Indium zu entwickeln. Einen transparenten Leiter zu finden, der so effizient ist wie ITO, ist eine große Herausforderung, aber einige Kandidaten stehen zur Verfügung. Sogenannte nichtstöchiometrische Zinnoxide, in die das weitaus häufigere Antimon eingebracht wird, sind eine Option, die sich relativ problemlos in heutige Herstellungsabläufe eingliedern lassen würde. Sie sind jedoch nicht so leistungsstark wie ITO und haben noch andere Nachteile, unter anderem, dass Zinn selbst auch knapp wird. Man geht davon aus, dass die Reserven in 20 bis 40 Jahren aufgebraucht sind.

Im Anthropozän müssen die Entwickler ihre Produkte von Beginn an auf Nachhaltigkeit auslegen, statt später Rohstoffe durch kaum noch vorhandene ersetzen zu müssen. Das bedeutet ein Anstreben ressourcensicherer Technologien, indem man für innovative Produkte leicht erhältliche Materialien verwendet, die ökonomisch und ökologisch unbedenklich sind. Kohlenstoffnanoröhren, die aufgrund ihrer Winzigkeit transparent sind, sind ebenfalls exzellente Leiter und bieten möglicherweise die beste nachhaltige Lösung für das Indiumproblem. Kohlenstoff ist eines der häufiger auf der Erde vorkommenden Elemente, und Schichten aus Kohlenstoffröhren, die Graphene heißen, weisen gegenüber ITO mehrere Leistungsvorteile auf.

Vielleicht beendet die Erfindung des 3D-Drucks, der die Herstellung von Produkten ganz nach Bedarf ermöglicht, Herstellung und Vertrieb unnützer Dinge wie modediktierter Neuheiten sowie den Verpackungswahn. Er könnte aber auch die Produktion schlampig hergestellter Einweg-Erzeugnisse ankurbeln. Derzeit lässt sich auf diese Weise nur eine begrenzte Palette an Kunststoffprodukten erzeugen, doch sobald dafür mehr Materialien und Techniken zur Verfügung stehen, wäre es klug, flankierende Recyclingverfahren zu entwickeln.

Eine noch interessantere technische Revolution bestünde darin, Materialien und Produkte so zu gestalten, dass sie gewissermaßen „biologisch" auf äußere Einflüsse und Belastung reagieren. Beanspruchen wir beispielsweise wiederholt einen Muskel, so wird er kräftiger, statt sich abzunutzen. Wenn die Sonneneinstrahlung auf einen Baum aus einer bestimmten Richtung am stärksten ist, reagiert die Pflanze, indem sie bevorzugt in diese Richtung wächst, um ihre Photosynthese zu optimieren. Entsprechend versuchen Materialforscher, Konstruktionsmaterial herzustellen, das sich bei seiner Nutzung weiterentwickelt. Die Tragflächen von Flugzeugen, die derzeit wegen der ständigen Vibrationen an Metallermüdung leiden, würden stattdessen dann immer widerstandsfähiger und die Sicherheit wäre sehr viel länger gewährleistet. Konstruktionsmaterial könnte multifunktional sein und zum Beispiel auch Energie speichern; man könnte antimikrobielle Schiffsrümpfe entwickeln, die keinen Verfall zeigen und so die Transportleistung verbessern.

Zurzeit verbraucht die Menschheit pro Jahr 30 Prozent mehr an natürlichen Ressourcen, als unser Planet wieder auffüllen kann.[8] Die Vorstellung, dass die Knappheit natürlicher Ressourcen dem Wachstum Grenzen aufzeigt, erscheint logisch – tatsächlich sagt man bereits seit Jahrhunderten das Ende des nicht nachhaltigen Kapitalismus voraus. Aber: Jedes Mal, wenn die Menschheit angeblich am Rande des Zusammenbruchs steht, findet sie wieder einen Ausweg. Die Grüne Revolution, die in den 1970er-Jahren die landwirtschaftlichen Erträge verdreifachte, vereitelte einen vorhergesagten Kollaps. Im 19. Jahrhundert ging die massive Angst um, New York City und London könnten in der durch Transportmittel verursachten Umweltverschmutzung (Pferdemist) ersticken oder ihnen würde der Treibstoff (Pferdefutter) ausgehen. Die Erfindung des Automobils ließ diese Sorgen innerhalb eines Jahrzehnts verpuffen, schürte aber neue Ängste, etwa um Gummi- und Ölverknappung. Die neue rasante Entwicklung beim Fracking, das vormals unzugängliche Rohstoffvorkommen mittels Horizontalbohrungen tief im Boden anzapft, hat die globale Erdgasversorgung von Jahrzehnten auf Jahrhunderte hinaus gesichert.

Solche bahnbrechenden Entdeckungen lassen sich kaum oder gar nicht vorhersagen. Sollten wir uns also darauf verlassen, dass sie uns auch aus anderen Engpässen führen werden? Wie jede andere Lebensform auf diesem Planeten müssen Menschen sich mit dem begnügen, was ihnen die Erde und ihre Atmosphäre liefern. Nur die Sonnenenergie ist unbegrenzt vorhanden. Der Mensch ist ein Meister der Umwandlung und Anpassung. Wir werden immer einen Ersatz für knapper werdende Minerale finden, aber die Entnahme zunehmend seltener Materialien hat meist einen hohen ökologischen Preis – in Form eines gewaltigen Energie- und Wasserverbrauchs mit Wasserverschmutzung oder der Zerstörung wertvoller Landschaften. Mittlerweise nutzt die Menschheit etwa die Hälfte der von der Erde erzeugten natürlichen Produkte für sich. Für jede andere Spezies, die ein solches „Erfolgsniveau" erreicht, ob Bakterien oder Ratten, gibt es einen Tipping-Point, an dem die Populationsgröße die Fähigkeit zur Selbstversorgung sprengt. Der Mensch ist abhängig von Nahrungsmitteln, aber auch von externer Energie und anderen Rohstoffen. Uns könnte der Zusammenbruch sehr viel härter treffen.

Die Nutzbarkeit von Ressourcen lässt sich wohl am ehesten dadurch verlängern, dass man sie effizienter nutzt. Das bedeutet die Eindämmung des Energieverbrauchs, Müllvermeidung und den Wechsel zu einem CO_2-armen Lebensstil. Schon so einfache Maßnahmen wie eine effektive Wärmedämmung von Gebäuden, die bewirkt, dass die Raumtemperatur allein durch Körperwärme aufrechterhalten wird, können immense Kosteneinsparungen bedeuten. Laut Voraussagen der Internationalen Energieagentur könnte der Ölverbrauch in den USA, der 2005 einen Höchststand erreichte, mithilfe intensiver Bemühungen um größere Energieeffizienz bis 2035 auf das Niveau der 1960er-Jahre sinken. Es wird erwartet, dass er dann um ein Drittel niedriger sein wird als 2011.[9] Doch wie bei den meisten anderen Ressourcen wird der Anteil Chinas und Indiens die globale Agenda dominieren. In China wird der Ölverbrauch vermutlich um zwei Drittel höher ausfallen als 2011 und in Indien soll er sich mehr als verdoppeln.

Japan hat der Welt bereits gezeigt, dass Effizienz möglich ist. Im Jahr 2011 erlebte Japan keinen nationalen Blackout, obwohl der Sommer extrem heiß und schwül war und man 43 von 54 Atomkraftwerken stillgelegt hatte. Stattdessen zogen alle an einem Strang, um die Energieeffizienz zu steigern: Man praktizierte die Sozialtechnik *Setsuden* („Energiesparen"), die auf einem starken Gefühl gesellschaftlicher Verantwortung beruhte – und alles innerhalb weniger Wochen. Effizienz muss weiter gehen als Energie – alle Ressourcen sind umsichtiger zu nutzen und die Lebensdauer von Rohstoffen (und Produkten) ist weiter zu verlängern. Bei den Recherchen zu ihrem Film *The Story of Stuff* entdeckte Annie Leonard, dass von den Materialien, die durch die Verbraucherwirtschaft fließen, sechs Monate nach dem Erwerb nur noch ein Prozent genutzt wird.

Die Natur recycelt ihre Ressourcen – so werden Kohlendioxid und Wasser von Pflanzen aufgenommen, die ihrerseits von Tieren gefressen werden, welche wiederum Kohlendioxid ausatmen und das Gas damit an die Atmosphäre zurückgeben, wo es erneut den Pflanzen zur Verfügung steht. Nichts geht verloren. Das Tempo, in dem wir Menschen Ressourcen verbrauchen, ist jedoch so rasant, dass die Natur damit nicht Schritt halten kann. So können Mikroorganismen unsere Abfälle zersetzen, aber nicht so schnell, wie wir neue produzieren. Entsprechend nehmen Bäume und andere Pflanzen unser industriell erzeugtes Kohlendioxid zu langsam auf. Die Lösung für unser Ressourcendilemma ist eine künstliche Version dieses natürlichen Zyklus, eine sogenannte Kreislaufwirtschaft beziehungsweise das Prinzip Cradle to Cradle oder Industrielle Symbiose. Dabei werden Produkte mithilfe erneuerbarer Energie erzeugt, alle im Herstellungsprozess verwendeten Rohstoffe wiederverwertet und das Endprodukt ebenfalls vollständig recycelt, um den ursprünglichen Verbrauch an Ressourcen zu minimieren. Das bedeutet: Kein Abfall, keine Umweltverschmutzung und eine weitaus größere Effizienz.

Der amerikanische Teppichhersteller Interface etwa, Weltmarktführer bei Bodenbelägen, will mithilfe von Kreislaufwirtschaft vollständig CO_2-neutral arbeiten. Der Gründer des Unternehmens, Ray Anderson, hat versprochen, bis 2020 alle negativen Auswirkungen der Produktion auf die Umwelt zu beseitigen. Im Gegensatz zu einer Linearwirtschaft mit der Marschroute Abbau von Rohstoffen, Fertigung, Verkauf, Entsorgung lassen sich die Produkte in einer Kreislaufwirtschaft leichter wieder zerlegen, sodass die Ressourcen erhalten und für die Herstellung neuer Produkte wiederverwertet werden können. So bleiben sie im Kreislauf. Laut einem Bericht des Beratungsunternehmens McKinsey & Company zu dieser Idee könnte allein die europäische Wirtschaft damit Gewinne von 630 Milliarden US-Dollar erzielen, ausgehend von einem Kreislauf mit nur 15 Prozent der Rohstoffe in 48 Prozent der Produktion. Die Stadt Kalundborg in Dänemark praktiziert diese Ressourcennutzung in Kreislaufwirtschaft seit den 1960er-Jahren – dort wird nahezu alles recycelt und wiederverwendet. Die Einwohner sprechen von einem „industriellen Ökosystem", das im Jahr 272 000 Tonnen Kohlendioxid einspart.

Wenn wir jedoch den menschlichen Bedarf an Ressourcen auf das beschränken wollen, was das Gestein der Erde problemlos hergibt, müssen wir den Hebel bei der Nachfrage nach neuen Produkten sowie bei ihrer Herstellung ansetzen. Auf der Welt gibt es zwar immer noch Gesellschaften, die wie in der Steinzeit leben – etwa die Buschleute der Hadza in Tansania –, doch die meisten Völker folgen dem Pfad der Great Acceleration, hin zu der Entwicklung, die die Industrienationen vorgeben. Kleinbauern, die den staubigen Boden Indiens beackern, um ihren Lebensunterhalt zu sichern, betrachten ihre Plackerei nicht mit romantisch verklärtem Blick. Auch sie würden gerne teilhaben am Aufschwung – mit einer höheren Lebenserwartung, sauberem Trinkwasser, Toiletten, Elektrizität, Internetzugang, Auto, Klimaanlage, Kühlschrank, Waschmaschine ... Doch als Erdenbürger, die wir uns alle diesen Planeten teilen, können wir es uns nicht leisten, dass sich weitere Milliarden Menschen auf Kosten der Umwelt so ernähren und leben wie der durchschnittliche Nordamerikaner von heute. Der Klimawandel, der Rückgang der Ökosystemdienstleistungen und die Begrenztheit natürlicher Ressourcen bedrohen das Leben von Millionen.

Das Ausmaß, das unser globalisiertes Kaufen, Verkaufen und Transportieren von Waren angenommen hat, ist mir nie so überdeutlich vor Augen geführt worden wie am Ufer des Panamakanals, als ich beobachtete, wie ein ehrfurchtgebietendes Schiff majestätisch in eine der Schleusen glitt. Es war beladen mit Tausenden von Containern, jenen vor 60 Jahren erfundenen schlichten Stahlkästen, die den globalen Handel revolutioniert und Waren billig gemacht haben. Die Effizienz von Containerschiffen beim Transport von Gütern, beim Laden und Löschen, verringerte die Kosten des internationalen Handels immens – heute betragen die Transportkosten weniger als ein Prozent der meisten Warenpreise. Das wiederum bedeutete: Es wurde günstiger, Güter dort herzustellen, wo die Arbeitskosten niedrig waren.

Mit riesigen Geräten wurde der gesamte Kanal verbreitert und vertieft, damit ihn noch größere Schiffe mit 13 000 Containern passieren konnten. Alle drei Tage wird ein solches Megaschiff fertiggestellt, um billige Verbrauchsgüter vom Fertigungsort zum Käufer zu bringen. Sechs der derzeit zehn größten Häfen der Welt befinden sich in China. Mit wachsendem Wohlstand verlagert der Staat die schmutzige Industrie an andere Standorte. Landesintern geschieht das schon jetzt; die reicheren Städte, darunter Shanghai und Peking, verbannen umweltschädliche Anlagen nach Westen aufs Land oder in kleinere Städte. Nach einer Flut unliebsamer Publicity bemühen sich einige größere Firmen in westlicher Hand nun zunehmend um humanere Bedingungen für chinesische Arbeiter und bessere Umweltverträglichkeit. Anwohner protestieren erstmalig gegen die umweltschädliche Industrie, vertreiben sie in einigen Fällen aus den Klein- und Großstädten, und die chinesische Regierung beginnt darauf zu reagieren. Es ist gut möglich, dass China zur ersten Nation wird, die noch als Entwicklungsland für eine saubere Industrie sorgt.

Man kann es nicht oft genug betonen: Eine der größten Herausforderungen des Anthropozäns besteht darin, dass viele arme Länder ihre Wirtschaft ungeachtet jeglicher Umweltverschmutzung vorantreiben und erst ans Großreinemachen gehen wollen, wenn sie reich geworden sind – immerhin hätten es die wohlhabenden Länder auch so gemacht, lautet das Argument. Und angesichts des schnelleren Fortschritts und verbesserter Umweltsanierungstechniken ist es durchaus möglich, dass wir die nächsten Jahrzehnte ohne katastrophale Folgen überstehen. Sehr wahrscheinlich ist es allerdings nicht – reiche Großstädte leiden nach wie vor unter Smog, ein Großteil unserer Artenvielfalt ist unwiederbringlich verloren, und wir pumpen immer noch Treibhausgase in die Luft. Einige Leute weisen darauf hin, dass unser Planet ausreichend Naturraum aufweist, sodass alle Menschen nachhaltig leben könnten. Dennoch muss die entwickelte Welt ihren Konsum zurückschrauben und eine gerechtere Aufteilung der Ressourcen gewährleisten.

Während ich meinen Rucksack von einer Herberge zur nächsten schleppe, mit Bus oder Bahn fahre und mich gelegentlich auch zu Fuß bergauf mit ihm abmühe, wird er immer flacher und leichter. Wegen meiner Rückenschmerzen beschränke ich meine wenigen Habseligkeiten nach und nach auf das Allernotwendigste. Es ist verblüffend, wie wenig ich auf einer Reise, die über zwei Jahre währt, tatsächlich brauche. Später, als ich wieder in London bin und meine Umzugskartons aus dem Lager hole, bin ich erstaunt und etwas bestürzt darüber, welche Mengen an Zeug ich besitze. Wann werde ich jemals so viele Kleidungsstücke tragen und so viele Bücher lesen, was habe ich mit diesem ganzen angesammelten Krimskrams vor?

Es gibt ermutigende Anzeichen dafür, dass unsere überbordende Gier nach neuen Produkten, zumindest im Westen, allmählich schwächer wird – dass wir „Peak Stuff", den Zenit der sinnlosen Konsumkäufe, erreicht haben, dass die Menschen weniger umweltschädigendes Fleisch essen und Amerikaner den Europäern nacheifern, indem sie mehr kraftstoffsparende Autos kaufen und weniger fahren. Der Umweltexperte Chris Goodall hat berechnet, dass in Großbritannien 2001 der Höhepunkt des Konsums (in Bezug auf alle Güter, von Lebensmitteln über Treibstoff bis hin zu Möbeln) zu verzeichnen war und der Wert seitdem zurückgegangen ist. Weil die Wirtschaft in dieser Zeit einen beträchtlichen Aufschwung genommen hat, glaubt Goodall, dass Großbritannien möglicherweise den „grünen" Wachstumstraum der Ökonomen verwirklichen konnte, indem der Verbrauch von Ressourcen vom Wirtschaftswachstum abgekoppelt wurde.

Die Entwicklung von Internetunternehmen wie Freecycle und eBay etwa ermöglicht, dass Produkte von einem Besitzer zum nächsten wechseln, und erspart ihnen damit den Weg zur Mülldeponie. Dennoch sind dies nur kleine Schritte für Ökonomien, die nach wie vor dem Konsumismus huldigen. Von klein auf wird man zum Kauf von irgendwelchem Zeug ermuntert, das größtenteils unnötig ist; zudem ist der Konsumismus die wichtigste Wirtschaftsstrategie von Regierungen, um einer Rezession entgegenzuwirken. Zugleich hat sich die Konsumepidemie über die ganze Welt ausgebreitet und wird besonders augenfällig im kommunistischen China. Shanghai, dessen Pro-Kopf-Energieverbrauch bereits höher als der von London ist, ist eine Metropole mit Shoppingmeilen, wo die Neureichen ihren Erfolg und Status zur Schau stellen, indem sie Unmengen unnützer Dinge kaufen. Eines Tages werden wir einen globalen „Peak Stuff" erreichen – auch weil das Bevölkerungswachstum zurückgeht und daher irgendwann nicht mehr genügend neue Konsumenten geboren werden, um die Zahl der sterbenden auszugleichen. Vielleicht wird das jedoch nicht schnell genug geschehen, um Umweltkrisen abzuwenden.

Um Menschen zu einem überlegteren Kaufverhalten zu veranlassen, könnte man möglicherweise eine Umweltleistungsgebühr erheben. So erfasst das Verursacherprinzip bereits in vielen Ländern Unternehmen, die für Umweltverschmutzungen verantwortlich sind. Die Firmen müssen für die Beseitigung der von ihnen verursachten Schäden in Böden, Wasser oder Luft sowie für die gefahrlose Entsorgung giftiger Abfälle aufkommen. Würde man dies auf Kohlendioxidemissionen und den Süßwasser- und Energieverbrauch durch die Hersteller ausdehnen, so würde der Preis für ein Produkt seine Umweltkosten genauer abbilden. Die Gebühr würde zu einer nachhaltigeren Produktion anregen und auch die Behebung von Schäden mitfinanzieren, einschließlich CO_2-Abscheidung und Speicherung, Klärung von Abwässern und Recycling.

Eine Gesellschaft dazu erziehen zu wollen, dass sie ihr Glück nicht in übermäßigem Konsum sucht, ist ein sehr ambitioniertes und wahrscheinlich vergebliches Unterfangen, obwohl es sich schon viele Male gezeigt hat, dass das Glück eher anderswo zu finden ist. Es gibt mittlerweile die tief verwurzelte kulturelle Überzeugung, dass Shoppen eine Notwendigkeit und eine patriotische Tat zum Wohle der Volkswirtschaft ist und ein Mensch umso begehrenswerter und angesehener wird, je mehr er kauft. Ganze Industriezweige beruhen auf dieser Philosophie, auch wenn die meisten Leute im tiefsten Inneren wissen, dass der überwiegende Teil ihrer Einkäufe nutzloses Zeug ist und damit nur Geld und Ressourcen verschwendet werden.

Geschäftsleute, die einen umweltfreundlichen Lebensstil und nachhaltige Modeartikel propagieren, haben mit überschaubarem Erfolg kleine Bereiche der Gesellschaft davon überzeugt, weniger umweltschädliche Produkte zu kaufen. Einige Verbraucherkampagnen mit dem Fokus auf ethischen Themen haben Konsumenten äußerst erfolgreich davon abgebracht, Pelze zu kaufen oder Fisch zu konsumieren, bei dessen Fang Delfine zu Schaden kommen. Wie Studien jedoch gezeigt haben, gleichen Personen, die kleine Schritte zur Nachhaltigkeit unternehmen, indem sie etwa an einem Carsharing-Projekt teilnehmen, ihr Verhalten gewissermaßen dadurch wieder aus, dass sie weniger Recycling betreiben.[10]

Im Allgemeinen funktioniert die Verbraucherlenkung besser mit wirtschaftlichen Anreizen oder gesetzlichen Einschränkungen als mit dem Kampf gegen eingeschliffene kulturelle Praktiken. Einspeisevergütungen ermöglichen privaten Haushalten, ihre selbst erzeugte Energie zu einem höheren als dem marktüblichen Preis ans Stromnetz zu verkaufen; damit einher gehen Zuschüsse für auf dem Hausdach angebrachte Photovoltaikmodule oder einfach die Subventionierung von erneuerbarer Energie, um sie billiger als die aus fossilen Brennstoffen erzeugte zu machen. Diese Maßnahmen haben sich als Anreiz zur Nutzung erneuerbarer Energien als äußerst wirkungsvoll erwiesen. In Ländern, wo Plastiktüten kostenpflichtig oder verboten sind, geht ihr Verbrauch umgehend zurück. Auch gesetzliche Beschränkungen im Hinblick auf die Energieeffizienz und Emissionen von Neubauten, Autos und Weißer Ware haben Veränderungen angestoßen – sowohl was die Verbraucherwahrnehmung kultureller Normen betrifft als auch technische Investitionen und Entwicklungen zugunsten eines nachhaltigeren Produktdesigns. Würde man beispielsweise Materialien und Produkte nach ihrer Eignung zum Recycling klassifizieren und Steuern auf schlecht verarbeitete Artikel erheben, würde der Markt mit der Herstellung von mehr nachhaltigen Produkten und der Entwicklung von effizienteren Recyclingtechniken reagieren.

Bislang sind die Regierungen jedoch noch immer vor den radikaleren Schritten zurückgeschreckt, die notwendig wären, um Verbraucherentscheidungen zurechtzurücken und eine CO_2-arme Zukunft anzustoßen, in der man die Nutzung von Ressourcen danach ausrichtet, wie reichlich sie in der Erdkruste vorhanden sind, wie viel Energie man zu ihrer Förderung benötigt und welche Umweltkosten durch ihren Gebrauch entstehen. Momentan subventionieren Regierungen die fossile Brennstoffindustrie massiv und drücken damit künstlich die Verbraucherpreise für Energie. Das tun sie unter anderem, weil Energie lebensnotwendig ist und sie für arme Menschen erschwinglich bleiben muss. Hält man die Preise jedoch künstlich unten, betrachten Hauseigentümer Energie eher als billig und verkennen ihren wahren Wert – damit sinkt die Wahrscheinlichkeit, dass sie ihre Häuser isolieren oder auf andere Weise der Energieverschwendung vorbeugen.

Eine mögliche Lösung ist die Einführung von Tarifen, die für den Verbrauch einer bestimmten Energiemenge niedrig angesetzt sind und ansteigen, sobald diese Quote überschritten wird. Ließe sich der Energieverbrauch an den Elektrogeräten eindeutig ablesen, würde dies die Besitzer motivieren, ihr „Niedrigenergiebudget" nicht zu überschreiten. Eine CO2-Steuer würde dem Staat auf gerechte Weise beträchtliche Einnahmen bescheren und gleichzeitig Anreize für einen Markt mit Produkten bieten, die in Design und Herstellung CO2-arm sind. Regierungen könnten sich auch dafür einsetzen, Märkte zu schaffen und Industrien zu fördern, die CO2-arme nachhaltige Materialien produzieren. So sollten beim Bau von öffentlichen Gebäuden wie Schulen, Krankenhäusern und Rathäusern oder von Verkehrsmitteln und Infrastruktur Aufträge nur an Anbieter gehen, die nach neuesten nachhaltigen Methoden arbeiten. Über die Hälfte der industriellen Kohlendioxidemissionen stammt aus der Produktion von Stahl, Zement, Kunststoff, Papier und Aluminium; spürbar positive Auswirkungen hat dabei laut IEA der Einsatz geprüfter Technologien, der den Energieverbrauch bei Stahl um 34 Prozent, bei Papier um 38 Prozent und bei Zement um 40 Prozent senkt.

Wenn die Erde im Anthropozän weiterhin ein lebenswerter, angenehmer und gesunder Lebensraum für Milliarden Menschen sein soll, muss die Menschheit den Verbrauch der am verschwenderischsten geförderten Ressourcen herunterfahren – der fossilen Brennstoffe. Diese decken derzeit 86 Prozent des weltweiten Energiebedarfs, und man erwartet, dass der Energieverbrauch bis 2050 sogar noch um 50 Prozent ansteigen wird.[11] Die schmutzigste dieser Ressourcen ist die Kohle – allein die im ersten Jahrzehnt des 21. Jahrhunderts erbauten Kohlekraftwerke werden in den kommenden 25 Jahren mehr Kohlendioxid ausstoßen, als in der gesamten Zeit seit der Industriellen Revolution emittiert wurde. China, das heute mehr Kohle verbraucht als der gesamte Planet im Jahr 1980, versucht tapfer, die Kohlendioxidemissionen zu senken und die Umweltverschmutzungen rückgängig zu machen. Dennoch befinden sich drei Viertel der weltweit 1200 neu geplanten Kohlekraftwerke in China und Indien.

Vielleicht erweisen sich die Bemühungen um zwischenstaatliche Abkommen über Klimaschutz letztendlich als fruchtbar. Ich habe allerdings selber einigen der entsprechenden Konferenzen beigewohnt und bezweifle, dass die ökonomischen, diplomatischen und gesellschaftlichen Verwicklungen, die sich ergeben, wenn so viele grundverschiedene Nationen um komplizierte Themen ringen, zu praktischen Lösungen von der Art führen, die man zur Reduzierung von Kohlendioxidemissionen braucht. Stattdessen kämpfen Staatenverbünde wie die Europäische Union und Unternehmensgruppen darum, ihre jeweils eigenen Ziele zur Reduzierung des Bedarfs an fossilen Brennstoffen durchzusetzen. So hat Dänemark beschlossen, bis 2050 völlig von fossilen Brennstoffen unabhängig zu sein. Die kleine dänische Insel Samsø erzeugt bereits den gesamten Strom (zu 100 Prozent erneuerbar, überwiegend Windenergie) für ihre 4300 Einwohner und hat noch genug übrig, um 40 Prozent der produzierten Menge aufs Festland zu leiten.

Die Dekarbonisierung ist ein schwieriges Unterfangen. Der Zugang zu Energie ist ein wesentlicher Entwicklungsfaktor, der 1,3 Milliarden Menschen auf der ganzen Welt verwehrt ist. Das bedeutet, dass sich kein Wasser pumpen lässt und Kinder nach Sonnenuntergang (in den Tropen also nach 18 Uhr) nicht mehr lernen können. Benzin verschafft Menschen wichtige Mobilität – physisch, sozial und ökonomisch – und ermöglicht ihnen, Güter zu transportieren, über größere Entfernungen Handel zu treiben und eine effizientere Landwirtschaft zu praktizieren. Zudem ist Öl der Rohstoff für jenes wesentliche, aber problematische Material des Anthropozäns, Kunststoff.

Ein bemerkenswerter japanischer Erfinder hat sich jedoch als Alchemist betätigt: Er verwandelt Kunststoff mithilfe eines handlichen Tischgeräts wieder in Öl und Benzin und damit auch unser größtes Müllproblem in ein wertvolles Produkt. Akinori Itos Maschine macht bereits im Internet Furore und hat auf YouTube schon Millionen Klicks erzielt.[12] In dem Video stopft Ito einige Handvoll Plastikmüll (unter anderem Tüten und Styroporbecher) in das Gerät und stellt es an. Das Gerät heizt sich auf und eine goldene Flüssigkeit tröpfelt heraus. Ito schüttet das Öl in eine stählerne Schale, nimmt ein Feuerzeug und hohe, rauchlose Flammen schießen auf. Der Prozess, die sogenannte Pyrolyse (Erhitzen ohne Sauerstoff), benötigt weniger als eine Kilowattstunde, um ein Kilogramm Kunststoff in einen Liter Öl zu verwandeln. Im Prinzip ahmt er den unterirdischen Vorgang nach, der abgestorbene Algen und Pflanzen in Rohöl umgewandelt hat. Zurzeit ist das Verfahren noch energieintensiv, doch mit der Verbesserung der Technologie und der Verteuerung von Rohöl wird sich diese Art des Recycling weiter ausbreiten.

Ersatzstoffe – zum Beispiel aus Pflanzen erzeugter Biokunststoff –

können bereits alle grundlegenden Aufgaben übernehmen, die Öl, Gas und Kohle in unserem Leben erfüllen. Für entwickelte Länder bedeutet dies jedoch die Abkehr von 150-jährigen Investitionen in die fossile Brennstoffindustrie, der Infrastruktur von Stromnetzen, Kraftwerken und Generatoren sowie bestimmten Herstellungsmethoden bei Produkten von Autos bis zu Medikamenten – ganz zu schweigen vom Aufruhr in der mächtigen Lobby der fossilen Brennstoffe. Für die Entwicklungsländer ist es einfacher, die bereits im Westen etablierten Energiesysteme zu übernehmen, als Pionierarbeit bei der Entwicklung neuer Verfahren zu leisten, von denen viele noch ungelöste Probleme aufwerfen – beispielsweise, wie die Energie zu speichern und zu verteilen ist, wenn das Angebot die hohe Nachfrage nicht decken kann.

Auf dem Weg ins Anthropozän müssen die Länder im Hinblick auf die effiziente Erzeugung, Verteilung und Speicherung von Energie besser kooperieren. Es wird grenzüberschreitende Stromnetze geben, regionale Netzwerke, die – wie das „Supergrid" zwischen Europa und Nordafrika – die Verbraucher mit Sonnenenergie aus der Wüste im Süden versorgen, mit Wind- und Wellenenergie von den Küsten, mit Energie aus Atom- und Wasserkraftwerken an Flüssen oder mit Erdwärme aus den Bergen. Die Gewinnung fossiler Brennstoffe wird sich dann auf die saubersten und effizientesten Anlagen beschränken, während andere ausgemustert werden.

Der erfolgversprechendste aber auch umstrittenste Lieferant CO2-armer Energie ist vermutlich die Atomkraft. Die Entwicklungsländer sind enthusiastische Verfechter von Atomenergie, und zumindest Teile des Westens, der die Atomenergie jahrzehntelang vernachlässigt hat, übernehmen bereits diesbezügliches Fachwissen von chinesischen Ingenieuren. Auf der ganzen Welt sind Hunderte von Atomkraftwerken in Planung oder im Bau, was den Anteil (und vielleicht sogar die Gesamtmenge) des schmutzigen Kohlestroms reduziert. Bei den derzeitigen Verbrauchsraten werden die geschätzten weltweiten Uranreserven noch etwa 200 Jahre vorhalten – oder noch länger, falls jemand eine Möglichkeit entdeckt, die riesigen Uranmengen im Meerwasser auf wirtschaftliche Weise zu extrahieren. Der Abbau radioaktiver Minerale ist ein schmutziges Geschäft, und der Atommüll wirft zusätzliche Probleme auf; die große Energiemenge, die sich mit beeindruckend wenig Treibhausgasemissionen gewinnen lässt – in Relation zur Lebensdauer der

Anlagen weniger als fünf Prozent der Kohlendioxidemissionen eines Kohlekraftwerks –, macht die Kernernergie jedoch zu einer attraktiven Alternative.

Abgesehen von den finanziellen Kosten ist das größte Problem bei der Expansion der Kernkraft jedoch die öffentliche Wahrnehmung der Umwelt- und Gesundheitsrisiken, die mit radioaktivem Material verbunden sind. Die tatsächliche Zahl der Menschen, die seit den Anfängen der Atomindustrie durch sie verletzt oder getötet worden sind, liegt allerdings um einige Größenordnungen niedriger als bei sämtlichen Zweigen der fossilen Brennstoffindustrie. Die Luftverschmutzung mit Feinstaub (der überwiegend durch das Verbrennen von Kohle und Biomasse zur Energiegewinnung entsteht) verursacht im Schnitt allein in Deutschland etwa 35 000 Todesfälle pro Jahr (laut WHO mehr als 3,7 Millionen Tote weltweit im Jahr durch Luftverschmutzung allgemein).[13] Die von fossilen Brennstoffen verursachte Verschmutzung führt zu 29 Todesfällen pro 100 Gigawatt erzeugter Energie, gegenüber 0,73 Todesfällen durch Kernkraft und 0,27 durch Wasserkraft.[14] Kernreaktionen assoziiert man jedoch immer noch sehr stark mit den Schrecken der Bombenabwürfe auf Hiroshima und Nagasaki 1945, die 250 000 Menschenleben forderten. In Relation zu Gas-, Öl- und Kohlestaubexplosionen hat es im Zusammenhang mit Kernkraftwerken bisher relativ wenige Katastrophen gegeben. Wenn es jedoch dazu kommt, erzeugen sie viel mehr öffentliche Angst und Panik.

Zur Katastrophe von Fukushima im Jahr 2011, dem zweitschwersten Zwischenfall in der Kernindustrie nach Tschernobyl, kam es, als ein Erdbeben und ein Tsunami die Anlage zerstörten. In der Anlage selbst starben nur vier Personen – keine von ihnen durch die Strahlung. Viele Menschen hingegen tötete die Angst vor der Strahlung: Geschwächte Krankenhauspatienten und alte Leute, die hastig evakuiert wurden und beim Transport ums Leben kamen. Dagegen forderten das Erdbeben und der Tsunami rund 20 000 Todesopfer. Folgeschäden für die Umwelt, unter anderem die radioaktive Verseuchung von Fischen, waren 18 Monate nach der Katastrophe bereits erheblich zurückgegangen, aber noch nachweisbar. Global betrachtet war dies traurigerweise jedoch keineswegs schlimmer als die allgegenwärtigen chemischen Schwermetallgifte und Säuren, die sonstwo Böden, Wasserwege, Küsten und Nahrungsquellen verschmutzen. Für die ständige Angst und vielleicht sogar für das Ausmaß der Katastrophe selbst ist allerdings großenteils das Verhalten der Kernindustrie verantwortlich zu machen, das durch einen Mangel an Transparenz und öffentlicher Verantwortung geprägt ist.

Bei der Stromerzeugung im Anthropozän wird die Atomkraft zweifellos eine Rolle spielen, um denjenigen Menschen den Grundbedarf an Energie zu sichern, die zurzeit keinen Zugang zu ihr haben. Zu den aktuellen Optionen gehören Integral Fast Reactors („integrale schnelle Reaktoren"), die konventionelle radioaktive Abfälle (Plutonium) als Brennstoff nutzen, und Thermische Brüter, die mit Thorium arbeiten. Thorium kommt häufiger vor als Uran, und die Reaktoren können Plutonium aus Atommülllagern verwerten. Thoriumreaktoren produzieren weniger Müll, und die unkontrollierbaren Kettenreaktionen, die bei der Verwendung von Uran zu Atomkatastrophen führen können, kommen hier nicht vor. Mittlerweile streben Indien, China, Russland, Frankreich und die USA allesamt diese Technologie an.

Die enorme Kraft der Atomenergie lässt sich auch ohne die Risiken der Kernspaltung nutzen: durch Kernfusion, den Heiligen Gral der Energiegewinnung. Ich bin nach Frankreich gereist, um mir den *International Thermonuclear Experimental Reactor* (ITER) anzusehen, das ehrgeizigste Projekt der Menschheit: hier auf Erden die Sonne zu imitieren.

Im staubigen Hochland der Provence haben Arbeiter 17 Meter tief in den unerbittlichen Felsen hinein eine riesige rechteckige Grube ausgehoben. Bei Fertigstellung wird die Grube eine 73 Meter hohe Maschine beherbergen, die versuchen wird, durch die Fusion jeweils zweier Wasserstoffmoleküle unermessliche Energiemengen zu erzeugen – ganz ähnlich wie unsere Sonne und andere Sterne. Das Ergebnis sind ein Heliumatom und ein Neutron sowie sehr viel freigesetzte Energie.

Physiker wollen diese Energie für den Antrieb von Dampfturbinen nutzen, um damit Strom zu erzeugen. Sie haben eine donutförmige Reaktionskammer, einen sogenannten Tokamak, entwickelt, der mithilfe eines starken Magnetfeldes ein hocherhitztes Plasma aus Wasserstoffisotopen zum Zwecke der Fusion einschließt und komprimiert. Sobald die Reaktion initiiert wurde, sorgt die bei der Kernfusion entstandene Hitze dafür, dass das Plasma heiß bleibt. Im Gegensatz zu einer Spaltreaktion, wie sie in Atomkraftwerken und Atombomben erfolgt, läuft die Fusionsreaktion nicht als Kettenreaktion ab. Sie benötigt vielmehr einen konstanten Input von Material – andernfalls verpufft sie bald und ist somit viel besser kontrollierbar.

Mehrere Jahrzehnte wurde über das Konzept diskutiert und gestritten, bevor man sich 2007 in einer Kooperation zwischen 34 Ländern, die über die Hälfte der Weltbevölkerung repräsentierten, endlich einig wurde. Seitdem hat sich das Budget verdreifacht, die Größe des Reaktors halbiert und die Fertigstellung mehrfach verzögert, aber es gibt Fortschritte. ITER hat die ersten Anlagentests für 2020 angekündigt und die ersten Fusionstests sollen 2028 stattfinden. Die Physiker hoffen zu beweisen, dass sie zehnmal mehr Energie produzieren können, als das Experiment zunächst benötigt: Sie wollen 50 Megawatt (für das Erhitzen des Plasmas und die Kühlung des Reaktors) hineinstecken und 500 Megawatt gewinnen. Größere Tokamaks sollten theoretisch in der Lage sein, ein noch besseres Output-Input-Verhältnis im Gigawattbereich zu erzielen.

Es ist ein großes Lotteriespiel. Bisher hat es der weltweit beste und größte Tokamak, der JET in Großbritannien, noch nicht einmal geschafft, eine neutrale Energiebilanz zu erreichen. Allerdings gelang es der US National Ignition Facility in Kalifornien 2013, mehr Energie zu erzeugen, als in die Anlage hineingesteckt wurde – bei einem Fusionsexperiment, das einen Sekundenbruchteil andauerte. Falls ITER jedoch Erfolg vermelden kann, werden etwa im Jahr 2040 die ersten Demonstrationsanlagen gebaut, die die zur Stromerzeugung produzierte Energie tatsächlich nutzen und speichern können. Wenn es uns wirklich gelingt, hier auf Erden die Sonne zu imitieren, werden die Folgen spektakulär sein. Eine Ära wahrhaft kostengünstiger Energie – sowohl ökologisch als auch finanziell – hätte weitreichende Konsequenzen für alles Mögliche, von der Armutsbekämpfung bis zur Beilegung von Konflikten.

In der Zwischenzeit jedoch starten Länder auf der ganzen Welt vorsichtige Versuche, die Energiegewinnung aus abgebauten Ressourcen zu verbessern. Dabei tut sich vor allem China hervor, das bereits jetzt der größte Umweltverschmutzer des Planeten ist (weil es ein Viertel der menschengemachten Treibhausgasemissionen erzeugt) sowie einer der ineffizientesten Energieverbraucher. Angesichts einer Bevölkerungsstärke von über 1,3 Milliarden Menschen hat alles, was China tut, globale Auswirkungen. Das neu eröffnete GreenGen-Kraftwerk in Tianjin südlich von Peking könnte die vielversprechendste praktikable Lösung für die Energieprobleme der Menschheit sein. Das Gas-und-Dampf-Kombikraftwerk mit integrierter Vergasung (*Integrated Gasification Combined Cycle*, IGCC) erzeugt Strom, indem es Kohle vergast, den Wasserstoff entzieht und das Synthesegas nutzt, um Turbinen anzutreiben. Dabei werden die schwefligen Schadstoffe, salpetrigen Emissionen und anderen Verunreinigungen, die sonst die Luft verpesten und den Himmel verdunkeln, fast vollständig beseitigt. Dieses effiziente Verfahren produziert nur ein Zehntel der sonst üblichen Kohlendioxidemissionen pro Kilowattstunde, und das Treibhausgas tritt in nahezu reiner Form aus, wodurch es leicht zu binden und zu speichern ist. Es ist teurer, Strom auf diese Weise zu erzeugen – 80 Cent pro Kilowattstunde statt 50; das Unternehmen plant jedoch, die Kosten durch weitere effiziente Innovationen zu senken.

Zum Zeitpunkt meines Besuchs wurden die von der Anlage produzierten 3000 Tonnen Kohlendioxid mit Gewinn an Getränkefirmen verkauft, die sie zur Herstellung kohlensäurehaltiger Getränke verwenden wollten. Der Besitzer von GreenGen, der staatseigene Stromriese China Huaneng Group, hatte jedoch vor, das Gas – eine Menge von drei Millionen Tonnen im Jahr – zu sequestrieren, um damit auf Ölbohrinseln im Golf von Bohai die Ölgewinnung zu unterstützen. Weiter im Süden, in Shidongkou, außerhalb von Shanghai, hat Huaneng die weltweit größte *Post-Combustion*-Anlage zur Abscheidung von Kohlendioxid nach der Verbrennung von Kohle eröffnet. Dort werden 100 000 Tonnen Kohlendioxid abgeschieden – angeblich, um sie an die Getränkeindustrie zu verkaufen. Diese Menge an Gas übersteigt den Bedarf der Softdrink-Industrie jedoch bei Weitem; vorläufig wird das überschüssige CO_2 einfach in die Atmosphäre abgelassen.

In den Trockensteppen der Inneren Mongolei und der Wüste Gobi, Chinas kargem Norden, wo viele der landeseigenen Kohleflöze liegen, experimentieren Wissenschaftler damit, Kohlendioxid in tiefen salzhaltigen, Wasser führenden Gesteinsschichten, sogenannten salinen Aquiferen, zu speichern. Diese riesigen, durch dichtes Deckgestein isolierten Flächen müssten Hunderttausende Tonnen Kohlendioxid aufnehmen können, doch das ist immer noch nur ein Bruchteil der mehreren Milliarden Tonnen, die die Nation jährlich produziert.

Seit 2000 hat sich Chinas Kohleverbrauch verdreifacht – ein Großteil davon ist minderwertiger, schmutziger Brennstoff, und es gibt besorgniserregende Anzeichen dafür, dass das Land das schwarze Zeug auch zu Transportzwecken einsetzen wird. Ordos in der Inneren Mongolei besitzt die größte Anlage der Welt, die Kohle in Dieselkraftstoff umwandelt. Die Fabrik sieht zwar – wie die IGCC-Anlage – sauber und umweltfreundlich aus, ist aber die umweltschädlichste von allen. Das Cracken der in der Kohle enthaltenen Kohlenwasserstoffe zur Erzeugung von Diesel produziert doppelt so viel Kohlendioxid wie die Nutzung von Öl; zudem benötigt das Verfahren enorme Wassermengen – 6,5 Tonnen pro Tonne Flüssigbrennstoff. Selbst mit einem Flusssystem in der Nähe wären solche Mengen schon kaum zu bewältigen, aber in der trockenen Wüste sind die Folgen verheerend. Das Wasser wird aus einem über 70 Kilometer entfernten Aquifer hergepumpt. Die Welt kann es sich einfach nicht leisten, dass China seine Autos mit aus Kohle hergestelltem Flüssigtreibstoff zum Laufen bringt.

Was sind die Alternativen? In Sachen Elektrifizierung prescht China vor – seine Hochgeschwindigkeitszüge sausen mit Hunderten Stundenkilometern durch das Land – und Strom ließe sich mit einer Reihe CO_2-armer Energiequellen wie Atom-, Wind- und Sonnenkraft erzeugen. China investiert bereits stark in die Windenergie: Ganze Landflächen in der Wüste Gobi sind mit Turbinen gepflastert, und über Hochspannungsleitungen soll der Strom aus dem fernen Norden quer durch das Land in die Großstädte gelangen. Riesige Solarparks schießen überall, von der Gobi bis zu Standorten näher an den Endverbrauchern, wie Pilze aus dem Boden – darunter ein 20-Megawatt-Park in Xuzhou in der Provinz Jiangsu. China ist der größte Hersteller von Photovoltaikmodulen und in großen Teilen verantwortlich für den rapiden Preisverfall bei dieser Technologie.

Diese Investitionen in die Sonnen- und Windenergie mögen zwar beeindrucken, doch der aus erneuerbaren Energien erzeugte Strom ergänzt einfach nur die aus der Kohle gewonnene Elektrizität, statt sie zu ersetzen. China muss wagemutiger werden – seine ehrgeizigen Pläne für einen Emissionshandel mit CO_2, der in Städten und Provinzen im ganzen Land erprobt wird, geben Anlass zu großem Optimismus. Die Bepreisung von CO_2 wird die Sequestrierung von Kohlendioxid für IGCC-Anlagen finanziell attraktiv machen und könnte die Kohleverflüssigungstechnik durchaus preislich unter Druck setzen. Noch wichtiger ist aber vielleicht, dass damit in dem Bestreben, neue Techniken der Energieerzeugung zu kommerzialisieren, die ökonomischen Aspekte der Entwicklung auf Dauer an diejenigen der Umweltverschmutzung gekoppelt werden.

Die Menschheit ist davon abhängig, dass China seine Sache gut macht. Genauso aber auch von den Tausenden kleinen Schritten, die Einzelpersonen auf der ganzen Welt unternehmen, um sich von fossilen

Brennstoffen abzukehren und neuen Energiequellen zuzuwenden. In Indien bin ich Bauern begegnet, die aus Silage Brennstoff herstellen. In Großbritannien und den USA habe ich mit Forschern gesprochen, die auf verschiedene Weisen versuchen, Kohlendioxid aus der Luft zu extrahieren, um es zur Erzeugung von Treibstoff in Kohlenwasserstoffe umzuwandeln. Und in Kenia habe ich eine Frau getroffen, die die Sonne verkaufte – sie ließ sich von ihren Nachbarn dafür bezahlen, dass sie ihnen mit ihren Sonnenkollektoren Akkus und Handys auflud. Anrührend war ein Projekt, das man mir in einem peruanischen Dorf präsentierte: Dort erzeugten ein paar Agronomieprofessoren im Teilruhestand Biogas aus Meerschweinchenkot und nutzten es, um damit ihre Wohnung zu beleuchten, Essen zu kochen, Gemüse zu ziehen und den Fernseher zu betreiben.

Auf dem Weg ins Anthropozän wird die Suche der Menschheit nach neuen, CO2-armen Alternativen für fossile Brennstoffe gleichbedeutend sein mit der Elektrifizierung von Heizung, Licht und Verkehr, wobei Akkumulatoren die Benzintanks der Autos ersetzen. Der Rohstoff für diese leichtgewichtige Stromquelle mit hoher Energiedichte – Lithium – muss ebenfalls abgebaut werden, und einer der wenigen Orte auf der Welt, die Lithiumvorkommen besitzen, ist Bolivien. Über 500 Jahre, nachdem es eine der größten und reichsten Städte der Erde beherbergte, kehrt das verarmte Land dank dem Abbau von Rohstoffen wieder auf die Weltbühne zurück.

Als ich in Uyuni, einer Lehmziegelstadt im Süden Boliviens, ankomme, gibt es gerade einen der häufigen Stromausfälle. Ein heulender Wirbelsturm peitscht durch die Stadt, die Sicht wird erschwert durch Staub und aufgewirbelte Steinchen, und obwohl alle Gebäude verrammelt sind, zerbrechen immer noch Fensterscheiben. In seinen besten Zeiten ist Uyuni ein gottverlassener, windumtoster Außenposten. Die exponierte Lage wurde bewusst gewählt, als die Stadt 1889 als Wartungsstation für die Eisenbahnstrecken zwischen Argentinien, Chile und den weiter nördlich gelegenen bolivianischen Minen gegründet wurde – ein geschützter Standort am Fuße eines Berges hätte die mit Silber beladenen Waggons zu einer leichten Beute für Räuberbanden gemacht. Die Stadt liegt 3670 Meter über dem Meeresspiegel, und die dort herrschende extreme Kälte hat angeblich den Ausbruch von Epidemien unter den ersten Einwohnern Uyunis – Bahnarbeiter und Armeeangehörige der Militärbasis – verhindert, was zur Folge hatte, dass der neue Friedhof der Stadt peinlicherweise jahrelang ungenutzt blieb. Für die Stadtbewohner war dies anscheinend ein solch gravierendes Problem, dass sie sich aus der nächstgelegenen Minensiedlung Pulacayo Leichen „ausliehen", bis sie selber welche liefern konnten.

Ich bin hergekommen, um der in der Nähe befindlichen Salzpfanne, dem Salar de Uyuni, einen Besuch abzustatten. Also mache ich einen Fahrer ausfindig, und wir verlassen die Stadt auf einer Straße, die sich schon bald in der Wüste verliert. Wir fahren durch eisige Flüsse und über gefrorenen Boden und werfen einen mitfühlenden Blick auf ein paar Flamingos, die nicht zu wärmeren Seen geflohen sind. Goldfarbene Vikunjas, die wilden Verwandten der domestizierten Alpakas, springen panisch davon, als wir mit unserer glänzenden Kiste aus Metall am Horizont auftauchen. Wir passieren die zweitgrößte Mine der Welt (die größte des Kontinents) bei San Cristóbal, die pro Tag 100 000 Tonnen Erde bewegt und überwiegend Silber und Zink exportiert. Neu erbaute Häuser drängen sich um eine Jesuitenkirche aus dem 17. Jahrhundert, die Stein für Stein wiederaufgebaut wurde, als die Dorfbewohner von einem höher gelegenen Ort hierher umzogen.

Die Landschaft ist rau und monumental: Deplatziert erscheinende windgeschliffene Felsen vor einer Kulisse aus Himmel und Erde, Vulkane, die den Horizont in fantastischen Farben umkränzen – bedeckt von erstarrter Lava, die vor Urzeiten brodelnd ins Freie trat. Die Minerale dieses Planeten liegen nackt und bloß da, ohne Schutz durch Vegetation. Alle paar Kilometer präsentiert sich uns wieder ein völlig anderes Landschaftsbild. Nahe der chilenischen und argentinischen Grenze fahren wir an Salzlagerstätten mit Borax vorüber, der zum Export abgebaut wird. Der Wind weht weiße Staubschleier über die weiten schimmernden Flächen. Die Seen sind mit glasigem Eis überzogen und mit Kristallen aus Algen und Salzen gespickt; im Hintergrund erheben sich terrakottafarbene Berge und Vulkane. Der größte von ihnen, Licancabur, ist so fremdartig, dass die NASA in seinem Krater ihren Mars-Rover getestet hat. Im selben Krater, in 5916 Metern Höhe, hat man die mumifizierten Leichen junger Mädchen gefunden, die von den Inkas dorthin gesandt wurden, um den Opfertod durch Erfrieren zu sterben.

Nach zwei Tagen und Nächten betreten wir die surreale Landschaft der größten Salzpfanne der Welt, die Neil Armstrong vom Mond aus erkennen konnte. Mit 10 500 Quadratkilometern ist sie so groß wie ein kleines Land oder ein Meer – was sie tatsächlich einst war. Vor Millionen von Jahren erstreckte sich der Atlantik vom heutigen Argentinien aus durch einen gewaltigen Kanal westwärts bis La Paz. Irgendwann formte sich ein Landriegel, der dem Wasser vom Meer her den Weg versperrte, sodass sich ein riesiger Binnensee bildete. Infolge der Subduktion tektonischer Platten, die die Anden entstehen ließ, wurde der See angehoben. Dort verdunstete das Wasser mit der Zeit und hinterließ jene unglaubliche strahlende Fläche weißen Salzes.

Nie habe ich etwas Vergleichbares gesehen wie dieses Meer aus Weiß, eingesäumt vom azurblauen Himmel. Vor dieser Weite versagen meine Augen den Dienst. Die Perspektiven verzerren sich und es wird unmöglich einzuschätzen, wie nah oder weit entfernt, wie groß oder klein etwas ist. In der Ferne erspähe ich eine kleine Insel im Salar; als wir näherkommen, entdecke ich, dass sie mit mehr als 6000 Kakteen übersät ist. Es ist die Isla Incahuasi, ein unwirklicher Fleck aus Gold und Grün im totenbleichen Salar und ein Zufluchtsort für die Inkas, die die Salzpfanne einst mit ihren Lamakarawanen durchquerten. In der Mitte der Insel, einem Atoll aus fossilen Algen und Korallen, befinden sich ein kleines Zeremonialzentrum und eine 35 Meter tiefe Spalte, die früher einmal kostbares frisches Wasser enthielt.

Der Salar ist mosaikartig in Vielecke unterteilt, gebildet aus Rissen in der fünf Meter dicken Salzschicht, die bis zu einem darunterliegenden unterirdischen See reichen. Durch Kapillarwirkung wird das Seewasser durch die Risse nach oben gedrückt, wo das Salz an der Oberfläche kristallisiert und Erhöhungen bildet. An vielen Stellen wird das Mosaik durch große „Teiche“ aus Salz unterbrochen. Dies sind die „Augen“ des Salar, wo sich das Wasser dichter unter der Oberfläche befindet und für Autofahrer eine tödliche Gefahr darstellt.

Nach der Durchquerung des Salar erreichen wir die Ortschaft Colchani, ein Zentrum des Salzabbaus. Gebückte Männer und Jungen zerteilen das Salz mit Spitzhacken und Schaufeln. Sie türmen die weiße Masse zu kegelförmigen Haufen auf, wo die Feuchtigkeit in der Sonne verdunstet. Dann wird das Salz mit Lastwagen abtransportiert. Es ist ein Knochenjob in eiskaltem Wind und blendender Sonne. Die Jungen bemalen ihre Gesichter mit Holzkohle, um die Reflexion etwas abzuschwächen und ihre Augen zu schützen, doch die alten Männer sind unbemalt, die Haut gegerbt wie dunkle Baumrinde, die Augen mit milchig getrübten Linsen.

Über 20 000 Tonnen Tafelsalz werden jährlich in diesem *Puerto seco*, dem Trockenhafen von Colchani, gewonnen, aber das weiße Gut dient nicht nur als Speisewürze. Der Salar de Uyuni birgt über die Hälfte der weltweiten Lithiumvorkommen. Diese weiche, silbrige Metallpaste ist das leichteste der festen Elemente und fand bis vor Kurzem fast ausschließlich Anwendung in der psychiatrischen Medizin, als Bestandteil von Beruhigungsmitteln zur Behandlung von Manien. Seit den 1990er-Jahren wird Lithium jedoch auch in einer Reihe langlebiger leichter Akkus verwendet, die die Verbraucherelektronik revolutioniert haben. Es kommt in Mobiltelefonen, Laptops und Kameras zum Einsatz und schickt sich nun auch an, gegen die alles beherrschende Ressource des 20. Jahrhunderts anzutreten – als Ersatz für Benzin in den Kraftfahrzeugen des Anthropozäns.

Lithium ist ein wesentlicher Bestandteil der effizienten, leichten und schnell wiederaufladbaren Batterien von Elektroautos. Würde es Bolivien gelingen, sich den Markt der Lithiumproduktion zu erschließen, wäre das verarmte Land zu guter Letzt reich – der Wert der existierenden Vorkommen wird auf eine Billion US-Dollar geschätzt. Zumindest ist dies die Hoffnung von Präsident Evo Morales. Mehr als 100 Millionen Tonnen Lithium liegen in dem See unter der Salzpfanne in gelöster Form vor. Sie zu bergen und die Produktion zu industrialisieren, ist jedoch nicht einfach, und Morales schiebt Investoren aus dem Ausland einen Riegel vor. Die Aussicht, eine solch große Menge dieses unentbehrlichen Rohstoffs an einem einzigen leicht zugänglichen Ort zu haben, ist verheißungsvoll, und alle, von Japan über China und Finnland bis nach Frankreich, wollen ein Stück vom Kuchen abhaben.

Die Geschichte hat es jedoch nicht gut mit Bolivien gemeint. Obgleich das Land, was die natürlichen Ressourcen betrifft, zu den reichsten des Kontinents gehört, leben dort viele der Ärmsten. Das ist vor allem der Ausbeutung durch fremde Nationen zu verdanken, die aus Boliviens Gold, Silber, Zink oder Gas Kapital geschlagen haben. Bislang weigert sich Morales noch, den kostbaren Lithiumschatz der staatlichen Kontrolle entziehen zu lassen. „Der Salar wird nicht zu einem zweiten Cerro Rico werden", hat er geschworen.

Zur Gewinnung von Lithium hat er ein Pilotprojekt ins Leben gerufen. Die milchige Salzlauge wird in flache Tümpel auf dem Salar geschüttet und für mehrere Tage dort belassen, damit das Wasser verdunstet. Zurück bleiben die wertvollen Minerale: Kalium, Mangan und Borax sowie die Lithiumsalze. Diese werden dann durch wiederholte Filterung und Verdunstung in einer Reihe von Teichen raffiniert, bis man reines Lithiumkarbonat erhält. Hier herrschen völlig andere Zustände als in den Minen von Potosí mit ihren horrenden Arbeitsbedingungen.

Skeptiker sagen, Bolivien fehle es am Know-how und an der Infrastruktur, um eine effiziente Lithiumgewinnung zu betreiben – erst recht in den benötigten Mengen. Autohersteller schätzen, dass schon ein kleiner Markt im Jahr um die 500 000 Tonnen benötigt. Doch Bolivien sitzt am längeren Hebel – Elektroautos und Akkus für unzählige weitere erneuerbare Energiequellen der Ökostrom-Revolution sind auf die Lithiumvorkommen im Salar de Uyuni zwingend angewiesen. Morales plant, sein Land mithilfe des erwirtschafteten Reichtums zu industrialisieren und nicht nur das Lithium zu produzieren, sondern auch die Akkumulatoren und schließlich auch die Autos. Das ist ein ehrgeiziges Vorhaben für eine Nation, deren Straßen praktisch unbefahrbar sind.

Im Juli 2012 einigte sich die Regierung auf ihre erste Lithium-Investition. In einem 50:50-Joint-Venture mit POSCO, einem südkoreanischen Konsortium für Eisen- und Stahlverarbeitung, soll eine Pilotanlage am Salar entstehen, die Lithium und Batterieteile produzieren wird. Das Abkommen ermöglicht Bolivien, sich mithilfe von Südkorea, dem größten Hersteller von Lithiumbatterien, Expertenwissen für die Produktion anzueignen, und bietet andererseits Südkorea exklusiven Zugang zu den lukrativen Salzfeldern. (Mittlerweile sieht die Lage anders aus: Bolivien hat sich beim Aufbau seiner Lithium-Industrie zu einer Kooperation mit Deutschland entschieden. – Anm. d. Übers.)

Drei Monate später verabschiedete Morales' Regierung ein „Mutter-Erde-Gesetz" (*Law of Mother Earth*), das der Natur die gleichen Rechte wie den Menschen zubilligt und Strafen für Verstöße gegen diese Rechte vorsieht. Nach dem Gesetz befinden sich Bergbau-, Öl-, Gas- und andere Rohstoffindustrien als wichtige Grundpfeiler der Wirtschaft des Landes in einer ungewöhnlichen und unsicheren Position. Dagegen fordert die Gewinnung von Lithium nur einen geringen ökologischen Tribut, sodass ihr Fortschritt nicht beeinträchtigt wird.

Bei unserer Rückreise vom Salar de Uyuni ist es, als wolle Mutter Erde ihre Macht erneut unter Beweis stellen. Der Wind bläst noch gewaltiger, und als wir Uyuni erreichen, ist die Stadt unter einer blendenden Decke wirbelnden Staubes verborgen. Erst nach Tagen flaut der Sturm ab. Als ich mich wieder aus meiner Herbergsklause hervorwage, um die Folgen des Unwetters in Augenschein zu nehmen, stehen die wenigen Bäume in Müll eingehüllt da, und eine dicke Staubschicht bedeckt alles – die ganze Stadt präsentiert sich in monotonem Braun. Fenster sind zerbrochen, Lehmwände sind dem Erdboden, dem sie entstammten, gleichgemacht, und Wellblechdächer, die von den Böen mitgerissen wurden, liegen verbeult auf den Straßen. Auf dem zentralen Platz kümmern sich Menschen um vom Wind abgetriebene Flamingos mit gebrochenen Flügeln. Es gibt nach wie vor keinen Strom, kein Wasser, keinen Treibstoff.

Es ist, als habe die Stadt mit ihren Bauteilen den Rückzug aus dieser feindlichen Wüste angetreten, und vor meinem geistigen Auge steigen Bilder von jenen anderen Ruinenstätten auf – die Geister von Pompeji, Hampi und Tikal. Im Anthropozän ist unsere Herrschaft über den Planeten so allumfassend, dass man leicht glauben könnte, der Mensch werde ewig existieren. Doch wie bei jeder anderen Spezies ist auch unsere Existenz vergänglich. An vielen Orten werden wir Spuren hinterlassen, die als Fossilien in ferner Zukunft deutlich sichtbar davon erzählen werden, dass wir hier waren und welche Auswirkungen dies hatte. In der windgepeitschten Wüste von Uyuni hingegen, weit entfernt von Flüssen und Meeren, werden unsere Bauwerke wieder zu Staub zerfallen, und Zeugnisse für eine menschliche Zivilisation, die sich hier mühsam ihren Lebensunterhalt erkämpft hat, wird es nicht mehr geben. Wenn die Ressourcen des Salar weiterentwickelt werden sollen und Menschen in dieser abgeschiedenen und fremdartigen Umgebung die Natur beherrschen wollen, braucht man eine robustere und langlebigere Infrastruktur. Es wird erforderlich sein, Straßen anzulegen, Stromleitungen zu ziehen und widerstandsfähigere Gebäude zu errichten. Um der Umwelt hier ihren Stempel aufzudrücken, müssen die Menschen das Gleiche tun wie am Amazonas oder in der Sahara: eine Großstadt bauen.

10 STÄDTE

Städte sind die künstlichsten Lebensräume der Erde. Sie sind komplett vom Menschen geschaffene Mikrokosmen, zugeschnitten auf unsere Spezies. Sie bieten eine weite Sicht wie die Berge, Schutz wie trockene Höhlen, Süßwasser aus Seen und Flüssen sowie Nahrung, Materialien und Energielieferanten aus der Natur. Städte haben das Gesicht der Erde grundlegend verändert – ebenso wie uns selbst, ihre Erfinder.

Der Mensch entwickelte sich als Jäger und Sammler in einer savannenähnlichen Landschaft. Erst mit Beginn des Holozäns (nach über 100 000 Jahren) entstanden mit dem Aufkommen des Ackerbaus die ersten Siedlungen, doch es dauerte noch viele Jahrtausende, bis es die ersten Städte gab. Die Dörfer wurden immer größer; gleichzeitig gelang es den Menschen mit einer immer effizienteren Landwirtschaft, mehrfach im Jahr zu ernten und so einen Nahrungsüberschuss zu produzieren. Zwischen den Dörfern entwickelte sich ein Handel, und sie wuchsen weiter, denn es kamen Menschen, um auf den Märkten Lebensmittel, Stoffe, Keramik und andere Güter zu erwerben oder einander einfach zu treffen. Im Laufe der Zeit kamen öffentliche Gebäude und Regierungen für diese verlockenden Orte hinzu: Die Stadt war geboren.

Die ersten bekannten Städte waren die der Sumerer. Sie entstanden vor rund 6000 Jahren in den fruchtbaren Flusstälern Mesopotamiens. An diesen Orten, legendären Städten wie Ur, Babylon und Ninive, entwickelte man die ersten Schriften, Bewässerungssysteme für Felder, Wasserleitungen und Abwasserkanäle, und hier gab es auch die ersten Armeen mit Berufssoldaten. Die Zivilisation, jener so bedeutungsschwere Inbegriff der menschlichen Gesellschaft, nahm ihren Ursprung in Städten, denn sobald die benötigte Nahrung von verhältnismäßig wenigen Arbeitern produziert werden konnte, stand es einem Teil der Gesellschaft frei, anderen Tätigkeiten als dem Anbau von Nahrungsmitteln nachzugehen. Die Menschen konnten nun als Lehrer oder Baumeister arbeiten. Die in diesen ersten Städten möglich gewordene Arbeitsteilung ließ Ideen sich entfalten – Kunst, Wissenschaft, politisches und soziales Gedankengut und neue Arten der Lebensführung, allesamt Dinge, die allein dem Menschen vorbehalten sind. Städte ermöglichten eine schnelle Verbreitung dieser Ideen sowohl innerhalb der Stadtbevölkerung als auch von Stadt zu Stadt, denn die Menschen reisten und tauschten dabei Güter und Ideen aus. Archimedes war ebenso sehr ein Produkt des Stadtstaates Syrakus auf Sizilien wie die Stadt ein Produkt des Archimedes war. Abgesehen vom Anbau von Nahrungsmitteln und dem Rad – welche bedeutsame Erfindung kam je aus bäuerlich-ländlich geprägten Gebieten? Die eigentliche Geschichte unserer bemerkenswerten Spezies nahm mit den Städten ihren Anfang. Erst in den Städten wurde der Mensch kultiviert.

Der Drang, unser Leben und unsere Heimstatt in dichten Populationen einzurichten, in Häusern zu leben, die mehr oder weniger chaotisch um gemeinsame Einrichtungen wie Marktplätze, Rathäuser, Gotteshäuser oder Regierungsgebäude arrangiert sind, ist allein dem Menschen vorbehalten und in unserer Spezies weit verbreitet. Wir entwickelten die Fähigkeit, die Umwelt so zu beeinflussen, dass große menschliche Populationen auf kleinem Raum zusammenleben können. Wir leiteten Wasser um und speicherten es, beschafften uns Ressourcen auch aus größeren Entfernungen und betrieben in großem Maßstab Landwirtschaft. All das machte uns zur dominierenden Spezies auf diesem Planeten. Doch erst die im letzten Jahrhundert eingetretenen Verbesserungen in der Hygiene und Medizin ließen die Städte geradezu explosionsartig wachsen. Dank sauberem Wasser und Antibiotika ging die Zahl der Todesfälle drastisch zurück. Zum ersten Mal überhaupt konnten große Menschenmassen relativ sicher zusammenleben.

Die Städte wurden immer größer. Das einst riesige Ninive hatte 650 vor Christus 120000 Einwohner; heute gibt es Megastädte, in denen mehr als

10 Millionen Menschen leben. Das Anthropozän ist das Zeitalter der Urbanität. Unsere Spezies vollzieht die größte Massenwanderung ihrer Geschichte – schon heute lebt mehr als die Hälfte von uns in Großstädten, um 2050 werden es insgesamt sieben Milliarden sein. Wir sind zum Homo urbanus geworden – zu einem anderen Wesen, einem schneller denkenden, schneller reagierenden, genetisch variableren Menschen. Die Geschichte der Menschheit ist immer mehr eine Geschichte der Städte.

Im Verlauf der nächsten 80 Jahre wird alle 10 Tage eine Millionenstadt entstehen.[1] Derzeit gibt es etwa 30 Megastädte, die bis 2050 wohl zu Dutzenden von Megaregionen zusammenwachsen werden – wie Hongkong-Shenzhen-Guangzhou in China, wo mehr als 100 Millionen Menschen in einer Großstadt scheinbar endlosen Ausmaßes leben. Die Metropolregion Tokio mit Japans Hauptstadt beherbergt bereits rund 37 Millionen Menschen; die Bevölkerungsdichte ist hier mehr als doppelt so groß wie in Bangladesch, und die Metropolregion verfügt über das größte Wirtschaftsvolumen einer Großstadt. Großstädte werden nach und nach mächtiger als Nationalstaaten.

Die Urbanisierung der kommenden Jahrzehnte wird größtenteils auf Arme in Afrika und Asien zurückgehen, die auf der Suche nach Arbeit die ländlichen Gebiete verlassen. Fast alle von ihnen werden in Elendsvierteln leben, mit bis zu 2500 Menschen pro Hektar Fläche, die sich so viele Toiletten teilen müssen, wie sie in einem durchschnittlichen US-amerikanischen Einfamilienhaus zu finden sind. Global gesehen verursacht der Bauboom in den Städten an anderen Orten Überschwemmungen, Erosion und eine schlechtere Wasser- und Bodenqualität, weil man Sand abbaut und Flüsse ausbaggert, um Baumaterial für die neuen Großstädte zu gewinnen. Doch wir befinden uns immer noch im Übergang in das Anthropozän, und Großstädte sind komplizierte, ausgefeilte Organismen: Je größer sie werden, desto schneller arbeiten sie und entwickeln sich weiter. Sie verkörpern die menschliche Zivilisation, unsere besten und zugleich auch unsere schlechtesten Eigenschaften. Die Großstädte, die aus der natürlichen Umgebung entstehen, sind vielleicht besser als alle, die wir bislang kannten. Sie verbrauchen womöglich weniger Ressourcen, ähneln in ihren Parks und Dachgärten eher der Savanne und sind durch das Recyceln von Energie, Materialien, Wasser und Luft unabhängiger. Zweifellos werden sie neue Ideen, Kulturen und Techniken entstehen lassen und uns weiter bringen, als wir es uns heute vorstellen können.

Großstädte sind die künstlichsten Lebensräume der Erde und zugleich die Lebensräume, in denen sich der Mensch am meisten zu Hause fühlt. Großstädte sind gewissermaßen die globalen Protagonisten des Anthropozäns.

Die Bewohner haben Trittsteine in den übelriechenden Strom aus ungeklärten Abwässern gelegt, der zwischen Häuserreihen die Straße markiert, doch an einigen Stellen steht die grünliche Brühe zu hoch, und die Steine werden überspült. Die meisten Frauen von hier ziehen ihre Schuhe aus und treten barfuß in die Kloake. Ein kleiner älterer Mann in Gummistiefeln hat beobachtet, wie ich mich auf Zehenspitzen von Stein zu Stein taste, und bietet mir an, mich huckepack über die überspülte Stelle zu tragen. Ich gerate in Versuchung, schiebe aber meine Abscheu beiseite und gehe weiter. Mit meinen Gummisandalen stecke ich mal im Schleim fest, mal gerate ich ins Rutschen. Um mich herum dümpeln erkennbare Teile von Exkrementen.

Dieser menschliche Wohnsumpf im Norden Kolumbiens heißt Villa Hermosa, wörtlich „Schönes Städtchen", aber wenn dieser Ort jemals schön war, so ist das lange her. Die Menschen hausen in Verschlägen aus Plastiktüten und Sperrholz, die nur unzulänglich mit Blechen oder Plastikfolie gedeckt sind und deren sanitäre Einrichtungen aus einer von zwei dünnen Vorhängen notdürftig abgeschirmten Außentoilette bestehen. Kinder paddeln und spielen im stinkenden Wasser und fangen sich dabei Durchfallerkrankungen und Cholera ein. Im Wasser vermehren sich zudem Stechmücken; sie übertragen Malaria, Gelbfieber und Dengue-Fieber, auf deren Konto noch mehr Todesopfer gehen. Nur ein Haus hat fließendes Wasser, und seine Bewohner versorgen die etwa 10 000 Einwohner des Ortes gegen ein Entgelt.

Beamte der Gesundheitsbehörde vergleichen den Ort mit einem afrikanischen Flüchtlingslager, doch Villa Hermosa liegt nur wenige Autominuten vom beliebtesten Touristenziel des Landes entfernt. Es ist eine der informellen Siedlungen, die das feine Cartagena säumen. Nicht weit von hier gehen Passagiere aus aller Welt von Bord ihrer glänzenden Kreuzfahrtschiffe, um auf den Plätzen der Stadt mit ihrer Kolonialarchitektur unter blühenden Bougainvilleen Latte Macchiato zu schlürfen. Zwar hat das Land in den letzten zehn Jahren einen Aufschwung genommen, und Armut und Kriminalität sind zurückgegangen – die Zahl der Morde fiel von 29 000 im Jahr auf 16 000 –, doch ist Kolumbien nach wie vor eines der Länder mit der größten Kluft zwischen Arm und Reich.[2] Cartagena ist eine Stadt mit einer Million Einwohnern, von denen 600 000 in Armut und Zehntausende im Elend leben, mangelernährt und ohne Zugang zu sauberem Trinkwasser und sanitären Anlagen. Viele von ihnen kamen erst in den letzten zehn Jahren hierher, auf der Flucht vor Folgen des Klimawandels und vor der Gewalt in anderen Landesteilen. Sie sind Bauern, die hier keine Landwirtschaft betreiben können, Dorfbewohner, die Guerillagruppen wie FARC und dem von Paramilitärs verbreiteten Schrecken entronnen sind.

Ich besuche das Dorf in Begleitung von Jaidith Tawil Dominguez. Sie arbeitet für die J. Gonzalez Foundation, eine der NGOs, die den Kindern von Villa Hermosa zu helfen versuchen. Die Hilfsorganisation betreibt eine Krippe und ein Zentrum für Kleinkinder und richtet gerade eine Erholungsanlage ein, dort, wo es keinerlei Einrichtungen für Kinder gibt. Die meisten Menschen hier sind Alte, kleine Kinder und Frauen, die ihre Ehemänner, Brüder und Sohne durch die gewalttätigen Auseinandersetzungen verloren haben. Mehr als 70 Prozent der örtlichen Bevölkerung sind Menschen, die ihre Heimat verlassen mussten und nicht dorthin zurückkehren können, weil sie dort noch immer nicht sicher wären.

Freddie Uribe, Gemeindesprecher in Villa Hermosa, floh vor zehn Jahren aus seinem Dorf, nachdem er mitansehen musste, wie sein Bruder und seine Freunde getötet wurden. Er kann nicht zurückkehren, und selbst wenn die Gewalt aufhören würde, bliebe er hier. „Wohin sollte ich zurückgehen?“, fragt er. „In meinem Haus wohnt inzwischen jemand anderes, wenn es denn überhaupt noch steht. Ich habe hier jetzt eine Ehefrau und Familie. Mein Leben ist hier“, sagt er und watet durch den Matsch. Freddie arbeitet heute als Zimmermann für die Gemeinde.

Die Gewalt hat die Migranten hierher begleitet. Die benachbarten Viertel werden allesamt von Drogengangs kontrolliert, und Prostitution ist weit verbreitet. Da es aber in Villa Hermosa keine Schule gibt, müssen schon sechsjährige Kinder jeden Tag zu Fuß durch dieses gefährliche Viertel zum Unterricht gehen – es sei denn, es regnet, denn dann ist das Viertel praktisch von der Außenwelt abgeschnitten. Dieses Jahr gab es bereits heftige Regenfälle, die ausgedehnte Überschwemmungen nach sich zogen. Es ist ein El-Niño-Jahr, aber Jaidith erzählt, die Hochwasser seien in den letzten Jahren immer schlimmer geworden; das führt sie auf den Klimawandel zurück. Im Slum gibt es keine Abflusskanäle für das Wasser, und so vermischt es sich mit den Abwässern und steht wochenlang zwischen den Häusern.

Jaidith nimmt mich mit zu dem Kindergartenprojekt, bei dem 50 Kinder von neun Uhr morgens bis vier Uhr nachmittags unentgeltlich betreut werden. Sie erhalten dort auch ein Frühstück und Mittagessen. Das ermöglicht ihren Eltern oder Betreuern, in Cartagena arbeiten zu gehen. Das Gebäude hat einen Fußboden aus Holzpaletten und Bretterwände mit Fensteröffnungen, durch die Licht in das karg eingerichtete Innere fällt. Drinnen liegen die Kinder in Zehnerreihen mit geschlossenen Augen auf dem Boden – Mittagsschlaf. Ich zeige auf das Kind, das mir am nächsten liegt. Das Mädchen sieht aus wie eine Dreijährige und zeigt die hellen erhabenen Hautflecken, wie ich sie bei Leprakranken in Indien gesehen habe. „Was ist mit ihrem Gesicht?“, frage ich. Ich erfahre, dass dies ein Symptom mangelnder Hygiene ist – das schmutzige Wasser – und dass das Mädchen fünf Jahre alt, aber unterernährt ist. Es gibt hier Fälle von Lepra, aber andere bakterielle und Pilzinfektionen sind häufiger und wahrscheinlicher, wie ich von der Erzieherin erfahre. Jaidith zeigt mir den Behälter mit der Suppe, die die Kinder als Mittagessen erhalten werden. Für die meisten wird das die einzige vollwertige Mahlzeit des Tages sein.

Ich habe in den meisten Groß- und Kleinstädten der Entwicklungsländer ähnliche Stadien der Entbehrung gesehen. In Khulna etwa, einer Großstadt im Süden von Bangladesch, wo die Shrimpszucht örtlichen Landbesitzern zu einigem Wohlstand verholfen hat, trafen jedes Jahr 40 000 neue, von Überschwemmungen vertriebene Migranten in den Elendsvierteln ein. Einige dieser Glückssucher habe ich kennengelernt: zehn Menschen, die sich eine Hütte mit einem einzigen Raum teilten. Die meisten hatten ihre Dörfer wegen Landverlust durch Flüsse, immer stärkere Überschwemmungen aufgrund des ansteigenden Meeresspiegels, aufgrund des Verlustes von Ackerland durch zunehmenden Salzgehalt und wegen lähmender Armut verlassen müssen. Jeder dort war mit der Hoffnung auf ein besseres Leben für sich selbst und bessere Aussichten für seine Kinder gekommen. Khulna liegt zwar 150 Kilometer vom Golf von Bengalen entfernt, doch durch den Anstieg des Meeresspiegels stand das Wasser bereits im Slum – bei Flut mindestens kniehoch. Die Menschen suchten auf der etwas erhöhten Straße Zuflucht und lebten dort unter Planen oder Palmwedeln. Die Slumbewohner von Khulna litten ebenfalls unter ungewöhnlichen Hauterkrankungen, manche als Folge von Arsen im Wasser, andere aufgrund von unhygienischen Lebensbedingungen und Mangelernährung.

Oft ist die Armut gerade in urbanen Zentren am ausgeprägtesten, die die massivste Entwicklung zum Wohlstand erleben, wie Nairobi oder Mumbai (Bombay). Mumbai ist dabei, sich zur größten Stadt der Welt zu entwickeln. Hier leben rund neun Millionen Slumbewohner – das ist mehr als die Hälfte aller Einwohner –, oftmals im Schatten einiger der weltweit teuersten neuen Wohnanlagen. Bis 2025 werden nach Schätzungen der Weltbank in den Elendsvierteln von Mumbai 22,5 Millionen Menschen leben. Sogar mitten in Europa gibt es Slums, wie auf der Cañada Real Galiana am Stadtrand von Madrid, wo bittere Armut herrscht und die Infrastruktur so schlecht ist wie in einem Elendsviertel der Entwicklungsländer. Nirgends ist die Ungleichverteilung von Wohlstand so augenfällig wie in einer Großstadt.

Als ich mich anschicke, Villa Hermosa zu verlassen, um in das prachtvolle Cartagena mit seinen hellen Lichtern, Bars und Restaurants zurückzukehren, hält mich ein kleiner Junge am Arm fest. Grinsend deutet er auf meine Kamera und auf sich selbst und fordert mich auf, ein Foto von ihm zu machen. Ich folge seinem Wunsch, und der Junge steht stolz da, mit nichts bekleidet als einer fadenscheinigen kurzen Hose, Arme, Rücken und Stirn von Hautflecken bedeckt. Der Auslöser klickt, und der Kleine flitzt herbei, um sein Konterfei auf dem Display zu betrachten. Entzückt steht er dann Hand in Hand mit einem Freund da und winkt dieser Besucherin aus einer anderen Welt nach, die seine Welt für etwa eine Stunde besichtigt hat.

Diese Kinder wachsen in einem Zeitalter der Urbanität auf, das es in der Erdgeschichte so noch nie gegeben hat. In den 1000 Jahren bis zum Beginn des 19. Jahrhunderts lebten gerade einmal zwei Prozent aller Menschen auf der Welt in städtischen Gebieten; bis 2050 werden es rund drei Viertel der zehn Milliarden Menschen auf diesem Planeten sein, und die Evolution von Orten wie Villa Hermosa wird die weitere Entwicklung des Anthropozäns bestimmen.

Ich empfinde einen besonderen Kitzel, wenn ich mich im pulsierenden Herzen einer der Metropolen dieser Welt befinde. Der ständige Strom von Menschen, die alle aneinander vorbeilaufen, ohne sich kaum einmal anzurempeln, die auf vier Spuren Tag und Nacht dahinbrausenden Autos, die bei Rot an der Ampel unvermittelt anhalten und bei Grün vorwärtsschießen. Die von Gesprächen, Musik, Menschen und Wärme summenden Bars und Kneipen, die Anordnung sorgfältig geplanter Bauwerke und die Straßen, die auf Plätze und Märkte führen.

Je dichter eine Stadt besiedelt ist, desto produktiver, effizienter und machtvoller wird sie. Verdoppelt sich die Bevölkerung einer Stadt, steigt der durchschnittliche Lohn um 15 Prozent, und auch andere Indikatoren der Produktivität, wie die Zahl der Patente pro Kopf, steigen. Der ökonomische Output einer Stadt mit 10 Millionen Einwohnern ist um 15 bis 20 Prozent höher als derjenige zweier Städte mit je 5 Millionen Einwohnern. Bei Ländern mit überwiegend ländlich lebender Bevölkerung sind die Einkommen in urbanen Gebieten durchschnittlich fünfmal höher als auf dem Land. Zugleich gehen Ressourcenverbrauch und Kohlendioxidemissionen mit jeder Verdopplung der Einwohnerdichte um 15 Prozent zurück, weil Infrastruktur und öffentliche Transportmittel effektiver genutzt werden. Diese Auswirkungen der Populationsdichte wurden 2007 von theoretischen Physikern entdeckt; sie helfen dabei, die Anziehungskraft von Großstädten zu erklären, und geben Einblick in die Funktionsweise der Menschheit.[3] Und sie scheinen sogar für Jäger-und-Sammler-Gesellschaften zu gelten: Eine Gruppe wird mit jeder Verdopplung der Populationsgröße um 15 Prozent effizienter bei der Nutzung von Ressourcen wie Nahrung, die das Land bietet. Anders ausgedrückt, können mit jeder Verdopplung der Population 15 Prozent mehr Ressourcen und Zeit auf andere Dinge als die Gewinnung von Nahrung verwandt werden. Komplexe Gesellschaften verdanken ihre Entwicklung dem Zusammenleben auf engstem Raum.[4]

Großstädte beschleunigen noch die Vorherrschaft des Menschen auf dem Planeten Erde, denn sie bringen die Menschen noch stärker miteinander in Kontakt. Die Transportverbindungen und Kommunikation zwischen Städten, von Autobahnen über Schnellzüge bis hin zu Flugzeugen, ermöglichen es Unternehmen, in Großstädten in aller Welt zu operieren – die Menschenwelt schrumpft zum globalen Dorf zusammen. Die enorme Homogenisierung des Anthropozäns betrifft die menschliche Kultur und Lebensweise genauso wie jeder andere Einfluss auf das natürliche Ökosystem. Und das zeigt sich am umfassendsten an den Großstädten. Sie sind wirklich universal. Ich fühle mich genau deshalb in Großstädten zu Hause, weil ich sie im Grunde alle auf gleiche Art erlebe. In manchen herrscht mehr Gewalt, manche sind verschlafener und manche reicher als andere, doch die städtische Umgebung ist im Kern immer dieselbe. Hier gibt es nicht die unendliche Vielfalt von Landschaften und Erlebnissen, wie man sie in der Natur findet.

Die urbane Revolution des Anthropozäns könnte viele soziale und ökologische Probleme unserer Zeit lösen, denn sie ermöglicht es den Menschen, den Planeten in großer Zahl, aber auf möglichst nachhaltige Weise zu bewohnen. Sie könnte aber auch das Ende unserer Spezies bedeuten, die apokalyptische Version der dystopischen Megastadt, wie man ihr so oft in der Science-Fiction begegnet.

An vielen Orten in den Entwicklungsländern versinkt die Urbanisierung im Schmutz, im Müll, in verdrecktem Wasser und verseuchten Böden. Das ist das Ergebnis einer rasch und ungeplant erfolgenden Migration, oftmals in „illegale" Ansiedlungen. Unter diesen Umständen können Gemeinden, selbst wenn sie willig sind, nur unter Schwierigkeiten für eine Infrastruktur etwa in Gestalt von Müllabfuhr und Abwasserkanälen sorgen. Zudem ist es selbst in schon jahrzehntelang bestehenden urbanen Gebieten der armen Länder um die Nachhaltigkeit oftmals sehr viel schlechter bestellt als in ländlichen Regionen. Warum? Wenn Menschen in Großstädten wohlhabender werden, verbrauchen sie mehr Energie, sie verschwenden mehr Wasser und andere Ressourcen und sie essen mehr als die armen Bewohner der Dörfer. In reichen Ländern verhält es sich andersherum; hier ist die Landbevölkerung oft wohlhabender als die Bewohner der Städte. Da in den kommenden Jahrzehnten die Städte vor allem in armen Ländern, insbesondere in Asien und Lateinamerika, anwachsen werden (in Afrika geht die Urbanisierung nur in wenigen Ländern stark und schnell voran, doch das kann sich natürlich auch ändern), wird dies bei steigendem Lebensstandard mit einem allgemein gesteigerten globalen Ressourcenverbrauch einhergehen. Die Herausforderung wird darin bestehen, möglichst nachhaltige Großstädte zu entwickeln, in denen die Menschen in Würde leben können, ohne dass zu viele Ressourcen vergeudet werden.

Bisher scheint sich genau diese Entwicklung abzuzeichnen – so konnten seit 2000 rund 230 Millionen Menschen die Elendsunterkünfte verlassen.[5] Ob aber die Großstadt im Anthropozän unter Umweltgesichtspunkten nachhaltig sein wird, hängt davon ab, wie sich Orte wie Villa Hermosa und Khulna entwickeln. Werden sie dem ineffizienten nordamerikanischen Beispiel folgen – sich immer weiter ausbreitende Satellitenstädte, die über Autobahnen verbunden sind –, oder es vielleicht Hongkong und Singapur nachmachen und in dichtem Gedränge in die Höhe wachsen? Bewohner dicht an dicht gebauter Wohnblocks produzieren nur halb so viel CO_2 wie Menschen, die in Vorstädten ein Eigenheim bewohnen.[6] Seoul ist ein Beispiel dafür, wie sich eine Großstadt innerhalb weniger Jahrzehnte von einem Slum, in dem ein Drittel der Bewohner in niedrigen Hütten hausten, in eine glänzende, funktionierende Stadt mit Hochhäusern und U-Bahn-Verbindungen verwandeln kann, in der die Mehrzahl der 25 Millionen Einwohner in angenehmer Umgebung leben.

Die meisten Städte sind nie entworfen oder geplant worden – sie wuchsen einfach, und das manchmal über Jahrtausende hinweg. Gelegentlich wurden komplette Stadtviertel nach Architektenentwürfen neu aufgebaut, aber das geschah meist nach katastrophalen Zerstörungen, etwa durch Erdbeben oder Bombardierung, im Rahmen umfangreicher Veränderungen, wie der Räumung von Elendsvierteln, industrieller Entwicklung oder im Zusammenhang mit öffentlichen Großprojekten, wie dem Bau von Autobahnen oder sonstigen Transportwegen. Viele Planungen, die eigentlich soziale Verbesserungen herbeiführen sollten, haben die Situation dabei tatsächlich verschlechtert. In solchen Fällen mag die neue Infrastruktur zwar die Gesundheit der Bewohner verbessert haben, doch viele Faktoren des Lebens in der Stadt wurden nicht beachtet oder verschlechterten sich, etwa bestehende soziale Strukturen und Netzwerke, die Art, wie Anwohner ihre Straßen und öffentlichen Plätze nutzten, und praktische Aspekte wie Erreichbarkeit, Einkaufsmöglichkeiten und Integration in die Stadt als Ganzes. Manche Stadtplaner versuchten bewusst, einer Stadt etwas von ihrer sozialen Kraft zu nehmen und Autorität auszuüben, wie etwa die Architekten im Paris nach der Revolution. Sie rissen das Gewirr mittelalterlicher Sträßchen und Gassen nieder und ersetzten es durch breite Boulevards, die sich von Armee und Polizei leicht kontrollieren ließen.

Villa Hermosa, die Slums von Khulna und die meisten der gerade heranwachsenden Stadtgebiete wurden nicht von Architekten oder Stadtplanern entworfen. Sie sind informelle, oft illegale Siedlungen, die sich um eine vorhandene Stadt oder einen Gewerbestandort bilden. Heute leben bereits mehr als eine Milliarde Slumbewohner in provisorischen Unterkünften – bis 2030 wird jeder vierte Stadtbewohner illegal wohnen, bis 2050 sogar jeder dritte, so die Prognose der Vereinten Nationen. Die meisten dieser Slums sind anfangs nicht mehr als eine Ansammlung zusammengezimmerter Hütten ohne Zugang zu Wasser, Kanalisation, Strom oder befestigten Straßen.

Wie landen die Menschen dort? In der peruanischen Hauptstadt Lima leben Millionen von verarmten Migranten illegal in billigen, wackligen Sperrholzunterkünften, die über die Sanddünen im Umland der alten Kolonialstadt verstreut liegen. Die dort lebenden, Quechua sprechenden Kleinbauern leben im Elend, versuchen sich mit Schuhputzen für reiche Stadtbewohner oder dem Verkauf von Snacks an Leute, die im Auto vor roten Ampeln warten, über Wasser zu halten. Ich hatte erwartet, die Siedlungen wären einfach die Summe aus einer Million willkürlicher Entscheidungen, die ländliche Umgebung zu verlassen und sich unter die Dunstglocke der Stadt zu begeben, doch wie sich zeigt, sind sie ein straff organisiertes, milliardenschweres Geschäft des internen Menschenhandels, zum größten Teil von einer einzigen Person mit unglaublicher Macht kontrolliert, die sich mit ihrem Geld politischen Einfluss sichert. Es heißt, dass Germán Cárdenas León Land an den Rändern der Stadt ausfindig macht, sich vergewissert, dass dessen Besitzer außerhalb des Landes weilt, und dann Menschen zusammensucht, die das Land besetzen – gegen eine Gebühr.

Er hat etwas gegen neugierige Fragen; stattdessen spreche ich mit Menschen, die mit ihm einen Handel eingegangen sind – die er verschoben hat. Es sind viele, doch ihre Geschichten ähneln sich alle. Darum sei hier die Geschichte von Abel Cruz erzählt: „Ich bin Bauer aus dem Dorf Echarte bei Cusco. Das ist eine sehr arme Gegend. Ich hatte ein paar Schweine und habe Kakao und Gemüse angebaut, aber es gab eine Dürre und unsere Produktivität ging zurück. Eines Tages, das war 2003, kam dann ein Mann ins Dorf und fragte, ob wir ein besseres Leben in Lima führen wollten. Er sagte, er würde in einem schönen Haus leben und gute Jobs und für unsere beiden kleinen Jungs eine gute Schule finden. Meine Frau und ich dachten einige Monate darüber nach, denn wir wollten unsere Familie und unser Zuhause nicht verlassen. Aber die Dürre wurde schlimmer. Wir zahlten dem Mann 1500 Soles, packten ein paar Sachen ein und gingen fort. Wir sollten uns um fünf Uhr morgens mit dem Mann treffen und das Geld und außerdem ein paar Sperrholzplatten oder esteras [Bambusplatten] mitbringen. Am Treffpunkt warteten schon viele andere Familien, genau wie wir. Wir wurden zu einer Sanddüne gebracht, und er sagte uns, wir sollten ein Stück der Düne einzäunen und uns darauf aus dem Material, das wir mitgebracht hatten, Hütten bauen. Der Mann sorgte dafür, dass ein Privatunternehmen uns gegen eine Gebühr Anschlüsse für Strom und Kabelfernsehen legte. Wir haben hier weder Wasser noch Abwasserkanäle. Unsere Toilette ist ein Silo, ein Loch, das wir in der Hütte in den Boden graben und mit Sperrholz abdecken. Alle paar Jahre ist es voll, dann müssen wir ein neues graben. Nach zehn Jahren wird der ganze Fußboden voller Scheiße sein, und ich weiß nicht, was wir dann machen werden."

Trotz aller offensichtlichen Widrigkeiten, der Armut, des Gestanks und des Fehlens sogar jeglicher Wege (weswegen eine alte Frau mit ihrem Einkauf über Sand und Gestein zu ihrer Unterkunft kraxeln muss) hat die Stadt eine stärkere Anziehungskraft als je zuvor. Schon heute leben 75 Prozent aller Menschen Lateinamerikas in Städten, und bis 2050 wird das für 92 Prozent der Südamerikaner gelten – sie werden durch die Degradation ihres Landes, durch Konflikte und fehlende Arbeitsplätze dorthin getrieben. Und durch die Hoffnung. So widrig die Situation dieser Menschen in den informellen Siedlungen auch aussehen mag – sie ist in vielerlei Hinsicht weitaus besser als dort, wo sie herkommen. Arbeitsmöglichkeiten, die Höhe des Lohns und der Zugang zu Dienstleistungen vom Markt bis hin zur Gesundheitsfürsorge sind allesamt besser als in ländlichen Gebieten. Diese Migranten tauschen ihre angestammte Heimat, ihr Land, ihre Gemeinde und einen traditionellen Lebensstil gegen die Ungewissheit des illegalen Wohnens und die Hoffnung auf ein besseres Leben ein. Die Chancen waren in der schillernden Metropole mit ihren höheren Löhnen und den vielen Möglichkeiten, ein bisschen Geld zu verdienen, schon immer besser. Bis zum 20. Jahrhundert hatte man jedoch nicht nur Aussichten, mehr Geld zu verdienen; es war auch wahrscheinlicher, dass man früher starb – ein Phänomen, das man als *urban graveyard effect* („städtischer Friedhofseffekt") oder *urban penalty* („städtischer Fluch") bezeichnet.

Dicht besiedelte Städte boten den idealen Nährboden für Krankheiten wie Pocken, Pest und Masern und waren in der Vergangenheit Schauplatz schwerer Epidemien, die immer wieder große Teile der Bevölkerung das Leben kosteten. Die Pest etwa fegte 1348 die Hälfte aller Einwohner Londons hinweg. Die Sterberate in den großen Städten war so hoch, dass die Population nur durch den ständigen Zuzug von Menschen aus dem ländlichen Raum aufrechterhalten wurde. Die Lebenserwartung eines neugeborenen Jungen in Liverpool lag im Jahr 1861 bei 26 Jahren; in dem Dorf Okehampton in der Grafschaft Devon dagegen lag sie bei 56 Jahren.[7]

Dank Fortschritten in Medizin und Hygiene ist es heute sicherer, in Städten zu leben. Es gibt dort mehr gut ausgestattete Krankenhäuser, und daher haben die Menschen dort größere Überlebenschancen, wenn sie erkranken oder Verletzungen erleiden. Selbst wenn Slums nach wie vor einen guten Nährboden für neue Krankheiten wie die HIV-Infektion, SARS und die Infektion mit Influenzaviren vom Stamm H5N1 bieten, liegt die Lebenserwartung in den meisten Städten heute höher als in ländlichen Gebieten. In den Großstädten der westlichen Welt, wie etwa New York (wo die Lebenserwartung mindestens um ein Jahr höher ist als in der Umgebung der Stadt), ist das zum guten Teil auf die geringere Zahl von Verkehrsunfällen zurückzuführen – so fahren junge New Yorker, wenn sie Alkohol getrunken haben, einfach mit viel größerer Wahrscheinlichkeit per U-Bahn nach Hause als junge Leute vom Land, die ihr Leben durch Fahren unter Alkoholeinfluss aufs Spiel setzen.[8] In den Elendsvierteln der Entwicklungsländer jedoch, in denen es wie in Villa Hermosa und Khulna weder sauberes Wasser noch eine Kanalisation gibt, ist die Lebenserwartung nur halb so hoch wie in gesunden Städten; die Kindersterblichkeit ist hier erheblich.[9]

Auch wenn in Slums bittere Armut herrscht, sind sie doch bedeutende Keimzellen für die lebendigen Großstädte der Zukunft. Viele der heute etablierten Weltstädte, wie London und New York, sahen in ihren Anfangsstadien ganz ähnlich aus. Schon wenige Minuten in den Barackensiedlungen Afrikas, Asiens oder Lateinamerikas öffnen den Blick für vielerlei informelle Arbeiten und Angebote, von Verkaufsständen über Reparaturwerkstätten und Friseursalons bis hin zu provisorischen Kinos und allen nur denkbaren Unternehmungen. Schon jetzt erfolgt die Hälfte der globalen Arbeit informell und „schwarz“; bis 2020 werden es zwei Drittel sein.[10] Die informelle Wirtschaft bringt zwar keine Steuereinnahmen, bietet aber Hunderten von Millionen Menschen Arbeit, die auf herkömmlichem Wege niemals einen Job finden würden. Und selbst wenn die Imbissbudenverkäufer, Müllsammler und Straßenhändler nicht selbst Steuern zahlen, leisten sie doch indirekt oft einen immensen Beitrag für Wirtschaft und Gesellschaft. In den nächsten Jahrzehnten wird die Hälfte des globalen Wirtschaftswachstums auf die Großstädte in Entwicklungsländern zurückgehen – zum guten Teil durch unorthodoxe Slum-Unternehmen.[11] Schon heute sind Slums Teil der globalen Wirtschaft – auf den Märkten und Straßen der Barackensiedlungen Lateinamerikas werden beispielsweise oft Kleidung und Elektronikartikel aus China verkauft. Großstädte stellen eine Verbindung zwischen armen Leuten und reichen Märkten her.

Kommunale Konzepte wie Kindertagesstätten, Ver- und Einkaufskooperativen, Mikrokreditvergabe und Anteilsvereinbarungen für teure Infrastrukturmaßnahmen gedeihen oft dort, wo der Staat nicht „von oben“ fördert. So manche Innovation mit umwälzender Wirkung, wie das mobile Finanzdienstleistungssystem M-Pesa (siehe Kapitel 1), nahm ihren Anfang bei den Straßenhändlern auf den Schwarzmärkten kenianischer Barackensiedlungen. Wenn sich Slumgemeinden selbst organisieren, wie es viele auf eigene Faust oder als Teil des weltumspannenden, in Indien entstandenen Netzwerks von Slum-Dwellers International tun, können sie infrastrukturelle Verbesserungen erreichen, die nur einen Bruchteil dessen kosten, was die staatliche Unterstützung verschlingt. Die Bewohner des Slums Orangi im pakistanischen Karatschi etwa bauten in den 1980er-Jahren selbst ein Kanalisationssystem, was die Kleinkindsterblichkeit schlagartig senkte. In Delhi ermöglicht es eine seit 2001 von Kindern für Kinder betriebene Bank namens Children's Development Khazana („Schatztruhe für die Entwicklung der Kinder“) ihren 1000 jungen Kunden, ihren mageren Lohn in zwölf Niederlassungen in der ganzen Stadt sicher unterzubringen und (zu einem Zinssatz von fünf Prozent) zu sparen.

In einem Slum im südafrikanischen Durban lernte ich eine Gruppe von Müllsuchern kennen, die dafür kämpften, dass ihre Arbeit stärker anerkannt wird und ihre Art, den Lebensunterhalt zu verdienen, einen gewissen Schutz erfährt, denn Südafrika erlebt derzeit eine verstärkte Mechanisierung und Entwicklung. Müllsuchen ist eine der weltweit am geringsten angesehenen Tätigkeiten und doch für Millionen von Menschen die einzige Möglichkeit, sich Nahrung für ihr Überleben zu sichern. Auf diese schattenhaften Gestalten der Gosse trifft man in allen Großstädten der Entwicklungsländer. Mit ihrer Arbeit verbessern sie die hygienischen Verhältnisse in der Stadt und erhöhen den Anteil von recyceltem Material, lindern also das Müllproblem. Und der gesammelte organische Abfall wird oft kompostiert und dient als Dünger für Gärten in der Stadt; aus ihm entstehen also Nahrung und Geld. Rund 800 Millionen städtische Ackerbauern ernten 15 Prozent der weltweiten Nahrungsproduktion – ein Anteil, der noch größer wäre, wenn die Regierungen diese Praxis nicht behindern, sondern fördern würden.[12]

Wenn es der Wirtschaft jedoch besser geht, werden Firmen beauftragt, den Müll auf die kosteneffektivste Weise zu entsorgen: in Verbrennungsanlagen oder auf Deponien. Kein Land, das etwas auf sich hält, will in Fetzen gekleidete, barfüßige Obdachlose sehen, die seine herausgeputzten glitzernden Städte nach Müll absuchen. Daher machen besagte Firmen den Ärmsten der Armen den Platz und die Arbeit streitig. Das führt zu Konflikten, weil die Entsorgungsfirmen den Müllsuchern den Zugang zu den Deponien verwehren und Sicherheitsleute die Menschen davon abhalten, Müll aus Geschäfts- und Wohnhäusern zu sammeln. Daraufhin haben sich Müllsucher mithilfe von NGOs zu Kooperativen zusammengeschlossen und sogar eine globale Allianz gebildet, um ihr Auskommen zu verteidigen. In armen Ländern ist Recycling eine Sache des gesunden Menschenverstands (wie es das in jedem Land sein sollte) – es gibt praktisch keinen Abfall, der sich nicht wiederverwenden oder sonstwie verwerten ließe, etwa indem man es als Futter für die Kuh verwendet oder in seine Bestandteile zerlegt und verkauft. Müllsucher recyceln mehr als 95 Prozent des Abfalls, reduzieren die Treibhausgasemissionen, die Ausbeutung von Ressourcen und den Energieverbrauch.

Die neuen Kooperativen verbessern die Lage merklich. In Durban gibt es schätzungsweise 15 000 Müllsucher, und die paar, mit denen ich gesprochen habe, sagten allesamt, dass es ihnen so gut gehe wie noch nie. Sie erhalten nun mehr Geld pro Kilo Pappe, die sie einsammeln, einen Handwagen, damit sie das Sammelgut nicht mehr auf dem Kopf tragen müssen, und Overalls. Sie sind jetzt ein Teil der lokalen Wirtschaft, mit funktionierenden Beziehungen zu Firmen.

Kooperation – ob nun mit dem Ziel, politische Veränderungen und verbesserte Arbeitsbedingungen herbeizuführen oder eine grundlegende Infrastruktur zu errichten – ist eine der größten Stärken von Slums und ein unentbehrlicher Faktor für die Aufwertung der ärmsten Stadtviertel. Die Gesellschaften, die sich in dieser Umgebung der Enge und gegenseitigen Abhängigkeit entwickeln, zeigen oft bemerkenswerte Eigenschaften – so wurde ich Zeuge, wie Nachbarn nach einem Unwetter gemeinsam anpackten, um ihre Unterkünfte wieder aufzubauen, wie Frauen die Säuglinge anderer Frauen stillten, während die Mütter für beide den Tag über auf dem Markt arbeiteten, und wie Nachbarn gemeinsam bei einem aus ihrem Kreis fernsahen. Für Stadtbewohner sind nicht nur die ökonomischen, sondern auch die sozialen Aussichten besser. So haben Frauen in einer Stadt mehr Freiheiten; sie können dort Geld verdienen und ein eigenes Geschäft aufmachen – undenkbar in vielen traditionell und repressiv strukturierten Dörfern. Auch Minderheiten stoßen in Städten oft auf mehr Toleranz.

Damit sei nicht gesagt, das Leben in diesen Vierteln sei idyllisch. Es ist hart und von Krankheiten geprägt, oft auch von Kriminalität, wo Einwohner von „Landlords“ ausgebeutet und am Rande der reichen Gesellschaften sich selbst überlassen werden. Doch das schiere Ausmaß dieser Migration in die Städte des Anthropozäns, die ausgefeilten Hilfsmittel (wie Smartphones), die selbst armen Menschen zur Verfügung stehen, und die Globalisierung von Kultur und Kommerz bedeuten, dass die Bewohner dieser neuesten Anhängsel der Städte den Superorganismus Menschheit in einem Maß beeinflussen können wie niemals zuvor.

Manche Großstädte machen es den Menschen leichter als andere. Die Slums von Lima, Villa Hermosa und Khulna stehen beispielhaft für die schlimmsten Formen des Stadtlebens; derweil denken aufgeklärte Stadtplaner darüber nach, die Slums nicht etwa komplett zu räumen und die Menschen in fremde Unterkünfte oder in dysfunktionale Satellitenstädte umzusiedeln. Sie beginnen vielmehr zu begreifen, über welches soziale Vermögen diese bestehenden Gemeinschaften verfügen, und erkennen, dass sich daraus am besten Nutzen schlagen lässt, indem man diese dynamischen, lebendigen Teile der Stadt in das etablierte Ganze integriert. Dazu muss man Wachstum und Integration ermöglichen und die Bürger stärken. Das erfordert, die Vernetzung, Infrastruktur, Kommunikation und Transportwege zwischen sozial und geografisch unterschiedlichen Teilen der Stadt zu verbessern. Wird auf diese Weise erfolgreich eingegriffen, sind die Ergebnisse oft unglaublich, wovon ich mich in Kolumbien und Brasilien überzeugen konnte.

Eine Tagesfahrt mit dem Bus vom karibischen Cartagena entfernt liegt Medellín, die zweitgrößte Stadt Kolumbiens, in einem Tal auf 1500 Metern Höhe. Medellín ist keine Touristenstadt, sondern eine wahre Rarität in der sich entwickelnden Welt: eine moderne, saubere, funktionierende Metropole mit 3,5 Millionen Einwohnern, einem durchdachten, effizienten Hochbahnnetz, Fußgängerampeln und sicheren Taxis mit Taxameter. Das Einkaufszentrum ist eine schillernde Hommage an den Konsumismus des 21. Jahrhunderts, mit auf Segways umherfahrendem Sicherheitspersonal, LED-Preisanzeigen, dekorativen Springbrunnen und Lichteffekten sowie Musikern, die die Konsumenten unterhalten. Diese sehr lebenswerte Stadt ist eher untypisch für Südamerika, und für Medellín selbst ist sein Wandel ein wahres Wunder. Es brauchte nicht einmal zehn Jahre, um sich von der berüchtigten Slumstadt mit der höchsten Mordrate der Welt zu einer der sichersten Städte zu entwickeln. Medellín ist ein gutes Beispiel dafür, wie sich von Gewalt und Terror beherrschte Gebiete, in die niemand einen Fuß zu setzen wagte, durch gute Planung, intelligente Politik und Investitionen in die Infrastruktur verändern lassen. Und durch das nicht unumstrittene Vorgehen der Polizei, um die Stadt von den berüchtigten Drogenkartellen zu befreien.

In den 1990er-Jahren war Medellín die Hauptstadt des internationalen Kokainhandels, beherrscht von Pablo Escobar. Dieser Mann war so reich, dass er einmal sogar anbot, Kolumbiens Staatsschulden in Höhe von zehn Milliarden US-Dollar zu begleichen. Es gibt viele Geschichten über Escobars sagenhaften Reichtum (manche sehen in ihm einen Helden, weil er sich auch als Wohltäter für die Armen betätigte), darunter solche über Auftragskiller, denen er für jeden ermordeten Polizisten eine Prämie von 1000 US-Dollar zahlte, darüber, dass er auf der Flucht einmal 2 Millionen US-Dollar verbrannte, um sich warm zu halten, und dass er wöchentlich 1000 US-Dollar für Gummibänder ausgab, um seine Bargeldstapel zu umwickeln, wobei 10 Prozent der Banknoten in den Lagerhäusern, in denen er seine 100-Dollar-Scheine aufgestapelt hatte, von den Ratten gefressen wurden. Trotz seiner wohltätigen Anwandlungen – so ließ er auch Kirchen bauen – war er ein gewissenloser, paranoider

Mörder. Auf dem Höhepunkt seiner Schreckensherrschaft wurden in Medellín in einem Jahr mehr als 27 000 Morde verübt. Im Dezember 1993 dann, nach einer von den USA finanzierten Operation rechtsgerichteter Paramilitärs, mit der Escobar und seine Verbündeten aus der Stadt vertrieben werden sollten – damals wurden über 300 von ihnen getötet – erschoss die kolumbianische Polizei den Mann selbst. Escobars Nachfolger wurden einige Jahre später getötet.

Danach wurde die Stadt durch massive Investitionen in die Infrastruktur umgestaltet, unter anderem mit einem durchdachten Transportwegenetz, das die ärmsten Slums mit den reichen Innenstadtvierteln verbindet – Hochbahnlinien mit günstigen Fahrpreisen sowie mehrere Seilbahnen, die hinauf in die ärmsten Viertel fahren. Neue Unterkünfte aus Stein und Beton, den Ansprüchen und der Lebensweise der jeweiligen Viertel angepasst, ersetzen heute die dunklen Holzverschläge, in denen sich bis zu sechs Personen in einem Raum drängten. Die Menschen, die zuvor unter furchtbaren Zuständen lebten, können nun unter freundlicheren, modernen Bedingungen wohnen, mit fließendem Wasser und Strom, aber im Prinzip weiter in ihrem alten Viertel. Man hat Kanäle gebaut und Parks angelegt, die Straßen werden sauber gehalten und Entwässerungsgräben gepflegt. Und die Wolkenkratzer wachsen hier schneller in den Himmel als in irgendeiner anderen Stadt des Kontinents.

Medellín ist keine Megastadt, aber es sind gerade kleinere Großstädte wie diese, in denen sich die große Urbanisierung der Menschheit hauptsächlich vollziehen wird. Solche Großstädte aus der zweiten Reihe sind national und international von geringerer wirtschaftlicher Bedeutung und bekommen oft nicht die Aufmerksamkeit und Ressourcen, wie sie Megastädte und Touristenzentren erhalten. Das Beispiel von Medellín zeigt jedoch, dass die große Wanderung vom Land in die Stadt nicht zwangsläufig in die Krise führen muss, sondern auch neue Wege eröffnen kann.

Diese Erkenntnis hat sich Brasilien, eines der Länder mit dem größten wirtschaftlichen Ungleichgewicht überhaupt, auf die Fahnen geschrieben. In den brasilianischen Großstädten leben die Armen in Elendsvierteln, die hier *favelas* heißen (nach der ersten Siedlung dieser Art, die auf dem Morro da Favela entstand) und von illegalen Siedlern geschaffen wurden. Diese bauen unglaublich beengte informelle Siedlungen aus immer robusteren Materialien. Etwa jeder fünfte Einwohner von Rio de Janeiro lebt in einer Favela, und während sich Brasilien rasant zu einer der größten Volkswirtschaften der Welt entwickelt, leben Millionen von favelados bis heute unbeachtet in Armut und mit wenig Zugang zu Bildung, Gesundheitsfürsorge oder Hygienemaßnahmen. Die größte, prosperierendste und zu den ältesten ihrer Art gehörende Favela der Stadt ist Rocinha. Sie ist den Slums, die ich in anderen Ländern der Welt besucht habe, buchstäblich „überlegen". Rocinha liegt hoch oben auf einem Hügel und ist somit vor Überschwemmungen geschützt, die Aussicht von dort ist einfach großartig und ihre Bewohner zahlen 300 Reais im Monat für eine Unterkunft mit Blick auf São Conrado, eines der teuersten Strandviertel, in dem die Mieten bei 5 Millionen Reais im Monat liegen. Diese Umkehrung der üblichen Ordnung der Dinge verschafft Rios Favelas einen einzigartigen Vorteil gegenüber anderen rechtlosen Vierteln.

Der Hügel ist von Gebäuden bedeckt, die sich so dicht aneinanderdrängen, das man unmöglich sagen kann, wo das eine aufhört und das andere beginnt. Die Einwohner können im Umkreis von wenigen Hundert Metern alles für den Alltag Notwendige erledigen – unter dem Aspekt des Transports sind Slums sozusagen die nachhaltigsten Stadtviertel im Anthropozän.

Um hier hinaufzukommen, muss man jedoch eine riskante Fahrt mit dem Motorroller oder einen mehr als einstündigen Aufstieg über steile, gefährlich gewundene Gassen auf sich nehmen. Ich bin weit weg von dem effizienten öffentlichen Nahverkehr, der der Innenstadt so gute Dienste leistet, wo Busse durch das Straßennetz rasen und sich Taxis oberhalb der schnellen U-Bahn durch die überfüllten Straßen schlängeln. In einem Touristenviertel hat man sogar die alte Straßenbahn wieder hergerichtet. Die Transportmöglichkeiten sind sozial wie geografisch ungleich verteilt. Aber das ändert sich bald. In den letzten Jahren hat die Regierung ihre ablehnende Haltung gegenüber den Favelas abgelegt und begonnen, sie zu akzeptieren, ja sogar zu integrieren. Die Leute von Rocinha haben heute keine Angst mehr davor, vertrieben zu werden, und dieses neue Gefühl der Sicherheit bewirkte sogleich, dass die Anwohner im Rahmen eines Aufbauprogrammes *mutirões* (Baukooperativen) bildeten und ihre Hütten aus Holz und Planen durch feste Häuser aus Stein und Beton ersetzten – eine Investition, die sie zuvor nicht riskieren mochten.

Kaum dass ich von der Hauptstraße abgebogen bin, finde ich mich in einem Labyrinth gewundener Gassen und Wege wieder, die über Treppen und durch Häuser hindurch nach oben führen. Hier ist es zu eng für Fahrzeuge, und ich steige vorsichtig über Müll und Hundekot und versuche, meine Füße möglichst trocken zu halten. Jeder, der vorbeikommt, grüßt mich mit einem Lächeln oder Winken, überall hört man Musik, Kinder heften sich eine Weile an meine Fersen und Katzen ebenso. Ich ducke mich unter herabhängenden Stromleitungen hindurch und klettere über Wasserrohre – fast jeder Haushalt hat inzwischen sauberes, fließendes Wasser, das mit Strom heraufgepumpt wird. Es gibt so etwas Ähnliches wie eine Kanalisation, obwohl der Gestank verrät, dass sie nicht einwandfrei funktioniert. Ich gehe an ein paar Jungs vorbei, die in der Höhe ein blaues Internetkabel entrollen. Die gesamte Favela wird im Rahmen des Entwicklungsprogramms der Regierung freien WLAN-Zugang erhalten. In einer Bäckerei kaufe ich frisches Gebäck. Es ist hier oben teurer als unten in der Stadt, aber die Bewohner können überall anschreiben lassen – nur so kann man in einer Favela, deren Bewohner ein stark schwankendes Einkommen haben, Geschäfte machen.

Die ersten Favelas entstanden Ende des 19. Jahrhunderts, als sich freigelassene Sklaven auf noch nicht besetztem Land niederließen. Die Siedlungen wurden im Laufe der Industrialisierung des Landes immer größer und dichter, da die Armen aus den ländlichen Gebieten herbeikamen und sich die hohen Mieten in Rio nicht leisten konnten. Heute findet das Wachstum größtenteils intern statt – Menschen werden in den Favelas geboren und gründen dort Familien. Auch wenn es große Probleme gibt (so existieren in Rocinha nur vier Schulen, keine davon für ältere Schüler), ist die Lage der Favelas doch ideal für Bewohner, die in den reichsten Nachbarvierteln als Kindermädchen oder Helfer arbeiten, die Mieten sind sehr niedrig und es müssen keine Steuern gezahlt werden, weil nur wenige eigenes Land besitzen. Und in vielerlei Hinsicht ist die Gemeinschaft hier auch eine starke Stütze.

Dennoch ist es hier schwer, ein normales Leben zu führen. Dafür sorgen die Drogengangs, die jeden Aspekt des Lebens kontrollieren. Ich komme an einer niedlichen Dreijährigen vorbei, die fröhlich die geballte rechte Faust zum Bandengruß hebt, und an den Straßenecken stehen Teenager mit Walkie-Talkies und Schusswaffen unter den Armen. Sie sind Mitglieder der Gang Amigos Dos Amigos, die die 250 000 Einwohner von Rocinha kontrollieren. Sie werden schon in jungen Jahren rekrutiert – mehr als die Hälfte der 15-Jährigen sind bereits Mitglieder, und 10 bis 15 Jahre später sind sie meist entweder tot oder sitzen im Gefängnis. Ihr Anführer ist Antonio Francisco Bonfim Lopes (genannt „Nem"), der sich bislang stets dem Gefängnis entziehen konnte und dazu sogar die eigene Sterbeurkunde fälschte. Jede Favela wird von einer Gang beherrscht, die gute Geschäfte macht – besonders hier, wo man monatlich je ein bis zwei Tonnen Kokain und Marihuana verarbeitet und angeblich mehr als 150 Millionen US-Dollar im Monat umsetzt – selbstverständlich steuerfrei.[13]

Die Gangs machen das Leben gefährlich und laut für die normalen Menschen, die hier leben. Der ständige Krieg mit der Polizei, die Tag und Nacht Hubschrauber einsetzt, verstärkt noch den allgemeinen Lärm von Motorrollern, die die Gassen hinauf- und hinunterrattern, sowie explodierenden Feuerwerkskörpern und Knallern, die vor der Polizei warnen. Gewalt und Kriminalität bringen alle Bewohner in Verruf, die dann bei Bewerbungen, in der Gesundheitsfürsorge und bei anderen Gelegenheiten oft diskriminiert werden. Es ist im Grunde immer einfacher, einer Gang beizutreten, als gegen die normale Gesellschaft um einen Platz in ihrer Mitte zu kämpfen. Als Gastgeber der Fußball-Weltmeisterschaft 2014 und der Olympischen Sommerspiele 2016 war und ist sich Rio jedoch bewusst, dass es sein Image aufpolieren muss. Daher geht die Stadt massiver gegen die Gangs in den Favelas vor. Im Jahr 2011 war die Favela im Zuge einer neuen „Befriedungsaktion" permanent von der Polizei und Armee besetzt, was die Drogenhändler vertreiben sollte. Bislang wurden nur wenige Personen verhaftet, aber dafür Hunderte Kilogramm Drogen, Waffen, Munition und Fälschungen beschlagnahmt.

Weitaus effektiver für das Erreichen eines dauerhaften Friedens und besserer Auskommen ist jedoch ein Beschluss der Regierung, mehr als 58,5 Millionen US-Dollar in den Bau einer Seil- und Standseilbahnverbindung, die die steilen Hänge der Favela hinaufführt, zu investieren. Wie in Medellín steckt dahinter die Idee, die Bewohner der informellen Siedlung in die etablierte Stadt zu integrieren, dem Wohnort Favela das Stigma zu nehmen und die Verkehrsverbindungen zu normalisieren, indem man sie über eigene Stationen an die moderne U-Bahn und Buslinien der „formellen" Stadt anbindet. Statt einer riskanten Fahrt auf dem Rücksitz eines von einem Teenager gesteuerten Motorrollers oder eines nicht ungefährlichen und zeitraubenden Fußmarsches durch verschlungene Gassen können Bewohner und Besucher – auch Behinderte – dann

Wohnungen und Geschäfte in dem engen Häusergewirr erreichen. Die Seilbahn transportiert die Menschen über dem Labyrinth und bietet ihnen eine gute Verbindung in die Stadt; damit werden die informellen Siedlungen verstärkt wahrgenommen und sind nicht mehr so leicht auszublenden. Die Gondelbahn Teleférico do Alemão verbindet schon heute die Favelas des Complexo do Alemão mit der übrigen Stadt und ist mit 3,5 Kilometern die längste Seilbahnlinie der Welt. Sie bewältigt eine Strecke, für die man zu Fuß mindestens eine Stunde brauchte, in einer Viertelstunde. Jede Gondel verfügt über ein Photovoltaikmodul, das Beleuchtung, Lautsprechersystem und Videoüberwachung mit Strom versorgt. Bei den Stationsgebäuden befinden sich außerdem öffentliche Einrichtungen, etwa für schulische und berufliche Ausbildung, medizinische Dienste und Rechtsberatungen. All dies steuert zur Entwicklung und Inklusion bei und ist ein radikal anderer Ansatz als der, den die meisten Regierungen bisher wählten: niederreißen oder ignorieren.

Auch die Wohnsituation wird verbessert. Architekten prüfen, wie sich die überfüllten Orte aufwerten lassen, ohne dabei die Integrität der Favela zu stören. Sehr erfolgreich war man dabei in der Favela Heliopolis in São Paulo, für die der innovative Architekt Ruy Ohtake elf ringförmige Wohnblocks in hellen Farben entwarf. Dort sollen die Menschen „in Würde leben"; alle Wohnungen blicken nach außen zum Licht hin. Die Wohnungen selbst sind sozial integrativ konzipiert. Die Bewohner zahlen die Hälfte ihres Einkommens als Miete – ganz gleich, wie gering ihr Einkommen ist –, und die Wohnungen sind behindertengerecht. Rund um die Wohnblocks gibt es Spielflächen für Kinder und öffentliche Einrichtungen, darunter ein Bildungszentrum mit sieben Schulen. Auch dieses Gebäude wurde von Ohtake wundervoll hell, offen und harmonisch gestaltet. Solche Veränderungen sind nur möglich, wenn die Stadtverwaltungen stark und unabhängig sind und die Autorität und das Geld haben, um zu handeln. Über Haushalte, Planung und Transportwege wird jedoch oft noch auf nationaler Ebene entschieden; viele Großstädte der Welt haben daher kaum oder gar keine Möglichkeiten, direkt Steuern von ihren Einwohnern einzuziehen. Stadträte und Bürgermeister müssen somit bei den Landesregierungen um Verbesserungsmaßnahmen bei Kanalisation und Straßen oder sonstigen Veränderungen in Gebieten bitten, die früher vielleicht nur wenige Tausend Menschen betroffen haben, heute aber Millionen betreffen.

Überall auf der Welt beschäftigen sich Architekten damit, wie die Großstadt im Zeitalter der hohen Bevölkerungsdichten, des an seine Grenzen stoßenden Ressourcenverbrauchs und der globalen Auswirkungen auf die Umwelt aussehen soll. Die Nationen werden im Anthropozän an Bedeutung verlieren, weil die Menschen in neuen „Stadtstaaten" leben und arbeiten und sich mit diesen identifizieren werden.[14] Eine Londonerin hat womöglich kaum noch etwas mit einem Bauern aus Norfolk gemein, sondern besitzt eher ähnliche Interessen und Anliegen sowie einen ähnlichen Lebensstil wie jemand aus Shanghai, New York oder Kairo. Großstädte werden die Protagonisten des Anthropozäns sein, Lebensweisen auf so beeindruckende Weise umgestalten, wie es Menschen wie Mahabir Pun und Chewang Norphel heute tun, und das Gesicht der Erde für immer verändern.

Nirgendwo spürt man die Geschwindigkeit, mit der die Urbanisierung im Anthropozän voranschreitet, so unmittelbar wie in China. Von den über 1,3 Milliarden Menschen im Land lebt heute mehr als die Hälfte in Großstädten – eine Gesamtstadtbevölkerung, die mit 690 Millionen Menschen mehr als doppelt so groß ist wie die Bevölkerung der gesamten USA. Im Jahr 2030 werden sogar 75 Prozent der Chinesen in Großstädten leben; vor 30 Jahren waren es nicht einmal 20 Prozent. Mancherorts ist die Bautätigkeit der tatsächlichen Zuwanderung in die Städte voraus, dann stehen fertig gebaute Wohnblocks, Bürogebäude und Einkaufszentren jahrelang leer. Es gibt mittlerweile ganze „Geisterstädte". Doch dies sind keine Orte, die von ihren Bewohnern verlassen wurden, sondern Städte, die aus dem Nichts entstanden, komplett mit breiten Schnellstraßen, großen Plätzen mit Springbrunnen, Einkaufszentren, riesigen Gebäuden und hohen Wohntürmen, die leer stehen und auf Einwohner warten, die nie gekommen sind. Die zu der Stadt Ordos in der Inneren Mongolei gehörende Trabantenstadt Kangbashi (auch „New Ordos" genannt) ist die größte unter diesen merkwürdigen, aus dem Boden gestampften Großstädten des Anthropozäns. Seit sie kurz nach der Jahrtausendwende konzipiert wurde, steht sie mehr oder weniger leer, doch vielleicht werden eines Tages Bewohner kommen und über die komplett hingestellte Infrastruktur staunen, die so viel rasanter entstanden ist als die jener Städte, die sich über Jahrtausende hinweg entwickelt haben.

Die chinesische Regierung fördert die Urbanisierung, doch die meisten Menschen kommen ohnehin freiwillig, weil sie bessere Aussichten wollen – die Löhne sind in den chinesischen Städten mindestens doppelt so hoch und es gibt weitaus mehr Arbeitsmöglichkeiten, besonders für jene, denen ein Leben in den ländlichen Gebieten durch Umweltverschmutzung, Dürre, das Vordringen der Industrie oder Zwangsverkäufe im Zuge der Stadtentwicklung unmöglich gemacht wurde. Die Urbanisierung spielt eine entscheidende Rolle für Chinas phänomenales Wirtschaftswachstum (in den 1980er-Jahren war China noch ärmer als Afghanistan) und die rasante Industrialisierung im letzten Jahrzehnt, sorgt sie doch für wichtige Arbeitsplätze und neue Konsumenten.

Sie bringt aber auch enorme Herausforderungen mit sich. Im Verlauf der nächsten zwei Jahrzehnte wird die Zahl der Stadtbewohner auf gewaltige 300 Millionen ansteigen. Sie alle brauchen Wohnraum, Infrastruktur, Wasser, Nahrung, Arbeit – nicht zu vergessen die drängenden Fragen von Umweltverschmutzung und sozialer Ungleichheit. In typisch autoritärer Manier geht die Regierung sie alle gleichzeitig an: Die schlimmsten Umweltverschmutzer wurden aus den größten Städten entfernt (und in ländliche Regionen oder andere Städte verlagert), der Anteil der Menschen, die in Slums (sogenannten „Dörfern in der Stadt") leben, ist seit 2000 von 37 auf 28 Prozent gesunken, und China befindet sich mitten in einem Bauboom.[15] Billige und minderwertige Baumethoden machen den Prozess jedoch unnötig schmuddelig. Beton ist nach Wasser das weltweit am zweithäufigsten benutzte Material, und über die Hälfte davon wird in China hergestellt; dabei setzt jede Tonne Zement mehr als eine Tonne Kohlendioxid frei. Zudem sind viele der in den letzten Jahrzehnten hochgezogenen Gebäude von so minderwertiger Qualität, das sie binnen 20 Jahren abgerissen und ersetzt werden müssen, was weiteres Baumaterial verbraucht und noch mehr CO_2 freisetzt.

An einigen Orten entwerfen Stadtplaner ganz und gar neue Städte für das Anthropozän; dabei suchen sie die Fehler der Vergangenheit zu vermeiden und von Anfang an eine nachhaltige Lösung zu finden. Nur wenige Minuten vom weltweit fünftgrößten Hafen in Tianjin entfernt befindet sich die sogenannte „Stadt der Zukunft" – so neu, dass sie großenteils noch gar nicht fertiggestellt ist. Die Ökostadt von Tianjin ist ein gemeinsames Projekt der Regierungen von China und Singapur. Bis 2020 sollen dort 350 000 Menschen in „CO_2-armer, grüner und angenehmer Umgebung" leben. Während ich mich unter der allgegenwärtigen

Dunstglocke und über eine öde Fläche aus kontaminiertem Boden und Wasser der Stadt nähere, kommen mir Zweifel. Schon andere groß angekündigte Ökostädte, wie Dongtan bei Shanghai, wurden aus finanziellen und politischen Gründen (und weil die Planer die Bedürfnisse normaler Einwohner bei ihren großartigen Konzepten nicht berücksichtigten) dann doch nicht umgesetzt. Der für das Tianjin-Projekt gewählte Standort diente zuvor der Industrie zur Entsorgung von Giftmüll – eine öde Salzwüste an einem der schmutzigsten Meere der Welt. Das war eine bewusste Entscheidung, sagt Ho Tong Yen, Chef der Sino-Singapore Tianjin Eco-city Development and Investment, die mit dem Bau der Stadt betraut ist. „In der Vergangenheit hat man sogenannte Ökostädte immer in ökologisch wertvollen Gebieten auf nutzbarem, fruchtbarem Land errichtet. Wir wollten zeigen, dass man eine verseuchte Fläche säubern und wieder nutzbar und bewohnbar machen kann."

Die Säuberung brauchte fast drei volle Jahre, in denen man auch eine neue, patentierte Technik entwickelte, um die Schwermetalle aus einem zentral gelegenen Wasserreservoir zu entfernen – auf dem die Einwohner bald in ihrer Freizeit rudern sollen. Die Mühe hat sich gelohnt. Ich fahre über eine von duftenden Bäumen und Solarpaneelen gesäumte Straße in die noch nicht ganz fertige Stadt. Zwischen den frisch gepflanzten Setzlingen entdecke ich fünf Windturbinen und eine mit Solarstrom betriebene Straßenbeleuchtung. Ein Fünftel der hier verbrauchten Energie wird aus Solar- und Windenergie stammen sowie aus Erdwärmeheizungen, die dem Boden Wärme entziehen. Bei der Besichtigung einer fast fertiggestellten Schule staune ich über eine weitere Innovation in Aktion: Die niederländische Firma Phillips testet hier ihre neuen schall- und bewegungsempfindlichen Lampen, die sich erst einschalten, wenn ein Sensor das Herannahen einer Person registriert. Weitere Innovationen sind eine geplante öffentliche Müllsauganlage, die von der schwedischen Firma Envac AB gebaut werden und Müllautos überflüssig machen soll. Von General Motors werden fahrerlose Autos getestet. Die Gebäude werden automatisiert sein und beispielsweise über die Stellung der Jalousien Lichteinfall und Temperatur eigenständig regulieren.

Im Jahr 2012 zogen die ersten 60 Familien in die Wohngebäude der Stadt, die alle die „grünen" Mindestanforderungen erfüllen, also etwa mit wassersparenden Sanitäreinrichtungen, isolierten Wänden und doppelverglasten Fenstern ausgestattet sowie nach Süden ausgerichtet sind, um die passive Wärme optimal auszunutzen. In manchen Ländern mögen solche Techniken längst dem Standard entsprechen, doch in China haben sie Seltenheitswert, ebenso wie das Anstreben einer lebenswerten Umgebung. Überall in der Stadt sind Parks und Grünflächen geplant, und extra angelegte Röhrichte sollen Vögel anlocken und das Wasser reinigen. Kleine Straßen und Gassen durchkreuzen das übliche gitterförmige Straßennetz, sodass sich Nachbarschaften entwickeln können, alles zu Fuß und per Fahrrad erreichbar ist und sich niemand sozial ausgeschlossen fühlt. Überall soll es in einer Entfernung von maximal 500 Metern kostenlose Freizeiteinrichtungen geben. Eine grüne Lebensader, das „Ökotal", zieht sich mitten durch die Stadt, mit Fahrradwegen und einer Straßenbahn. Die Einwohner werden ermuntert, regelmäßig Transportmittel mit geringem CO_2-Ausstoß zu nutzen oder zu Fuß zu gehen, obwohl Autos nicht verboten sein sollen, wie Ho erläutert. „Wir wollen den Menschen keine Hindernisse in den Weg legen, sondern einfach praktische Alternativen anbieten." Nischenkonzepte, die sich blind auf Ökotechniken konzentrierten, haben nicht funktioniert, sagt er. „Diese Ökostadt wird praktisch sein – sie wird funktionieren."

Nun ja, in jedem Fall fühlt sie sich selbst in diesem unfertigen Zustand angenehmer an als die weiter im Inland gelegenen Städte mit ihrer verschmutzten Luft und den chronisch verstopften Straßen. Ob sie aber ihren grünen Ansprüchen gerecht werden kann, wird zum Teil davon abhängen, welche Art von Gesellschaft sie fördern wird. Ihre neueste und wohl wichtigste Mission ist vielleicht die soziale Inklusion. Ein Fünftel der Wohnhäuser enthalten geförderte Sozialwohnungen für Arbeiter mit geringen Einkommen und ihre Familien. „Wir wollen gar nicht erst den Gedanken aufkommen lassen, dass dies ein Ort für Reiche oder der Zweitwohnsitz für Leute aus Peking ist", erläutert Ho. „Grün zu sein, ist kein Luxus, sondern eine bezahlbare Notwendigkeit. Diese Stadt soll ein praktisches, replizierbares und flexibles Modell für ganz China und die Welt sein."

Eine der größeren Herausforderungen ist die Wasserversorgung – dies ist eine aride Gegend. Für die Ökostadt ist eine Entsalzungsanlage geplant; zudem betreibt man viel Aufwand, um Wasser zu sparen und es zur Bewässerung oder auch Toilettenspülung wiederzuverwenden. Abwasser wird in eine Vergärungsanlage geleitet, und das dabei entstehende Methan dient dann der Energiegewinnung. Dennoch lässt sich der Wasserbedarf nur durch Zuleitungen von außerhalb decken. Viele der neuen Städte Chinas werden an Orten gebaut, die so trocken sind, dass ohne riesige Wasserversorgungssysteme dort nicht einmal ein Dorf überdauern könnte. China versetzt buchstäblich Berge – bei der Erweiterung der Provinzhauptstadt Lanzhou waren es 700 –, baut Tausende Kilometer lange Flüsse in Betonröhren, um Wasser dorthin zu bringen, wo seine Populationen im Anthropozän angesiedelt werden, und ernährt sie mit in Hydrokultur und ohne Erde angebauten Nahrungspflanzen. Ob die Wüstenstädte dieses Planeten die Wasserversorgung ihrer Bewohner in den kommenden Jahrzehnten erfolgreich bewerkstelligen werden, ist fraglich. Die meisten amerikanischen Großstädte recyceln ihr Wasser nicht – in Singapur, Namibia und anderen Ländern ist das schon seit Jahrzehnten üblich. Die Stadtbewohner sind heute jedoch gezwungen, ihre Zimperlichkeit abzulegen und der Realität ins Auge zu sehen, dass sie den wiederaufbereiteten Urin anderer Leute trinken. Dank moderner Reinigungsanlagen gibt es unter dem Aspekt der öffentlichen Gesundheit keinen Grund mehr, Wasser in dem Maße einfach zu entsorgen, wie es die Städte derzeit noch tun.

Die Großstädte des Anthropozäns werden sich durch Recycling, die effiziente Nutzung von Ressourcen und eine dezentrale Erzeugung auszeichnen. Vermutlich werden die Bewohner selbst sauberes Wasser, Strom und Treibstoffe erzeugen, um die immer teurer werdende öffentliche Versorgung aufzustocken. Viele Gebäude werden Regenwasser auffangen oder Wasser mit gemeinschaftlichen Systemen wie Nebelnetzen oder Versickerungsanlagen sammeln. Hausbesitzer werden Grauwasser aus Dusche und Waschbecken filtern, sammeln und zur Toilettenspülung oder Gartenbewässerung wiederverwenden. Das Wassersparen wird so normal und regulativ werden, wie es das in ariden Ländern wie Australien bereits ist. Das bedeutet Toiletten mit Zwei-Mengen-Spültechnik oder Spül-Stopp-Funktion, effiziente Waschmaschinen und Geschirrspüler, Strahlregler an Wasserhähnen und Duschköpfen, Einschränkungen für den Gebrauch von Wasserschläuchen sowie Wasserzähler, sodass die Haushalte sofort sehen können, wieviel Wasser sie verbrauchen.

Auch Strom wird in Zukunft vermehrt dezentral erzeugt werden. Die großen Kraftwerke, die derzeit die Großstädte versorgen, werden zwar weiter bestehen, doch werden Einzelpersonen und Gemeinden zunehmend eigenen Strom produzieren, etwa mit Photovoltaikmodulen auf dem Dach. Im kommenden Jahrzehnt werden photovoltaische Fassadenfarbe, Jalousien und Fenster, die Strom aus Sonnenlicht erzeugen, in öffentlichen und privaten Häusern verbaut. Die städtische Landschaft wird Strom und Wärme selbst produzieren – passiv, so wie es früher die Detektorempfänger taten. Wahrscheinlich werden zudem Bürgersteige, Straßen, Treppen und Gebäudeflure mit piezoelektrischen Generatoren ausgestattet, die jedes Mal Strom erzeugen, wenn man sie betritt. Eine Schule in England verfügt schon heute über Teppichfliesen, die durch darüber laufende Kinder Strom produzieren. Wasserleitungen können in Bürgersteigen, auf Dächern oder in Straßen in dunklen Asphalt eingebettet werden, um die tagsüber generierte Sonnenwärme zu nutzen. Innovationen auf dem Gebiet der Solarfarben und -dächer werden dazu beitragen, dass die Gebäude des Anthropozäns mehr Energie produzieren, als sie verbrauchen.

Diese Techniken der Stromerzeugung sind derzeit noch teurer als die für das herkömmliche Netz mit Kohle- und Gaskraftwerken erzeugte Energie, doch die Weiterentwicklungen im Design und Material der Module, die Massenproduktion und Anreize von staatlicher Seite senken die Kosten immer weiter. Der Wirkungsgrad von Photovoltaikmodulen, die derzeit nicht einmal 20 Prozent der Sonnenlichtenergie in Strom verwandeln, wird ständig verbessert. So lassen sich beispielsweise Kohlenstoff-Nanoröhrchen in Kombination mit Silizium nutzen, um auch das langwellige Infrarotlicht (Wärmestrahlung) und nicht nur Licht im sichtbaren Wellenbereich zu nutzen. Müll aus privaten Haushalten und Büros dürfte ebenfalls in Zukunft gleich an Ort und Stelle verwertet werden, um Wärme und Strom für Wohn- und Geschäftsgebäude zu produzieren. In Paris und London nutzt man bereits die Wärme der durchfahrenden Züge und der wartenden Fahrgäste in U-Bahn-Stationen, um die darüberliegenden Wohnblocks zu heizen. Viele Großstädte arbeiten schon daran, sich in den nächsten Jahrzehnten vom nationalen Stromnetz unabhängig zu machen.

Die Maßnahmen zur Effizienzsteigerung bei Erzeugung, Transport und Verbrauch von Energie müssen noch weitaus wirkungsvoller werden, sodass beispielsweise Abwärme aus Gasthermen gewonnen und anderenorts gespeichert oder verbraucht wird, ein geringerer Wärmeverlust durch Isolierung und verbesserte Baumaterialien eintritt und automatisierte „intelligente“ Steuerungen den Energieverbrauch komplett für ganze Häuser regulieren, vom Ausschalten des Lichts in nicht benutzten Räumen bis hin zur Justierung von Heiz- und Kühlsystemen. Die dezentrale Produktion von erneuerbarer Energie erfolgt oft unregelmäßig oder (wie im Fall von Solar- oder Gezeitenkraftwerken) tageszeitabhängig. Deshalb braucht sie ein intelligentes Stromnetz, das weitaus flexibler ist als die Netze des 20. Jahrhunderts, die derzeit in den meisten Großstädten im Einsatz sind. Ein intelligentes Netz ermittelt mit Sensoren und Feedbackmechanismen den aktuellen Bedarf und passt die verfügbare Strommenge entsprechend an. So könnten bei der Bedarfsspitze um sieben Uhr morgens – wenn die Menschen ihre Wasserkocher anstellen – Standby-Generatoren oder Speicher ans Netz gehen, während manche Geräte, wie Kühlschränke oder Klimaanlagen, für kurze Zeit automatisch heruntergeregelt oder abgestellt werden. Die meisten Länder arbeiten daran, in den kommenden Jahren intelligente Stromnetze aufzubauen, weil diese einerseits sehr viel effizienter sind und somit geringere Energieverluste haben und andererseits die Einspeisung erneuerbarer Energien (auch aus privaten Anlagen) ermöglichen – da sie Bedarf und Bereitstellung in Echtzeit registrieren und regeln. Die Modernisierung der Stromnetze ist essenziell; selbst Weltstädte wie New York mussten Stromausfälle hinnehmen, bei denen alles stillstand. Sie ist aber auch teuer und stört den laufenden Betrieb. Außerdem wird sie von energieintensiven Industriebetrieben, die ein System mit Grundlastkraftwerken vorziehen.

Bessere Lösungen für die Speicherung und Verteilung von Energie sind im Anthropozän dringend gefragt. Es ist vielleicht viel effizienter, Energie, die Gebäude produzieren, vor Ort für den späteren Gebrauch zu speichern, als sie ins Netz einzuspeisen und dieses sozusagen als Energiespeicher zu benutzen. Keine der vielen bisher gefundenen Optionen ist ohne Nachteile. Die Akkumulatoren werden kontinuierlich verbessert, wobei die für ganze Stromnetze wahrscheinlichste Option wohl Natrium-Schwefel-Akkumulatoren sein werden, die sich heute noch im Prototypstadium befinden. Eine andere Möglichkeit ist es, mit der überschüssigen Energie Luft oder Dampf zu komprimieren, mit denen dann bei Bedarf wieder Strom erzeugt wird. Wasserstoff ist ebenfalls als Energiespeicher geeignet; er lässt sich bei Bedarf zur Stromgewinnung verbrennen. Auch Schwungräder sind wirksame Energiespeicher – die gespeicherte Energie wird zurückgewonnen, indem das

Schwungrad den Rotor eines Stromgenerators antreibt und dadurch abgebremst wird.

Energie- und Wassernetzwerke sind nur einige der Schnittstellen, über die die Bürger des Anthropozäns mit ihrer städtischen Umgebung interagieren werden. Dann sind die Stadtbewohner nicht mehr nur passive Nutzer öffentlicher Dienstleistungen; sie (und die Stadt selbst) werden vielmehr unmittelbare Reaktionen von Anbietern auslösen können, die durch ständige Anpassungen die Effizienz verbessern, Abfall vermeiden und besser nachvollziehbare, individualisierte Abläufe bewirken. Sogenannte intelligente Städte, „Smart Cities", kommunizieren über Sensoren direkt in der Infrastruktur oder über Informationen von Individuen, die entweder automatisch generiert oder von diesen bewusst versendet werden. Solche vernetzten Städte – darunter das gerade in Südkorea entstehende New Songdo City und das Projekt PlanIT Valley in Portugal – sorgen überall für intelligente Anpassungen, von der Straßenbeleuchtung bis hin zu Hauptverkehrsrouten und -zeiten, ausgehend von Feedback in Echtzeit. Andere Großstädte benutzen intelligente Sensoren zur Regulierung von Versorgungssystemen, zur Konzeption von Hochwasserschutzsystemen oder zur Regelung von Ampelschaltungen und Verkehrsfluss. Entsprechend werden Notfall-Einsatzfahrzeuge schneller an Ort und Stelle gebracht, die Gepäckabfertigung an Flughäfen beschleunigt, Autofahrer über freie Parkplätze informiert, das Müllmanagement optimiert, Verbrauchsspitzen in Stromnetzen abgefedert und sogar die Kriminalitätsrate gesenkt.

Masdar, eine in der Wüste von Abu Dhabi neu errichtete Stadt, wird von Anfang an mit vielen solcher Elemente ausgestattet. Die komplette Stadt steht auf einer erhöhten Plattform, sodass sämtliche „smart überwachten" Dienstleistungen – von der Müllentsorgung bis zur Wasserversorgung – von unten zu überwachen und zugänglich sind. Masdar soll CO_2-neutral werden und wird seinen Strom von einem riesigen Solarkraftwerk und von Windkraftanlagen beziehen; die Gebäude sind mit intelligenter Regelung des Lichteinfalls sowie Photovoltaikmodulen ausgestattet und so gebaut, dass möglichst viel kühlende Luft hindurchstreicht. Die Stadt soll etwa im Jahr 2020 fertiggestellt sein und wird autofrei. Stattdessen ist ein über- und unterirdisch agierendes System mit fahrerlosen Elektrofahrzeugen geplant, die wie ein individuelles Schnelltransportsystem arbeiten sollen.

Das menschliche Netzwerk ist der entscheidende Faktor für die Smart Cities der neuen Generation, für die Verringerung des Energieverbrauchs und die in jeder Hinsicht effektivere Nutzung der Stadt. Crowdsourcing und Collaborative Mapping sind zwei Techniken dieser Art, die in den letzten Jahren die Informationserstellung im Internet revolutioniert haben, ganz ohne umfangreiche Infrastrukturprojekte zur Verteilung von Sensoren in Großstädten. Die Datenpunkte bei Google Maps etwa beruhen auf einem gewaltigen Netzwerk aus Hunderten Millionen anonymer Handynutzer, deren Geräte ständig GPS-basierte Statusmeldungen verschicken. Bei der Verkehrs-App beispielsweise erlaubt das Rückschlüsse darauf, ob der Verkehr in der Stadt fließt oder stockt. In Dublin sucht die per Crowdsourcing erstellte Datenapp ParkYa für Autofahrer den nächstgelegenen freien Parkplatz. Nach dem schweren Erdbeben auf Haiti 2010 konnten Helfer, Einwohner und Regierungsbehörden mit ähnlichen Methoden die Hilfe gezielt dorthin lenken, wo sie am nötigsten gebraucht wurde und Epidemien drohten.

Die Möglichkeit, das Weltgeschehen in Echtzeit mit GPS und anderen Systemen zu verfolgen, schafft ein globales Nervensystem, das sich für soziale Verbesserungen nutzen ließe. So hat in einem Slum von Kalkutta eine Gruppe zwölfjähriger Kinder, die sich die Daredevils nennt, dafür gesorgt, dass sich die gesundheitliche Lage der Bewohner dramatisch verbessert hat – mithilfe einer preiswerten und einfachen Technik, die es noch vor 20 Jahren gar nicht gab. Wie so viele Elendsviertel existiert auch die berüchtigte 2 Nehru Colony offiziell gar nicht, was bedeutet, das sie keinen Zugang zu staatlichen Leistungen wie Sanitäreinrichtungen und Strom hat. Die Kinder aber haben dafür gesorgt, dass ihr Viertel nicht länger ein weißer Fleck auf der Landkarte ist. Sie gingen von Tür zu Tür, machten mit ihren Mobiltelefonen Fotos, registrierten die Bewohner und jedes Kind, das in der Kolonie geboren wurde. Per SMS schickten sie die Informationen zu einer Datenbank, die die Daten mit einer von den Kindern handgezeichneten, mit GPS-Daten unterlegten Karte verlinkt. Dadurch dass die Gruppe die Existenz der Bewohner auf Google Maps dokumentierte, hat sie die Rate der Polio-Schutzimpfungen von 40 auf 80 Prozent verdoppelt, die Zahl der Durchfall- und Malariaerkrankungen im Slum gesenkt und betreibt Lobbyarbeit für die Einführung der Stromversorgung.[16] In den Slums von Rio de Janeiro ist es ähnlich: Die Kinder der Favelas kartieren ihr

Viertel von oben – mithilfe von Drachen, die sie steigen lassen und an denen Glasflaschen mit Kameras darin hängen. So entdecken sie Problemstellen, wie einsturzgefährdete oder von Erdrutschen bedrohte Gebäude, Hygienemissstände und Müllprobleme oder gefährliche Stromleitungen und machen davon Fotos mit GPS-fähigen Smartphones. Auf diese Weise bewirken sie, dass gehandelt wird.

Städte mit Sensoren auszustatten, ist jedoch nur ein erster Schritt. Die Designer und Architekten, die vor zehn Jahren Smart Cities konzipierten, konnten nicht voraussagen, wie sehr sich die Menschen zu einem wesentlichen Bestandteil des Netzwerks entwickeln würden. Heute gibt es die Technik, über die Einzelpersonen unmittelbar mit Unternehmen, Regierungseinrichtungen, Millionen von Nutzern oder spezifischen Gruppen im Internet kommunizieren können, und so hat die Großstadt eine ganz neue Dimension angenommen. Diese „virtuelle Stadt" von Online-Communities, die sich über soziale Netzwerke wie Twitter oder Facebook austauschen, hat eine unglaubliche Macht und ist nicht an geografische Grenzen gebunden. Gleichgesinnte können einander problemlos finden, tun sich in Onlineforen oder unter Hashtags zusammen und kommentieren Strömungen genauso, wie es Interessenvereinigungen und Aktionsbewegungen in der realen Stadt tun. Virtuelle Anwendungen machen es leichter, aus der großen Masse auszusieben – die Grindr-App etwa ermöglicht es homo- und bisexuellen Männern, andere Appnutzer in der Stadt zu finden. Online-Clubs – wie das Shopping-Netzwerk Groupon – versuchen, den Einkauf zu personalisieren und auf diese Weise etwas Ähnliches zu bieten wie die Beziehung, die Personen zu einem Geschäft in ihrem Viertel haben.

Wer für sozialen oder politischen Wandel plädiert, kann Regierungen und Unternehmen mit nie da gewesener Leichtigkeit zur Verantwortung ziehen. Riesige Datenmengen werden im Internet veröffentlicht und lassen sich in Minutenschnelle mit einfachen Algorithmen suchen und filtern. Die virtuellen und die realen Städte sind eng miteinander verwoben. Die Informationsbeschaffung und das Bilden von Gemeinschaften sind online leichter zu bewerkstelligen als in den riesigen Großstädten des Anthropozäns, in denen die Mitglieder einer Gruppe womöglich weit voneinander entfernt leben oder sich nicht ohne Weiteres treffen können, um eine Bewegung auf den Weg zu bringen. Doch die Diskussionen und realen Veränderungen, die diese Online-Gemeinschaften auslösen, erreichen mühelos auch Regierungskreise, Massenmedien und die Menschen auf der Straße.

Der 2010 beginnende Arabische Frühling in Nordafrika und dem Nahen Osten wurde über die virtuellen Großstadt aus Twitter, Facebook, SMS-Nachrichten und anderen Apps koordiniert, doch er fand auf den Straßen und in den Vierteln der realen Städte statt; dort kamen die Menschen aus Fleisch und Blut zusammen, die sich zuvor via Computer und Smartphone organisiert hatten. Das Kaffeeunternehmen Starbucks sah sich durch eine Twitter-Kampagne gezwungen, Steuern in Höhe von mehreren Millionen Pfund an den britischen Staat zu zahlen, nachdem 2012 seine ganz legalen internationalen Steuervermeidungstricks ans Licht gekommen waren. Die virtuelle Stadt ist gleichermaßen global wie lokal. Ich kann stündlich die aktuellen Luftverschmutzungswerte für mein Wohnviertel abrufen, aber auch einen neuen Akku für mein Mobiltelefon in Korea kaufen. Menschen aus aller Welt können sich online zusammenfinden, um Ideen auszutauschen, gemeinsam Veränderungen herbeizuführen, Neues auf den Weg zu bringen, ihr künstlerisches Talent öffentlich zu machen oder Freunde zu finden. Die virtuelle Stadt bietet eine Möglichkeit, die reale Megastadt zu verkleinern und eine Vorauswahl zu treffen, sodass man weniger Zeit dafür aufwenden muss, komplizierte Wege und Fahrten zu bewältigen; man kann in relativer Anonymität an vielerlei Konversationen teilnehmen und erhält individuelle Hilfestellung, um an kollektiver Kreativität und Problemlösung teilzuhaben. Die virtuelle Stadt ergänzt, aber ersetzt nicht die reale Stadt und die zwischenmenschlichen Begegnungen mit all ihren Ausdrucksmöglichkeiten, dem konkreten Austausch und der Fülle an Informationen, die wir Menschen nutzen, um die Vertrauenswürdigkeit anderer und dergleichen Werte einzuschätzen.

Die virtuelle Stadt hat jedoch auch eine ausgeprägte Schattenseite. Noch nie gab es so viele Informationen über so viel aus unserem Leben in so leicht zugänglicher Form. Im Verlauf eines Tages wird eine durchschnittliche Person in einer Stadt der westlichen Welt mit so vielen Daten konfrontiert wie eine Person aus dem 15. Jahrhundert in ihrem gesamten Leben.[17] Die digitale Geburt eines Kindes ist heute der analogen Version des Ereignisses um durchschnittlich drei Monate voraus, da viele Eltern Ultraschallbilder auf Facebook posten und für ihr Kind einen Domainnamen registrieren lassen, noch bevor es das Licht der

Welt erblickt hat. Regierungen, Gruppen, Einzelpersonen und Unternehmen haben Zugriff auf unsere Daten und können diese für eigene Zwecke nutzen. Diese Erosion der individuellen Privatsphäre, ob gut oder schlecht, ist schon jetzt Bestandteil des Lebens im Anthropozän. Die von dem US-amerikanischen Einzelhandelskonzern Target erhobenen Kundendaten etwa lassen relativ genau darauf rückschließen, welche Käuferinnen vor Kurzem schwanger geworden sind und wann ungefähr der errechnete Geburtstermin ist.[18] Das Unternehmen benutzt diese Informationen, um bei diesen Frauen gezielt und zeitlich passend Werbung für seine Schwangerschafts- und Babyprodukte zu machen – auch dann schon, wenn die Frauen selbst es womöglich noch niemandem erzählt haben. Abstoßend? Vielleicht. Wie aber verhält es sich mit Polizeibeamten, die Betreiber von Cannabisplantagen ausfindig machen, indem sie deren Energieverbrauch analysieren? Oder mit Nachbarn, die Personen aufgrund von im Internet entdeckten Informationen mobben? Wir alle erzeugen permanent Daten; im Anthropozän werden wir entscheiden müssen, wem unsere Daten gehören und ob man sie teilen darf.

Städte sind schon heute die unter Umweltaspekten nachhaltigste Art des Wohnens, doch als Zentren für Industrie, Transportwesen sowie Wohn- und Geschäftsgebäude verbrauchen sie einen Großteil der weltweiten Energie und erzeugen mehr als 80 Prozent der CO_2-Emissionen, wenn man die Energie für Nahrungsmittel und sonstigen Konsum mit erfasst.[19] Diese geografische Ballung eines so großen Anteils an Emissionen bewirkt, dass womöglich leichter Lösungen gefunden werden – die Nachhaltigkeit lässt sich eher in einem überschaubaren Gebiet als in einer großen Region verbessern.

Je kompakter die Großstadt, desto energieeffizienter ist der Transport (und alles andere). Der Untergrund, in dem sich bereits Kabel, Rohrleitungen, Abwasserkanäle, Untergrundbahnen und Untergeschosse drängen, wird in noch größeren Tiefen genutzt. Manche Großstädte, wie beispielsweise Singapur, betreiben bereits riesige miteinander vernetzte Einkaufspassagen unter den Straßen, die teilweise mehrere Stockwerke tief gehen. Und in Hongkong überlegt man, Wohnungen und andere Einrichtungen in den Fels zu bauen. Damit 2050 aber 6 Milliarden Menschen in Städten Platz finden, müssen diese in die Höhe wachsen. Großstädte haben sich schon immer über ihre Skylines definiert, seien es die riesigen, goldverkleideten Mayatempel des präkolumbianischen Amerika, der Felsendom in Jerusalem, der mythenumwobene Turm zu Babel, die Kirchturmspitzen und Giebel Europas oder das Empire State Building in Manhattan. Heute setzen die neuen Großstädte des Anthropozäns diese Tendenz fort – seit 2001 wurden mehr als 350 Wolkenkratzer errichtet; damals wurden die Zwillingstürme Petronas Towers in Malaysia als höchste Gebäude der Welt fertiggestellt. Im Jahr 2016 zählen diese Türme nicht einmal mehr zu den zehn höchsten Bauwerken. Das mit 828 Metern derzeit höchste Gebäude der Welt ist der Burj Khalifa in Dubai. Dieses so ungeheuer hoch in den Himmel ragende Bauwerk steht in keinerlei Beziehung mehr zu den nach menschlichem Maßstab konstruierten Beduinenunterkünften, die hier noch vor wenigen Jahrzehnten verstreut waren.

Drei Viertel der höchsten Gebäude der Welt stehen heute – mehr als ein Jahrhundert nach Eröffnung des ersten Wolkenkratzers auf der anderen Seite der Erdkugel, in Chicago – in Asien und im Nahen Osten. Diese Sinnbilder des urbanen Zeitalters sind gleichermaßen Lösungen für das Wohnraumproblem wie Höhepunkte der Eitelkeit – das oberste Drittel der meisten Superwolkenkratzer der Welt ist meist so gebaut, dass dort niemand wohnen kann.[20] Dennoch werden Wolkenkratzer, die über Brücken und Korridore verbunden sind, durch die sich Menschenmassen bewegen, mit Straßen, Supermärkten, Parks und Gärten in luftiger Höhe, die Städte des Anthropozäns dominieren. Dieser architektonische Höhenflug muss nicht gleich solche Ausmaße wie beim Burj Khalifa annehmen, aber er kann genauso innovativ sein. Die Architekten arbeiten mit modernen Materialien, wie Stahlbeton, und modernen Techniken, wie Computermodellen, die ein Bild davon geben, wie ihre Gebäude später funktionieren werden – wie sich die Menschen in diesen hoch aufragenden Bauwerken bewegen, wie sie darin leben und sich entspannen können. Mithilfe der Technik lassen sich die Entwürfe schon früh ausfeilen, um beispielsweise Fluchtwege zu verbessern oder die Ausblicke aus den Wohnungen und den Sonneneinfall zu optimieren. Wohnkomplexe mit Tausenden von Bewohnern müssen durchaus nicht überfüllt wirken, wenn sie gut konzipiert sind. Und im Gegensatz zu privat zur Schau gestellten Superlativen der Eitelkeit können sie im Herzen der Gemeinschaft stehen – so befindet sich mitten in Bogotá der BD Bacatá, der erste durch Crowdfunding finanzierte Wolkenkratzer.

Soll die Nachhaltigkeit von Wolkenkratzern verbessert werden, müssen die Architekten noch über den bisher erreichten nicht gerade unbedeutenden Massenproduktionsvorteil hinausgehen, um Innovationen zur Senkung des Energieverbrauchs in den Bau zu integrieren und aus diesem traditionellen Symbol der Opulenz und des Genusses ein grünes Vorbild zu machen. Dem 2009 in New York City eröffneten Bank of America Tower gelingt genau das. Er besteht größtenteils aus recyceltem Material, sammelt selbst Regenwasser und spart auf anderen Wegen Wasser (etwa durch den Einbau von Trockenurinalen). Im Tower wird die einströmende und verbrauchte Luft gefiltert, er produziert zwei Drittel seines Energiebedarfs selbst durch ein mit Gas betriebenes Blockheizkraftwerk und spart Energie durch Isolierverglasung und „Eisbatterien" im Keller, die mit in der Nacht nicht verbrauchter Energie Wasser gefrieren und damit tagsüber die Luft im Gebäude kühlen. In einer Stadt, in der 75 Prozent der Kohlendioxidemissionen auf in Gebäuden verbrauchte Energie zurückgehen, hat dieser Büroturm eine Reihe von Preisen gewonnen und wurde mit dem Prädikat Leadership in Energy and Environmental Design (LEED) in Platin zertifiziert.

Derlei wird im Anthropozän eher die Norm denn die Ausnahme sein. Schnelle Abhilfen, wie das Weißen von Dächern – und in manchen Fällen das Aufhellen von Straßen – zur Senkung der Temperaturen in der Stadt, der Einbau von energiesparenden Leuchtmitteln (20 Prozent des Energieverbrauchs eines Gebäudes geht auf die Beleuchtung zurück) und eine verbesserte Dämmung werden wahrscheinlich in Bauvorschriften sowie Vorgaben zu Immobilienverkäufen und Mietverträgen gesetzlich verankert werden. Eines Tages werden alle Neubauten durch effektive Dämmung und das Erzeugen eigener Energie (etwa durch Wärmepumpenheizungen oder mit Abfällen befeuerte Blockheizkraftwerke) energetisch unabhängig sein müssen. Man braucht gar keine komplizierte Technik: Durchsichtige Zwei-Liter-Plastikflaschen, mit Wasser gefüllt und durch eine Öffnung im Dach gesteckt, brechen das Sonnenlicht und bringen Tageslicht noch in die kleinste, dunkelste Unterkunft. Und es gibt noch weitere innovative Energiequellen im Entwicklungsstadium, darunter Beleuchtungssysteme, die mit biolumineszierenden Bakterien oder Algen arbeiten. Die Menschen müssen zudem den Gebrauch von Energie fressenden elektronischen Geräten einschränken oder zum Aufladen erneuerbare Energien verwenden –

allein in Großbritannien hat sich der Stromverbrauch in Privathaushalten seit den 1970er-Jahren verdoppelt, obwohl die Geräte immer energieeffizienter geworden sind.

Während die typischen Vorstädte rund um das Auto gebaut wurden, muss die Großstadt des Anthropozäns auf effiziente Massentransportmittel mit geringen Emissionen zugeschnitten sein. Dabei ist es sinnvoll, private PKW ganz aus den Zentren zu verbannen – eine Maßnahme, die angesichts der extremen Staus, in denen Pendler regelmäßig stecken, der teuren Parkgebühren und besonderen Gebühren für Fahrzeuge, wie der Londoner City-Maut, immer dringlicher erscheint. In Bogotá etwa herrscht sonntags Autoverbot; dann sind die Straßen voller Fußgänger, Rad- und Rollschuhfahrer. Die US-Amerikaner, die im Durchschnitt neun Jahre ihres Lebens im Auto sitzend verbringen, haben womöglich den „Peak Car" bereits überschritten, denn die Zahl der Autobesitzer und -fahrer sinkt.[21] Selbst in China, dem weltgrößten Automarkt (wo sich die Zahl der Autobesitzer seit 2000 verzwanzigfacht hat), könnte „Peak Car" schneller erreicht sein als in den 20 Jahren, die man bisher bis zur Sättigung des Marktes veranschlagt hat: Die Treibstoffpreise steigen rasant, die brandneuen sechsspurigen Stadtautobahnen sind schon jetzt mit Autos verstopft und verschwinden im Abgasnebel, und da immer mehr Menschen in Städten mit großer Bevölkerungsdichte wohnen und sich in sozialen Netzwerken „treffen", wird der Besitz eines Autos zunehmend lästig. Die Menschen brauchen stattdessen ein schnelles, regelmäßig bedientes und zuverlässiges Netz aus Alternativen, das schnelle Touren durch die gesamte Stadt ebenso ermöglicht wie strategische, persönlichere Optionen.

U-Bahnen unter und Hängebahnen über der Stadt können Fahrgäste blitzschnell an allen Staus vorbei transportieren. Elektrische Straßenbahnen und Busse auf Straßenebene lassen sich bequem nutzen. Auch hier hat Bogotá eine geniale Idee umgesetzt und sein öffentliches Transportsystem ohne große Investitionen umgewandelt, indem es aus seinen Bussen eine Art S-Bahn-System machte: An den Haltestellen sind die Bürgersteige zu Bussteigen erhöht, die Bustüren öffnen sich wie die einer U- oder S-Bahn und auch die Fahrkartenschalter sind ähnlich. In den USA arbeiten Ingenieure an superschnellen Magnetschwebebahnen, die reibungsfrei durch magnetische Abstoßung über einer Schiene schweben und im Prinzip irgendwann durch Vakuumtunnel unter dem Atlantik verkehren und so europäische und amerikanische Städte miteinander verbinden könnten. In China gibt es Entwürfe für einen elektrischen Megabus, der Hunderte von Pendlern wie auf Stelzen mit Rädern, fünf Meter über dem Erdboden, einfach über den festgefahrenen Verkehr hinweg transportieren soll.

Fahrräder eignen sich ideal für den Individualverkehr, und mit E-Bikes – die ich in Peking in großer Zahl auf den Straßen sah – kann man längere Strecken oder Steigungen ohne allzu große Anstrengung bewältigen. Das Pariser Leihfahrradsystem Vélib', das mittlerweile Nachahmung in vielen Großstädten in aller Welt gefunden hat, erlaubt es den Nutzern, gegen eine geringe Gebühr ein Fahrrad an einer Station auszuleihen und es an einer anderen wieder abzustellen. In Israel können die Fahrer von Elektroautos von dem Unternehmen Better Place betriebene Stationen nutzen, in denen ihr entladener Akku gegen einen geladenen ausgetauscht wird. Das macht das Auto selbst preiswerter (der Akku ist eines der teuersten Teile) und macht spätere Nachbesserungen durch leistungsstärkere Akkus möglich, wobei das Auto wertstabil bleibt. Ein umfassendes Netz von Austausch- oder Ladestationen nimmt den Fahrern auch die Sorge um die Reichweite und darum, ihr Fahrzeug könnte irgendwo ohne „Saft" liegenbleiben. Bei Elektrofahrzeugen ist die direkte Luftverschmutzung (inklusive Ozon und Stickoxide) gleich Null, und der Strom kann aus CO_2-emissionsarmen Quellen wie erneuerbaren Energien kommen. Manche Elektroautos lassen sich sogar als alternative Stromquelle nutzen, indem sie bei Stromausfällen entladen. Doch obwohl Elektroautos im Hinblick auf die Emissionen eine Verbesserung gegenüber herkömmlichen Verbrennungsmotoren bedeuten, verschlingen ihre Herstellung und die ihrer Akkus immer noch große Mengen an Metallen und Mineralen. So erfordern sie noch mehr Seltenerdmetalle, die ohne effektives Recycling als Sondermüll enden. Die bei weitem nachhaltigste Lösung ist zweifellos ein besserer, elektrisch betriebener öffentlicher Personenverkehr.

Wie alle Orte auf der Erde werden sich auch die Städte des Anthropozäns mit dem Klimawandel auseinandersetzen müssen. Die sich aufheizende Atmosphäre nimmt mehr Wasser auf, was heftigere Niederschläge nach sich zieht. In städtischen Gebieten mit ihren versiegelten Flächen kann das Regenwasser nicht versickern und führt nicht selten zu Überschwemmungen – U-Bahn-Betreiber verwenden schon heute viel Energie darauf, Wasser aus ihren Tunnelnetzen zu pumpen, und dieser Aufwand wird noch zunehmen. Schon heute werden Straßenabläufe und Vorfluter, wie sie eigentlich meist in Städten der Tropen zum Einsatz kommen, in europäischen Städten eingebaut, und manche Großstädte arbeiten mit neuartigem porösen Zement auf Bürgersteigen und mit Grünflächen.

Großstädte leiden bereits jetzt unter dem „Wärmeinsel-Effekt" (*urban heat island effect*): Die Energie aus Industrie und Gebäuden plus eine gehemmte Luftströmung führen zu einer stärkeren Erwärmung bebauter Flächen im Vergleich zur umgebenden Landschaft. In Delhi und Mumbai etwa ist es in Sommernächten fünf bis sieben Grad wärmer als in der ländlichen Umgebung.[22] Die globale Erwärmung macht das zu einer tödlichen Gefahr – Menschen sind besonders anfällig für hohe Temperaturen in der Nacht –, und in Großstädten lassen die Einwohner aus Angst vor Verbrechen ihre Fenster oft nicht offenstehen. Das US-amerikanische Natural Resources Defense Council geht davon aus, dass der Klimawandel die Zahl der hitzebedingten Todesfälle im Land bis 2100 verdreifachen wird. Das Weißen von Dächern und Bürgersteigen ist eine kostengünstige Methode, um die Temperaturen in der Stadt zu senken. Doch mit zunehmendem Wohlstand installieren die Menschen in den Entwicklungsländern immer mehr Klimaanlagen – die Verkaufszahlen in Indien und China wachsen jährlich um 20 Prozent –, und die Treibhausgasemissionen durch die eingesetzten Kühlmittel (teilhalogenierte oder H-FCKWs, die die ozonschichtschädlicheren FCKWs abgelöst haben) könnten bis 2050 fast ein Drittel der gesamten globalen Erwärmung verursachen, wie Forscher schätzen. Einfache passive Innovationen, wie eine die Luftzirkulation fördernde Konstruktion von Gebäuden, können viel Energie einsparen – der von Norman Foster entworfene „Gherkin" („Gurken"-) Wolkenkratzer (eigentlich 30 St Mary Axe) in London leitet den Luftstrom von der Straße an seiner spiraligen Fassade empor, was den Bedarf an künstlicher Kühlung um fast die Hälfte senkt.

Städte und Gebäude ganz allgemein haben einen Nachteil: Sie sind wenig flexibel gestaltet. Sie müssen bestimmten baulichen und Sicherheitsanforderungen entsprechen, damit sie beispielsweise extremen Wetterereignissen und Erdbeben standhalten. Dass sie auch davon abgesehen die meiste Zeit über optimal funktionieren, wird jedoch nicht gefordert. Bei bestimmten Gebäuden, wie Leuchttürmen, mögen Sicherheit und Stabilität tatsächlich die einzigen Gesichtspunkte sein, doch für die meisten Bauwerke und städtischen Räume ist es auch wichtig, dass sie bei verschiedensten Wetterbedingungen bewohnbar sind. Wir passen unsere Kleidung der Witterung an – warum nicht auch unsere Gebäude? Das Edificio Media-TIC in Barcelona ist mit einer aufblasbaren Hülle aus ETFE (dem Kunststoff Ethylen-Tetrafluorethylen) ausgestattet, die durch einen mit Solarstrom betriebenen digitalen Lichtsensor automatisch reguliert wird. Entsprechend der sich verändernden Sonneneinstrahlung werden verschiedene Luftkammern in der Hülle im Laufe des Tages aufgeblasen oder geleert. Die reaktive Hülle lässt sichtbares Licht hindurch, filtert aber die UV-Strahlung heraus. ETFE hat nur ein Hundertstel des Gewichts von Glas, lässt mehr Licht hindurch und ist im Einbau bis zu 70 Prozent preiswerter. Es ist widerstandsfähig und kann beispielsweise das 400-Fache seines Eigengewichts tragen; außerdem ist es aufgrund seiner glatten Oberfläche selbstreinigend und wiederverwertbar.

Andere Gebäude verwenden „intelligentes Glas", das sich bei Sonneneinstrahlung eintrübt und Wärme und gleißende Helligkeit abwehrt, aber zu anderen Tageszeiten die maximale Lichtmenge hindurchlässt und so den Bedarf an elektrischer Beleuchtung senkt. Automatische, auf Lichteinfall reagierende Sonnenblenden erfüllen bei anderen Bauwerken dieselbe Funktion. Mit anderen Sensoren lässt sich der Energie- und Ressourcenverbrauch innerhalb des Gebäudes regulieren, etwa durch Bewegungssensoren, die das Licht einschalten (wie ich es in der Ökostadt von Tianjin gesehen habe), oder es wird erkannt, wann Menschen, Wasser oder Wärme umgeleitet werden müssen. Zeigt zum Beispiel der Teppich auf einem vielbegangenen Flur Abnutzungserscheinungen, können leichte Veränderungen in der Beleuchtung die Menschen dazu bewegen, einen anderen Weg zu nehmen, oder wenn nur in einem Teil eines Büroraums Aktivität registriert wird, kann man die Heizung in diesem Bereich herunterfahren.

Die Architekten achten zudem darauf, reaktive, lebende Elemente in traditionelle Gebäude einzubauen, damit diese nachhaltiger und anpassungsfähiger werden. Viele haben inzwischen begrünte Dächer und Fassaden, die die Luft filtern, für Kühlung sorgen, Wasser aufnehmen, Lebensräume schaffen und dabei auch noch gut aussehen. Aber wie wäre es, die Bauten selbst mit lebendem Material zu fertigen? Ein niederländisches Team hat einen sich selbst reparierenden Beton entwickelt. Er ist mit Bakterien imprägniert, die bei Kontakt mit Wasser Kalk absondern. Risse im Beton, in die Wasser eindringt, aktivieren die Bakterien, die ansonsten in nährstoffhaltigen Kapseln ruhen. Der von ihnen freigesetzte Kalk füllt die Risse auf. Andere Vorschläge sind beispielsweise um Gerüste wachsende strukturelle Bauteile von Gebäuden und Stadtmöbeln, bei denen mit Methoden der synthetischen Biologie lebende Zellen dazu gebracht werden, benötigte Materialien zu produzieren. Manche Designer denken auch an lebende, reaktive Gebäude, die als immersive, interaktive Installation agieren und sich bewegen und atmen wie ihre Bewohner. Ingenieure werden sich Ideen aus der Natur abgucken und selbstreparierende, auf Licht und Wärme reagierende und andere adaptive Elemente in die Materialien und Strukturen zukünftiger Städte einbauen.

Bei der Nachhaltigkeit geht es jedoch um mehr als die effiziente Nutzung von Ressourcen. Städte und Gebäude müssen auch den Bedürfnissen des Menschen einen lebenswerten Raum geben, der Geselligkeit, Ruhe, Erholung und Bewegungsfreiheit bietet. Zahlreiche geisterhafte, verlassene Gebäudekomplexe, Einkaufszentren und sogar Wohnviertel zeugen davon, dass es sich in ihnen nicht gut leben ließ. Will man erreichen, dass sich die Einwohner einer Stadt mit dieser verbunden fühlen und stolz auf sie sind, muss man darin Landschaften schaffen, die Menschen Freude machen – und diese umfassen meist natürliche Elemente. Städte stehen wie nichts anderes für den Stempel, den der Mensch der Erde aufdrückt, und für die Unterdrückung der Natur. Sie sind komplett vom Menschen geschaffene Umgebungen, die ihn vor der Natur schützen sollen. Aber Städte sind auch die Orte, an denen der Mensch seine Beziehung zur Natur wohl am klarsten definiert, indem er ausgewählte Stückchen davon zulässt und andere verbannt. Die Städte des Anthropozäns werden die Natur in ganz neuartiger Weise mit einbinden. Parks und Grünflächen werden sich nicht mehr auf den Boden beschränken, sondern vielfach in die Höhe wandern. Dachgärten in schwindelerregender Höhe werden Vögel und andere Wildtiere anlocken. In Singapur etwa wartet das prägende Hotelgebäude des Marina Bay Sands Resorts mit einem Dachgarten im 56. Stockwerk auf, mit Bäumen, Freizeitangeboten wie einem Swimmingpool sowie einer atemberaubenden Aussicht. Dies zeigt beispielhaft, wie bestimmte Elemente der Natur, etwa die Aussicht von einem Berggipfel, ein See und Palmen, ausgewählt und zu einer ungezwungenen, ganz und gar künstlichen Landschaft für die Stadt kombiniert wurden. Schon heute beschäftigen sich Wissenschaftler auf dem Gebiet der Stadtökologie mit der Stadt und den biophysikalischen Wechselwirkungen in dieser Umgebung, genauso, wie es die traditionelle Ökosystemforschung tut.

Vertikale Gärten und Felder werden ebenfalls angepflanzt, wenn auch der Energieaufwand für ihre Bewässerung und Pflege diese Methode für die Herstellung großer Mengen an Nahrungsmitteln ungeeignet macht. Der Anbau von Nahrungspflanzen in der Stadt auf mehrstöckigen Beeten aber wird wohl zunehmen, denn Hobbygärtner, Imker und Anbauspezialisten machen sich die inzwischen weniger verschmutzte Luft, das Wasser und die Böden der Städte des Anthropozäns zunutze, und Leerflächen werden immer effizienter genutzt. In Berlin gibt es inzwischen Dachfarmen mit Fischzucht und Gemüseanbau; die Abwasser aus den Fischbecken dienen der Düngung der Gemüsebeete. Kreative Gärtner wandeln schon heute Industriebrachen, Straßenecken und Flachdächer in Kleinstwildnisse oder auch formale Gärten um. Ein ausgedienter erhöhter Bahndamm in New York City ist so zu einem beliebten Park geworden, die selbsternannten „Guerilla-Gärtner" pflanzen Blumen und Bäume in Beeten entlang der Londoner Schnellstraßen, und auf einst verseuchten Industriebrachen herrscht heute lebhaftes Vogelgezwitscher, die Flüsse sind voller Fische, und Tiere, die in ländlichen Regionen selten geworden sind, gedeihen in städtischen Nischenlebensräumen.

Tatsächlich sind erstaunlich viele Tierarten heute auf menschengemachte Lebensräume angewiesen. Von den Flughundschwärmen in Sydney über die schlauen Londoner Füchse bis hin zu Wanderfalken, die an Wolkenkratzern brüten – so manche haben ihr natürliches Habitat verloren. An anderen Orten bildet die Mischung aus vom Menschen eingeführten Pflanzen- und Tierarten sowie den Kulturfolgern, die von sich aus in die Stadt eingewandert sind, einzigartige Ökosysteme, die es sonst nirgends gibt. Möwen leben beispielsweise heute oft in Städten, die Hunderte von Kilometern von der Küste entfernt sind. Da ihre natürliche Nahrung, Fisch, knapper wird, haben sie sich auf menschliche Abfälle verlegt. Ob der Mensch lernen wird, dieses neue Gedeihen wertzuschätzen, bleibt abzuwarten, doch die Überlebenden dieser Menagerie-Experimente in unseren Gärten werden ein genetisches Erbe hinterlassen. In den kommenden Jahrhunderten werden Spezies, die unter natürlichen Umständen nie hätten entstehen können, Zeugnis von unserer Vermischungstätigkeit ablegen. Schon jetzt haben manche Nachtfalter in urbanen Lebensräumen andere Flügelfärbungen entwickelt, die in der (im Vergleich mit den Baumstämmen, an denen die Tiere früher saßen) düsteren Betonumgebung mehr Tarnung verleihen, Singvögel singen lauter gegen den Verkehrslärm an und städtische Varianten anderer Tierarten zeigen eine andere Physiologie sowie veränderte Verhaltensweisen und Gehirngrößen.[23] Nicht nur Tiere und Pflanzen verändern sich im Lebensraum Stadt, auch die Menschen tun dies. Die Gehirne von Stadtbewohnern unterscheiden sich nachweislich von denen anderer Menschen. Diese Unterschiede helfen den Städtern möglicherweise dabei, mit Stress und Menschenmengen zurechtzukommen; zugleich sind Erkrankungen wie Schizophrenie unter ihnen doppelt so häufig wie in der übrigen Bevölkerung.[24]

Die große Migration in die Städte im Anthropozän kommt einer globalen Vermischung von Menschen gleich, von denen ein Großteil über Generationen hinweg genetisch relativ isoliert in Dörfern gelebt hat. Darum sind laut dem Biologen Steve Jones die genetischen Unterschiede zwischen den Menschen heute so gering wie noch nie in den letzten 100 000 Jahren. Die Ausweitung der genetischen Vielfalt lässt sich nach seiner Aussage bis zur Erfindung des Fahrrades zurückverfolgen; diese förderte Ehen zwischen Bewohnern unterschiedlicher Dörfer und Städte. Die heute auftretende Urbanisierung jedoch bewirkt eine nie da gewesene Vermischung. Die Menschen in einer Weltmetropole wie New York sprechen unglaublich viele unterschiedliche Sprachen – hier gibt es die vermutlich höchste Sprachdichte der Welt –, und in London sind nicht einmal mehr die Hälfte der Einwohner weiße Briten; vor zehn Jahren waren es noch 58 Prozent. Derweil sterben Sprachen überall in der Welt so schnell aus wie noch nie – alle zwei Wochen verschwindet eine der 7000 Sprachen der Welt.

Trotz allem ist es ungewiss, wie langlebig unsere Megastädte sein werden. Viele ihrer Bewohner nennen, wie Migranten in aller Welt, einen ganz anderen Ort ihre „Heimat“. Sogar Stadtbewohner in der zweiten oder dritten Generation beschreiben oft ihr „Heimatdorf“ und ihren Traum, eines Tages „zurückzukehren“ und ein großes Haus oder einen

Hof aufzubauen. Wenn der Wohlstand mit diesen Stadtbewohnern dasselbe macht wie mit den Menschen in Europa und Amerika, besteht die Gefahr, dass mit zunehmender Entwicklung der Länder die Ausbreitung von Stadtrandgebieten und die Übernahme natürlicher Flächen überall auf der Welt in einem schnelleren Tempo als je zuvor voranschreitet. Jeder Betroffene betrachtet das Leben in einem Elendsviertel lediglich als bloßen Übergang auf dem Weg zu etwas Besserem. Derzeit sind zwei Prozent der Landfläche der Erde mit Städten bedeckt, doch bis 2030 könnten sie sich auf über zehn Prozent ausgedehnt haben.[25] Das würde einen Verlust von 1,2 Millionen Quadratkilometern an anderen, oft artenreichen Landschaften bedeuten. So erlebt das Amazonasgebiet in Brasilien gerade die größte Urbanisierungsrate; schon heute leben dort 25 Millionen Menschen.

Eine der wichtigsten Aufgaben für die Großstädte des Anthropozäns ist der Umweltschutz, der Schutz des Planeten – denn während die Menschen und ihre Landschaften aus Beton, Stahl und um sich greifender Industrie innerhalb der Grenzen einer Megastadt bleiben, kann sich der Rest der Erde zu einem natürlicheren Zustand zurückentwickeln. Natürlich haben wir viele Landschaften für immer verändert, und daher wird unser Planet außerhalb der Städte nicht in denselben Zustand wie vor dem Einwirken des Menschen zurückkehren. Dennoch werden die Ökosysteme wachsen und gedeihen und relativ ungestört vom massiven Druck durch den Menschen ihr neues Gleichgewicht finden. Darum sind Städte die größte Hoffnung für das Überleben anderer Arten und Ökosysteme im Anthropozän.

Auch wenn Städte oft so wirken, als existierten sie schon immer – manche sind 1000 und mehr Jahre alt –, werden doch viele davon die Veränderungen, die die Menschheit auf dem Planeten bewirkt, nicht überdauern. Der Anstieg des Meeresspiegels und die Entnahme des Grundwassers lassen große Küstenstädte allmählich im Meer versinken. Die großen Weltstädte, von denen viele von immenser wirtschaftlicher Bedeutung sind, sehen sich bereits jetzt einer auf das Doppelte angewachsenen Gefährdung durch Sturmfluten ausgesetzt – und die steigenden Bevölkerungszahlen in den Städten des Anthropozäns bedeuten, dass mehr Leben auf dem Spiel stehen. Großstädte von New York bis Bangkok haben bereits Hochwasserkatastrophen erlebt, und es werden noch viele folgen. Die durch den Hurrikan Sandy ausgelöste Sturmflut ließ 2012 das Wasser in New York stellenweise über vier Meter hoch stehen. Shanghai, dessen Name „über dem Wasser“ bedeutet, liegt im Mündungsgebiet des Jangtsekiang und ist dabei, im Ostchinesischen Meer unterzugehen. Manche Stadtteile sind bereits um drei Meter abgesunken. Daraufhin haben die chinesischen Behörden begonnen, jährlich 60 000 Tonnen Wasser in Brunnen zurückzupumpen, um den Prozess aufzuhalten. Sie haben Hunderte Kilometer Deiche gebaut und planen ein Fluttor in der Flussmündung, um im Notfall die reichste Stadt des Landes und ihre 20 Millionen Einwohner zu schützen. Mexiko-Stadt hat ein ähnliches Schicksal: Teile der Stadt sind bis zu neun Meter abgesunken, weil zu viel Grundwasser abgepumpt wurde. Und in den Niederlanden müssen alljährlich rund 50 Millionen Kubikmeter Sediment aufgespült werden, nur um die Küstenlinien so zu erhalten, wie sie sind.

Gibt es eine Lösung? Manche Städte investieren in neue Schutzdämme und Deiche, Polder oder Sturmflutsperrwerke – wie das Thames Barrier in London –, um Hochwasser abzuwehren. Rotterdam etwa liegt zu 90 Prozent unter dem Meeresspiegel; die Stadt hat Regenwasserrückhaltebecken unter Infrastrukturelementen wie Parkplätzen integriert und ist ein Vorreiter auf dem Gebiet der schwimmenden Häuser. In ärmeren Regionen ertragen die Menschen die Lage einfach so lange, bis sie ihre Heimat schließlich verlassen müssen. In vielen von Überflutung bedrohten Städten wird das Leben immer unerträglicher, wie in Ho-Chi-Minh-Stadt, das bei Flut bis zu zehn Tage im Monat unter Wasser steht. Sandsäcke sind oft wirkungslos, weil das Wasser durch die Abwasserkanäle in die Häuser dringt. In vielen Küstenstädten ist es bereits schwierig, eine Versicherung zu finden – nachdem New Orleans infolge des Hurrikans Katrina überflutet worden war, musste die US-Regierung höchstselbst Versicherungspolicen für die Bewohner unterzeichnen. All dies kostet viel Geld und ist in mancher Augen verlorene Liebesmühe. Küstenstädte in aller Welt werden wahrscheinlich früher oder später aufgegeben und verlegt werden müssen, wenn es zu kostspielig wird, Menschenleben und Infrastruktur zu schützen. Sogar wichtige Hafenstädte, wie New Orleans an den Ufern des mächtigen Mississippi, werden wohl über kurz oder lang unbewohnbar. Die Überreste dieser verlassenen Städte werden in den sich ständig bildenden Sedimentschichten untergehen wie das mythische Atlantis und vielleicht in ferner Zukunft von Tauchern wiederentdeckt.

Doch während manche unserer Städte im Meer versinken, werden sich andere zweifellos zu neuer Größe entwickeln, dank innovativer Wege, die das Leben in den umfangreichsten und dichtesten Gemeinschaften ermöglichen, die unsere Spezies je gekannt hat. Bei der intensiven Veränderung des Planeten sind wir Menschen nicht mehr bloß Agierende, sondern auch Beobachter. Die Menschheit kann göttergleich die von ihr bewirkten Veränderungen durch ihre vielen Kameras betrachten, ja sogar von ihrem neuen ständigen Wohnsitz im All aus, der Internationalen Raumstation (ISS).

Und dennoch war es, trotz all unseren Beobachtungen, unserem technischen Fortschritt und Wissen um das Erstellen von Modellen, nie schwieriger als heute, die Zukunft vorherzusagen. Es drohen vielerlei Gefahren, darunter viele, die wir selbst verursacht haben, aber der Mensch ist einfallsreich, intelligent und unendlich anpassungsfähig. Nie ging es unserer Spezies so gut wie jetzt beim Eintritt in das Anthropozän – immer mehr Menschen leben immer länger und unter angenehmeren Bedingungen. Wir verfügen über die medizinischen und technischen Kenntnisse sowie die logistischen Fähigkeiten, das Leben der Armen, Hungernden und Kranken überall auf der Welt zu verbessern. Und natürlich beschränkt sich diese Kraft nicht allein auf die Menschenwelt; auch auf die Natur könnten wir ähnlich positiv einwirken.

Ich schätze mich sehr glücklich, so viele Orte auf diesem wundervollen lebenden Planeten Erde am Beginn des Anthropozäns besucht und mit eigenen Augen die außerordentliche Vielfalt des Lebens gesehen zu haben, die sich in physikalischen, chemischen und evolutionären Prozessen im Laufe von Jahrmillionen entwickelt hat. In den kommenden Jahrzehnten wird das Leben der Menschen auf der Erde zwangsläufig komplexer werden, wenn wir die Konsequenzen unseres Einwirkens auf den Planeten erkennen und unser Können darauf verwenden, weniger umweltschädliche Ziele zu verfolgen. Wir wissen heute um die Auswirkungen unseres Handelns und sind damit die erste Spezies, die bewusst über die Zukunft dieses Planeten entscheiden kann. Ich hoffe inständig, dass wir uns für eine gemeinsame Zukunft mit allen Lebewesen der Erde entscheiden werden.

EPILOG
DAS MENSCHENGEMACHTE ZEITALTER

London, 10. Oktober 2100.

Kipp geht zum alten Schreibtisch seiner Mutter hinüber, einem Gebilde aus Glas und Stahl, zu Beginn des 21. Jahrhunderts hergestellt von IKEA, einem kultigen Möbelhaus jener Zeit. Über dem Tisch hängt ein Regal, aus dem er ein Buch im klassischen Papierformat zieht: Am achten Tag. Das Buch hat seine Mutter im Jahr seiner Geburt geschrieben. Er beginnt zu lesen.

An den Weinranken, die sein Fenster von außen beschatten, sind die Trauben herangereift, und die alljährliche Hitzewelle ebbt allmählich ab. Kipp denkt zurück an die Stadt seiner Kindertage, die langgestreckten Zeilen niedriger Reihenhäuser, die asphaltierten Straßen voller Autos mit Verbrennungsmotoren – heute muss man schon nach Afghanistan oder Somalia reisen, um noch solche Fahrzeuge zu sehen. London hat ein völlig anderes Gesicht erhalten. Die Straßenverläufe sind mehr oder weniger gleich geblieben – im Grunde sind sie nahezu dieselben wie schon im Mittelalter –, doch die Reihen kleiner Backsteinhäuser sind den neuen großen Mehrzweckblocks aus aktiven Verbundmaterialien gewichen. Und die schwarzen Straßendecken aus Asphalt zwischen den Häusern, die Kipp noch aus seiner Jugend kennt, sind längst verschwunden. Nun füllen Teppiche aus Seggen und Moosen die Zwischenräume, immer wieder unterbrochen durch Rasenflecken, auf denen Capybaras grasen, und angepflanzte Feigen- und Mangobäume, in denen wilde Vögel zwitschern und kreischen. (Viele einheimische Bäume Großbritanniens sind heute selten, weil sie eingeschleppten Krankheiten zum Opfer gefallen sind.) Für Fußgänger und Radfahrer gibt es Wege aus Gummi- oder Betongittern – sie bewähren sich besonders während der monsunartigen Regengüsse, weil sie die plötzlich niedergehenden Fluten aufnehmen und in die darunterliegenden Rückhaltebecken für Regenwasser leiten.

Es hat wochenlang nicht geregnet, aber wie Kipp bemerkt, ist die Straße vor dem Fenster immer noch grün – die Vegetation speichert die Feuchtigkeit gut. Er sieht, wie seine Nachbarn aus dem Wagen einer Kabelbahn, einem Pod, aussteigen und aufs Gebäude zugehen. Auf größeren Straßen und zahlreichen kleineren verkehren elektrische Bahnen mit Solarantrieb; außerdem gibt es regelmäßig fahrende Omnipods („Busse"), die die beliebtesten Routen kostenlos bedienen, sowie eine Anzahl programmierbarer Personenpods, die sich minuten-, stunden- oder tageweise mieten lassen. Zum Angebot gehören offene Ein-Personen-Pods mit einem überziehbaren Regendach, Familienpods für maximal sechs Personen und Lastpods zum Transportieren größerer Ladungen.

Die Pods stehen an Sammelstellen und lassen sich gegen eine kleine Gebühr zum gewünschten Standort beordern. Einige Firmen besitzen eigene Pods, zum Beispiel Bauunternehmen, die ihre Arbeiter damit befördern. Auch Fahrräder kann man kostenlos ausleihen; für längere Touren nehmen die meisten Leute allerdings gegen eine kleine Gebühr ein E-Bike. Der Mitte des Jahrhunderts aufgekommene Trend zur Teleheimarbeit ist wieder abgeflaut. Nun bevorzugen die meisten Arbeitnehmer die Gemeinschaft lokaler Zentren – sie leisten Telearbeit, haben aber Zugang zum neuesten interaktiven Erfahrungsaustausch und anderen Technologien. Es gibt spezialisierte Zentren, etwa für Verwaltung, Public Relations oder Übersetzungen, aber die meisten Arbeitnehmer nutzen gemischte Zentren, die in fußläufiger Entfernung liegen.

Beim Durchblättern des Buches wird Kipp klar, welch bedeutendes Thema das Energieproblem zu Beginn des Anthropozäns war, und er begreift, wie abhängig die Menschen von fossilen Brennstoffen waren. Ihm fällt wieder ein, dass sich seine Eltern damals oft Sorgen um Gasrechnungen und Benzinpreise gemacht haben; wie sehr die Suche nach Energiequellen nahezu jeden Aspekt des Lebens am Anfang des 21. Jahrhunderts prägte, hatte er jedoch nie ganz erfasst. Als die fossilen Brennstoffe aufgrund von Verknappung und Besteuerung immer teurer wurden, wuchsen die inneren Unruhen in Ländern, wo die Bevölkerungsmehrheit kaum Zugang zu Energie hatte.

Dennoch lieferten schon Ende der 2020er-Jahre Solarkraftanlagen in den Wüsten der Welt rund ein Drittel der globalen Elektrizität; ein weiteres Drittel kam von Kernfusionsanlagen (die mit Thorium oder Uran arbeiteten). Chile, das letztlich beschloss, Patagoniens Wasserkraftpotenzial nicht auszubeuten, vertraute als Erstes auf die verlässliche Kraft der Sonne. In Laos hingegen wurden mehrere Wasserkraftwerke im Mekong gebaut, die Thailand, China und Nordvietnam mit billigem Strom versorgten, aber Millionen Menschen in Laos, Kambodscha und Südvietnam tiefer in die Armut stürzten, weil diese ihre gesamten Kaffee-, Reis- und anderen landwirtschaftlichen Erzeugnisse durch Versalzung, Bodenerosion und Sturmschäden verloren. Die Auswirkungen der Wasserkraftwerke auf die Flussniederungen führten dazu, dass die Fischereiwirtschaft praktisch unterging (der gigantische Mekong-Riesenwels starb aus, obwohl man noch versuchte, einige Exemplare in Aquarien zu halten), und drei Millionen Menschen siedelten von der unteren Mekong-Region nach China, Thailand und in noch weiter entfernte Gegenden um. Das alles war jedoch nichts gegen den tödlichen Aufruhr, den Chinas Entscheidung auslöste, den Brahmaputra aufzustauen. Die meisten Staudämme wurden später wieder entfernt, weil die Flussströmung nach dem endgültigen Abschmelzen der Gletscher so stark zurückgegangen war, dass die Dämme ineffizient wurden und permanente Instandhaltung benötigten.

Nach erfolgreichen Experimenten der 2030er-Jahre am ITER in Frankreich wurde 2050 in Deutschland die erste voll funktionsfähige Kernfusionsanlage eingeweiht. Im Jahr 2065 gab es weltweit bereits 30 Stück, die ein Drittel des globalen Stroms lieferten. Mittlerweile produziert man mit Kernfusion über die Hälfte des Weltenergiebedarfs; Solarenergie macht ungefähr 40 Prozent aus, und der Rest stammt aus Wasser- und Windkraft sowie Biomasse. Der Strom wird über Hochspannungsleitungen mit Hochtemperatursupraleitern über ganze Kontinente hinweg transportiert und auf verschiedene Arten am Ursprungsort gespeichert – beispielsweise in Latentwärmespeichern, Speicherbecken, Wasserstofftanks und effizienten chemischen Batterien.

Das Vorhandensein billiger Energie im Überfluss löste die radikalste gesellschaftliche, technische und ökologische Umwälzung des Jahrhunderts aus. Der Verkehr wurde fast vollständig elektrifiziert, weil dies die kostengünstigste und praktischste Lösung war. Elektroautos erlebten einen Boom von den USA bis China. Bolivien und in geringerem Maße auch Chile und Peru wurden reich, weil sie Lithium für die Akkus von Elektroautos exportierten. In Europa folgten viele dem Londoner Modell und verbannten Privatautos aus den Großstädten. Zugleich wurden Flugzeuge und einige industrielle Prozesse auf den Betrieb mit Wasserstoff umgestellt. In den Großstädten ging die Luftverschmutzung zurück, und die Straßen entwickelten sich zunehmend zu Marktplätzen und Partymeilen. Kraft-Wärme-Kopplung lieferte die Energie für immer mehr Wohn- und Industrieblocks, unterstützt durch Erdreich-Wärmepumpen. Fast auf der ganzen Welt hatte man nun Zugang zu Elektrizität; das befreite Millionen Menschen von der Armut und ließ sie Anteil haben an globalen Online-Ressourcen und der Weltgemeinschaft, an Gesundheitsfürsorge und Verkehrswesen.

Natürlich profitierten diejenigen Städte, die schon früh auf elektrotechnische Entwicklung und Anwendung gesetzt hatten, in industrieller Hinsicht am stärksten – ebenso wie die Nationen, obwohl die Städte schon ab Mitte des Jahrhunderts die Länder an Bedeutung übertrafen. So dominiert Dänemark den Markt für Transitpods, während Großbritannien bei Gezeitenkraftwerken die Nase vorn hat. Ein Viertel seines Energiebedarfs deckt das Land mit Lagunen-Gezeitenkraftwerken, die die Küsten säumen.

Wenn man an die Kriege und Stromausfälle zurückdenkt, die im Verlauf eines besonders üblen Jahrzehnts selbst Großstädte wie London regelmäßig heimsuchten, ist kaum zu glauben, dass die Energieerzeugung jetzt nicht mehr das größte Problem der Menschheit ist. Dafür herrscht nun akuter Süßwassermangel. Wie Kipp bemerkt, finden sich erste Anzeichen davon schon im Buch, aber niemand hätte den nun allumfassenden Einfluss der Wasserknappheit voraussehen können. Zum Beispiel Reis – Kipp erinnert sich, dass er als Kind genauso oft Reis wie Nudeln gegessen hat, aber als er über 20 war, begann Reis teurer zu werden. Nun ist er nur noch auf dem Schwarzmarkt oder zu horrenden Preisen als Beilage in edlen Restaurants zu bekommen. Selbst Nudeln und Brot sind teurer geworden.

Derzeit wird sehr viel Energie für die Entsalzung von Meerwasser und seinen Transport ins Landesinnere aufgewendet. Doch das reicht nicht aus. Viele Länder haben den Bau von Speichervorrichtungen für Wasser zu lange hinausgezögert, und durch den Anstieg des Meeresspiegels wur-

den weltweit viele wichtige wasserführende Schichten verunreinigt. Als Kipp von den Gletschern, jenen uralten natürlichen Wasserspeichern, liest, geht ihm auf, dass er diese nur aus Filmen kennt. Die einzigen verbliebenen natürlichen Gletscher der Erde befinden sich in Grönland und der Antarktis. Einige Kollegen von ihm haben zwar schon einmal die florierenden grönländischen Großstädte besucht, aber Kipp ist noch nie dort gewesen – nicht einmal auf Geschäftsreise.

Außerhalb der Polargebiete gibt es künstliche Gletscher, wie sie schon der im Buch erwähnte Chewang Norphel angelegt hatte. Heutzutage brauchen diese saisonalen Gletscher – die jedes Jahr in großer Zahl an strategisch günstigen Orten in tropischen Gebirgen erzeugt werden, um Flüsse und Ackerland zu bewässern – trotzdem zusätzliche Hilfe. Zuerst müssen die Ingenieure die Gegend mit zielgerichtetem Solar Radiation Management abkühlen. Das geschieht normalerweise, indem sie reflektierende Partikel in die Stratosphäre oberhalb der Region sprühen; an einigen Stellen hat man jedoch auch Schatten spendende Satelliten platziert. Dann versucht man, mithilfe von Wolkenimpfung Regen zu provozieren, obwohl dies nach wie vor nur zu 60 Prozent effektiv ist. Die erzeugten Gletscher sind zu kostbar, um darauf Ski zu fahren, und im Himalaja verschwinden die meisten bis Februar wieder (in den Anden bis August). Die künstlichen Gletscher sind lebenswichtig, aber dennoch nur ein kleiner Tropfen auf den heißen Planeten. Auf allen Kontinenten sind riesige Kanalnetze im Bau, um entsalztes Wasser von den Küsten durch Rohre ins Binnenland zu leiten, und die Erstellung von Reservoirs ist weiter in vollem Gange.

Derweil führt die Wasserknappheit immer häufiger zu regionalen Unruhen und hat in den letzten Jahrzehnten bereits mehrere Konflikte befeuert, wie den noch andauernden Guerillakrieg zwischen Mexiko und den USA, den Bürgerkrieg von 2040–2045 in China, die Sinai-Revolution und die kriegerischen Auseinandersetzungen mit indischen Separatisten. Zudem kam es infolge der privaten Wasserspeicherung in Kombination mit den heißeren Wetterbedingungen zu mehreren von Insekten verursachten Epidemien, unter anderem durch tödliche neue Erregerstämme der Malaria und des Dengue-Fiebers, die Epidemien bis weit in den Norden, bis Südfrankreich, auslösten. Durch das Auftauen des Permafrostbodens freigesetzte Viren erwiesen sich als ebenso tödlich für Menschen, Tiere und Nutzpflanzen wie in der Zeit vor ihrem Einfrieren. Einige von ihnen, wie die Erreger von Pocken und Kinderlähmung, waren bereits er-

folgreich ausgerottet worden, nur um jetzt in einer ungeimpften Bevölkerung wieder aktiviert zu werden.

Kipp überschlägt einige Passagen im Buch und bleibt bei einem Abschnitt über die Malediven hängen. Er lehnt sich in seinem Stuhl zurück und schließt die Augen. Die Weinblätter filtern den Sonnenschein zu einem warmen Bernsteinschimmer, der ihn einhüllt und auf eine Reise schickt, zurück durch die Jahre bis in seine Kindheit, wo er sich an einem Strand stehen sieht, die Hand seiner Mutter fest umklammernd, während die Wellen ihre nackten Füße umspielen. Es war 2020, das Jahr, in dem er sieben wurde; sie befanden sich auf den Malediven und wollten gerade schnorcheln gehen. Es war ein Hinabtauchen in eine andere Welt – als habe er wie Alice hinter den Spiegel geschaut. Fische in leuchtenden Farben huschten über einem üppigen Mosaik aus Korallen hin und her. Unter wehenden Seeanemonen und Gorgonien versteckten sich Krabben, flinke Seepferdchen und winzige glitzernde Fische, während Rochen gelassen darüber hinglitten. Der schimmernde Teppich zog unter Kipp vorüber, als er plötzlich einen Blick auf einen Walhai erhaschte. Der Riese aus der Tiefe wanderte auf der Suche nach Plankton umher.

Kipp verbrachte einige magische Tage in dieser Wasser-Wunderwelt, erkundete und genoss ihre außergewöhnliche Vielfalt. Es war das letzte Mal, dass er eine solche Pracht zu Gesicht bekommen sollte – inzwischen sind alle Korallenriffe verschwunden und mit ihnen zahlreiche der schwimmenden Meeresjuwelen, die nur noch in seiner Erinnerung funkeln. Wo man früher schnorcheln und fischen konnte, werden heute Algen gezüchtet und angebaut, denn sie lieben das warme, kohlenstoffreiche Wasser. Forscher haben einige Abschnitte von Korallenriffen – zum Beispiel in Queensland, Australien – als lebende Museen gezüchtet und gehegt. Diese Bereiche benötigen ausfahrbare Sonnensegel und riesige Ventilatoren sowie regelmäßige Kalkdüngungen, um dem hohen Säuregehalt des Wassers entgegenzuwirken. Dennoch sind sie nur ein armseliger Ersatz für die Naturwunder, die Kipp auf seiner Reise auf die Malediven erleben durfte – ein Land, das es nicht mehr gibt, wie ihm mit plötzlichem Erschrecken bewusst wird.

Er steht auf und denkt über all das nach, was verloren gegangen ist. „Das war ein brutales Jahrhundert", sagt er zu sich selbst, als er in die Küche hinübergeht. Dem Anstieg des Meeresspiegels und den Stürmen, die die Malediven verschlungen haben, sind auch weite Teile anderer stark besiedelter Buchten und Küsten zum Opfer gefallen. Hunderttausende Bewohner von Bangladesch, Indien und Myanmar kamen 2069 bei der Großen Flut von Bengalen ums Leben, die auch die Sundarbans, das letzte Habitat wild lebender Tiger, hinwegraffte.

Auf der ganzen Welt setzte ein Exodus von den Küsten ins Landesinnere ein, als Großstädte von Mumbai bis New Orleans unbewohnbar wurden. Einige, zum Beispiel Miami, wurden im Binnenland wiederaufgebaut – obwohl New Miami, nun weitab vom Strand gelegen, mit seinem Namensvetter nichts mehr gemein hat. Andere Städte hingegen, wie Khulna in Bangladesch, wurden einfach aufgegeben. Die früheren Bewohner sind nun ein Teil der großen Bangladesch-Diaspora. Westlich von Woolwich überstand London dank der Thames Barrier die letzten verheerenden Überflutungen. Dennoch schrammte die Metropole nur haarscharf an der Katastrophe vorbei, und die im Mündungsgebiet gelegenen Städte erlitten Schäden in Millionenhöhe. Der Flughafen bei Southend wurde von den Fluten fortgeschwemmt. Bemerkenswerterweise waren dank der Frühwarnsysteme keine Todesopfer zu beklagen, doch mehrere Hunderttausend Menschen leben nun in Behelfsunterkünften in den Downs. Zurzeit läuft ein Programm zur Verstärkung der Thames Barrier.

Kipp öffnet sein vollautomatisches elektrisches Kochgerät, schlägt zwei Eier in eine Kapsel, befüllt weitere Kapseln mit einem Arthrofleisch-Würstchen (aus Insektenprotein), mehreren Scheiben Analogschinken (aus labortechnisch hergestelltem Schweinefleisch) sowie etwas Knoblauch-Maniok-Mus und startet das gewünschte Programm. Aus seiner Gemüsebox nimmt er ein paar Tomaten, knusprigen Seetang, Meerfenchel und Grünkohl und bereitet einen Salat zu. Nur der Grünkohl ist ein regionales Erzeugnis – er stammt aus einer der Gartenstraßen in der Nachbarschaft. Meerfenchel und Seetang wurden irgendwo in Europa angebaut, während man die Tomaten – wie die meisten importierten Obst- und Gemüsesorten – in einer der vielen riesigen Sundrops-Hydrokulturen gezogen hat, die die nordafrikanischen Wüsten bedecken. Wie Kipp feststellt, wurden die Ersten davon bereits in diesem Buch erwähnt. Damals handelte es sich noch um eine frühe australische Version der Treibhäuser aus Wabenpappe; die Bewässerung erfolgte durch Meerwasser, das mithilfe von Solarenergie entsalzt wurde.

In den letzten Jahrzehnten wurde das Konzept erweitert und immer noch effizienter, sodass nun weltweit über die Hälfte der Nutzpflanzen auf diese Weise in Wüsten produziert wird. Die heißen Außentemperaturen werden durch die Ventilatoren gemildert, der erhöhte Kohlendioxidgehalt in der Luft lässt die Pflanzen schneller wachsen und das Bewässerungssystem ist äußerst effizient und wetterunabhängig. Dank der Hydrokultur lassen sich Treibhäuser mit mehreren Stockwerken errichten, sodass man mit relativ wenig Grundfläche auskommt, um Nutzpflanzen auf mehreren Ebenen anzubauen. Außerdem kann man die Düngergaben genau bemessen und Überschüsse werden ausnahmslos recycelt. Sundrop-Anlagen haben zahlreiche landwirtschaftliche Flächen in China, Australien, Indien, den USA und weiten Teilen Afrikas ersetzt. Da man den gesamten Ablauf von Aussaat, Wachstum und Ernte automatisiert hat, braucht man kaum Arbeitskräfte. Bei der flächendeckenden Einführung der Anlagen in den 2030er-Jahren gab es daher Proteste, insbesondere in Indien, wo sich die Inbetriebnahme um fast ein Jahrzehnt verzögerte. Doch da die meisten Menschen in Großstädten leben und sich die Sundrops-Anlagen in unbewohnbarem Ödland befinden (oft auf vormals fruchtbarem Land, das sich in Wüste verwandelt hat), hat man sie rasch als die beste Alternative akzeptiert, um Menschen zu ernähren, ohne noch mehr unberührte Natur für intensive Landwirtschaft zerstören zu müssen.

Kipp öffnet eine Flasche Sorghumhirsebier und schenkt sich ein Glas davon ein. Als er den ersten Schluck nehmen will, meldet sein Kochgerät mit einem Klingeln: Das Essen ist fertig! Kipp ignoriert es und nimmt einen langen, tiefen Zug. Kling! Kling! Mit einem ärgerlichen Brummen steht er auf und holt seine perfekt zubereitete Mahlzeit aus dem Automaten, der sich daraufhin selbst reinigt. Beim Essen blättert Kipp mit der Routine eines Menschen, der es gewohnt ist, seine Mahlzeiten allein einzunehmen, weiter in dem Buch. Dort geht es um Tiere, die früher den Planeten bevölkert haben und in der Wildnis nun ausgestorben sind: Gorillas und Elefanten, die das gleiche Schicksal ereilt hat wie Korallenriffe und Tiger. Er staunt, wie viele Nutztiere es damals gegeben hat. Mittlerweile liefern Insekten den größten Teil der tierischen Eiweiße; anderes Fleisch wird synthetisch in großen Zellkulturen erzeugt, und Fisch gibt es nur noch aus Fischfarmen.

Ein hartnäckiges Piepen reißt ihn aus seinen Träumen – ein unbemanntes Luftfahrzeug, eine Drohne, hat eine Lieferung für ihn an Bord und versucht, Zugang zum Portal zu finden. Nach mehreren vergeblichen Anläufen fliegt es wieder davon. Nach einem kürzlichen Hackerangriff ist der Portalcode geändert worden und die Lieferfirma hat offensichtlich noch den alten. Kipp seufzt; er wartet auf ein paar neue Algenshirts (die früher gebräuchliche Baumwolle ist sehr teuer geworden) und hat seine ausgefransten alten schon in den Biofermenter geworfen.

Kipp ist inzwischen 87 Jahre alt, doch sein Geist ist wach und sein Körper rüstig (dank künstlichen Gelenken, aus Stammzellen hergestellten Ersatzknorpeln, Augen- und Ohrenteilen und der alle zehn Jahre vorgenommenen Arterienreinigung). Vermutlich führt er ein Leben, wie es im Jahr seiner Geburt für einen 60-Jährigen typisch war: Er arbeitet noch zwei Tage in der Woche, spielt Tennis mit virtuellen und realen Gegnern und verabredet sich regelmäßig mit seinen virtuellen und realen Freunden sowie mit seiner Familie. Als er geboren wurde, lebten auf der Erde nur sieben Milliarden Menschen; nun sind es zehn Milliarden – weniger, als viele prophezeit hatten. Tatsächlich versuchen verschiedene Stadtstaaten bereits, Frauen zum Schwangerwerden zu bewegen und minderjährige Immigranten anzuwerben – Familien mit zwei oder mehr Kindern erhalten spezielle Vergünstigungen, weil die Regierungen befürchten, dass die Bevölkerung überaltert, somit weniger Arbeitsstunden leistet und die Kaufkraft nachlässt. Bisher waren die Maßnahmen aber nicht allzu erfolgreich, und überall gehen die Bevölkerungszahlen zurück. Die globale Fertilitätsrate beträgt nur 0,7 Geburten pro Frau, und Experten warnen, dass die Menschheit Gefahr läuft, innerhalb des kommenden Jahrhunderts auszusterben.

Die Lektüre des Buches führt Kipp erneut vor Augen, wie stark sich die Erde im Verlauf seines Lebens verändert hat. Die Vorhersagen zum Anthropozän haben sich in vielen Fällen bewahrheitet: Die Welt hat sich um mehrere Grad erwärmt und ist abhängig von Kühltechnik, damit sie in großen Teilen bewohnbar bleibt, der Meeresspiegel und der Säuregehalt der Ozeane sind angestiegen, überall können extreme und dramatische Wetterverhältnisse auftreten, die Küstenlinien haben sich verändert und Landkarten mussten neu gezeichnet werden. Seit dem Erscheinen des Buches sind mehrere Arten in der Natur (oder ganz und gar) ausgestorben. Viele Orte sind nicht mehr wiederzuerkennen – Wüsten bedecken riesige Landstriche, während die Flickenteppiche landwirtschaftlicher Flächen, die Kipp als Kind vom Flugzeug aus sehen konnte, kleiner geworden sind. Die großen tropischen Regenwälder der Erde sind beträchtlich geschrumpft. In der Stratosphäre wirkende Kühltechniken und Wolkenimpfung sollen zum Schutz der Bereiche beitragen, die bisher noch von Dürre und Waldbränden verschont geblieben sind. Dagegen haben kürzlich gewachsene ausgedehnte Wälder der Landschaft im hohen Norden ein völlig anderes Gesicht verliehen: Sie begrünen den nördlichen Polarkreis und schaffen neue Lebensräume für umgesiedelte Tropenwaldarten.

Was kommt noch auf uns zu, fragt sich Kipp. Wie wird sich das Anthropozän im 22. Jahrhundert weiterentwickeln? Auf jedem Kontinent wurden künstliche Bäume installiert, um Kohlendioxid aus der Atmosphäre aufzunehmen, und die jungen arktischen Wälder und ozeanischen Algengärten helfen dabei. Doch angesichts der Tatsache, dass so umfangreiche Tropenwaldgebiete nicht mehr existieren und man die Nutzung fossiler Brennstoffe im vergangenen Jahrhundert zu langsam zurückgefahren hat, ist dies ein Kampf gegen Windmühlenflügel. Die Temperaturen steigen weiter und es besteht die große Befürchtung, dass das im arktischen Meeresgrund eingeschlossene Methan entweichen könnte und die letzten Eisdecken in Grönland und der Antarktis auch noch schmelzen.

Dennoch – oder vielleicht sogar gerade deshalb – ist die Welt zu einem freundlicheren Ort geworden, resümiert Kipp. Die furchtbaren Kriege, die Hungersnöte, Terrorismus, Extremismus und Hass, der Tod von Hunderttausenden Migranten, die auf der Flucht ums Leben gekommen sind, die humanitären Krisen … all dies scheint nun überwunden zu sein. Die beiden letzten Jahrzehnte waren eine wundervolle Zeit noch nie da gewesenen weltweiten Friedens. Für Milliarden Menschen ist ein Leben in Armut nun Vergangenheit – Hunger und Elend wie noch vor 50 Jahren gibt es nicht mehr. Die aus Klimaflucht, Urbanisierung und Online-Netzwerken entstandene große globale Vermischung der Menschen hat eine neue, sozial mobile, egalitäre Gesellschaft entstehen lassen. Die Riesenstädte der Welt zwingen die Menschen dazu, in engen, aber vielfältigen Gemeinschaften zusammenzuleben. Es hat sich – ähnlich wie in Kriegszeiten – ein Geist der Solidarität und Kooperation entwickelt, weil sich alle gegen die äußeren Bedrohungen durch Ressourcenbeschränkungen, Klimakatastrophe und Krankheiten verbrüdert haben. Jedes Jahr scheint es wieder ein bedeutendes internationales Abkommen zu geben, das globale Probleme von Emissionen bis zu Überfischung in Angriff nimmt, weil sich die Regierungen gegenseitig zu umfassenderem und schnellerem Handeln anstacheln. Vielleicht ist die Menschheit endlich erwachsen geworden, denkt Kipp.

Vor seinem Fenster spielen Kinder auf der grünen Straße. Kipp blättert um und beginnt den Epilog zu lesen.

DANK

Dieses Buch – diese Reise – wäre nie möglich gewesen ohne die Hilfe, Geduld und unzähligen Gefälligkeiten, die mir so viele Menschen auf der ganzen Welt erwiesen haben. Nur ein winziger Teil von ihnen wird im Buch namentlich erwähnt, doch ich möchte auch allen anderen, die mich unterstützt haben, sagen, dass ich ihnen unendlich dankbar bin. Zu diesen inspirierenden Menschen gehören Ambica Shrestha vom Dwarika's Hotel in Kathmandu, Bahadur Khadka vom Jungle Cottage im Bardia-Nationalpark, Rabi Karmacharya vom Open Learning Exchange Nepal, Jora M vom Hotel Shahi Palace in Jaisalmer, die Forscher von TERI, ICIMOD, ICRISAT und vom Bangladesh Centre for Agricultural Studies, Mrs. Kumari, die mich in ihrem Heim bei Varkala, Indien, so fürstlich bewirtet hat, C. B. Ramkumar und Lallita Ramkumar von Our Native Village bei Bangalore, Indien, der Wasserexperte Tushaar Shah in Anand, Sachin Oza vom Development Support Centre in Anand, Rajesh Shah vom Vikas Centre in Ahmedabad, Paul Roberts, der mir auf den Malediven behilflich war, Khidir Box in Westbengalen, Blake Ratner in Kambodscha, Dan Cashdan von der Climate Community, Amare G-Egziabher vom UNHCR in Addis Abeba, Milkyas Debebe vom Gaia Project in Äthiopien, Aliza le Roux, Peter Okoth vom Tropical Soil Biology and Fertility Institute in Nairobi, Yves Rwbutso in Ruanda, Alissa und Josh Ruxin vom Heaven Restaurant & Inn in Kigali, Samantha Ludick in Malawi, Tommy Collard in Swakopmund, Steve Phillips in Lismore, Jamie Buchanan-Dunlop von Digital Explorer, Hugo Streeter Cortez in Falda Verde, Effrain Peducasse Castro in Sucre, Vicky Ossio von La Senda Verde in Yolosa, Francis Chauvel vom Gasthaus Miraflores in Lima, Carmen Felipe-Morales und Ulises Moreno in Pachacamac, Beth King vom Smithsonian Tropical Research Institute in Panama, Sandro Alviani und Encar Garcia vom Jaguar Rescue Centre in Playa Chiquita, Alvaro Molino in Ometepe, Tessa de Goede in Antigua, Mike Shanahan vom IIED und Jan Zalasiewicz.

Eine Reise wie diese durchzuführen, ist teuer und schwierig, und ich danke von Herzen den Redakteuren, die mir das als meine Arbeitgeber ermöglicht haben, insbesondere Caroline Williams, vormals beim *New Scientist*, Michelle Martin von der BBC, John Travis von der Zeitschrift *Science*, Don Hoyt Gorman, vormals von der Zeitschrift *Seed*, John Pickrell von *Australian Geographic*, Jon Fildes von BBC Future sowie meiner wunderbaren Lektorin bei Chatto & Windus, Becky Hardie. Sie hat an dieses Buch von Beginn an geglaubt, mir beim Schreiben mit Geschick und Geduld zur Seite gestanden und sehr viel zur besseren Lesbarkeit des Textes beigetragen. Und ich danke meinem Redakteur David Milner, der mich vor einigen peinlichen Fehlern bewahrt hat.

Nichts von alledem hätte sich verwirklichen lassen ohne die Unterstützung, Ermutigung und Liebe meiner Freunde und Familie, vor allem von Emma Young und Jo Marchant, die mein Gejammere einfühlsam und sehr stoisch ertrugen und dafür sorgten, dass ich auch mal vor die Türe kam. Meine schmerzlich vermissten Großeltern Teresa und Stephen Vince waren mein verlässlicher Rettungsanker in Sydney. Meine Eltern Georgina und Ivan Vince haben mich und dieses Projekt trotz meiner regelmäßigen Ausflüge an gefährliche Orte von Anfang an unbeirrt unterstützt und standen mir während der Schreibphase als wertvolle Babysitter zur Seite. Mein Bruder David Vince gewährte mir wochenlang Unterschlupf in seiner Wohnung. Und dann war da noch mein wundervoller Sohn Kipp, dessen Geburt die Fertigstellung des Buches auf die schönste Weise verzögerte. Mein allergrößter Dank jedoch gilt meinem Lebenspartner Nick, der mich auf meinen Reisen von eisigen Gipfeln bis zu den Dünen der Wüste, vom Dschungel bis zum Ozean begleitete, mein Gefährte bei höchst unkomfortablen 28-stündigen Busreisen war, viel zu viele Duschen aus Eimern voll kaltem Wasser über sich ergehen lassen musste, mich bei Verhandlungen mit furchterregenden bewaffneten Männern unterstützte, meinen Rucksack trug, wenn mich die Kräfte verließen, und alle Fotos geschossen hat: Danke.

ANMERKUNGEN

Einleitung

1 Höning, D. et al. (2013), „Biotic vs. abiotic Earth: A model for mantle hydration and continental coverage“, Planetary and Space Science, Zugriff: 25. Oktober 2013, ISSN 0032–0633, http://dx.doi.org/10.1016/j. pss.2013.10.004.

2 Raup, D. M. & Sepkoski, J. J. (1984), „Periodicity of extinctions in the geologic past“, PNAS 81, 801–805.

3 Mora, C. et al. (2011), „How Many Species Are There on Earth and in the Ocean?“, Public Library of Science Biology 9(8), e1001127. doi:10.1371/journal.pbio.1001127.

4 Great Acceleration: IGBP, www.igbp.net/globalchange/greatacceleration.4.1b8ae20512db692f2a680001630.html.

5 Zalasiewicz, J. et al. (2011), „The Anthropocene: a new epoch of geological time?“, Philosophical Transactions of the Royal Society A 369, 833–834.

6 Gurney, K. R. et al. (2012), „Quantification of Fossil Fuel CO2 Emissions on the Building/Street Scale for a Large US City“, Environmental Science & Technology 46, 12194–12202.

7 Crutzen, P. J. (2002), „Geology of mankind“, Nature 415(6867), 23. doi:10.1038/415023a.

8 Subcommission on Quaternary Stratigraphy, ICS Working Groups, http://quaternary.stratigraphy.org/workinggroups/anthropocene/.

9 TS.2.1.1, „Changes in Atmospheric Carbon Dioxide, Methane and Nitrous Oxide – AR4 WGI Technical Summary“, www.ipcc.ch/publications_and_data/ar4/wg1/en/tssts-2-1-1.html.

10 Rockström, J. et al. (2009), „A safe operating space for humanity“, Nature 461(7263), 472–475. doi:10.1038/461472a. Für weiterführende Lektüre siehe Lynas, M. (2011), The God Species, New York: Fourth Estate.

11 AR4 SYR, „Synthesis Report Summary for Policymakers 5 – The long-term perspective“, www.ipcc.ch/publications_and_data/ar4/syr/en/spms5.html; Vuuren, D. P. et al., (2011) „The representative concentration pathways: an overview“, Climatic Change 109, 5–31.

12 UN Department of Economic and Social Affairs (2013), „World Population

Prospects: The 2012 Revision“, http://esa.un.org/unpd/wpp/ Documentation/pdf/WPP2012_HIGHLIGHTS.pdf.

13 La Rue, F. (2011), „United Nations Human Rights Council Report of the Special Rapporteur on the promotion and protection of the right to freedom of opinion and expression“, http://www2.ohchr.org/english/bodies/hrcouncil/docs/17session/A.HRC.17.27_en.pdf.

Kapitel 1

1 Srivastava, L. (2005), „Mobile phones and the evolution of social behaviour“, Behaviour & Information Technology 24(2), 111–129. doi:10.1080 /01449290512331321910.

2 „OKR: Poor People Using Mobile Financial Services: Observations on Customer Usage and Impact from M-PESA“, https://openknowledge.worldbank.org/handle/10986/9492.

3 Ray Kurzweil (2012), How to Create a Mind: The Secret of Human Thought Revealed (deutsch: Das Geheimnis des menschlichen Denkens: Einblicke in das reverse Engineering des Gehirns, Lola Books, 2014).

4 Gibson, C. C. & Long, J. D. (2009) „The presidential and parliamentary elections in Kenya, December 2007“, Electoral Studies 28, 497–502.

5 „Cisco Visual Networking Index: Global Mobile Data Traffic Forecast Update, 2012–2017“, http://boletines.prisadigital.com/Cisco_Visual_Networking.pdf.

6 „UN Millennium Development Goals Report“ (2012), www.un.org/millenniumgoals/pdf/MDG%20Report%202012.pdf.

7 Myllyvirta, L. (2013), „Silent Killers: Why Europe must replace coal power with green energy“, Greenpeace, www.greenpeace.org/slovenia/Global/international/publications/climate/2013/Silent- Killers.pdf.

8 World Bank study (2007), „Cost of pollution in China“, http://siteresources.worldbank.org/INTEAPREGTOPENVIRONMENT/Resources/China_Cost_of_Pollution.pdf; Kahn, J. & Yardley, J. (2007), „As China Roars, Pollution Reaches Deadly Extremes“, New York Times, www.nytimes.com/2007/08/26/world/asia/26china.html; McGregor, R. (2007), „750,000 a year killed by Chinese pollution“, Financial Times, http://www.ft.com/cms/s/0/8f40e248-28c7-11dc-af78-000b5df10621.html#axzz41TDPoMmU.

9 Bates, T. S. et al. (2013), „Measurements of atmospheric aerosol vertical distributions above Svalbard, Norway, using unmanned aerial systems (UAS)“, Atmospheric Measurement Techniques 6, 2115–2120.

10 Haag, A. L. (2007), „The even darker side of brown clouds“, Nature Reports Climate Change, 52–53. doi:10.1038/climate.2007.41.

11 ICIMOD (2010), „Atmospheric Brown Cloud: Regional monitoring and assessment", http://geoportal.icimod.org/MENRISFactSheets/ Sheets/13icimod-atmospheric_brown_cloud_regional_monitoring_ and_assessment.pdf.
12 Auffhammer, M., Ramanathan, V. & Vincent, J. R. (2011), „Climate change, the monsoon, and rice yield in India", Climatic Change 111, 411–424.
13 Bond, T. C. et al. (2013), „Bounding the role of black carbon in the climate system: A scientific assessment", Journal of Geophysical Research: Atmospheres 118(11), 5380–5552. doi:10.1002/ jgrd.50171.

Kapitel 2

1 Chen, I.-C. et al. (2011), „Rapid Range Shifts of Species Associated with High Levels of Climate Warming", Science 333(6045), 1024–1026. doi:10.1126/science.1206432.
2 Pauli, H. et al. (2012), „Recent Plant Diversity Changes on Europe's Mountain Summits", Science 336(6079), 353–355. doi:10.1126/science.1219033.
3 Dyurgerov, M. & Meier, M. F. (2004), „Glaciers and the changing earth system: a 2004 snapshot", https://instaar.colorado.edu/uploads/occasional-papers/OP58_dyurgerov_meier.pdf.
4 Radić, V. & Hock, R. (2011), „Regionally differentiated contribution of mountain glaciers and ice caps to future sea-level rise", Nature Geoscience 4(2), 91–94. doi:10.1038/ngeo1052.
5 Campra, P. et al. (2008), „Surface temperature cooling trends and negative radiative forcing due to land use change toward greenhouse farming in southeastern Spain", Journal of Geophysical Research 113(D18). doi:10.1029/ 2008JD009912.
6 Dutton, E. G. & Christy, J. R. (1992), „Solar radiative forcing at selected locations and evidence for global lower tropospheric cooling following the eruptions of El Chichón and Pinatubo", Geophysical Research Letters 19(23), 2313–2316.

Kapitel 3

1 Bedrohung der Feuchtgebiete: WWF, „Rivers at Risk"-Report (2004), wwf.panda.org/about_our_earth/about_freshwater/intro/threats/index.cfm.
2 Syvitski, J. P. M. et al. (2009), „Sinking deltas due to human activities", Nature Geoscience 2(10), 681–686. doi:10.1038/ngeo629.
3 „Harrabin's Notes: Safe Assumptions", BBC (2012), www.bbc.co.uk/news/science-environment-18020432; Vereinte Nationen, „800 Million People with-

out Drinking Water“, Global Research, www.globalresearch.ca/un-800-million-people-without-drinking-water/23843.

4 Darwall, W., „Freshwater Key Biodiversity Areas: work in progress“, IUCN Species Programme, www.unesco.org/mab/doc/iyb/scConf/Darwall.pdf.

5 Duckworth, J. W. (1997), „Small carnivores in Laos: a status review with notes on ecology, behaviour and conservation“, Small Carnivore Conservation 16, 1–21.

6 Dung, V. V. et al. (1993), „A new species of living bovid from Vietnam“, Nature 363(6428), 443–445. doi:10.1038/363443a0.

7 Barlow, C. et al. (2008), „How much of the Mekong fish catch is at risk from mainstream dam?“, Catch and Culture 14.

8 Pearce, F. (2007), When the Rivers Run Dry, deutsch: (2007), Wenn die Flüsse versiegen, München: Kunstmann.

9 Bonheur, N. & Lane, B. D. (2002), „Natural resources management for human security in Cambodia's Tonle Sap Biosphere Reserve“, Environmental Science & Policy 5, 33–41.

10 „Vietnam's rice bowl threatened by rising seas“, The Guardian (2011), unter www.theguardian.com/environment/2011/aug/21/vietnam-rice-bowl-threatened-rising-seas.

11 „Water Services Industry to Double Revenues by 2020 in Efforts to Tackle Scarcity, Says New BofA Merrill Lynch Global Research Report“, Bank of America Newsroom, http://newsroom.bankofamerica.com/press-release/economic-and-industry-outlooks/ water-services-industry-double-revenues-2020-efforts-ta.

12 „Water footprint and virtual water“, www.waterfootprint.org/?page=files/home; Hoekstra, A. Y. (2013), The Water Footprint of Modern Consumer Society.

13 „Act now to avert a global water crisis“, New Scientist (24. Mai 2013), www.newscientist.com/article/dn23597-act-now-to-avert-a-global-water-crisis.html#.

Kapitel 4

1 „Issues Brief on Desertification, Land Degradation and Drought“, unter Führung der UNCCD (Wüstenkonvention der Vereinten Nationen), http://sustainabledevelopment.un.org/content/documents/1803tstissuesdldd.pdf.

2 Gibbs, H. K. et al. (2010), „Tropical forests were the primary sources of new agricultural land in the 1980s and 1990s“, Proceedings of the National Academy of Sciences 107, 16732–16737.

3 UN-Report, „Water Statistics – Water Use",www.unwater.org/statistics_use.html.

4 UN-Report, „Food Production Must Double by 2050 to Meet Demand from World's Growing Population, Innovative Strategies Needed to 400 Combat Hunger, Experts Tell Second Committee" (2001), http://www.un.org/press/en/2009/gaef3242.doc.htm.

5 Brown L. R. (2008), Plan B 3.0: Mobilizing to Save Civilization, Kapitel 5, „Natural Systems Under Stress: Advancing Deserts", www.earth-policy.org/books/pb3/PB3ch5_ss5.

6 Jarvis, A. et al. (2012), „Is Cassava the Answer to African Climate Change Adaptation?", Tropical Plant Biology 5(1), 9–29. doi:10.1007/s12042-012-9096-7.

7 Food and Agriculture Organization of the United Nations (FAO) (2011), „The state of food and agriculture; women in agriculture: closing the gender gap for development", http://www.fao.org/docrep/013/i2050e/i2050e00.htm.

8 De Gorter, H. (2008), „Explaining agricultural commodity price increases: The role of biofuel policies", in Oregon State University conference on rising food and energy prices, „US food policy at a crossroads",http://agsci.oregonstate.edu/files/appliedecon/faculty/perry/degorter.pdf.

9 Weltbank, Food Price Watch (Februar 2011), http://www.worldbank.org/foodcrisis/food_price_watch_report_feb2011.html; Action Aid (2010), „Meals per gallon: the impact of industrial biofuels on people and globalhunger",www.actionaid.org.uk/sites/default/files/doc_lib/meals_per_gallon_final.pdf.

10 Food and Agriculture Organization of the United Nations (FAO) (2010), „2000 World Census of Agriculture Main Results and Metadata by Country (1996–2005)", www.fao.org/docrep/013/i1595e/i1595e00.htm.

11 State of the World 2011, Innovations that Nourish the Planet, Kapitel 6, „Africa's Soil Fertility Crisis and the Coming Famine", Nourishingtheplanet.org, http://blogs.worldwatch.org/nourishingtheplanet/wp-content/uploads/2011/02/Chapter-6-Policy-Brief_new.pdf.

12 Montgomery, D. R. (2007), „Soil erosion and agricultural sustainability", Proceedings of the National Academy of Sciences 104, 13268–13272.

13 Pimentel, D. (2006), „Soil Erosion: A Food and Environmental Threat", Environment, Development and Sustainability 8, 119–137.

14 „Effects of Rising Atmospheric Concentrations of Carbon Dioxide on Plants", Learn Science at Scitable, http://www.nature.com/scitable/knowledge/library/effects-of-rising-atmospheric-concentrations-of-carbon-13254108.

15 Seufert, V., Ramankutty, N. & Foley, J. A. (2012), „Comparing the yields of organic and conventional agriculture“, Nature 485 (7397), 229–232. doi:10.1038/nature11069.

16 Ainsworth, E. A. & Ort, D. R. (2010), „How Do We Improve Crop Production in a Warming World?“, Plant Physiology 154(2), 526–530, doi:10.1104/pp.110.161349; Schlenker, W. & Roberts, M. J. (2009), „Nonlinear temperature effects indicate severe damages to US crop yields under climate change“, Proceedings of the National Academy of Sciences 106(37), 15594–15598. doi:10.1073/pnas.0906865106.

17 Lobell, D. B., Schlenker, W. & Costa-Roberts, J. (2011), „Climate Trends and Global Crop Production Since 1980“, Science 333(6042), 616–620. doi:10.1126/science.1204531.

18 „The use of genetically modified crops in developing countries: a guide to the Nuffield Council on Bioethics Discussion Paper“,www.nuffieldbioethics.org/wp-content/uploads/2014/07/GM-Crops-short-version-FINAL.pdf.

19 Herman, R. A. & Price, W. D. (2013), „Unintended Compositional Changes in Genetically Modified (GM) Crops: 20 Years of Research“, Journal of Agricultural and Food Chemistry 61, 11695–116701; DeFrancesco, L. (2013), „How safe does transgenic food need to be?‘ Nature Biotechnology 31, 794–780; World Health Organization (Department of Food Safety, Zoonoses and Foodborne Diseases) (2005), „Modern food technology, human health and development: an evidence-based study“.

20 Bond-Lamberty, B. & Thomson, A. (2010), „Temperature-associated increases in the global soil respiration record“, Nature 464(7288), 579–582. doi:10.1038/nature08930.

21 „Save Food: Global Initiative on Food Losses and Waste Reduction: Key Findings“,www.fao.org/save-food/resources/keyfindings/en/.

22 Food and Agriculture Organization of the United Nations (FAO) (2013), „Food wastage footprint impacts on natural resources: summary report“.

23 Bonhommeau, S. et al.. (2013), „Eating up the world's food web and the human trophic level“, Proceedings of the National Academy of Sciences, 110(51), 20617–20620. doi:10.1073/pnas.1305827110.

24 Tuomisto, H. L. & Teixeira de Mattos, M. J. (2011), „Environmental Impacts of Cultured Meat Production“, Environmental Science & Technology 45(14), 6117–6123. doi:10.1021/es200130u.

25 Earth Policy Institute, „Data Highlights: Peak Meat: US Meat Consumption Falling“, www.earth-policy.org/data_highlights/2012/highlights25.

Kapitel 5

1 Levermann, A., Clark, P. U., Marzeion, B., Milne, G. A., Pollard, D., Radic, V. und Robinson, A., ‚The multimillennial sea-level commitment of global warming', Proceedings of the National Academy of Sciences 110(34) (2013), 13745–13750. doi:10.1073/pnas.1219414110.

2 Peter F. Sale, Our Dying Planet (2011) gibt einen guten Überblick über die Gefahren, die den Meeren drohen.

3 FAQs über Meeresversauerung, abrufbar unter http://www.epoca-project.eu/index.php/what-is-ocean-acidification/faq.html.

4 McClanahan, T. R., Graham, N. A. J., MacNeil, M. A., Muthiga, N. A., Cinner, J. E., Bruggemann, J. H. und Wilson, S. K., ‚Critical thresholds and tangible targets for ecosystem-based management of coral reef fisheries', Proceedings of the National Academy of Sciences 108(41) (2011), 17230–17233. doi:10.1073/pnas.1106861108.

5 Jones, A., Berkelmans, R., van Oppen, M. J., Mieog, J. und Sinclair, W., ‚A community change in the algal endosymbionts of a scleractinian coral following a natural bleaching event: field evidence of acclimatization', Proceedings of the Royal Society B: Biological Sciences 275(1641) (2008), 1359–1365. doi:10.1098/rspb.2008.0069.

6 Silverman, J., Lazar, B., Cao, L., Caldeira, K. und Erez, J., ‚Coral reefs may start dissolving when atmospheric CO2 doubles', Geophysical Research Letters 36 (2009).

7 Bednaršek, N., Tarling, G. A., Bakker, D. C. E., Fielding, S., Jones, E. M., Venables, H. J., Ward, P. et al., 'Extensive dissolution of live pteropods in the Southern Ocean', Nature Geoscience 5(12) (2012), 881–885. doi:10.1038/ngeo1635

Waldbusser, G. G., Brunner, E. L., Haley, B. A., Hales, B., Langdon, C. J. und Prahl, F. G., ‚A developmental and energetic basis linking larval oyster shell formation to acidification sensitivity', Geophysical Research Letters 40(10) (2013), 2171–2176. doi:10.1002/grl.50449.

8 Bignami, S., Enochs, I. C., Manzello, D. P., Sponaugle, S. und Cowen, R. K., ‚Ocean acidification alters the otoliths of a pantropical fish species with implications for sensory function', Proceedings of the National Academy of Sciences, 110(18) (2013), 7366–7370. doi:10.1073/ pnas.1301365110.

9 Nilsson, G. E., Dixson, D. L., Domenici, P., McCormick, M. I., Sørensen, C., Watson, S.-A. und Munday, P. L., ‚Near-future carbon dioxide levels alter fish behaviour by interfering with neurotransmitter function', Nature Climate Change 2(3) (2012), 201–204. doi:10.1038/nclimate1352.

10 Ilyina, T., Zeebe, R. E. und Brewer, P. G., ‚Future ocean increasingly transparent to low-frequency sound owing to carbon dioxide emissions', Nature Geoscience 3(1) (2009), 18–22. doi:10.1038/ngeo719.
11 Hall-Spencer, J. M. et al., ‚Volcanic carbon dioxide vents show ecosystem effects of ocean acidification', Nature 454 (2008), 96–99.
12 Cquestrate: The Idea, abrufbar unter www.cquestrate.com/the-idea.
13 Harvey, L. D. D., ‚Mitigating the atmospheric CO2 increase and ocean acidification by adding limestone powder to upwelling regions', Journal of Geophysical Research 113(C4) (2008). doi:10.1029/2007JC004373.
14 World Meteorological Organization, ‚Climate, carbon and coral reefs' (2010), abrufbar unter www.wmo.int/pages/prog/wcp/agm/publications/documents/Climate_Carbon_CoralReefs.pdf.
15 Field, I. C., Meekan, M. G., Buckworth, R. C. und Bradshaw, C. J. A., ‚Susceptibility of sharks, rays and chimaeras to global extinction', Advances in Marine Biology 56 (2009), 275–363.
16 Cowtan, K. und Way, R. G., ‚Coverage bias in the HadCRUT4 temperature series and its impact on recent temperature trends', Quarterly Journal of the Royal Meteorological Society (2013). doi:10.1002/qj.2297.
17 Colgan, W., Steffen, K., McLamb, W. S., Abdalati, W., Rajaram, H., Motyka, R., Phillips, T. et al., ‚An increase in crevasse extent, West Greenland: Hydrologic implications', Geophysical Research Letters 38(18) (2011). doi:10.1029/2011GL048491.
18 Perrette, M., Landerer, F., Riva, R., Frieler, K. und Meinshausen, M., ‚A scaling approach to project regional sea level rise and its uncertainties', Earth System Dynamics 4 (2013), 11–29.
19 Epstein, H. E. et al., ‚Arctic Report Card on Vegetation', abrufbar unter www.arctic.noaa.gov/reportcard/vegetation.html.
20 Whiteman, G., Hope, C. und Wadhams, P., ‚Climate science: Vast costs of Arctic change', Nature 499(7459) (2013), 401–403. doi:10.1038/499401a.
21 Poloczanska, E. S., Brown, C. J., Sydeman, W. J., Kiessling, W., Schoeman, D. S., Moore, P. J., Brander, K. et al., ‚Global imprint of climate change on marine life', Nature Climate Change 3(10) (2013), 919–925. doi:10.1038/nclimate1958.
22 Jones, B. M., Arp, C. D., Jorgenson, M. T., Hinkel, K. M., Schmutz, J. A. und Flint, P. L., ‚Increase in the rate and uniformity of coastline erosion in Arctic Alaska', Geophysical Research Letters 36(3) (2009). doi:10.1029/2008GL036205.

23 De Séligny, J. F. P. und Grainger, R., ‚The State of World Fisheries and Aquaculture 2010' (2010), abrufbar unter http://41.215.122.106/dspace/handle/0/210.
24 FAO Fisheries & Aquaculture, ‚Small-scale and artisanal fisheries', abrufbar unter www.fao.org/fishery/topic/14753/en.
25 De Séligny, J. F. P. und Grainger, R., ‚The State of World Fisheries and Aquaculture 2010' (2010), abrufbar unter http://41.215.122.106/dspace/handle/0/210.
26 Halweil, B., Worldwatch Report: Farming Fish for the Future (2008).
27 Richardson, A. J., Bakun, A., Hays, G. C. und Gibbons, M. J., ‚The jellyfish joyride: causes, consequences and management responses to a more gelatinous future', Trends in Ecology & Evolution 24 (2009), 312–322.
28 ‚Bird Scaring Lines Protect Seabirds', abrufbar unter www.abcbirds.org/abcprograms/policy/fisheries/tori_lines.html.
29 Pompa, S., Ehrlich, P. R. und Ceballos, G., ‚Global distribution and conservation of marine mammals', Proceedings of the National Academy of Sciences 108(33) (2011), 13600–13605. doi:10.1073/pnas.1101525108.
30 Moore, C. J., Moore, S. L., Leecaster, M. K. und Weisberg, S. B., ‚A Comparison of Plastic and Plankton in the North Pacific Central Gyre', Marine Pollution Bulletin (2001).

Kapitel 6

1 Heffernan, O. (2013), „The dry facts", Nature 501(7468), S2–S3.doi:10.1038/501S2a.
2 UN Convention to Combat Desertification, „Desertification, land degradation and drought, global factsheet", www.unccd.int/Lists/SiteDocumentLibrary/WDCD/DLDD%20Facts.pdf.
3 McSweeney, C., New, M. & Lizcano, G., „UNDP Climate Change Country Profiles: Ethiopia",www.geog.ox.ac.uk/research/climate/projects/undpcp/UNDP_reports/Ethiopia/Ethiopia.lowres.report.pdf; Nicholson, S. E. et al. (2013), „Temperature variability over Africa during the last 2000 years", The Holocene 23(8), 1085–1094. doi:10.1177/0959683613483618; UNEP (2011), „Food Security in the Horn of Africa: The Implications of a Drier, Hotter and More Crowded Future", http://www.unep.org/pdf/Nov_11_Horn_of_Africa.pdf; Williams, A. P. et al. (2012), „Recent summer precipitation trends in the Greater Horn of Africa and the emerging role of Indian Ocean sea surface

temperature", Climate Dynamics 39(9–10), 2307–2328. doi:10.1007/s00382-011-1222-y.
4 Ngugi, M. (2011), „Agro-pastoral systems for dry-land agriculture and good practices for extensive pastoral systems", CAADP Workshop http://www.caadp.net/pdf/Day%203%20-%20BREAKOUTPastoral%20and%20agro-pastoral%20systems_FINAL.pdf.
5 Jacobson, M. Z. & Archer, C. L. (2012), „Saturation wind power potential and its implications for wind energy", Proceedings of the National Academy of Sciences 109(39), 15679–15684. doi:10.1073/pnas.1208993109.
6 Marvel, K., Kravitz, B. & Caldeira, K. (2013), „Geophysical limits to global wind power", Nature Climate Change 3(2), 118–21. doi:10.1038/nclimate1683.

Kapitel 7

1 Tanzania Human Rights Report 2011.
2 Barnosky, A. D. et al. (2004), „Assessing the Causes of Late Pleistocene Extinctions on the Continents", Science 306(5693), 70–75. doi:10.1126/science.1101476.
3 Barnosky, A. D. et al. (2011), „Has the Earth's sixth mass extinction already arrived?", Nature 471(7336), 51–57. doi:10.1038/nature09678.
4 Hof, C. et al. (2011), „Additive threats from pathogens, climate and land-use change for global amphibian diversity", Nature 480, 516–519. doi:10.1038/nature10650.
5 WWF/Dalberg (2012), „Fighting illicit wildlife trafficking: A consultation with governments", http://www.wwf.de/fileadmin/fm-wwf/Publikationen-PDF/FightingIllicitWildlifeTrafficking_KeyFindings.pdf; Chomel, B. B., Belotto, A. & Meslin, F.-X. (2007), „Wildlife, Exotic Pets, and Emerging Zoonoses", Emerging Infectious Diseases 13(1), 6–11. doi:10.3201/eid1301.060480.
6 „WWF: Elephant killing continues in Cameroon", Guardian, www. theguardian.com/world/feedarticle/10145985.
7 Turner, W. R. et al. (2012), „Global Biodiversity Conservation and the Alleviation of Poverty", BioScience 62(1), 85–92. doi:10.1525/bio.2012.62.1.13.
8 Smil, V. (2011), „Harvesting the biosphere: The human impact", Population and Development Review 37, 613–636.
9 Dirección del Parque Nacional Galápagos, http://www.galapagospark.org/nophprg.php?page=desarrollo_sustentable_especies_invasoras.

10 Hobbs, R. J. et al. (2006), „Novel ecosystems: theoretical and management aspects of the new ecological world order“, Global Ecology and Biogeography 15(1), 1–7. doi:10.1111/j.1466-822X.2006.00212.x.
11 Moore, J. L. et al. (2010), „Protecting islands from pest invasion: optimal allocation of biosecurity resources between quarantine and surveillance“, Biological Conservation 143, 1068–1078.
12 Mora, C. & Sale, P. F. (2011), „Ongoing global biodiversity loss and the need to move beyond protected areas: a review of the technical and practical shortcomings of protected areas on land and sea“, Marine Ecology Progress Series 434, 251–266.
13 Zoologische Gesellschaft Frankfurt (2010), „Frankfurt Zoological Society Statement on The Proposed Serengeti Commercial Road“, at www.zgf.de/download/1131/ FZS+statement_+Serengeti+Road.pdf.
14 Folch, J. et al. (2009), „First birth of an animal from an extinct subspecies (Capra pyrenaica pyrenaica) by cloning“, Theriogenology 71, 1026–1034.

Kapitel 8

1 Shvidenko, A. & Gonzalez, P., „Forest and Woodland Systems“, http://pgonzalez.home.igc.org/Shvidenko_et_al_2006.pdf.
2 Van der Werf, G. R. et al. (2009), „CO2 emissions from forest loss“, Nature Geoscience 2, 737–738.
3 British Columbia Ministry of Forests, Mines and Lands (2010), „The State of British Columbia’s Forests, Third Edition“, www.for.gov.bc.ca/ hfp/sof/index.htm#2010_report; Ma, Z. et al. (2012), „Regional drought-induced reduction in the biomass carbon sink of Canada’s boreal forests“, Proceedings of the National Academy of Sciences, 109(7), 2423–2427. doi:10.1073/pnas.1111576109.
4 Earth Policy Institute (2012), „Eco-Economy Indicators – Forest Cover – World Forest Area Still on the Decline“, www.earth-policy.org/indicators/C56/forests_2012.
5 Lindquist, E. J. (2012), „Global forest land-use change 1990–2005“, Food and Agriculture Organization of the United Nations.
6 Watts J., „Environmental activists ‚being killed at rate of one a week‘“, The Guardian, www.theguardian.com/environment/2012/jun/19/environment-activist-deaths.

7 Ben-Ami, Y. et al. (2010), „Transport of North African dust from the Bodélé depression to the Amazon Basin: a case study", Atmospheric Chemistry and Physics 10, 7533–7544.
8 Nellemann, C., Redmond, I. & Refisch, J., „United Nations Environment Programme & GRID–Arendal. The last stand of the gorilla: environmental crime and conflict in the Congo basin", www.grida.no/_res/site/file/publications/gorilla/GorillaStand_screen.pdf.
9 Mountain gorilla numbers rise by 10%", The Guardian, www.theguardian.com/environment/2012/nov/13/mountain-gorilla-population-rises.
10 Asner, G. P. et al. (2006), „Condition and fate of logged forests in the Brazilian Amazon", Proceedings of the National Academy of Sciences 103, 12947–12950; Ahmed, S. E. et al. (2013), „Temporal patterns of road network development in the Brazilian Amazon", Regional Environmental Change 13 (5), 927. doi: 10.1007/s10113-012-0397-z; Rosa, I. M. D. et al. (2013), „Predictive Modelling of Contagious Deforestation in the Brazilian Amazon", PLOS one 8(10), e77231. doi:10.1371/journal.pone.0077231.
11 Fu, R. et al. (2013), „Increased dry-season length over southern Amazonia in recent decades and its implication for future climate projection", Proceedings of the National Academy of Sciences 110(45), 18110-18115. doi:10.1073/pnas.1302584110.
12 Cox, P. M. et al. (2004), „Amazonian forest dieback under climate-carbon cycle projections for the 21st century", Theoretical and Applied Climatology 78(1–3). doi:10.1007/s00704-004-0049-4.
13 Betts, R. A. et al. (2004), „The role of ecosystem-atmosphere interactions in simulated Amazonian precipitation decrease and forest dieback under global climate warming", Theoretical and Applied Climatology 78(1–3). doi:10.1007/s00704-004-0050-y.
14 Asner, G. P. et al. (2013), „Elevated rates of gold mining in the Amazon revealed through high-resolution monitoring", Proceedings of the National Academy of Sciences 110, 18454–18459.
15 Tollefson, J. (2009), „Climate: Counting carbon in the Amazon", Nature 461(7267), 1048–1052. doi:10.1038/4611048a.
16 Laurance, W. (2012), „China's appetite for wood takes a heavy toll", Timber and Forestry E-News 2012, 12–13.
17 WWF, „Deforestation: Threats", http://worldwildlife.org/threats/deforestation.
18 Wearn, O. R., Reuman, D. C. & Ewers, R. M. (2012), „Extinction Debt and

Windows of Conservation Opportunity in the Brazilian Amazon", Science 337(6091), 228–232. doi:10.1126/science.1219013.
19 „California's Redwoods May be Benefiting From Climate Change", Science | KQED Public Media for Northern CA, http://blogs.kqed.org/science/2013/08/14/californias-redwoods-may-be-benefiting-from-climate-change/.
20 Pross, J. et al. (2012), „Persistent near-tropical warmth on the Antarctic continent during the early Eocene epoch", Nature 488, 73–77.
21 Cao, L. & Caldeira, K. (2010), „Atmospheric carbon dioxide removal: long-term consequences and commitment", Environmental Research Letters 5, 024011.

Kapitel 9

1 Fischer-Kowalski, M. et al. (2011), „Decoupling natural resource use and environmental impacts from economic growth", United Nations Environment Programme.
2 Syvitski, J. P. M. et al. (2005), „Impact of Humans on the Flux of Terrestrial Sediment to the Global Coastal Ocean", Science 308(5720), 376–380. doi:10.1126/science.1109454.
3 Syvitski J. P. M. et al. (2013), „Changing the History of the Earth: The Role of Water in the Anthropocene", GWSP Conference, www.gwsp.org/fileadmin/Conference_2013/water_anthropocene_A3.pdf.
4 Gregory M. (2010), „Why are China's mines so dangerous?", BBC, www.bbc.co.uk/news/business-11497070.
5 Schwarzer, S. et al. (2005), „E-waste, the hidden side of IT equipment's manufacturing and use", UNEP DEWA/GRID – Europe Environment Alert Bulletin 5.
6 United Nations University (2012), „E-waste: Annual gold, silver 'deposits' in new high-tech goods worth $21b; less than 15% recovered", https://www.sciencedaily.com/releases/2012/07/120706164159.htm; US EPA, „Statistics on the Management of Used and End-of-Life Electronics", www.epa.gov/epawaste/conserve/materials/ecycling/manage.htm.
7 Siehe Cosima Dannoritzer's Dokumentarfilm „Kaufen für die Müllhalde" (2010).
8 WWF, „Living Planet Report 2008", http://awsassets.panda.org/downloads/living_planet_report_2008.pdf.
9 International Energy Agency, „World Energy Outlook 2012", http://www.iea.org/publications/freepublications/publication/English.pdf.

10 Evans, L. et al. (2013), „Self-interest and pro-environmental behaviour", Nature Climate Change 3(2), 122–125. doi:10.1038/nclimate1662.
11 OECD (2011), „Environmental Outlook to 2050", Kapitel 3: Climate Change, www.oecd.org/env/cc/49082173.pdf.
12 „Plastic to Oil Fantastic", www.youtube.com/watch?v=R-Lg_kvLaAM.
13 WHO (2014), „Ambient (outdoor) air quality and health", http://www.who.int/mediacentre/factsheets/fs313/en/.
14 Fischetti M. (2011), „The Human Cost of Energy", Scientific American, www.scientificamerican.com/article.cfm?id=the-human-cost-of-energy.

Kapitel 10

1 „Urbanization, Biodiversity and Ecosystem Services: Challenges and Opportunities – a SpringerOpen book", www.springer.com/life+sciences/ecology/book/978-94-007-7087-4.
2 „Colombia's murder rate down 45% during Uribe: Police", Colombia Reports, http://colombiareports.co/colombias-murder-rate-down-45-during-uribe-police/.
3 Bettencourt, L. M. A. et al. (2007), „Growth, innovation, scaling, and the pace of life in cities", Proceedings of the National Academy of Sciences 104(17), 7301–7306. doi:10.1073/pnas.0610172104.
4 Hamilton, M. J. et al. (2007), „Nonlinear scaling of space use in human hunter-gatherers", Proceedings of the National Academy of Sciences 104(11), 4765–4769. doi:10.1073/pnas.0611197104.
5 UN, „The Millennium Development Goals Report 2013", www.un.org/millenniumgoals/pdf/report-2013/mdg-report-2013-english.pdf.
6 Hoornweg, D., Sugar, L. & Trejos Gomez, C. L. (2011), „Cities and greenhouse gas emissions: moving forward", Environment and Urbanization 23(1), 207–227. doi:10.1177/0956247810392270.
7 Aus Smith, P. D. (2012), City: A Guidebook for the Urban Age.
8 Li, W., Maduro, G. & Begier, E. M., „Life Expectancy in New York City: What Accounts for the Gains?", New York City Department of Health and Mental Hygiene: Epi Research Report, März 2013, 1–12, www.nyc.gov/html/doh/downloads/pdf/epi/epiresearch-lifeexpectancy.pdf.
9 McGranahan, G. & Satterthwaite, D. (2011), „Better Health for the Uncounted Urban Masses", Scientific American 305(3), 62. doi:10.1038/scientificamerican0911-62; Patel, R. B. & Burke, T. F. (2009), „Urbanization – An Emerging Humanitarian Disaster", New England Journal of Medicine 361(8), 741–743. doi:10.1056/NEJMp0810878.

10 OECD (2009), „Is Informal Normal? Towards More and Better Jobs in Developing Countries“, OECD Development Centre Studies, ISBN 978-92-64-05923-8.

11 McKinsey & Company, „Urban world: Mapping the economic power of cities“, www.mckinsey.com/insights/urbanization/urban_world.

12 Nourishing the Planet, „Urban Harvest“, http://blogs.worldwatch.org/nourishingtheplanet/tag/urban-harvest/.

13 „Brazilian Army Caves in to Favela's Drug Dealers“, Brazzilmag.com, http://brazzilmag.com/component/content/article/34/5790-brazilian-army-caves-in-to-favelas-drug-dealers.html.

14 Acuto, M. & Khanna, P. (2013), „Nations are no longer driving globalization – cities are“, Quartz, http://qz.com/80657/the-return-of-the-city-state/.

15 UN–Habitat report, „State of the World's Cities 2010/2011“, www.unhabitat.org/content.asp?cid=8051&catid=7&typeid=46.

16 The Revolutionary Optimists, „Map Your World“, http://revolutionaryoptimists.org/map-your-world.

17 Smolan, R. & Erwitt, J. (2012) The Human Face of Big Data.

18 How Target Figured Out A Teen Girl Was Pregnant Before Her Father Did“, Forbes, www.forbes.com/sites/kashmirhill/2012/02/16/how-target-figured-out-a-teen-girl-was-pregnant-before-her-father-did/.

19 Eröffnungsrede des Präsidenten der World Bank Group, Robert B. Zoellick, beim C40 Large Cities Climate Summit, http://web.worldbank.org/WBSITE/EXTERNAL/NEWS/0,,contentMDK:22928910~pagePK:64257043~piPK:437376~theSitePK:4607,00.html.

20 „Vanity Height: the Empty Space in Today's Tallest“, CTBUH Journal, Issue III (2013), 42, www.ctbuh.org/LinkClick.aspx?fileticket=k%2bK%2fgAvA7YU%3d&tabid=5837&language=en-US.

21 Sivak, M. (2013), „Has motorization in the US peaked?“, http://141.213.232.243/handle/2027.42/98098.

22 Vidal, J. & Pathak, S., „How urban heat islands are making India hotter“, The Guardian, www.theguardian.com/global-development/poverty-matters/2013/jan/09/delhi-mumbai-urban-heat-islands-india.

23 Proppe, D. S., Sturdy, C. B. & St Clair, C. C. (2013), „Anthropogenic noise decreases urban songbird diversity and may contribute to homogenization“, Global Change Biology 19(4), 1075–1084. doi:10.1111/gcb.12098; Miranda, A. C. et al. (2013), „Urbanization and its effects on personality traits: a result of microevolution or phenotypic plasticity?“, Global Change Biology 19(9), 2634–2634. doi:10.1111/gcb.12258; Snell-Rood, E. C. & Wick, N. (2013), „An-

thropogenic environments exert variable selection on cranial capacity in mammals“, Proceedings of the Royal Society B: Biological Sciences 280(1769), 20131384. doi:10.1098/rspb.2013.1384; Harris, S. E. et al. (2013), „Signatures of rapid evolution in urban and rural transcriptomes of white-footed mice (Peromyscus leucopus) in the New York metropolitan area“, PeerJ PrePrints 1:e13v2, http://dx.doi.org/10.7287/peerj.preprints.13v2.

24 Lederbogen, F. et al. (2011), „City living and urban upbringing affect neural social stress processing in humans“, Nature 474(7352), 498–501. doi:10.1038/nature10190; Pedersen, C. B. & Mortensen, P. B. (2001), „Evidence of a dose-response relationship between urbanicity during upbringing and schizophrenia risk“, Archives of General Psychiatry 58, 1039–1046.

25 Seto, K. C., Guneralp, B. & Hutyra, L. R. (2012), „Global forecasts of urban expansion to 2030 and direct impacts on biodiversity and carbon pools“, Proceedings of the National Academy of Sciences 109(40), 16083–16088. doi:10.1073/pnas.1211658109.

REGISTER